U0781440

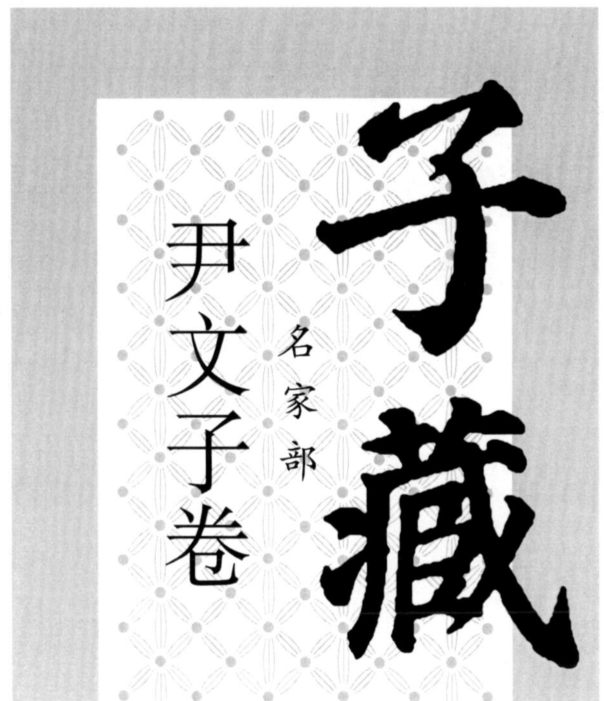

1

華東師範大學「子藏」編纂中心編
總編纂 方勇
副總編纂 吳平

國家圖書館出版社

圖書在版編目(CIP)數據

子藏·名家部·尹文子卷:全三册/方勇主編.—北京:國家圖書館出版社,2016.6(2022.4 重印)

ISBN 978-7-5013-5823-6

Ⅰ.①子… Ⅱ.①方… Ⅲ.①先秦哲學-研究②《尹文子》-研究 Ⅳ.①B220.5②B225.25

中國版本圖書館 CIP 數據核字(2016)第 115020 號

書　　名　子藏·名家部·尹文子卷(全三册)
著　　者　方　勇　主編
責任編輯　張愛芳　靳　諾
重印編輯　代　坤　袁宏偉
封面設計　敬人書籍設計工作室　呂敬人+呂旻

出版發行　國家圖書館出版社(北京市西城區文津街 7 號　100034)
(原書目文獻出版社　北京圖書館出版社)
010-66114536　63802249　nlcpress@nlc.cn(郵購)
網　　址　http://www.nlcpress.com
印　　裝　河北三河弘翰印務有限公司
版次印次　2016 年 6 月第 1 版　2022 年 4 月第 2 次印刷

開　　本　787×1092(毫米)　1/16
印　　張　99
書　　號　ISBN 978-7-5013-5823-6
定　　價　1600.00 圓

子 藏

顧問委員會

總顧問：饒宗頤(中國香港)

顧　問：李學勤　徐中玉　卿希泰　陳鼓應(中國臺灣)
　　　　裘錫圭

學術委員會

主　任：傅璇琮

委　員：王水照　王葆玹　王鍾陵　方立天　朱傑人　邵　鴻
　　　　李炳海　吳　格　林慶彰(中國臺灣)　林其錟　周桂鈿
　　　　徐志嘯　徐有富　曹礎基　陸永品　許抗生
　　　　陳麗桂(中國臺灣)　畢來德〔瑞士〕　張雙棣　崔大華
　　　　楊國榮　趙逵夫　樓宇烈　劉笑敢(中國香港)　劉躍進
　　　　劉仲宇　鍾肇鵬　魏宗禹　譚家健　嚴佐之

編纂委員會

總 編 纂：方　勇

委　　員：王　鐵　王國良　方　銘　方　達　吳　平

何志華(中國香港)　沈乃文　李桂生　李似珍

李　波　李秀華　邵炳軍　周瀚光　林世田

武秀成　房鑫亮　高華平　貢華南　徐儒宗

徐莉莉　徐憶農　徐德明　耿振東　孫　廣

張湧泉　張　覺　張洪興　陳　靜　陳　致

陳引馳　陳　贇　陳紅彦　陳正宏　陳先行

陳廣忠　陳志平　强　昱　章義和　曹書傑

眭　駿　崔志博　程水金　傅　剛　揣松森

葉蓓卿　彭鴻程　楊　健　趙平安　臧克和

劉毓慶　劉志基　劉梁劍　劉康德　劉佩德

劉　兵　鄧國光(中國澳門)　廖名春　鄭曉霞

錢振民　戴揚本　簡光明(中國臺灣)　謝冬榮

嚴壽澂[新加坡]　羅　琳　羅争鳴

顧史考（Scott Cook）［美國］　龔　斌

出版委員會

主　任：羅國振

副主任：張志清

委　員：方自金　范　軍　姜　紅　莊輝明　徐　蜀　唐玉光

郭又陵　殷夢霞　許紅珍　張愛芳　賈貴榮　譚　帆

顧紅亮

（以上皆按姓氏筆畫排列）

《子藏》總序

方勇

宇宙綿邈，喈高才之陵替；時世移易，惟百家之代興。信乎諸子之爲顯學也！方今海内右文圖治，操觚懷鉛之士，希風前秀，争崇國學，穿穴百氏，出入九流，不惟後生小子，皆翕然從風，抑或百工商賈，亦欣然景慕矣。乃華東師範大學，敢以振興文教自任，啓動《子藏》工程，搜天下之遺籍，極百家之大觀，其霑溉子學，嘉惠來兹，蔑以加矣。今值是書成編，揆以古例，用製序文，以弁簡端云爾。

昔周道既微，諸侯放恣，上下失序，九流並作。孔丘祖述堯舜，憲章文武，修《春秋》，闢私學，哀其遺言，是爲《論語》。孟軻聞其風，慕而悦之，私淑有得，斯有《孟子》。老聃絶聖棄智，絶仁棄義，知雄守雌，知白守辱，因有《老子》。莊周以虚遠之説，恣縱之言，卮之寓之，重之覆之，遂成《莊子》。墨翟用夏政，倡兼愛，崇節儉，而《墨子》出焉。荀況尊孔氏之學，採衆家之長，而《荀子》備焉。若斯之儔，後先接踵，皆英才特達，奮其智慮，騰口舌以競辯，著文章以立説，乃中土學術之源頭，華夏文化之瑰寶也。

逮嬴政即位，滅典禁學，惟韓非、李斯，相繼鳴高，而百家競唱，頓失聲響。漢承秦政，亦鄙文事，然經世致用之學，廷議對策之文，實因君主望治，固已應運而生。若賈誼《過秦》《治安》，晁錯《賢良》《貴粟》，不讓戰國之縱横；陸賈《新語》、賈氏《新書》，比美諸子之盛藻。方是時也，文帝、竇后，推尊黄老，風被草上，士臣效焉。淮南劉安，廣致門客，纂成《鴻烈》，思以『統天下，理萬物』（《淮南子·要略》），旨近老莊，而博採孔、墨、陰陽、申、韓，黄老之學，至此而集大成。洎漢武改運，一尊儒術，諸家之説，悉摒弗用。迨元、成以還，揚雄著《法言》，王充成《論衡》，發論煌煌，復振子學。漢季士尚横議，王符作《潛夫》，荀悦張《申鑒》，踵武前修，經綸天下，無愧百家，諸子於是乎騰聲，著述以此而增價。

爰及魏晉，士習苟安，虚慕玄遠，爲學空追柱下，博物不離七篇。何晏、王弼之倫，依傍老聃，啓玄風之溟溟；嵇康、阮籍之儔，寄情莊周，避世情之炎炎。向秀、郭象之輩，雖乏奇藻，惟雅尚《莊子》，自有會心；司馬、崔譔之徒，咸有根柢，訓詁《莊》書，類多可述。凡此皆道家之餘響，俗世之殊韻也。嗣後南北懸隔，王道淪失，百家之書，學者未遑，非力有不逮，實世風之日替。然中流有在，綿綿若存，若葛洪《抱朴》，意新辭茂；元帝《金樓》、之推《家訓》、佚名《劉子》，皆識見非凡，不讓前秀。

李唐尊佛老，崇釋道，收士人之心，廣開科第，《老》《莊》《列》《文》，並駕六經，治子之風日盛，注述彬彬而出。然此爲梯進之媒，實非中心好之，固與魏晉玄士有間矣。趙宋謀國，權術是依，承安三教，意非進取。太宗、徽宗，寄心道流，而名士荆公、子瞻之倫，皆助瀾推波。是以老莊復興，闡述者衆，若陳景元、呂惠卿、王元澤、林希逸、褚伯秀，咸有可述。然正議格辯，亦復高漲。呂公著上書請禁，以爲：『主司不得出題老、莊書，舉子不得以申、韓、佛書爲學。』（《宋史·呂公著傳》）葉適則謂：『蓋周之書，大用於世者再，其極皆爲夷狄亂華、父子相夷之禍，然則楊、墨、申、韓之害，曾不若是之遠已！』（《水心先生別集·莊子》）固知老、莊、楊、墨、申、韓之跡未替，與儒學並世而異流矣。

明正德以還，王守仁高張宗旨，與朱子殊科。其後天下從風，若楊慎、焦竑、李贄、方以智者，天資既非尋常比，而筆底風雲，或以佛老通義理，或由莊周自照心，老莊浸盛，一時沛然不可禦者矣。而傅山力倡『經子不分』（《雜記三》），以爲『有子而後有作經者也』（同上），持論高曠，足以動俗。其於《老子》《莊子》《列子》《管子》《墨子》

《公孫》《鄧析》《荀子》《鬼谷》《亢倉》《尹文》《鶡冠》《商君》《淮南》，靡所不究，豈非近代子學之先聲耶！

清帝右文，但嚴於防備，爲政多忌，禁網重罹。故士憚不意之殃，下筆謹慎若寒蟬，放言之未敢，豈高論之煌煌！全身之計，惟耽樸學，此不得不然。高士若盧文弨、王念孫、洪頤煊、俞樾之儔，姚文田、江有誥、馬國翰、孫馮翼之輩，皆智在上人，學通四部，咸矻矻於辨音，肆意於考訂，孜孜於鉤韻，窮年於輯佚，無分經、子之畛域，一視而同仁。子學駸駸，同並經史，樸學實與有力焉。至於辭章之士，貝錦於百家，妙析文理，翫之不已。若林雲銘、宣穎、胡文英、劉鳳苞皆其儔也。清社既屋，政體更易，國運殊艱，禁網難張，兼以西學東漸，觀念開放，論述恣縱，横議隨心，亦勢所必然。如章炳麟、劉師培、聞一多、錢穆、馮友蘭、于省吾、王叔岷、陳奇猷諸公，或以其襟抱之寬博、氣度之恢奇，或以其視界之宏遠、思維之深邃，奮書申志，遥接華夏學術之慧命；鋪議精義，大明九流乎西學湯湯之時；提振子學，百家之説洋洋乎大興，厥功偉矣。

清季新學肇興，民智大張，承學之士，皆思撰述，或倡『西學源於諸子』之論，務欲張揚國粹。鄒伯奇以泰西科技、宗教、文字濫觴於《墨子》，薛福成以西洋電學、化學權輿於《莊子·外物》，張自牧以西人算學、重學、數學、聲學、熱學、光學、電學、化學、醫學、天文學、氣象學、地理學、機械學、測量學、植物學出自《墨子》《關尹》《淮南》《亢倉》《論衡》。鄧實《古學復興論》則謂：『墨荀之名學，管商之法學，老莊之神學，計然、白圭之計學，扁鵲之醫學，孫吴之兵學，皆卓然自成一家言，可與西土哲儒並駕齊驅者也。』如斯之類，皆有激於時，持論雖偏，無補於學術，然推挹九流，用昭萬邦，用心可謂良苦矣。

百年以來，地不愛寶，逸文故書，時有出土，關乎諸子者，在在而有。若敦煌之《老》《列》《莊》，黑水城之吕惠卿《莊子義》，馬王堆之《老子》，定州之《文子》，銀雀山之《孫子》《孫臏》《六韜》《尉繚》，雖殘損不完，亦可補上古文獻之不足，訂傳世文書之訛誤，其爲用也亦大矣。

觀夫百家競聲，流溉無已，至於近世，新境别開，動人心魄。其形諸文字，足以充棟，於六藝以外，蔚爲大國，而於中土文化，影響至鉅，且至深也。歷世通才碩學，或嗜古耽文者，豈能自外於此乎？

昔者莊周，慨百家衆技之蜂起，憫道術將爲天下裂，乃奮著《天下》之篇，放眼古今學問，歷敘其淵源之所自，風流之所及，舉凡墨翟、禽滑釐派，宋鈃、尹文派，彭蒙、田駢、慎到派，關尹、老聃派，莊周派，惠施、桓團、公孫龍派，靡不較論，褒貶偏至，歸宿大道。評較諸子，此爲濫觴。荀況明道，著爲《解蔽》，深譏諸子之偏弊，以爲『墨子蔽於用而不知文，宋子蔽於欲而不知得，慎子蔽於法而不知賢，申子蔽於勢而不知知，惠子蔽於辭而不知實，莊子蔽於天而不知人』，雖見機穎，未必服人；復爲《非十二子》之論，大類訶詈，皆有所激，難稱持平。惟其評騭諸子，流别部居，區分學派，若它囂、魏牟派，陳仲、史鰌派，墨翟、宋鈃派，慎到、田駢派，惠施、鄧析派，子思、孟軻派，仲尼、子弓派，臚陳列示，類多可徵，振響莊周之後，宜乎與《天下》並傳。其門人韓非，著《解老》《喻老》，融法入老，變混宗旨，曲柱下以非其義，意未深接，難免有狂躁之譏。然治老之作，實導乎此也。

炎漢司馬談，著爲《要指》，範圍學藝之名實，綜陰陽、儒、墨、名、法、道德六家，司判得失，先秦學術，大體粗定。劉歆復撰《七略》，增益縱横、農、雜、小説，定爲十家。此百氏分合之歸宿，家數定稱之厥初也。班固《藝文志》深探本源，論定諸子皆起於『王官』，曲承莊周《天下》『古之道術有在於是者』之論緒，觀流索源，惟義説爛漫而無可徵信。然於儒術得令之際，敢次列儒家於諸子之間，足見學術公論，不爲利禄所淹殺也。孟堅詮敘諸家，雖辟猶水火，然相滅亦相生，誠見理識。至於書録，儒家五十三，道家三十七，陰陽家二十一，法家十，名家七，墨家六，縱横家十二，雜家二十，農家九，小説家十五，統四千三百二十有四篇。十家著述載録，蓋云備矣。百世之下，班《志》所述，稽古猶須賴焉。

典午以後，簿録雲構，鄭默《中經》、荀勗《新簿》、王儉《七志》、阮孝緒《七録》、劉遵《梁東宮四部目録》，多承前志，别類各殊，然大勢所趨，則合爲四部，所謂甲、乙、丙、丁是也。迨《隋志》修纂，參酌先例，定名經、史、子、集，以代甲、乙、丙、丁，後世式焉。其子部則併班《志》諸子略、兵書略、術數略、方技略，所謂儒、道、法、名、墨、縱横、雜、農、小説、兵、天文、曆數、五行、醫方諸類是也。爾後簿録相承，遞爲損益，見備《四庫》，若儒家、兵家、法家、農家、醫家、天文演算法、術數、藝術、譜録、雜家、類書、小説家、釋家、道家咸歸子部，所謂『自六經以外立説者，皆子書也』（《四庫全書總目·子部總敘》）。

六朝以還，道術承變，頗思頡頏儒釋；羽流不甘，亦廣訪祕典，博搜奇編，彙爲道經。始則劉宋陸修静，總括三洞，校理目次，成《三洞經書目録》。唐人復輯《三洞瓊綱》，遞至趙宋，《寶文統録》《大宋天宮寶藏》《政和萬壽道藏》之集，煌煌矣。金、元刊刻，板亦漫滅。今存明正統《道藏》，收録凡五千三百零五卷；萬曆《續道藏》，凡一百八十卷，皆道典之總彙。清彭定求《道藏輯要》、閔一得《道藏續編》，近世守一子《道藏精華録》，續有增補。而諸子遺編，其涉道術者亦録其中，文獻有存，則『藏』之爲用亦大矣。

宋龔士卨始輯《五子纂圖互注》，所録五書，一曰《纂圖互注老子章句》，二曰《纂圖互注南華真經》，三曰《纂圖互注荀子》，四曰《纂圖互注揚子法言》，五曰《纂圖互注文中子》。後此以往，叢刻疊見。明李瀚《新刊五子書》、歐陽清《五子書》、張懋寀《楊升庵先生評注先秦五子全書》、許宗魯《六子書》、顧春《六子書》、陶原烺《六子全書》、謝汝韶《二十家子書》、陸明揚《紫薇堂四子》、吳勉學《二十子全書》、史起欽《諸子纂要》、董逢元《四子全書》、陳楠《四子書》、黄之寀《二十子》、張登雲《中立四子集》、閔齊伋《三子合刊》，皆明人標榜家數之遺風；復有周子義《子彙》、馮夢禎《先秦諸子合編》、方疑《且且庵初箋十六子》、佚名《合諸名家批點諸子全書》、汪定國《諸子褒異》、歸有光《諸子彙函》，清有吳鼒《韓晏合編》、王子興《十子全書》、王纕堂《廿二子全書》、馮雲鵷《聖門十六子書》、崇文書局《子書百家》、浙江書局《二十二子》、鴻文書局《二十五子彙函》、育文書局《子書二十八種》，民國有五鳳樓主人《子書四十八種》、陳乃乾《周秦諸子斠注十種》、國學整理社《諸子集成》，則學術爲宗，入門稱便。若斯之類，陳陳相因，或採擇未精，或板刻漫漶，然其別裁分體，或配隸自殊，或槖函衆家，或籠罩百氏，不惟惠及學人，即今從事編纂，亦可酌採其法，漁弋其所録之文也。

縱覽千祀，詳觀衆志，目録所載，子部所列，不啻充棟汗牛，抑亦塞乎區宇矣。然歷世編録，子部所收，端緒茫如，最稱龐雜，舉凡凌雜不倫，無可附麗者，皆可强入之，不足以爲準式。且儒者用心，排斥異端，官方纂輯，六藝爲先，子書非所矚目也。若《四庫》標榜『全書』，所收《管子》《晏子》《老子》《莊子》《墨子》《商君》《荀子》《韓子》《呂覽》《淮南》白文本，與乎相關研治之著作，僅得數十。宋明以還，雖好事者恒有，動輒災梨禍棗，刊爲子書叢編，亦不過攟要摘精，豈可窺其大全乎！兩岸隔絶之日，臺灣有嚴靈峰者，用展襟抱，旁搜廣輯，日有孜孜，於《老》《列》《莊》《墨》《荀》《韓》諸子，所得甚夥，影印成編，彙爲《無求備齋諸子集成》，功駕前人之上。然嚴公以一己之力，雖黽勉從事，蓋有不支焉。且以一水相隔，子學卷帙所儲，實以大陸爲富，而得之爲難，豈可諧其夙願！又爲技術所限，所印六子集成，模糊不清者，蓋居其泰半，學人多病之，可爲歎息者也。

今海内昇平，文運昭回，凡志懷天下者，莫不欲高翥青冥，周覽八極，收古今政道人生之智慧，綜歷代成敗得失之經驗，鑒别中西學藝，重建强國話語，亟思奮勵，所以修齊而治平也。華東師範大學，用敢以振興文命自任，以副天下之望，遂勉先秦諸子研究中心垂意，廣徵高識學人，搜四方遺文，綜百家大觀，嘉惠學人，貽功來葉。予雖不敏，豈敢不勉！先是創辦《諸子學刊》，用弘斯業；繼而編纂《子藏》，求全且精，庶或無愧於古人，而來葉知所歸。年前春三月，禮邀宿儒碩學，共論滬上。大德如傅璇琮、卿希泰、陳鼓應、許抗生、陸永品、王水照、蕭漢明、張雙棣、趙逵夫、鄭傑文、張湧泉、廖名春諸先生，皆慷慨相持，莫不奮言，學人共識，皆融此際。未克與會之李學勤先生，欣然惠賜雅論，亦云：『如能彙集成爲《子藏》，實在是功莫大焉。』是知編纂《子藏》，乃人心之所向，爲時代之事業，以故當下起行，一往無前也。

夫『子藏』者，言網羅放佚，次第編摩，俾子學遺籍，盡彙一藏也。『藏』爲儲物之所，佛典之總謂《佛藏》，道經之彙稱《道藏》。今總彙子學遺編，則謂之《子藏》也。蓋漢孝武以還，儒術獨尊，莫與比盛，公私册府，皆庋藏其籍，而他家子書，則多散佚，難以尋覓，故採掇搜羅，彙爲一藏，與天下共之，其嘉惠學林也甚溥矣哉！

劉勰云：『諸子者，入道見志之書。』（《文心雕龍·諸子》）誠哉斯言！然披觀志録，子部配隸，殊有可議。如《漢志》所列『農家』，多勸農桑，或言耕稼之書；『小説家』則有《周考》二十六篇，班固自注曰『考周事也』，亦非『入道見志』之書明矣。《隋志》合《漢志》諸子略、兵書略、術數略、方技略而爲『子部』，歸攝天文、曆數、五行、醫方，此皆方術，殊非見志。《四庫》『子部』，旨在兼包，採擇失統，諸如推步、算書、數學、占候、相宅相墓、占卜、命書相書、陰陽五行、雜技術、書畫、琴譜、篆刻、器物、食譜、雜學、雜考、雜説、雜品、雜纂、雜編、雜事、異聞、瑣語，無所不包，門類有失於冗雜。然沿用已久，積非成是，見諸《中國叢書綜録》。準是以求，則津逮多迷，雜學充斥，而子學『入道見志』之旨，益惑於簿録。今之治子學者，若尤而效之，援爲法戒，則必長見笑於大方之家矣。

若乃觀諸叢刻，宋明以降，『子學』固與『子部』别矣。其中尚見疑似者，如王纕堂《廿二子全書》録《古三墳》一卷、《忠經》一卷、《農説》一卷、《佛説四十二章經》一卷、《葬經》一卷，崇文書局《子書百家》録《齊民要術》十卷、《焦氏易林》四卷、《燕丹子》三卷、《山海經》十八卷、《海内十洲記》一卷、《搜神記》二十卷、《博物志》十卷，浙江書局《二十二子》録《竹書紀年統箋》十二卷、《補注黄帝内經素問》二十四卷，皆非入道之書，亦無關見志。惟嚴靈峰輯《無求備齋諸子集成》，並《周秦漢魏諸子知見書目》，去取之間，頗具識力，足資參詳。

揚搉古今，參稽舊説，折衷群議，雜以私意，輒以爲《子藏》之『子』，當取思想史『諸子百家』之『子』，而非因襲目録學『經、史、子、集』之『子』也。善乎章炳麟《諸子略説》所言：『所謂諸子學者，非專限於周秦，後代諸家，亦得列入，而必以周秦爲主。』持是以求，本藏所録，非止先秦，其漢魏六朝之子書，並歷世學人校覈、注釋、研究專著，皆搜羅盡備。故子書正言，可得而理，曰：《老子》《莊子》《墨子》《子華子》《管子》《鬻子》《晏子》《鄧析子》《文子》《尹文子》《亢桑子》《惠子》《公孫龍子》《曾子》《子思子》《孔子家語》《孔叢子》《商君書》《慎子》《申子》《尸子》《鬼谷子》《孫子》《吳子》《司馬法》《尉繚子》《六韜》《三略》《素書》《關尹子》《鶡冠子》《陰符經》《荀子》《韓非子》《呂氏春秋》《新語》《新書》《淮南子》《春秋繁露》《鹽鐵論》《新序》《法言》《太玄》《桓譚新論》《白虎通》《論衡》《獨斷》《中論》《申鑒》《昌言》《傅子》《抱朴子》《金樓子》《劉子》，流別清晰，皆子學之本體。若以思想史言之，儒術本爲子學，視彼《漢志》，即以《孟子》入諸子。訖乎『五四』，儒學受挫，學者堅稱，《論語》《孟子》，亦莫非子學，故《諸子集成》以置簡首。以彼例此，《子藏》亦當録之，方可名副其實，而此二書，亦體有所適，義有攸歸焉。至於歷世校覈、注釋、研究專著，録止於民國卅八年（一九四九），而出土簡帛，其有關乎諸子者，則下限無隔。

《子藏》之纂，要義有二，一曰『全』，二曰『精』。『全』也者，即凡例合收録原則者，務必搜盡無餘，俾世之治是學者，得盡窺全豹焉。『精』也者，仿《四部叢刊》之法，版本必善，務欲精益求精，庶無貽譏於大方也。故手稿、抄本，搜輯具備，用昭册府；諸印本並存者，則較善甄擇，然後去取焉。明清以還，傳學多有眉批、圈點，皆足見讀者會心，若標點整理，或僅摘版心，縮小影印，則大失原意，此學者之所病也。《子藏》版面，設爲十六開本，原大影印，以存本真，不施點晝，以免重蹈諸叢編之失。全藏收書，約計五千。今視阮孝緒《七録》，析『子兵録』爲十一部，若『儒部』『道部』『法部』『名部』『墨部』『雜部』『兵部』是也；又《道藏》分『洞真』『洞玄』『洞神』『太玄』『太平』『太清』『正乙』諸部，佛藏亦多分部以統衆經。故《子藏》特設諸『部』，以標識各家，分攝衆子，亦利分輯刊行，士林稱便焉。並爲衆著，各製提要，按子系列，先出單行之本（較小系列作適當合併），後則彙爲總目提要。提要其備，務求準確簡要，著者生平、世次、爵里，悉爲臚列，以爲知人論世之資；簡述内容，大體先存焉；詳敘版本流變，讀者知所用力焉。

然則《子藏》之纂，廣搜博採，薈萃群籍，若渤澥納百川之流，太倉聚萬斛之粟，自有子書以來，無有如斯之富有美備，蔚然稱盛，不特册府藉資充盈，用垂久遠，凡四方治子學者，蓋不俟於遐搜之力，患乎旁稽之艱，亦可愜意饜心，足資觀覽矣。惟工程浩大，周折殊多，且是非交至，弗暇接將。然一意學術，雖千萬人，吾往矣。志意既立，則義無反顧；

兼且諸路（涉及文學、史學、哲學、文獻學等）學者之鼎力支持，四方同仁之通力合作，公私庋藏，若中國國家圖書館、中國科學院圖書館、上海圖書館、南京圖書館、北京大學圖書館、復旦大學圖書館、北京師範大學圖書館等，莫不相助，編纂遂稱順利。信乎夫子之言，德不孤，必有鄰也！

辛卯（二〇一一年）仲秋謹撰

前言

陳志平

《子藏·名家部·尹文子卷》共收書五十八種，整合爲精裝十六開本三册予以出版。本卷收録先秦至民國時期（原則上截止於一九四九年）目前所知有關《尹文子》的白文本、節選本、稿抄本、批校本及研究著作等，集《尹文子》各種版本及研究文獻之大成。

一

尹文，亦稱尹文子，在先秦兩漢典籍中屢有記載。《莊子·天下》曰：『不累於俗，不飾於物，不苟於人，不忮於衆，願天下之安寧，以活民命，人我之養，畢足而止，以此白心。古之道術有在於是者，宋鈃、尹文聞其風而悦之。』其時尹文和宋鈃齊名，主張『見侮不辱，救民之鬭，禁攻寢兵，救世之戰』，故學界亦稱之为『宋尹』學派。《公孫龍子·跡府》和《呂氏春秋·正名》均載尹文與齊湣王（前三〇一年—前二八四年在位）論士之事。漢劉向《説苑·君道》還記載尹文和齊宣王（前三二〇年—前三〇一年在位）論人君事。由此可知，尹文子主要活動於齊宣王、湣王時期。

關於尹文子的國籍，《呂氏春秋·正名》高誘注：『尹文，齊人，作《名書》一篇，在公孫龍前，公孫龍稱之。』《漢書·藝文志·諸子略》著録《尹文子》一篇，下注：『説齊宣王，先公孫龍。』顔師古注：『劉向云：與宋鈃俱遊稷下。』《隋書·經籍志》『《尹文子》』下注：『尹文，周之處士，遊齊稷下。』《宋史·藝文志》『《尹文子》』下注：『齊人。』則尹文可能是周人，曾遊齊稷下，亦可能就是齊人。史料殘缺，難以明辨。

二

今本《尹文子》分《大道上》《大道下》兩篇，題戰國尹文著。前有三國魏黄初末年山陽仲長氏序言，云：『余黄初末始到京師，繆熙伯以此書見示，意甚玩之，而多脱誤。聊試條次，撰定爲上、下篇，亦未能究其詳也。』仲長氏、繆熙伯爲何人，序文無交代。宋李淑認爲仲長氏是漢末仲長統（一七九年—二二〇年），繆熙伯是繆襲。然序文所敘與《後漢書·仲長統傳》相抵牾。宋晁公武就指出：『《傳》稱統卒於獻帝遜位之年，而此云「黄初末到京師」，豈史之誤乎？』（《郡齋讀書志》卷一一）故明宋濂《諸子辨·尹文子》認爲『統之序蓋後人依託者也』。更有學者由此進而懷疑《尹文子》也是僞書。民國時唐鉞《尹文和尹文子》以爲：『撰序的人是故作狡獪，影射仲長統。惟未曾細考仲長氏的年代以至露出破綻。』『序既是僞，此書就「來歷不明」。』有的學者還從《尹文子》的思想和文風等方面來論證其爲僞書。如梁啓超《漢書藝文志諸子略考釋》認爲：『今本《尹文子》「名以檢形，形以定名……」等語，皆名家精髓，然與《莊子》所言尹文學風幾根本不相容矣。……其書則本爲先秦名家言，編者不得其主名，遂歸諸尹文。』顧實認爲《尹文子》和《列子》『二書之出同時，而義亦相照，其爲魏晉間人所依託無疑』（《漢書藝文志講疏》）。羅根澤認爲今本《尹文子》與古本不同，書中誤解尹文學説，論及尹文以後學説，『仲長氏豈獨「撰定」此書，直此書之作僞者』，『書及序文成於何時，吾以爲當在魏晉，而魏晉兩朝，又以在晉代之成分爲多』（見《尹文子探源》）。

宋濂、唐鉞等人認爲仲長氏的序是僞託，進而懷疑《尹文子》是僞書，我們認爲這樣的推論在邏輯上並不嚴密，因爲撰《尹文子序》的『仲長氏』不一定就是仲長統。《四庫全書總目提要》就説：『序中所稱熙伯，蓋繆襲之字。其山陽仲長氏不知爲誰。李淑《邯鄲書目》以爲仲長統，然統卒於建安之末，與所云黄初末者不合。晁公武因此而疑史誤，未免附會矣。』清嚴可均《全後漢文·尹文子序》後案：『按統卒於獻帝遜位之歲，而此序言「黄初末始到京師」，當是後人妄改，或此序非統作也，疑莫能明。』如果『仲長氏』不是仲長統，序文就不存在疑誤，也就不是僞託了。

梁啓超、馬敘倫等從思想和文風方面來辨僞，也是見仁見智。如梁啓超認爲此書『精論甚多』，羅根澤認爲『此書僞則僞矣，然其書言嗇意豐，文簡理富……大體固亦整齊博贍之書』。而唐鉞却認爲『《尹文子》文中有許多淺陋的話』，馬敘倫則説：『余觀二篇，詞既庸近，不類戰國時文。陳義尤雜，蓋並出僞作。』（《〈莊子·天下篇〉述義》）凡此，皆僅可備作參考。

看來，關於《尹文子》的真僞問題還有討論的空間。民國學者受古史辨派的影響，對傳統古籍多所懷疑，往往存在抓住一點，懷疑全局的缺憾，而今天的學者主張走出疑古時代，對待先秦古籍更客觀，更尊重，邏輯論證也更嚴密。在没有更強有力的反對證據的情況下，我們同意王蘧常、李學勤等學者的看法，主張還是將《尹文子》視作真書，著作權屬於尹文子或其後學。

首先，此書來歷清晰，流傳有序。《通志·氏族志》『尹文氏』下云：『《世本》：齊有尹文子，著書五篇。』據此則《尹文子》本五篇，至漢時四篇亡佚，故《漢書·藝文志》著録爲一篇。《隋書·經籍志》著録爲二卷，《舊唐書·經籍志》著録爲二卷，《新唐書·藝文志》《宋史·藝文志》著録爲一卷，《崇文總目》《郡齋讀書志》著録爲二卷（惟《直齋書録解題》著録爲三卷，疑有誤）。其後歷代史志、公私書目均有記載。至於從《漢書·藝文志》一篇分化爲《隋書·經籍志》二卷，當是黄初末仲長氏『撰定爲上、下篇』，其後一卷、兩卷之異，均由此引起。《四庫全書總目提要·尹文子》云：『《文獻通考》著録作二卷。此本亦題《大道上篇》《大道下篇》，與序文相符，而通爲一卷。蓋後人所合併也。』宋代時，還曾出現過僞《尹文子》，《容齋續筆》卷一四『尹文子』條云：『又別一書曰《尹子》，五卷共十九篇，其言論膚淺，多及釋氏，蓋晉宋時衲人所作，非此之謂也。』是當時人已注意區分真僞《尹文子》了。

其次，今本《尹文子》與《莊子》所載尹文子思想相合。《莊子·天下》有宋鈃、尹文一派，其核心思想可總結爲『接萬物以別宥爲始』，『見侮不辱，救民之鬭，禁攻寢兵，救世之戰』。今本《尹文子》有云：『接萬物使分，別海内使不雜。見侮不辱，見推不矜，禁暴息兵，救世之鬭。』二者語言接近，觀點吻合。所以，劉建國《先秦僞書辨正·尹文子僞書辨正》認爲今本《尹文子》爲真書，而非後人僞造，是研究尹文思想和研究稷下道家黄老學派的最可靠的史料。

三

《尹文子》全書約五千餘字，可分爲若干自然段，每段論述某一方面的問題，段與段之間没有邏輯關係，全文也没有一個明確的中心論題。先秦諸子所討論的道、無爲、仁、義、禮、樂、權、勢、術、名、形等問題，均有所涉及，故能從中找到不同學派思想的影子。這也引起研究者對《尹文子》學派歸屬的爭議。仲長氏《尹文子序》載：『劉向亦以其學本於黄、老，大較刑名家也。』但其認爲劉向此説『近爲誣矣』。題名晉陶潛撰《聖賢録》『三墨』云：『不累於俗，不飾於物，不尊於名，不忮於衆，此宋鈃、尹文之墨。』是以尹文爲墨家。宋晁公武《郡齋讀書志》則以爲《尹文子》『雖專言刑名，然亦宗六藝，數稱仲尼，其叛道者蓋鮮』，而宋高似孫《子略·尹文子》辨駁道：『班固《藝文志》名家者流録《尹文子》。其書言大道，又言名分，又言仁義禮樂，又言法術權勢，大略則學老氏而雜申韓也。其曰：「民不畏死，由過於刑罰者也。刑罰中則民畏死，畏死則知生之可樂。知生之可樂，故可以死懼之。」此有希於老氏者也。又有「不變之法」「日等之法」「理衆之法」「平準之法」，此有合於申韓。然則其學雜矣，其學淆矣，非統乎道者也。……晁氏嘗稱其「宗六藝，數稱仲尼」，熟考其書，未見所以「稱仲尼，宗六藝」者。』《容齋續筆》『尹文子』條則云：『其文僅五千言，議論亦非純本黄老者。……詳味其言，頗流而入於兼愛。』

我們認爲，《尹文子》應屬名家，此一則是尊重《漢書·藝文志》《隋書·經籍志》等書志的劃分意見，一則是從《尹文子》的實際思想傾向出發作出的判斷。《漢書·藝文志》《隋書·經籍志》《舊唐書·經籍志》《新唐書·藝文志》《宋史·藝文志》《郡齋讀書志》《直齋書録解題》《崇文總目》等，均列《尹文子》於名家。

後世名家著作減少，在書目分類上不便獨立成派，清四庫館臣遂將墨家、名家、縱橫家併入雜家，故《四庫全書總目》列《尹文子》爲雜家，但指出：『其書本名家者流。』後《子書百家》《百子全書》等列《尹文子》爲雜家，當是受《四庫全書》影響。

從《尹文子》全書來看，其雖然没有一個明確的中心，但討論問題始終貫穿着一個基本的方式，那就是名（名稱、概念）、實（事實、價值）的辨析。如其辨道：『大道不稱，衆有必名。』辨仁：『聖賢仁智，命善者也；頑嚚凶愚，命惡者也。今即聖賢仁智之名，以求聖賢仁智之實，未之或盡也。』辨法：『名有三科，法有四呈。』故《文心雕龍·諸子》指出：『尹文課名實之符。』而《文獻通考·經籍考》『《尹文子》』引《周氏涉筆》説：『其書先自道以至名，自名以至法，以名爲根，以法爲柄。』《四庫全書總目》『《尹文子》』認爲：『大旨指陳治道，欲自處於虚靜，而萬事萬物則一一綜核其實，故其言出入於黄、老、申、韓之間。《周氏涉筆》謂其自道以至名，自名以至法，蓋得其真。』尹文子從名、實出發，『聚百家而治之，合萬流而一之，折衷群説，兼攬衆長』（羅根澤《尹文子探源》），當與其所處的稷下學宫的學術環境和戰國時的社會思潮密切相關。

據《世本》所載，《尹文子》本五篇。而至西漢劉向時，衹存一篇。至三國魏黄初末，此一篇亦多有脱誤，仲長氏遂撰定爲上、下篇，此即今本《尹文子》。唐代魏徵《群書治要》、歐陽詢《藝文類聚》、趙蕤《長短經》，宋李昉《太平御覽》、洪邁《容齋續筆》、黄震《黄氏日抄》等或引用，或評述。宋晁公武《郡齋讀書志》『《尹文子》』提及當時富順李氏家有藏者，『謬誤殆不可讀，因爲是正其甚者，疑則闕焉』，是晁氏亦曾整理過該書。目前所知，傳世本《尹文子》最早爲元古迂陳氏家塾本。宋代雖有刻本，但已不傳。明人有翻宋本，民國時張元濟將其影印入《四部叢刊》。自元以下，明、清、民國均有刊印，且清及民國還有抄本傳世。

《意林》卷二《尹文子》下注：『劉歆注《尹文子》。』如果此説可信，則最早給《尹文子》作注的是漢人劉歆。但其後却鮮有作注者。清代諸子學興起，《尹文子》也引起了不少學者的注意，或校勘文字，或輯録佚文，重要者有孫詒讓《尹文子札迻》、錢熙祚《尹文子》一卷校勘記逸文一卷（《守山閣叢書》本）、王仁俊《玉函山房輯佚書續編》輯《尹文子》佚文一卷補遺一卷。民國以來注釋整理《尹文子》的著作更多，如張謌撰《評注尹文子精華》（民國九年上海子學社排印《評注（疑）子精華》本）、錢基博撰《尹文子校讀記》一卷（民國二十年油印本《名家四子校讀記》）、王時潤撰《尹文子校録》二卷（民國二十三年排印《周秦名學三種》本）、陶鴻慶撰《讀諸子札記·尹文子》、陳仲荄撰《尹文子直解》（民國二十七年長沙商務印書館排印《國學小叢書》本）、王愷鑾撰《尹文子校正》（民國二十四年上海商務印書館排印《國學小叢書》本）。

五

本着『求全且精』的原則，《子藏·名家部·尹文子卷》注重不同版本的收録，以便完整反映《尹文子》的流傳過程。《尹文子》最早傳本爲元陳仁子刊本，其下明刊本十三種、清刊本六種，本卷均予以收録。據現有文獻，宋代即有《尹文子》刻本傳世，今未見。明人有翻宋本，民國時張元濟將其影印入《四部叢刊》，爲體現《尹文子》流傳之序，作爲民國刊本予以收録，以便讀者查閱。

《子藏·名家部·尹文子卷》亦注重後世稿抄本的收録。如清嚴可均抄本《子書六種》、清焦循抄本、清抄本、民國抄本等，這些抄本亦説明《尹文子》流傳之廣，均予以收録。

《子藏·名家部·尹文子卷》還特别關注名人批校本。如嚴可均、袁芳瑛、江藩、傅增湘、沈宗疇等，他們均爲文獻大家，在古文獻收藏及研究方面有獨到之處，其校語亦彌足珍貴，本卷也同樣予以收録，以饗讀者。

凡例

一、依據《子藏》『求全且精』的原則，本卷共收録先秦至民國時期（原則上截止於一九四九年前，個別重要文獻收録日期稍有後延）。《尹文子》白文本、節選本、稿抄本、批校本及研究著作共五十八種，整合成精裝十六開本三册影印出版。

二、本卷所收各書，略以著者生年先後爲序。然自晚清以來，出書年代間隔不斷縮小，晚輩所著或在長輩之前，所以於『略以著者生年先後爲序』原則外，亦不乏視實際情況作適當調整者。

三、每種書原則上收録最初刊印者，但如有後出轉精的刊本，則視具體情況而定。如有刊本與稿本或抄本並傳者，原則上皆予收録，以便讀者窺其全貌。如清嚴可均抄本、清抄本等，與刊本一併收録。

四、本書所收著作，原則上都採用原書全稱。如所收僅爲某書一部分，不便於使用原書全稱者，則作適當處理。如焦竑等《新鍥翰林三狀元會選二十九子品彙釋評》、陳深《諸子品節》等所收《尹文子》，分別改稱《新鍥翰林三狀元會選尹文子品彙釋評》《尹文子品節》。

總目録

第一册

古迂陳氏家塾尹文子二卷　（周）尹文 撰　元陳仁子刊本……一

尹文子二卷　（周）尹文 撰　明正統《道藏》本……三七

尹文子二卷　（周）尹文 撰　明刊本……七三

尹文子二卷　（周）尹文 撰　明弘治間李瀚刊《新刊五子書》本……一一一

尹文子二卷　（周）尹文 撰　明嘉靖三十年（1551）劉禋刊本……一四七

尹文子一卷　（周）尹文 撰　明萬曆四至五年（1576—1577）南京國子監刊《子彙》本……一八三

尹文子一卷　（周）尹文 撰　（明）馮夢禎 校　明萬曆四至五年（1576—1577）刊《十八子全書》本……二一三

尹文子一卷　（周）尹文 撰　明萬曆二十三年（1595）歐陽清刊《五子書》本……二四一

尹文子一卷　（周）尹文 撰　明萬曆三十年（1602）緜眇閣刊《先秦諸子合編》本……二八五

尹文子二卷　（周）尹文 撰　明刊《且且庵初箋十六子》本……三一七

尹文子一卷　（周）尹文 撰　傅增湘 批校　明刊《十子》本……三五七

尹文子一卷　（周）尹文 撰　明刊《十二子》本……三八九

尹文子一卷　（周）尹文 撰　（清）江藩 批校　明刊《十二子》本……四二五

第二册

尹文子一卷　（周）尹文 撰　（清）袁芳瑛 批校　明刊《六子書》本……一

尹文子二卷　（周）尹文 撰　沈宗疇 批校　清嘉慶七年（1802）嚴可均抄本《子書六種》……三三

尹文子一卷 (周)尹文 撰 清嘉慶十三年(1808)刊《墨海金壺》本 …… 五九
尹文子一卷 (周)尹文 撰 清嘉慶十九年(1814)刊《湖海樓叢書》本 …… 八九
尹文子一卷 (周)尹文 撰 清道光十三年(1833)王氏棠蔭館刊《二十二子全書》本 …… 一三三
尹文子一卷校勘記逸文一卷 (周)尹文 撰 (清)錢熙祚 校勘 清道光二十四年(1844)金山錢氏據《墨海金壺》版重編增刊《守山閣叢書》本 …… 一六五
尹文子一卷 (周)尹文 撰 清光緒十六年(1890)黄梅梅氏慎自愛軒刊《清芬堂叢書》本 …… 二〇五
尹文子二卷 (周)尹文 撰 清光緒二十二年(1896)刊《佞漢齋叢書》本 …… 二四三
尹文子一卷 (周)尹文 撰 民國八年(1919)上海商務印書館《四部叢刊》影印明覆宋本 …… 二七九
尹文子二卷 (周)尹文 撰 佚名校並録清嚴可均跋 清抄本 …… 三一三
尹文子一卷 (周)尹文 撰 佚名 批校 民國元年(1912)鄂官書處刊《子書百家》本 …… 三三九

尹文子治要　（唐）魏徵等 節選
民國八年（1919）上海商務印書館《四部叢刊》影印日本天明七年（1787）刊《群書治要》本……三六三
尹文子　（元）陶宗儀 輯
明抄本《説郛・讀子隨識》……三七九
尹文子　（元）陶宗儀 輯
明抄本《説郛》……三八一
尹文子　（元）陶宗儀 輯　張宗祥 重校
民國十六年（1927）上海商務印書館排印《説郛・讀子隨識》本……三八五
尹文子　（元）陶宗儀 輯　張宗祥 重校
民國十六年（1927）上海商務印書館排印《説郛》本……三八七
尹文子　（明）黎堯卿 輯
明刊《諸子纂要》本……三九一
尹文子　（明）歸有光 輯評　文震孟 參訂
明天啓五年（1625）刊《諸子彙函》本……三九九
尹文子類纂　（明）沈津 撰
明隆慶元年（1567）刊《百家類纂》本……四一三
尹文子一卷　（明）謝汝韶 輯校
明萬曆六年（1578）吉藩崇德書院刊《二十家子書》本……四四三

新鍥翰林三狀元會選尹文子品彙釋評 (明)焦竑 校正 翁正春 參閲 朱之蕃 圈點
明萬曆四十四年(1616)刊《新鍥翰林三狀元會選二十九子品彙釋評》本……四六七
尹文子折衷彙錦 (明)焦竑 纂注 陳懿典 評閲
明萬曆間金陵龔少岡三衢書林刊《兩翰林纂解諸子折衷彙錦》本……四七九

第三册

新鐫尹文子玄言評苑 (明)陸可教 選 李廷機 訂
明刊《新鐫諸子玄言評苑》本……一
尹文子粹言 (明)陳繼儒 選
明刊《藝林粹言》本……一五
尹文子品節 (明)陳深 撰
明萬曆間刊《諸子品節》本……二一
尹文子奇賞一卷 (明)陳仁錫 選
明天啓六年(1626)刊《諸子奇賞》本……三九
尹文子 (明)陳仁錫 撰
明刊《子品金函》本……七一
尹文子 佚名 摘抄
明藍格抄本《二十一家子書摘抄》……八一

尹文子 (清)焦循 批校並跋 清焦循抄本《諸子節録》……八七
讀尹文子 (清)楊琪光 撰 清光緒十一年(1885)刊《枉川全集·百子辨正》本……一一七
尹文子札迻 (清)孫詒讓 撰 清光緒二十年(1894)瑞安孫氏刊《札迻》本……一一九
尹文子佚文一卷補遺一卷 (清)王仁俊 輯 手稿本《玉函山房輯佚書續編》……一二五
讀尹文子札記 陶鴻慶 撰 一九五九年中華書局排印《讀諸子札記》本……一三三
尹文子文粹 李寶淦 撰 民國六年(1917)排印《諸子文粹》本……一三七
評注尹文子精華 張諤 撰 民國九年(1920)上海子學社排印《評注皕子精華》本……一四七
尹文子校讀記一卷 錢基博 撰 民國二十年(1931)油印本《名家四子校讀記》……一五三
尹文子考補證 黄雲眉 撰 民國二十一年(1932)金陵大學中國文化研究所排印《古今僞書考補證》本……一八九

尹文子校録二卷　王時潤　撰　民國二十三年(1934)排印《周秦名學三種》本……一九七
尹文子直解　陳仲荄　撰　民國二十七年(1938)長沙商務印書館排印《國學小叢書》本……二二五
尹文子通考　張心澂　撰　民國二十八年(1939)上海商務印書館排印《僞書通考》本……三〇七
尹文子校正　王愷鑾　撰　民國二十四年(1935)上海商務印書館排印《國學小叢書》本……三一三
尹文子　佚名　節抄　民國間手抄本……三七五
尹文子探源　羅根澤　撰　一九五八年人民出版社排印本……四〇五
尹文的名辯思想　汪奠基　撰　一九六一年中華書局排印《中國邏輯思想史料分析》本……四一七
尹文子略注　伍非百　撰　一九八三年中國社會科學出版社排印《中國古名家言》本……四四七

第一册目録

古迂陳氏家塾尹文子二卷 (周)尹文 撰 元陳仁子刊本……一
尹文子二卷 (周)尹文 撰 明正統《道藏》本……三七
尹文子二卷 (周)尹文 撰 明刊本……七三
尹文子二卷 (周)尹文 撰 明弘治間李瀚刊《新刊五子書》本……一一一
尹文子二卷 (周)尹文 撰 明嘉靖三十年(1551)劉棲刊本……一四七
尹文子一卷 (周)尹文 撰 明萬曆四至五年(1576—1577)南京國子監刊《子彙》本……一八三
尹文子一卷 (周)尹文 撰 (明)馮夢禎 校 明萬曆四至五年(1576—1577)刊《十八子全書》本……二一三

尹文子一卷　（周）尹文　撰
明萬曆二十三年（1595）歐陽清刊《五子書》本……二四一
尹文子一卷　（周）尹文　撰
明萬曆三十年（1602）緜眇閣刊《先秦諸子合編》本……二八五
尹文子二卷　（周）尹文　撰
明刊《且且庵初箋十六子》本……三一七
尹文子一卷　（周）尹文　撰　傅增湘　批校
明刊《十子》本……三五七
尹文子一卷　（周）尹文　撰
明刊《十二子》本……三八九
尹文子一卷　（周）尹文　撰　（清）江藩　批校
明刊《十二子》本……四二五

（周）尹文　撰

古迂陳氏家塾尹文子二卷

元陳仁子刊本

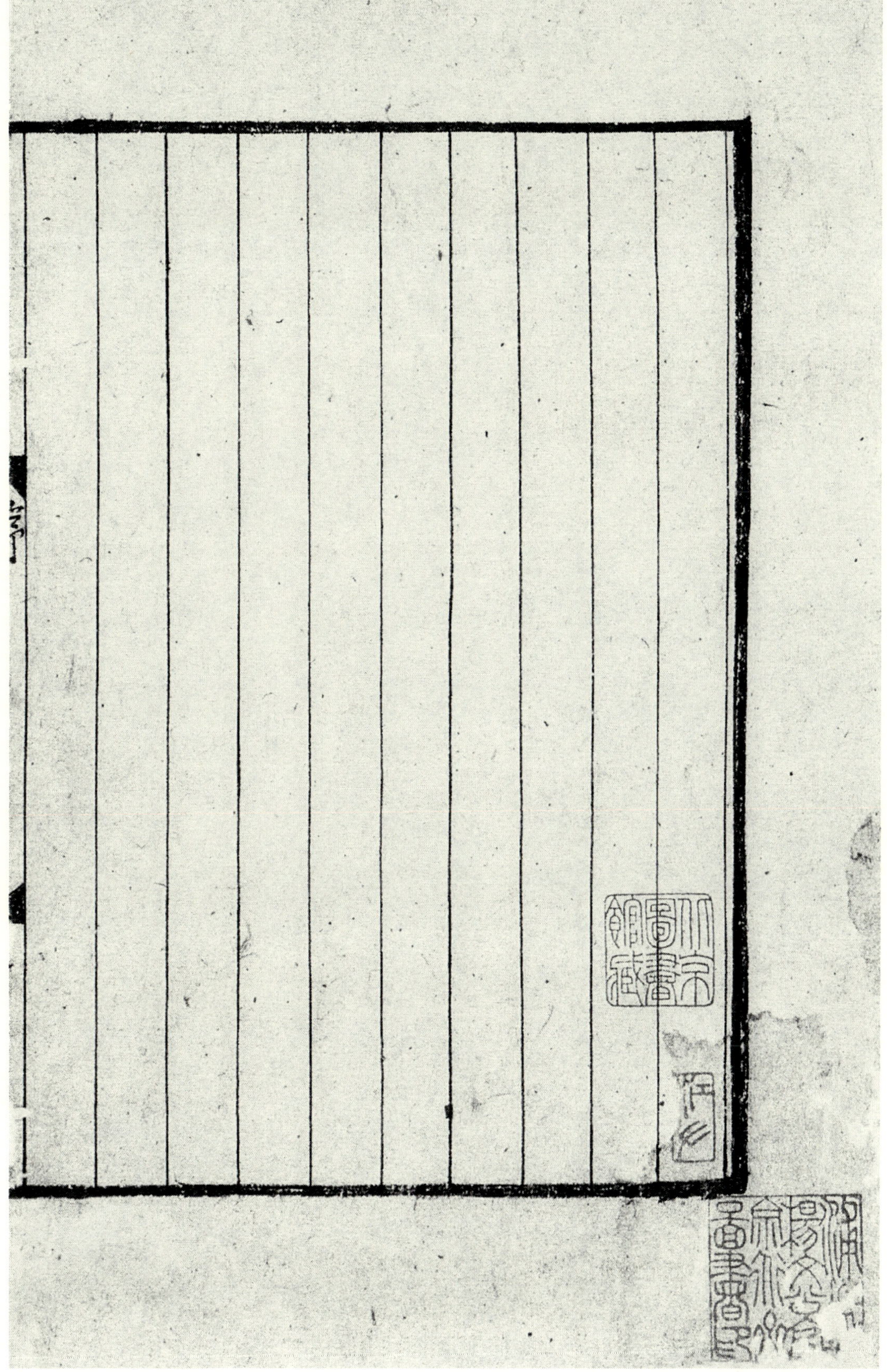

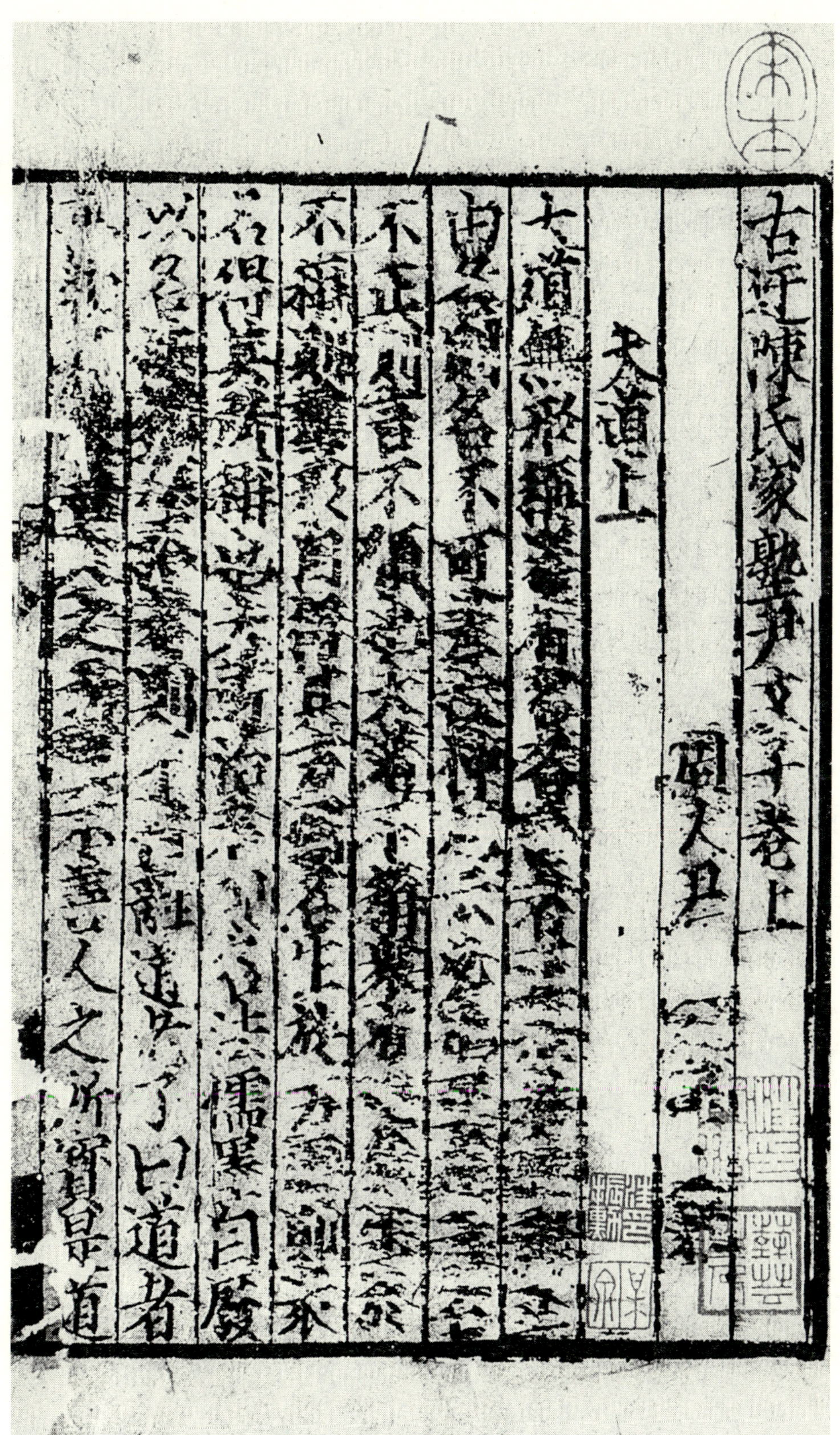

古迂陳氏家藏尹文子卷上

周人尹文撰

大道上

大道無形，稱器有名。[illegible] 名也者，正形者也。[illegible]

形正由名，則名不可差。[illegible] 故仲尼云：必也正名乎！名

不正則言不順也。[illegible] 大道不稱，衆有必名。[illegible]

不稱，則羣形自得其方圓；[illegible] 名生於方圓，則衆

名得其所稱也。[illegible] 大道治者，則名法儒墨自廢；

以名法儒墨治者，則不得離道。

[illegible] 道者萬物之奧，善人之寶，不善人之所寶。是道

治者謂之善人藉名法儒墨者謂之不善人

後術[illegible]勢可尊[illegible]者名形者也形者應名

者也然形非正名也名非正形也則形之與名

居然別矣不可相亂亦不可相無無名故大

道無稱有名故名以正形今萬物具存不以

名正之則亂萬名具列不以形應之則乖故

形名者不可不正也善名命善惡名命惡故

善有善名惡有惡名聖賢仁智命善者也頑

嚚凶愚命惡者也今即聖賢仁智之名以求

聖賢仁智之實未之或盡也即頑嚚凶愚之

名以求頑嚚凶愚之實亦未或盡也使善惡之盡然有分雖未能盡物之實猶不患其差也故曰名不可不辯也名稱者何彼此而檢虛實者也自古至今莫不用此而得用彼而失失者由名分混得者由名分察今親賢而疏不肖賞善而罰惡賢不肖善惡之名宜在彼親疏賞罰之稱宜屬我我之與彼又復一名名之察者也名賢不肖爲親疏名善惡爲賞罰合彼我之一稱而不別之名之混者也故曰名稱者不可不察也語曰好牛又曰不

可不察也好則物之通稱牛則物之定形以
通稱隨定形不可窮極者也設復言好馬則
復連於馬矣則好所通無方也設復言好人
則復屬於人也則好非人人非好也則好牛
好馬好人之名自離矣故曰名分不可相乱
也五色五聲五臭五味凡四類自然存焉天
地之間而不期為人用人必用之終身各有
好惡而不能辯其名分名宜屬彼分宜屬我我
愛白而憎黑韻商而舍徵好膻而惡焦嗜甘
而逆苦白黑商徵膻焦甘苦彼之名也愛憎

韵合呂好惡嗜逆我之分也定此名分則萬事

不亂也故人以度審長短以量受少多以衡

平輕重以律均清濁以名稽虛實以法定治

亂以簡制煩惑以易御險難以萬事皆歸於

一百度皆準於法歸一者簡之至準法者易

之極如此頑嚚聾瞽可以察慧聰明同其治

也天下萬事不可備能責其備能於一人則

賢聖其猶病諸設一人能備天下之事能左

右前後之宜遠近遲[illegible][illegible]之[illegible]照之有不兼者焉

苟有不兼於治闕矣全治而無闕者大小之

少多嘗其分農商工仕不易其業老農長商
習工舊仕莫不存焉則處上者何事哉故有
理而無益於治者君子弗言有能而無益於
事者君子弗為君子非樂有言有益於治不
得不言君子非好有為有益於事不得不為
故所言者不出於名法權術所為者不出於
農稼軍陣周務而已故明主不為治外之理
小人必言事外之能小人亦知言損於治而
不能不言小人亦知能損於事而不能不為
故所言者極於儒墨是非之辯所為者極於

堅僞偏抗之行求名而已故明主誅之古語
曰不知無害為君子知之無損於小人工匠
不能無害於巧君子不知無害於治此信矣
為善使人不能從此獨善也為巧使人不得
從此獨巧也未盡善巧之理為善與衆行之
為巧與衆能之此善之善者巧之巧者也所
貴聖人之治不貴其獨治貴其能與衆共治
貴工倕之巧不貴其獨巧貴其能與衆共巧
逮今世之人行欲獨賢事欲獨能辯欲出羣
勇欲絕衆獨行之賢不足以成化獨能之事

不足以居務出羣之辯不可為戶說絕衆之
勇不可與征陣凡此四者亂之所由生是以
聖人任道以夷其險立法以理其差使賢愚
不相棄能鄙不相遺能鄙不相遺則能鄙齊
功賢愚不相棄則賢愚等慮此至治之術也
名定則物不競分明則私不行物不競非無
心由名定故無所措其心私不行非無欲由
分明故無所措其欲然則心欲人人有之而
得同於無心無欲者制之有道也田駢曰天下
之士莫肯處其門庭臣其妻子必游宦諸侯

之朝者利引之也游宦諸侯之朝皆志為卿大夫而不擬於諸侯者名限之也彭蒙曰雉兔在野眾人逐之分未定也雞豕滿市莫有志者分定故也物奢則仁智相屈分定則貪鄙不爭圓者之轉非能轉而轉不得不轉也方者之止非能止而止不得不止也因圓之自轉使不得止因方之自止使不得轉何患物之失分故因賢者之有用使不得用因愚者之無用使不得不用用與不用皆非我用因彼所用與不用而自得其用也奚患物之

亂矣此皆不能自知不知自知智者能智其
智愚美不能愚愚不能好美能好而好醜美不能醜
而醜生不能自能不知自知則智貧好何所貴
愚醜何所賤則智不能得含愚好不能得嗤
醜此為得之道逆道行於世則貧賤者不怨
富貴者不驕愚弱者不慍智勇者不陵定於
分也法行於世則貧賤者不敢怨富貴富貴
者不敢陵貧賤愚弱者不敢慢智勇智勇者
不敢鄙愚弱此法之不及道也世之所貴同
而貴之謂之俗世之所用同而用之謂之物

苟違於人俗所不與苟便於衆俗所共去故
心皆殊而爲行若一所好各異而資用必同
此俗之所齊物之所好所以所齊不可不慎所
飾不可不擇昔齊桓好服紫闔境不鬻異彩
楚莊愛細腰一國皆有飢色上之所以率下
乃治亂之所由也故俗有沴必爲法以矯之
物有淫必立制以檢之累於俗飾於物者不
可與爲治矣昔齊世奢者晏公以儉矯之乃
衣不重帛食不兼肉無幾時人皆大布之衣
脫粟之飯越三十年餘謀[illegible]人[illegible]

數[illegible]下[illegible]書[illegible]禮之，此乃數年[illegible]無長幼臨敵。雖[illegible]湯[illegible]不[illegible]音之難知，此之驗。聖王知民情之易[illegible]樂以和之，制禮以節之。在下[illegible]禮[illegible]其私，故禮[illegible]行，禮樂獨行，則私欲寢廢；私欲寢廢，則遭賢之與遭愚均矣。若使遭賢則治，遭愚則亂，是治亂續於賢愚，不係於禮樂，是聖人之術與聖主而俱沒。治世之法逮易世而莫用，則亂多而治寡。亂多而治寡，則賢無所貴，愚無所賤矣。處名位，雖不肖，不患物不疎己。親疏係乎勢利，不係乎不肖與仁賢吾亦不敢據以為天理以為地勢之自然者爾今天地之間不肖實衆仁賢實寡趨利之情不肖特厚廉恥之情仁賢偏多今以禮義招仁賢所得仁賢者萬不一焉以名利招不肖所得不肖者徧地是焉故曰禮義教君子君子未必須禮義名利治小人小人不可無名利慶賞刑罰君事也守職效能臣業也君料功黜陟故有慶賞刑罰臣各慎所任故有守職效能君不可與臣業臣不可侵君事上下不相侵謂之名正名正而

法順之接萬物使分別謂海內使不雜見侮不辱見推不矜禁暴息兵救世之鬭此仁君之德可以為主矣守職分使不亂慎所任而無私飢飽一心毀譽同慮賞亦不忘罰亦不怨此居下之節可為人矣世之因名以得實亦有因名以失實宣王好射說人之謂己能用彊也其實所用不過三石以示左右左右皆引試之中關而止皆曰不下九石非大王孰能用是宣王悅之然則宣王用不過三石而終身自以為九石三石實也九石名也宣

王悅其名而喪其實齊有黃公者好謙卑有二女皆國色以其美也常謙辭毀之以為醜惡醜惡之名遠布年過而一國無聘者衛有鰥夫時冒娶之果國色然後曰黃公好謙故毀其子妹必美於是爭禮之亦國色也國色實也醜惡名也此違名而得實矣楚人擔山雉者路人問何鳥也擔雉者欺之曰鳳凰也路人曰我聞有鳳凰今自見之汝販之乎曰然則十金弗與請加倍乃與之將欲獻楚王經宿而鳥死路人不遑惜金惟恨不得以獻

楚王國人傳之咸以為真鳳凰貴欲以獻之

遂聞楚王感其欲獻於己召而厚賜之過於

買金之鳥十倍魏田父有耕於野者得寶玉

徑尺弗知其玉也以告鄰人陰欲圖之謂之

曰此怪石也畜之弗利其家弗如復之田父

雖疑猶錄以歸置於廡下其夜玉明光照一

室田父稱家大怖復以告鄰人曰此怪之徵

遄棄殃可消於是遽而棄之於遠野鄰人無

何盜之以獻魏王魏王召玉工相之玉工望

之再拜而立敢賀王王得此天下之寶臣未

嘗見王問其價王丁曰此無價以當之五城之都僅可一觀魏王亦賜獻之者千金長食上大夫祿凡天下萬理皆有是非吾所不敢誣是若常是非若常非亦吾所自然是雖常是有時而不用非雖常非有時而必行故用是而失者有之行非而得者有之是是非之理不同而要於變通爲治用則是非皆在或觀堯舜湯武之人成或順或逆得時則自然紂遂爲之人敗或是或非失時則亡五伯之亡亦必然宋公以楚人戰於泓公子目夷請擊之襄公曰寡人其

未既濟而擊之宋公曰不可吾聞不鼓不成
列寡人雖亡國之餘不敢行也遂敗楚人執宋
公齊人弒襄公立公孫無知召忽管夷吾奉
公子糾奔魯鮑叔牙奉公子小白奔莒既而無
知被殺二公子爭國糾宜立者也小白先入
故齊人立之既而使魯人殺糾召忽死之管
夷吾以為相晉文公為驪姬之譖出亡十九年
惠公卒賂秦以求反國殺懷公于而自立彼
一君正而不免於殺二君不正而霸業遂焉已
是而舉世非之則不知己之是己非而舉世

是之亦不知己所非然則是非隨衆賈而爲正非己所獨了則犯衆者爲非順衆者爲是故人君處難來難處所是之地則人所不得非也居則物學之動則物從之言則物誠之行則物則之所以居物上御羣下國乱有三事年饑民斃無食以聚之則乱治國無法則乱有法而不能用則乱有法貪以聚民有法而能行國不治未之有也

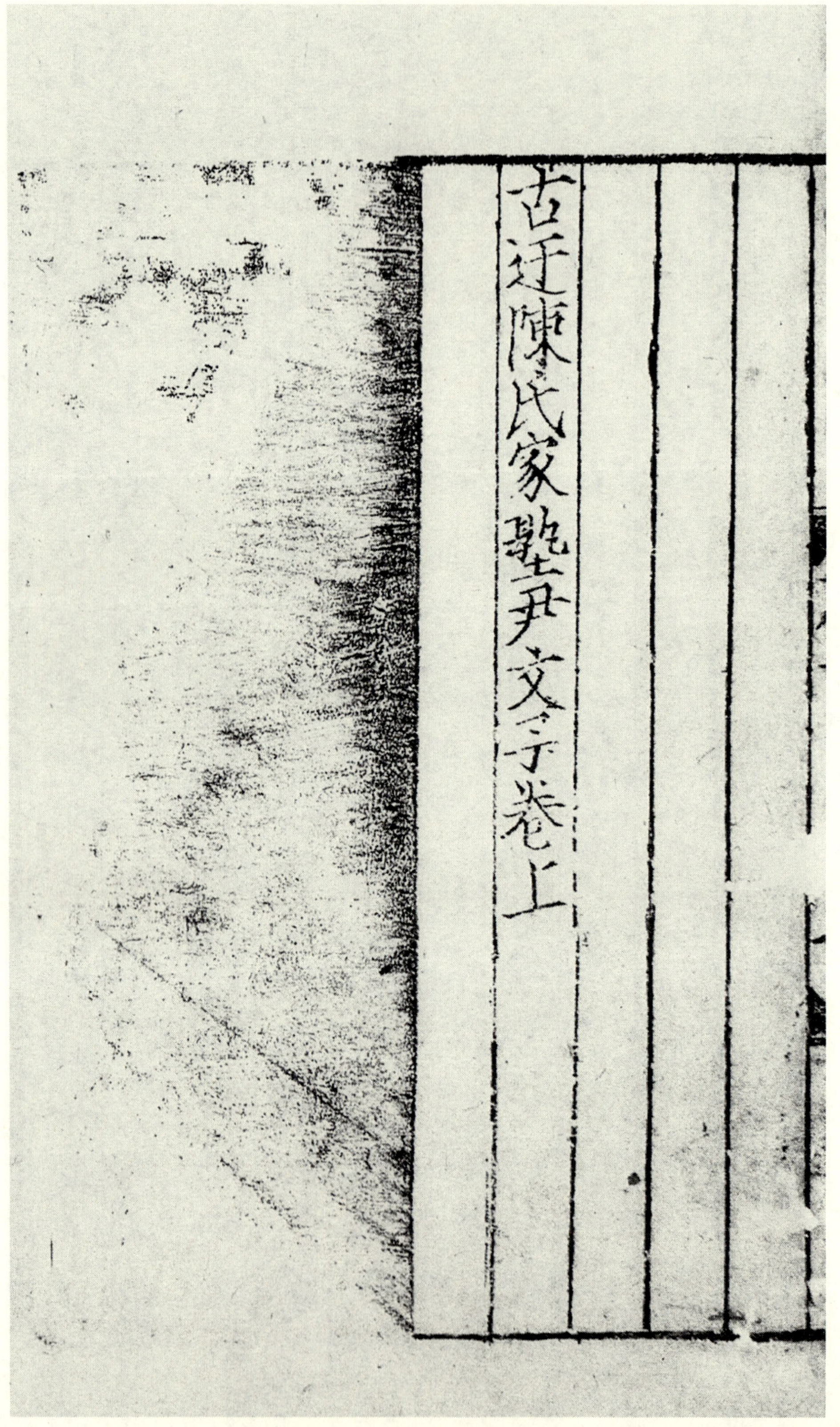
古迂陳氏家塾尹文子卷上

古汴陳氏家塾尹文子卷下

周人尹文子著

大道下

仁義禮樂名法刑賞凡此八者五帝三王治世之術也故仁以導之義以宜之禮以行之樂以和之名以正之法以齊之刑以威之賞以勸之故仁者所以博施於物亦所以生偏私義者所以立節行亦所以成華僞禮者所以行恭謹亦所以生惰慢樂者所以和情志亦所以生淫放名者所以正尊卑亦所以生

矜篡法者所以齊衆異亦所以乖名分刑者所以
威不服亦所以生陵暴賞者所以勸忠能亦
所以生鄙爭凡此八術無隱於人而常存於
世非自顯於堯湯之時非自逃於桀紂之朝
用得其道則天下治失其道則天下亂過此
而往雖彌綸天地籠絡萬品治道之外非羣
生所餐挹聖人措而不言也凡國之存亡有
六徵有衰國有亡國有昌國有强國有治國
有亂國所謂亂亡之國者凶虐殘暴不與焉
所謂强治之國者威力仁義不與焉君年長

多勝少子孫疏宗彊衰國也君寵臣臣愛君公法廢私欲行亂國也國貧小家富君權輕臣勢重亡國也凡此三徵不待凶年饑暴而後弱也雖曰見存吾必謂之亡者也內無專寵外無近習支庶繁字長幼不亂昌國也農桑以時倉廩充實兵甲勁利封疆修理強國也上不勝其下下不能犯其上上下不相勝犯故禁令行人人無私雖經險艱而國不可侵治國也凡此三徵不待威力哉而後強雖曰見弱吾必謂之存者治主之[illegible]必有

所先誅先誅者非竊盜非謂姦惡也一言之害一時之大害非竊政之本也亂政之本下侵上之權臣用君之術心不畏時之禁行不軌時之法此大亂之道也孔子攝魯相七日而誅少正卯門人進問曰夫少正卯魯之聞人也夫子為政而先誅得無失乎孔子曰居吾語汝其故人有惡者五而竊盜姦私不與焉一曰心達而險二曰行僻而堅三曰言偽而辯四曰強記而博五曰順非而澤此五者有一於人則不免君子之誅而少正卯兼有之故

居處足以聚徒成群言談足以飾邪熒眾強記足以反是獨立此小人之桀雄也不可不誅也是以湯誅尹諧文王誅潘正太公誅華士管仲誅付里乙子產誅鄧析史付此七子者異世而同心不可不誅也詩曰憂心悄悄慍於群小小人成群斯足畏也語曰佞辯可以熒惑鬼神聰明正直孰曰熒惑若曰鬼神誠不受熒惑此太佞辯之巧靡不入也太佞辯者雖不能熒惑鬼神熒惑人明矣蔽人之心虞人之欲順人之嗜好而不敢逆纔人於邪

惡而求其利人喜聞己之美也善論物惡聞己之過也善能飾之君得之於晉驕之間承之於言行之先語曰惡紫之奪朱惡利口之覆邦家斯言是畏而終身莫悟危亡繼踵焉老子曰以政治國以奇用兵以無事取天下政者名法是也以名法治國萬物而不能亂奇者權術是也以權術用兵萬物而不能敵凡能用名法權術而矯抑殘暴之情則己無事焉己無事則得天下矣故失治則任法失法則任兵以求無事不以取強取強則柔者反

能服之老子曰民不畏死如之何以死懼之凡民之不畏死由刑罰過刑罰過則民不賴其生生無所賴視君之威末如之刑罰中則民畏死畏死由生之可樂也知生之可樂故可以死懼之此人君之所宜執臣下之所宜慎

田子讀書曰堯時太平宋子曰聖人之治以致此乎彭蒙在側越次答曰聖法之治以至此非聖人之治也宋子曰聖人與聖法何以異彭蒙曰子之亂名甚矣聖人者自己出也聖法者自理出也理出於己己非理也己能

出理理非己也故聖人之治獨治者也聖法
之治則無不治矣此萬世之利唯聖人能該
之宋子猶惑質於田子田子曰蒙之言然莊
里丈人字長子曰盜少子曰毆盜出行其父在
後追呼之曰盜盜吏聞因縛之其父呼毆
喻吏遽而聲不轉但言毆毆吏因毆之幾殪
康衢長者字僮曰善搏字犬曰善噬賓客不
過其門者三年長者怪而問之乃實對於是
改之賓客往復鄭人謂玉未理者爲璞周人
謂鼠未腊者爲璞周人懷璞謂鄭賈曰欲買

璞乎鄭賈曰欲之出其璞視之乃鼠也因謝
不取父之於子也令有必行者有必不行者
去貴妻賣愛妾此令必行者也因曰汝無敢
恨汝無敢思令必不行者也故爲人上者必
慎所令凡人富則不羨爵祿貧則不畏刑罰
不羨爵祿者自足於已也不畏刑罰者不賴
存身也二者爲國之所甚而不知防之之術
故令不行而禁不止若使令不行而禁不止
則無以爲治無以爲治是人君虛臨其國徒
君其民危亂可立而待矣今使由爵祿而後

富則人盡力其君矣由刑罰而務則
人咸罪而從者矣故古之為國者無使民
自貧富貧富皆於君則君尊所制民知所
歸矣貧則怨人賤則怨時而莫有自怨者此
人情之大趣也然則不可以此是人情之大
趣而一槩非之亦有可矜者焉不可不察也
今能同等鈞而從富賤貧能不怨則美矣雖
怨無所非也才鈞智同而彼貴我賤能不怨
則美矣雖怨無所悲也其激在於不知乘權
藉勢之異而雖曰智能之同是不達之過雖

君子之鄙亦君子之怨也人貧賤怨人富則驕人怨人者苦人之不祿施於己也起於情所難安而不能安猶可恕也驕人者無苦而無故驕人此情所易貴而弗能貴弗可恕矣衆人見貧賤則慢之而疎之見富貴則敬之而親之貧賤者有請賕於己疎之可也未必損己而必疎之以其無益物之具故也富貴者有施與於己親之可也未必益己而必親之則彼不敢親我矣三者獨立無致親致疎之所人情終不能不以貧賤富貴易慮故謂之大

惑焉窮鰥貧賤治世之所共亂世之所共侮治世非無矜窮鰥貧賤而治是治之一事也亂世亦非侮窮鰥貧賤而亂亦是亂之一事也每事治則無亂亂則無治觀夏商之盛夏商之衰則其驗也貧賤之望富貴甚微而富貴不能酬其甚微之望夫富貴者之所惡貧者之所羞貴者之所輕賤者之所榮然而弗酬非與同苦樂故也雖而酬之於我弗傷今萬民之望人君亦如貧賤者之望富貴其所望者蓋欲料長幼平賦斂時其飢寒省其疾

痛賞罰不濫使役以時如此而已則於人君弗損也然而弗酬弗與同勞役故也故爲人君不可弗與民同勞役故笙焉富貴者可不酬貧賤者人君不可不酬萬民不酬萬民則萬民之所不願戴所不願戴則君位替矣危莫甚焉禍莫大焉

古迂陳氏家塾尹文子卷下

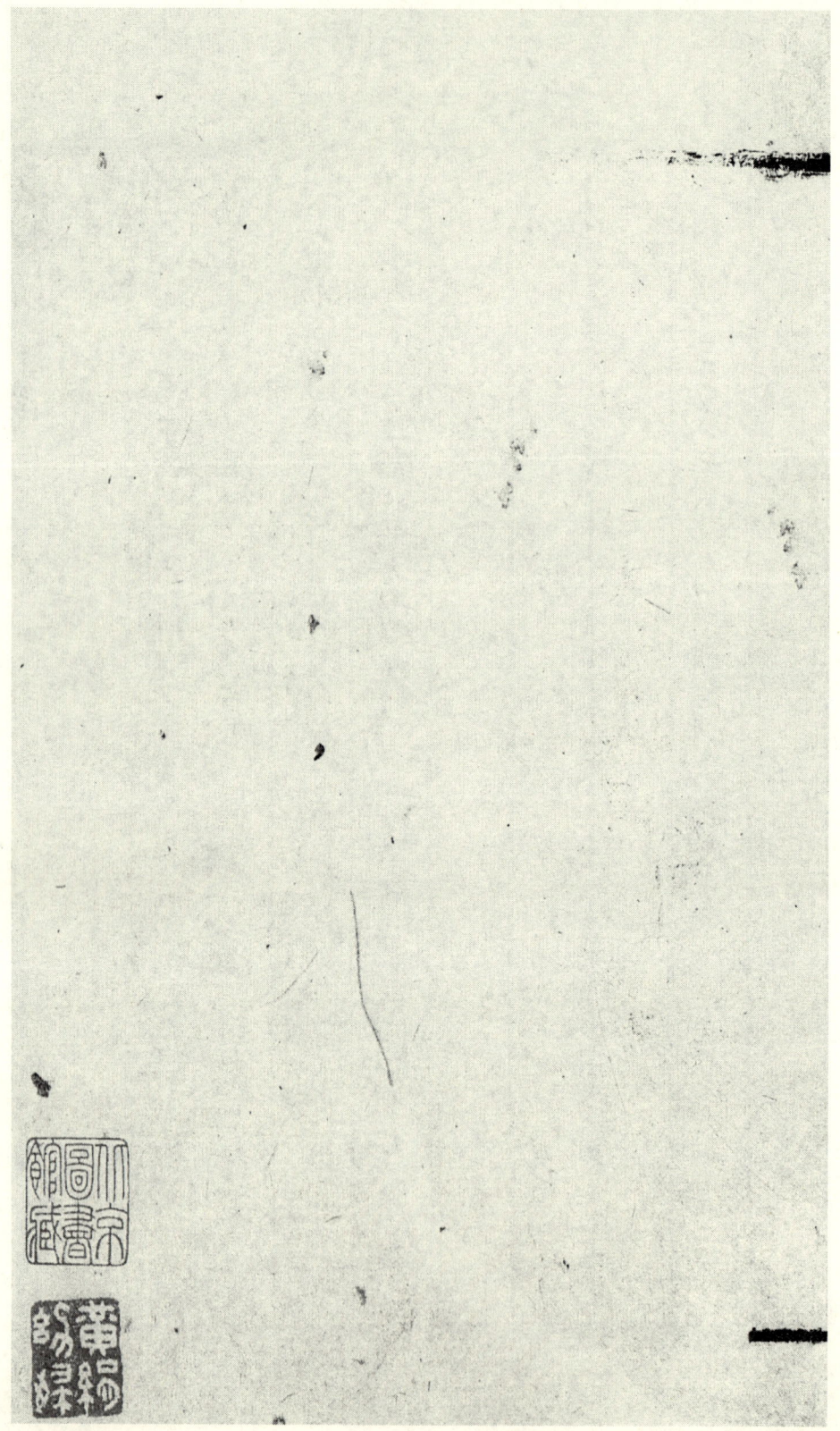

（周）尹文 撰

尹文子二卷

明正統《道藏》本

尹文子序　　　　　　　　　　　　　　　　　　　　　　　　　　　　　　　　　　　　　　顛四

山陽仲長氏撰定

尹文子蓋出於周之尹氏齊宣王時居稷下與宋鈃彭蒙田駢同學於公孫龍公孫龍稱之著書一篇多所彌綸莊子曰不累於物不苟於人不忮於衆願天下之安寧以活民命人我之養畢足而止以此白心見侮不辱此其道也而劉向亦以其學本於黃老大較刑名家也近爲誣矣余黃初末始到京師繆熙伯以此書見示意甚玩之而多脫誤聊

試條次撰定爲上下篇亦未能究其詳也

尹文子卷上

大道上

大道無形稱器有名名也者正形者也形正由名則名不可差故仲尼云必也正名乎名不正則言不順也大道不稱衆有必名生於

不稱則羣形自得其方圓名生於方圓則衆名得其所稱也大道治者則名法儒墨自廢以名法儒墨治者則不得離道老子曰道者萬物之奥善人之寶不善人之所寶是道治者謂之善人藉名法儒墨者謂之不善人善人之與不善人名分扶問切曰離不待審察而得也道不足以治則用法法不足以治則用術術不足以治則用權權不足以治則用勢勢用則反權權用則反術術用則反法法用則反道道用則無爲而自治故窮則徼吉弔切

終徼終則反始始終相襲無窮極也有形者必有名有名者未必有形形而不名未必失其方圓白黑之實名而不可不尋名以檢其差故亦有名以檢形形以定名名以定事事以檢名察其所以然則形名與事物無所

隱其理矣名有三科法有四呈一曰命物之名方圓白黑是也二曰毀譽之名善惡貴賤是也三曰況謂之名賢愚愛憎是也一曰不變之法君臣上下是也二曰齊俗之法能鄙同異是也三曰治衆之法慶賞刑罰是也四

曰平准之法律度權量是也術者人君之所
密用羣下不可妄窺勢者制法之利器羣下
不可妄爲人君有術而使羣下得窺非術之
奥者有勢使羣下得爲非勢之重者大要在
乎先正分使不相侵雜然後術可祕勢可專
名者名形者也形者應名者也然形非正名
也名非正形也則形也則形之與名居然別
矣不可相亂亦不可相無無名故大道無稱
有名故名以正形今萬物具存不以名正之
則亂萬名具列不以形應之則乖故形名者

不可不正也善名命善惡名命惡故善有善

名惡有惡名聖賢仁智命善者也頑嚚魚巾切

凶愚命惡者也今即聖賢仁智之名以求聖

賢仁智之實未之或盡也即頑嚚凶愚之名

以求頑嚚凶愚之實亦未或盡也使善惡之

類四　三

盡然有分雖未能盡物之實猶不患其差也

故曰名不可不辯也名稱者何彼此而檢虛

實者也自古至今莫不用此而得用彼而失

失者由名分混得者由名分察今親賢而疎

不肖賞善而罰惡賢不肖善惡之名宜在彼

親疎賞罰之稱宜屬我我之與彼又復一名名之察者也名賢不肖爲親疎名善惡爲賞罰合彼我之一稱而不別之名之混者也故曰名稱者不可不察也語曰好虛到切牛又曰不可不察也好則物之通稱牛則物之定形以通稱隨定形不可窮極者也設復言好馬則復連於馬矣則好所通無方也設復言好人則彼屬於人也則好非人人非好也則好牛好馬好人之名自離矣故曰名分不可相亂也五色五聲五臭五味凡四類自然存焉

天地之間而不期爲人用人必用之終身各有好惡而不能辯其名分名宜屬彼宜屬我我愛白而憎黑韻商而舍（音捨）徵好羶而惡焦嗜甘而逆苦白黑商徵羶焦甘苦彼之名也愛憎韻舍好惡嗜逆我之分也定此名分則萬事不亂也故人以度審長短以量受少多以衡平輕重以律均清濁以名稽虛實以法定治亂以簡制煩惑以易御險難以萬事皆歸於一百度皆準於法歸一者簡之至準法者易之極如此頑嚚聾瞽可以察慧聰明同

其治也天下萬事不可備能責其備能於一人則賢聖其猶病諸設一人能備天下之事能左右前後之宜遠近遲疾之間必有不兼者焉苟有不兼於治闕矣全治而無闕者大小多少各當丁浪切其分農商工仕不易其業

老農長商習工舊仕莫不存焉則處上者何事哉故有理而無益於治者君子弗言有能而無益於事者君子弗爲君子非樂有言有益於治不得不言君子非有爲有益於事不得不爲故所言者不出於名法權術所爲者

不出於農稼軍陣周務而已故明主不爲治外之理小人必言事外之能小人亦知言損於治而不能不言小人亦知能損於事而不能不爲故所言者極於儒墨是非之辯所爲者極於堅僞偏抗口浪切之行求名而已故明主誅之古語曰不知無害於君子知之無損於小人工匠不能無害於巧君子不知無害於治此信矣爲善使人不能得從此獨善也爲巧使人不能得從此獨巧也未盡善巧之理爲善與衆行之爲巧與衆能之此善之善

者巧之巧者也所貴聖人之治不貴其獨治貴其能與衆共治也工倕（音垂）之巧不貴其獨巧貴其能與衆共巧也今世之人行欲獨賢事欲獨能辯欲出羣勇欲絶衆獨行之賢不足以成化獨能之事不足以周務出羣之辯不可爲戶說絶衆之勇不可與征陣凡此四者亂之所由生是以聖人任道以其險立法以理其差使賢愚不相棄能鄙不相遺能鄙不相遺則能鄙齊功賢愚不相棄則賢愚等慮此至治之術也名定則物不競分（扶問切）明

則私不行物不競非無心由名定故無所措其心私不行非無欲由分明故無所措其欲然則心欲人人有之而得同於心無欲者制之有道也田駢（蒲眠切）曰天下之士莫肯處其門庭臣其妻子必遊宦諸侯之朝者利引之也遊於諸侯之朝皆志爲卿大夫而不擬於諸侯者名限之也彭蒙曰雉兔在野衆人逐之分求定也雞豕滿市莫有志者分定故也物奢則仁智相屈分定則貪鄙不爭圓者之轉非能轉而轉不得不轉也方者之止非能

止而止不得不止也因圓之自轉使不得止
因方之自止使不得轉何苦物之失分故因
賢者之有用使不得不用因愚者之無用使
不得用用與不用皆非我用因彼所用與不
可用而自得其用奚患物之亂乎物皆不能

自能不知自知智非能智而智愚非能愚而
愚好非能好而好醜非能醜而醜夫不能自
能不知自知則智好何所貴愚醜何所賤則
智不能得夸愚好不能得嗤醜此爲得之道
也道行於世則貧賤者不怨富貴者不驕愚

弱者不懾(質涉切)智勇者不陵定於分也法行於世則貧賤者不敢怨富貴富貴者不敢陵貧賤愚弱者不敢冀智勇智勇者不敢鄙愚弱此法之不及道也世之所貴同而貴之謂之俗世之所用同而用之謂之物苟違於人俗所不與苟忮(之義切)於衆俗所共去故心皆殊而爲行若一所好各異而資用必同此俗之所齊物之所飾故所齊不可不慎所飾不可不擇昔齊桓好(許誥切)衣紫闔境不鬻異彩楚莊愛細腰一國皆有饑色上之所以率下

乃治亂之所由也故俗苟沴必爲法以矯之物苟溢必立制以檢之累力僞切於俗飾於物者不可與爲治矣昔晉國苦奢文公以儉矯之乃衣不重帛食不兼肉無幾時人皆大布之衣脫粟之飯越王勾踐謀報吴欲人之勇路逢怒蛙而軾之比及數年民無長幼臨敵雖湯火不避居上者之難如此之驗聖王知民情之易動故作樂以和之制禮以節之在下者不得用其私故禮樂獨行禮樂獨行則私欲寢廢私欲寢廢則遭賢之與遭愚均矣

若使遭賢則治遭愚則亂是治亂續於賢愚不係於禮樂是聖人之術與聖主而俱沒治也之法逮易世而莫用則亂多而治寡亂多而治寡則賢無所貴愚無所賤矣處名位雖不肖不愚物不疏（音疎）巳親疎係乎勢利不係

乎不肖與仁賢吾亦不敢據以爲天理以爲地勢之自然者爾今天地之間不肖實衆仁賢實寡趨利之情不肖特厚廉耻之情仁賢偏多今以禮義招仁賢所得仁賢者萬不一焉以名利招不肖所得不肖者觸地是焉故

曰禮義成君子君子未必須禮義名利治小人小人不可無名利慶賞刑罰君事也守職効能臣業也君料功黜陟故有慶賞刑罰臣各慎所任故有守職効能君不可與臣業臣不可侵君事上下不相侵與謂之名正名正而法順也接萬物使分別海内使不雜見侮不辱見推不矜禁暴息兵救世之鬭此仁君之德可以爲主矣守職分使不亂慎所任而無私饑飽一心毀譽同慮賞亦不忘罰亦不怨此居下之節可爲人矣世有因名以得實

亦以因名以失實宣王好射説音悦人之謂已能用強也其實所用不過三石以示左右左右皆引試之中關而止皆曰不下九石非大王孰能用是宣王悦之然則宣王用不過三石而終身自以為九石三石實也九石名也宣王悦其名而喪其實齊有黃公者好謙卑有二女皆國色以其美也常謙辭毀之以為醜惡醜惡之名遠布年過而一國無聘者衛有鰥夫時冒娶之果國色然後曰黃公好謙故毀其子不姝美於是爭禮之亦國色也國

色實也醜惡名也此違名而得實矣楚人擔
山雉者路人問何鳥也擔雉者欺之曰鳳凰
也路人曰我聞有鳳凰今直見之汝販之乎
曰然則十金弗與請加倍乃與之將欲獻楚
王經宿而鳥死路人不遑惜金惟恨不得以

獻楚王國人傳之咸以爲真鳳凰貴欲以獻
之遂聞楚王感其欲獻於己召而厚賜之過
於買鳥之金十倍魏田父有耕於野者得寶
玉徑尺弗知其玉也以告隣人隣人陰欲圖
之謂之曰此怪石也畜之弗利其家弗如復

之田父雖疑猶録以歸置於廡音侮下其夜玉明光照一室田父稱家大怖普故切復以告隣人曰此怪之徵遄市專切棄殃可銷於是遽而棄於遠野隣人無何盜之以獻魏王魏王召玉工相之玉工望之再拜而立敢賀王王得
此天下之寶臣未嘗見王問其價玉工曰此無價以當之五城之都僅可一觀魏王立賜獻玉者千金長食上大夫禄凡天下萬里皆有是非吾所不敢誣是者常是非者常非亦吾所信然是雖常是有時而不用非雖常非

肴時而必行故用是而失有矣行非而得有
矣是非之理不同而更興廢飜爲我用則是
非焉在哉觀堯舜湯武之成或順或逆得時
則昌桀紂幽厲之敗或是或非失時則亡五
伯之主亦然宋公以楚人戰於泓烏宏切　公子

目夷曰楚衆我寡請其未悉濟而擊之宋公
曰不可吾聞不鼓不成列寡人雖亡之餘不
敢行也戰敗楚人執宋公齊人弑襄公立公
孫無知召忽夷吾奉公子糾奔魯鮑叔牙奉
公子小白奔莒既而無知被殺二公子爭國

糾宜立者也小白先入故齊人立之旣而使魯人殺糾召忽死之徵夷吾以爲相晉文公爲驪姬之譖出亡十九年惠公卒賂秦以求反國殺懷公子而自立彼一君正而不免於執二君不正霸業遂焉已是而舉世非之則不知已之是已非而舉世是之亦不知已所非然則是非隨衆賈而爲正非已所獨了則犯衆者爲非順衆者爲是故人君處權乘勢處所是之地則人所不得非也居則物尊之動則物從之言則物誠之行則物則之所以

居物上御羣下也國亂有三事年飢民散無食以聚之則亂治國無法則亂有法而不能用則亂有法食以聚民有法而能行國不治未之有也

尹文子卷上

尹文子卷下

大道下

仁義禮樂名法刑賞凡此八者五帝三王治世之術也故仁以導之義以宜之禮以行之樂以和之名以正之法以齊之刑以威之賞

以勸之故仁者所以博施於物亦所以生偏私義者所以立節行亦所以成華偽禮者所以行恭謹亦所以生惰慢樂者所以和情志亦所以生淫放名者所以正尊卑亦所以生矜篡法者所以齊眾異亦所以乖分刑者所

以威不服亦所以生陵暴賞者所以勸忠能亦所以生鄙爭凡此八術無隱於人而常存於世非自顯於堯湯之時非自逃於桀紂之朝用得其道則天下治失其道則天下亂過此而往雖彌綸天地籠絡萬品治道之外非

羣生所餋挹聖人錯而不言也凡國之存亡有六徵有衰國有亡國有昌國有彊國有治國有亂國所謂亂亡之國者凶虐殘暴不與焉所謂彊治之國者威力仁義不與焉君年長多媵以證切少子孫疏宗彊衰國也君寵臣臣愛君公法廢私欲行亂國也國貧小家富大君權輕臣勢重亡國也凡此三徵不待凶虐殘暴而後弱也雖曰見存吾必謂之亡者也內無專寵外無近習支庶繁字長幼不亂昌國也農桑以時倉廩充實兵甲勁利封彊

修理彊國也上不勝其下下不能犯其上上下不相勝犯故禁令行人人無私雖經險易而國不可侵治國也凡此三徵不待威力仁義而後彊雖曰見弱吾必謂之存者治主之興必有所先誅先誅者非謂盜非謂姦此二

惡者一時之大害非亂政之本也亂政之本下侵上之權臣用君之術心不畏時之禁行不執時之法此大亂之道也孔丘攝魯相七日而誅少失照切正卯門人進問曰夫少正卯魯之聞人也夫子爲政而先誅得無失乎孔

子曰居吾語（牛據切）汝其故人有惡者五而竊盜姦私不與焉一曰心達而險二曰行僻而堅三曰言僞而辯四曰彊記而博五曰順非而澤此五者有一於人則不免君子之誅而少正卯兼有之故居處足以聚徒成羣言談足以飾邪熒衆彊記足以反是獨立此小人雄桀也不可不誅也是以湯誅尹諧文王誅潘正太公誅華士管仲誅付里乙子產誅鄧析史付此六子者異世而同心不可不誅也詩曰憂心悄悄慍於羣小小人成羣斯足畏

也語曰佞辯可以熒惑鬼神曰鬼神聰明正
直孰曰熒惑者曰鬼神誠不受熒惑此尤佞
辯之巧靡不入也夫佞辯者雖不能熒惑鬼
神熒惑人明矣探人之心度人之欲順人之
嗜好而不敢逆納人於邪惡而求其利人喜
聞已之美也善能揚惡聞已之過也善能飾
之得之於眉睫之間承之於言行之先語曰
惡紫之奪朱惡利口之覆邦家斯言足畏而
終身莫悟危亡繼踵焉老子曰以政治國以
奇用兵以無事取天下政者名法是也以名

法治國萬物所不能亂奇者權術是也以權術用兵萬物所不能敵凡能用名法權術而矯抑殘暴之情則已無事焉已無事則得天下矣故失治則任法失法則任兵以求無事不以取彊取彊則柔者反能服之老子曰民不畏死如何以死懼之凡民之不畏死由刑罰過刑罰過則民不賴其生生無所賴視君之威末如也刑罰中則民畏死畏死由生之可樂也知生之可樂故可以死懼之此人君之所宜執臣下之所宜慎田子讀書曰堯時

太平宋子曰聖人之治以致此乎彭蒙在則
越次答曰聖法之治以至此非聖人之治也
宋子曰聖人與聖法何以異彭蒙曰子之亂
名甚矣聖人者自已出也聖法者自理出也
理出於已已非理也已能出理理非已也故
聖人之治獨治者也聖法之治則無不治矣
此萬世之利唯聖人能該之宋子猶惑質於
田子田子曰蒙之言然莊里丈人字長子曰
盜少子曰毆盜出行其父在後追呼之曰盜
盜吏聞因縛之其父呼毆喻吏遽而聲不轉

但言毆毆吏因毆之錢殪一計切康衢長者字
僮曰善搏音博字大曰善噬賓客不過其門者
三年長者怪而問之乃實對於是改之賓客
往復鄭人謂玉未理者爲璞周人謂鼠未腊
者爲璞周人懷璞謂鄭賈曰欲買璞乎鄭賈

曰欲之出其璞視之乃鼠也因謝不取父之
於子也令有必行者有必不行者去貴妻賣
愛妾此令必行者也因曰汝無敢恨汝無敢
思令必不行者也故爲人上者必慎所令凡
人富則不羨爵祿貧則不畏刑罰不羨爵祿

者自足於已也不畏刑罰者不賴存身也二者爲國之所甚而不知防之之術故令不行而禁不止若使令不行而禁不止則無以爲治無以爲治是人君虛臨其國徒君其民危亂可立而待矣今使由爵禄而後富則人力爭盡力於其君矣由刑罰而後貧則人咸畏罪而從善矣故古之爲國者無使民自貧富貧富皆由於君則君專所制民知所歸矣貧則怨人賤則怨時而莫有自怨者此人情之大趣也然則不可以此是人情之大趣而一

槩非之亦有可矜者焉不可不察也今能同筭鈞而彼富我貧能不怨則美矣雖怨無所非也才鈞智同而彼貴我賤能不怨則美矣雖然無所非也其敝在於不知秉權藉勢之異而雖曰智能之同是不達之過雖君子之鄙亦君子之恕也人貧則怨人富則驕人怨人者苦人之不禄施於己也起於情所難安而不能安猶可恕也驕人者無苦而無故驕人此情所易貴而弗能貴弗可恕矣衆人見貧賤則慢而踈之見富貴則敬而親之貧賤

者有請賕於己踈之可也夫必損己而必踈
之以其無益物之具故也富貴者有施與己
親之可也未必益己而必親之則彼不敢親
我矣三者獨立無致親致踈之所人情終不
能不以貧賤富貴易慮故謂之大慼焉窮獨

貧賤治世之所共矜亂世之所共侮治世非
爲矜窮獨貧賤而治是治之一事也亂世亦
非侮窮獨貧賤而亂亦是亂之一事也每事
治則無亂亂則無治視夏商之盛夏商之衰
則其驗也貧賤之望富貴甚微而富貴不能

爲其甚微之望夫富貴者之所惡貧者也所美貴者之所輕賤者之所榮然而弗爲弗與同苦樂故也雖弗爲之於我弗傷今萬民之望人君亦如貧賤之望富貴其所望者蓋欲料長幼平賦斂時其飢寒省其疾痛賞罰不濫使役以時如此而已則於人君弗損也然而弗爲弗與同勞逸故也故爲人君不可弗與民同勞逸焉故富貴者可不爲貧賤者人君不可不爲萬民不爲萬民則萬民之所不願戴所不願戴則君位替矣危莫甚焉禍莫

貞四　十五

大焉

尹文子卷下

（周）尹文　撰

尹文子二卷

明刊本

尹文子序

山陽仲長氏撰定

尹文子著蓋出於周之尹氏齊宣王時居稷下與宋鈃彭蒙田駢同學於公孫龍公孫龍稱之著書一篇多所彌綸莊子曰不累於物不苟於人不忮於衆願天下之安寧以活民命人我之養畢足而止之以此白心見侮不辱此其道也而劉向亦以其學本於黃老大較刑名家也近為誣矣余黃初末始到京師繆熙伯以此書見示意甚玩之而

朗　八

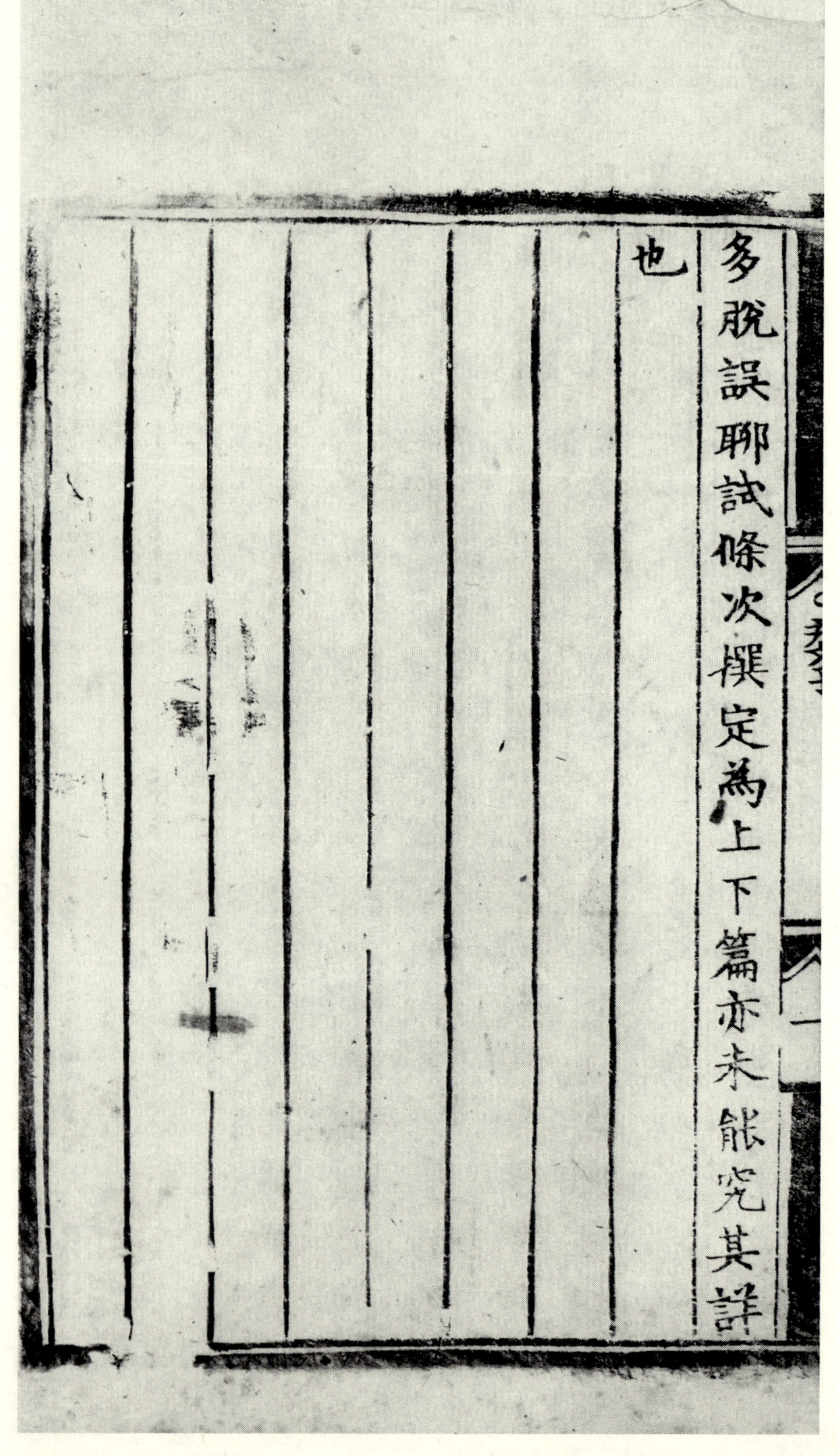

多脱誤聊試條次撰定為上下篇亦未能究其詳
也

尹文子卷上

大道上

大道無形稱器有名名也者正形者也形正由名則名不可差故仲尼云必也正名乎名不正則言不順也大道不稱衆有必名生於不稱則羣形自得其方圓名生於方圓則衆名得其所稱也大道治者則名法儒墨自廢以名法儒墨治者則不得離道老子曰道者萬物之奥善人之寶不善人之所寶是道治者謂之善人藉名法儒墨者謂之不

善人善人之與不善人名分扶問切日離不待審察
而得也道不足以治則用法法不足以治則用術
術不足以治則用權權不足以治則用勢勢用則
反權權用則反術術用則反法法用則反道道用
則無為而自治故窮則徼吉弔切終徼終則反始始
終相襲無窮極也有形者必有名有名者未必有
形形而不名未必失其方圓白黑之實名而不可
不尋名以檢其差故亦有名以檢形形以定名名
以定事事以檢名察其所以然則形名之與事物

無所隱其理矣名有三科法有四呈一曰命物之名方圓白黑是也二曰毀譽之名善惡貴賤是也三曰況謂之名賢愚愛憎是也一曰不變之法君臣上下是也二曰齊俗之法能鄙同異是也三曰治衆之法慶賞刑法是也四曰平准之法律度權量是也術者人君之所密用羣下不可妄窺勢者制法之利器羣下不可妄爲人君有術而使羣下得窺非術之奥者有勢使羣下得爲非勢之重者大要在乎先正　分使不相侵雜然後術可秘勢

可專名者名形者也形者應名者也然形非正名也名非正形也則形之與名居然別矣不可相亂亦不可相無無名故大道無稱有名故名以正形今萬物具存不以名正之則亂萬名具列不以形應之則乖故形名者不可不正也善名命善惡名命惡故善有善名惡有惡名聖賢仁智命善者也頑嚚魚巾切凶愚命惡者也今即聖賢仁智之名以求聖賢仁智之實未之或盡也即頑嚚凶愚之名以求頑嚚凶愚之實亦未之或盡也使善惡盡然有

分雖未能盡物之實猶不患其差也故曰名不可
不辨也名稱者何彼此而檢虛實者也自古至今
莫不用此而得用彼而失失者由名分混得者由
名分察今親賢而疏不肖賞善而罰惡賢不肖善
惡之名宜在彼親疏賞罰之稱宜屬我我之與彼
又復一名名之察者也名賢不肖為親疏名善惡
為賞罰合彼我之一稱而不別之名之混者也故
曰名稱者不可不察也語曰好嘘到切牛又曰不可
不察也好則物之通稱牛則物之定形以通稱隨

定形不可窮極者也設復言好馬則復連於馬矣則好所通無方也設復言好人則彼屬於人矣則好非人人非好也則好牛好馬好人之名自離矣故曰名分不可相亂也五色五聲五臭五味凡四類自然存焉天地之間而不期爲人用人必用之終身各有好惡而不能辨其名分名宜屬彼宜屬我我愛白而憎黑韻商而舍[音捨]徵好膻而惡焦嗜甘而逆苦白黑商徵膻焦甘苦彼之名也愛憎韻舍好惡嗜逆我之分也定此名分則萬事不亂也

故人以度審長短以量受少多以衡平輕重以準
均清濁以名稽虛實以法定治亂以簡治煩惑以
易御險難以萬事皆歸於一百度皆準於法歸一
者簡之至準法者易之極如此頑嚚聾瞽可以察
慧聰明同其治也天下萬事不可備能責其備能
於一人則賢聖其猶病諸設一人能備天下之事
能左右前後之宜遠近遲疾之間必有不兼者焉
苟有不兼於治闕矣全治而無闕者大小多少各
當（下浪切）其分農商工仕不易其業老農長商習工

舊仕莫不存焉則屬上者何事哉故有理而無益於治者君子弗言有能而無益於事者君子弗為君子非樂有言有益於治不得不言君子非有為有益於事不得不為故所言者不出於名法權術所為者不出於農稼軍陣周務而已故明主不為治外之理小人必言事外之能小人亦知言損於治而不能不言小人亦知能損於事而不能不為故所言者極於儒墨是非之辯所為者極於堅僞偏抗[illegible]浪之行求名而已故名主誅之古語曰

不知無害於君子知之無損於小人工匠不能無害於巧君子不知無害於治此信矣為善使人不能得從此獨善也為巧使人不能得從此獨巧也未盡善巧之理為善與衆行之為巧與衆能之此善之善者巧之巧者也所貴聖人之治不貴其獨治貴其能與衆共治貴工倕垂音之巧不貴其獨巧貴其能與衆共巧也今世之人行欲獨賢事欲獨能辯欲出羣勇欲絶衆獨行之賢不足以成化獨能之事不足以周務出羣之辯不可為戶説絶衆

之勇不可與征陣凡此四者亂之所由生是以聖人任道以　其險立法以理其差使賢愚不相棄能鄙不相遺能鄙不相遺則能鄙齊功賢愚不相棄則賢愚等慮此至治之術也名定則物不競分扶問切明則私不行物不競非無心由名定故無所措其心私不行非無欲由分明故無所措其欲然則心欲人人有之而得同於心無欲者制之有道也田駢蒲眠切曰天下之士莫肯處其門庭臣其妻子必遊宦諸侯之朝者利引之也遊於諸侯之朝

啗志爲卿大夫而不擬於諸侯者名限之也彭蒙曰雉兔在野衆人逐之分求定也雞豕滿市莫有志者分定故也物奢則仁智相屈分定則貪鄙不爭圓者之轉非能轉而轉不得不轉也方者之止非能止而止不得不止也因圓之自轉使不得止因方之自止使不得轉何苦物之失分故因賢者之有用使不得不用因愚者之無用使不得用用與不用皆非我用因彼所用與不可用而自得其用奚患物之亂乎物皆不能自能不知自知智非

能智愚非能愚而智而愚好非能好而好醜非能醜而醜夫不能自能不知自知則智好何所貴愚醜何所賤則智不能得夸愚好不能得嗤醜此爲得之道也道行於世則貧賤者不怨富貴者不驕愚弱者不慴（貧涉切）智愚者不陵定於分也法行於世則貧賤者不敢怨富貴富貴者不敢陵貧賤愚弱者不敢蔑智勇智勇者不敢鄙愚弱此法之不及道也世之所貴同而貴之謂之俗世之所用同而用之謂之物苟違於人俗所不與苟忮（支切）義於

衆俗所共去故心皆殊而爲行若一所好各異而資用必同此俗之所齊物之所飾故所齊不可不慎所飾不可不擇昔齊桓好（許浩切）衣紫闔境不鬻異彩楚莊愛細腰一國皆有饑色上之所以率下乃治亂之所由也故俗苟侈必爲治以矯之物苟溢必立制以檢之累（力僞切）於俗飾於物者不可與爲治矣昔晉國苦奢文公以儉矯之乃衣不重帛食不兼肉無幾時人皆大布之衣脫粟之飯越王句踐謀報吳欲人之勇路逢怒蛙而軾之比及數

年民無長幼臨敵雖湯火不避居上者之難如此之驗聖王知民情之易動故作樂以和之制禮以節之在下者不得用其私故禮樂獨行禮樂獨行則私欲寢廢私欲寢廢則遭賢之與遭愚均矣若使遭賢則治遭愚則亂是治亂續於賢愚不係於禮樂是聖人之術與聖主而俱沒治也之法逮易世而莫用則亂多而治寡亂多而治寡則賢無所貴愚無所賤矣處名位雖不肖不愚物不疏踣已親疏係乎勢利不係於不肖與仁賢吾亦不敢據

以為天理以為地勢之自然者爾今天地之間不肖賢衆仁賢寡趨利之情不肖特厚廉恥之情仁賢偏多今以禮義招仁賢所得仁賢者萬不一爲以名利招不肖所得不肖者觸地是爲故曰禮義成君子君子未必須禮義名利治小人小人不可無名利慶賞刑罰君事也守職效能臣業也君料功黜陟故有慶賞刑罰臣各慎所任故有守職效能君不可與臣業臣不可侵君事上下不相侵與謂之名正名正而法順也接萬物使分別海內使不

雜見侮不辱見推不矜禁暴息兵救世之鬬此仁君之德可以為主矣守職分使不亂慎所任而無私饑飽一心毀譽同慮賞亦不忘罰亦不怨此居下之節可為人矣世有因名以得實亦以因名以失實宣王好射說（音悅）人之謂己能用強也其實所用不過三石以示左右左右皆引試之中關而止皆曰不下九石非大王孰能用是宣王悅之然則宣王用不過三石而終身自以為九石三石實也九石名也宣王悅其名而喪其實齊有黃公者好

謙卑有二女皆國色以其美也常謙辭毀之以為醜惡醜惡之名遠布年過而一國無聘者衛有鰥夫時冒娶之果國色然後曰黄公好謙故毀其子不姝美於是争禮之亦國色也國色實也醜惡名也此違名而得實矣楚人擔山雉者路人問何鳥也擔雉者欺之曰鳳凰也路人曰我聞有鳳凰今直見之汝販之乎曰然則十金弗與請加倍乃與之將欲獻楚王經宿而鳥死路人不遑惜金惟恨不得以獻楚王國人傳之咸以為真鳳凰貴欲以

獻之遂聞楚王感其欲獻於己召而厚賜之過於買鳥之金十倍魏田父有耕於野者得寶玉徑尺弗知其玉也以告鄰人鄰人陰欲圖之謂之曰怪石也畜之弗利其家弗如復之田父雖疑猶錄以歸置於廡(音憮)下其夜玉明光照一室田父稱家大怖(普故切)復以告鄰人曰此怪之徵遄(市專切)棄殃可銷於是遽而棄於遠野鄰人無何盜之以獻魏王魏王召玉工相之玉工望之再拜而立敢賀王王得此天下之寶臣未嘗見王問價玉工曰此

無價以當之五城之都僅可一觀魏王立賜獻玉者千金長食上大夫祿凡天下萬里皆有是非吾所不敢誣是者常是非者常非亦吾所信然是雖常是有時而不用非雖常非有時而必行故用是而失有矣行非而得有矣是非之理不同而更興廢離為我用則是非焉在我觀堯舜湯武之成或順或逆得時則昌桀紂幽厲之敗或是或非失時則亡五伯之主亦然宋公以楚人戰於泓烏宏切公子目夷曰楚衆我寡請其未悉濟而擊之宋公曰

不可吾聞不鼓不成列寡人雖亡之餘不敢行也
戰敗楚人執宋公齊人弑襄公立公孫無知召忽
夷吾奉公子糾奔魯鮑叔牙奉公子小白奔莒既
而無知被殺二公子爭國糾宜立者也小白先入
故齊人立之既而使魯人殺糾召忽死之徵夷吾
以為相晉文公為驪姬之譖出亡十九年惠公卒
賂秦以求反國殺懷公子而自立彼一君正而不
免於執二君不正霸業遂焉已是而舉世非之則
不知已之是已非而舉世是之亦不知已所非然

則是非隨衆賈而爲正非已所獨了則犯衆者爲非順衆者爲是故人君處權乘勢處所是之地則人所不得非也居則物尊之動則物從之言則物誠之行則物則之所以居物上御羣下也國亂有三事年飢民散無食以聚之則亂治國無法則亂有法而不能用則亂有食以聚民有法而能行國不治未之有也

尹文子卷上

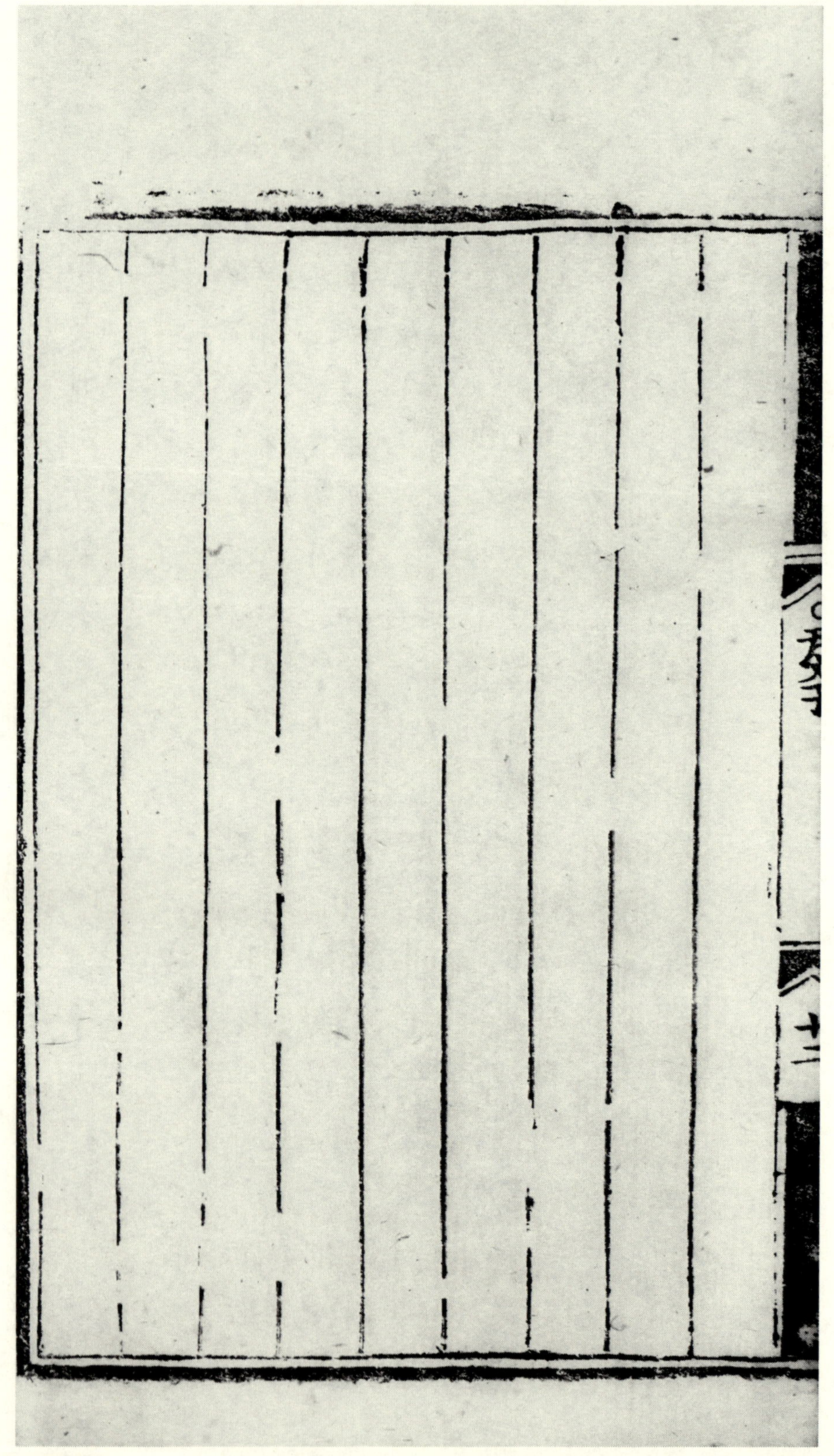

尹文子卷下

大道下

仁義禮樂名法刑賞凡此八者五帝三王治世之術也故仁以導之義以宜之禮以行之樂以和之名以正之法以齊之刑以威之賞以勸之故仁者所以博施於物亦所以生偏私義者所以立節行亦所以成華僞禮者所以行恭謹亦所以生惰慢樂者所以和情志亦所以生淫放名者所以正尊卑亦所以生矜篡法者所以齊衆異亦所以乖分

刑者所以威不服亦所以生陵暴賞者所以勸忠
能亦所以生鄙爭凡此八術無隱於人而常存於
世非自顯於堯湯之時非自逃於桀紂之朝用得
其道則天下治失其道則天下亂過此而往雖彌
綸天地籠絡萬品治道之外非羣生所餐挹聖人
錯而不言也凡國之有亡有六徵有衰國有亡國
有昌國有疆國有治國有亂國所謂亂亡之國者
凶虐殘暴不與焉所謂彊治之國者威力仁義不
與焉君年長多媵（以證切）少子孫疏宗彊衰國也君

寵臣愛君公法廢私欲行亂國也國貧小家富
大君權輕臣勢重亡國也凡此三徵不待凶虐殘
暴而後弱也雖曰見存吾必謂之亡者也內無專
寵外無近習支庶繁字長幼不亂昌國也農桑以
時倉廩充實兵甲勁利封疆脩理彊國也上不勝
其下下不犯其上上下不相勝犯故禁令行人人
無私雖經險易而國不可侵治國也凡此三徵不
待威力仁義而後彊雖曰見弱吾必謂之存者
治主之興必有所先誅先誅者非謂盜非謂姦此

二惡者一時之大害非亂政之本也亂政之本下侵上之權臣用君之術心不畏時之禁行不軌時之法此大亂之道也孔丘攝魯相七日而誅少(失照切)正卯門人進問曰夫少正卯魯之聞人也夫子為政而先誅得無失乎孔子曰居吾語(牛據)汝其故人有惡者五而竊盜姦私不與焉一曰心逆而險二曰行僻而堅三曰言偽而辯四曰彊記而博五曰順非而澤此五者有一於人則不免君子之誅而少正卯兼有之故居處足以聚徒成羣言談

足以飾邪熒衆彊記足以反是獨立此小人雄桀也不可不誅也是以湯誅尹諧文王誅潘正太公誅華士管仲誅付里乙子產誅鄧析史付此六子者異世而同心不可不誅也詩曰憂心悄悄愠於羣小小人成羣斯足畏也語曰佞辯可以熒惑鬼神曰鬼神聰明正直孰曰熒惑者曰鬼神誠不受熒惑此尤佞辯之巧靡不入也夫佞辯者雖不能熒惑鬼神熒惑人明矣探人之心度人之欲順人之嗜好而不敢逆納人於邪惡而求其利人喜聞

已之美也善能揚之惡聞已之過也善能飾之得
之於眉睫之間承之於言行之先語曰惡紫之奪
朱惡利口之覆邦家斯言足畏而終身莫悟危亡
繼踵焉老子曰以政治國以奇用兵以無事取天
下政者名法是也以名法治國萬物所不能亂奇
者權術是也以權術用兵萬物所不能敵凡能用
名法權術而矯抑殘暴之情則已無事焉已無事
則得天下矣故失治則任法失法則任兵以求無
事不以取彊取彊則柔者反能服之老子曰民不

以死如何以死懼之凡民之不畏死由刑罰過刑罰過則民不賴其生生無所賴視君之威末如也刑罰中則民畏死畏死由生之可樂也知生之可樂故可以死懼之此人君之所宜執臣下之所宜慎田予讀書曰堯時太平宋子曰聖人之治以致此乎彭蒙在則越次荅曰聖法之治以至此非聖人之治也宋子曰聖人與聖法何以異彭蒙曰子之亂名甚矣聖人者自己出也聖法者自理出也理出於己己非理也己能出理理非己也故聖人

之治獨治者也聖法之治則無不治矣此萬世之利唯聖人能讓之宋子循裔質於田子田子曰蒙逆之言然莊里丈人字長子曰盜少子曰毆盜出行其父在後追呼之曰盜盜吏聞因縛之其父呼毆喻吏遽而聲不轉但言毆毆吏因毆之幾殪一計切康衢長者字僮曰善搏音博字犬曰善噬賓客不過其門者三年長者怪而問之乃實對於是改之賓客往復鄭人謂玉未理者為璞周人謂鼠未腊者為璞周人懷璞謂鄭賈曰欲買璞乎鄭賈曰欲之

二

出其璞視之乃鼠也因謝不取父之於子也令有必行者有必不行者去貴妻賣愛妾此令必行者也因曰汝無敢恨汝無敢思令必不行者也故為人上者必慎所令凡人富則不羨爵祿貧則不畏刑罰不羨爵祿者自足於巳也不畏刑罰者不賴存身也二者為國之所甚而不知防之之術故令不行而禁不止若使令不行而禁不止則無以為治無以為治是人君虛臨其國徒君其民危亂可立而待矣今使由爵祿而後富則人力爭盡力於

其君矣由刑罰而後貧則人咸畏罪而從善矣故

古之爲國者無使民自貧富貧富皆由於君則君

專所制民知所歸矣貧則怨人賤則怨時而莫有

自怨者此人情之大趣也然則不可以此是人情

之大趣而一槩非之亦有可矜者焉不可不察也

今能同算鈞而彼富我貧能不怨則美矣雖怨無

所非也才鈞智同而彼貴我賤能不怨則美矣雖

怨無所非也其敝在於不知乘權籍勢之異而雖

曰智能之同是不達之過雖君子之鄙亦君子之

怨也人貧則怨人富則驕人怨人者苦人之不祿施於己也起於情所難安而不能安猶可怨也驕人者無苦而無故驕人此情所易貴而弗能貴弗可怨矣衆人見貧賤則慢而疏之見富貴則敬而親之貧賤者有請疏於己疏之可也未必損也而必疏之以其無益於物之具故也富貴者有施與己親之可也未必益己而必親之則彼不敢親我矣二者獨立無致親致疏之所人情終不能不以貧賤富貴易慮故謂之大惑焉窮獨貧賤治世之

所共於亂世之所共侮治世非為於窮獨貧賤而治是治之一事也亂世亦非侮窮獨貧賤而亂亦是亂之一事也每事治則無亂亂則無治視夏商之盛夏商之衰則其驗也貧賤之望富貴甚微而富貴不能酬其甚微之望夫富貴者之所惡貧者之所羡貴者之所輕賤者之所榮然而弗顯弗與同苦樂故也雖弗顯之於我弗傷今萬民之望人君亦如貧賤之望富貴其所望者蓋欲料長幼平賦斂時其飢寒省其疾痛賞罰不濫使役以時如

此而已則於人君弗損也然而弗羈弗與同勞役故也故爲人君不可弗與民同勞逸爲故富貴者可不羈貧賤者人君不可不羈萬民不羈萬民則萬民之所不願戴所不願戴則君位替矣危莫甚焉禍莫大焉

尹文子卷下

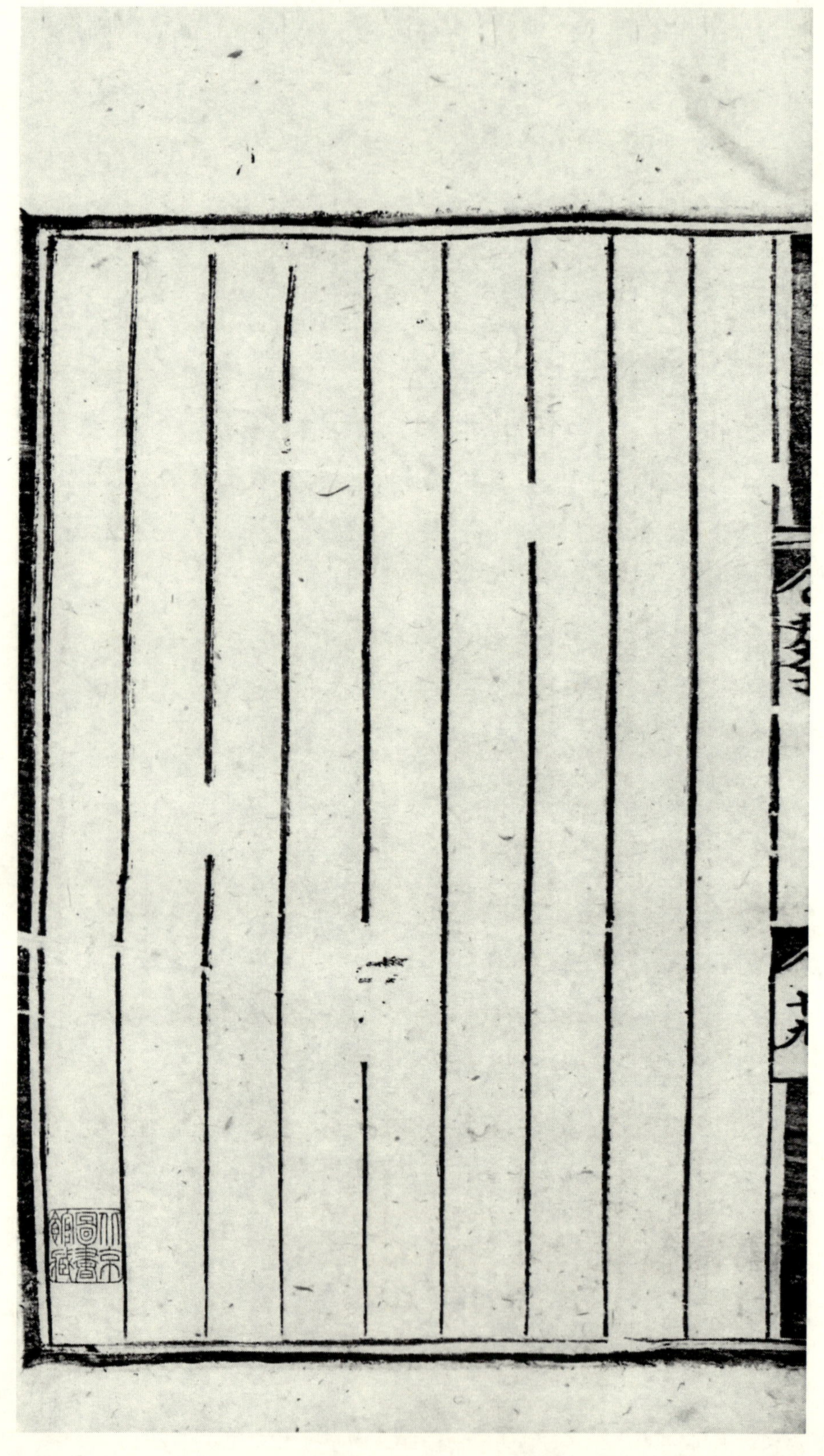

（周）尹文 撰

尹文子二卷

明弘治間李瀚刊《新刊五子書》本

尹文子卷上

大道上

大道無形稱器有名名也者正形者也形正由名則名不可差故仲尼云必也正名乎名不正則言不順也大道不稱衆有必名生於不稱則羣形自得其方圓名生於方圓則衆名得其所稱也大道治者則名法儒墨自廢以名法儒墨治者則不得離道老子曰道者萬物之奥善人之寶不善人之所寶是道治者謂之善人藉名法儒墨者謂之不

善人善人之與不善人名分扶問切日離不待審察而得也道不足以治則用法法不足以治則用術術不足以治則用權權不足以治則用勢勢用則反權權用則反術術用則反法法用則反道道用則無為而自治故窮則徼吉弔切終徼終則反始始終相襲無窮極也有形者必有名有名者未必有形形而不名未必失其方圓白黑之實名而不可不尋名以檢其差故亦有名以檢形形以定名名以定事事以檢名察其所以然則形名之與事物

無所隱其理矣名有三科法有四呈一曰命物之名方圓白黑是也二曰毀譽之名善惡貴賤是也三曰况謂之名賢愚愛憎是也一曰不變之法君臣上下是也二曰齊俗之法能鄙同異是也三曰治衆之法慶賞刑法是也四曰平准之法律度權量是也術者人君之所密用羣下不可妄窺勢者制法之利器羣下不可妄為人君有術而使羣下得窺非術之奥者有勢使羣下得為非勢之重者大要在乎先正分使不相侵雜然後術可秘勢

可專名者名形者也形者應名者也然形非正名也名非正形也則形之與名居然別矣不可相亂亦不可相無無名故大道無稱有名故名以正形今萬物具存不以名正之則亂萬名具列不以形應之則乖故形名者不可不正也善名命善惡名命惡故善有善名惡有惡名聖賢仁智命善者也頑嚚（魚巾切）凶愚命惡者也今即聖賢仁智之名以求聖賢仁智之實未之或盡也即頑嚚凶愚之名以求頑嚚凶愚之實亦未或盡也使善惡盡然有

分雖未必盡物之實猶不患其差也故曰名不可不辨也名稱者何彼此而檢虛實者也自古至今莫不用此而得用彼而失失者由名分混得者由名分察今親賢而踈不肖賞善而罰惡賢不肖善惡之名宜在彼親踈賞罰之稱宜屬我我之與彼又復一名名之察者也名賢不肖為親踈名善惡為賞罰合彼我之一稱而不別之名之混者也故曰名稱者不可不察也語曰好（虛到切）牛又曰不可不察也好則物之通稱牛則物之定形以通稱隨

定形不可窮極者也設復言好馬則復連於馬矣則好所通無方也設復言好人則彼屬於人矣則好非人人非好也則好牛好馬好人之名自離矣故曰名分不可相亂也五色五聲五臭五味凡四類自然存焉天地之間而不期為人用人必用之終身各有好惡而不能辨其名分名宜屬彼宜屬我我愛白而憎黑韻商而舍（音捨）徵好膻而惡焦嗜甘而逆苦白黑商徵膻焦甘苦彼之名也愛憎韻舍好惡嗜逆我之分也定此名分則萬事不亂也

故人以度審長短以量受少多以衡平輕重以律均清濁以名稽虛實以法定治亂以簡治煩惑以易御險難以萬事皆歸於一百度皆準於法歸一者簡之至準法者易之極如此頑嚚聾瞽可以察慧聰明同其治也天下萬事不可備能責其備能於一人則賢聖其猶病諸設一人能備天下之事能左右前後之宜遠近遲疾之間必有不兼者焉苟有不兼於治闕矣全治而無闕者大小多少各當（丁浪切）其分農商工仕不易其業老農長商習工

舊社莫不存焉則處上者何事哉故有理而無益
於治者君子弗言有能而無益於事者君子弗為
君子非樂有言有益於治不得不言君子非　有
為有益於事不得不為故所言者不出於名法權
術所為者不出於農稼軍陣周務而已故明主不
為治外之理小人必言事外之能小人亦知言損
於治而不能不言小人亦知能損於事而不能不
為故所言者極於儒墨是非之辨所為者極於堅
偽偏抗（口浪切）之行求名而已故名主誅之古語曰

不知無害於君子知之無損於小人工匠不能無害於巧君子不知無害於治此信矣為善使人不能得從此獨善也為巧使人不能得從此獨巧也未盡善巧之理為善與衆行之為巧與衆能之此善之善者巧之巧者也所貴聖人之治不貴其獨治貴其能與衆共治貴工倕[illegible]之巧不貴其獨巧貴其能與衆共巧也今世之人行欲獨賢事欲獨能辨欲出羣勇欲絕衆獨行之賢不足以成化獨能之事不足以周務出羣之辨不可為戶說絕衆

之勇不可與征陣凡此四者亂之所由生是以聖人任道以　其險立法以理其差使賢愚不相棄能鄙不相遺能鄙不相遺則能鄙齊功賢愚不相棄則賢愚等慮此至治之術也名定則物不競分扶問切明則私不行物不競非無心由名定故無所措其心私不行非無欲由分明故無所措其欲然則心欲人人有之而得同於心無欲者制之有道也田駢蒲眠切曰天下之士莫肯處其門庭臣其妻子必遊宦諸侯之朝者利引之也遊於諸侯之朝

皆志爲卿大夫而不擬於諸侯者名限之也彭蒙
曰雉兎在野衆人逐之分未定也雞豕滿市莫有
志者分定故也物奢則仁智相屈分定則貪鄙不
爭圓者之轉非能轉而轉不得不轉也方者之止
非能止而止不得不止也因圓之自轉使不得止
因方之自止使不得轉何苦物之失分故因賢者
之有用使不得不用因愚者之無用使不得用用
與不用皆非我用因彼所用與不可用而自得其
用奚患物之亂乎物皆不能自能不知自知智非

能智愚非能愚而智而愚好非能好而好醜非能醜而醜夫不能自能不知自知則智好何所貴愚醜何所賤則智不能得夸愚好不能得嗤醜此為得之道也道行於世則貧賤者不慭富貴者不驕愚弱者不懾（質涉切）智愚者不陵定於分也法行於世則貧賤者不敢慭富貴富貴者不敢陵貧賤愚弱者不敢冀智勇智勇者不敢鄙愚弱此法之不及道也世之所貴同而貴之謂之俗世之所用同而用之謂之物苟違於人俗所不與苟忮（支義切）於

衆俗所共去故心皆殊而為行若一所好各異而資用必同此俗之所齊物之所飾故所齊不可不愼所飾不可不擇昔齊桓好許浩切衣紫闔境不鬻異彩楚莊愛細腰一國皆有饑色上之所以率下乃治亂之所由也故俗苟沴必為治以矯之物苟溢必立制以檢之累力偽切於俗飾於物者不可與為治矣昔晉國苦奢文公以儉矯之乃衣不重帛食不兼肉無幾時人皆大布之衣脫粟之飯越王句踐謀報吳欲人之勇路逢怒蛙而軾之比及數

年民無長幼臨敵雖湯火不避居上者之難如此之驗聖王知民情之易動故作樂以和之制禮以節之在下者不得用其私故禮樂獨行禮樂獨行則私欲寢廢私欲寢廢則遭賢之與遭愚均矣若使遭賢則治遭愚則亂是治亂續於賢愚不係於禮樂是聖人之術與聖主而俱沒治也之法逮易世而莫用則亂多而治寡亂多而治寡則賢無所貴愚無所賤矣處名位雖不肖不愚物不蹠蹐已親疎係乎勢利不係於不肖與仁賢吾亦不敢據

以為天理以為地勢之自然者爾令天地之間不肖實衆仁賢實寡趨利之情不肖特厚廉耻之情仁賢偏多今以禮義格仁賢所得仁賢者萬不一焉以名利格不肖所得不肖者觸地是焉故曰禮義成君子君子未必須禮義名利治小人小人不可無名利慶賞刑罰君事也守職効能臣業也君料功黜陟故有慶賞刑罰臣各慎所任故有守職効能君不可與臣業臣不可侵君事上下不相侵與謂之名正名正而法順也接萬物使分別海内使不

雜見侮不辱見推不矜禁暴息兵救世之鬬此仁君之德可以為主矣守職分使不亂慎所任而無私饑飽一心毀譽同慮賞亦不忘罰亦不怨此居下之節可為人矣世有因名以得實亦以因名以失實宣王好射說（音悦）人之謂已能用强也其實所用不過三石以示左右左右皆引試之中闕而止皆曰不下九石非大王孰能用是宣王悦之然則宣王用不過三石而終身自以為九石三石實也九石名也宣王悦其名而喪其實齊有黃公者好

謙畢有二文皆國色以其美也常謙辭毀之以為醜惡醜惡之名遠布年過而一國無聘者衛有鰥夫時冒娶之果國色然後曰黃公好謙故毀其子不姝美於是爭禮之亦國色也國色實也醜惡名也此違名而得實矣楚人擔山雉者路人問何為也擔雉者欺之曰鳳凰也路人曰我聞有鳳凰今直見之汝販之乎曰然則十金弗與請加倍乃與之將欲獻楚王經宿而鳥死路人不遑惜金惟恨不得以獻楚王國人傳之咸以為真鳳凰貴欲以

獻之遂聞楚王感其欲獻於己召而厚賜之適於
買烏之金十倍魏田父有耕於野者得寶玉徑尺
弗知其玉也以告鄰人鄰人陰欲圖之謂之曰怪
石也畜之弗利其家弗如 復之田父雖疑猶錄
以歸置於廡(音侮)下其夜玉明光照一室田父稱家
大怖(普故切)復以告鄰人曰此怪之徵遄(市專切)棄殃
可銷於是遽而棄於遠野鄰人無何盜之以獻魏
王魏王召玉工相之玉工望之再拜而立敢賀王
王得此天下之寶臣未嘗見王問價玉工曰此

無價以當之五城之都僅可一觀魏王立賜獻玉者千金長食上大夫祿凡天下萬里皆有是非吾所不敢誣是者常是非者常非亦吾所信然是雖常是有時而不用非雖常非有時而必行故用是而失有矣行非而得有矣是非之理不同而更興廢翻為我用則是非焉在哉觀堯舜湯武之成或順或逆得時則昌桀紂幽厲之敗或是或非失時則亡五伯之主亦然宋公以楚人戰於泓烏宏切公子目夷曰楚衆我寡請其未悉濟而擊之宋公曰

不可吾聞不鼓不成列寡人雖亡之餘不敢行也
戰敗楚人執宋公齊人弒襄公立公孫無知召忽
夷吾奉公子糾奔魯鮑叔牙奉公子小白奔莒既
而無知被殺二公子爭國糾宜立者也小白先入
故齊人立之既而使魯人殺糾召忽死之徵夷吾
以為相晉文公為驪姬之譖出亡十九年惠公卒
賂秦以求反國殺懷公子而自立彼一君正而不
免於執二君不正霸業遂焉已是而舉世非之則
不知已之是已非而舉世是之亦不知已所非然

則是非隨衆賈而為正非已所獨了則犯衆者為非順衆者為是故人君處權乘勢處所是之地則人所不得非也居則物尊之動則物從之言則物誠之行則物則之所以居物上御羣下也國亂有三事年飢民散無食以聚之則亂治國無法則亂有法而不能用則亂有食以聚民有法而能行國不治未之有也

尹文子卷上

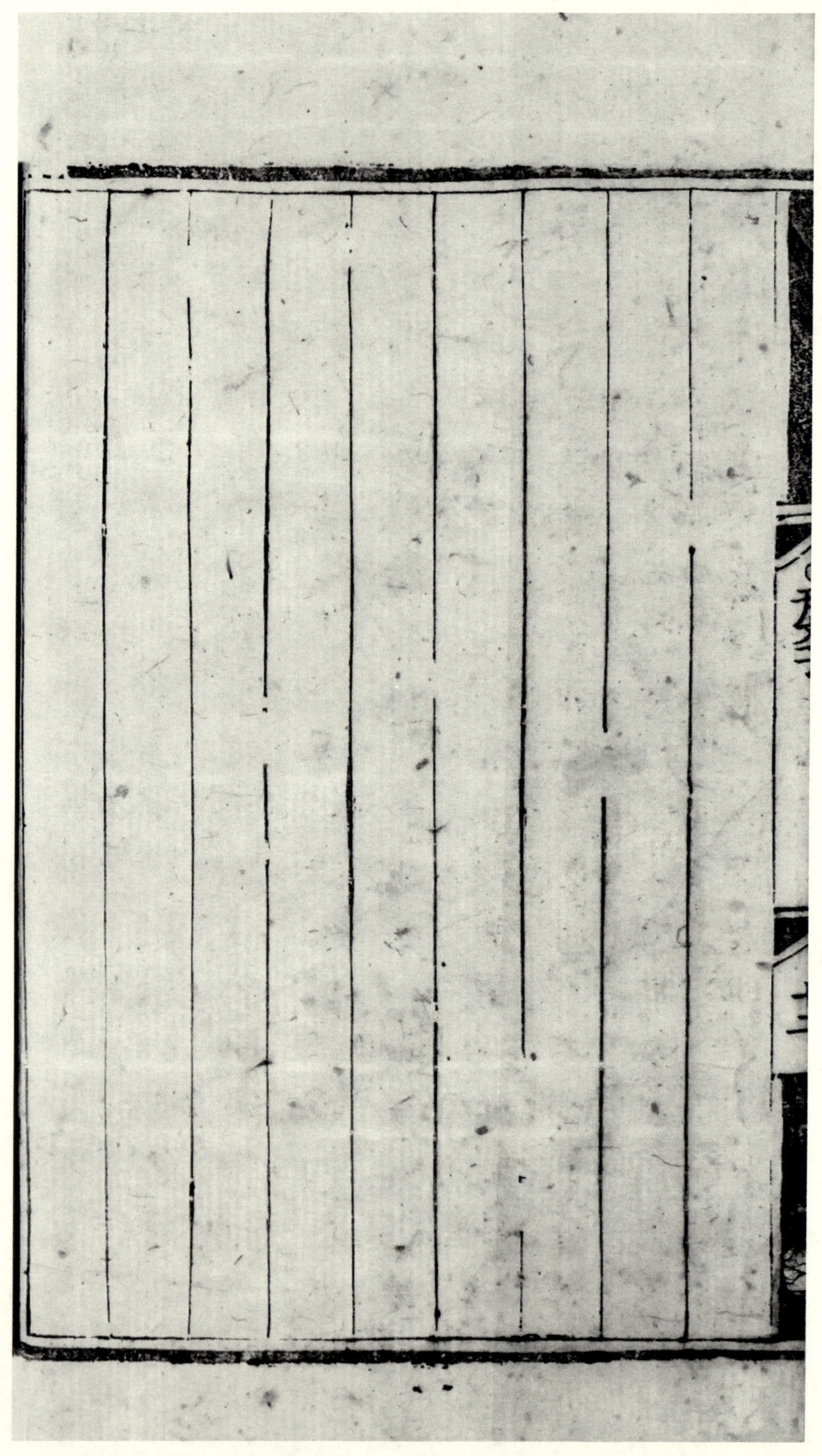

尹文子卷下

大道下

仁義禮樂名法刑賞凡此八者五帝三王治世之術也故仁以導之義以宜之禮以行之樂以和之名以正之法以齊之刑以威之賞以勸之故仁者所以博施於物亦所以生偏私義者所以立節行亦所以成華僞禮者所以行恭謹亦所以生惰慢樂者所以和情志亦所以生淫放名者所以正尊卑亦所以生矜篡法者所以齊衆異亦所以乖分

刑者所以威不服亦所以生陵暴賞者所以勸忠能亦所以生鄙爭凡此八術無隱於人而常存於世非自顯於堯湯之時非自逃於桀紂之朝用得其道則天下治失其道則天下亂過此而往雖彌綸天地籠絡萬品治道之外非羣生所餐挹聖人錯而不言也凡國之存亡有六徵有衰國有亡國有昌國有疆國有治國有亂國所謂亂亡之國者凶虐殘暴不與焉所謂疆治之國者威力仁義不與焉君年長多嬖以諡切少子孫疏宗疆衰國也君

寵臣愛君公法廢私欲行亂國也國貧小家富大君權輕臣勢重亡國也凡此三徵不待凶虐殘暴而後弱也雖曰見存吾必謂之亡者也內無專寵外無近習支庶繁字長幼不亂昌國也農桑以時倉廩充實兵甲勁利封疆脩理彊國也上不勝其下下不犯其上上下不相勝犯故禁令行人人無私雖經險易而國不可侵治國也凡此三徵不待威力仁義而後彊雖曰見弱吾必謂之存者

治主之興必有所先誅先誅者非謂盜非謂姦此

二惡者一時之大害非亂政之本也亂政之本下侵上之權臣用君之術心不畏時之禁行不軌時之法此大亂之道也孔丘攝魯相七日而誅少失照切正卯門人進問曰夫少正卯魯之聞人也夫子為政而先誅得無失乎孔子曰居吾語牛據切汝其故人有惡者五而竊盜姦私不與焉一曰心達而險二曰行僻而堅三曰言偽而辯四曰彊記而博五曰順非而澤此五者有一於人則不免君子之誅而少正卯兼有之故居處足以聚徒成羣言談

足以飾邪熒衆彊記足以反是獨立此小人雄桀也不可不誅也是以湯誅尹諧文王誅潘正太公誅華士管仲誅付里乙子產誅鄧析史付此六子者異世而同心不可不誅也詩曰憂心悄悄慍於羣小小人成羣斯足畏也語曰佞辯可以熒惑鬼神曰鬼神聰明正直孰曰熒惑者曰鬼神誠不受熒惑此尤佞辯之巧靡不入也夫佞辯者雖不能熒惑鬼神熒惑人明矣探人之心度人之欲順人之嗜好而不敢逆納人於邪惡而求其利人喜聞

己之美也善能揚之惡聞己之過也善能飾之得之於眉睫之間承之於言行之先語曰惡紫之奪朱惡利口之覆邦家斯言足畏而終身莫悟危亡繼踵焉老子曰以政治國以奇用兵以無事取天下政者名法是也以名法治國萬物所不能亂奇者權術是也以權術用兵萬物所不能敵凡能用名法權術而矯抑殘暴之情則已無事焉已無事則得天下矣故失治則任法失法則任兵以求無事不以取彊取彊則柔者反能服之老子曰民不

畏死如何以死懼之凡民之不畏死由刑罰過刑罰過則民不賴其生生無所賴視君之威末如也刑罰中則民畏死畏死由生之可樂也知生之可樂故可以死懼之此人君之所宜執臣下之所宜慎田子讀書曰堯時太平宋子曰聖人之治以致此乎彭蒙在則越次荅曰聖法之治以至此非聖人之治也宋子曰聖人與聖法何以異彭蒙曰子之亂名甚矣聖人者自己出也聖法者自理出也理出於己己非理也己能出理理非己也故聖人

之治獨治者也聖法之治則無不治矣此萬世之
利唯聖人能該之宋子猶惑質於田子田子曰蒙
之言然莊里丈人字長子曰盜少子曰毆盜出行
其父在後追呼之曰盜盜吏聞因縛之其父呼毆
喻吏遽而聲不轉但言毆毆吏因毆之幾殪（一計切）
康衢長者字僮曰善搏（青傳）字大曰善噬賓客不過
其門者三年長者怪而問之乃實對於是改之賓
客往復鄭人謂玉未理者為璞周人謂鼠未腊者
為璞周人懷璞謂鄭賈曰欲買璞乎鄭賈曰欲之

出其璞視之乃鼠也因謝不取父之於子也令有必行者有必不行者去貴妻賣愛妾此令必行者也因曰汝無敢恨汝無敢思令必不行者也故為人上者必慎所令凡人富則不羨爵祿貧則不畏刑罰不羨爵祿者自足於已也不畏刑罰者不賴存身也二者為國之所甚而不知防之術故令不行而禁不止若使令不行而禁不止則無以為治無以為治是人君虛臨其國徒君其民危亂可立而待矣今使由爵祿而後富則人力爭盡力於

其君矣由刑罰而後貧則人咸畏罪而從善矣故古之為國者無使民自貧富貧富皆由於君則君專所制民知所歸矣貧則怨人賤則怨時而莫有自怨者此人情之大趣也然則不可以此是人情之大趣而一槩非之亦有可矜者焉不可不察也今能同筭鈞而被富我貧能不怨則美矣雖怨無所非也才鈞智同而彼貴我賤能不怨則美矣雖怨無所非也其敝在於不知衆權籍勢之異而雖曰智能之同是不達之過雖君子之鄙亦君子之

怒也人貧則怨人富則驕人怨人者苦人之不祿施於己也起於情所難安而不能安猶可恕也驕人者無苦而無故驕人此情所易貴而弗能貴弗可恕矣衆人見貧賤則慢而疎之見富貴則敬而親之貧賤者有請賕於己疎之可也未必損也而必疎之以其無益於物之具故也富貴者有施與己親之可也未必益己而必親之則彼不敢親我矣三者獨立無致親致疎之所人情終不能不以貧賤富貴易慮故謂之大惑焉窮獨貧賤治世之

所共矜亂世之所共侮治世非為矜窮獨貧賤而
治是治之一事也亂世亦非侮窮獨貧賤而亂亦
是亂之一事也每事治則無亂亂則無治視夏商
之盛夏商之衰則其驗也貧賤之望富貴甚微而
富貴不能酬其甚微之望夫富貴者之所惡貧者
之所美貴者之所輕賤者之所榮然而弗顯弗與
同苦樂故也雖弗顯之於我弗傷今萬民之望人
君亦如貧賤之望富貴其所望者蓋欲料長幼平
賦斂時其飢寒省其疾痛賞罰不濫使役以時如

此而已則於人君弗損也然而弗酬弗與同勞逸故也故爲人君不可弗與民同勞逸焉故富貴者可不酬貧賤者人君不可不酬萬民不酬萬民則萬民之所不願戴所不願戴則君位替矣危莫甚焉禍莫大焉

尹文子卷下

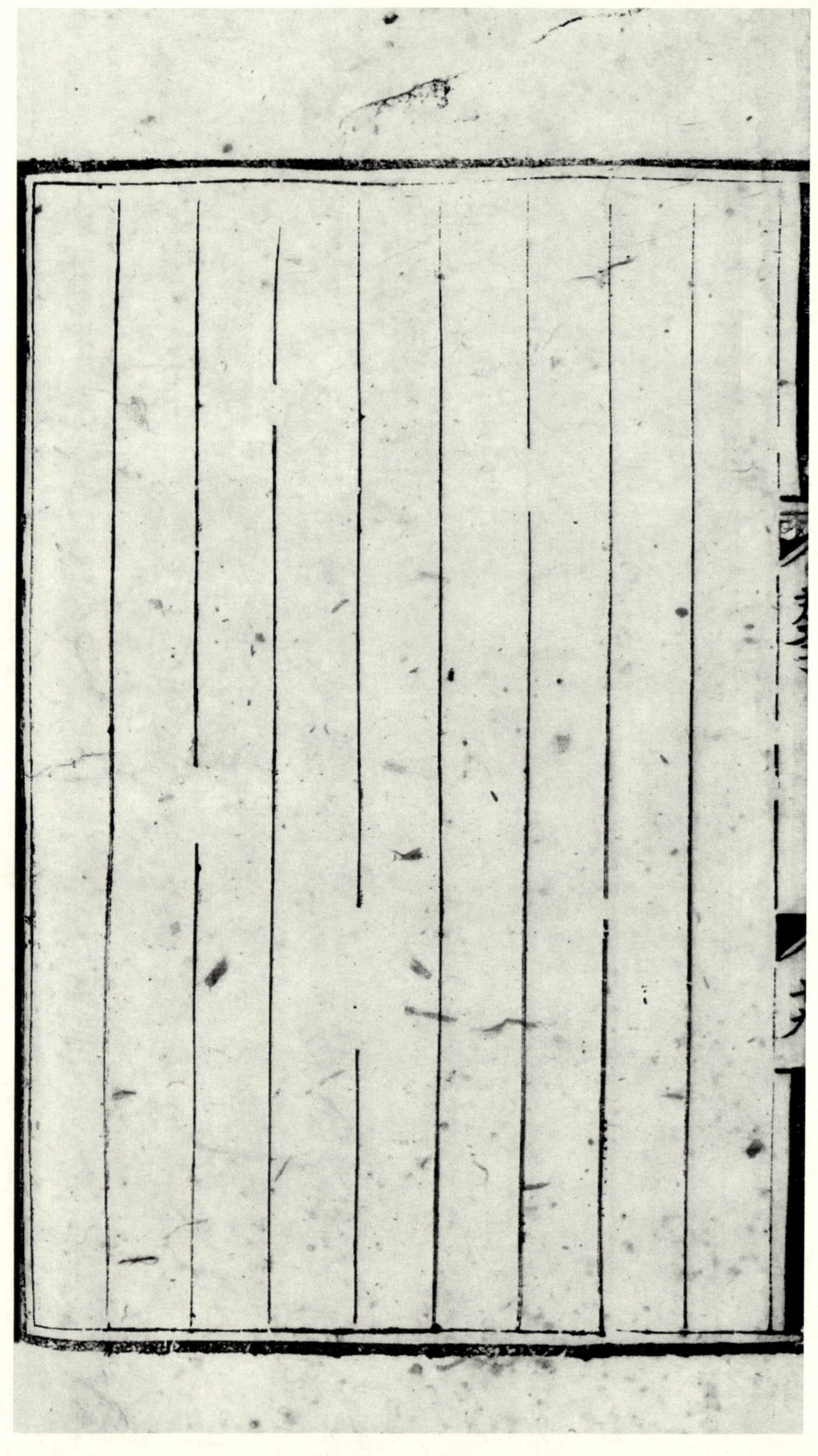

（周）尹文 撰

尹文子二卷

明嘉靖三十年（1551）劉禋刊本

尹文子序

山陽仲長氏撰定

尹文子者蓋出於周之尹氏齊宣王時居稷下與宋鈃彭蒙田駢同學於公孫龍公孫龍稱之著書一篇多所彌綸莊子曰不累於物不苟於人不忮於衆願天下之安寧以活於民命人我之養畢足而止之以此白心見侮不辱此其道也而劉向亦以其學本於黄老大較刑名家也近爲誣矣余黄初末始到京師繆熙伯以此書

見示意甚玩之而多脫誤聊試條次撰定為上

下篇亦未能究其詳也

尹文子卷上

天道上

大道無形稱器有名名也者正形者也形正由名則名不可差故仲尼云必也正名乎名不正則言不順也大道不稱衆有必名生於不稱則羣形自得其方圓名生於方圓則衆名得其所稱也大道治者則名法儒墨自廢以名法儒墨治者則不得離道老子曰道者萬物之奥善人之寳不善人之所寳是道治者謂之善人藉名

法儒墨者謂之不善人善人之與不善人名分日離不待審察而得也道不足以治則用法法不足以治則用術術不足以治則用權權不足以治則用勢勢用則反權權用則反術術用則反法法用則反道道用則無為而自治故窮則徼終徼終則反始始終相襲無窮極也有形者必有名有名者未必有形形而不名未必失其方圓白黑之實名而不可不尋名以檢其差故亦有名以檢形形以定名名以定事事以檢名

察其所以然則形名之與事物無所隱其理矣名有三科法有四呈一曰命物之名方圓白黑是也二曰毀譽之名善惡貴賤是也三曰況謂之名賢愚愛憎是也一曰不變之法君臣上下是也二曰齊俗之法能鄙同異是也三曰治衆之法慶賞刑法是也四曰平準之法律度權量是也術者人君之所密用羣下不可妄窺勢者制法之利器羣下不可妄為人君有術而使羣下得窺非術之奧者有勢使羣下得為非勢之

童者大要在乎先正名分使不相侵雜然後術可秘勢可專名者名形者也形者應名者也然形非正名也名非正形也則形之與名居然別矣不可相亂亦不可相無無名故大道無稱有名故名以正形今萬物具存不以名正之則亂萬名具列不以形應之則乖故形名者不可不正也善名命善惡名命惡故善有善名惡有惡名聖賢仁智命善者也頑嚚凶愚命惡者也今即聖賢仁智之名以求聖賢仁智之實未之或

盡也即頑嚚凶愚之名以求頑嚚凶愚之實亦未或盡也使善惡盡然有分雖未能盡物之實猶不患其差也故曰名不可不辨也名稱者何彼此而檢虛實者也自古至今莫不用此而得用彼而失失者由名分混得者由名分察今親賢而疎不肖賞善而罰惡賢不肖善惡之名宜在彼親疎賞罰之稱宜屬我我之與彼又復一名名之察者也名賢不肖為親疎名善惡為賞罰合彼我之一稱而不別之名之混者也故曰

名稱者不可不察也語曰好牛又曰不可不察也好則物之通稱牛則物之定形以通稱隨定形不可窮極者也設復言好馬則復連於馬矣則好名通無方也設復言好人則彼屬於人矣則好非人人非好也則好牛好馬好人之名自離矣故曰名分不可相亂也五色五聲五臭五味凡四類自然存焉天地之間而不期為人用人必用之終身各有好惡而不能辨其名分名宜屬彼宜屬我我愛白而憎黑韻商而舍徵好

膻而惡焦嗜甘而逆苦白黑商徵膻焦甘苦彼之名也愛憎韻舍好惡嗜逆我之分也定此名分則萬事不亂也故人以度審長短以量受少多以衡平輕重以律均清濁以名稽虛實以法定治亂以簡治煩惑以易御險難以萬事皆歸於一百度皆準於法歸一者簡之至準法者易之極如此頑嚚聾瞽可以察慧聰明同其治也天下萬事不可備能責其備能於一人則賢聖其猶病諸設一人能備天下之事能左右前後

之宜遠近遲疾之間必有不兼者焉苟有不兼
於治闕矣全治而無闕者大小多少各當其分
農商工仕不易其業老農長商習工舊仕莫不
存焉則處上者何事哉故有理而無益於治者
君子弗言有能而無益於事者君子弗為君子
非樂有言有益於治不得不言君子非樂有為
有益於事不得不為故所言者不出於名法權
術所為者不出於農稼軍陣周務而已故明主
不為治外之理小人必言事外之能小人亦知

言損捲治而不能不言小人亦知能損於事而
不能不為故所亡者極於行盡是非之辨所苾
者極於堅偽偏抗之行求名而已故名主誅之
古語曰不知無害於君子知之無損於小人工
匠不能無害於巧君子不知無害於治此信矣
為善使人不能得從此獨善也為巧使人不能
得從此獨巧也未盡善巧之理為善與衆行之
為巧與衆能之此善之善者巧之巧者也所貴
聖人之治不貴其獨治貴其能與衆共治貴工

倕之巧不貴其獨巧貴其能與衆共巧也今世之人行欲獨賢事欲獨能辯欲出羣勇欲絶衆獨行之賢不足以成化獨能之事不足以周務出羣之辯不可爲户說絶衆之勇不可與征陣凡此四者亂之所由生是以聖人任道以平其險立法以理其差使賢愚不相棄能鄙不相遺能鄙不相遺則能鄙齊功賢愚不相棄則賢愚等慮此至治之術也名定則物不競分明則私不行物不競非無心由名定故無所措其心私

不行非無欲由分明故無所措其欲然則心欲人人有之而得同扵心無欲者制之有道也田駢曰天下之士莫肯處其門庭臣其妻子必遊宦諸侯之朝者利引之也遊扵諸侯之朝皆志為卿大夫而不擬扵諸侯者名限之也彭蒙曰雉兔在野衆人逐之分未定也雞豕滿市莫有志者分定故也物奢則仁智相屈分定則貪鄙不爭圎者之轉非能轉而轉不得不轉也方者之止非能止而止不得不止也因圓之自轉使

不得止因方之自止使不得轉何若物之失分
故因賢者之有用使不得不用因愚者之無用
使不得用用與不用皆非我用因彼所用與不
可用而自得其用奚患物之亂乎物皆不能自
能不知自知智非能智愚非能愚而智而愚好
非能好而好醜非能醜而醜夫不能自能不知
自知則智好何所貴愚醜何所賤則智不能得
夸愚好不能得嗤醜此為得之道也道行於世
則貧賤者不怨富貴者不驕愚弱者不懾智愚

若不陵定於分也法行於世則貧賤者不敢怨富貴富貴者不敢陵貧賤愚弱者不敢冀智勇智勇者不敢鄙愚弱此法之不及道也世之所貴同而貴之謂之俗世之所用同而用之謂之物苟違於人俗所不與苟忮於衆俗所共去故心皆殊而為行若一所好各異而資用必同此俗之所齊物之所飾故所齊不可不慎所飾不可不擇昔齊桓好衣紫闔境不鬻異彩楚莊愛細腰一國皆有饑色上之所以率下乃治亂之

所由也故俗苟滲必為治以矯之物苟溢必立制以檢之累於俗飾於物者不可與為治矣昔晉國苦奢文公以儉矯之乃衣不重帛食不兼肉無幾時人皆大布之衣脫粟之飯越王勾踐謀報吳欲人之勇路逢怒蛙而軾之比及數年民無長幼臨敵雖湯火不避居上者之難如此之驗聖王知民情之易動故作樂以和之制禮以節之在下者不得用其私故禮樂獨行禮樂獨行則私欲寢廢私欲寢廢則遺賢之與[illegible]

均矣若使遭賢則治遭愚則亂是治亂續於賢
愚不係於禮樂是聖人之術與聖乇而俱沒治
世之法逮易世而莫用則亂多而治寡亂多而
治寡則賢無所貴愚無所賤矣處名位雖不肖
不愚物不疎已親疎係乎勢利不係於不肖與
仁賢吾亦不敢據以為天理以為地勢之自然
者爾今天地之間不肖實衆仁賢實寡趨利之
情不肖特厚廉恥之情仁賢偏多今以禮義招
仁賢所得仁賢者萬不一焉以名利招不肖所

得不肯者觸地是焉故曰禮義成君子〻未必須
禮義名利治小人小人不可無名利慶賞刑罰
君事也守職効能臣業也君料功黜陟故有慶
賞刑罰臣各慎所任故有守職効能君不可與
臣業臣不可侵君事上下不相侵與謂之名正
名正而法順也接萬物使分別海内使不雜見
侮不辱見推不矜禁暴息兵救世之鬬此仁君
之德可以為主矣守職分使不亂慎所任而無
私饑飽一心毀譽同慮賞亦不忘罰亦不怨此

居下之節可為人矣世有因名以得實亦以因名以失實宣王好射說人之謂己能用強也其實所用不過三石以示左右左右皆引試之中闕而止皆曰不下九石非大王孰能用是宣王悅之然則宣王用不過三石而終身自以為九石三石實也九石名也宣王悅其名而喪其實齊有黃公者好謙卑有二女皆國色以其美也常謙辭毀之以為醜惡醜惡之名遠布年過而一國無聘者衛有鰥夫時冒娶之果國色然後

曰黃公好謙故毀其子不姝美於是爭禮之亦國色也國色實也醜惡名也此違名而得實矣楚人擔山雉者路人問何鳥也擔雉者欺之曰鳳凰也路人曰我聞有鳳凰今直見之汝販之乎曰然則十金弗與請加倍乃與之將欲獻楚王經宿而鳥死路人不遑惜金惟恨不得以獻楚王國人傳之咸以為真鳳凰貴欲以獻之遂聞楚王感其欲獻於己召而厚賜之過於買鳥之金十倍魏田父有耕於野者得寶玉徑尺弗

知其玉也以告隣人隣人陰欲圖之謂之曰怪石也畜之弗利其家弗如復之田父雖疑猶録以歸置於廡下其夜玉明光照一室田父稱家大怖復以告隣人曰此怪之徵遄棄殃可銷於是遽而棄於遠野隣人無何盜之以獻魏王魏王召玉工相之玉工望之再拜而立敢賀王王得此天下之寶臣未嘗見王問價玉工曰此無價以當之五城之都僅可一觀魏王立賜獻玉者千金長食上大夫祿凡天下萬里皆有

是非吾所不敢誣是者常是非者常非亦吾所
信然是雖常是有時而不用非雖常非有時而
必行故用是而失有矣行非而得有矣是非之
理不同而更興廢翻為我用則是非焉在我觀
堯舜湯武之成或順或逆得時則昌桀紂幽厲
之敗或是或非失時則亡五伯之主亦然宋公
以楚人戰於弘公子目夷曰楚衆我寡請其未悉
濟而擊之宋公曰不可吾聞不鼓不成列寡人
雖亡之餘不敢行也戰敗楚人執宋公齊人弑

襄公立公孫無知召忽夷吾奉公子糾奔魯鮑叔牙奉公子小白奔莒既而無知被殺二公子爭國糾宜立者也小白先入故齊人立之既而使魯人殺糾召忽死之微夷吾以為相晉文公為驪姬之譖出亡十九年惠公卒賂秦以求反國殺懷公子而自立彼一君正而不免於執二君不正覇業遂焉已是而舉世非之則不知已之是已非而舉世是之亦不知已所非然則是非隨衆賈而為正非已所獨了則犯衆者為非

順衆者為是。故人君處權乘勢、處所是之地，則人所不得非也。居則物尊之，動則物從之，言則物誠之，行則物則之。所以居物上、御羣下也。國亂有三事：年飢民散，無食以聚之則亂；治國無法則亂；有法而不能用則亂。有食以聚民，有法而能行，國不治，未之有也。

尹文子卷上

尹文子卷下

大道下

仁義禮樂、名法刑賞，凡此八者、五帝三王治世
之術也。故仁以導之，義以宜之，禮以行之，樂以
和之，名以正之，法以齊之，刑以威之，賞以勸之。
故仁者所以傳施於物，亦所以生偏私；義者所
以立節行，亦所以成華偽；禮者所以行恭謹，亦
所以生惰慢；樂者所以和情志，亦所以生淫放；
名者所以正尊卑，亦所以生矜篡；法者所以齊

衆異亦所以乖分刑者所以威不服亦所以生陵暴賞者所以勸忠能亦所以生鄙爭凡此八術無隱於人而常存於世非自顯於堯湯之時非自逃於桀紂之朝用得其道則天下治失其道則天下亂過此而往雖彌綸天地籠絡萬品治道之外非羣生所餐挹聖人錯而不言也凡國之存亡有六徵有衰國有亡國有昌國有彊國有治國有亂國所謂亂亡之國者凶虐殘暴不與焉所謂彊治之國者威力仁義不與焉若

年長多勝少子孫疏宗彊衰國也君寵臣臣愛君公法廢私欲行亂國也國貧小家富大君權輕臣勢重亡國也凡此三徵不待凶虐殘暴而後弱也雖曰見存吾必謂之亡者也內無專寵外無近習支庶繁字長幼不亂昌國也農桑以時倉廩充實兵甲勁利封疆脩理彊國也上下勝其下下不犯其上上下不相勝犯故禁令行人人無私雖經險易而國不可侵治國也凡此二徵不待威力仁義而後彊雖曰見弱吾必謂

之存者　治上之興必有所先誅先誅者非謂
盜非謂姦此二惡者一時之大害非亂政之本
也亂政之本下侵上之權臣用君之術心不畏
時之禁行不軌時之法此大亂之道也孔丘攝
魯相七日而誅少正卯門人進問曰夫少正卯
魯之聞人也夫子為政而先誅得無失乎孔子
曰居吾語汝其故人有惡者五而竊盜姦私不
與焉一曰心達而險二曰行僻而堅三曰言偽
而辯四曰彊記而博五曰順非而澤此五者有

一於人則不免君子之誅而少正卯兼有之故居處足以聚徒成羣言談足以飾邪熒衆彊記足以反是獨立此小人雄桀也不可不誅也是以湯誅尹諧文王誅潘正太公誅華士管仲誅付里乙子產誅鄧析史付此六子者異世而同心不可不誅也詩曰憂心悄悄慍於羣小小人成羣斯足畏也語曰佞辯可以熒惑鬼神曰鬼神聰明正直孰曰熒惑者曰鬼神誠不受熒惑此尤佞辯之巧靡不人也夫佞辯者雖不能熒

惑鬼神熒惑人明矣探人之心度人之欲順人之嗜好而不敢逆納人於邪惡而求其利人喜聞已之美也善能揚之惡聞已之過也善能飾之得之於眉睫之間承之於言行之先語曰惡紫之奪朱惡利口之覆邦家斯言足畏而終身莫悟危亡繼踵焉老子曰以政治國以奇用兵以無事取天下政者名法是也以名法治國萬物所不能亂奇者權術是也以權術用兵萬物所不能敵凡能用名法權術而矯抑殘暴之情

賔客不過其門者三年長者怪而問之乃賞劉
於是改之賔客往復鄭人謂玉未理者為璞周
人謂鼠未腊者為璞周人懷璞謂鄭賈曰欲買
璞乎鄭賈曰欲之出其璞視之乃鼠也因謝不
取父之於子也令有必行者有必不行者去貴
妻賣愛妾此令必行者也因曰汝無敢恨汝無
敢思令必不行者也故為人上者必慎所令凡
人富則不羡爵禄貧則不畏刑罰不羡爵禄者
自足於已也不畏刑罰者不頼存身也二者為

國之所甚而不知防之之術故令不行而禁不止若使令不行而禁不止則無以為治無以為治是人君虛臨其國徒君其民危亂可立而待矣今使由爵祿而後富則人力爭盡力扵其君矣由刑罰而後貧則人咸畏罪而從善矣故古之為國者無使民自貧富貧富皆由扵君則君專所制民知所歸矣貧則怨人賤則怨時而莫有自怨者此人情之大趣也然則不可以此是人情之大趣而一槩非之亦有可矜者焉不可

不察也今能同筭鈞而彼富我貧能不怨則美矣雖怨無所非也才鈞智同而彼貴我賤能不怨則美矣雖怨無所非也其敝在於不知乘權籍勢之異而雖曰智能之同是不達之過雖君子之鄙亦君子之惡也人貧則怨人富則驕人怨人者苦人之不禄施於巳也起於情所難安而不能安猶可恕也驕人者無苦而無故驕人此情所易責而弗能責弗可恕矣衆人見貧賤則慢而踈之見富貴則敬而親之貧賤者有請

賕於巳踈之可也未必損巳而必疏之以其無

益於物之具故也富貴者有施與巳親之可也

未必益巳而必親之則彼不敢親我矣三者獨

立無致親致踈之所人情終不能不以貧賤富

貴易慮故謂之大惑焉窮獨貧賤治世之所共

矜亂世之所共侮治世非為矜窮獨貧賤而治

是治之一事也亂世亦非侮窮獨貧賤而亂亦

是亂之一事也每事治則無亂亂則無治視夏

商之盛夏商之衰則其驗也貧賤之望富貴其

微而富貴不能酬其甚微之望夫富貴者之所
惡貧者之所羨貴者之所輕賤者之所榮然而
弗罰弗與同苦樂故也雖弗罰之於我弗傷今
萬民之望人君亦如貧賤之望富貴其所望者
蓋欲料長幼平賦斂時其飢寒省其疾痛賞罰
不濫使役以特如此而已則於人君弗損也然
而弗罰弗與同勞役故也故為人君不可弗與
民同勞逸焉故富貴者可不罰貧賤者人君不
可不罰萬民不罰萬民則萬民之所不願戴所

不顧戴則君位替矣危莫甚焉禍莫大焉

尹文子卷下

尹文子一卷

（周）尹文 撰

明萬曆四至五年（1576—1577）南京國子監刊《子彙》本

尹文子序

尹文子者蓋出於周之尹氏齊宣王時居稷下與宋鈃彭蒙田駢同學於公孫龍公孫龍稱之著書一篇多所彌綸莊子曰不累於物不苟於人不忮於衆願天下之安寧以活於民命人我之養畢足而止之以此白心見侮不辱此其道也而劉向亦以其學本於黃老大較刑名家也近爲誣矣余黃初末始到京師繆熙伯以此書見示意甚玩之而多脫誤聊試條次撰定爲上下篇亦未能究其詳也

山陽仲長氏撰定

按高氏曰尹文書言大道又言名分又言仁義禮樂法術權勢大畧則學老氏而雜申韓者也仲長統序謂文學於公孫龍按龍客平原君趙惠文王時人也距齊宣王殁四十餘年矣則文先于龍非學于龍者也以莊子所稱咯之文之術又近于兼愛盖其學駮矣

尹文子　　　　　　　　　　　　名家二

大道上

大道無形稱器有名名也者正形者也形正由名則名
不可差故仲尼云必也正名乎名不正則言不順也大
道不稱衆有必名生於不稱則群形自得其方圓名生
於方圓則衆名得其所稱也大道治者則名法儒墨自
廢以名法儒墨治者則不得離道老子曰道者萬物之
奥善人之寶不善人之所寶是道治者謂之善人藉名
法儒墨者謂之不善人善人之與不善人名分日離不
待審察而得也道不足以治則用法法不足以治則用

術術不足以治則用權權不足以治則用勢勢用則反
權權用則反術術用則反法法用則反道道用則無爲
而自治故窮則徼終徼終則反始始終相襲無窮極也
有形者必有名有名者未必有形形而不名未必失其
方員白黑之實名而不可不尋名以檢其差故亦有名
以檢形形以定名名以定事事以檢名察其所以然則
形名之與事物無所隱其理矣名有三科法有四呈一
曰命物之名方員白黑是也二曰毀譽之名善惡貴賤
是也三曰況謂之名賢愚愛憎是也一曰不變之法君
臣上下是也二曰齊俗之法能鄙同異是也三曰治衆

之法慶賞刑罰是也四曰平准之法律度權量是也術者人君之所密用群下不可妄窺勢者制法之利器群下不可妄爲人君有術而使群下得窺非術之奥者有勢使群下得爲非勢之重者大要在乎先正名分使不相侵雜然後術可祕勢可專名者名形者也形者應名者也然形非正名也名非正形也則形之與名居然別矣不可相亂亦不可相無無名故大道無稱有名故名以正形今萬物具存不以名正之則亂萬名具列不以形應之則乖故形名者不可不正也善名命善惡名命惡故善有善名惡有惡名聖賢仁智命善者也頑嚚凶

愚命惡者也今即聖賢仁智之名以求聖賢仁智之實
未之或盡也即頑嚚凶愚之名以求頑嚚凶愚之實亦
未或盡也使善惡盡然有分雖未能盡物之實猶不患
其差也故曰名不可不辨也名稱者別彼此而檢虛實
者也自古至今莫不用此而得用彼而失失者由名分
混得者由名分察今親賢而疎不肖賞善而罰惡賢不
肖善惡之名宜在彼親疎賞罰之稱宜屬我我之與彼
又復一名名之察者也名賢不肖爲親疎名善惡爲賞
罰合彼我之一稱而不別之名之混者也故曰名稱者
不可不察也語曰好牛又曰不可不察也好則物之通

稱牛則物之定形以通稱隨定形不可窮極者也設復言好馬則復連於馬矣則好所通無方也設復言好人則彼屬於人矣則好非人人非好也則好牛好馬好人之名自離矣故曰名分不可相亂也五色五聲五臭五味凡四類自然存焉天地之間而不期爲人用人必用之終身各有好惡而不能辨其名分名宜屬彼分宜屬我我愛白而憎黑韻商而舍徵好羶而惡焦嗜甘而逆苦白黑商徵羶焦甘苦彼之名也愛憎韻舍好惡嗜逆我之分也定此名分則萬事不亂也故人以度審長短以量受少多以衡平輕重以律均清濁以名稽虛實以

法定治亂以簡治煩惑以易御險難以萬事皆歸於一百度皆準於法歸一者簡之至準法者易之極如此頑嚚聾瞽可與察慧聰明同其治也天下萬事不可備能責其備能於一人則賢聖其猶病諸設一人能備天下之事能左右前後之宜遠近遲疾之間必有不兼者焉苟有不兼於治闕矣全治而無闕者大小多少各當其分農商工仕不易其業老農長商習工舊仕莫不存焉則處上者何事哉故有理而無益於治者君子弗言有能而無益於事者君子弗為君子非樂有言有益於治不得不言君子非樂有為有益於事不得不為故所言

者不出於名法權術所爲者不出於農稼軍陣周務而巳故明主不爲治外之理小人必言事外之能小人亦知言損於治而不能不言小人亦知能損於事而不能不爲故所言者極於儒墨是非之辨所爲者極於堅僞偏抗之行求名而巳故明主誅之古語曰不知無害於君子知之無損於小人工匠不能無害於巧君子不知無害於治此信矣爲善使人不能得從此獨善也爲巧使人不能得從此獨巧也未盡善巧之理爲善與衆行之爲巧與衆能之此善之善者巧之巧者也所貴聖人之治不貴其獨治貴其能與衆共治貴工倕之巧不貴

其獨巧貴其能與衆共巧也今世之人行欲獨賢事欲獨能辨欲出群勇欲絶衆獨行之賢不足以成化獨能之事不足以周務出群之辨不可爲户説絶衆之勇不可與征陣凡此四者亂之所由生是以聖人任道以夷其險立法以理其差使賢愚不相棄能鄙不相遺能鄙不相遺則能鄙齊功賢愚不相棄則賢愚等慮此至治之術也名定則物不競分明則私不行物不競非無心由名定故無所措其心私不行非無欲由分明故無所措其欲然則心欲人人有之而得同於無心無欲者制之有道也田駢曰天下之士莫肯處其門庭臣其妻子

必遊宦諸侯之朝者利引之也遊於諸侯之朝皆志爲卿大夫而不擬於諸侯者名限之也彭蒙曰雉兎在野衆人逐之分未定也鷄豕滿市莫有志者分定故也物奢則仁智相屈分定則貪鄙不爭圓者之轉非能轉而轉不得不轉也方者之止非能止而止不得不止也因圓之自轉使不得止因方之自止使不得轉何苦物之失分故因賢者之有用使不得不用因愚者之無用使不得用用與不用皆非我用因彼所用與不可用而自得其用奚患物之亂乎物皆不能自能不知自知智非能智而智愚非能愚而愚好非能好而好醜非能醜而

醜夫不能自能不知自知則智好何所貴愚醜何所賤
則智不能得夸愚好不能得嗤醜此爲得之道也道行
於世則貧賤者不怨富貴者不驕愚弱者不懾智勇者
不陵定於分也法行於世則貧賤者不敢怨富貴富貴
者不敢陵貧賤愚弱者不敢冀智勇智勇者不敢鄙愚
弱此法之不及道也世之所貴同而貴之謂之俗世之
所用同而用之謂之物苟違於人俗所不與苟忮於衆
俗所共去故心皆殊而爲行若一所好各異而資用必
同此俗之所齊物之所飾故所齊不可不慎所飾不可
不擇昔齊桓好衣紫闔境不鬻異采楚莊愛細腰一國

皆有饑色上之所以率下乃治亂之所由也故俗苟沴必爲治以矯之物苟濫必立制以檢之累於俗飾於物者不可與爲治矣昔晉國苦奢文公以儉矯之乃衣不重帛食不兼肉無幾時人皆大布之衣脫粟之飯越王勾踐謀報吴欲人之勇路逢怒蛙而軾之比及數年民無長幼臨敵雖湯火不避居上者之難如此之驗聖王知民情之易動故作樂以和之制禮以節之在下者不得用其私故禮樂獨行禮樂獨行則私欲寢廢私欲寢廢則遺賢之與遺愚均矣若使遺賢則治遺愚則亂是治亂屬於賢愚不係於禮樂是聖人之術與聖主而俱

没治世之法逮易世而莫用則亂多而治寡亂多而治寡則賢無所貴愚無所賤矣處名位雖不肖不患物不踈已親踈係乎勢利不係於不肖與仁賢吾亦不敢據以爲天理以爲地勢之自然者爾今天地之間不肖實衆仁賢實寡趨利之情不肖特厚廉恥之情仁賢偏多今以禮義招仁賢所得仁賢者萬不一焉以名利招不肖所得不肖者觸地是焉故曰禮義成君子君子未必須禮義名利治小人小人不可無名利慶賞刑罰君事也守職效能臣業也君料功黜陟故有慶賞刑罰臣各慎所任故有守職効能君不可與臣業臣不可侵君事

上下不相侵與謂之名正名正而法順也接萬物使分別海内使不雜見侮不辱見推不矜禁暴息兵救世之鬬此仁君之德可以爲主矣守職分使不亂慎所任而無私飢飽一心毀譽同慮賞亦不忘罰亦不怨此居下之節可爲人臣矣世有因名以得實亦有因名以失實宣王好射說人之謂已能用強也其實所用不過三石以示左右左右皆引試之中關而止皆曰不下九石非大王孰能用是宣王悅之然則宣王用不過三石而終身自以爲九石三石實也九石名也宣王悅其名而喪其實齊有黃公者好謙卑有二女皆國色以其美也常

謙辭毀之以爲醜惡醜惡之名遠布年過而一國無聘者衛有鰥夫特冒娶之果國色然後曰黃公好謙故毀其子不姝美於是爭禮之亦國色也國色實也醜惡名也此違名而得實矣楚人擔山雉者路人問何鳥也擔雉者欺之曰鳳凰也路人曰我聞有鳳凰今直見之汝販之乎曰然則十金弗與請加倍乃與之將欲獻楚王經宿而鳥死路人不遑惜金惟恨不得以獻楚王國人傳之咸以爲真鳳凰貴欲以獻之遂聞楚王王感其欲獻於已召而厚賜之過於買鳥之金十倍魏田父有耕於野者得寶玉徑尺弗知其玉也以告鄰人鄰人陰欲

圖之謂之曰怪石也畜之弗利其家弗如復之田父雖
疑猶錄以歸置於廡下其夜玉明光照一室田父稱家
大怖復以告鄰人曰此怪之徵遄棄殃可銷於是遽而
棄於遠野鄰人無何盜之以獻魏王魏王召玉工相之
玉工望之再拜而立敢賀王王得此天下之寶臣未嘗
見王問價玉工曰此無價以當之五城之都僅可一觀
魏王立賜獻玉者千金長食上大夫祿凡天下萬里皆
有是非吾所不敢誣是者常是非者常非亦吾所信然
是雖常是有時而不用非雖常非有時而必行故用是
而失有矣行非而得有矣是非之理不同而更興廢翻

爲我用則是非焉在哉觀堯舜湯武之成或順或逆得時則昌桀紂幽厲之敗或是或非失時則亡五伯之主亦然宋公以楚人戰於泓公子目夷曰楚衆我寡請其未悉濟而擊之宋公曰不可吾聞不鼓不成列寡人雖亡之餘不敢行也戰敗楚人執宋公齊人弒襄公立公孫無知召忽夷吾奉公子糾奔魯鮑叔牙奉公子小白奔莒既而無知被殺二公子爭國糾宜立者也小白先入故齊人立之既而使魯人殺糾召忽死之徵夷吾以爲相晉文公爲驪姬之譖出亡十九年惠公卒賂秦以求反國殺懷公子而自立彼一君正而不免於執二君

不正霸業遂焉已是而舉世非之則不知已之是已非而舉世是之亦不知已所非然則是非隨衆賈而為正非已所獨了則犯衆者為非順衆者為是故人君處權乗勢處所是之地則人所不得非也居則物尊之動則物從之言則物誠之行則物則之所以居物上御群下也國亂有三事年飢民散無食以聚之則亂治國無法則亂有法而不能用則亂有食以聚民有法而能行國不治未之有也

大道下

仁義禮樂名法刑賞凡此八者五帝三王治世之術也

故仁以道之義以宜之禮以行之樂以和之名以正之法以齊之刑以威之賞以勸之故仁者所以博施於物亦所以生偏私義者所以立節行亦所以成華僞禮者所以行恭謹亦所以生惰慢樂者所以和情志亦所以生淫放名者所以正尊卑亦所以生矜篡法者所以齊衆異亦所以乖名分刑者所以威不服亦所以生陵暴賞者所以勸忠能亦所以生鄙爭凡此八術無隱於人而常存於世非自顯於堯湯之時非自逃於桀紂之朝用得其道則天下治失其道則天下亂過此而往雖彌綸天地籠絡萬品治道之外非群生所餐挹聖人錯而

不言也凡國之存亡有六徵有衰國有亡國有昌國有彊國有治國有亂國所謂亂亡之國者凶虐殘暴不與焉所謂彊治之國者威力仁義不與焉君年長多媵少子孫疏宗族衰國也君寵臣臣愛君公法廢私欲行亂國也國貧小家富大君權輕臣勢重亡國也凡此三徵不待凶虐殘暴而後弱也雖曰見存吾必謂之亡者也內無專寵外無近習支庶繁字長幼不亂昌國也農桑以時倉廩充實兵甲勁利封疆脩理彊國也上不勝其下下不犯其上上下不相勝犯故禁令行人人無私雖經險易而國不可侵治國也凡此三徵不待威力仁義

而後彊雖曰見弱吾必謂之存者也治主之興必有所先誅先誅者非謂盜非謂姦此二惡者一時之大害非亂政之本也亂政之本下侵上之權臣用君之術心不畏時之禁行不軌時之法此大亂之道也孔丘攝魯相七日而誅少正卯門人進問曰夫少正卯魯之聞人也夫子爲政而先誅得無失乎孔子曰居吾語汝其故人有惡者五而竊盜姦私不與焉一曰心達而險二曰行僻而堅三曰言僞而辨四曰彊記而博五曰順非而澤此五者有一於人則不免君子之誅而少正卯兼有之故居處足以聚徒成群言談足以飾邪熒衆彊記足以

反是獨立此小人雄桀也不可不誅也是以湯誅尹諧文王誅潘正太公誅華士管仲誅付里乙子產誅鄧析史付此六子者異世而同心不可不誅也詩曰憂心悄悄慍於群小小人成群斯足畏也語曰佞辯可以熒惑鬼神曰鬼神聰明正直孰曰熒惑者曰鬼神誠不受熒惑此尤佞辨之巧靡不入也夫佞辨者雖不能熒惑鬼神熒惑人明矣探人之心度人之欲順人之嗜好而不敢逆納人於邪惡而求其利人喜聞己之美也善能揚之惡聞己之過也善能飾之得之於眉睫之間承之於言行之先語曰惡紫之奪朱惡利口之覆邦家斯言足

畏而終身莫悟危亡繼踵焉老子曰以政治國以奇用兵以無事取天下政者名法是也以名法治國萬物所不能亂奇者權術是也以權術用兵萬物所不能敵凡能用名法權術而矯抑殘暴之情則已無事焉已無事則得天下矣故失治則任法失法則任兵以求無事不以取彊取彊則柔者反能服之老子曰民不畏死如何以死懼之凡民之不畏死由刑罰過刑罰過則民不賴其生生無所賴視君之威末如也刑罰中則民畏死畏死由生之可樂也知生之可樂故可以死懼之此人君之所宜執臣下之所宜慎田子讀書曰堯時太平宋子

曰聖人之治以致此乎彭蒙在側越次答曰聖法之治
以至此非聖人之治也宋子曰聖人與聖法何以異彭
蒙曰子之亂名甚矣聖人者自己出也聖法者自理出
也理出於己己非理也己能出理理非己也故聖人之
治獨治者也聖法之治則無不治矣此萬世之利唯聖
人能該之宋子猶惑質於田子田子曰蒙之言然莊里
丈人字長子曰盜少子曰毆盜出行其父在後追呼之
曰盜盜吏聞因縛之其父呼毆喻吏遽而聲不轉但言
毆毆吏因毆之幾殪康衢長者字僮曰善搏字犬曰善
噬賓客不過其門者三年長者怪而問之乃實對於是

改之賓客往復鄭人謂玉未理者爲璞周人謂鼠未腊
者爲璞周人懷璞謂鄭賈曰欲買璞乎鄭賈曰欲之出
其璞視之乃鼠也因謝不取父之於子也令有必行者
有必不行者去貴妻賣愛妾此令必行者也因曰汝無
敢恨汝無敢思令必不行者也故爲人上者必慎所令
凡人富則不羨爵禄貧則不畏刑罰不羨爵禄者自足
於己也不畏刑罰者不賴存身也二者爲國之所甚而
不知防之之術故令不行而禁不止若使令不行而禁
不止則無以爲治無以爲治是人君虛臨其國徒君其
民危亂可立而待矣今使由爵禄而後富則人必爭盡

力於其君矣由刑罰而後貧則人感畏罪而從善矣故古之爲國者無使民自貧富貧富皆由於君則君專所制民知所歸矣貧則怨人賤則怨時而莫有自怨者此人情之大趣也然則不可以此是人情之大趣而一槩非之亦有可矜者焉不可不察也今能同算鈞而彼富我貧能不怨則美矣雖怨無所非也才鈞智同而彼貴我賤能不怨則美矣雖怨無所非也其敝在於不知乘權藉勢之異而雖曰智能之同是不達之過雖君子之鄙亦君子之怒也人貧則怨人富則驕人怨人者苦人之不禄施於已也起於情所難安而不能安猶可恕也

驕人者無苦而無故驕人此情所易制而弗能制弗可恕矣衆人見貧賤則慢而踈之見富貴則敬而親之貧賤者有請賕於巳踈之可也未必損巳而必踈之以其無益於物之具故也富貴者有施與巳親之可也未必益巳而必親之則彼不敢親我矣三者獨立無致親致踈之所人情終不能不以貧賤富貴易慮故謂之大惑焉窮獨貧賤治世之所共矜亂世之所共侮治世非爲矜窮獨貧賤而治是治之一事也亂世亦非侮窮獨貧賤而亂亦是亂之一事也每事治則無亂亂則無治視夏商之盛夏商之衰則其驗也貧賤之望富貴甚微而

富貴不能酬其甚微之望夫富者之所惡貧者之所羡貴者之所輕賤者之所樂然而弗酬弗與同苦樂故也雖弗酬之於物弗傷令萬民之望人君亦如貧賤之望富貴其所望者蓋欲料長幼平賦斂時其飢寒省其疾痛賞罰不濫使役以時如此而已則於人君弗損也然而弗酬弗與同勞逸故也故爲人君不可弗與民同勞逸焉故富貴者可不酬貧賤者人君不可不酬萬民不酬萬民則萬民之所不願戴所不願戴則君位替矣危莫甚焉禍莫大焉

尹文子 終　　　子彙

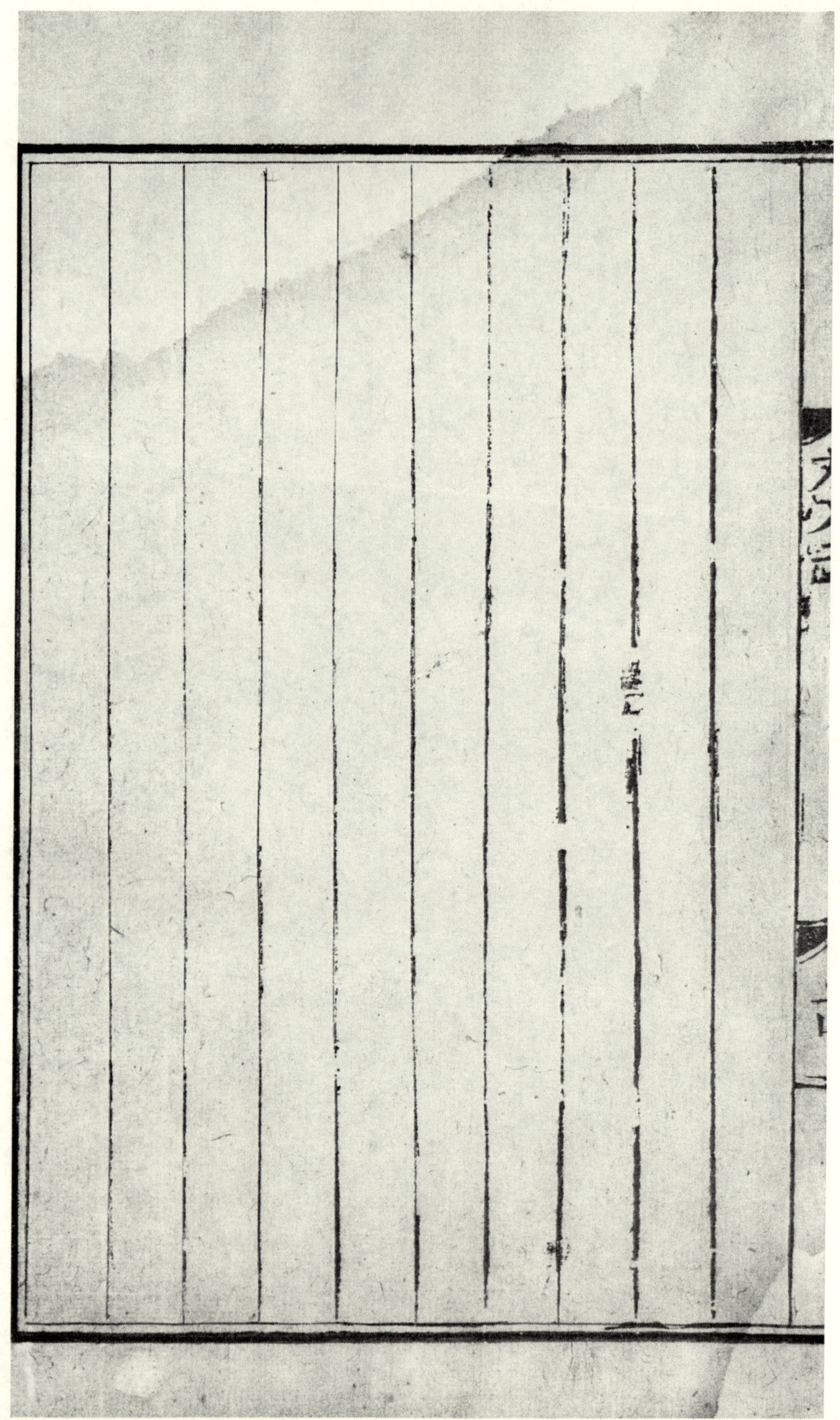

尹文子一卷

（周）尹文 撰 （明）馮夢禎 校

明萬曆四至五年（1576—1577）刊《十八子全書》本

尹文子　名家二

大道上

大道無形稱器有名名也者正形者也形正由名則名不可差故仲尼云必也正名乎名不正則言不順也大道不稱衆有必名生於不稱則群形自得其方圓名生於方圓則衆名得其所稱也大道治者則名法儒墨自廢以名法儒墨治者則不得離道老子曰道者萬物之奥善人之寶不善人之所寶是道治者謂之善人藉名法儒墨者謂之不善人善人之與不善人名分日離不待審察而得也道不足以治則用法法不足以治則用

術術不足以治則用權權不足以治則用勢勢用則反權權用則反術術用則反法法用則反道道用則無爲而自治故窮則徼終徼終則反始始終相襲無窮極也

有形者必有名有名者未必有形形而不名未必失其方員白黑之實名而不可不尋名以檢其差故亦有名以檢形形以定名名以定事事以檢名察其所以然則形名之與事物無所隱其理矣名有三科法有四呈一曰命物之名方員白黑是也二曰毀譽之名善惡貴賤是也三曰況謂之名賢愚愛憎是也一曰不變之法君臣上下是也二曰齊俗之法能鄙同異是也三曰治衆之

之法慶賞刑罰是也四曰平准之法律度權量是也術者人君之所密用群下不可妄窺勢者制法之利器群下不可妄爲人君有術而使群下得窺非術之奥者有勢使群下得爲非勢之重者大要在乎先正名分使不相侵雜然後術可祕勢可專名者名形者也形者應名者也然形非正名也名非正形也則形之與名居然別矣不可相亂亦不可相無無名故大道無稱有名故名以正形今萬物具存不以名正之則亂萬名具列不以形應之則乖故形名者不可不正也善名命善惡名命惡故善有善名惡有惡名聖賢仁智命善者也頑嚚凶

愚命惡者也今即聖賢仁智之名以求聖賢仁智之實未之或盡也即頑嚚凶愚之名以求頑嚚凶愚之實亦未或盡也使善惡盡然有分雖未能盡物之實猶不患其差也故曰名不可不辨也名稱者別彼此而檢虛實者也自古至今莫不用此而得用彼而失失者由名分混得者由名分察今親賢而踈不肖賞善而罰惡賢不肖善惡之名宜在彼親踈賞罰之稱宜屬我我之與彼又復一名名之察者也名賢不肖爲親踈名善惡爲賞罰合彼我之一稱而不別之名之混者也故曰名稱者不可不察也語曰好牛又曰不可不察也好則物之通

稱牛則物之定形以通稱隨定形不可窮極者也設復言好馬則復連於馬矣則好所通無方也設復言好人則彼屬於人矣則好非人人非好也則好牛好馬好人之名自離矣故曰名分不可相亂也五色五聲五臭五味凡四類自然存焉天地之間而不期爲人用人必用之終身各有好惡而不能辨其名分名宜屬彼分宜屬我我愛白而憎黑韻商而舍徵好膻而惡焦嗜甘而逆苦白黑商徵膻焦甘苦彼之名也愛憎韻舍好惡嗜逆我之分也定此名分則萬事不亂也故人以度審長短以量受少多以衡平輕重以律均清濁以名稽虛實以

法定治亂以簡治煩惑以易御險難以萬事皆歸於一百度皆準於法歸一者簡之至準法者易之極如此頑嚚聾瞽可與察慧聰明同其治也天下萬事不可備能責其備能於一人則賢聖其猶病諸設一人能備天下之事能左右前後之宜遠近遲疾之間必有不兼者焉苟有不兼於治闕矣全治而無闕者大小多少各當其分農商工仕不易其業老農長商習工舊仕莫不存焉則處上者何事哉故有理而無益於治者君子弗言有能而無益於事者君子弗爲君子非樂有言有益於治不得不言君子非樂有爲有益於事不得不爲故所言

者不出於名法權術所爲者不出於農稼軍陣周務而已故明主不爲治外之理小人必言事外之能小人亦知言損於治而不能不言小人亦知能損於事而不能不爲故所言者極於儒墨是非之辨所爲者極於堅僞偏抗之行求名而已故明主誅之古語曰不知無害於君子知之無損於小人工匠不能無害於巧君子不知無害於治此信矣爲善使人不能得從此獨善也爲巧使人不能得從此獨巧也未盡善巧之理爲善與衆行之爲巧與衆能之此善之善者巧之巧者也所貴聖人之治不貴其獨治貴其能與衆共治貴工倕之巧不貴

其獨巧貴其能與衆共巧也今世之人行欲獨賢事欲獨能辨欲出群勇欲絶衆獨行之賢不足以成化獨能之事不足以周務出群之辨不可爲戸説絶衆之勇不可與征陣凡此四者亂之所由生是以聖人任道以夷其險立法以理其差使賢愚不相棄能鄙不相遺能鄙不相遺則能鄙齊功賢愚不相棄則賢愚等慮此至治之術也名定則物不競分明則私不行物不競非無心由名定故無所措其心私不行非無欲由分明故無所措其欲然則心欲人人有之而得同於無心無欲者制之有道也田駢曰天下之士莫肯處其門庭臣其妻子

必遊宦諸侯之朝者利引之也遊於諸侯之朝皆志爲卿大夫而不擬於諸侯者名限之也彭蒙曰雉兎在野衆人逐之分未定也鷄豕滿市莫有志者分定故也物奢則仁智相屈分定則貪鄙不爭圓者之轉非能轉而轉不得不轉也方者之止非能止而止不得不止也因圓之自轉使不得止因方之自止使不得轉何苦物之失分故因賢者之有用使不得不用因愚者之無用使不得用用與不用皆非我用因彼所用與不可用而自得其用奚患物之亂乎物皆不能自能不知自知智非能智而智愚非能愚而愚好非能好而好醜非能醜而

醜夫不能自能不知自知則智好何所貴愚醜何所賤則智不能得夸愚好不能得嗤醜此爲得之道也道行於世則貧賤者不怨富貴者不驕愚弱者不懾智勇者不陵定於分也法行於世則貧賤者不敢怨富貴者不敢陵貧賤愚弱者不敢冀智勇智勇者不敢鄙愚弱此法之不及道也世之所貴同而貴之謂之俗世之所用同而用之謂之物苟違於人俗所不與苟忮於衆俗所共去故心皆殊而爲行若一所好各異而資用必同此俗之所齊物之所飾故所齊不可不慎所飾不可不擇昔齊桓好衣紫闔境不鬻異采楚莊愛細腰一國

皆有饑色上之所以率下乃治亂之所由也故俗苟沴必爲治以矯之物苟溢必立制以檢之累於俗飾於物者不可與爲治矣昔晉國苦奢文公以儉矯之乃衣不重帛食不兼肉無幾時人皆大布之衣脫粟之飯越王勾踐謀報吳欲人之勇路逢怒蛙而軾之比及數年民無長幼臨敵雖湯火不避居上者之難如此之驗聖王知民情之易動故作樂以和之制禮以節之在下者不得用其私故禮樂獨行禮樂獨行則私欲寖廢私欲寖廢則遭賢之與遭愚均矣若使遭賢則治遭愚則亂是治亂屬於賢愚不係於禮樂是聖人之術與聖主而俱

没治世之法逮易世而莫用則亂多而治寡亂多而治寡則賢無所貴愚無所賤矣處名位雖不肖不愚物不踈已親踈係乎勢利不係於不肖與仁賢吾亦不敢據以爲天理以爲地勢之自然者爾今天地之間不肖實衆仁賢實寡趨利之情不肖特厚廉耻之情仁賢偏多今以禮義招仁賢所得仁賢者萬不一焉以名利招不肖所得不肖者觸地是焉故曰禮義成君子君子未必須禮義名利治小人小人不可無名利慶賞刑罰君事也守職效能臣業也君料功黜陟故有慶賞刑罰臣各慎所任故有守職效能君不可與臣業臣不可侵君事

上下不相侵與謂之名正名正而法順也接萬物使分別海内使不雜見侮不辱見推不矜禁暴息兵救世之鬭此仁君之德可以爲主矣守職分使不亂慎所任而無私飢飽一心毁譽同慮賞亦不忘罰亦不怨此居下之節可爲人臣矣世有因名以得實亦有因名以失實宣王好射説人之謂已能用強也其實所用不過三石以示左右左右皆引試之中闕而止皆曰不下九石非大王孰能用是宣王悦之然則宣王用不過三石而終身自以爲九石三石實也九石名也宣王悦其名而喪其實齊有黄公者好謙卑有二女皆國色以其美也常

譙辭毀之以爲醜惡醜惡之名遠布年過而一國無聘者衛有鰥夫時冒娶之果國色然後曰黄公好謙故毀其子不姝美於是爭禮之亦國色也國色實也醜惡名也此違名而得實矣楚人擔山雉者路人問何鳥也擔雉者欺之曰鳳凰也路人曰我聞有鳳凰今直見之汝販之乎曰然則十金弗與請加倍乃與之將欲獻楚王經宿而鳥死路人不遑惜金惟恨不得以獻楚王國人傳之咸以爲真鳳凰貴欲以獻之遂聞楚王王感其欲獻於已召而厚賜之過於買鳥之金十倍魏田父有耕於野者得寶玉徑尺弗知其玉也以告鄰人鄰人陰欲

圖之謂之曰怪石也畜之弗利其家弗如復之田父雖疑猶錄以歸置於廡下其夜玉明光照一室田父稱家大怖復以告鄰人曰此怪之徵遄棄殃可銷於是遽而棄於遠野鄰人無何盜之以獻魏王魏王召玉工相之玉工望之再拜而立敢賀王王得此天下之寶臣未嘗見王問價玉工曰此無價以當之五城之都僅可一觀魏王立賜獻玉者千金長食上大夫祿凡天下萬里皆有是非吾所不敢誣是者常是非者常非亦吾所信然是雖常是有時而不用非雖常非有時而必行故用是而失有矣行非而得有矣是非之理不同而更興廢翻

爲我用則是非焉在哉觀堯舜湯武之成或順或逆得時則昌桀紂幽厲之敗或是或非失時則亡五伯之主亦然宋公以楚人戰於泓公子目夷曰楚衆我寡請其未悉濟而擊之宋公曰不可吾聞不鼓不成列寡人雖亡之餘不敢行也戰敗楚人執宋公齊人弑襄公立公孫無知召忽夷吾奉公子糾奔魯鮑叔牙奉公子小白奔莒既而無知被殺二公子爭國糾宜立者也小白先入故齊人立之既而使魯人殺糾召忽死之徵夷吾以爲相晉文公爲驪姬之譖出亡十九年惠公卒賂秦以求反國殺懷公子而自立彼一君正而不免於執二君

不正覇業遂焉已是而舉世非之則不知已之是已非而舉世是之亦不知已所非然則是非隨衆賈而爲正非已所獨了則犯衆者爲非順衆者爲是故人君處權秉勢處所是之地則人所不得非也居則物尊之動則物從之言則物誠之行則物則之所以居物上御群下也國亂有三事年飢民散無食以聚之則亂治國無法則亂有法而不能用則亂有食以聚民有法而能行國不治未之有也

大道下

仁義禮樂名法刑賞凡此八者五帝三王治世之術也

故仁以道之義以宜之禮以行之樂以和之名以正之法以齊之刑以威之賞以勸之故仁者所以博施於物亦所以生偏私義者所以立節行亦所以成華僞禮者所以行恭謹亦所以生惰慢樂者所以和情志亦所以生淫放名者所以正尊卑亦所以生矜篡法者所以齊衆異亦所以乖名分刑者所以威不服亦所以生陵暴賞者所以勸忠能亦所以生鄙爭凡此八術無隱於人而常存於世非自顯於堯湯之時非自逃於桀紂之朝用得其道則天下治失其道則天下亂過此而往雖彌綸天地籠絡萬品治道之外非群生所餐挹聖人錯而

不言也凡國之存亡有六徵有衰國有亡國有昌國有
彊國有治國有亂國所謂亂亡之國者凶虐殘暴不與
焉所謂彊治之國者威力仁義不與焉君年長多媵少
子孫疏宗族衰國也君寵臣臣愛君公法廢私欲行亂
國也國貧小家富大君權輕臣勢重亡國也凡此三徵
不待凶虐殘暴而後弱也雖曰見存吾必謂之亡者也
內無專寵外無近習支庶繁字長幼不亂昌國也農桑
以時倉廩充實兵甲勁利封疆脩理彊國也上不勝其
下下不犯其上上下不相勝犯故禁令行人人無私雖
經險易而國不可侵治國也凡此三徵不待威力仁義

而後彊雖曰見弱吾必謂之存者也治主之興必有所先誅先誅者非謂盜非謂姦此二惡者一時之大害非亂政之本也亂政之本下侵上之權臣用君之術心不畏時之禁行不軌時之法此大亂之道也孔丘攝魯相七日而誅少正卯門人進問曰夫少正卯魯之聞人也夫子爲政而先誅得無失乎孔子曰居吾語汝其故人有惡者五而竊盜姦私不與焉一曰心達而險二曰行僻而堅三曰言僞而辨四曰彊記而博五曰順非而澤此五者有一於人則不免君子之誅而少正卯兼有之故居處足以聚徒成群言談足以飾邪熒衆彊記足以

反是獨立此小人雖纍也不可不誅也是以湯誅尹諧文王誅潘正太公誅華士管仲誅付里乙子產誅鄧析史付此六子者異世而同心不可不誅也詩曰憂心悄悄慍於群小小人成群斯足畏也語曰佞辯可以熒惑鬼神曰鬼神聰明正直孰曰熒惑者曰鬼神誠不受熒惑此尤佞辨之巧靡不入也夫佞辨者雖不能熒惑鬼神熒惑人明矣探人之心度人之欲順人之嗜好而不敢逆納人於邪惡而求其利人喜聞己之美也善能揚之惡聞己之過也善能飾之得之於眉睫之間承之於言行之先語曰惡紫之奪朱惡利口之覆邦家斯言足

畏而終身莫悟危亡繼踵焉老子曰以政治國以奇用兵以無事取天下政者名法是也以名法治國萬物所不能亂奇者權術是也以權術用兵萬物所不能敵凡能用名法權術而矯抑殘暴之情則己無事焉己無事則得天下矣故失治則任法失法則任兵以求無事不以取彊取彊則柔者反能服之老子曰民不畏死如何以死懼之凡民之不畏死由刑罰過刑罰過則民不賴其生生無所賴視君之威末如也刑罰中則民畏死畏死由生之可樂也知生之可樂故可以死懼之此人君之所宜執臣下之所宜慎田子讀書曰堯時太平宋子

曰聖人之治以致此乎彭蒙在側越次荅曰聖法之治以至此非聖人之治也宋子曰聖人與聖法何以異彭蒙曰子之亂名甚矣聖人者自己出也聖法者自理出也理出於己己非理也己能出理理非己也故聖人之治獨治者也聖法之治則無不治矣此萬世之利唯聖人能該之宋子猶惑質於田子田子曰蒙之言然莊里丈人字長子曰盜少子曰毆盜出行其父在後追呼之曰盜盜吏聞因縛之其父呼毆喻吏遽而聲不轉但言毆毆吏因毆之幾殪康衢長者字僮曰善搏字犬曰善噬賓客不過其門者三年長者怪而問之乃實對於是

敗之賓客往復鄭人謂玉未理者爲璞周人謂鼠未腊者爲璞周人懷璞謂鄭賈曰欲買璞乎鄭賈曰欲之出其璞視之乃鼠也因謝不取父之於子也令有必行者有必不行者去貴妻賣愛妾此令必行者也因曰汝無敢恨汝無敢思令必不行者也故爲人上者必慎所令凡人富則不羨爵禄貧則不畏刑罰不羨爵禄者自足於已也不畏刑罰者不賴存身也二者爲國之所甚而不知防之之術故令不行而禁不止若使令不行而禁不止則無以爲治無以爲治是人君虛臨其國徒君其民危亂可立而待矣今使由爵禄而後富則人必爭盡

力於其君矣由刑罰而後貧則人咸提非而從善矣故
古之爲國者無使民自貧富貧富皆由於君則君專所
制民知所歸矣貧則怨人賤則怨時而莫有自怨者此
人情之大趣也然則不可以此是人情之大趣而一槩
非之亦有可矜者焉不可不察也今能同算鈞而彼富
我貧能不怨則美矣雖怨無所非也才鈞智同而彼貴
我賤能不怨則美矣雖怨無所非也其敝在於不知乘
權藉勢之異而雖曰智能之同是不達之過雖君子之
郵亦君子之怒也人貧則怨人富則驕人怨人者苦人
之不祿施於巳也起於情所難安而不能安猶可恕也

驕人者無苦而無故驕人此情所易制而弗能制弗可恕矣衆人見貧賤則慢而踈之見富貴則敬而親之貧賤者有請賕於巳踈之可也未必損巳而必踈之以其無益於物之具故也富貴者有施與巳親之可也未必益巳而必親之則彼不敢親我矣三者獨立無致親致踈之所人情終不能不以貧賤富貴易慮故謂之大惑焉窮獨貧賤治世之所共矜亂世之所共侮治世非爲矜窮獨貧賤而治是治之一事也亂世亦非侮窮獨貧賤而亂亦是亂之一事也每事治則無亂亂則無治視夏商之盛夏商之衰則其驗也貧賤之望富貴甚微而

富貴不能酬其甚微之望夫富者之所惡貧者之所美貴者之所輕賤者之所榮然而弗酬弗與同苦樂故也雖弗酬之於物弗傷今萬民之望人君亦如貧賤之望富貴其所望者蓋欲料長幼平賦斂時其飢寒省其疾痛賞罰不濫使役以時如此而已則於人君弗損也然而弗酬弗與同勞逸故也故爲人君不可弗與民同勞逸焉故富貴者可不酬貧賤者人君不可不酬萬民不酬萬民則萬民之所不願戴所不願戴則君位替矣危莫甚焉禍莫大焉

尹文子終　子彙

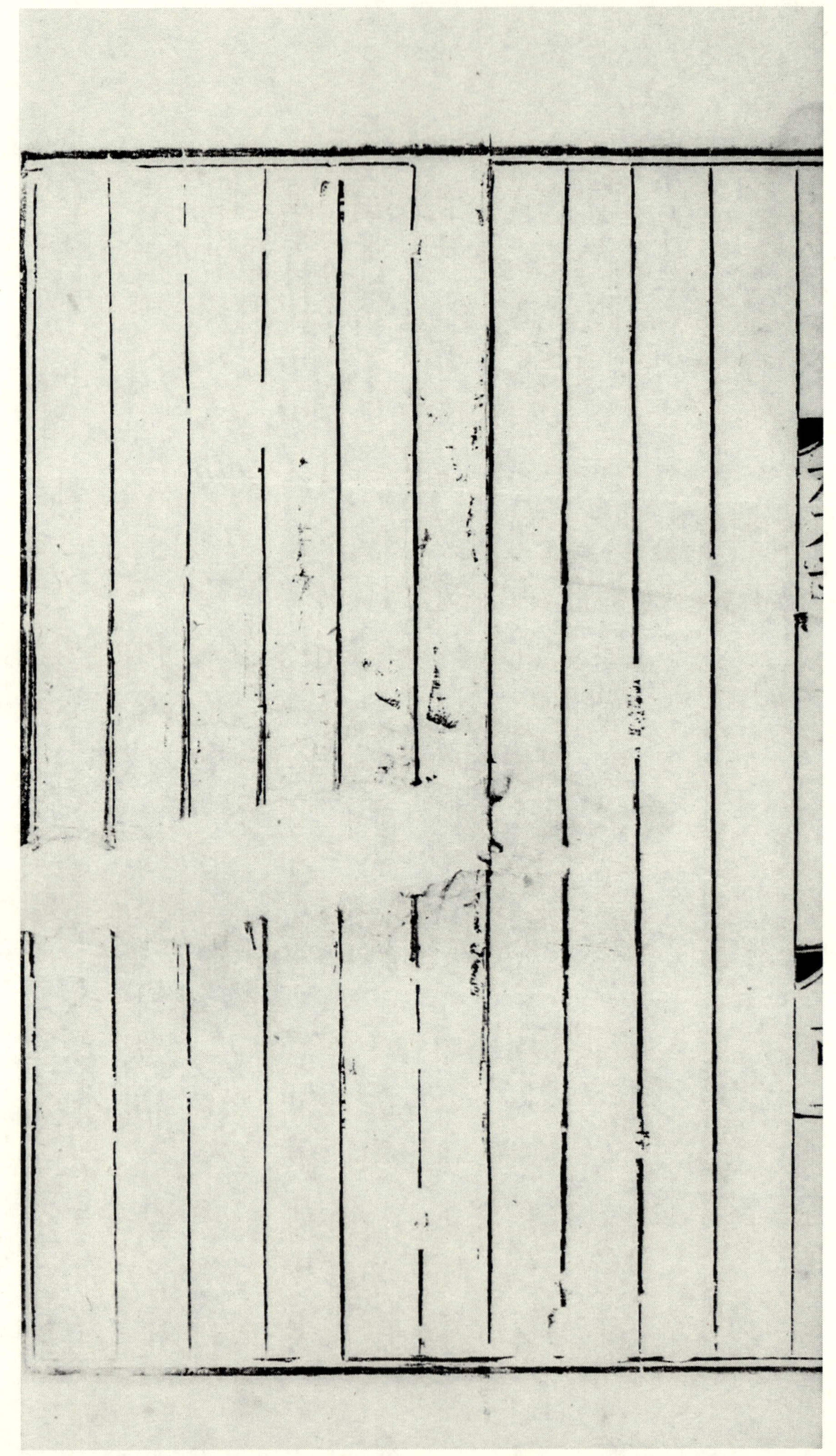

尹文子一卷

（周）尹文 撰

明萬曆二十三年（1595）歐陽清刊《五子書》本

尹文子序

山陽仲長氏撰定

尹文子者蓋出於周之尹氏齊宣王時居稷下與宋鈃彭蒙田駢同學於公孫龍公孫龍稱之著書一篇多所彌綸莊子曰不累於物不苟於人不忮於衆願天下之安寧以活於民命人我之養畢足而止之以此白心見侮不辱此其道也而劉向亦以其學本於黃老

大較刑名家也近為誣矣余黃初末始到京師繆熈伯以此書見示意其玩之而多脫誤聊試條次撰定為上下篇亦未能究其詳也

尹文子

山陽仲長氏定

大道上

大道無形稱器有名名也者正形者也形正由名則名不可差故仲尼云必也正名乎名不正則言不順也大道不稱衆有必名生於不稱則群形自得其方圓名生於方圓則衆名得其所稱也大道治者則名法儒墨自廢

以名法儒墨治者則不得離道老子曰道者萬物之奧善人之寶不善人之所寶是道治者謂之善人藉名法儒墨者謂之不善人善人之與不善人名分扶問切曰離不待審察而得也道不足以治則用法法不足以治則用術術不足以治則用權權不足以治則用勢勢用則反權權用則反術術用則反法法用則反道道用則無為而自治故窮則徼吉吊切之

終、徼終、則反始始終、相襲無窮極也有形者
必有名有名者未必有形形而不名未必失
其方圓白黑之實名而不可不尋名以檢其
差故亦有名以檢形形以定名名以定事事
以檢名察其所以然則形名之與事物無所
隱其理矣名有三科法有四呈一曰命物之
名方圓白黑是也二曰毀譽之名善惡貴賤
是也三曰況謂之名賢愚、愛憎是也一曰不

二百七十六

變之法君臣上下是也二曰齊俗之法能鄙同異是也三曰治衆之法慶賞刑法是也四曰平准之法律度權量是也術者人君之所密用群下不可妄窺勢者制法之利器群下不可妄爲人君有術而使群下得窺非術之奥者有勢使群下得為非勢之重者大要在乎先正名分使不相侵雜然後術可秘勢可專名者名形者也形者應名者也然形非正

名也名非正形也則形之與名居然別矣不可相亂亦不可相無無名故大道無稱有名故名以正形今萬物具存不以名正之則亂萬名具列不以形應之則乖故形名者不可不正也善名命善惡名命惡故善有善名惡有惡名聖賢仁智命善者也頑嚚魚巾切凶愚命惡者也今即聖賢仁智之名以求聖賢仁智之實未之或盡也即頑嚚凶愚之名以求

頑嚚凶愚之實亦未或盡也使善惡盡然有
分雖未能盡物之實猶不患其差也故曰名
不可不辯也名稱者何彼此而檢虛實者也
自古至今莫不用此而得用彼而失失者由
名分混得者由名分察今親賢而疏不肖賞
善而罰惡賢不肖善惡之名宜在彼親疏賞
罰之稱宜屬我我之與彼又復一名名之察
者也名賢不肖為親疏名善惡為賞罰合彼

我之一稱而不別之名之混者也故曰名稱者不可不察也語曰好虛到切牛又曰不可不察也好則物之通稱牛則物之定形以通稱隨定形不可窮極者也設復言好馬則復連於馬矣則好所通無方也設復言好人則彼屬於人矣則好非人人非好也則好牛好馬好人之名自離矣故曰名分不可相亂也五色五聲五臭五味凡四類自然存焉天地之

間而不期為人用人必用之終身各有好惡而不能辯其名分名宜屬彼分宜屬我我愛白而憎黑韻商而舍徵好臚而惡焦嗜茸而逆苦白黑商徵臚焦茸苦彼之名也愛憎韻舍好惡嗜逆我之分也定此名分則萬事不亂也故人以度審長短以量受少多以衡平輕重以律均清濁以名稽虛實以法定治亂以簡治煩惑以易御險難以萬事皆歸於一

百度皆準於法歸一者簡之至準法者易之極如此頑嚚聾瞽可以察慧聰明同其治也天下萬事不可備能責其備能於一人則賢聖其猶病諸設一人能備天下之事能左右前後之宜遠近遲疾之間必有不兼者焉茍有不兼於治闕矣全治而無闕者大小多少各當才浪切其分農商工仕不易其業老農長商習工舊仕莫不存焉則處上者何事哉故

有理而無益於治者君子弗言有能而無益於事者君子弗為君子非樂有言有益於治不得不言君子非樂有為有益於事不得不為故所言者不出於名法權術所為者不出於農稼軍陣周務而已故明主不為治外之理小人必言事外之能小人亦知言損於治而不能不言小人亦知能損於事而不能不為故所言者極於儒墨是非之辯所為者極

於堅偽偏抗口浪切之行求名而已故明主誅之古語曰不知無害於君子知之無損於小人工匠不能無害於巧君子不知無害於治此信矣為善使人不能得從此獨善也為巧使人不能得從此獨巧也未盡善巧之理為善與衆行之為巧與衆能之此善之善者巧之巧者也所貴聖人之治不貴其獨治貴其能與衆共治貴工倕音垂之巧不貴其獨巧貴

其能與衆共巧也今世之人行欲獨賢事欲
獨能辯欲出群勇欲絶衆獨行之賢不足以
成化獨能之事不足以周務出群之辯不可
為戸說絶衆之勇不可與征陣凡此四者亂
之所由生是以聖人任道以夷其險立法以
理其差使賢愚不相棄能鄙不相遺能鄙不
相遺則能鄙齊功賢愚不相棄則賢愚等慮
此至治之術也名定則物不競分夫問切明則

私不行物不競非無心由名定故無所措其心私不行非無欲由分明故無所措其欲然則心欲人人有之而得同於無心無欲者制之有道也田駢蒲眠切曰天下之士莫肯處其門庭臣其妻子必遊宦諸侯之朝者利引之也遊於諸侯之朝皆志為卿大夫而不擬於諸侯者名限之也彭蒙曰雉兎在野衆人逐之分求定也雞豕滿市莫有志者分定故也物

奢則仁智相屈分定則貪鄙不爭圓者之轉
非能轉而轉不得不轉也方者之止非能止
而止不得不止也因圓之自轉使不得止因
方之自止使不得轉何苦物之失分故因賢
者之有用使不得不用因愚者之無用使不
得用用與不用皆非我用因彼所用與不可
用而自得其用奚患物之亂乎物皆不能自
能不知自知智非能智而智愚非能愚而愚

好非能好而好醜非能醜而醜夫不能自能不知自知則智好何所貴愚醜何所賤則智不能得夸愚好不能得嗤醜此為得之道也道行於世則貧賤者不怨富貴者不驕愚弱者不懾質涉切智愚者不陵定於分也法行於世則貧賤者不敢怨富貴富貴者不敢陵貧賤愚弱者不敢冀智勇智勇者不敢鄙愚弱此法之不及道也世之所貴同而貴之謂之

俗世之所用同而用之謂之物苟違於人俗所不與苟忮支義切於衆俗所共去故心皆殊而為行若一所好各異而資用必同此俗之所齊物之所飾故所齊不可不慎所飾不可不擇昔齊桓好許浩切衣紫闔境不鬻異采楚莊愛細腰一國皆有饑色上之所以率下乃治亂之所由也故俗苟沴必為治以矯之物苟溢必立制以檢之累力偽切於俗飾於物者

不可與為治矣昔晉國苦奢文公以儉矯之乃衣不重帛食不異肉無幾時人皆大布之衣脫粟之飯越王勾踐謀報吳欲人之勇路逢怒蛙而軾之比及數年民無長幼臨敵雖湯火不避居上者之難如此之驗聖王知人情之易動故作樂以和之制禮以節之在下者不得用其私故禮樂獨行禮樂獨行則私欲寢廢私欲寢廢則遭賢之與遭愚均矣若

使遭賢則治遭愚則亂是治亂係於賢愚不係於禮樂是聖人之術與聖主而俱沒治也之法還易世而莫用則亂多而治寡亂多而治寡則賢無所貴愚無所賤矣處名位雖不自不愚物不疏（音踈）已親踈係乎勢利不係於不肖與仁賢吾亦不敢據以為天理以為地勢之自然者爾今天地之間不肖實衆仁賢實寡趨利之情不肖特厚廉恥之情仁賢偏

多今以禮義招仁賢所得仁賢者萬不一焉以名利招不肖所得不肖者觸地是焉故曰禮義成君子未必須禮義名利治小人小人不可無名利慶賞刑罰君事也守職効能臣業也君科功黜陟故有慶賞刑罰臣各慎所任故有守職効能君不可與臣業臣不可侵君事上下不相侵與謂之名正名正而法順也接萬物使分别海内使不雜見侮不辱見

推不矜禁暴息兵救世之鬬此仁君之德可以為主矣守職分使不亂慎所任而無私饑飽一心毀譽同慮賞亦不忘罰亦不怨此居下之節可為人矣世有因名以得實亦有因名以失實宣王如射說（音悅）人之謂已能用強也其實所用不過三石以示左右左右皆引試之中關而止皆曰不下九石非大王孰能用是宣王悅之然則宣王用不過三石而終

身自以為九石三石實也九石名也宣王悅
其名而喪其實齊有黃公者好謙卑有二女
皆國色以其美也常謙辭毀之以為醜惡醜
惡之名遠布年過而一國無聘者衛有鰥夫
時冒娶之果國色然後曰黃公好謙故毀其
子不姝美於是爭禮之亦國色也國色實也
醜惡名也此違名而得實矣楚人擔山雉者
路人問何鳥也擔雉者欺之曰鳳凰也路人

曰我聞有鳳凰今直見之汝販之乎曰然則十金弗與請加倍乃與之將欲獻楚王經宿而鳥死路人不遑惜金惟恨不得以獻楚王國人傳之咸以為真鳳凰貴欲以獻之遂聞楚王感其欲獻於已召而厚賜之過於買鳥之金十倍魏田父有耕於野者得寶玉徑尺弗知其玉也以告隣人隣人陰欲圖之謂之曰怪石也畜之弗利其家弗如一復之田父

雖疑猶録以歸置於廡音悔下其夜玉明光照一室田父稱家大怖普故切復以告隣人曰此恠之徵遄市專切棄殃可銷於是遽而棄於遠野隣人無何盜之以獻魏王魏王召玉工相之玉工望之再拜而立敢賀曰王得此天下之寶臣未嘗見王問價玉工曰此玉無價以當之五城之都僅可一觀魏王立賜獻玉者千金長食上大夫祿凡天下萬里皆有是非

吾所不敢誣是者常是非者常非亦吾所信然是雖常是有時而不用非雖常非有時而必行故用是而失有矣行非而得有矣是非之理不同而更與廢飜為我用則是非焉在哉觀堯舜湯武之成或順或逆得時則昌桀紂幽厲之敗或是或非失時則亡五伯之主亦然宋公以楚人戰於泓烏宏切公子目夷曰楚衆我寡請其未悉濟而擊之宋公曰不可

吾聞不鼓不成列寡人雖亡之餘不敢行也戰敗楚人執宋公齊人弒襄公立公孫無知召忽夷吾奉公子糾奔魯鮑叔牙奉公子小白奔莒既而無知被殺二公子爭國糾宜立者也小白先入故齊人立之既而使魯人殺糾召忽死之徵夷吾以為相晉文公為驪姬之譖出亡十九年惠公卒賂秦以求反國殺懷公子而自立彼一君正而不免於執二君

不正霸業遂焉巳是而舉世非之則不知巳
之是巳非而舉世是之亦不知巳所非然則
是非隨衆賈而為正非巳所獨了則犯衆者
為非順衆者為是故人君處權乘勢處所是
之地則人所不得非也居則物尊之動則物
從之言則物誠之行則物則之所以居物上
御群下也國亂有三事年饑民散無食以聚
之則亂治國無法則亂有法而不能用則亂

有食以聚民有法而能行國不治未之有也

大道下

仁義禮樂名法刑賞凡此八者五帝三王治世之衛也故仁以道之義以宜之禮以行之樂以和之名以正之法以齊之刑以威之賞以勸之故仁者所以慱施於物亦所以生偏孤義者所以立節行亦所以成華僞禮者所以行恭謹亦所以生惰慢樂者所以和情志

亦所以生淫放名者所以正尊卑亦所以生
矜篡法者所以齊衆異亦所以爭分刑者所
以威不服亦所以生陵暴賞者所以勸忠能
亦所以生鄙爭凡此八術無隱於人而當存
於世非自顯於堯湯之時非自逃於桀紂之
朝用得其道則天下治失其道則天下亂過
此而往雖彌綸天地籠絡萬品治道之外非
群生所餐挹聖人錯而不言也凡國之存亡

有六徵有衰國有亡國有昌國有彊國有治國有亂國所謂亂亡之國者凶虐殘暴不與焉所謂彊治之國者威力仁義不與焉君年長多媵（以證切）少子孫疏宗族衰國也君寵臣臣愛君公法廢私欲行亂國也國貧小家富大君權輕臣勢重亡國也凡此三徵不待凶虐殘暴而後弱也雖曰見存吾必謂之亡者也內無專寵外無近習支庶繁字長幼不亂

昌國也農桑以時倉廩充實兵甲勁利封疆
脩理疆國也上不勝其下下不犯其上上下
不相勝犯故禁令行人人無私雖經險易而
國不可侵治國也凡此三徵不待威力仁義
而後疆雖曰見弱吾必謂之存者也治主之
興必有所先誅先誅者非謂盜非謂姦此二
惡者一時之大害非亂政之本也亂政之本
下侵上之權臣用君之術心不畏時之禁行

不軌時之法此大亂之道也孔丘攝魯相七日而誅少失照切正卯門人進問曰夫少正卯魯之聞人也夫子為政而先誅得無失乎孔子曰居吾語牛據切汝其故人有惡者五而竊盜姦私不與焉一曰心達而險二曰行僻而堅三曰言僞而辯四曰彊記而愽五曰順非而澤此五者有一於人則不免君子之誅而少正卯兼有之故居處足以聚徒成群言談

足以飾邪熒衆彊記足以反是獨立此小人雄桀也不可不誅也是以湯誅尹諧文王誅潘正太公誅華士管仲誅付里乙子産誅鄧析史付此六子者異世而同心不可不誅也詩曰憂心悄悄愠於群小小人成群斯足畏也語曰佞辯可以熒惑鬼神曰鬼神聰明正直孰曰熒惑者曰鬼神誠不受熒惑此尤佞辯之巧靡不入也夫佞辯者雖不能熒惑鬼

神熒惑人明矣揣人之心度人之欲順人之嗜好而不敢逆納人於邪惡而求其利人喜聞己之美也善能揚之惡聞己之過也善能飾之得之於眉睫之間承之於言行之先語曰惡紫之奪朱惡利口之覆邦家斯言足畏而終身莫悟危亡繼踵焉老子曰以政治國以奇用兵以無事取天下政者名法是也以名法治國萬物所不能亂奇者權術是也以

權術用兵萬物所不能敵凡能用名法權術而矯抑殘暴之情則已無事焉已無事則得天下矣故失治則任法失法則任兵以求無事不以取彊取彊則柔者反能服之老子曰民不畏死如何以死懼之凡民之不畏死由刑罰過刑罰過則民不賴其生生無所賴視君之威末如也刑罰中則民畏死畏死由生之可樂也知生之可樂故可以死懼之此人

君之所宜執臣下之所宜愼田子讀書曰堯時太平宋子曰聖人之治以致此乎彭蒙在側越次荅曰聖法之治以至此非聖人之治也宋子曰聖人與聖法何以異彭蒙曰子之亂名甚矣聖人者自巳出也聖法者自理出也理出於巳巳非理也巳能出理理非巳也故聖人之治獨治者也聖法之治則無不治矣此萬世之利唯聖人能該之宋子猶惑只

於田子田子曰蒙之言然莊里丈人字長子曰盜少子曰歐盜出行其父在後追呼之曰盜盜吏聞因縛之其父呼歐喻吏遽兩聲不轉但言毆毆吏因毆之幾殪一計切康衢長者字僮曰善搏音慱字犬曰善噬賓客不過其門者三年長者怪而問之乃實對於是改之賓客往復鄭人謂玉未理者為璞周人謂鼠未腊者為璞周人懷璞謂鄭賈曰欲買璞乎鄭

賈曰欲之出其璞視之乃鼠也因謝不取父之於子也令有必行者有必不行者去貴妻賣愛妾此令必行者也因曰汝無敢恨汝無敢思令必不行者也故為人上者必慎所令凡人富則不羨爵禄貧則不畏刑罰不羨爵禄者自足於已也不畏刑罰者不頼存身也二者為國之所甚而不知防之之術故令不行而禁不止若使令不行而禁不止則無以

為治無以為治是人君虗臨其國徒君其民危亂可立而待矣今使由爵祿而後富則人必爭盡力於其君矣由刑罰而後貧則人咸畏罪而從善矣故古之為國者無使民自貧富貧富皆由於君則君專所制民知所歸矣貧則怨人賤則怨時而莫有自怨者此人情之大趣也然則不可以此是人情之大趣而一槩非之亦有可矜者焉不可不察也今能

同筭鈞而彼富我貧能不怨則美矣雖怨無所非也才鈞智同而彼貴我賤能不怨則美矣雖怨無所非也其敝在於不知乘權籍勢之異而雖曰智能之同是不達之過雖君子之鄙亦君子之怒也人貧則怨人富則驕人怨人者苦人之不禄施於已也起於情所難安而不能安猶可恕也驕人者無苦而無故驕人此情所易貴而弗能貴弗可恕矣衆人

見貧賤則慢而疎之見富貴則敬而親之貧賤者有請賕於己疎之可也未必損己而必疎之以其無益於物之具故也富貴者有施與己親之可也未必益己而必親之則彼不敢親我矣三者獨立無致親致疎之所人情終不能不以貧賤富貴易慮故謂之大惑焉窮獨貧賤治世之所共矜亂世之所共侮治世非為矜窮獨貧賤而治是治之一事也亂

世亦非侮窮獨貧賤而亂亦是亂之一事也
每事治則無亂亂則無治視夏商之盛夏商
之衰則其驗也貧賤之望富貴甚微而富貴
不能酬其甚微之望夫富貴者之所惡貧者
之所美貴者之所輕賤者之所榮然而弗酬
弗與同苦樂故也雖弗酬之於我弗傷今萬
民之望人君亦如貧賤之望富貴其所望者
蓋欲料長幼平賦歛時其飢寒省其疾痛賞

罰不濫使役以時如此而已則於人君弗損也然而弗酬弗與同勞役故也故為人君不可弗與民同勞逸焉故富貴者可不酬貧賤者人君不可不酬萬民不酬萬民則萬民之所不願戴所不願戴則君位替矣危莫甚焉禍莫大焉

尹文子

尹文子一卷

（周）尹文 撰

明萬曆三十年（1602）緜眇閣刊《先秦諸子合編》本

尹文子序

尹文子者蓋出於周之尹氏齊宣王時居稷下與宋鈃彭蒙田駢同學於公孫龍公孫龍稱之著書一篇多所彌綸莊子曰不累於物不苟於人不忮於衆願天下之安寧以活民命人我之養畢足而止之以此白心見侮不辱此其道也而劉向亦以其學本於黄老大較刑名家也近為誣矣余黄初末始到京師繆熙伯以此書見示意甚玩之而多脱誤聊試條次撰定為上下篇亦未能究其詳也

山陽仲長氏撰定

按高氏曰尹文書言大道又言名分又言仁義禮樂法術權勢大累則言老氏而雜申韓者也仲長統序謂文學於公孫龍按龍客平原君趙惠文王時人也距齊宣王殁四十餘年矣則文先於龍非學於龍者也以莊子所稱格之文之術又近於兼愛盖其學駁矣

目録

尹文子

大道上

大道無形稱器有名名也者正形者也形正由名則名不可差故仲尼云必也正名乎名不正則言不順也大道不稱衆有必名生於不稱則群形自得其方圓名生於方圓則衆名得其所稱也大道治者則名法儒墨自廢以名法儒墨治者則不得離道老子曰道者萬物之奧善人之寶不善人之所寶是道治者謂之善人藉名法儒墨者謂之不善人善人之與不善人名分日離不待審察而得也道不足以治則用

法法不足以治則用術術不足以治則用權權不足以治則用勢勢用則反權權用則反術術用則反法法用則反道道用則無為而自治故窮則徼終徼終則反始始終相襲無窮極也有形者必有名有名者未必有形形而不名未必失其方員白黑之實名而不可不尋名以檢其差故亦有名以檢形形以定名名以定事事以檢名察其所以然則形名之與事物無所隱其理矣名有三科法有四呈一曰命物之名方員白黑是也二曰毀譽之名善惡貴賤是也三曰況謂之名賢愚愛憎是也一曰不變之法君臣上下

是也二曰齊俗之法能鄙同異是也三曰治衆之法慶賞刑罰是也四曰平准之法律度權量是也術者人君之所密用群下不可妄窺勢者制法之利器群下不可妄爲人君有術而使群下得窺非術之奥者有勢使群下得爲非勢之重者大要在乎先正名分使不相侵雜然後術可祕勢可專名者名形者也形者應名者也然形非正名也名非正形也則形之與名居然别矣不可相亂亦不可相無無名故大道無稱有名故名以正形今萬物具存不以名正之則亂萬名具列不以形應之則乖故形名者不可不正也

善名命善惡名命惡故善有善名惡有惡名聖賢仁智命善者也頑嚚凶愚命惡者也今即聖賢仁智之名以求聖賢仁智之實未之或盡也即頑嚚凶愚之名以求頑嚚凶愚之實亦未或盡也使善惡盡然有分雖未能盡物之實猶不患其差也故曰名不可不辨也名稱者別彼此而檢虛實者也自古至今莫不用此而得用彼而失失者由名分混得者由名分察今親賢而疎不肖賞善而罰惡賢不肖善惡之名宜在彼親疎賞罰之稱宜屬我我之與彼又復一名名之察者也名賢不肖為親疎名善惡為賞罰合彼我

之一稱而不別之名之混者也故曰名稱者不可不察也語曰好牛又曰不可不察也好則物之通稱牛則物之定形以通稱隨定形不可窮極者也設復言好馬則復連於馬矣則好所通無方也設復言好人則彼屬於人矣則好非人人非好也則好牛好馬好人之名自離矣故曰名分不可相亂也五色五聲五臭五味凡四類自然有焉天地之間而不期為人用人況用之終身各有好惡而不能辨其名分名宜屬彼分宜屬我我愛白而憎黑韻商而含徵好膻而惡焦嗜甘而逆苦白黑商徵膻焦甘苦彼之名也愛憎

韻舍好惡韻逆我之分也定此名分則萬事不亂也故人以度審長短以量受少多以衡平輕重以律均清濁以名稽虛實以法定治亂以簡治煩惑以易御險難以萬事皆歸於一百度皆準於法歸一者簡之至準法者易之極如此頑嚚聾瞽可與察慧聰明同其治也天下萬事不可備能責其備能於一人則賢聖其猶病諸設一人能備天下之事能左右前後之宜遠近遲疾一間必有不兼者焉苟有不兼於治闕矣全治而無闕者大小多少各當其分農商工仕不易其業老農長商習工舊仕莫不存焉則處上者何

事哉故有理而無益於治者君子弗言有能而無益
於事者君子弗為君子非樂有言有益於治不得不
言君子非樂作為有益於事不得不為故所言者不
出於名法權衡所為者不出於農稼軍陣周務而已
故明主不為治外之理小人必言事外之能小人亦
知言損於治而不能不言小人亦知能損於事而不
能不為故所為者極於儒墨是非之辨所為者極於
堅偽偏抗之行求名而已故明主誅之古語曰不知
無害於君子知之無損於小人工匠不能無害於巧
君子不知無害於治此信矣為善使不能得從此獨

善也為巧使人不能得從此獨巧也未盡善巧之理為善與衆行之為巧與衆能之此善之善者巧之巧者也所貴聖人之治不貴其獨治貴其能與衆共治貴工倕之巧不貴其獨巧貴其能與衆共巧也今世之人行欲獨賢事欲獨能辯欲出群勇欲絕衆獨行之賢不足以成化獨能之事不足以周務出群之辯不可為戶說絕衆之勇不可與征陣凡此四者亂之所由生是以聖人任道以夷其險立法以理其差使賢愚不相棄能鄙不相遺能鄙不相遺則能鄙齊功賢愚不相棄則賢愚等慮此至治之術也名定則物

不競分明則私不行物不競非無心由名定故無所措其心私不行非無欲由分明故無所措其欲然則心欲人人有而得同於無心無欲者制之有道也

田駢曰天下之士莫肯處其門庭臣其妻子必遊宦諸侯之朝者利引之也遊於諸侯之朝皆志為卿大夫而不擬於諸侯者名限之也彭蒙曰雉兔在野衆人逐之分未定也鷄豕滿市莫有志者分定故也物奢則仁智相屈分定則貪鄙不生圓者之轉非能轉而轉不得不轉也方者之止非能止而止不得不止也因圓之自轉使不得止因方之自止使不得轉何

苦物之失分故因賢者之有用使不得不用因愚者
之無用使不得用用與不用皆非我用因彼所用與
不可用而自得其用奚患物之亂乎物皆不能自能
不知自知智非能智而智愚非能愚而愚好非能好
而好醜非能醜而醜夫不能自能不知自知則智好
何所貴愚醜何所賤則智不能得夸愚好不能得嗤
醜此為得之道也道行於世則貧賤者不怨富貴者
不驕愚弱者不懾智勇者不陵定於分也法行於世
則貧賤者不敢怨富貴富貴者不敢陵貧賤愚弱者
不敢冀智勇智勇者不敢鄙愚弱此法之不及道也

世之所貴同而貴之謂之俗世之所用同而用之謂之物苟違於人俗所不與苟枝於衆俗所共去故心皆殊而為行若一所好各異而資用必同此俗之所齊物之所飾故所齊不可不慎所飾不可不擇昔齊桓好衣紫闔境不鬻異采楚莊愛細腰一國皆有饑色上之所以率下乃治亂之所由也故俗苟沴必為治以矯之物苟溢必立制以檢之累於俗飾於物者不可與為治矣昔晉國苦奢文公以儉矯之乃衣不重帛食不兼肉無幾時人皆大布之衣脫粟之飯越王句踐謀報吳欲人之勇路逢怒鼃而軾之比及數

年民無長幼臨敵雖湯火不避居上者之難如此之驗聖王知民情之易動故作樂以和之制禮以節之在下者不得用其私故禮樂獨行禮樂獨行則私欲寢廢私欲寢廢則遺賢之與遺愚均矣若使遺賢則治遺愚則亂是治亂屬於賢愚不係於禮樂是聖人之術與聖主而俱沒治世之法逮易世而莫用則亂多而治寡亂多而治寡則賢無所貴愚無所賤矣處名位雖不肖不愚物不既巳親踈係乎勢利不係於不肖與仁賢吾亦不敢據以為天理以為地勢之自然者爾今天地之間不肖實衆仁賢實寡趨利之情

不肖特厚廉耻之情仁賢偏多今以禮義招仁賢所
得仁賢者萬不一焉以名利招不肖所得不肖者觸
地是焉故曰任義成君子君子未必須禮義名利治
小人小人不可無名利慶賞刑罰君事也守職效能
臣業也君料功黜陟故有慶賞刑罰臣各慎所任故
有守職效能君不可與臣業臣不可侵君事上下不
相侵與謂之名正名正而法順也接萬物使分別海
内使不雜見侮不辱見推不矜禁暴息兵救世之鬬
此仁君之德可以為主矣守職分使不亂慎所任而
無私飢飽一心毁譽同慮賞亦不忌罰亦不怨此居

下之節可為人臣矣世有因名以得實亦有因名以
失實宣王好射說人之謂已能用強也其實所用不
過三石以示左右左右皆引試之中關而止皆曰不
下九石非大王孰能用是宣王悅之然則宣王用不
過三石而終身自以為九石三石實也九石名也宣
王悅其名而喪其實齊有黃公者好謙卑有二女皆
國色以其美也常謙辭毀之以為醜惡醜惡之名遠
布年過而一國無聘者衛有鰥夫時冒娶之果國色
然後曰黃公好謙故毀其子不姝美於是爭禮之亦
國色也國色實也醜惡名也此違名而得實矣楚人

擔山雉者路人問何鳥也擔雉者欺之曰鳳凰也路人曰我聞有鳳凰今直見之汝販之乎曰然則十金弗與請加倍乃與之將欲獻楚王經宿而鳥死路人不遑惜金惟恨不得以獻楚王國人傳之咸以為真鳳凰欲以獻之遂聞楚王王感其欲獻於已召而厚賜之過於買鳥之金十倍魏田父有耕於野者得寶玉徑尺弗知其玉也以告鄰人鄰人陰欲圖之謂之曰怪石也畜之弗利其家弗如復之田父雖疑猶錄以歸置於廡下其夜玉明光照一室田父稱家大怖復以告鄰人曰此怪之徵遄棄殃可銷於是遽而棄

於遠野鄰人無何盜之以獻魏王魏王召玉工相之玉工望之再拜而立敢賀王王得此天下之寶臣未嘗見王問價玉工曰此無價以當之五城之都僅可一觀魏王立賜獻玉者千金長食上大夫祿凡天下萬里皆有是非吾所不敢誣是者常是非者常非亦吾所信然是雖常是有時而不用非雖常非有時而必行故用是而失有矣行非而得有矣是非之理不同而更興廢翻為我用則是非焉在哉觀堯舜湯武之成或順或逆得時則昌桀紂幽厲之敗或是或非失時則亡五伯之主亦然宋公以楚人戰於泓公子

目夷曰楚衆我寡請其未悉濟而擊之宋公曰不可吾聞不鼓不成列寡人雖亡之餘不敢行也戰敗楚人執宋公齊人弑襄公立公孫無知召忽夷吾奉公子糾奔魯鮑叔牙奉公子小白奔莒既而無知被弑二公子爭國糾宜立者也小白先入故齊人立之既而使魯人殺糾召忽死之徵夷吾以為相晉文公為驪姬之譖出亡十九年惠公卒賂秦以求反國殺懷公子而自立彼一君正而不免於執二君不正霸業遂焉已正而舉世非之則不知己之是已非而舉世是之亦不知己之非然則是非隨衆賈而為正非已

所獨了則犯衆者為非順衆者為是故人君處權乗勢處所是之地則人所不得非也居則物尊之動則物從之言則物誠之行則物則之所以居物上御群下也國亂有三事年飢民散無食以聚之則亂治國無法則亂有法而不能用則亂有食以聚民有法而能行國不治未之有也

大道下

仁義禮樂名法刑賞凡此八者五帝三王治世之術也故仁以道之義以宜之禮以行之樂以和之名以正之法以齊之刑以威之賞以勸之故仁者所以博

施於物亦所以生偏私義者所以立節行亦所以成華偽禮者所以行恭謹亦所以生惰慢樂者所以和情志亦所以生淫放名者所以正尊卑亦所以生矜篡法者所以齊衆異亦所以乖名分刑者所以威不服亦所以生陵暴賞者所以勸忠能亦所以生鄙爭凡此八術無隱於人而常存於世非自顯於堯湯之時非自逃於桀紂之朝用得其道則天下治失其道則天下亂過此而往雖彌綸天地籠絡萬品治道之外非群生所餐挹聖人錯而不言也凡國之存亡有六徵有衰國有亡國有昌國有彊國有治國有亂國

所謂亂亡之國者凶虐殘暴不與焉所謂彊治之國者威力仁義不與焉君年長多勝少子孫疏宗族衰國也君寵臣臣愛君公法廢私欲行亂國也國貧小家富大君權輕臣勢重亡國也凡此三徵不待凶虐殘暴而後弱也雖曰見存吾必謂之亡者也内無專寵外無近習支庶繁字長幼不亂昌國也農桑以時倉廩充實兵甲勁利封彊脩理彊國也上不勝其下下不犯其上上下不相勝犯故禁令行人人無私雖經險易而國不可侵治國也凡此三徵不待威力仁義而後彊雖曰見弱吾必謂之存者也治主之興必

有所先誅先誅者非謂盜非謂姦此二惡者一時之大害非亂政之本也亂政之本下侵上之權臣用君之術心不畏時之禁行不軌時之法此大亂之道也孔丘攝魯相七日而誅少正卯門人進問曰夫少正卯魯之聞人也夫子為政而先誅得無失乎孔子曰居吾語汝其故人有惡者五而竊盜姦私不與焉一曰心達而險二曰行僻而堅三曰言僞而辨四曰彊記而愽五曰順非而澤此五者有一於人則不免君子之誅而少正卯兼有之故居處足以聚徒成群言談足以飾邪熒衆彊記足以反是獨立此小人雄桀

也不可不誅也是以湯誅尹諧文王誅潘正太公誅華士管仲誅付里乙子產誅鄧析史付此六子者異世而同心不可不誅也詩曰憂心悄悄慍於群小小人成群斯足畏也語曰佞辯可以熒惑鬼神曰鬼神聰明正直孰曰熒惑者曰鬼神誠不受熒惑此尤佞辯之巧靡不入也夫佞辯者雖不能熒惑鬼神熒惑人明矣探人之心度人之欲順人之嗜好而不敢逆納人於邪惡而求其利人喜聞已之美也善能揚之惡聞已之過也善能飾之得之於眉睫之間承之於言行之先語曰惡紫之奪朱惡利口之覆邦家斯言

足畏而終身莫悟危亡繼踵焉老子曰以政治國以
奇用兵以無事取天下政者名法是也以名法治國
萬物所不能亂奇者權術是也以權術用兵萬物所
不能敵凡能用名法權術而矯抑殘暴之情則已無
事焉已無事則得天下矣故失治則任法失法則任
兵以求無事不以取彊取彊則柔者反能服之老子
曰民不畏死如何以死懼之凡民之不畏死由刑罰
過刑罰過則民不賴其生生無所賴視君之威末如
也刑罰中則民畏死畏死由生之可樂也知生之可
樂可以死懼之此人君之所宜執臣下之所宜慎

曰堯時大平宋□曰聖人之治以致此乎
彭□在□越次荅曰聖法之治以至此非聖人之治
也宋子曰聖人與聖法何以異彭蒙曰子之亂名甚
矣聖人者自己出也聖法者自理出也理出於己己
非理也己能出理理非己也故聖人之治獨治者也
聖法之治則無不治矣此萬世之利惟聖人能該之
宋子猶惑於田子田子曰蒙之言然莊里丈人字長
子曰盜少子□毆盜出行其父在後追呼之曰盜盜
吏聞因縛之其父呼毆喻吏遽而聲不轉但言毆毆
吏因毆之幾殪康衢長者字僮曰善搏字犬曰善噬

賓客不過其門者三年長者怪而問之乃實對於是
改之賓客往復鄭人謂玉未理者為璞周人謂鼠未
腊者為璞周人懷璞謂鄭賈曰欲買璞乎鄭賈曰欲
之出其璞視之乃鼠也因謝不取父之於子也令有
必行者有必不行者去貴妻賣愛妾此令必行者也
因曰汝無敢恨汝無敢思令必不行者也故為人上
者必慎所令凡人富則不羨爵祿貧則不畏刑罰不
羨爵祿者自足於上也不畏刑罰者不賴存身也二
者[illegible]國[illegible]所甚而不知防之之術故令不行而禁不
[illegible]行而禁[illegible]不止則無以為治無以為治是

國徒君其[illegible]人亂可立而待矣今使由爵[illegible]所從富則人必爭盡力於其君矣由刑罰而後貧則人咸畏罪而從善矣故古之為國者無使民自貧富貧富皆由於君則君專所制民知所歸矣貧則怨人賤則怨時而莫有[illegible]自怨者此人情之大趣也然則不可以此是人情[illegible]一槩非之亦有可矜者焉不可不察也今[illegible]而彼富我貧能不怨則美矣雖怨[illegible]所非[illegible]鈞智同而彼貴我賤能不怨則美矣雖怨無所非也其蔽在於不知乘權藉勢之異而雖曰智能之同其[illegible]不達之過雖君子之鄙亦

君子之怒也人貧則怨人富則驕人怨人者苦人之不祿施於己也起於情所難安而不能安猶可恕也驕人者無苦而無故驕人此情所易制而弗能制弗可恕矣衆人見貧賤則慢而踈之見富貴則敬而親之貧賤者有請賕於己踈之可也未必損己而必踈之以其無益於物之具故也富貴者有施於己親之可也未必益己而必親之則彼不敢親我矣三者獨立無致親致踈之所人情終不能不以貧賤富貴易慮[illegible]一大惑焉窮獨貧賤治世之所共矜亂世之

非為於窮貧[illegible]而治是治之一事也亂

獨貧賤而亂亦是亂之一事也每事治則下亂亂則無治視夏商之盛夏商之衰則其驗也貧賤之望富貴甚微而富貴能酬其甚微之望夫富者之所惡貧者之所美貴者之所輕賤者之所榮然而弗酬弗與同苦樂故也雖弗酬之於物弗傷今萬民之望人君亦如貧賤之望富貴其所望者蓋欲料長幼平賦歛時其飢寒省其疾痛賞罰不濫使役以時如此而已則於人君弗損也然而弗酬弗與同勞逸故也故為人君不可弗與民同勞逸焉故富貴者可不酬貧賤者人君不可不酬萬民不酬萬民則

萬民之所不願戴所不願戴則君位替矣危莫甚焉

禍莫大焉

尹文子二卷

(周)尹文 撰

明刊《且且庵初箋十六子》本

尹文子序

論古者於五經而下即推子史則其在藝林猶日月之有星辰嶽瀆之有川原齊昭並峙初不得以為僻而棄之亦不得以為

奇而當之也自操觚者囿於一
經括帖而外一切委之不問何
異饒郎把丸罷鼠戴笠不且局
於見哉於是因文教者操學古
入官之說以繩士擬欲得淹通

之士以無愧大雅耳詎意四方之效嚬替者創為堅深棘澀之語摘其荒唐繆悠之詞目之曰奇異夫垂世教闡經濟出語似淡而之復有餘味者皆擯為嚼

彌月未窮而心已定馳美嗟安
在其能讀古也哉余友梁廷玉
志守清白之先訓深心嗜古久
有獸得一日出乎文字一編示
余愧不盈寸而居居皆世教要

樸孫濟石畫中胃立一義引一
證之約亦有傳喻小亦理宏使
人心開神躍真可與董仲舒爰
義吾相伯仲者予亟勸梓之以
公於世語云千羊之皮不如一

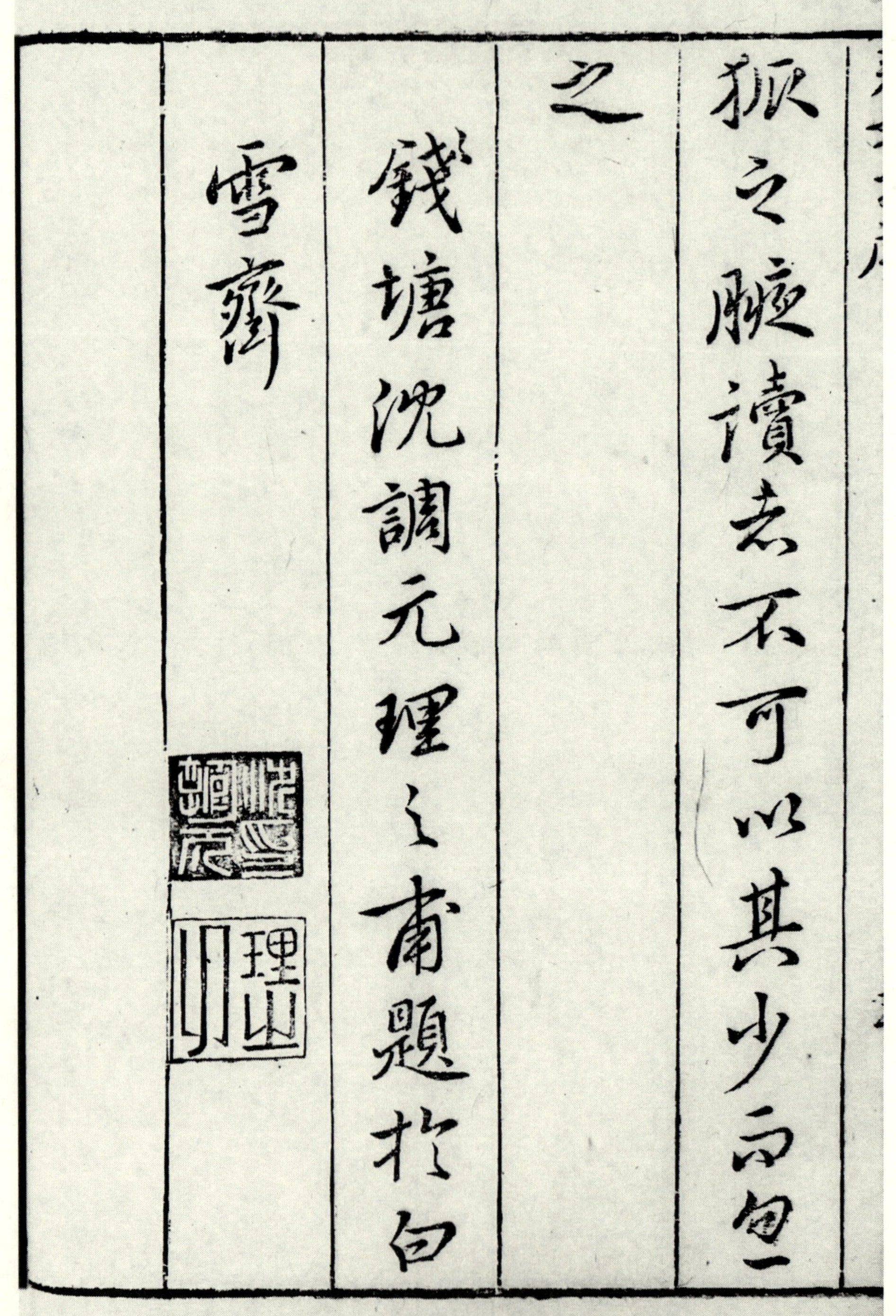

披之驗讀者不可以其少而忽之

錢塘沈謝元理之甫題於白雪齋

仲長氏撰定尹文子序

尹文子者，蓋出於周之尹氏，齊宣王時居稷下，與宋銒、彭蒙、田駢同學於公孫龍，公孫龍稱之，著書一篇，多所彌綸。莊子曰：不累於物，不苟於人，不忮於衆，願天下之安寧，以活民命，人我之養，畢足而止，以此白心，見侮不辱，此其道也。而劉向亦以其學本於黃老，大較刑名家也，近爲誣矣。余黃初末始到京師，繆熙伯以此書見示，意甚玩之，而多脫誤，聊試條次，撰定爲上下篇，亦未能究其詳也。

高似孫曰、尹文書言大道、又言名分、又言仁義禮樂法術權勢、大畧則學老氏而雜申韓者也、仲長氏序謂文學於公孫龍、按龍客平原君趙惠文王時人也、距齊宣王歿四十餘年矣、則文先於龍、非學於龍者也、

目錄

形名法術
得前語人
皆而不察
如炮有許
妙義
首是開

謂道可無
名乃不可
謂道無下
形不有序

尹文子卷上

大道上

大道無形稱器有名名也者正形者也形正由名則名不可差故仲尼云必也正名乎名不正則言不順也大道不稱衆有必名生於不稱則羣形自得其方圓名生於方圓則衆名得其所稱也大道治者則名法儒墨自廢以名法儒墨治者則不得離道老子曰道者萬物之奥善人之寳不善人之所寳是道治者謂之善人藉名法儒墨者謂之不善人善人之與不

善人名分（扶問切）曰離不待審察而得也道不足以治則用法法不足以治則用術術不足以治則用權權不足以治則用勢勢用則反權權用則反術術用則反法法用則反道道用則無為而自治故窮則徼（吉弔切）終徼終則反始始終相襲無窮極也有形者必有名有名者未必有形形而不名未必失其方圓白黑之實名而不可不尋名以檢其差故亦有名以檢形形以定名名以定事事以檢名察其所以然則形名之與事物無所隱其理矣名有三科法有四呈一曰

上分形名傳刑曰形名者

分物之名，方圓白黑是也。二曰毀譽之名，善惡貴賤是也。三曰況謂之名，賢愚愛憎是也。一曰不變之法，君臣上下是也。二曰齊俗之法，能鄙同異是也。三曰治衆之法，慶賞刑罰是也。四曰平準之法，律度權量是也。術者，人君之所密用，羣下不可妄窺；勢者，制法之利器，羣下不可妄爲。人君有術而使羣下得窺，非術之奧者；有勢使羣下得爲，非勢之重者。大要在乎先正名分，使不相侵雜，然後術可祕，勢可專。名者，名形者也；形者，應名者也。然形非正名也，名非正形也，則

名也名稱也名分也三科參看叙

形之與名居然別矣不可相亂亦不可相無無名故大道無稱有名故名以正形今萬物具存不以名正之則亂萬名具列不以形應之則乖故形名者不可不正也善名命善惡名命惡故善有善名惡有惡名聖賢仁智命善者也頑嚚魚巾切凶愚命惡者也今即聖賢仁智之名以求聖賢仁智之實未之或盡也即頑嚚凶愚之名以求頑嚚凶愚之實亦未或盡也使善惡之盡然有分雖未能盡物之實猶不患其差也故曰名不可不辯也名稱者別彼此而檢虛實者也

自古至今莫不用此而得用彼而失失者由名分混得者由名分察今親賢而疏不肖賞善而罰惡賢不肖善惡之名宜在彼親疏賞罰之稱宜屬我我之與彼又復一名名之察者也名賢不肖爲親疏名善惡爲賞罰合彼我之一稱而不別之名之混者也故曰名稱者不可不察也語曰好牛（虛到語）又曰不可不察也好則物之通稱牛則物之定形以通稱隨定形不可窮極者也設復言好馬則復連於馬矣則好所通無方也設復言好人則彼屬於人也則好非人人非

好也則好牛好馬好人之名自離矣故曰名分不可相亂也五色五聲五臭五味凡四類自然存焉天地之間而不期爲人用人必用之終身有好惡而不能辯其名分名宜屬彼分宜屬我我愛白而憎黑韻商而舍（音捨）徵好膻而惡焦嗜甘而逆苦白黑商徵膻焦甘苦彼之名也愛憎韻舍好惡嗜逆我之分也定此名分則萬事不亂也故人以度審長短以量受少多以衡平輕重以律均清濁以名稽虛實以法定治亂以簡制煩惑以易御險難以萬事皆歸於一百度皆準

於法歸一者簡之至準法者易之極如此頑嚚聾瞽可以察慧聰明同其治也天下萬事不可備能責其備能於一人則賢聖其猶病諸設一六能備天下之事能左右前後之宜遠近遲疾之間必有不兼者焉苟有不兼於治闕矣全治而無闕者大小多少各當（丁浪切）其分農商工仕不易其業老農長商習工舊仕莫不存焉則處上者何事哉故有理而無益於治者君子弗言有能而無益於事者君子弗爲君子非樂有言有益於治不得不言君子非樂有爲有益於事

不得不爲故所言者不出於名法權術所爲者不出於農稼軍陣周務而已故明主不爲治外之理小人必言事外之能小人亦知言損於治而不能不言小人亦知能損於事而不能不爲故所言者極於儒墨是非之辯所爲者極於堅僞偏抗口浪切之行求名而已故明主誅之古語曰不知無害於君子知之無損於小人工匠不能無害於巧君子不知無害於治此信矣爲善使人不能得從此獨善也爲巧使人不能得從此獨巧也未盡善巧之理爲善與衆行之爲巧

與衆能之。此善之善者。巧之巧者也。所貴聖人之治。不貴其獨治。貴其能與衆共治也。貴工倕之巧。不貴其獨巧。貴其能與衆共巧也。今世之人。行欲獨賢。事欲獨能。辯欲出羣。勇欲絕衆。獨行之賢。不足以成化。獨能之事。不足以周務。出羣之辯。不可爲戶說。絕衆之勇。不可與征陣。凡此四者。亂之所由生。是以聖人任道以夷其險。立法以理其差。使賢愚不相棄。能鄙不相遺。能鄙不相遺。則能鄙齊功。賢愚不相棄。則賢愚等慮。此至治之術也。名定則物不競。分（扶問切）明則私不行物不競非無心由名定故無所措其心私不行非無欲由分明故無所措其欲然則心欲人人有之而得同心於無欲者制之有道也田騈（蒲眠切）曰天下之士莫肯處其門庭臣其妻子必遊宦諸侯之朝者利引之也遊於諸侯之朝皆志爲卿大夫而不擬於諸侯者名限之也彭蒙曰雉兔在野衆人逐之分未定也雞豕滿市莫有志者分定故也物奢則仁智相屈分定則貪鄙不爭圓者之轉非能轉而轉不得不轉也方者之止非能止而止不得不止也因圓之

失一因是
而無不得

自轉使不得止因方之自止使不得轉何若物之失
分故因賢者之有用使不得不用因愚者之無用使
不得用用與不用皆非我用因彼所用與不可用而
自得其用奚患物之亂乎物皆不能自能不知自知
智非能智而智愚非能愚而愚好非能好而好醜非
能醜而醜夫不能自能不知自知則智好何所貴愚
醜何所賤則智不能得夸愚好不能得嗤醜此爲得
之道也道行於世則貧賤者不怨富貴者不驕愚弱
者不懾(質涉切) 智勇者不陵定於分也法行於世則貧

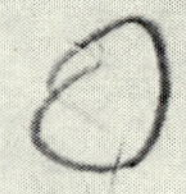

賤者不敢怨富貴富貴者不敢陵貧賤愚弱者不敢冀智勇智勇者不敢鄙愚弱此法之不及道也世之所貴同而貴之謂之俗世之所用同而用之謂之物苟違於人俗所不與苟忮（文義切）於衆俗所共去故心皆殊而爲行若一所好各異而資用必同此俗之所齊物之所飾故所齊不可不慎所飾不可不擇昔齊桓好（許浩切）衣紫闔境不鬻異彩楚莊愛細腰一國皆有飢色上之所以率下乃治亂之所由也故俗苟沴必爲法以矯之物苟濫必立制以檢之累（力僞切）於

矯與檢所以妙其因廿治亦因[illegible]論亦因

俗節於物者不可與爲治矣昔晉國苦奢文公以儉矯之乃衣不重帛食不兼肉無幾時人皆大布之衣脫粟之飯越王勾踐謀報吳欲人之勇路逢怒蛙而軾之比及數年民無長幼臨敵雖湯火不避居上者之難如此之驗聖王知民情之易動故作樂以和之制禮以節之在下者不得用其私故禮樂獨行禮樂獨行則私欲寢廢私欲寢廢則遭賢之與遭愚均矣若使遭賢則治遭愚則亂是治亂屬於賢愚不係於禮樂是聖人之術與聖主而俱沒治世之法逮易世

而莫用則亂多而治寡亂多而治寡則賢無所貴愚無所賤矣處名位雖不肖與愚物不疏音疎巳親疎係乎勢利不係乎不肖與仁賢吾亦不敢據以爲天理以爲地勢之自然者爾今天地之間不肖實衆仁賢實寡趨利之情不肖特厚廉恥之情仁賢偏多今以禮義招仁賢所得仁賢者萬不一焉以名利招不肖所得不肖者觸地是焉故曰禮義成君子君子未必須禮義名利治小人小人不可無名利慶賞刑罰君事也守職效能臣業也君料功黜陟故有慶賞刑罰

君臣交盡其名實天愚復覺衍名定作波瀾借叙事爲議論淮南亦學此法假超冗而不偷

臣各慎所任故有守職效能君不可與臣業臣不可侵君事上下不相侵與謂之名正名正而法順也接萬物使分別海內使不雜見侮不辱見推不矜禁暴息兵救世之鬬此仁君之德可以爲主矣守職分使不亂慎所任而無私飢飽一心毀譽同慮賞亦不恩罰亦不怨此居下之節可以爲人矣世有因名以得實亦有因名以失實宣王好射說音悅人之謂巳能用強也其實所用不過三石以示左右左右皆引試之中闕而止皆曰不下九石非大王孰能用是宣王悅

之然則宣王用不過三石而終身自以爲九石三石
實也九石名也宣王悅其名而喪其實齊有黄公者
好謙卑有二女皆國色以其美也常謙辭毀之以醜
惡醜惡之名遠布年過而一國無聘者衛有鰥夫時
冒娶之果國色然後曰黄公好謙故毀其子不姝美
於是爭禮之亦國色也國色實也醜惡名也此違名
而得實矣楚人擔山雉者路人問何鳥也擔雉者欺
之曰鳳凰也路人曰我聞有鳳凰今直見之汝販之
乎曰然則十金弗與請加倍乃與之將欲獻楚王經

稱家舉家也

宿而鳥死路人不遑惜金惟恨不得以獻楚王國人傳之咸以爲真鳳凰貴欲以獻之遂聞楚王感其欲獻於已召而厚賜之過於買鳥之金十倍魏田父有耕於野者得寶玉徑尺弗知其玉也以告隣人隣人陰欲圖之謂之曰此怪石也畜之弗利其家弗如復之田父雖疑猶錄以歸置於廡（音侮）下其夜玉明光照一室田父稱家大怖（普故切）復以告鄰人曰此怪之徵遄（市專切）棄殃可銷於是遽而棄於遠野鄰人無何盜之以獻魏王魏王召玉工相之玉工望之再拜而立

嘗言聖人六經而是之不可臣者又恥不由自用國是之妙依大道不而衆有必自生于不然也

敢賀王王得此天下之寶臣未嘗見王問其價玉工曰此無價以之當五城之都僅可一觀魏王立賜獻玉者千金長食上大夫祿凡天下萬理皆有是非吾所不敢誣是者常是非者常非亦吾所信然是雖常是猶時而不用非雖常非有時而必行故用是而失有矣行非而得有矣是非之理不同而更興廢翻爲我用則是非焉在哉觀堯舜湯武之成或順或逆得時則昌桀紂幽厲之敗或是或非失時則亡五伯之主亦然宋公與楚人戰於泓烏宏公子目夷曰楚衆

我寡請其未悉濟而擊之宋公曰不可吾聞不鼓不成列寡人雖亡之餘不敢行也戰敗楚人執宋公齊人弑襄公立公孫無知召忽夷吾奉公子糾奔魯鮑叔牙奉公子小白奔莒既而無知被殺二公子爭國糾宜立者也小白先入故齊人立之既而使魯人殺糾召忽死之徵夷吾以爲相晋文公爲驪姬之譖出亡十九年惠公卒賂秦以求反國殺懷公子而自立彼一君正而不免於執二君不正霸業遂焉已是而擧世非之則不知已之是已非而擧世是之亦不知

綰上法字
一篇血脈
殺ソ生動

巳所非然則是非隨衆賈而爲正非巳所獨了則犯衆者爲非順衆者爲是故人君處權乘勢處所是地則人所不得非也居則物尊之動則物從之言則物誠之行則物則之所以居物上御羣下也國亂有三事年飢民散無食以聚之則亂治國無法則亂有法而不能用則亂有食以聚民有法而能行國不治未之有也

尹文子上卷終

大道下

仁義禮樂、名法刑賞、凡此八者、五帝三王、治世之術也、故仁以導之、義以宜之、禮以行之、樂以和之、名以正之、法以齊之、刑以威之、賞以勸之、故仁者所以博施於物、亦所以生偏私。善者所以立節行。亦所以成華僞、禮者所以行恭謹。亦所以生惰慢、樂者所以和情志、亦所以生淫放、名者所以正尊卑、亦所以生矜篡、法者所以齊衆異、亦所以乖名分、刑者所以威不服

八術愚人冒

亦所以生陵暴賞者所以勸忠能亦所以生鄙爭凡此八術無隱於人而常存於世非自顯於堯湯之時非自逃於桀紂之朝用得其道則天下治失其道則天下亂過此而往雖彌綸天地籠絡萬品治道之外非羣生所餐挹聖人錯而不言也凡國之存亡有六徵有衰國有亡國有昌國有彊國有治國有亂國所謂亂亡之國者凶虐殘暴不與焉所謂彊治之國者威力仁義不與焉君年長多勝以證切少子孫疏宗族衰國也君寵臣臣愛君公法廢私欲行亂國也國貧

[illegible]

小家富大君權輕臣勢重亡國也凡此三徵不待凶虐殘暴而後弱也雖曰見存吾必謂之亡者也內無專寵外無近習支庶繁字長幼不亂昌國也農桑以時倉廩充實兵甲勁利封疆脩理彊國也上不勝其下下不能犯其上上下不相勝犯故禁令行人人無私雖經險易而國不可侵治國也凡此三徵不待威力仁義而後彊雖曰見弱吾必謂之存者也治主之興必有所先誅先誅者非謂盜非謂姦此二惡者一時之大害非亂政之本也亂政之本下侵上之權臣

入術中來出一刑而患之所爲以權術佐其法

用君之術心不畏時之禁行不軌時之法此大亂之道也孔丘攝魯相七日而誅少正卯門人進問曰夫少正卯魯之聞人也夫子爲政而先誅得無失乎孔子曰居吾語汝其故人有惡者五而竊盜姦私不與焉一曰心達而險二曰行僻而堅三曰言僞而辯四曰強記而博五曰順非而澤此五者有一於人則不免君子之誅而少正卯兼有之故居處足以聚徒成羣言談足以飾邪熒衆彊記足以反是獨立此小人雄桀也不可不誅也是以湯誅尹諧文王誅潘正大

公誅華士管仲誅付里乙子産誅鄧析史付此六子者異世而同心不可不誅也詩曰憂心悄悄慍於羣小小人成羣斯足畏也語曰佞辯可以熒惑鬼神曰鬼神聰明正直孰曰熒惑者曰鬼神誠不受熒惑此尤佞辯之巧靡不入也夫佞辯者雖不能熒惑鬼神熒惑人明矣探人之心度人之欲順人之嗜好而不敢逆納人於邪惡而求其利人喜聞巳之美也善能揚之惡聞巳之過也善能飾之得之於眉睫之間承之於言行之先語曰惡紫之奪朱惡利口之覆邦家

[illegible]詭號

[illegible]善用權術之人

斯言足畏而終身莫悟危亡繼踵焉老子曰以政治國以奇用兵以無事取天下政者名法是也以名法治國萬物所不能亂奇者權術是也以權術用兵萬物所不能敵凡能用名法權術而矯抑殘暴之情則已無事焉已無事則得天下矣故失治則任法失法則任兵以求無事不以取彊取彊則柔者反能服之

老子曰民不畏死如何以死懼之凡民之不畏死由刑罰過刑罰過則民不賴其生生無所賴視君之威末如也刑罰中則民畏死畏死由生之可樂也知生

之可樂故可以死懼之此人君之所宜執臣下之所宜愼田子讀書曰堯時太平宋子曰聖人之治以致此乎彭蒙在側越次答曰聖法之治以至此非聖人之治也宋子曰聖人與聖法何以異彭蒙曰子之亂名甚矣聖人者自己出也聖法者自理出也理出於己己非理也己能出理理非己也故聖人之治獨治者也聖法之治則無不治矣此萬世之利唯聖人能該之宋子猶惑質於田子田子曰蒙之言然莊里丈人字長子曰盜少子曰毆盜出行其父在後追呼之

曰盜盜吏聞因縛之其父呼毆喻吏遽而聲不轉但言毆毆吏因毆之幾殪一計切康爵長者字僮曰善博字犬曰善噬賓客不過其門者三年長者恠而問之乃實對於是改之賓客往復鄭人謂玉未理者爲璞周人謂鼠未腊者爲璞周人懷璞謂鄭賈曰欲買璞乎鄭賈曰欲之出其璞視之乃鼠也因謝不取父之於子也令有必行者有必不行者去貴妻買愛妾此令必行者也因曰汝無敢恨汝無敢思令必不行者也故爲人上者必慎所令凡人富則不羨爵祿貧則

此爵祿術乃万世不[illegible]此[illegible]

不畏刑罰不羨爵祿者自足於已也不畏刑罰者不賴存身也二者爲國之所甚而不知防之之術故令不行而禁不止若使令不行而禁不止則無以爲治無以爲治是人君虛臨其國徒君其民危亂可立而待矣今使由爵祿而後富則人爭盡力於其君矣由刑罰而後貧則人咸畏罪而從善矣故古之爲國者無使民自貧富貧富皆由於君則君專所制民知所歸矣貧則怨人賤則怨時而莫有自怨者此人情之大趣也然則不可以此是人情之大趣而一槩非之

[illegible]至此

亦有可矜者焉不可不察也今能同算鈞而彼富我貧能不怨則美矣雖怨無所非也才鈞智同而彼貴我賤能不怨則美矣雖怨無所非也其蔽在於不知乘權藉勢之異而惟曰智能之同是不達之過雖君子之鄙亦君子之怨也人貧則怨人富則驕人怨人者苦人之不祿施於己也起於情所難安而不能安猶可恕也驕人者無苦而無故驕人此情所易貴而弗能貴弗可恕矣衆人見貧賤則慢而踈之見富貴則敬而親之貧賤者有請賕於己踈之可也未必損

巳而必疎之以其無益於物之共故也富貴者有施
與巳親之可也未必益巳而必親之則彼不敢親我
矣三者獨立無致親致疏之所人情終不能不以貧
賤富貴易慮故謂之大惑焉窮獨貧賤治世之所共
矜亂世之所共侮治世非爲矜窮獨貧賤而治是治
之一事也亂世亦非侮窮獨貧賤而亂亦是亂之一
事也每事治則無亂亂則無治視夏商之盛夏商之
衰則其驗也貧賤之望富貴甚微而富貴不能酬其
甚微之望夫富者之所惡貧者之所美貴者之所輕

本心矣條濫身在蓋度中憂愁析纖微而忌切而多[illegible]

雖有八術隱一同勞便反之故以万事[illegible]

賤者之所禁然而弗酬弗與同苦樂故也雖弗酬之於我弗傷今萬民之望人君亦如貧賤之望富貴其所望者蓋欲料長幼平賦歛時其飢寒省其疾痛賞罰不濫使役以時如此而已則於人君弗損也然而弗酬弗與同勞逸故也故為人君不可弗與民同勞逸焉故富貴者可不酬貧賤者人君不可不酬萬民不酬萬民則萬民之所不願戴所不願戴則君位替矣危莫甚焉禍莫大焉

尹文子卷下終

尹文子一卷

（周）尹文 撰　傅增湘 批校

明刊《十子》本

尹文子序

尹文子者蓋出於周之尹氏齊宣王時居稷下與宋鈃彭蒙田駢同學於公孫龍公孫龍稱之著書一篇多所彌綸莊子曰不累於物不苟於人不忮於衆願天下之安寧以活民命人我之養畢足而止之以此白心見侮不辱此其道也而劉向亦以其學本於黃老大較刑名家也近爲誣矣余黃初末始到京師繆熙伯以此書見示意甚玩之而多脫誤聊試條次撰定爲上下篇亦未能究其詳也

山陽仲長氏撰定

尹文子

大道上

大道無形稱器有名名也者正形者也形正由名則名不可差故仲尼云必也正名乎名不正則言不順也大道不稱衆有必名生於不稱則群形自得其方圓名生於方員則衆名得其所稱也大道治者則名法儒墨自廢以名法儒墨治者則不得離道老子曰道者萬物之奧善人之寶不善人之所寶是道治者謂之善人藉名法儒墨者謂之不善人善人之與不善人名分日離不得審察而得

也道不足以治則用法法不足以治則用術術不
足以治則用權權不足以治則用勢勢用則反權
權用則反術術用則反法法用則反道道用則無
爲而自治故窮則徼終徼終則反始始終相襲無
窮極也有形者必有名有名者未必有形形而不
名未必失其方員白黑之實名而不可不尋名以
檢其差故亦有名以檢形。形以定名名以定事。事
以檢名察其所以然則形名之與事物無所隱其
理矣名有三科法有四呈一曰命物之名方員白
黑是也二曰毀譽之名善惡貴賤是也三曰況謂

之名賢愚愛憎是也一曰不變之法君臣上下是也二曰齊俗之法能鄙同異是也三曰治衆之法慶賞刑法是也四曰平准之法律度權量是也術者人君之所密用群下不可妄窺勢者制法之利器群下不可妄爲人君有術而使群下得窺非術之奥者有勢使群下得爲非勢之重者大要在乎先正名分使不相侵雜然後術可秘勢可專名者名形者也形者應名者也然形非正名也名非正形也則形之與名居然別矣不可相亂亦不可相無無名故大道無稱有名故名以正形今萬物具

存不以名正之則亂萬名具列不以形應之則乖故形名者不可不正也善名命善。惡名命惡。故善有善名。惡有惡名。聖賢仁智命善者也頑嚚凶愚命惡者也今即聖賢仁智之名以求聖賢仁智之實未之或盡也即頑嚚凶愚之名以求頑嚚凶愚之實亦未或盡也使善惡盡然有分雖未能盡物之實猶不患其差也故曰名不可不辨也名稱者何彼此而檢虛實者也自古至今莫不用此而得用彼而失失者由名分混得者由名分察今親賢而踈不肖賞善而罰惡賢不肖善惡之名宜在彼親踈賞罰之稱宜屬我我之與彼又復一名名之察者也名賢不肖爲親踈名善惡爲賞罰合彼我之一稱而不別之名之混者也故曰名稱者不可不察也語曰好牛又曰不可不察也好則物之通稱牛則物之定形以通稱隨定形不可窮極者也設復言好馬則復連於馬矣則好所通無方也設復言好人則彼屬於人矣則好非人人非好也則好牛好馬好人之名自離矣故曰名分不可相亂也五色五聲五臭五味凡四類自然存焉天地之間而不期爲人用人必用之終身各有好惡而不

能辨其名分名宜屬彼宜屬我我愛白而憎黑韻商而舍徵好膻而惡焦嗜甘而逆苦白黑商徵膻焦甘苦彼之名也愛憎韻舍好惡嗜逆我之分也定此名分則萬事不亂也故人以度審長短以量受少多以衡平輕重以律均清濁以名稽虛實以法定治亂以簡治煩惑。以易御險難。以萬事皆歸於一百度皆準於法歸一者簡之至準法者易之極如此頑嚚聾瞽可以察慧聰明同其治也天下萬事不可備能責其備能於一人則賢聖其猶病諸設一人能備天下之事能左右前後之宜遠近遲疾之間必有不兼者焉苟有不兼於治闕矣全治而無闕者大小多少各當其分農商工仕不易其業老農長商習工舊仕莫不存焉則處上者何事哉故有理而無益於治者君子弗言有能而無益於事者君子弗為君子非樂有言有益於治不得不言君子非樂有為有益於事不得不為故所言者不出於名法權術所為者不出於農稼軍陣周務而已故明主不為治外之理小人必言事外之能小人亦知言損於治而不能不言小人亦知能損於事而不能不為故所言者極於儒墨是非

之辨所爲者極於堅僞偏抗之行求名而已故名主誅之古語曰不知無害於君子知之無損於小人工匠不能無害於巧君子不知無害於治此信矣爲善使人不能得從此獨善也爲巧使人不能得從此獨巧也未盡善巧之理爲善與衆行之爲巧與衆能之此善之善者巧之巧者也所貴聖人之治不貴其獨治貴其能與衆共治貴工倕之巧不貴其獨巧貴其能與衆共巧也今世之人行欲獨賢事欲獨能辨欲出群勇欲絶衆獨行之賢不足以成化獨能之事不足以周務出群之辨不可

爲戶說絕衆之勇不可與征陣凡此四者亂之所由生是以聖人任道以[illegible]其險立法以理其差使賢愚不相棄能鄙不相遺能鄙不相遺則能鄙齊功賢愚不相棄則賢愚等慮此至治之術也名定則物不競分明則私不行物不競非無心由名定故無所措其心私不行非無欲由分明故無所措其欲然則心欲人人有之而得同於心無欲者制之有道也田駢曰天下之士莫不處其門庭臣其妻子必遊宦諸侯之朝者利引之也遊於諸侯之朝皆志爲卿大夫而不擬於諸侯者名限之也彭

蒙曰雉兎在野衆人逐之分未定也雞豕滿市莫
有志者分定故也物奢則仁智相屈分定則貪鄙
不爭圓者之轉非能轉而轉不得不轉也方者之
止非能止而止不得不止也因圓之自轉使不得
止因方之自止使不得轉何苦物之失分故因賢
者之有用使不得不用因愚者之無用使不得用
用與不用皆非我用因彼所用與不可用而自得
其用奚患物之亂乎物皆不能自能不知自知智
非能智愚非能愚而智而愚好非能好而好醜非
能醜而醜夫不能自能不知自知則智好何所貴

愚醜何所賤則智不能得夸愚好不能得嗤醜此爲得之道也道行於世則貧賤者不怨富貴者不驕愚弱者不懾智愚者不陵定於分也法行於世則貧賤者不敢怨富貴富貴者不敢陵貧賤愚弱者不敢冀智勇智勇者不敢鄙愚弱此法之不及道也世之所貴同而貴之謂之俗世之所用同而用之謂之物苟違於人俗所不與苟忮於衆俗所共去故心皆殊而爲行若一所好各異而資用必同此俗之所齊物之所飾故所齊不可不愼所飾不可不擇昔齊桓好衣紫闔境不鬻異采楚莊愛

細腰一國皆有饑色上之所以率下乃治亂之所由也故俗苟沴必爲治以矯之物苟溢必立制以檢之累於俗飾於物者不可與爲治矣昔晉國苦奢文公以儉矯之乃衣不重帛食不兼肉無幾時人皆大布之衣脫粟之飯越王句踐謀報吳欲人之勇路逢怒蛙而軾之比及數年民之長幼臨敵雖湯火不避居上者之難如此之驗聖王知民情之易動故作樂以和之制禮以節之在下者不得用其私故禮樂獨行禮樂獨行則私欲寢廢私欲寢廢則遭賢之與遭愚均矣若使遭賢則治遭愚

則亂是治亂屬於賢愚不係於禮樂是聖人之術與聖主而俱沒治世之法逮易世而莫用則亂多而治寡亂多而治寡則賢無所貴愚無所賤矣處名位雖不肖不愚物不疏已親疎係乎勢利不係於不肖與仁賢吾亦不敢據以爲天理以爲地勢之自然者爾今天地之間不肖實衆仁賢實寡趨利之情不肖特厚廉耻之情仁賢偏多今以禮義招仁賢所得仁賢者萬不一焉以名利招不肖所得不肖者觸地是焉故曰禮義成君子君子未必須禮義名利治小人小人不可無名利慶賞刑罰君事

也守職效能臣業也君科功黜陟故有慶賞刑罰臣各慎所任故有守職效能君不可與臣業。臣不可侵君事。上下不相侵與謂之名正名正而法順也接萬物使分別海内使不雜見侮不辱見推不矜禁暴息兵救世之鬬此仁君之德可以爲主矣守職分使不亂慎所任而無私飢飽一心毁譽同慮賞亦不忘罰亦不怨此居下之節可爲人矣世有因名以得實。亦有因名以失實。宣王如射説人之謂已能用强也其實所用不過二石以示左右左右皆引試之中關而止皆曰不下九石非大王孰能用是宣王悅之然則宣王用不過三石而終身自以爲九石三石實也九石名也宣王悅其名而喪其實齊有黄公者好謙卑有二女皆國色以其美也常謙辭毁之以爲醜惡醜惡之名遠布年過而一國無聘者衛有鰥夫時冒娶之果國色然後曰黄公好謙故毁其子不姝美於是爭禮之亦國色也國色實也醜惡名也此違名而得實矣楚人擔山雉者路人問何鳥也擔雉者欺之曰鳳凰也路人曰我聞有鳳凰今直見之汝販之乎曰然則十金弗與請加倍乃與之將欲獻楚王經宿而

鳥死路人不遑惜金惟恨不得以獻楚王國人傳之咸以爲眞鳳凰貴欲以獻之遂聞楚王感其欲獻於己召而厚賜之過於買鳥之金十倍魏田父有耕於野者得寶玉徑尺弗知其玉也以告鄰人鄰人陰欲圖之謂之曰怪石也畜之弗利其家弗如復之田父雖疑猶錄以歸置於廡下其夜玉明光照一室田父稱家大怖復以告鄰人曰此怪之徵遄棄殃可銷於是遽而棄於遠野鄰人無何盜之以獻魏王魏王召玉工相之玉工望之再拜而立敢賀王王得此天下之寶臣未嘗見王問價玉

王曰此無價以當之五城之都僅可一觀魏王立賜獻王者千金長食上大夫祿凡天下萬里皆有是非吾所不敢誣是者常是。非者常非。亦吾所信然是雖常是有時而不用非雖常非有時而必行故用是而失有矣行非而得有矣是非之理不同而更興廢翻爲我用則是非焉在哉觀堯舜湯武之成或順或逆得時則昌桀紂幽厲之敗或是或非失時則亡五伯之主亦然宋不以楚人戰於泓公子目夷曰楚衆我寡請其未悉濟而擊之宋公曰不可吾聞不鼓不成列寡人雖亡之餘不敢行也戰敗楚人執宋公齊人弑襄公立公孫無知召忽夷吾奉公子糾奔魯鮑叔牙奉公子小白奔莒既而無知被殺二公子爭國糾宜立者也小白先入故齊人立之既而使魯人殺糾召忽死之徵夷吾以爲相晉文公爲驪姬之譖出亡十九年惠公卒賂秦以求反國殺懷公子而自立彼一君正而不免於執二君不正霸業遂焉已是而舉世非之則不知已之是已非而舉世是之亦不知已所非然則是非隨衆賈而爲正非已所獨了則犯衆者爲非順衆者爲是故人君處權乘勢處所是之地

則人所不得非也居則物尊之動則物從之言則物誠之行則物則之所以居物上御群下也國亂有三事年飢民散無食以聚之則亂治國無法則亂有法而不能用則亂有食以聚民有法而能行國不治未之有也

大道下

仁義禮樂名法刑賞凡此八者五帝三王治世之術也故仁以道之義以宜之禮以行之樂以和之名以正之法以齊之刑以威之賞以勸之故仁者所以博施於物亦所以生偏私義者所以立節行

亦所以成華僞禮者所以行恭謹亦所以生惰慢樂者所以和情志亦所以生淫放名者所以正尊卑亦所以生矜篡法者所以齊衆異亦所以乖名分刑者所以威不服亦所以生陵暴賞者所以勸忠能亦所以生鄙爭凡此八術無隱於人而常存於世非自顯於堯湯之時非自逃於桀紂之朝用得其道則天下治失其道則天下亂過此而往雖彌綸天地籠絡萬品治道之外非群生所餐挹聖人錯而不言也凡國之存亡有六徵有衰國有亡國有昌國有彊國有治國有亂國所謂亂亡之國

者凶虐残暴不與焉所謂疆治之國者威力仁義不與焉君年長多媵少子孫疏宗疆衰國也君寵臣臣愛君公法廢私欲行亂國也國貧小家富大君權輕臣勢重亡國也凡此三徵不待凶虐残暴而後弱也雖曰見存吾必謂之亡者也内無專寵外無近習支庶繁字長幼不亂昌國也農桑以時倉廩充實兵甲勁利封疆脩理疆國也上不勝其下下不犯其上上下不相勝犯故禁令行人人無私雖經險易而國不可侵治國也凡此三徵不待威力仁入而後疆雖曰見弱吾必謂之存者也治

主之興必有所先誅先誅者非謂盜非謂姦此二惡者一時之大害非亂政之本也亂政之本下侵上之權臣用君之術心不畏時之禁行不軌時之法此大亂之道也孔丘攝魯相七日而誅少正卯門人進問曰夫少正卯魯之聞人也夫子爲政而先誅得無失乎孔子曰居吾語汝其故人有惡者五而竊盜姦私不與焉一曰心逵而險二曰行僻而堅三曰言僞而辨四曰彊記而博五曰順非而澤此五者有一於人則不免君子之誅而少正卯兼有之故居處足以聚徒成群言談足以飾邪熒

衆疆記足以反是獨立此小人雄桀也不可不誅也是以湯誅尹諧文王誅潘正太公誅華士管仲誅付里乙子産誅鄧析史付此六子者異世而同心不可不誅也詩曰憂心悄悄愠於群小小人成群斯足畏也語曰佞辯可以熒惑鬼神曰鬼神聰明正直孰曰熒惑者曰鬼神誠不受熒惑此尤佞辨之巧靡不入也夫安辨者雖不能熒惑鬼神熒惑人明矣探人之心度人之欲順人之嗜好而不敢逆納人於邪惡而求其利人喜聞己之美也善能揚之惡聞己之過也善能飾之得之於眉睫之

間承之於言行之先語曰惡紫之奪朱惡利口之覆邦家斯言足畏而終身莫悟危亡繼踵焉老子曰以政治國以奇用兵以無事取天下政者名法是也以名法治國萬物所不能亂奇者權術是也以權術用兵萬物所不能敵凡能用名法權術而矯抑殘暴之情則已無事焉已無事則得天下矣故失治則任法失法則任兵以求無事不以取彊取彊則柔者反能服之老子曰民不畏死如何以死懼之凡民之不畏死由刑罰過刑罰過則民不賴其生生無所賴視君之威末如也刑罰中則民

畏死畏死由生之可樂也知生之可樂故可以死懼之此人君之所宜執臣下之所宜慎田子讀書曰堯時太平宋子曰聖人之治以致此乎彭蒙在則越次答曰聖法之治以至此非聖人之治也宋子曰聖人與聖法何以異彭蒙曰子之亂名甚矣聖人者自己出也聖法者自理出也理出於己己非理也己能出理理非己也故聖人之治獨治者也聖法之治則無不治矣此萬世之利唯聖人能該之宋子猶惑質於田子田子曰蒙之言然莊里丈人字長子曰盜少子曰毆盜出行其父在後追

呼之曰盜盜吏聞因縛之其父呼毆喻吏遽而聲不轉但言毆毆吏因毆之幾殪計康衢長者字僮曰善犢字犬曰善噬賓客不過其門者三年長者怪而問之乃實對於是改之賓客往復鄭人謂玉未理者爲璞周人謂鼠未腊者爲璞周人懷璞謂鄭賈曰欲買璞乎鄭賈曰欲之出其璞視之乃鼠也因謝不取父之於子也令有必行者有必不行者去貴妻賣愛妾此令必行者也因曰汝無敢恨汝無敢思令必不行者也故爲人上者必慎所令凡人富則不羨爵祿貧則不畏刑罰不羨爵祿者

自足於已也不畏刑罰者不賴存身也二者爲國之所甚而不知防之之術故令不行而禁不止若使令不行而禁不止則無以爲治無以爲治是人君虛臨其國徒君其民危亂可立而待矣今使由爵祿而後富則人力爭盡力於其君矣由刑罰而後貧則人咸畏罪而從善矣故古之爲國者無使民自貧富貧富皆由於君則君專所制民知所歸矣貧則怨人賤則怨時而莫有自怨者此人情之大趣也然則不可以此是人情之大趣而一槩非之亦有可矜者焉不可不察也今能同算鈞而彼

富我貧能不怨則美矣雖怨無所非也才鈞智同而彼貴我賤能不怨則美矣雖怨無所非也其敝在於不知秉權籍勢之異而雖曰智能之同是不達之過雖君子之鄙亦君子之恕也人貧則怨人富則驕人怨人者苦人之不禄施於己也起於情所難安而不能安猶可恕也驕人者無苦而無故驕人此情所易貴而弗能貴弗可恕矣衆人見貧賤則慢而疎之見富貴則敬而親之貧賤者有請賕於己疎之可也未必損已而必疎之以其無益於物之具故也富貴者有施與已親之可也未必

益己而必親之則彼不敢親我矣三者獨立無致
親致疎之所人情終不能不以貧賤富貴易慮故
謂之大惑焉窮獨貧賤治世之所共矜亂世之所
共侮治世非爲矜窮獨貧賤而治是治之一事也
亂世亦非侮窮獨貧賤而亂亦是亂之一事也每
事治則無亂亂則無治視夏商之盛夏商之衰則
其驗也貧賤之望富貴甚微而富貴不能酬其甚
微之望夫富貴者之所惡貧者之所美貴者之所
輕賤者之所榮然而弗酬弗與同若樂故也雖弗
酬之於物弗傷今萬民之望人君亦如貧賤之望

富貴其所望者蓋欲料長幼平賦歛時其飢寒省其疾痛賞罰不濫使役以時如此而已則於人君弗損也然而弗酬弗與同勞役故也故為人君不可弗與民同勞逸焉故富貴者可不酬貧賤者人君不可不酬萬民不酬萬民則萬民之所不願戴所不願戴則君位替矣危莫甚焉禍莫大焉

尹文子終

尹文子一卷

（周）尹文 撰

明刊《十二子》本

漢志名家尹文子一篇說齊宣王先公孫龍隋志二卷周之處士遊齊稷下唐志一卷書目二卷齊人魏黃初末山陽仲長統得其書始詮次爲上下二篇

仲長統曰尹文子者蓋出於周之尹氏齊宣王時居稷下與宋鈃彭蒙田駢同學於公孫龍公孫龍稱之著書一篇多所彌綸莊子曰不累於物不苟於人不忮於衆願天下之安寧以活於民命人我之養畢足而止之以此白心見侮不辱此其道也

劉向以其學本於黃老、大較刑名家也、高似孫曰尹文書言大道、又言名分、又言仁義禮樂法術權勢大略則學老氏而雜申韓者也、仲長氏序謂文學於公孫龍、按龍客平原君趙惠文王時人也、距齊宣王歿四十餘年矣、則文先於龍、非學於龍者也、

形名法術眼前語人習而不察那知有許妙義首趣冐

謂道可無名名不可無道過下形名有序

尹文子

大道上

大道無形稱器有名名也者正形者也形正由名則名不可差故仲尼云必也正名乎名不正則言不順也大道不稱衆有必名生於不稱則羣形自得其方圓名生於方圓則衆名得其所稱也大道治者則名法儒墨自廢以名法儒墨治者則不得離道老子曰道者萬物之奥善人之寶不善人之所寶是道治者謂之善人藉名法儒墨者謂之不

善人善人之與不善人名分日離不待審察而得也道不足以治則用法法不足以治則用術術不足以治則用權權不足以治則用勢勢用則反權權用則反術術用則反法法用則反道道用則無爲而自治故窮則徼徼終則反始始終相襲無窮極也有形者必有名有名者未必有形形而不名未必失其方圓白黑之實名而不可不尋名以檢其差故亦有名以檢形形以定名名以定事事以檢名察其所以然則形名之與事物無所隱其

既分形名轉到司形名者

理矣名有三科法有四呈一曰命物之名方圓白黑是也二曰毀譽之名善惡貴賤是也三曰況謂之名賢愚愛憎是也一曰不變之法君臣上下是也二曰齊俗之法能鄙同異是也三曰治衆之法慶賞刑罰是也四曰平準之法律度權量是也術者人君之所密用羣下不可妄窺勢者制法之利器羣下不可妄爲人君有術而使羣下得窺非術之與者有勢使羣下得爲非勢之重者大要在乎先正名分使不相侵雜然後術可祕勢可專名者

名形者也形者應名者也然形非正名也名非正
形也則形之與名居然別矣不可相亂亦不可相
無無名故大道無稱有名故名以正形今萬物具
存不以名正之則亂萬名具列不以形應之則乖
故形名者不可不正也善名命善惡名命惡故善
有善名惡有惡名聖賢仁智命善者也頑嚚凶愚
命惡者也今即聖賢仁智之名以求聖賢仁智之
實未之或盡也即頑嚚凶愚之名以求頑嚚凶愚
之實亦未或盡也使善惡盡然有分雖未能盡物

名也名稱也名分也三項各有叙

此即白馬非馬之論

之實猶不患其差也故曰名不可不辨也名稱者別彼此而檢虛實者也自古至今莫不用此而得用彼而失失者由名分混得者由名分察今親賢而疏不肖賞善而罰惡賢不肖善惡之名宜在彼親疏賞罰之稱宜屬我我之與彼又復一名名之察者也名賢不肖爲親疏名善惡爲賞罰合彼我之一稱而不別之名之混者也故曰名稱者不可不察也語曰好牛又曰不可不察也好則物之通稱牛則物之定形以通稱隨定形不可窮極者也

設復言好馬○則復連於馬矣○則好所通無方也○設復言好人○則彼屬於人矣○則好非人人非好也○則好牛好馬好人之名自離矣○故曰名分不可相亂也○五色五聲五臭五味凡四類自然存焉天地之間而不期爲人用人必用之○終身各有好惡而不能辨其名分○名宜屬彼○分宜屬我○我愛白而憎黑韻商而舍徵○好羶而惡焦○嗜甘而逆苦○白黑商徵羶焦甘苦彼之名也○愛憎韻舍好惡嗜逆我之分也○定此名分○則萬事不亂也○故人以度審長短以

不執一名以求形所以形名各得

量受少多、以衡平輕重、以律均清濁、以名稽虛實、以法定治亂、以簡治煩惑、以易御險難、以萬事皆歸於一。百度皆準於法。歸一者簡之至、準法者易之極。如此頑嚚聾瞽可與察慧聰明同其治也。天下萬事不可備能。責其備能於一人、則賢聖其猶病諸。設一人能備天下之事、能左右前後之宜、遠近遲疾之間、必有不兼者焉。苟有不兼、於治闕矣。全治而無闕者、大小多少各當其分。農商工仕不易其業。老農長商、習工舊仕、莫不存焉。則處上者

是關鎖是鈌
窮渡下形名
失寔之非

何事哉故有理而無益於治者君子弗言有能而無益於事者君子弗爲君子非樂有言有益於治不得不言君子非樂有爲有益於事不得不爲故所言者不出於名法權術所爲者不出於農稼軍陣周務而已故明主不爲治外之理小人必言事外之能小人亦知言損於治而不能不言小人亦知能損於事而不能不爲故所言者極於儒墨是非之辨所爲者極於堅僞偏抗之行求名而已故明主誅之古語曰不知無害於君子知之無損於

七

小人工匠不能無害於巧君子不知無害於治此信矣爲善使人不能得從此獨善也爲巧使人不能得從此獨巧也未盡善巧之理爲善與衆行之爲巧與衆能之此善之善者巧之巧者也所貴聖人之治不貴其獨治貴其能與衆共治貴工倕之巧不貴其獨巧貴其能與衆共巧也今世之人行欲獨賢事欲獨能辨欲出羣勇欲絕衆獨行之賢不足以成化獨能之事不足以周務出羣之辨不可爲戶說絕衆之勇不可與征陣凡此四者亂之

所由生是以聖人任道以夷其險立法以理其差使賢愚不相棄能鄙不相遺能鄙不相遺則能鄙齊功賢愚不相棄則賢愚等慮此至治之術也名定則物不競分明則私不行物不競非無心由名定故無所措其心私不行非無欲由分明故無所措其欲然則心欲人人有之而得同心於無心無欲者制之有道也田駢曰天下之士莫肯處其門庭臣其妻子必遊宦諸侯之朝者利引之也遊於諸侯之朝皆志爲卿大夫而不擬於諸侯者名限

七

只一因是而無不得矣

之也彭蒙曰雉兎在野衆人逐之分未定也雞豕滿市莫有志者分定故也物奢則仁智相屈分定則貪鄙不爭圓者之轉非能轉而轉不得不轉也方者之止非能止而止不得不止也因圓之自轉使不得止因方之自止使不得轉何苦物之失分故因賢者之有用使不得不用因愚者之無用使不得用用與不用皆非我用因彼所用與不可用而自得其用奚患物之亂乎物皆不能自能不知自知智非能智而知愚非能愚而愚好非能好而

好醜非能醜而醜夫不能自能不知自知則智好何所貴愚醜何所賤則智不能得夸愚好不能得嗤醜此爲得之道也道行於世則貧賤者不怨富貴者不驕愚弱者不懾智勇者不陵弱定於分也法行於世則貧賤愚弱者不敢冀智勇智勇者不敢鄙愚弱此法之不及道也世之所貴同而貴之謂之俗世之所用同而用之謂之物苟違於人俗所不與苟忮於衆俗所共去故心皆殊而爲行若一所好各異而資用必同此俗之所齊物之所飾

七

矯與檢所以妙其因也治亦因沴制亦因溢

故所齊不可不慎所飾不可不擇昔齊桓好衣紫闔境不鬻異采楚莊愛細腰一國皆有饑色上之所以率下乃治亂之所由也故俗苟沴必爲治以矯之物苟溢必立制以檢之累於俗飾於物者不可與爲治矣昔晉國苦奢文公以儉矯之乃衣不重帛食不兼肉無幾時人皆大布之衣脫粟之飯越王勾踐謀報吳欲人之勇路逢怒蛙而軾之比及數年民無長幼臨敵雖湯火不避居上者之難如此之驗聖王知民情之易動故作樂以和之制

禮以節之在下者不得用其私故禮樂獨行禮樂獨行則私欲寢廢私欲寢廢則遭賢之與遭愚均矣若使遭賢則治遭愚則亂是治亂屬於賢愚不係於禮樂是聖人之術與聖主而俱沒治世之法逮易世而莫用則亂多而治寡亂多而治寡則賢無所貴愚無所賤矣處名位雖不肖不愚物不疏已親疎係乎勢利不係於不肖與仁賢吾亦不敢據以爲天理以爲地勢之自然者爾今天地之間不肖實衆仁賢實寡趨利之情不肖特厚廉恥之

情○仁賢偏多○今以禮義招仁賢○所得仁賢者○萬不一焉○以名利招不肖○所得不肖者○觸地是焉○故曰禮義成君子○君子未必須禮義○名利治小人○小人不可無名利○慶賞刑罰君事也○守職效能臣業也○君料功黜陟○故有慶賞刑罰○臣各愼所任○故有守職効能○君不可與臣業○臣不可侵君事○上下不相侵與○謂之名正○名正而法順也○接萬物使分○別海内使不雜○見侮不辱○見推不矜○禁暴息兵○救世之鬭○此仁君之德○可以爲主矣○守職分使不亂○愼所

主臣交尽其名寔大意浚寬衍名寔作波瀾借叙事為議論淮南亦學與法彼部冗而不倫

任而無私饑飽一心毀譽同慮賞亦不忘罰亦不怨此居下之節可爲人臣矣世有因名以得實亦有因名以失實宣王好射說人之謂已能用强也其實所用不過三石以示左右左右皆引試之中闕而止皆曰不下九石非大王孰能用是宣王悅之然則宣王用不過三石而終身自以爲九石三石實也九石名也宣王悅其名而喪其實齊有黃公者好謙卑有二女皆國色以其美也常謙辭毀之以爲醜惡醜惡之名遠布年過而一國無聘者

衛有鰥夫時冐娶之、果國色、然後曰黃公好謙、故毀其子不姝美、於是爭禮之、亦國色也、國色實也、醜惡名也、此違名而得實矣、楚人擔山雉者、路人問何鳥也、擔雉者欺之曰鳳凰也、路人曰我聞有鳳凰、今直見之、汝販之乎、曰然、則十金、弗與、請加倍、乃與之、將欲獻楚王、經宿而鳥死、路人不遑惜金、惟恨不得以獻楚王、國人傳之、咸以爲眞鳳凰貴、欲以獻之、遂聞楚王、王感其欲獻於巳、召而厚賜之、過於買鳥之金十倍、魏田父有耕於野者、得

稱家舉家也

寶玉徑尺、弗知其玉也、以告鄰人、陰欲圖之、謂之曰、怪石也、畜之弗利其家、弗如復之、田父雖疑猶録以歸、置於廡下、其夜玉明光照一室、田父稱家大怖、復以告鄰人、曰、此怪之徵、遄棄殃可銷、於是遽而棄於遠野、鄰人無何盜之、以獻魏王、魏王召玉工相之、玉工望之再拜而立、敢賀王、王得此天下之寶、臣未嘗見、王問價、玉工曰、此無價以當之、五城之都、僅可一觀、魏王立賜獻玉者千金、長食上大夫祿、凡天下萬里。皆有是非。吾所不敢誣。是

前言聖人作法而是非之不可誣者又總不由自用因是之妙依大道不稱乎有必名生于不稱也

者常是非者常非亦吾所信然是雖常是有時而不用非雖常非有時而必行故用是而失有矣行非而得有矣是非之理不同而更興廢翻爲我用則是非焉在哉觀堯舜湯武之成或順或逆得時則昌桀紂幽厲之敗或是或非失時則亾五伯之主亦然宋公以楚人戰於泓公子目夷曰楚衆我寡請其未悉濟而擊之宋公曰不可吾聞不鼓不成列寡人雖亾之餘不敢行也戰敗楚人執宋公齊人弑襄公立公孫無知召忽夷吾奉公子糾奔

魯鮑叔牙奉公子小白奔莒既而無知被殺二公子爭國糾宜立者也小白先入故齊人立之既而使魯人殺糾召忽死之微夷吾以爲相晉文公爲驪姬之譖出亾十九年惠公卒賂秦以求反國殺懷公子而自立彼一君正而不免於執二君不正霸業遂焉己是而舉世非之則不知己之是己非而舉世是之亦不知己所非然則是非隨衆賈而爲正非己所獨了則犯衆者爲非順衆者爲是故人君處權乘勢處所是之地則人所不得非也居

結上法字一篇血脈緩緩生動

則物尊之動則物從之言則物誠之行則物則之所以居物上御羣下也國亂有三事年饑民散無食以聚之則亂治國無法則亂有法而不能用則亂有食以聚民有法而能行國不治未之有也

大道下

仁義禮樂名法刑賞凡此八者五帝三王治世之術也故仁以道之義以宜之禮以行之樂以和之名以正之法以齊之刑以威之賞以勸之故仁者所以博施於物亦所以生偏私義者所以立節行

八術是大胃

亦所以成華僞禮者所以行恭謹亦所以生惰慢樂者所以和情志亦所以生淫放名者所以正尊卑亦所以生矜篡法者所以齊衆異亦所以乖名分刑者所以威不服亦所以生陵暴賞者所以勸忠能亦所以生鄙爭凡此八術無隱於人而常存於世非自顯於堯湯之時非自逃於桀紂之朝用得其道則天下治失其道則天下亂過此而往雖彌綸天道籠絡萬品治道之外非羣生所餐挹聖人錯而不言也凡國之存亾有六徵有衰國有亾

愛字鈔

不勝鈔愚夫愚婦或能勝予管子云勝民非道之上

國有昌國有疆國有治國有亂國所謂亂亾之國者凶虐殘暴不與焉所謂疆治之國者威力仁義不與焉君年長多媵少子孫疏宗族衰國也君寵臣臣愛君公法廢私欲行亂國也國貧小家富大君權輕臣勢重亾國也凡此三徵不待凶虐殘暴而後弱也雖曰見存吾必謂之亾者也內無專寵外無近習支庶繁字長幼不亂昌國也農桑以時倉廩充實兵甲勁利封疆修理疆國也上不勝其下下不犯其上上下不相勝犯故禁令行人人無

八術中本出二刑而先之所爲以權術佐名法

私雖經險易而國不可侵治國也凡此三徵不待威力仁義而後彊雖曰見弱吾必謂之存者也治主之興必有所先誅先誅者非謂盜非謂姦此二惡者一時之大害非亂政之本也亂政之本下侵上之權臣用君之術心不畏時之禁行不輒時之法此大亂之道也孔丘攝魯相七日而誅少正卯門人進問曰夫少正卯魯之聞人也夫子爲政而先誅得無失乎孔子曰居吾語汝其故人有惡者五而竊盜姦私不與焉一曰心達而險二曰行僻

七

而堅、三曰言僞而辨、四曰彊記而博、五曰順非而澤、此五者有一、於人則不免君子之誅、而少正卯兼有之、故居處足以聚徒成羣、言談足以飾邪熒衆、彊記足以反是獨立、此小人雄桀也、不可不誅也、是以湯誅尹諧、文王誅潘正、太公誅華士、管仲誅付里乙、子產誅鄧析史付、此六子者異世而同心、不可不誅也、詩曰、憂心悄悄、慍於羣小、小人成羣、斯足畏也、語曰、佞辯可以熒惑鬼神、曰、鬼神聰明正直、孰曰熒惑者、曰、鬼神誠不受熒惑、此尤佞辨之巧、靡不入也、夫佞辨者雖不能熒惑鬼神、熒惑人明矣、探人之心度人之欲順人之嗜好而不敢逆。納人於邪惡而求其利。人喜聞巳之美也善能揚之。惡聞巳之過也。善能飾之。得之於眉睫之間。承之於言行之先。語曰惡紫之奪朱、惡利口之覆邦家、斯言足畏而終身莫悟危亾繼踵焉老子曰、以政治國、以奇用兵、以無事取天下、政者名法是也。以名法治國萬物所不能亂。奇者權術是也。以權術用兵。萬物所不能敵。凡能用名法權術而

[illegible]于善用權術之人

矯抑殘暴之情則已無事焉已無事則得天下矣故失治則任法失法則任兵以求無事不以取彊取彊則柔者反能服之老子曰民不畏死如何以死懼之凡民之不畏死由刑罰過刑罰過則民不賴其生生無所賴視君之威末如也刑罰中則民畏死畏死由生之可樂也知生之可樂故可以死懼之此人君之所宜執臣下之所宜慎田子讀書曰堯時太平宋子曰聖人之治以致此乎彭蒙在側越次答曰聖法之治以至此非聖人之治也宋

可入笑林

子曰、聖人與聖法、何以異、彭蒙曰、子之亂名甚矣、聖人者自巳出也、聖法者自理出也、理出於巳、巳非理也、巳能出理、理非巳也、故聖人之治、獨治者也、聖法之治、則無不治矣、此萬世之利、唯聖人能該之、宋子猶惑、質於田子、田子曰、蒙之言然、莊里吏人字長子曰盜、少子曰毆、盜出行、其父在後追呼之曰盜盜、吏聞因縛之、其父呼毆喻吏、遽而聲不轉、但言毆毆、吏因毆之、幾殪、康衢長者字僮曰善犢、字犬曰善噬、賓客不過其門者三年、長者懼而問之、乃實對、於是攻之、賓客往復、鄭人謂玉未理者爲璞、周人謂鼠未腊者爲璞、周人懷璞謂鄭賈曰欲買璞乎、鄭賈曰欲之、出其璞視之乃鼠也、因謝不取、父之於子也。令有必行者。有必不行者。去貴妻。賣愛妾。此令必行者也。因曰汝無敢恨。汝無敢思。令必不行者也。故爲人上者必愼所令。凡人富則不羨爵祿。貧則不畏刑罰。不羨爵祿者自足於已也。不畏刑罰者不賴存身也。二者爲國之所甚。而不知防之之術。故令不行而禁不止。若使

此所謂術也舉世不出此圈中

令不行而禁不止則無以爲治無以爲治是人君虛臨其國徒君其民危亂可立而待矣今使由爵祿而後富則人必爭盡力於其君矣由刑罰而後貧則人咸畏罪而從善矣故古之爲國者無使民自貧富貧富皆由於君則君專所制民知所歸矣貧則怨人賤則怨時而莫有自怨者此人情之大趣也然則不可以此是人情之大趣而一槩非之亦有可矜者焉不可不察也今能同算鈞而彼富我貧能不怨則美矣雖怨無所非也才鈞智同而 七

世情至此真可酸鼻

彼貴我賤能不怨則美矣雖怨無所非也其敝在於不知乘權藉勢之異而雖曰智能之同是不達之過雖君子之鄙亦君子之怨也人貧則怨人富則驕人怨人者苦人之不祿施於巳也起於情所難安而不能安猶可恕也驕人者無苦而無故驕人此情所易制而弗能制弗可恕矣衆人見貧賤則慢而疎之見富貴則敬而親之貧賤者有請賕於巳疎之可也未必損巳而必疎之以其無益於物之具故也富貴者有施與巳親之可也未必益

巳而必親之則彼不敢親我矣三者獨立無致親致疎之所人情終不能不以貧賤富貴易慮故謂之大惑焉窮獨貧賤治世之所共矜亂世之所共侮治世非爲矜窮獨貧賤而治是治之一事也亂世亦非侮窮獨貧賤而亂亦是亂之一事也每事治則無亂亂則無治視夏商之盛夏商之衰則驗也貧賤之望富貴甚微而富貴不能酬其甚微之望夫富者之所惡貧者之所美貴者之所輕賤者之所榮然而弗酬弗與同苦樂故也雖弗酬之於

平心寔佇置身在蔀屋中憂愁祈嚮微而急切而多風

物弗傷今萬民之望人君亦如貧賤之望富貴其所望者盖欲料長幼平賦歛時其饑寒省其疾痛賞罰不濫使役以時如此而已則於人君弗損也然而弗酬弗與同勞逸故也故爲人君不可弗與民同勞逸焉故富貴者可不酬貧賤者人君不可不酬萬民不酬萬民則萬民之所不願戴所不願戴則君位替矣危莫甚焉禍莫大焉

雖有八術摠一同勞逸盡之故曰以萬爭皆歸于一

按公孫之學一出於此老故跡府開口便引作証據但彼飾尔此恬淡彼錯愕精悍此欵宕委

鮑彼以奇用兵也以正治國也

林雖翻忽二篇如巨川揚㠶四波叠浪起伏相

迎一瞬千里時轉多出閑游潈之味

七

尹文子一卷

（周）尹文 撰 （清）江藩 批校

明刊《十二子》本

尹文子序

尹文子者，蓋出於周之尹氏，齊宣王時居稷下，與宋鈃、彭蒙、田駢同學於公孫龍，公孫龍稱之。著書一篇，多所彌綸。莊子曰：不累於物，不苟於人，不忮於衆，願天下之安寧，以活民命，人我之養畢足而止，之以此白心，見侮不辱，此其道也。而劉向亦以其學本於黄老，大較刑名家也，近爲誣矣。余黄初末始到京師，繆熙伯以此書見示，意甚玩之，而多脱誤，聊試條次，撰定爲上下篇，亦未能究其詳也。

山陽仲長氏撰定

尹文子卷上

大道上

大道無形稱器有名名也者正形者也形正由名則名不可差故仲尼云必也正名乎名不正則言不順也大道不稱衆有必名生於不稱則群形自得其方圓名生於方員則衆名得其所稱也大道治者則名法儒墨自廢以名法儒墨治者則不得離道老子曰道者萬物之奥善人之寶不善人之所寶是道治者謂之善人藉名法儒墨者謂之不善人善人之與不善人名分日離不得審察而得

也道不足以治則用法法不足以治則用術術不足以治則用權權不足以治則用勢勢用則反權權用則反術術用則反法法用則反道道用則無爲而自治故窮則徼終徼終則反始始終相襲無窮極也有形者必有名有名者未必有形形而不名未必失其方員白黑之實名而不可不尋名以檢其差故亦有名以檢形形以定名名以定事事以檢名察其所以然則形名之與事物無所隱其理矣名有三科法有四呈一曰命物之名方員白黑是也二曰毀譽之名善惡貴賤是也三曰況謂

之名賢愚愛憎是也一曰不變之法君臣上下是也二曰齊俗之法能鄙同異是也三曰治衆之法慶賞刑法是也四曰平准之法律度權量是也術者人君之所密用群下不可妄窺勢者制法之利器群下不可妄爲人君有術而使群下得窺非術之奥者有勢使群下得爲非勢之重者大要在乎先正名分使不相侵雜然後術可秘勢可専名者名形者也形者應名者也然形非正名也名非正形也則形之與名居然别矣不可相亂亦不可相無無名故大道無稱有名故名以正形今萬物具

存不以名正之則亂萬名具列不以形應之則乖
故形名者不可不正也善名命善惡名命惡故善
有善名惡有惡名聖賢仁智命善者也頑嚚凶愚
命惡者也今即聖賢仁智之名以求聖賢仁智之
實未之或盡也即頑嚚凶愚之名以求頑嚚凶愚
之實亦未或盡也使善惡盡然有分雖未能盡物
之實猶不患其差也故曰名不可不辨也名稱者
何彼此而檢虛實者也自古至今莫不用此而得
用彼而失失者由名分混得者由名分察今親賢
而踈不肖賞善而罰惡賢不肖善惡之名宜在彼

親疎賞罰之稱宜屬我我之與彼又復一名名之
察者也名賢不肖爲親疎名善惡爲賞罰合彼我
之一稱而不別之名之混者也故曰名稱者不可
不察也語曰好牛又曰不可不察也好則物之通
稱牛則物之定形以通稱隨定形不可窮極者也
設復言好馬則復連於馬矣則好所通無方也設
復言好人則彼屬於人矣則好非人人非好也則
好牛好馬好人之名自離矣故曰名分不可相亂
也五色五聲五臭五味凡四類自然存焉天地之
間而不期爲人用人必用之終身各有好惡而不

能辨其名分名宜屬彼宜屬我我愛白而憎黑韻商而舍徵好膻而惡焦嗜甘而逆苦白黑商徵膻焦甘苦彼之名也愛憎韻舍好惡嗜逆我之分也定此名分則萬事不亂也故人以度審長短以量受少多以衡平輕重以律均清濁以名稽虛實以法定治亂以簡治煩惑以易御險難以萬事皆歸於一百度皆準於法歸一者簡之至準法者易之極如此頑嚚聾瞽可以察慧聰明同其治也天下萬事不可備能責其備能於一人則賢聖其猶病諸設一人能備天下之事能左右前後之宜遠近

遲疾之間必有不兼者焉苟有不兼於治闕矣全治而無闕者大小多少各當其分農商工仕不易其業老農長商習工舊仕莫不存焉則處上者何事哉故有理而無益於治者君子弗言有能而無益於事者君子弗爲君子非樂有言有益於治不得不言君子非樂有爲有益於事不得不爲故所言者不出於名法權術所爲者不出於農稼軍陣周務而已故明主不爲治外之理小人必言事外之能小人亦知言損於治而不能不言小人亦知能損於事而不能不爲故所言者極於儒墨是非

之辨所爲者極於堅僞偏抗之行求名而已故名主誅之古語曰不知無害於君子知之無損於小人工匠不能無害於巧君子不知無害於治此信矣爲善使人不能得從此獨善也爲巧使人不能得從此獨巧也未盡善巧之理爲善與衆行之爲巧與衆能之此善之善者巧之巧者也所貴聖人之治不貴其獨治貴其能與衆共治貴工倕之巧不貴其獨巧貴其能與衆共巧也今世之人行欲獨賢事欲獨能辨欲出群勇欲絕衆獨行之賢不足以成化獨能之事不足以周務出群之辨不可

爲尸說絶衆之勇不可與征陣凡此四者亂之所由生是以聖人任道以[illegible]其險立法以理其差使賢愚不相棄能鄙不相遺能鄙不相遺則能鄙齊功賢愚不相棄則賢是等慮此至治之術也名定則物不競分明則私不行物不競非無心由名定故無所措其心私不行非無欲由分明故無所措其欲然則心欲人人有之而得同於心無欲者制之有道也田駢曰天下之士莫不處其門庭臣其妻子必遊宦諸侯之朝者利引之也遊於諸侯之朝皆志爲卿大夫而不擬於諸侯者名限之也彭

蒙曰雉兎在野衆人逐之分未定也雞豕滿市莫有志者分定故也物奢則仁智相屈分定則貪鄙不爭圓者之轉非能轉而轉不得不轉也方者之止非能止而止不得不止也因圓之自轉使不得止因方之自止使不得轉何患物之失分故因賢者之有用使不得不用因愚者之無用使不得用用與不用皆非我用因彼所用與不可用而自得其用奚患物之亂乎物皆不能自能不知自知智非能智愚非能愚而智而愚好非能好而好醜非能醜而醜夫不能自能不知自知則智好何所貴

愚醜何所賤則智不能得夸愚好不能得嗤醜此爲得之道也道行於世則貧賤者不怨富貴者不驕愚弱者不懾智愚者不陵定於分也法行於世則貧賤者不敢怨富貴富貴者不敢陵貧賤愚弱者不敢冀智勇智勇者不敢鄙愚弱此法之不及道也世之所貴同而貴之謂之俗臣之所用同而用之謂之物苟達於人俗所不與苟忮於衆俗所共去故心皆殊而爲行若一所好各異而資用必同此俗之所齊物之所飾故所齊不可不慎所飾不可不擇昔齊桓好衣紫問境不鬻異采楚莊愛

細腰一國皆有饑色上之所以率下乃治亂之所由也故俗苟沴必爲治以矯之物苟溢必立制以檢之累於俗飾於物者不可與爲治矣昔晉國苦奢文公以儉矯之乃衣不重帛食不兼肉無幾時人皆大布之衣脫粟之飯越王句踐謀報吳欲人之勇路逢怒蛙而軾之比及數年民之長幼臨敵雖湯火不避居上者之難如此之驗聖王知民情之易動故作樂以和之制禮以節之在下者不得用其私故禮樂獨行禮樂獨行則私欲寢廢私欲寢廢則遭賢之與遭愚均矣若使遭賢則治遭愚

則亂是治亂屬於賢愚不係於禮樂是聖人之術與聖主而俱没治世之法建易世而莫用則亂多而治寡亂多而治寡則賢無所貴愚無所賤矣處名位雖不肖不愚物不踈已親踈係乎勢利不係於不肖與仁賢吾亦不敢據以爲天理以爲地勢之自然者爾今天地之間不肖實衆仁賢實寡趨利之情不肖特厚廉耻之情仁賢偏多今以禮義招仁賢所得仁賢者萬不一焉以名利招不肖所得不肖者觸地是焉故曰禮義成君子未必須禮義名利治小人小人不可無名利慶賞刑罰君事

也守職效能臣臣業也君科功覩陳故有慶賞刑罰臣各慎所任故有守職效能君不可與臣業臣不可侵君事上下不相侵與謂之名正名正而法順也接萬物使分別海內使不雜見侮不辱見推不矜禁暴息兵救世之鬭此仁君之德可以爲主矣守職分使不亂慎所任而無私飢飽一心毀譽同慮賞亦不忘罰亦不怨此居下之節可爲人矣世有因名以得實亦以因名以失實宣王如射說音悅人之謂己能用強也其實所用不過三石以示左右左右皆引試之中關而止皆曰不下九石非大王

孰能用是宣王悅之然則宣王用不過三石而終
身自以爲九石三石實也九石名也宣王悅其名
而喪其實齊有黄公者好謙卑有二女皆國色以
其美也常謙辭毁之以爲醜惡醜惡之名遠布年
過而一國無聘者衛有鰥夫時冒娶之果國色然
後曰黄公好謙故毁其子不姝美於是爭禮之亦
國色也國色實也醜惡名也此違名而得實矣楚
人擔山雉者路人問何鳥也擔雉者欺之曰鳳凰
也路人曰我聞有鳳凰今直見之汝販之乎曰然
則十金弗與請加倍乃與之將欲獻楚王經宿而

鳥死路人不遑惜金惟恨不得以獻楚王國人傳之咸以爲真鳳凰貴欲以獻之遂聞楚王感其欲獻於己召而厚賜之過於買鳥之金十倍魏田父有耕於野者得寶玉徑尺弗知其玉也以告鄰人鄰人陰欲圖之謂之曰怪石也畜之弗利其家弗如復之田父雖疑猶錄以歸置於廡下其夜玉明光照一室田父稱家大怖復以告鄰人曰此怪之徵遄棄殃可銷於是遽而棄於遠野鄰人無何盜之以獻魏王魏王召玉工相之玉工望之再拜而立敢賀王王得此天下之寶臣未嘗見王問價玉

工曰此無價以當之五城之都僅可一觀魏王立
賜獻玉者千金長食上大夫祿凡天下萬里皆有
是非吾所不敢誣是者常是非者常非亦吾所信
然是雖常是有時而不用非雖常非有時而必行
故用是而失有矣行非而得有矣是非之理不同
而更興廢翻爲我用則是非焉在哉觀堯舜湯武
之成或順或逆得時則昌桀紂幽厲之敗或是或
非失時則亡五伯之主亦然宋不以楚人戰於泓
公子目夷曰楚衆我寡請其未悉濟而擊之宋公
曰不可吾聞不鼓不成列寡人雖亡之餘不敢行

也戰敗楚人執宋公齊人弑襄公立公孫無知召忽夷吾奉公子糾奔魯鮑叔牙奉公子小白奔莒旣而無知被殺二公子爭國糾宜立者也小白先入故齊人立之旣而使魯人殺糾召忽死之微夷吾以爲相晉文公爲驪姬之譖出亡十九年惠公卒賂秦以求反國殺懷公子而自立彼一君正而不免於執二君不正覇業遂焉已是而舉世非之則不知已之是已非而舉世是之亦不知已所非然則是非隨衆賈而爲正非已所獨了則犯衆者爲非順衆者爲是故人君處權乘勢處所是之地

則人所不得非也居則物尊之動則物從之言則物誠之行則物則之所以居物上御群下也國亂有三事年飢民散無食以聚之則亂治國無法則亂有法而不能用則亂有食以聚民有法而能行國不治未之有也

尹文子卷下

大道下

仁義禮樂名法刑賞凡此八者五帝三王治世之術也故仁以道之義以宜之禮以行之樂以和之名以正之法以齊之形以威之賞以勸之故仁者所以博施於物亦所以生偏私義者所以立節行

亦所以成華僞禮者所以行恭謹亦所以生惰慢樂者所以和情志亦所以生淫放名者所以正尊卑亦所以生矜篡法者所以齊衆異亦所以乖名分刑者所以威不服亦所以生陵暴賞者所以勸忠能亦所以生鄙爭凡此八術無隱於人而常存於世非自顯於堯湯之時非自逃於桀紂之朝用得其道則天下治失其道則天下亂過此而往雖彌綸天地籠絡萬品治道之外非群生所餐挹聖人錯而不言也凡國之存亡有六徵有衰國有亡國有昌國有彊國有治國有亂國所謂亂亡之國

者凶虐殘暴不與焉所謂彊治之國者威力仁義不與焉君年長多媵少子孫疏宗彊衰國也君寵臣臣愛君公法廢私欲行亂國也國貧小家富大君權輕臣勢重亡國也凡此三徵不待凶虐殘暴而後弱也雖曰見存吾必謂之亡者也內無專寵外無近習支庶繁字長幼不亂昌國也農桑以時倉廩充實兵甲勁利封疆脩理彊國也上不勝其下下不犯其上上下不相勝犯故禁令行人人無私雖經險易而國不可侵治國也凡此三徵不待威力仁入而後彊雖曰見弱吾必謂之存者也治

主之興必有所先誅先誅者非謂盜非謂姦此二惡者一時之大害非亂政之本也亂政之本下侵上之權臣用君之術心不畏時之禁行不軌時之法此大亂之道也孔丘攝魯相七日而誅少正卯門人進問曰夫少正卯魯之聞人也夫子爲政而先誅得無失乎孔子曰居吾語汝其故人有惡者五而竊盜姦私不與焉一曰心達而險二曰行僻而堅三曰言僞而辨四曰彊記而博五曰順非而澤此五者有一於人則不免君子之誅而少正卯兼有之故居處足以聚徒成群言談足以飾邪熒

衆彊記足以反是獨立此小人雄桀也不可不誅也是以湯誅尹諧文王誅潘正太公誅華士管仲誅付里乙子産誅鄧析史付此六子者異世而同心不可不誅也詩曰憂心悄悄慍於群小小人成群斯足畏也語曰佞辯可以熒惑鬼神曰鬼神聰明正直孰曰熒惑者曰鬼神誠不受熒惑此尤佞辨之巧靡不入也夫安辨者雖不能熒惑鬼神熒惑人明矣探人之心度人之欲順人之嗜好而不敢逆納人於邪惡而求其利人喜聞己之美也善能揚之惡聞己之過也善能飾之得之於眉睫之

聞承之於言行之先語曰惡紫之奪朱惡利口之覆邦家斯言足畏而終身莫悟危亡繼踵焉老子曰以政治國以奇用兵以無事取天下政者名法是也以名法治國萬物所不能亂奇者權術是也以權術用兵萬物所不能敵凡能用名法權術而矯抑残暴之情則已無事焉已無事則得天下矣故失治則任法失法則任兵以求無事不以取彊取彊則柔者反能服之老子曰民不畏死如何以死懼之凡民之不畏死由刑罰過刑罰過則民不賴其生生無所賴視君之威末如也刑罰中則民

畏死畏死由生之可樂也知生之可樂故可以死懼之此人君之所宜執臣下之所宜慎田子讀書曰尭時太平宋子曰聖人之治以致此乎彭蒙在則越次答曰聖法之治以至此非聖人之治也宋子曰聖人與聖法何以異彭蒙曰子之亂名甚矣聖人者自己出也聖法者自理出也理出於己己非理也己能出理理非己也故聖人之治獨治者也聖法之治則無不治矣此萬世之利唯聖人能該之宋子猶惑質於田子田子曰蒙之言然莊里丈人字長子曰盜少子曰毆盜出行其父在後追

呼之曰盜盜吏聞因縛之其父呼毆喻吏遽而聲不轉但言毆毆吏因毆之幾殪計康衢長者字僮曰善犢字犬曰善噬賓客不過其門者三年長者怪而問之乃實對於是改之賓客往復鄭人謂玉未理者爲璞周人謂鼠未腊者爲璞周人懷璞謂鄭賈曰欲買璞乎鄭賈曰欲之出其璞視之乃鼠也因謝不取父之於子也令有必行者有必不行者去貴妻賣愛妾此令必行者也因曰汝無敢恨汝無敢思令必不行者也故爲人上者必慎所令凡人富則不羨爵祿貧則不畏刑罰不羨爵祿者

自足於己也不畏刑罰者不賴存身也二者爲國之所甚而不知防之之術故令不行而禁不止若使令不行而禁不止則無以爲治無以爲治是人君虛臨其國徒君其民危亂可立而待矣今使由爵祿而後富則人力爭盡力於其君矣由刑罰而後貧則人咸畏罪而從善矣故古之爲國者無使民自貧富貧富皆由於君則君專所制民知所歸矣貧則怨人賤則怨時而莫有自怨者此人情之大趣也然則不可以此是人情之大趣而一槩非之亦有可矜者焉不可不察也今能同算鈞而彼

富我貧能不怨則美矣雖怨無所非也才鈞智同而彼貴我賤能不怨則美矣雖怨無所非也其敝在於不知乘權藉勢之異而雖曰智能之同是不達之過雖君子之鄙亦君子之怒也人貧則怨人富則驕人怨人者苦人之不祿施於己也起於情所難安而不能安猶可恕也驕人者無苦而無故驕人此情所易貴而弗能貴弗可恕矣衆人見貧賤則慢而踈之見富貴則敬而親之貧賤者有請賕於己踈之可也未必損己而必踈之以其無益於物之具故也富貴者有施與己親之可也未必

益已而必親之則彼不敢親我矣三者獨立無致
親致踈之所人情終不能不以貧賤富貴易慮故
謂之大惑焉窮獨貧賤治世之所共矜亂世之所
共侮治世非爲矜窮獨貧賤而治是治之一事也
亂世亦非侮窮獨貧賤而亂亦是亂之一事也每
事治則無亂亂則無治視夏商之盛夏商之衰則
其驗也貧賤之望富貴甚微而富貴不能酬其甚
微之望夫富貴者之所惡貧者之所美貴者之所
輕賤者之所榮然而弗酬弗與同苦樂故也雖弗
酬之於物弗傷今萬民之望人君亦如貧賤之望

富貴其所望者蓋欲料長幼平賦斂時其飢寒省其疾痛賞罰不濫使役以時如此而已則於人君弗損也然而弗酬弗與同勞役故也故爲人君不可弗與民同勞逸焉故富貴者可不酬貧賤者人君不可不酬萬民不酬萬民則萬民之所不願戴所不願戴則君位替矣危莫甚焉禍莫大焉

嘉慶八年四月以道藏本校江藩記

尹文子終

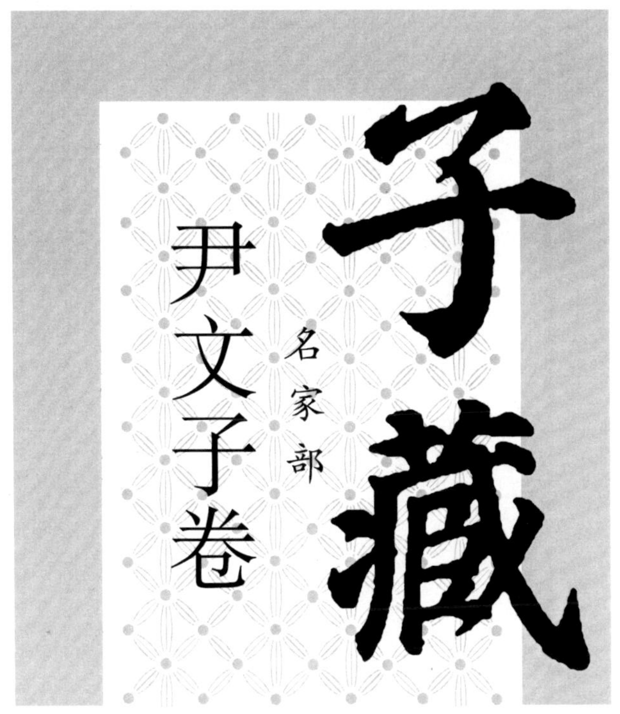

2

華東師範大學「子藏」編纂中心編
總編纂 方勇
副總編纂 吴平

國家圖書館出版社

第二册目録

尹文子一卷　(周)尹文 撰　(清)袁芳瑛 批校　明刊《六子書》本……一

尹文子二卷　(周)尹文 撰　沈宗疇 批校　清嘉慶七年(1802)嚴可均抄本《子書六種》……三三

尹文子一卷　(周)尹文 撰　清嘉慶十三年(1808)刊《墨海金壺》本……五九

尹文子一卷　(周)尹文 撰　清嘉慶十九年(1814)刊《湖海樓叢書》本……八九

尹文子一卷　(周)尹文 撰　清道光十三年(1833)王氏棠蔭館刊《二十二子全書》本……一三三

尹文子一卷校勘記逸文一卷　(周)尹文 撰　(清)錢熙祚 校勘　清道光二十四年(1844)金山錢氏據《墨海金壺》版重編增刊《守山閣叢書》本……一六五

尹文子一卷　(周)尹文 撰　清光緒十六年(1890)黄梅梅氏慎自愛軒刊《清芬堂叢書》本……二〇五

尹文子二卷　（周）尹文 撰
清光緒二十二年（1896）刊《佞漢齋叢書》本……二四三
尹文子一卷　（周）尹文 撰
民國八年（1919）上海商務印書館《四部叢刊》影印明覆宋本……二七九
尹文子二卷　（周）尹文 撰　佚名校並録清嚴可均跋
清抄本……三一三
尹文子一卷　（周）尹文 撰　佚名 批校
民國元年（1912）鄂官書處刊《子書百家》本……三三九
尹文子治要　（唐）魏徵等 節選
民國八年（1919）上海商務印書館《四部叢刊》
影印日本天明七年（1787）刊《群書治要》本……三六三
尹文子　（元）陶宗儀 輯
明抄本《説郛·讀子隨識》……三七九
尹文子　（元）陶宗儀 輯
明抄本《説郛》……三八一
尹文子　（元）陶宗儀 輯　張宗祥 重校
民國十六年（1927）上海商務印書館排印《説郛·讀子隨識》本……三八五
尹文子　（元）陶宗儀 輯　張宗祥 重校
民國十六年（1927）上海商務印書館排印《説郛》本……三八七

尹文子　（明）黎堯卿　輯　明刊《諸子纂要》本……三九一
尹文子　（明）歸有光　輯評　文震孟　參訂　明天啓五年（1625）刊《諸子彙函》本……三九九
尹文子類纂　（明）沈津　撰　明隆慶元年（1567）刊《百家類纂》本……四二三
尹文子一卷　（明）謝汝韶　輯校　明萬曆六年（1578）吉藩崇德書院刊《二十家子書》本……四四三
新鍥翰林三狀元會選尹文子品彙釋評　（明）焦竑　校正　翁正春　參閲　朱之蕃　圈點　明萬曆四十四年（1616）刊《新鍥翰林三狀元會選二十九子品彙釋評》本……四六七
尹文子折衷彙錦　（明）焦竑　纂注　陳懿典　評閲　明萬曆間金陵龔少岡三衢書林刊《兩翰林纂解諸子折衷彙錦》本……四七九

（周）尹文　撰　（清）袁芳瑛　批校

尹文子一卷

明刊《六子書》本

尹文子序

尹文子者蓋出於周之尹氏齊宣王時居稷下與宋鈃彭蒙田駢同學於公孫龍公孫龍稱之著書一篇多所彌綸莊子曰不累於物不苟於人不忮於衆願天下之安寧以活民命人我之養畢足而止之以此白心見侮不辱此其道也而劉向亦以其學本於黃老大較刑名家也近爲誣矣余黃初末始到京師繆熙伯以此書見示意甚玩之而多脱誤聊試條次撰定爲上下篇亦未能究其詳也

山陽仲長氏撰定

當作得

尹文子

大道上

大道無形稱器有名名也者正形者也形正由名則名不可差故仲尼云必也正名乎名不正則言不順也大道不稱衆有必名生於不稱則群形自得其方圓名生於方員則衆名得其所稱也大道治者則名法儒墨自廢以名法儒墨治者則不得離道老子曰道者萬物之奧善人之寶不善人之所寶是道治者謂之善人藉名法儒墨者謂之不善人善人之與不善人名分日離不得審察而得

也道不足以治則用法法不足以治則用術術不
足以治則用權權不足以治則用勢勢用則反權
權用則反術術用則反法法用則反道道用則無
爲而自治故窮則徼終徼終則反始始終相襲無
窮極也有形者必有名有名者未必有形形而不
名未必失其方員白黑之實名而不可不尋名以
檢其差故亦有名以檢形形以定名名以定事事
以檢名察其所以然則形名之與事物無所隱其
理矣名有三科法有四呈一曰命物之名方員白
黑是也二曰毀譽之名善惡貴賤是也三曰況謂

之名賢愚愛憎是也一曰不變之法君臣上下是也二曰齊俗之法能鄙同異是也三曰治衆之法慶賞刑法是也四曰平准之法律度權量是也術者人君之所密用群下不可妄窺勢者制法之利器群下不可妄爲人君有術而使群下得窺非術之奥者有勢使群下得爲非勢之重者大要在乎先正名分使不相侵雜然後術可秘勢可専名者名形者也形者應名者也然形非正名也名非正形也則形之與名居然别矣不可相亂亦不可相無無名故大道無稱有名故名以正形今萬物具

存不以名正之則亂萬名具列不以形應之則乖故形名者不可不正也善名命善惡名命惡故善有善名惡有惡名聖賢仁智命善者也頑嚚凶愚命惡者也今即聖賢仁智之名以求聖賢仁智之實未之或盡也即頑嚚凶愚之名以求頑嚚凶愚之實亦未或盡也使善惡盡然有分雖未能盡物之實猶不患其差也故曰名不可不辨也名稱者何彼此而檢虛實者也自古至今莫不用此而得用彼而失失者由名分混得者由名分察今親賢而疏不肖賞善而罰惡賢不肖善惡之名宜在彼

親疎賞罰之稱宜屬我我之與彼又復一名名之
察者也名賢不肖爲親疎名善惡爲賞罰合彼我
之一稱而不別之名之混者也故曰名稱者不可
不察也語曰好牛又曰不可不察也好則物之通
稱牛則物之定形以通稱隨定形不可窮極者也
設復言好馬則復連於馬矣則好所通無方也設
復言好人則彼屬於人矣則好非人人非好也則
好牛好馬好人之名自離矣故曰名分不可相亂
也五色五聲五臭五味凡四類自然存焉天地之
間而不期爲人用人必用之終身各有好惡而不

能辨其名分名宜屬彼宜屬我我愛白而憎黑韻商而舍徵好膻而惡焦嗜甘而逆苦白黑商徵膻焦甘苦彼之名也愛憎韻舍好惡嗜逆我之分也定此名分則萬事不亂也故人以度審長短以量受少多以衡平輕重以律均清濁以名稽虛實以法定治亂以簡治煩惑以易御險難以萬事皆歸於一百度皆準於法歸一者簡之至準法者易之極如此頑嚚聾瞽可以察慧聰明同其治也天下萬事不可備能責其備能於一人則賢聖其猶病諸設一人能備天下之事能左右前後之宜遠近

遲疾之間必有不兼者焉苟有不兼於治闕矣全治而無闕者大小多少各當其分農商工仕不易其業老農長商習工舊仕莫不存焉則處上者何事哉故有理而無益於治者君子弗言有能而無益於事者君子弗爲君子非樂有言有益於治不得不言君子非樂有爲有益於事不得不爲故所言者不出於名法權術所爲者不出於農稼軍陣周務而已故明主不爲治外之理小人必言事外之能小人亦知言損於治而不能不言小人亦知能損於事而不能不爲故所言者極於儒墨是非

之辨所爲者極於堅僞偏抗之行求名而已故名主誅之古語曰不知無害於君子知之無損於小人工匠不能無害於巧君子不知無害於治此信矣爲善使人不能得從此獨善也爲巧使人不能得從此獨巧也未盡善巧之理爲善與衆行之爲巧與衆能之此善之善者巧之巧者也所貴聖人之治不貴其獨治貴其能與衆共治貴工倕之巧不貴其獨巧貴其能與衆共巧也今世之人行欲獨賢事欲獨能辨欲出群勇欲絕衆獨行之賢不足以成化獨能之事不足以周務出群之辨不可

爲戶說絕衆之勇不可與征陣凡此四者亂之所由生是以聖人任道以夷其險立法以理其差使賢愚不相棄能鄙不相遺能鄙不相遺則能鄙齊功賢愚不相棄則賢愚等慮此至治之術也名定則物不競分明則私不行物不競非無心由名定故無所措其心私不行非無欲由分明故無所措其欲然則心欲人人有之而得同於心無欲者制之有道也田駢曰天下之士莫不處其門庭臣其妻子必遊宦諸侯之朝者利引之也遊於諸侯之朝皆志爲卿大夫而不擬於諸侯者名限之也彭

蒙曰雉兎在野衆人逐之分未定也雞豕滿市莫
有志者分定故也物奢則仁智相屈分定則貪鄙
不爭圓者之轉非能轉而轉不得不轉也方者之
止非能止而止不得不止也因圓之自轉使不得
止因方之自止使不得轉何苦物之失分故因賢
者之有用使不得不用因愚者之無用使不得用
用與不用皆非我用因彼所用與不可用而自得
其用奚患物之亂乎物皆不能自能不知自知智
非能智愚非能愚而智而愚好非能好而好醜非
能醜而醜夫不能自能不知自知則智好何所貴

愚醜何所賤則智不能得夸愚好不能得嗤醜此爲得之道也道行於世則貧賤者不怨富貴者不驕愚弱者不懾智勇者不陵定於分也法行於世則貧賤者不敢怨富貴富貴者不敢陵貧賤愚弱者不敢冀智勇智勇者不敢鄙愚弱此法之不及道也世之所貴同而貴之謂之俗世之所用同而用之謂之物苟違於人俗所不與苟忮於衆俗所共去故心皆殊而爲行若一所好各異而資用必同此俗之所齊物之所飾故所齊不可不慎所飾不可不擇昔齊桓好衣紫闔境不鬻異采楚莊愛

細腰一國皆有饑色上之所以率下乃治亂之所由也故俗苟沴必爲治以矯之物苟溢必立制以檢之累於俗飾於物者不可與爲治矣昔晉國苦奢文公以儉矯之乃衣不重帛食不兼肉無幾時人皆大布之衣脫粟之飯越王句踐謀報吳欲人之勇路逢怒蛙而軾之比及數年民之長幼臨敵雖湯火不避居上者之難如此之驗聖王知民情之易動故作樂以和之制禮以節之在下者不得用其私故禮樂獨行禮樂獨行則私欲寢廢私欲寢廢則遭賢之與遭愚均矣若使遭賢則治遭愚

則亂是治亂屬於賢愚不係於禮樂是聖人之術與聖主而俱没治世之法逮易世而莫用則亂多而治寡亂多而治寡則賢無所貴愚無所賤矣處名位雖不肖不愚物不疏己親疎係乎勢利不係於不肖與仁賢吾亦不敢據以爲天理以爲地勢之自然者爾今天地之間不肖實衆仁賢實寡趨利之情不肖特厚廉耻之情仁賢偏多今以禮義招仁賢所得仁賢者萬不一焉以名利招不肖所得不肖者觸地是焉故曰禮義成君子未必須禮義名利治小人小人不可無名利慶賞刑罰君事

也守職效能臣業也君科功黜陟故有慶賞刑罰臣各愼所任故有守職效能君不可與臣業臣不可侵君事上下不相侵與謂之名正名正而法順也接萬物使分別海内使不雜見侮不辱見推不矜禁暴息兵救世之鬬此仁君之德可以爲主矣守職分使不亂愼所任而無私飢飽一心毁譽同慮賞亦不忘罰亦不怨此居下之節可爲人矣世有因名以得實亦以因名以失實宣王好射說人之謂已能用强也其實所用不過三石以示左右左右皆引試之中關而止皆曰不下九石非大王

孰能用是宣王悅之然則宣王用不過三石而終身自以爲九石三石實也九石名也宣王悅其名而喪其實齊有黃公者好謙卑有二女皆國色以其美也常謙辭毀之以爲醜惡醜惡之名遠布年過而一國無聘者衛有鰥夫時冒娶之果國色然後曰黃公好謙故毀其子不姝美於是爭禮之亦國色也國色實也醜惡名也此違名而得實矣楚人擔山雉者路人問何鳥也擔雉者欺之曰鳳凰也路人曰我聞有鳳凰今直見之汝販之乎曰然則十金弗與請加倍乃與之將欲獻楚王經宿而

鳥死路人不遑惜金惟恨不得以獻楚王國人傳
之咸以爲眞鳳凰貴欲以獻之遂聞楚王感其欲
獻於已召而厚賜之過於買鳥之金十倍魏田父
有耕於野者得寶玉徑尺弗知其玉也以告鄰人
鄰人陰欲圖之謂之曰怪石也畜之弗利其家弗
如復之田父雖疑猶錄以歸置於廡下其夜玉明
光照一室田父稱家大怖復以告鄰人曰此怪之
徵遄棄殃可銷於是遽而棄於遠野鄰人無何盜
之以獻魏王魏王召玉工相之玉工望之再拜而
立敢賀王王得此天下之寶臣未嘗見王問價玉

王曰此無價以當之五城之都僅可一觀魏王立賜獻王者千金長食上大夫祿凡天下萬里皆有是非吾所不敢誣是者常是非者常非亦吾所信然是雖常是有時而不用非雖常非有時而必行故用是而失有矣行非而得有矣是非之理不同而更興廢翻爲我用則是非焉在哉觀堯舜湯武之成或順或逆得時則昌桀紂幽厲之敗或是或非失時則亡五伯之主亦然宋公不以楚人戰於泓公子目夷曰楚衆我寡請其未悉濟而擊之宋公曰不可吾聞不鼓不成列寡人雖亡之餘不敢行

也戰敗楚人執宋公齊人弑襄公立公孫無知召忽夷吾奉公子糾奔魯鮑叔牙奉公子小白奔莒旣而無知被殺二公子爭國糾宜立者也小白先入故齊人立之旣而使魯人殺糾召忽死之徵夷吾以爲相晉文公爲驪姬之譖出亡十九年惠公卒賂秦以求反國殺懷公子而自立彼一君正而不免於執二君不正霸業遂焉已是而舉世非之則不知已之是已非而舉世是之亦不知已所非然則是非隨衆賈而爲正非已所獨了則犯衆者爲非順衆者爲是故人君處權秉勢處所是之地

則人所不得非也居則物尊之動則物從之言則物誠之行則物則之所以居物上御群下也國亂有三事年飢民散無食以聚之則亂治國無法則亂有法而不能用則亂有食以聚民有法而能行國不治未之有也

大道下

仁義禮樂名法刑賞凡此八者五帝三王治世之術也故仁以道之義以宜之禮以行之樂以和之名以正之法以齊之形以威之賞以勸之故仁者所以博施於物亦所以生偏私義者所以立節行

亦所以成華僞禮者所以行恭謹亦所以生惰慢樂者所以和情志亦所以生淫放名者所以正尊卑亦所以生矜篡法者所以齊衆異亦所以乖名分刑者所以威不服亦所以生陵暴賞者所以勸忠能亦所以生鄙爭凡此八術無隱於人而常存於世非自顯於堯湯之時非自逃於桀紂之朝用得其道則天下治失其道則天下亂過此而往雖彌綸天地籠絡萬品治道之外非群生所餐挹聖人錯而不言也凡國之存亡有六徵有衰國有亡國有昌國有彊國有治國有亂國所謂亂亡之國

者凶虐殘暴不與焉所謂疆治之國者威力仁義不與焉君年長多勝少子孫疏宗疆衰國也君寵臣臣愛君公法廢私欲行亂國也國貧小家富大君權輕臣勢重亡國也凡此三徵不待凶虐殘暴而後弱也雖曰見存吾必謂之亡者也內無專寵外無近習支庶繁字長幼不亂昌國也農桑以時倉廩充實兵甲勁利封疆脩理疆國也上不勝其下下不犯其上上下不相勝犯故禁令行人人無私雖經險易而國不可侵治國也凡此三徵不待威力仁入而後疆雖曰見弱吾必謂之存者也治

主之興必有所先誅先誅者非謂盜非謂姦此二惡者一時之大害非亂政之本也亂政之本下侵上之權臣用君之術心不畏時之禁行不軌時之法此大亂之道也孔丘攝魯相七日而誅少正卯門人進問曰夫少正卯魯之聞人也夫子爲政而先誅得無失乎孔子曰居吾語汝其故人有惡者五而竊盜姦私不與焉一曰心達而險二曰行僻而堅三曰言僞而辨四曰彊記而博五曰順非而澤此五者有一於人則不免君子之誅而少正卯兼有之故居處足以聚徒成群言談足以飾邪熒

衆疆記足以反是獨立此小人雄桀也不可不誅也是以湯誅尹諧文王誅潘正太公誅華士管仲誅付里乙子產誅鄧析史付此六子者異世而同心不可不誅也詩曰憂心悄悄愠於群小小人成群斯足畏也語曰佞辯可以熒惑鬼神曰鬼神聰明正直孰曰熒惑者曰鬼神誠不受熒惑此尤佞辨之巧靡不入也夫安辨者雖不能熒惑鬼神熒惑人明矣探人之心度人之欲順人之嗜好而不敢逆納人於邪惡而求其利人喜聞己之美也善能揚之惡聞己之過也善能飾之得之於眉睫之

間承之於言行之先語曰惡紫之奪朱惡利口之覆邦家斯言足畏而終身莫悟危亡繼踵焉老子曰以政治國以奇用兵以無事取天下政者名法是也以名法治國萬物所不能亂奇者權術是也以權術用兵萬物所不能敵凡能用名法權術而矯抑殘暴之情則已無事焉已無事則得天下矣故失治則任法失法則任兵以求無事不以取彊取彊則柔者反能服之老子曰民不畏死如何以死懼之凡民之不畏死由刑罰過刑罰過則民不賴其生生無所賴視君之威末如也刑罰中則民

畏死畏死由生之可樂也知生之可樂故可以死懼之此人君之所宜執臣下之所宜慎田子讀書曰堯時太平宋子曰聖人之治以致此乎彭蒙在則越次答曰聖法之治以至此非聖人之治也宋子曰聖人與聖法何以異彭蒙曰子之亂名甚矣聖人者自己出也聖法者自理出也理出於己己非理也己能出理理非己也故聖人之治獨治者也聖法之治則無不治矣此萬世之利唯聖人能該之宋子猶惑質於田子田子曰蒙之言然莊里丈人字長子曰盜少子曰毆盜出行其父在後追

呼之曰盜盜吏聞因縛之其父呼毆喻吏遽而聲不轉但言毆毆吏因毆之幾殪計康衢長者字僮曰善犕字犬曰善噬賓客不過其門者三年長者怪而問之乃實對於是改之賓客往復鄭人謂玉未理者爲璞周人謂鼠未腊者爲璞周人懷璞謂鄭賈曰欲買璞乎鄭賈曰欲之出其璞視之乃鼠也因謝不取父之於子也令有必行者有必不行者去貴妻賣愛妾此令必行者也因曰汝無敢恨汝無敢思令必不行者也故爲人上者必慎所令凡人富則不羨爵祿貧則不畏刑罰不羨爵祿者

自足於己也不畏刑罰者不賴存身也二者爲國之所甚而不知防之之術故令不行而禁不止若使令不行而禁不止則無以爲治無以爲治是人君虛臨其國徒君其民危亂可立而待矣今使由爵祿而後富則人人爭盡力於其君矣由刑罰而後貧則人人咸畏罪而從善矣故古之爲國者無使民自貧富貧富皆由於君則君專所制民知所歸矣貧則怨人賤則怨時而莫有自怨者此人情之大趣也然則不可以此是人情之大趣而一槩非之亦有可矜者焉不可不察也今能同算鈞而彼

富我貧能不怨則美矣雖怨無所非也才鈞智同而彼貴我賤能不怨則美矣雖怨無所非也其敝在於不知乘權藉勢之異而雖曰智能之同是不達之過雖君子之鄙亦君子之怨也人貧則怨人富則驕人怨人者苦人之不祿施於己也起於情所難安而不能安猶可恕也驕人者無苦而無故驕人此情所易貴而弗能貴弗可恕矣衆人見貧賤則慢而踈之見富貴則敬而親之貧賤者有請賕於己踈之可也未必損已而必踈之以其無益於物之具故也富貴者有施與己親之可也未必

並已而必親之則彼不敢親我矣三者獨立無致親致疎之所人情終不能不以貧賤富貴易慮故謂之大惑焉窮獨貧賤治世之所共矜亂世之所共侮治世非爲矜窮獨貧賤而治是治之一事也亂世亦非侮窮獨貧賤而亂亦是亂之一事也每事治則無亂亂則無治視夏商之盛夏商之衰則其驗也貧賤之望富貴甚微而富貴不能酬其甚微之望夫富貴者之所惡貧者之所美貴者之所輕賤者之所榮然而弗酬弗與同苦樂故也雖弗酬之於物弗傷今萬民之望人君亦如貧賤之望

富貴其所望者蓋欲料長幼平賦斂時其飢寒省其疾痛賞罰不濫使役以時如此而已則於人君弗損也然而弗酬弗與同勞役故也故爲人君不可弗與民同勞逸焉故富貴者可不酬貧賤者人君不可不酬萬民不酬萬民則萬民之所不願戴所不願戴則君位替矣危莫甚焉禍莫大焉

尹文子終

尹文子二卷

（周）尹文 撰　沈宗畴 批校

清嘉慶七年（1802）嚴可均抄本《子書六種》

尹文子序　　顛四

山陽仲長氏撰定

尹文子者蓋出於周之尹氏齊宣王時居稷下與宋鈃彭蒙田駢同學於公孫龍公孫龍稱之著書一篇多所彌綸莊子曰不累於物不苟於人不忮於衆願天下之安寧以活於民命人我之養畢足而止以此白心見侮不辱此其道也而劉向亦以其學本於黃老大較刑名家也近爲誣矣余黃初末始到京師繆熙伯以此書見示意甚玩之而多脫誤聊試條次撰定爲上下篇亦未能究其詳也

羣書治要載此篇名無上字

尹文子卷上

大道上

大道無形稱器有名名也者正形者也形正由名則名不可差故仲尼云必也正名乎名不正則言不順也大道不稱衆有必名生於不稱則羣形自得其方圓名生於方圓則衆名得其所稱也大道治者則名法儒墨自廢以名法儒墨治者則不得離道老子曰道者萬物之奧善人之寶不善人之所寶是道治者謂之善人藉名法儒墨者謂之不善人善人之與不善人名分扶問切日離不待審察而得也道不足以治則用法法不足以治則用術術不足以治則用權權不足以治則用勢勢用則反權權用則反術術用則反法法用則反道道用則無為而自治故窮則徼吉弔切終徼終則反始始終相襲無窮極也有形者必有

齊俗之法意林作齊等之法

「凡用墨筆者並據意林校補」

名有名者未必有形形而不名未必失其方圓白黑之實名而不可不尋名以檢其差故亦有名以檢形形以定名名以定事事以檢名察其所以然則形名之與事物無所隱其理矣名有三科法有四呈一曰命物之名方圓白黑是也二曰毀譽之名善惡貴賤是也三曰況謂之名賢愚愛憎是也一曰不變之法君臣上下是也二曰齊俗之法能鄙同異是也三曰治衆之法慶賞刑罰是也四曰平准之法律度權量是也術者人君之所密用羣下不可妄窺勢者制法之利器羣下不可妄爲人君有術而使羣下得窺非術之奧者有勢使羣下得爲非勢之重者大要在乎先正分使不相侵雜然後術可祕勢可專名者名形者也形者應名者也然形非正名也名非正形也則形也則形之與名居然別矣不可相亂亦不可相無無名故大道無稱有

名故名以正形今萬物具存不以名正之則亂萬名具列不以形應之則乖故形名者不可不正也善名命善惡名命惡故善有善名惡有惡名聖賢仁智命善者也頑嚚(魚巾切)凶愚命惡者也今即聖賢仁智之名以求聖賢仁智之實未之或盡也即頑嚚凶愚之名以求頑嚚凶愚之實亦未或盡也使善惡之盡然有分雖未能盡物之實猶不患其差也故曰名不可不辯也名稱者何彼此而檢虛實者也自古至今莫不用此而得用彼而失失者由名分混得者由名分察今親賢而疏不肖賞善而罰惡賢不肖善惡之名宜在彼親疏賞罰之稱宜屬我我之與彼又復一名名之察者也名賢不肖爲親疏名善惡爲賞罰合彼我之一稱而不別之名之混者也故曰名稱者不可不察也語曰好(虛到切)牛又曰不可不察也好則物之通稱牛則物之定形

御覽八百九十九無又曰二字

「用硃筆者並據羣書治要改正」

以通稱隨定形不可窮極者也設復言好馬則復連於馬矣則好所通無方也設復言好人則彼屬於人也則好非人人非好也則好牛好馬好人之名自離矣故曰名分不可相亂也五色五聲五臭五味凡四類自然存焉天地之間而不期爲人用人必用之終身各有好惡而不能辯其名分名宜屬彼宜屬我我愛白而憎黑韻商而舍（音捨）徵好羶而惡焦嗜甘而逆苦白黑商徵羶焦甘苦彼之名也愛憎韻舍好惡嗜逆我之分也定此名分則萬事不亂也故人以度審長短以量受少多以衡平輕重以律均清濁以名稽虛實以法定治亂以簡制煩惑以易御險難以萬事皆歸於一百度皆準於法歸一者簡之至準法者易之極如此頑嚚聾瞽可以察慧聰明同其治也天下萬事不可備能責其備能於一人則賢聖其猶病諸設一人能備天下之

事能左右前後之宜遠近遲疾之間必有不兼者焉苟有不兼於治闕矣全治而無闕者大小多少各當（丁浪切）其分農商工仕不易其業老農長商習工舊仕莫不存焉則處上者何事哉故有理而無益於治者君子弗言有能而無益於事者君子弗爲君子非樂有言有益於治不得不言君子非樂有爲有益於事不得不爲故所言者不出於名法權術所爲者不出於農稼軍陣周務而已故明主不爲治外之理小人必言事外之能小人亦知言損於治而不能不言小人亦知能損於事而不能不爲故所言者極於儒墨是非之辯所爲者極於堅僞偏抗（口浪切）之行求名而已故明主誅之古語曰不知無害於君子知之無損於小人工匠不能無害於巧君子不知無害於治此信矣爲善使人不能得從此獨善也爲巧使人不能得從此獨巧也未盡善

巧之理爲善與衆行之爲巧與衆能之此善之善者巧之巧者也所貴聖人之治不貴其獨治貴其能與衆共治也工倕（音垂）之巧不貴其獨巧貴其能與衆共巧也今世之人行欲獨賢事欲獨能辯欲出羣勇欲絶衆獨行之賢不足以成化獨能之事不足以周務出羣之辯不可爲戶說絶衆之勇不可與征陣凡此四者亂之所由生是以聖人任道以其險立法以理其差使賢愚不相棄能鄙不相遺能鄙不相遺則能鄙齊功賢愚不相棄則賢愚等慮此至治之術也名定則物不競分（扶問切）明則私不行物不競非無心由名定故無所措其心私不行非無欲由分明故無所措其欲然則心欲人人有之而得同於無心無欲者制之有道也田駢（蒲眠切）曰天下之士莫肯處其門庭臣其妻子必遊宦諸侯之朝者利引之也遊於諸侯之朝皆志爲卿大夫而

兩智不能相使兩貴不能相臨兩辯不能相屈力均勢敵故也專用聰明則功不成專用晦昧則事必悖一明一晦衆之所載

用與不用各得其用奚患物之亂也

不擬於諸侯者名限之也彭蒙曰雉兔在野衆人逐之分未定也雞豕滿市莫有志者分定故也物奢則仁智相屈分定則貪鄙不爭圓者之轉非能轉而轉不得不轉也方者之止非能止而止不得不止也因圓之自轉使不得止因方之自止使不得轉何苦物之失分故因賢者之有用使不得不用因愚者之無用使不得用用與不用皆非我用因彼所用與不可用而自得其用奚患物之亂乎物皆不能自能不知自知智非能智而智愚非能愚而愚好非能好而好醜非能醜而醜夫不能自能不知自知則智好何所貴愚醜何所賤則智不能得夸愚好不能得嗤醜此爲得之道也道行於世則貧賤者不怨富貴者不驕愚弱者不懾質涉切智勇者不陵定於分也法行於世則貧賤者不敢怨富貴富貴者不敢陵貧賤愚弱者不敢冀智勇智勇者

不敢鄙愚弱此法之不及道也世之所貴同而貴之謂之俗世之所用同而用之謂之物苟違於人俗所不與苟忮支義切於衆俗所共去故心皆殊而爲行若一所好各異而資用必同此俗之所齊物之所飾故所齊不可不慎所飾不可不擇昔齊桓好許浩切衣紫闔境不鬻異彩楚莊愛細腰一國皆有饑色上之所以率下乃治亂之所由也故俗苟沴必爲法以矯之物苟溢必立制以檢之累力僞切於俗飾於物者不可與爲治矣昔晉國苦奢文公以儉矯之乃衣不重帛食不兼肉無幾時人皆大布之衣脫粟之飯越王勾踐謀報吳欲人之勇路逢怒蛙而軾之比及數年民無長幼臨敵雖湯火不避居上者之難如此之驗聖王知民情之易動故作樂以和之制禮以節之在下者不得用其私故禮樂獨行禮樂獨行則私欲寢廢私欲寢廢則遭賢之

處名位雖不肖不愚物不親己君賢臣雖仁賢雖仁賢三字以意補不愚物不疏己親疏係乎勢利不係乎不肖與仁賢也文選任昉爲蕭揚州薦士表注

與遭愚均矣若使遭賢則治遭愚則亂是治亂續於賢愚不係於禮樂是聖人之術與聖主而俱沒治也[世]之法逮易世而莫用則亂多而治寡亂多而治寡則賢無所貴愚無所賤矣處名位雖不肖不愚物不疏踈已親踈係乎勢利不係乎不肖與仁賢吾亦不敢據以爲天理以爲地勢之自然者爾今天地之間不肖實衆仁賢實寡趨利之情不肖特厚廉恥之情仁賢偏多今以禮義招仁賢所得仁賢者萬不一焉以名利招不肖所得不肖者觸地是焉故曰禮義成君子君子未必須禮義名利治小人小人不可無名利慶賞刑罰君事也守職效能臣業也君料功黜陟故有慶賞刑罰臣各慎所任故有守職效能君不可與臣業臣不可侵君事上下不相侵與謂之名正名正而法順也接萬物使分別海内使不雜見侮不辱見推不矜禁暴息兵救

也 文選東征賦注賢下有也字

齊○宣王好射 御覽三百八十九
所用弓○不過三石 御覽三百八十九
此○不下九石 御覽三百八十九
年過四十○國無敢○聘者 御覽三百八十一 衛有鰥
夫○失時冒娶之
負○路人問何鳥也 藝文類聚九十九 御覽九百
擔○人問曰○ 御覽六百三十六又九百十五
鳳○皇也 藝文類聚九十 御覽九百 皇下皆作凰
今始○見矣○ 藝文類聚九十 御覽九百十七
請○買十金 藝文類聚九十 御覽九百十七

世之闘此仁君之德可以爲主矣守職分使不亂愼所任而無私饑飽一心毁譽同慮賞亦不忘罰亦不怨此居下之節可爲人矣世有因名以得實亦以因名以失實宣王好射説音悦人之謂已能用强也其實所用不過三石以示左右左右皆引試之中闕而止皆曰不下九石非大王孰能用是宣王悦之然則宣王用不過三石而終身自以爲九石三石實也九石名也宣王悦其名而喪其實齊有黄公者好謙卑有二女皆國色以其美也常謙辭毁之以爲醜惡醜惡之名遠布年過而一國無聘者衛有鰥夫時冒娶之果國色然後曰黄公好謙故毁其子不姝美於是爭禮之亦國色也國色實也醜惡名也此違名而得實矣楚人擔山雉者路人問何鳥也檐雉者欺之曰鳳凰也路人曰我聞有鳳凰今直見之汝販之乎曰然則十金弗與請加倍

其金惟恨 藝文 御覽

王感其貴買欲獻於已 御覽六百三十六

不知其為玉也 藝文類聚八十三 文選魏都賦注 文帝與鍾大理書注

謂之曰 御覽八百五 藝文類聚八十三

[illegible]錄以歸 藝文類聚八十三

廡下 文選東京賦注 玉明照 藝文八十三 御覽八百五

棄之於 藝文 文選與鍾大理書注 御覽八百五

聖王以獻 藝文類聚

敢賀大王得天下之寶臣所未嘗見 藝文 文選 御覽

五城之都 御覽 可一觀 上大夫 [illegible]

祿 文選魏都賦文帝與鍾大理書注

乃與之將欲獻楚王經宿而鳥死路人不遑惜金惟恨不得以獻楚王國人傳之咸以爲真鳳凰貴欲以獻之遂聞楚王感其欲獻於已召而厚賜之過於買鳥之金十倍魏田父有耕於野者得寶玉徑尺弗知其玉也以告隣人隣人陰欲圖之謂之曰此怪石也畜之弗利其家弗如復之田父雖疑猶錄以歸置於廡音侮下其夜王明光照一室田父稱家大怖普故切復以告隣人曰此怪之徵遄市專切棄殃可銷於是遽而棄於遠野隣人無何盜之以獻魏王魏王召王工相之玉工望之再拜而立敢賀王王得此天下之寶臣未嘗見王問其價玉工曰此無價以當之五城之都僅可一觀魏王立賜獻玉者千金長食上大夫祿凡天下萬里皆有是非吾所不敢誣是者常是非者常非亦吾所信然是雖常是有時而不用非雖常非有時而必行故用是而

失有矣行非而得有矣是非之理不同而更與廢黜爲我用則是非焉在哉觀堯舜湯武之成或順或逆得時則昌桀紂幽厲之敗或是或非失時則亡五伯之主亦然宋公以楚人戰於泓烏宏切公子目夷曰楚衆我寡請其未悉濟而擊之宋公曰不可吾聞不鼓不成列寡人雖亡之餘不敢行也戰敗楚人執宋公齊人弑襄公立公孫無知召忽夷吾奉公子糾奔魯鮑叔牙奉公子小白奔莒既而無知被殺二公子爭國糾宜立者也小白先入故齊人立之既而使魯人殺糾召忽死之微夷吾以爲相晉文公爲驪姬之譖出亡十九年惠公卒賂秦以求反國殺懷公子而自立彼一君正而不免於執二君不正霸業遂爲已是而舉世非之則不知已之是已非而舉世是之亦不知已所非然則是非隨衆賈而爲正非已所獨了則犯衆者爲非順衆者

爲是故人君處權乘勢處所是之地則人所不得非也居則物尊之動則物從之言則物誠之行則物則之所以居物上御羣下也國亂有三事年飢民散無食以聚之則亂治國無法則亂有法而不能用則亂有食以聚民有法而能行國不治未之有也

尹文子卷上

行敬謹 長短經反經

生乖分 長短經反經

尹文子卷下

大道下

仁義禮樂名法刑賞凡此八者五帝三王治世之術也故仁以導之義以宜之禮以行之樂以和之名以正之法以齊之刑以威之賞以勸之故仁者所以博施於物亦所以生偏私義者所以立節行亦所以成華僞禮者所以行恭謹亦所以生惰慢樂者所以和情志亦所以生淫放名者所以正尊卑亦所以生矜篡法者所以齊衆異亦所以乖分刑者所以威不服亦所以生陵暴賞者所以勸忠能亦所以生鄙爭凡此八術無隱於人而常存於世非自顯於堯湯之時非自逃於桀紂之朝用得其道則天下治失其道則天下亂過此而往雖彌綸天地籠絡萬品治道之外非羣生所餐挹聖人錯而不言也凡國之存亡有六

疏強宗長短經理亂引
私政行長短經理亂引
支庶繁息長短經理亂
上不能勝其下長短經理亂
險易長短經理亂引

徵有衰國有亡國有昌國有彊國有治國有亂國所謂亂亡之國者凶虐殘暴不與焉所謂彊治之國者威力仁義不與焉君年長多滕以證切少子孫疏宗彊衰國也君寵臣臣愛君公法廢私欲行亂國也國貧小家富大君權輕臣勢重亡國也凡此三徵不待凶虐殘暴而後弱也雖曰見存吾必謂之亡者也內無專寵外無近習支庶繁字長幼不亂昌國也農桑以時倉廩充實兵甲勁利封疆修理彊國也上不勝其下下不能犯其上上下不相勝犯故禁令行人人無私雖經險易而國不可侵治國也凡此三徵不待威力仁義而後彊雖曰見弱吾必謂之存者治主之興必有所先誅先誅者非謂盜非謂姦此二惡者一時之大害非亂政之本也亂政之本下侵上之權臣用君之術心不畏時之禁行不軌時之法此大亂之道也孔丘攝魯相七日

而誅少（失照切）正卯門人進問曰夫少正卯魯之聞人也夫子爲政而先誅得無失乎孔子曰居吾語（牛據切）汝其故人有惡者五而竊盜姦私不與焉一曰心達而險二曰行僻而堅三曰言僞而辯四曰彊記而博五曰順非而澤此五者有一於人則不免君子之誅而少正卯兼有之故居處足以聚徒成羣言談足以飾邪熒衆彊記足以反是獨立此小人雄桀也不可不誅也是以湯誅尹諧文王誅潘正太公誅華士管仲誅付里乙子産誅鄧析史付此六子者異世而同心不可不誅也詩曰憂心悄悄慍於羣小小人成羣斯足畏也語曰佞辯可以熒惑鬼神曰鬼神聰明正直孰曰熒惑者曰鬼神誠不受熒惑此尤佞辯之巧靡不入也夫佞辯者雖不能熒惑鬼神熒惑人明矣探人之心度人之欲順人之嗜好而不敢逆納人於邪惡而求其利人喜

世俗之人聞譽則悅聞毀則戚此衆人之大情有同己則喜異己則怒此人之大情故佞大善為譽者也善順從者也人言是亦是之人言非亦非之從人之所愛隨人之所憎故明君雖能納正直未必能親正直雖能遠佞人未必能疎佞人故舜禹以能不用佞人亦未必憎佞人語曰雖佞載物舜禹不能得憎不可不察矣以上乃十ム·子久[illegible]書正作文

聞己之美也善能揚惡聞己之過也善能飾之得之於眉睫之間承之於言行之先語曰惡紫之奪朱惡利口之覆邦家斯言足畏而終身莫悟危亡繼踵焉老子曰以政治國以奇用兵以無事取天下政者名法是也以名法治國萬物所不能亂奇者權術是也以權術用兵萬物所不能敵凡能用名法權術而矯抑殘暴之情則己無事焉己無事則得天下矣故失治則任法失法則任兵以求無事不以取彊取彊則柔者反能服之老子曰民不畏死如何以死懼之凡民之不畏死由刑罰過刑罰過則民不賴其生生無所賴視君之威末如也刑罰中則民畏死畏死由生之可樂也知生之可樂故可以死懼之此人君之所宜執臣下之所宜慎田子讀書曰堯時太平宋子曰聖人之治以致此乎彭蒙在則越次答曰聖法之治以至此非聖人之治

田子曰人皆自為而不能為人故君人者之使人使其自為用而不使為我用魏下先生曰善哉田子之言古者君之使臣求不私愛於己求顯忠於己而居官者必能臨陣者必勇祿賞之所勸名法之所齊不出於己心不利於己身語曰祿薄者不可與經亂賞輕者不可與入難此處上者所宜慎者也尹文子見宣王宣王不言而歎尹文子曰何歎王曰吾歎國中寡賢尹文子曰國中悉賢誰處王下誰為王使王曰國悉不肖可乎尹文子曰國悉不肖孰理王朝王曰賢與不肖皆無可乎尹文子曰不然有賢有不肖故王尊於上臣卑於下進賢退不肖所以有上下也

也宋子曰聖人與聖法何以異彭蒙曰子之亂名甚矣聖人者自己出也聖法者自理出也理出於己己非禮也己能出理理非己也故聖人之治獨治者也聖法之治則無不治矣此萬世之利唯聖人能該之宋子猶惑質於田子田子曰蒙之言然莊里丈人字長子曰盜少子曰毆盜出行其父在後追呼之曰盜盜吏聞因縛之其父呼毆喻吏遽而聲不轉但言毆毆吏因毆之幾殪一計切康衢長者字僮曰善搏音博字犬曰善噬賓客不過其門者三年長者怪而問之乃實對於是改之賓客往復鄭人謂玉未理者爲璞周人謂鼠未腊者爲璞周人懷璞謂鄭賈曰欲買璞乎鄭賈曰欲之出其璞視之乃鼠也因謝不取父之於子也令有必行者有必不行者去貴妻賣愛妾此令必行者也因曰汝無敢恨汝無敢思令必不行者也故爲人上者必慎所

子彙本然作怨

令凡人富則不羡爵祿貧則不畏刑罰不羡爵祿者自足於已也不畏刑罰者不賴存身也二者爲國之所甚而不知防之之術故令不行而禁不止若使令不行而禁不止則無以爲治無以爲治是人君虛臨其國徒君其民危亂可立而待矣今使由爵祿而後富則人力爭盡力於其君矣由刑罰而後貧則人咸畏罪而從善矣故古之爲國者無使民自貧富貧富皆由於君則君專所制民知所歸矣貧則怨人賤則怨時而莫有自怨者此人情之大趣也然則不可以此是人情之大趣而一槩非之亦有可矜者焉不可不察也今能同筭鈞而彼富我貧能不怨則美矣雖怨無所非也才鈞智同而彼貴我賤能不怨則美矣雖然無所非也其激在於不知衆權藉勢之異而雖曰智能之同是不達之過雖君子之鄙亦君子之恕也人貧則怨人富則

驕人恷人者苦人之不禄施於已也起於情所難安而不能安
猶可恕也驕人者無苦而無故驕人此情所易貴而弗能貴弗
可恕矣衆人見貧賤則慢而疎之見富貴則敬而親之貧賤者
有請賕於己疎之可也未必損己而必疏之以其無益物之具
故也富貴者有施與己親之可也未必益己而必親之則彼不
敢親我矣三者獨立無致親致疏之所人情終不能不以貧賤
富貴易慮故謂之大惑焉窮獨貧賤治世之所共矜亂世之所
共侮治世非爲矜窮獨貧賤而治是治之一事也亂世亦非侮
窮獨貧賤而亂亦是亂之一事也每事治則無亂亂則無治視
夏商之盛夏商之衰則其驗也貧賤之望富貴甚微而富貴不
能熏其甚微之望夫富貴者之所惡貧者也所美貴者之所輕
賤者之所榮然而弗熏弗與同苦樂故也雖弗熏之於我弗傷

今萬民之望人君亦如貧賤之望富貴其所望者蓋欲料長幼平賦斂時其飢寒省其疾痛賞罰不濫使役以時如此而已則於人君弗損也然而弗爲弗與同勞逸故也故爲人君不可弗與民同勞逸焉故富貴者可不爲貧賤者人君不可不爲萬民不爲萬民則萬民之所不願戴所不願戴則君位替矣危莫甚焉禍莫大焉

尹文子卷下

右尹文子二卷從道藏顯字四號録出漢志一篇隋志及意林二卷唐志一卷意林以為劉歆注而不載注文羣書治要載篇名曰大道曰聖人因上篇首有大道無形句下篇首有聖人錯而不言句故以名篇今本題大道上大道下非隋唐之舊而漢志一篇元無篇名其篇名蓋仲長氏所題也意林雖免在野下有兩智不能相使二段治要承之於言行之先下有世俗之人一段臣下之所宜懼下有田子曰二段意林禄薄者不可與經亂賞輕者不可與入難下有尹文子見宣王一段道藏本皆佚脫因據二書原次補入尚多缺誤然視今世通行緜眇閣本十二子本子彙本固遠勝之嘉慶壬戌歲十月烏程嚴可均跋

尹文子一卷

（周）尹文 撰

清嘉慶十三年（1808）刊《墨海金壺》本

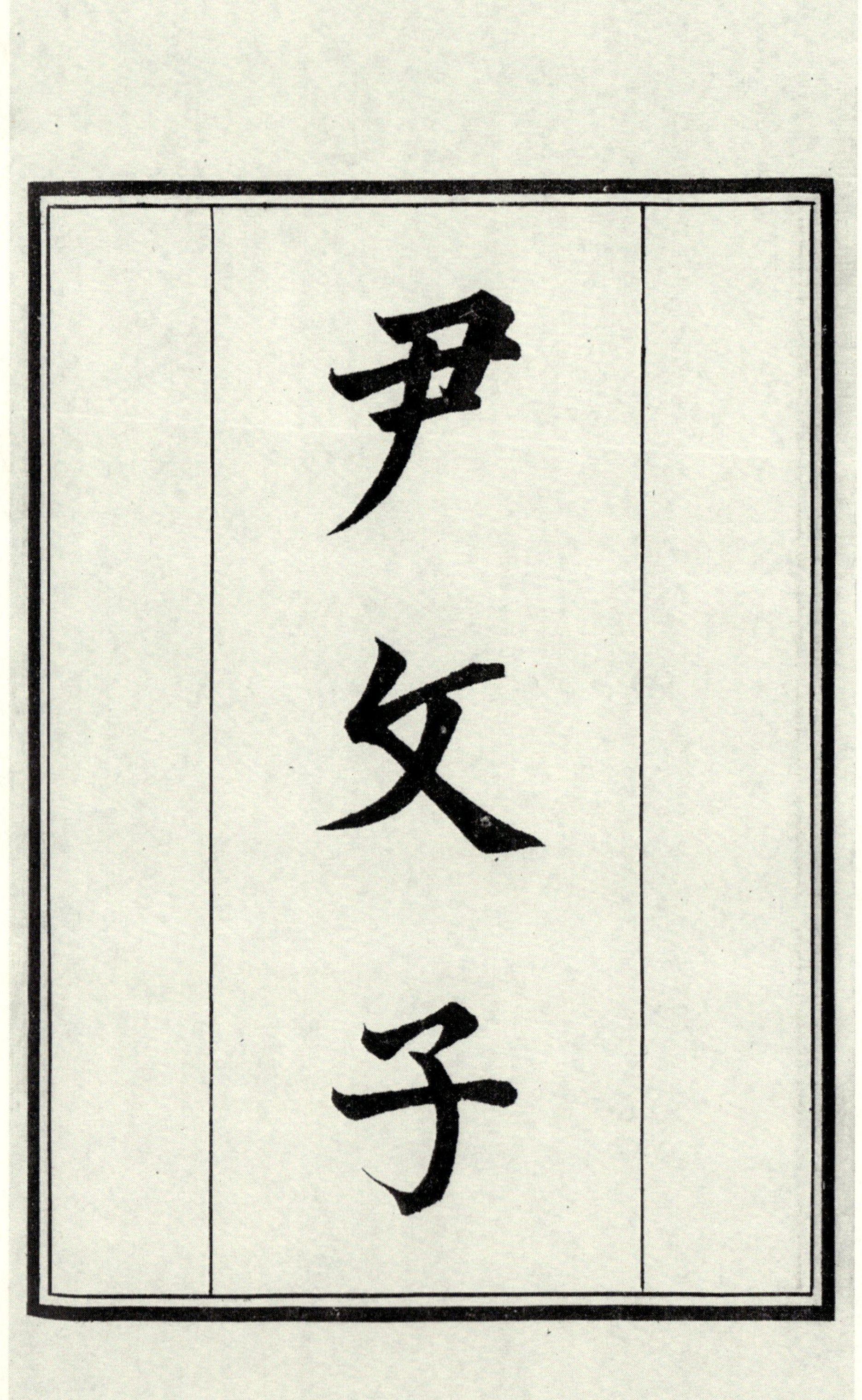
尹文子

原序

尹文子者蓋出於周之尹氏齊宣王時居稷下與宋銒彭蒙田駢同學於公孫龍公孫龍稱之著書一篇多所彌綸莊子曰不累於物不苟於人不忮於衆願天下之安寧以活於民命人我之養畢足而止之以此白心見侮不辱此其道也而劉向亦以其學本於黃老大較刑名家也近爲誣矣余黃初末始到京師繆熙伯以此書見示不意其玩之而多脫誤聊試條次撰定爲上下篇亦未能究其詳也山陽仲長氏撰

尹文子提要

尹文子一卷周尹文撰前有魏黃初末山陽仲長氏序稱條次撰定爲上下篇文獻通考作二卷此本亦題大道上篇大道下篇與序相符而通爲一卷蓋後人所合併也莊子天下篇以尹文田駢並稱顏師古注漢書爲齊宣王時人考劉向說苑載文與宣王問答顏蓋據此然呂氏春秋又載其與湣王問答事殆宣王時人至湣王時猶在歟其書本名家者流大旨指陳治道欲自處于虛靜而萬事萬物則一一綜核其實故其言出入于黃老申韓之間周氏涉筆謂其自道以至名自名以至法蓋得其眞晁公武讀書志以爲誦法仲尼其言誠過

宜爲高似孫緯略所譏然似孫以儒理繩之謂其淆雜
亦爲未允百氏爭鳴九流並列各尊所聞各行所知自
老莊以下均自爲一家之言讀其文者取其博辨閎肆
足矣安能限以一格哉序中所稱熙伯蓋繆襲之字其
山陽仲長氏不知爲誰李獻臣以爲仲長統然統卒于
建安之末與所云黃初末者不合晁公武因此而疑史
誤未免附會矣

尹文子　　墨海金壺　子部

周　尹文　撰

大道上

大道無形稱器有名名也者正形者也形正由名則名不可差故仲尼云必也正名乎名不正則言不順也大道不稱衆有必名生于不稱則羣形自得其方圓名生于方圓則衆名得其所稱也大道治者則名法儒墨自廢以名法儒墨治者則不得離道老子曰道者萬物之奥善人之寶不善人之所寶是道治者謂之善人藉名法儒墨者謂之不善人善人之與不善人名分扶問切曰離不得審察而得也道不足以治則用法法不足以治則用術術不足以治則用權權不足以治

則用勢勢用則反權權用則反術術用則反法法用則反道道用則無爲而自治故窮則徼徼吉弔切終徼終則反始始終相襲無窮極也有形者必有名有名者未必有形形而不名未必失其方圓白黑之實名而不可不尋名以檢其差故亦有名以檢形形以定名名以定事事以檢名察其所以然則形名之與事物無所隱其理矣名有三科法有四呈一曰命物之名方圓白黑是也二曰毁譽之名善惡貴賤是也三曰況謂之名賢愚愛憎是也一曰不變之法君臣上下是也二曰齊俗之法能鄙同異是也三曰治衆之法慶賞刑罰是也四曰平準之法律度權量是也術者人君之所密用羣下不可妄窺勢者制法之利器羣下不可妄爲人君有術而使羣下

得寵非術之奧者有勢使羣下得爲非勢之重者大要在乎先正名分使不相侵雜然後術可秘勢可專名者名形者也形者應名者也然形非正名也名非正形也則形之與名居然別矣不可相亂亦不可相無無名故大道無稱有名故名以正形今萬物具存不以名正之則亂萬名具列不以形應之則乖故形名者不可不正也善名命善惡名命惡故善有善名惡有惡名聖賢仁智命善者也頑嚚(魚巾切)凶愚命惡者也今即聖賢仁智之名以求聖賢仁智之實未之或盡也即頑嚚凶愚之名以求頑嚚凶愚之實亦未或盡也使善惡盡然有分雖未能盡物之實猶不患其差也故曰名不可不辨也名稱者別彼此而檢虛實者也自古至今莫不用此而得

用彼而失失者由名分混得者由名分察今親賢而疏不肖賞善而罰惡賢不肖善惡之名宜在彼親疏賞罰之稱宜屬我我之與彼又復一名名之察者也名賢不肖爲親疏名善惡爲賞罰合彼我之一稱而不別之名之混者也故曰名稱者不可不察也語曰好虛到切牛又曰不可不察也好則物之通稱牛則物之定形以通稱隨定形不可窮極者也設復言好馬則復連于馬矣則好所通無方也設復言好人則彼屬于人矣則好非人人非好也則好牛好馬好人之名自離矣故曰名分不可相亂也五色五聲五臭五味凡四類自然存焉天地之間而不期爲人用人必用之終身各有好惡而不能辯其名分名宜屬彼分以屬我我愛白而憎黑韻商而舍

徵好膻而惡焦嗜甘而逆苦白黑商徵膻焦甘苦彼之名也愛憎韻舍好惡嗜逆我之分也定此名分則萬事不亂也故人以度審長短以量受多少以衡平輕重以律均清濁以名稽虛實以法定治亂以簡治煩惑以易御險難以萬事皆歸于一百度皆準于法歸一者簡之至準法者易之極如此頑嚚聾瞽可以察慧聰明同其治也天下萬事不可備能責其備能于一人則賢聖其猶病諸設一人能備天下之事能左右前後之宜遠近遲疾之間必有不兼者焉苟有不兼于治闕矣全治而無闕者大小多少各當才浪切其分農商工士不易其業老農長商習工舊士莫不存焉則處上者何事哉故有理而無益于治者君子弗言有能而無益于事者君子弗

爲君子非樂有言有益于治不得不言君子非樂有爲有益于事不得不爲故所言者不出于名法權術所爲者不出于農稼軍陣周務而已故明主不爲治外之理小人必言事外之能小人亦知言損于治而不能不言小人亦知能損於事而不能不爲故所言者極于儒墨是非之辯所爲者極于堅僞偏抗（口浪切）之行求名而已故明主誅之古語曰不知無害于君子知之無損于小人工匠不能無害于巧君子不知無害于治此信矣爲善使人不能得從此獨善也爲巧使人不能得從此獨巧也未盡善巧之理爲善與衆行之爲巧與衆能之此善之善者巧之巧者也所貴聖人之治不貴其獨治貴其能與衆共治貴工倕（音垂）之巧不貴其獨巧貴其能與衆

共巧也今世之人行欲獨賢事欲獨能辯欲出羣勇欲絕衆獨行之賢不足以成化獨能之事不足以周務出羣之辯不可爲戶說絕衆之勇不可與征陣凡此四者亂之所由生是以聖人任道以夷其險立法以理其差使賢愚不相棄能鄙不相遺能鄙不相遺則能鄙齊功賢愚不相棄則賢愚等慮此至治之術也名定則物不競分（夫問切）明則私不行物不競非無心由名定故無所措其心私不行非無欲由分明故無所措其欲然則心欲人人有之而得同于無心無欲者制之有道也田駢（蒲眠切）曰天下之士莫肯處其門庭臣其妻子必遊宦諸侯之朝者利引之也遊于諸侯之朝皆志爲卿大夫而不擬于諸侯者名限之也彭蒙曰雉兎在野衆人逐之分

未定也雞豕滿市莫有志者分定故也物奢則仁智相屈分定則貪鄙不爭圓者之轉非能轉而轉不得不轉也方者之止非能止而止不得不止也因圓之自轉使不得止因方之自止使不得轉何苦物之失分故因賢者之有用使不得不用因愚者之無用使不得用用與不用皆非我用因彼所用與不可用而自得其用奚患物之亂乎物皆不能自能不知自知智非能智而智愚非能愚而愚好非能好而好醜非能醜而醜夫不能自能不知自知則智好何所貴愚醜何所賤則智不能得夸愚好不能得嗤醜此爲得之道也道行于世則貧賤者不怨富貴者不驕愚弱者不懾質涉切智勇者不陵定于分也法行于世則貧賤者不敢怨富貴富貴者不敢陵

貧賤愚弱者不敢冀智勇智勇者不敢鄙愚弱此法之不及道也世之所貴同而貴之謂之俗世之所用同而用之謂之物苟違于人俗所不與苟忮（義支切）於衆俗所共去故心皆殊而爲行若一所好各異而資用必同此俗之所齊物之所飾故所齊不可不愼所飾不可不擇昔齊桓好（許浩切）衣紫闔境不鬻異采楚莊愛細腰一國皆有饑色上之所以率下乃治亂之所由也故俗苟沴必爲治以矯之物苟溢必立制以檢之累（力僞切）于俗飾于物者不可與爲治矣昔晉國苦奢文公以儉矯之乃衣不重帛食不異肉無幾時人皆大布之衣脫粟之飯越王句踐謀報吴欲人之勇路逢怒蛙而軾之比及數年民無長幼臨敵雖湯火不避居上者之難如此之驗聖

王知人情之易動故作樂以和之制禮以節之在下者不得用其私故禮樂獨行禮樂獨行則私欲寢廢私欲寢廢則遭賢之與遭愚均矣若使遭賢則治遭愚則亂是治亂係于賢愚不係于禮樂是聖人之術與聖主而俱歿治世之法逮易世而莫用則亂多而治寡亂多而治寡則賢無所貴愚無所賤矣處名位雖不肖下愚物不疏（音疎）己親疏係乎勢利不係于不肖與仁賢吾亦不敢據以爲天理以爲地勢之自然者爾今天地之間不肖實衆仁賢實寡趨利之情不肖特厚廉恥之情仁賢偏多今以禮義招仁賢所得仁賢者萬不一焉以名利招不肖所得不肖者觸地是焉故曰禮義成君子君子未必須禮義名利治小人小人不可無名利慶賞刑罰君

事也守職效能臣業也君科功黜陟故有慶賞刑罰臣各慎所務故有守職效能君不可與臣業臣不可侵君事上下不相侵與謂之名正名正而法順也接萬物使分別海內使不雜見侮不辱見推不矜禁暴息兵救世之鬬此仁君之德可以爲主矣守職分使不亂慎所任而無私飢飽一心毀譽同慮賞亦不忘罰亦不怨此居下之節可爲人臣矣世有因名以得實亦有因名以失實宣王好射說音悅人之謂己能用強也其實所用不過三石以示左右左右皆引試之中關而止皆曰不下九石非大王孰能用是宣王悅之然則宣王用不過三石而終身自以爲九石三石實也九石名也宣王悅其名而喪其實齊有黃公者好謙卑有二女皆國色以其美也

常謙辭毀之以爲醜惡醜惡之名遠布年過而一國無聘者衛有鰥夫時冒娶之果國色然後曰黃公好謙故毀其子不姝美于是爭禮之亦國色也國色實也醜惡名也此違名而得實矣楚人擔山雉者路人問何鳥也擔雉者欺之曰鳳凰也路人曰我聞有鳳凰今直見之汝販之乎曰然則十金弗與請加倍乃與之將欲獻楚王經宿而鳥死路人不遑惜金惟恨不得以獻楚王國人傳之咸以爲眞鳳凰貴欲以獻之遂聞楚王王感其欲獻于己召而厚賜之過于買鳥之金十倍魏田父有耕于野者得寶玉徑尺弗知其玉也以告鄰人鄰人陰欲圖之謂之曰怪石也畜之弗利其家弗如復之田父雖疑猶錄以歸置于廡音侮下其夜玉明光照一室田父

稱家大怖(普故切)復以告鄰人曰此怪之徵遄(市專切)棄殃可銷于是遽而棄于遠野鄰人無何盜之以獻魏王魏王召玉工相之玉工望之再拜而立敢賀曰王得此天下之寶臣未嘗見王問價玉工曰此玉無價以當之五城之都僅可一觀魏王立賜獻玉者千金長食上大夫祿凡天下萬里皆有是非吾所不敢誣是者常是非者常非亦吾所信然是雖常是有時而不用非雖常非有時而必行故用是而失有矣行非而得有矣是非之理不同而更興廢翻爲我用則是非焉在哉觀堯舜湯武之成或順或逆得時則昌桀紂幽厲之敗或是或非失時則亡五伯之主亦然宋公以楚人戰于泓(烏宏切)公子目夷曰楚衆我寡請其未悉濟而擊之宋公曰不可吾聞

不鼓不成列寡人雖亡國之餘不敢行也戰敗楚人執宋公齊人弑襄公立公孫無知召忽夷吾奉公子糾奔魯鮑叔牙奉公子小白奔莒既而無知被殺二公子爭國糾宜立者也小白先入故齊人立之既而使魯人殺糾召忽死之徵夷吾以爲相晉文公爲驪姬之譖出亡十九年惠公卒賂秦以求反國殺懷公子而自立彼一君正而不免于執二君不正霸業遂焉己是而舉世非之則不知己之是己非而舉世是之亦不知己所非然則是非隨衆賈而爲正非己所獨了則犯衆者爲非順衆者爲是故人君處權乘勢處所是之地則人所不得非也居則物尊之動則物從之言則物誠之行則物則之所以居物上御羣下也國亂有三事年飢民散無食以

聚之則亂治國無法則亂有法而不能用則亂有食以聚民有法而能行國不治未之有也

大道下

仁義禮樂名法刑賞凡此八者五帝三王治世之術也故仁以道之義以宜之禮以行之樂以和之名以正之法以齊之刑以威之賞以勸之故仁者所以博施于物亦所以生偏私義者所以立節行亦所以成華偽禮者所以行恭謹亦所以生惰慢樂者所以和情志亦所以生淫放名者所以正尊卑亦所以生矜篡法者所以齊衆異亦所以乖名分刑者所以威不服亦所以生陵暴賞者所以勸忠能亦所以生鄙爭凡此八術無隱于人而常存于世非自顯于堯湯之時非自逃

于桀紂之朝用得其道則天下治失其道則天下亂過此而往雖彌綸天地籠絡萬品治道之外非羣生所餐挹聖人錯而不言也凡國之存亡有六徵有衰國有亡國有昌國有彊國有治國有亂國所謂亂亡之國者凶虐殘暴不與焉所謂彊治之國者威力仁義不與焉君年長多媵(以證切)少子孫疏宗族衰國也君寵臣臣愛君公法廢私欲行亂國也國貧小家富大君權輕臣勢重亡國也凡此三徵不待凶虐殘暴而後弱也雖曰見存吾必謂之亡者也內無專寵外無近習支庶繁字長幼不亂昌國也農桑以時倉廩充實兵甲勁利封疆修理彊國也上不勝其下下不犯其上上下不相勝犯故禁令行人人無私雖經險易而國不可侵治國也凡此三徵

不待威力仁義而後彊雖曰見弱吾必謂之存者也治主之興必有所先誅先誅者非謂盜非謂姦此二惡者一時之大害非亂政之本也亂政之本下侵上之權臣用君之術心不畏時之禁行不軌時之法此大亂之道也孔丘攝魯相七日而誅少失照切正卯門人進問曰夫少正卯魯之聞人也夫子爲政而先誅得無失乎孔子曰居吾語牛據切汝其故人有惡者五而竊盜姦私不與焉一曰心達而險二曰行僻而堅三曰言僞而辨四曰彊記而博五曰順非而澤此五者有一于人則不免君子之誅而少正卯兼有之故居處足以聚徒成羣言談足以飾邪熒衆彊記足以反是獨立此小人雄桀也不可不誅也是以湯誅尹諧文王誅潘正太公誅華士管仲

誅付里乙子產誅鄧析史付此六子者異世而同心不可不誅也詩曰憂心悄悄慍于羣小小人成羣斯足畏也語曰佞辯可以熒惑鬼神曰鬼神聰明正直孰曰熒惑者曰鬼神誠不受熒惑此尤佞辯之巧靡不入也夫佞辯者雖不能熒惑鬼神熒惑人明矣探人之心度人之欲順人之嗜好而不敢逆納人于邪惡而求其利人喜聞己之美也善能揚之惡聞己之過也善能飾之得之於眉睫之間承之于言行之先語曰惡紫之奪朱惡利口之覆邦家斯言足畏而終身莫悟危亡繼踵焉老子曰以政治國以奇用兵以無事取天下政者名法是也以名法治國萬物所不能亂奇者權術是也以權術用兵萬物所不能敵凡能用名法權術而矯抑殘暴之情

則已無事焉已無事則得天下矣故失治則任法失法則任兵以求無事不以取彊取彊則柔者反能服之老子曰民不畏死如何以死懼之凡民之不畏死由刑罰過刑罰過則民不賴其生生無所賴視君之威末如也刑罰中則民畏死畏死由生之可樂也知生之可樂故可以死懼之此人君之所宜執臣下之所宜慎田子讀書曰堯時太平宋子曰聖人之治以致此乎彭蒙在側越次答曰聖法之治以至此非聖人之治也宋子曰聖人與聖法何以異彭蒙曰子之亂名甚矣聖人者自己出也聖法者自理出也理出于己己非理也己能出理理非己也故聖人之治獨治者也聖法之治則無不治矣此萬物之利唯聖人能該之宋子猶惑質于田子田子

曰蒙之言然莊里丈人字長子曰盜少子曰毆盜出行其父在後追呼之曰盜盜吏聞因縛之其父呼毆喻吏遽而聲不轉但言毆毆吏因毆之幾殪(一計切)康衢長者字僮曰善搏(音博)字犬曰善噬賓客不過其門者三年長者怪而問之乃實對于是改之賓客往復鄭人謂玉未理者爲璞周人謂鼠未腊者爲璞周人懷璞謂鄭賈曰欲買璞乎鄭賈曰欲之出其璞視之乃鼠也因謝不取父之於子也令有必行者有必不行者去貴妻賣愛妾此必令行者也因曰汝無敢恨汝無敢思令必不行者也故爲人上者必慎所令凡人富則不羨爵祿貧則不畏刑罰不羨爵祿者自足于己也不畏刑罰者不賴存身也二者爲國之所甚而不知防之之術故令不行而禁

不止若使令不行而禁不止則無以爲治無以爲治是人君虛臨其國徒君其民危亂可立而待矣今使由爵祿而後富則人必爭盡力于其君矣由刑罰而後貧則人咸畏罪而從善矣故古之爲國者無使民自貧富貧富皆由于君則君專所制民知所歸矣貧則怨人賤則怨時而莫有自怨者此人情之大趣也然則不可以此是人情之大趣而一槩非之亦有可矜者焉不可不察也今能同算鈞而彼富我貧能不怨則美矣雖怨無所非也才鈞智同而彼貴我賤能不怨則美矣雖怨無所非也其敝在于不知乘權藉勢之異而雖曰智能之同是不達之過雖君子之鄙亦君子之怒也人貧則怨人富則驕人怨人者苦人之不祿施于己也起于情所難安

而不能安猶可恕也驕人者無苦而無故驕人此情所易制而弗能制弗可恕矣衆人見貧賤則慢而疎之見富貴則敬而親之貧賤者有請賕于己疎之可也未必損己而必疎之以其無益于物之具故也富貴者有施與己親之可也未必益己而必親之則彼不敢親我矣三者獨立無致親致疎之所人情終不能不以貧賤富貴易慮故謂之大惑焉窮獨貧賤治世之所共矜亂世之所共侮治世非爲矜窮獨貧賤而治是治之一事也亂世亦非侮窮獨貧賤而亂亦是亂之一事也每事治則無亂亂則無治視夏商之盛夏商之衰則其驗也貧賤之望富貴甚微而富貴不能酬其甚微之望夫富者之所惡貧者之所美貴者之所輕賤者之所榮然而弗酬

弗與同苦樂故也雖弗酬之于我弗傷今萬民之望人君亦如貧賤之望富貴其所望者蓋欲料長幼平賦斂時其飢寒省其疾痛賞罰不濫使役以時如此而已則於人君弗損也然而弗酬弗與同勞逸故也故爲人君不可弗與民同勞逸焉故富貴者可不酬貧賤者人君不可不酬萬民不酬萬民則萬民之所不願戴所不願戴則君位替矣危莫甚焉禍莫大焉

尹文子終

皇清嘉慶十有三年歲在著雍執徐且月昭文張海鵬較梓

（周）尹文 撰

尹文子一卷

清嘉慶十九年（1814）刊《湖海樓叢書》本

漢書藝文志名家尹文子一篇今所傳本分爲大道上下葢卽仲長氏所撰定者羣書治要以上篇爲大道下篇爲聖人疑唐本與今不同今本五千餘言於治要意林文選注藝文類聚太平御覽得逸文數百言洪邁容齋續筆謂尹文子文僅五千言知宋時已非足本矣余所見者有緜眇閣本子彙本吳山道藏本沈調元本姜午生本説郛原本本今取各家本參以諸書所引是正譌闕逸文不可綴屬者錄於後方篇目仍今本不敢依治要輒改以漢志本作一篇也

嘉慶辛未十月二十五日汪繼培識

說文字本十八一十五日注纂諸篇
篇目併本不從人治要輒改以漢志本作一篇也
以論書引據正治闕選文不可縱屬者諸刻復方
本況嗣元本羡平生本説從原本今本作本參
其是本亦余所見者有錄閣本今參本與朱本同
有此道容齋續筆所引文子文子文論五千言以大本合已
治要意林文選注藝文類聚太平御覽諸書引文數百
道下篇為與人錄所本與今本同今本五千餘言乃
上下篇謬缺伸長氏所撰注者羣書治要以上篇為本
漢書藝文志作家文文子一篇今所傳本分為大道

尹文子序

尹文子者蓋出於周之尹氏齊宣王時居稷下漢書藝文志注引劉向云與宋鈃俱遊稷下與宋鈃彭蒙田駢同學於公孫龍漢書藝文志云說齊宣王先公孫龍晁公武郡齋讀書志云史記云公孫龍客於平原君君相趙惠文王惠文王元年齊宣王沒已四十餘歲矣則知文非學於龍者也公孫龍稱之著書一篇多所彌綸莊子曰不累於物莊子天下篇作不累於俗不飾於物不苛於人不忮於衆願天下之安寧以活於字衍民命人我之養畢足而止之字衍以此白心見侮不辱此其道也而劉向亦以其學本於黃老大較刑名家也近爲誣矣余黃初末始到京師繆熙伯以此書見示意甚

玩之而多脱誤聊試條次撰定爲上下篇亦未能究其詳也山陽仲長氏撰定讀書志云李獻臣云仲長氏統也熙伯繆襲字也傳稱統卒於獻帝遜位之年而此云黃初末到京師豈史之誤乎周廣業意林注云按魏志劉劭傳繆襲友人仲長統漢末尚書郎早卒注載襲撰統昌言表稱統延康元年卒時年四十餘延康爲獻帝末所改年號是年冬文帝受禪改元黃初則統安得於黃初末定此書恐是序出僞託非史之誤也

尹文子

蕭山汪繼培校

大道上

羣書治要以此篇爲大道下篇爲聖人

大道無形稱器有名名也者正形者也形正由名則名不可差故仲尼云必也正名乎名不正則言不順也大道不稱衆有必名生於不稱則羣形自得其方圓名生於方圓則衆名得其所稱也大道治者則名法儒墨自廢以名法儒墨治者則不得離道老子曰道者萬物之奧善人之寶不善人之所寶老子作保是道治者謂之善人藉名法儒墨者謂之不善人善人之

與不善人名分日離不待審察而得也道不足以治則用法法不足以治則用術術不足以治則用權權不足以治則用勢勢用則反權權用則反術術用則反法法用則反道道用則無爲而自治故窮則徼終徼終則反始始終相襲無窮極也有形者必有名有名者未必有形形而不名未必失其方圓白黑之實名而不可不尋名以檢其差故亦有名以檢形形以定名名以定事事以檢名察其所以然則形名之與事物無所隱其理矣名有三科法有四呈程之省說文云程品也一曰命物之名方圓白黑是也二曰毀譽之名善

惡貴賤是也三曰況謂之名賢愚愛憎是也一曰不變之法君臣上下是也二曰齊俗之法能鄙同異是也三曰治衆之法慶賞刑罰是也四曰平准之法廣韻以准爲準之俗按漢時大司農屬官有平準令其名蓋本於此律度權量是也術者人君之所密用羣下不可妄窺勢者制法之利器羣下不可妄爲人君有術而使羣下得窺非術之奧者有勢而而字各本脫据說郛原本補使羣下得爲非勢之重者大要在乎先正名分使不相侵雜然後術可祕勢可專名者名形者也形者應名者也然形非正名也名非正形也則形之與名居然別矣不可相亂亦不可相

無無名故大道無稱有名故名以正形今萬物具存不以名正之則亂萬名具列不以形應之則乖故形名者不可不正也善名命善惡名命惡故善有善名惡有惡名聖賢仁智命善者也頑嚚凶愚命惡者也今即聖賢仁智之名以求聖賢仁智之實未之或盡也即頑嚚凶愚之名以求頑嚚凶愚之實亦未或盡也使善惡盡然有分雖未能盡物之實猶不患其差也故曰名不可不辨也名稱者別彼此而檢虛實者也自古至今莫不用此而得用彼而失失者由名分混得者由名分察今親賢而疏不肖賞善而罰惡賢

不肖善惡之名宐在彼親疏賞罰之稱宐屬我我之與彼又復一名名之察者也名賢不肖爲親疏名善惡爲賞罰合彼我之一稱而不別之名之混者也故曰名稱者不可不察也語曰好牛又曰（疑衍）不可不察也好則物之通稱牛則物之定形以通稱隨定形不可窮極者也設復言好馬則復連於馬矣則好所通無方也設復言好人則彼（疑復）屬於人矣則好非人人非好也則好牛好馬好人之名自離矣故曰名分不可相亂也五色五聲五臭五味凡四類自然存焉（讀爲）於天地之閒而不期爲人用人必用之終身各有好

惡而不能辨其名分名宜屬彼分宜屬我我愛白而憎黑韻商而舍徵（玉篇云聲音和曰韻按文選嘯賦音均不恒李善注均古韻字也鶡冠子曰五聲不同均）好羶而惡焦嗜甘而逆苦白黑商徵羶焦甘苦彼之名也愛憎韻舍好惡嗜逆我之分也定此名分則萬事不亂也故人以度審長短以量受少多以衡平輕重以律均清濁以名稽虛實以法定治亂以簡治（沈本說郛作制治要同）煩惑以易御險難萬事皆歸於一（萬上各本有以字据治要刪）百度皆準於法歸一者簡之至準法者易之極如此則（据治要補）頑嚚聾瞽可與察慧（治要作惠古字通）聰明同其治也（治要作矣）天下萬事不可備能責其

備能於一人則賢聖其猶病諸設一人能備天下之事則（各本作能据治要改）左右前後之空遠近遲疾之閒必有不兼者焉苟有不兼於治闕矣全治而無闕者大小多少各當其分農商工仕不易其業老農長商習工舊仕莫不存焉則處上者（治要作有）何事哉故有理而無益於治者君子弗言有能而無益於事者君子弗爲（兩弗字意林及長短經卑政篇並作不治要上弗字亦作不）君子非樂有言有益於治不得不言君子非樂有爲有益於事不得不爲故所言者不出於名法權術所爲者不出於農稼軍陳周務而已故明主任之治外之理小人之所必言

事外之能小人之所必爲各本作故明主不爲治外之理小人必言事外之能据治要改補小人亦知言有損於治而不能不言小人亦知能有損於事而不能不爲兩有字据治要補治要事亦作治疑誤故所言者極於儒墨是非之辨所爲者極於堅僞偏抗之行求名而已故明主誅之故据治要補古語曰不知無害爲君子知之無損爲小人工匠不能無害於巧君子不知無害於治兩爲字各本作於据治要改按此數語見荀子儒效篇於作爲不能亦作不知此言据治要補信矣爲善使人不能得從此獨善也爲巧使人不能得爲此獨巧也未盡善巧之理治要作爲善使人不能得從爲巧使人不能得爲此獨善獨巧者也未盡巧善之理長短經卑政篇注同容齋續筆

與此同得爲各本亦作得從据三書改爲善與衆行之爲巧與衆能之此善之善者巧之巧者也故据治要長短經注容齋續筆補所貴聖人之治不貴其獨治貴其能與衆共治也所二字据治要長短經注補貴工倕之巧不貴其獨巧貴其能與衆其巧也今世之人行欲獨賢事欲獨能辨欲出羣勇欲絕衆獨行之賢不足以成化獨能之事不足以周務出羣之辨不可爲戶說絕衆之勇不可與征陳凡此四者亂之所由生是以聖人任道以夷其險治要長短經注夷並作通立法以理其差使賢愚不相棄能鄙不相遺能鄙不相遺則能鄙齊功賢愚不相棄則賢愚等慮此至治

之術也名定則物不競分明則私不行物不競非無心由名定故無所措其心私不行非無欲由分明故無所措其欲然則心欲人人有之而得同於無心無欲者制之有道也（長短經適變篇注道下有故字治要無）田駢曰（莊子天下篇釋文云齊人也遊稷下著書十五篇愼子云名廣）天下之士莫肎處其門庭臣其妻子必遊宦諸侯之朝者利引之也遊於諸侯之朝皆志爲卿大夫而不擬於諸侯者名限之也彭蒙曰（見莊子天下篇）雉兔在野衆人（意林作皆路史國名紀七同）逐之分未定也雞豕滿市（路史作積兔在市誤彼文出愼子見後漢書袁紹傳注）莫有志者分定故也物奢則仁智相屈分定則貪鄙不爭

圓者之轉非能轉而轉不得不轉也方者之止非能止而止不得不止也因圓之自轉使不得止因方之自止使不得轉（治要圓方下並有者字）何苦物之失分故因賢者之有用使不得不用因愚者之無用使不得用用與不用皆非我也（各本作用據治要改）因彼可（各本作所據治要改）用與不可用而自得其用也自得其用（以上五字各本脫據治要補）奚患物之亂乎（治要作也）物皆不能自能不知自知智非能智而智愚非能愚而愚好非能好而好醜非能醜而醜夫不能自能不知自知則智好何所貴愚醜何所賤則智不能得夸愚好不能得嗤醜此爲得之道也

道行於世則貧賤者不怨富貴者不驕愚弱者不懾智勇者不陵（治要作矜）定於分也法行於世則貧賤者不敢怨富貴富貴者不敢陵貧賤愚弱者不敢冀智勇智勇者不敢鄙愚弱此法之不及道也世之所貴同而貴之謂之俗世之所用同而用之謂之物苟違於人俗所不與苟忮於衆俗所共去故人（據治要補）心皆殊而爲行若一所好各異而資用必同此俗之所齊物之所飾故所齊不可不愼所飾不可不擇昔齊桓好衣紫闔境不鬻異采（治要作綵太平御覽三百八十九同韓非子外儲說左上云齊桓公好服紫一國盡服紫當是時也五素不得一紫）楚莊愛細腰一國皆有饑

色或以爲楚靈事詳尸子君道篇注上之所以率下乃治亂之所由也故俗苛沴必爲法以矯之物苛溢必立制以檢之累於俗飾於物者不可與爲治矣昔晉國苦奢文公以儉矯之乃衣不重帛食不兼姜本作異肉無幾時國各本脫据御覽六百八十九補人皆大布之衣墨子兼愛下云昔者晉文公好苴服當文公之時晉國之士大布之衣牂羊之裘練帛之冠且苴之屨入見文公出以踐之朝脫粟之飯越王句踐謀報吳欲人之勇路逢怒蛙而軾之御覽五百四十三作下車而揖之按北堂書鈔八十五引作揖一百十六作軾韓非子內儲說上云越王慮伐吳欲人之輕死也出見怒鼃乃爲之式從者曰奚敬於此王曰爲其有氣也比及數年民無長幼臨敵雖湯火不避居上者之難如此之驗聖王知

民姜本作人情之易動故作樂以和之制禮以節之在下者不得用其私故禮樂獨行禮樂獨行則私欲寢廢私欲寢廢則遭賢之與遭愚均矣若使遭賢則治遭愚則亂是治亂屬於賢愚不係於禮樂是聖人之術與聖主而俱沒治世之法逮易世而莫用則亂多而治寡亂多而治寡則賢無所貴愚無所賤矣處名位雖不肖不患物不親已在貧賤不患物不疏已各本作雖不肖不愚物不疏已愚卽患之誤又脫九字据文選任彥昇爲蕭揚州作薦士表注改補親疏係乎勢利不係於文選薦士表注東征賦注並作乎不肖與仁賢也据文選注補吾亦不敢據以爲天理以爲地勢之自然者爾

今天地之閒不肖實衆仁賢實寡趨利之情不肖特厚廉恥之情仁賢偏多今以禮義招仁賢所得仁賢者萬不一焉以名利招不肖所得不肖者觸地是焉故曰禮義成君子君子未必須禮義名利治小人小人不可無名利慶賞刑罰君事也守職効能臣業也君料姜本作科功黜陟故有慶賞刑罰臣各愼所任故有守職効能君不可與臣業臣不可侵君事上下不相侵與與讀吾不與祭之與謂之名正名正而法順也接萬物使分別海內使不雜見侮不辱見推不矜禁暴息兵救世之鬬此仁君之德可以爲主矣守職分使不亂愼

所任而無私飢飽一心毀譽同慮賞亦不忘罰亦不怨此居下之節可爲人臣矣世有因名以得實亦有因名以失實宣王好射（御覽三百八十九宣王上有齊字）說人之謂已能用强也其實所用不過三石（御覽用下有弓字按呂氏春秋壅塞篇載此事亦云所用不過三石）以示左右左右皆引試之（呂氏春秋作試引之）中關而止（關舊作闕据呂氏春秋改高誘注云關謂關弓弦正半而止也）皆曰不下九石非大王孰能用是宣王說之然則宣王用不過三石而終身自以爲九石三石實也九石名也宣王悅其名而喪其實齊有黃公者好謙卑有二女皆國色以其美也常謙辭毀之以爲醜惡醜惡之名遠布

年過而一國無聘者藝文類聚十八作一國之人無敢娉者御覽三百八十一亦有敢字衞有鰥夫失時失字据御覽補冒娶之果國色然後曰黃公好謙故毀其子不姝美於是爭禮之亦國色也國色實也醜惡名也此違名而得實矣楚人擔山雉者路人問何鳥也擔雉者欺之曰鳳皇也路人曰我聞有鳳皇今直見之類聚九十御覽九百十七並作今始見矣汝販之乎曰然則類聚御覽曰然則三字作請買十金弗與請加倍乃與之將二書作方欲獻楚王經宿而鳥死路人不遑惜金二書金字上有其字惟恨不得以獻楚王國人傳之咸以爲眞鳳皇貴綿眇閣本無貴字欲以獻之遂聞楚王王感其欲獻於已召而

厚賜之過於買鳥之金十倍魏田父有耕於野者得寶玉徑尺弗知其玉也以告隣人隣人陰欲圖之謂之曰類聚八十三御覽八百五謂並作詐怪石也藏本怪石上有此字畜之弗利其家弗如復之田父雖疑猶錄以歸置於廡下說文云廡堂下周屋其夜玉明光照一室田父稱家大怖徐渭云稱家謂舉家復以告隣人曰此怪之徵遄棄殃可銷於是遽而棄於遠野鄰人無何盜之以獻魏王魏王召玉工相之玉工望之再拜而立敢賀王御覽作再拜御立曰敢賀大王文選魏文帝與鍾大理書注作玉工賀曰敢賀大王類聚亦作大王王得此御覽類聚文選注並無王字此字天下之寶臣未嘗見御覽類聚文選注臣下有所字王問價類聚文選注價

上有其字玉工曰此無價以當之五城之都僅可一觀魏王立賜獻玉者千金長食上大夫祿類聚文選注凡祿上有之字天下萬里皆有是非吾所不敢誣是者常是非者常非亦吾所信然是雖常是有時而不用非雖常非有時而必行故用是而失有矣行非而得有矣是非之理不同而更興廢翻爲我用則是非焉在哉觀堯舜湯武之成或順或逆得時則昌桀紂幽厲之敗或是或非失時則亡五伯之主亦然宋公以沈本作與楚人戰於泓公子目夷曰楚衆我寡請其未悉濟而擊之宋公曰不可吾聞不鼓不成列寡人雖亡之餘僖廿二年左傳

云亡國之餘不敢行也戰敗楚人執宋公齊人弒襄公立公孫無知召忽夷吾奉公子糾奔魯鮑叔牙奉公子小白奔莒既而無知被殺二公子爭國糾宜立者也小白先入故齊人立之既而使魯人殺糾召忽死之徵夷吾以爲相晉文公爲驪姬之譖出亡十九年惠公卒賂秦以求反國殺懷公子而自立彼一君正而不免於執二君不正霸業遂焉已是而舉世非之則不知已之是已非而舉世是之亦不知已之非然則是非隨衆買讀爲價而爲正非已所獨了說文云憭慧也了與憭通則犯衆者爲非順衆者爲是故人君處權乘勢處所

是之地則人所不得非也居則物尊之動則物從之言則物誠之行則物則之所以居物上御羣下也國亂有三事年饑民散無食以聚之則亂治國無法則亂有法而不能用則亂有食以聚民有法而能行國不治未之有也

大道下

仁義禮樂名法刑賞凡此八者五帝三王治世之術也故仁以道之義以宜之禮以行之樂以和之名以正之法以齊之刑以威之賞以勸之故仁者所以博施於物亦所以生偏私義者所以立節行亦所以成

華僞禮者所以行恭謹治要作謹敬亦所以生惰慢樂者所以和情志亦所以生淫放名者所以正尊卑亦所以生矜篡法者所以齊衆異亦所以生乖分姜本無生字各本作乖名分据治要改長短經反經篇同注云道德經云法令滋彰盜賊多有賈誼云法出而姦生令下而詐起此乖分也刑者所以威不服亦所以生陵暴賞者所以勸忠能亦所以生鄙爭凡此八術無隱於人而常存於世非自顯於堯湯之時非自治要作故逃於桀紂之朝用得其道則天下治用据治要補失其道則天下亂過此而往雖彌綸天地籠治要作纏絡萬品治道之外非群生所餐挹聖人措而不言也凡國之治要之下有將字存亡

有六徵有衰國有亂國各本在有治國下据治要移正有亡國有昌國有彊國有治國所謂亂亡之國者凶虐殘暴不與焉所謂彊治之國者威力仁義不與焉君年長多妾媵妾字据治要補長短經理亂篇注同少子孫疏宗族沈本作疏宗彊治要同長短經注作疏彊宗衰國也君寵臣臣愛君公法廢私政行政各本作欲据治要長短經注改亂國也國貧小家富大君權輕臣勢重亡國也凡此三徵不待凶虐殘暴而後弱也雖曰見存吾必謂之亡者也內無專寵外無近習支庶繁字治要長短經注並作息長幼不亂昌國也農桑以時倉廩充實兵甲勁利封疆修理彊國也上不勝其下下不犯其

上治要長短經注勝犯上並有能字上下不相勝犯故禁令行人人無私雖經險易而國不可侵治國也凡此三徵不待威力仁義而後彊雖曰見弱吾必謂之存者也治主之興必有所先誅先誅者非謂盜非謂姦此二惡者一時之大害非亂政之本也亂政之本下侵上之權臣用君之術心不畏時之禁行不軌時之法此大亂之道也孔丘攝魯相七日而誅少正卯門人進問曰夫少正卯魯之聞人也夫子爲政而先誅得無失乎孔子曰居吾語汝其故人有惡者五而竊盜姦私不與焉一曰心達而險二曰行僻而堅三曰言僞而辯

四曰強記而博五曰順非而澤此五者有一於人則不免君子之誅而少正卯兼有之故居處足以聚徒成羣言談足以飾邪熒衆熒與營同強記足以反是獨立此小人雄桀也不可不誅也是以湯誅尹諧文王誅潘正太公誅華士管仲誅付里乙子產誅鄧析史付此六子者異世而同心不可不誅也詩曰憂心悄悄慍於羣小小人成羣斯足畏也攝相事本荀子宥坐篇彼文潘正作潘止下有周公誅管叔一句六子作七子畏作憂語曰佞辨可以熒惑鬼神曰鬼神聰明正直孰曰熒惑者曰鬼神誠不受熒惑此尢佞辨之巧尢義如許人尢之靡不入也夫佞辨者雖不能

熒惑鬼神熒惑人明矣探人之心度人之欲順人之治要作於誤嗜好而不治要作弗敢逆納人於邪惡而求其利治要作而求利人誤人喜聞己之美也善能揚之惡聞己之過也善能飾之得之於眉睫之間承之於言行之先世俗之人聞譽則悅聞毀則戚此衆人之大情有同己則喜異己則怒此人之大情故佞人善爲譽者也善順從者也人言是亦是之人言非亦非之從人之所愛隨人之所憎故明君雖能納正直未必親正直雖能遠佞人未必能疏佞人故舜禹者以能不用佞人亦未必憎佞人語曰佞辨惑物舜禹不能得憎不可

不察也世俗之人盡此據治要補文有脫誤語曰惡紫之奪朱惡利口之覆邦家斯言足畏而終身莫悟危亡繼踵焉老子曰以政老子作正按文子上禮篇引老子亦作政治國以奇用兵以無事取天下政者名法是也以名法治國萬物所不能亂奇者權術是也以權術用兵萬物所不能敵凡能用名法權術而矯抑殘暴之情則已無事焉已無事則得天下矣故失治則任法失法則任兵以求無事不以取彊取彊則柔者反能服之老子曰民不畏死如老子作奈何以死懼之治要作如之何其以死懼之凡民治要作人之不畏死由刑罰過刑罰過則民不賴其生賴利也生無所賴

視君之威末如也刑罰中則民畏死畏死由生之可樂也知生之可樂故可以死懼之（治要作矣）此人君之所宜執臣下之所宜慎（治要作宜懼之）田子讀書曰堯時太平宋子曰（名鈃見莊子天下篇）聖人之治以致此乎彭蒙在側越次答曰聖法之治以至此非聖人之治也宋子曰聖人與聖法何以異彭蒙曰子之亂名甚矣聖人者自已出也聖法者自理出也理出於已已非理也已能出理理非已也故聖人之治獨治者也聖法之治則無不治矣此萬世之利惟聖人能該之宋子猶惑質於田子田子曰蒙之言然莊里丈人字長子曰盜必

子曰毆盜出行其父在後追呼之曰盜盜吏聞因縛之其父呼毆喻吏遽而聲不轉但言毆毆吏因毆之幾殪康衢長者字僮曰善搏各本作摶据沈本類聚九十四御覽三百六十三四百五九百五同各本摶下注音博亦見御覽三百六十三葢舊有音釋也字犬曰善噬賓客不過其門者三年長者怪而問之乃實對類聚御覽三百六十三乃作以御覽四百五以上有人字於是改之賓客復往各本作往復据類聚御覽三百六十三四百五改九百五亦作往復葢誤鄭人謂玉未理者爲璞後漢書應劭傳注理作琢誤周人謂鼠未腊者爲璞周人懷璞謂鄭賈曰欲買璞乎鄭賈曰欲之出其璞視之乃鼠也因謝不取鄭人已下秦策應侯語同鼠璞作朴田子曰人皆自爲而不

能爲人故君人者之使人使其自爲用而不使爲我用魏下先生曰善哉田子之言古者君之使臣求不私愛於巳求顯忠於巳而居官者必能臨陳者必勇祿賞之所勸名法之所齊不出於巳心不利於巳身語曰祿薄者不可與經亂賞輕者不可與入難此處上者所宜慎者也田子曰盡此据治要補意林亦載祿薄者三句所宜慎作不可不慎御覽六百卅三引與治要同管子法法篇云爵不尊祿不重者不與圖難犯危此文本於彼父之於子也令有必行者有必不行者去貴妻賣愛妾此令必行者也因曰汝無敢恨汝無敢思令必不行者也故爲人上者必慎所令治要令下有焉字凡人富則不羨

爵祿貧則不畏刑罰不羨爵祿者自足於已也不畏刑罰者不賴存身也二者爲國之所甚（下有脫字）而不知防之之術故令不行而禁不止若使令不行而禁不止則無以爲治無以爲治是人君虛臨其國徒君其民危亂可立而待矣今使由爵祿而後富則人必爭盡力於其君矣由刑罰而後貧則人咸畏罪而從善矣故古之爲國者無使民自貧富貧富皆由於君則君專所制民知所歸矣貧則怨人賤則怨時而莫有自怨者此人情之大趣也然則不可以此是人情之大趣而一概非之亦有可矜者焉不可不察也今能

同算鈞而彼富我貧能不怨則美矣雖怨無所非也才鈞智同而彼貴我賤能不怨則美矣雖怨無所非也其蔽各本作敝據沈本在於不知乘權藉勢之異而惟各本作雖據沈本曰智能之同是不達之過雖君子之鄰亦君子之怒也鄰與許人尤之之尤同怒當作怨言雖人爲君子所尤猶爲君子所怨下文可證人貧則怨人富則驕人怨人者苦人之不祿施於已也起於情所難安而不能安猶可恕也驕人者無所據治要補苦而無故驕人此情所易制而弗能制弗治要作不可恕矣衆人見貧賤則慢而疏之見富貴則敬而親之貧賤者有請賕於已疏之可也未必損已而必疏之

以其無益於物之具故也富貴者有施與於已緜眇閣本無與字子彙本姜本沈本無於字今据說郛本親之可也未必益已而必親之則彼不敢親我矣三者獨立無致親致疏之所人情終不能不以貧賤富貴易慮故謂之大惑焉窮獨貧賤治世之所共矜亂世之所共侮治世非爲矜窮獨貧賤而治是治之一事也亂世亦非侮窮獨貧賤而亂亦是亂之一事也每事治則無亂亂則無治視夏商之盛夏商之衰則其驗也貧賤之望富貴甚微而富貴不能酬其甚微之望夫富者之所惡貧者之所美貴者之所輕賤者之所榮然而弗酬弗治要作不與

同苦樂故也雖弗（治要作不）酬之於物（姜本沈本作我）弗傷今萬民之望人君亦如貧賤（治要有者字）之望富貴其所望者蓋欲料長幼平賦斂時其飢寒省其疾痛賞罰不濫使役以時如此而已則於人君弗損也然而弗酬弗與同勞逸故也故爲人君不可弗（治要作不）與民同勞逸焉故富貴者可不酬（治要作不可不酬）貧賤者（治要無者字有而字）人君不可不酬萬民不酬萬民則萬民之所不願戴所不願戴則君位替矣危莫甚焉禍莫大焉

逸文

兩智不能相使兩貴不能相臨兩辨不能相屈力均

勢敵故也（意林御覽四百卅使作救誤）

專用聰明則功不成專用晦昧則事必悖一明一晦衆之所載（意林）

尹文子見齊宣王宣王歎國寡賢尹文子曰使國悉賢孰處王下王曰國悉不肖可乎尹文子曰國悉不肖孰理王朝王曰賢與不肖皆無可乎尹文子曰不然有賢有不肖故王尊於上臣卑於下進賢退不肖所以有上下也（藝文類聚廿御覽四百二意林作尹文子見齊宣王宣王不言而歎尹文子曰何歎王曰吾歎國中寡賢尹文子曰國中悉賢誰處王下誰爲王使）

以智力求者喻如奕棊進退取與攻刼放舍在我者

也類聚七十四御覽七百五十三放舍作收放文選博奕論注作殺舍

博者盡關塞之宊得周通之路而不能制齒之大小在遇者也類聚七十四御覽七百五十四文選王元長永明九年策秀才文注

堯爲天子衣不重帛食不兼味土階三尺茅茨不翦類聚八十二御覽九百九十六

數十百萬億億萬千百十皆起於一推之億億無差矣御覽七百五十

將戰有司讀誥誓三令五申之既畢然後即敵文選東京賦注

堯德化布於四海仁惠被於蒼生文選劉越石勸進表注

以上皆尹文子逸文也他所徵引往往與尸子文子淆亂尸子已詳本書史記屈原傳索隱引千人曰俊萬人曰傑見文子上禮篇後漢書馮衍傳注引四方上下曰宇見文子自然篇（文皆小異）御覽七百卌八引與死者同病難爲良醫與亡國同道不可爲謀見文子上德篇同卷引人將疾也必先不甘魚肉之味見文子微明篇七百四十引瞽者無目而耳不可以䁤察視也（有誤字）精於聽也又引聾者不歌無以自樂盲者不觀無以接物並見文子上德篇其四百九十四引虎求百獸食之云云則江

乙對荆宣王語事見楚策廣博物志四十引月旦爲朔車之旃當作輴亦爲朔名齊實異所當辨也則出西京雜記雜記上文云玉之未理者爲璞死鼠未腊者亦爲璞用尹文語遂誤以此爲并出尹子也

尹文子終

合刻尸子尹文子跋

余嘗取尸子學積亦有生焉語署讀書之舍曰積生屬汪君蘇潭題其後汪君曰此尸子勸學篇文也今書散佚不具荀子勸學篇文與尸子同而說苑建本篇復襲之嘗據荀劉二子以證明尸子余深服其考證之通博也汪君因出尸子輯本示余近時輯尸子者數家惟汪君書最爲詳善遂錄付剞劂氏諸書引尸子往往與尹文子溷淆其引尹文子又或雜以文子汪君有校正尹文子因并梓之藏之積生精舍庶幾好學君子亦有樂乎此嘉慶壬申中秋後四日蕭

山陳春識

跋

尹文子一卷

(周)尹文 撰

清道光十三年(1833)王氏棠蔭館刊《二十二子全書》本

周尹文撰

尹文子

棠蔭館藏板

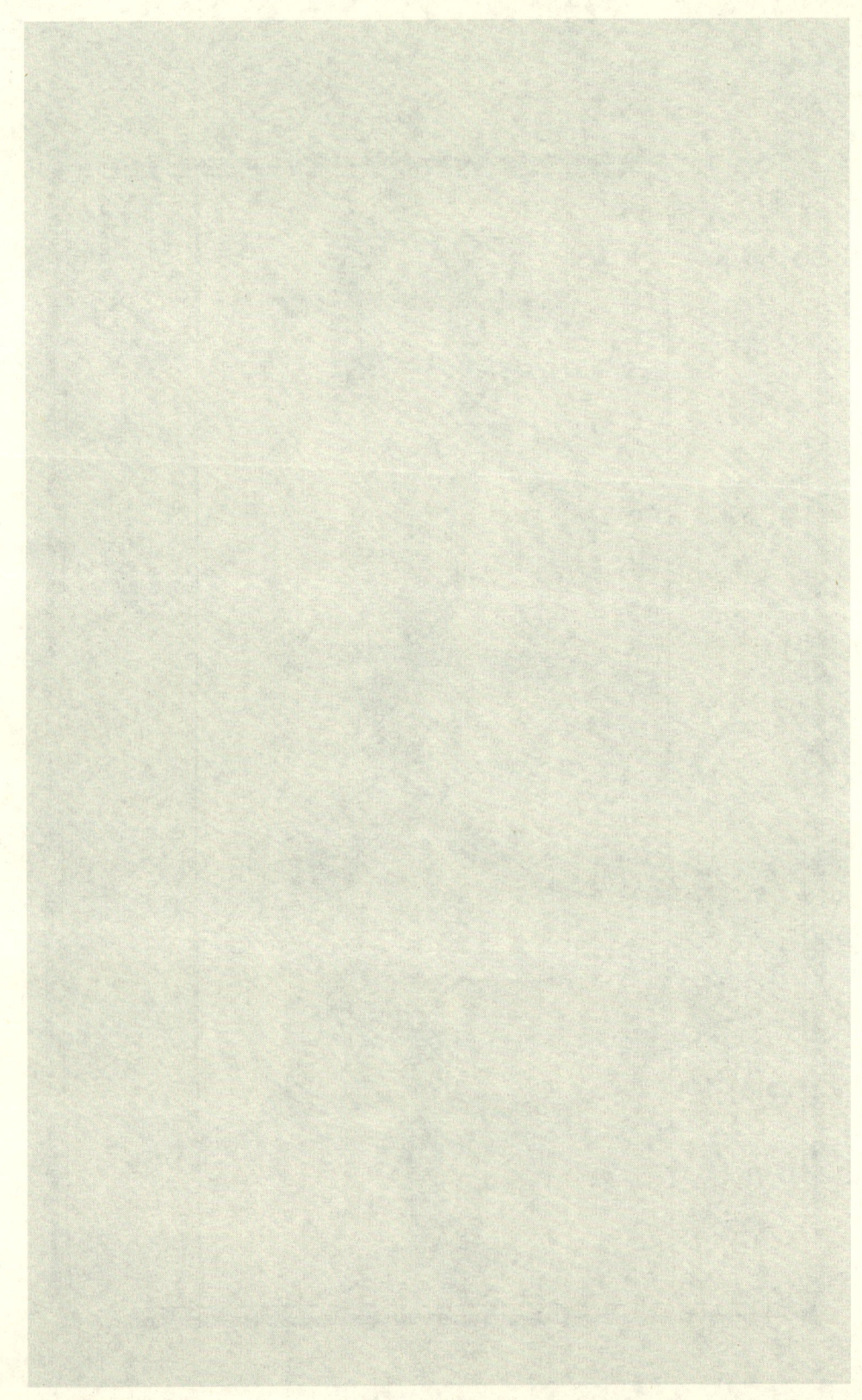

尹文子序

尹文子者蓋出於周之尹氏齊宣王時居稷下與宋鈃彭蒙田駢同學於公孫龍公孫龍稱之著書一篇多所彌綸莊子曰不累於物不苟於人不忮於衆願天下之安寧以活於民命人我之養畢足而止之以此白心見侮不辱此其道也而劉向亦以其學本於黃老大較刑名家也近爲誣矣余黃初末始到京師繆熙伯以此書見示意甚玩之而多脫誤聊試條次撰定爲上下篇亦未能究其詳也

山陽仲長氏撰定

按高氏曰尹文書言大道又言名分又言仁義禮樂法術權勢大畧則學老氏而雜申韓者也仲長統序謂文學於公孫龍按龍客平原君趙惠文王時人也距齊宣王殁四十餘年矣則文先于龍非學于龍者也以莊子所稱格之文之術又近于兼愛蓋其學駁矣

尹文子

周　尹文　撰

大道上

大道無形稱器有名名也者正形者也形正由名則名不可差故仲尼云必也正名乎名不正則言不順也大道不稱衆有必名生於不稱則群形自得其方圓名生於方圓則衆名得其所稱也大道治者則名法儒墨自廢以名法儒墨治者則不得離道老子曰道者萬物之奧善人之寶不善人之所寶是道治者謂之善人藉名法儒墨者謂之不善人善人之與不善人名分日離不

待審察而得也道不足以治則用法法不足以治則用術術不足以治則用權權不足以治則用勢勢用則反權權用則反術術用則反法法用則反道道用則無爲而自治故窮則徼終徼終則反始始終相襲無窮極也有形者必有名有名者未必有形形而不名未必失其方員白黑之實名而不可不尋名以檢其差故亦有名以檢形形以定名名以定事事以檢名察其所以然則形名之與事物無所隱其理矣名有三科法有四呈一曰命物之名方員白黑是也二曰毀譽之名善惡貴賤是也三曰況謂之名賢愚愛憎是也一曰不變之法君

臣上下是也二曰齊俗之法能鄙同異是也三曰治衆之法慶賞刑罰是也四曰平准之法律度權量是也術者人君之所密用群下不可妄窺勢者制法之利器群下不可妄爲人君有術而使群下得窺非術之奥者有勢使群下得爲非勢之重者大要在乎先正名分使不相侵雜然後術可祕勢可專名者名形者也形者應名者也然形非正名也名非正形也則形之與名居然别矣不可相亂亦不可相無無名故大道無稱有名故名以正形今萬物具存不以名正之則亂萬名具列不以形應之則乖故形名者不可不正也善名命善惡名命

惡故善有善名惡有惡名聖賢仁智命善者也頑嚚凶愚命惡者也今卽聖賢仁智之名以求聖賢仁智之實未之或盡也卽頑嚚凶愚之名以求頑嚚凶愚之實亦未或盡也使善惡盡然有分雖未能盡物之實猶不患其差也故曰名不可不辨也名稱者別彼此而檢虛實者也自古至今莫不用此而得用彼而失失者由名分混得者由名分察今親賢而踈不肖賞善而罰惡賢不肖善惡之名宜在彼親疎賞罰之稱宜屬我我之與彼又復一名名之察者也名賢不肖爲親疎名善惡爲賞罰合彼我之一稱而不別之名之混者也故曰名稱者

不可不察也語曰好牛又曰不可不察也好則物之通稱牛則物之定形以通稱隨定形不可窮極者也設復言好馬則復連於馬矣則好所通無方也設復言好人則復屬於人矣則好非人人非好也則好牛好馬好人之名自離矣故曰名分不可相亂也五色五聲五臭五味凡四類自然存焉天地之間而不期爲人用人必用之終身各有好惡而不能辨其名分名宜屬彼分宜屬我我愛白而憎黑韻商而舍徵好羶而惡焦嗜甘而逆苦白黑商徵羶焦甘苦彼之名也愛憎韻舍好惡嗜逆我之分也定此名分則萬事不亂也故人以度審長短

以量受少多以衡平輕重以律均清濁以名稽虛實以法定治亂以簡治煩惑以易御險難以萬事皆歸於一百度皆準於法歸一者簡之至準法者易之極如此頑嚚聾瞽可與察慧聰明同其治也天下萬事不可備能責其備能於一人則賢聖其猶病諸設一人能備天下之事能左右前後之宜遠近遲疾之間必有不兼者焉苟有不兼於治闕矣全治而無闕者大小多少各當其分農商工仕不易其業老農長商習工舊仕莫不存焉則處上者何事哉故有理而無益於治者君子弗言有能而無益於事者君子弗爲君子非樂有言有益於治

不得不言君子非樂有爲有益於事不得不爲故所言者不出於名法權術所爲者不出於農稼軍陣周務而已故明主不爲治外之理小人必言事外之能小人亦知言損於治而不能不言小人亦知能損於事而不能不爲故所言者極於儒墨是非之辨所爲者極於堅僞偏抗之行求名而已故明主誅之古語曰不知無害於君子知之無損於小人工匠不能無害於巧君子不知無害於治此信矣爲善使人不能得從此獨善也爲巧使人不能得從此獨巧也未盡善巧之理爲善與衆行之爲巧與衆能之此善之善者巧之巧者也所貴聖人

之治不貴其獨治貴其能與衆共治貴工倕之巧不貴其獨巧貴其能與衆共巧也今世之人行欲獨賢事欲獨能辨欲出群勇欲絶衆獨行之賢不足以成化獨能之事不足以周務出群之辨不可爲戸說絶衆之勇不可與征陣凡此四者亂之所由生是以聖人任道以夷其險立法以理其差使賢愚不相棄能鄙不相遺能鄙不相遺則能鄙齊功賢愚不相棄則賢愚等慮此至治之術也名定則物不競分明則私不行物不競非無心由名定故無所措其心私不行非無欲由分明故無所措其欲然則心欲人人有之而得同於無心無欲者制

之有道也田駢曰天下之士莫肯處其門庭臣其妻子必遊宦諸侯之朝者利引之也遊於諸侯之朝皆志爲卿大夫而不擬於諸侯者名限之也彭蒙曰雉兎在野衆人逐之分未定也鷄豕滿市莫有志者分定故也物奢則仁智相屈分定則貪鄙不爭圓者之轉非能轉而轉不得不轉也方者之止非能止而止不得不止也因圓之自轉使不得止因方之自止使不得轉何苦物之失分故因賢者之有用使不得不用因愚者之無用使不得用用與不用皆非我用因彼所用與不可用而自得其用奚患物之亂乎物皆不能自能不知自知智非

能智而智愚非能愚而愚好非能好而好醜非能醜而醜夫不能自能不知自知則智好何所貴愚醜何所賤則智不能得夸愚好不能得嗤醜此爲得之道也道行於世則貧賤者不怨富貴者不驕愚弱者不懾智勇者不陵定於分也法行於世則貧賤者不敢怨富貴富貴者不敢陵貧賤愚弱者不敢冀智勇智勇者不敢鄙愚弱此法之不及道也世之所貴同而貴之謂之俗世之所用同而用之謂之物苟違於人俗所不與苟忮於衆俗所共去故心皆殊而爲行若一所好各異而資用必同此俗之所齊物之所飾故所齊不可不愼所飾不可

不擇昔齊桓好衣紫闔境不鬻異采楚莊愛細腰一國皆有饑色上之所以率下乃治亂之所由也故俗苟沴必爲治以矯之物苟溢必立制以檢之累於俗飾於物者不可與爲治矣昔晉國苦奢文公以儉矯之乃衣不重帛食不兼肉無幾時人皆大布之衣脫粟之飯越王勾踐謀報吳欲人之勇路逢怒蛙而軾之比及數年民無長幼臨敵雖湯火不避居上者之難如此之驗聖王知民情之易動故作樂以和之制禮以節之在下者不得用其私故禮樂獨行禮樂獨行則私欲寢廢私欲寢廢則遭賢之與遭愚均矣若使遭賢則治遭愚則亂是

治亂屬於賢愚不係於禮樂是聖人之術與聖主而俱沒治世之法逮易世而莫用則亂多而治寡亂多而治寡則賢無所貴愚無所賤矣處名位雖不肖不愚物不疏已親疎係乎勢利不係於不肖與仁賢吾亦不敢據以爲天理以爲地勢之自然者爾今天地之間不肖實衆仁賢實寡趨利之情不肖特厚廉恥之情仁賢偏多今以禮義招仁賢所得仁賢者萬不一焉以名利招不肖所得不肖者觸地是焉故曰禮義成君子君子未必須禮義名利治小人小人不可無名利慶賞刑罰君事也守職效能臣業也君料功黜陟故有慶賞刑罰臣各

愼所任故有守職効能君不可與臣業臣不可侵君事上下不相侵與謂之名正名正而法順也接萬物使分別海內使不雜見侮不辱見推不矜禁暴息兵救世之鬬此仁君之德可以爲主矣守職分使不亂愼所任而無私飢飽一心毀譽同慮賞亦不忘罰亦不怨此居下之節可爲人臣矣世有因名以得實亦有因名以失實宣王好射說人之謂已能用強也其實所用不過三石以示左右左右皆引試之中闕而止皆曰不下九石非大王孰能用是宣王悅之然則宣王用不過三石而終身自以爲九石三石實也九石名也宣王悅其名而喪

其實齊有黃公者好謙卑有二女皆國色以其美也常謙辭毀之以爲醜惡醜惡之名遠布年過而一國無聘者衛有鰥夫時冒娶之果國色然後曰黃公好謙故毀其子不姝美於是爭禮之亦國色也國色實也醜惡名也此違名而得實矣楚人擔山雉者路人問何鳥也擔雉者欺之曰鳳凰也路人曰我聞有鳳凰今直見之汝販之乎曰然則十金弗與請加倍乃與之將欲獻楚王經宿而鳥死路人不遑惜金惟恨不得以獻楚王國人傳之咸以爲眞鳳凰貴欲以獻之遂聞楚王王感其欲獻於巳召而厚賜之過於買鳥之金十倍魏田父有耕

於野者得寶玉徑尺弗知其玉也以告鄰人鄰人陰欲圖之謂之曰怪石也畜之弗利其家弗如復之田父雖疑猶錄以歸置於廡下其夜玉明光照一室田父稱家大怖復以告鄰人曰此怪之徵遄棄殃可銷於是遽而棄於遠野鄰人無何盜之以獻魏王魏王召玉工相之玉工望之再拜而立敢賀王王得此天下之寶臣未嘗見王問價玉工曰此無價以當之五城之都僅可一觀魏王立賜獻玉者千金長食上大夫祿凡天下萬里皆有是非吾所不敢誣是者常是非者常非亦吾所信然是雖常是有時而不用非雖常非有時而必行故用是

而失有矣行非而得有矣是非之理不同而更與廢翻為我用則是非焉在哉觀堯舜湯武之成或順或逆得時則昌桀紂幽厲之敗或是或非失時則亡五伯之主亦然宋公以楚人戰於泓公子目夷曰楚衆我寡請其未悉濟而擊之宋公曰不可吾聞不鼓不成列寡人雖亡之餘不敢行也戰敗楚人執宋公齊人弒襄公立公孫無知召忽夷吾奉公子糾奔魯鮑叔牙奉公子小白奔莒既而無知被殺二公子爭國糾宜立者也小白先入故齊人立之既而使魯人殺糾召忽死之徵夷吾以為相晉文公為驪姬之譖出亡十九年惠公卒賂秦以

求反國殺懷公子而自立彼一君正而不免於執二君不正霸業遂焉己是而舉世非之則不知己之是己非而舉世是之亦不知己所非然則是非隨衆賈而爲正非己所獨了則犯衆者爲非順衆者爲是故人君處權乘勢處所是之地則人所不得非也居則物尊之動則物從之言則物誠之行則物則之所以居物上御群下也國亂有三事年飢民散無食以聚之則亂治國無法則亂有法而不能用則亂有食以聚民有法而能行國不治未之有也

大道下

仁義禮樂名法刑賞凡此八者五帝三王治世之術也故仁以道之義以宜之禮以行之樂以和之名以正之法以齊之刑以威之賞以勸之故仁者所以博施於物亦所以生偏私義者所以立節行亦所以成華僞禮者所以行恭謹亦所以生惰慢樂者所以和情志亦所以生淫放名者所以正尊卑亦所以生矜篡法者所以齊衆異亦所以乖名分刑者所以威不服亦所以生陵暴賞者所以勸忠能亦所以生鄙爭凡此八術無隱於人而常存於世非自顯於堯湯之時非自逃於桀紂之朝用得其道則天下治失其道則天下亂過此而往雖彌

綸天地籠絡萬品治道之外非群生所餐挹聖人錯而
不言也凡國之存亡有六徵有衰國有亡國有昌國有
彊國有治國有亂國所謂亂亡之國者凶虐殘暴不與
焉所謂彊治之國者威力仁義不與焉君年長多媵少
子孫疏宗族衰國也君寵臣臣愛君公法廢私欲行亂
國也國貧小家富大君權輕臣勢重亡國也凡此三徵
不待凶虐殘暴而後弱也雖曰見存吾必謂之亡者也
內無專寵外無近習支庶繁字長幼不亂昌國也農桑
以時倉廩充實兵甲勁利封疆脩理彊國也上不勝其
下下不犯其上上下不相勝犯故禁令行人人無私雖

經險易而國不可侵治國也凡此三徵不待威力仁義而後彊雖曰見弱吾必謂之存者也治主之興必有所先誅先誅者非謂盜非謂姦此二惡者一時之大害非亂政之本也亂政之本下侵上之權臣用君之術心不畏時之禁行不軌時之法此大亂之道也孔丘攝魯相七日而誅少正卯門人進問曰夫少正卯魯之聞人也夫子爲政而先誅得無失乎孔子曰居吾語汝其故人有惡者五而竊盜姦私不與焉一曰心達而險二曰行僻而堅三曰言僞而辯四曰彊記而博五曰順非而澤此五者有一於人則不免君子之誅而少正卯兼有之

故居處足以聚徒成群言談足以飾邪熒衆彊記足以反是獨立此小人雄桀也不可不誅也是以湯誅尹諧文王誅潘正太公誅華士管仲誅付里乙子產誅鄧析史傳此六子者異世而同心不可不誅也詩曰憂心悄悄慍於群小小人成群斯足畏也語曰佞辯可以熒惑鬼神曰鬼神聰明正直孰曰熒惑者曰鬼神誠不受熒惑此尤佞辯之巧靡不入也夫佞辯者雖不能熒惑鬼神熒惑人明矣探人之心度人之欲順人之嗜好而不敢逆納人於邪惡而求其利人喜聞己之美也善能揚之惡聞己之過也善能飾之得之於眉睫之間承之於

言行之先語曰惡紫之奪朱惡利口之覆邦家斯言足畏而終身莫悟危亡繼踵焉老子曰以政治國以奇用兵以無事取天下政者名法是也以名法治國萬物所不能亂奇者權術是也以權術用兵萬物所不能敵凡能用名法權術而矯抑殘暴之情則己無事焉己無事則得天下矣故失治則任法失法則任兵以求無事不以取彊取彊則柔者反能服之老子曰民不畏死如何以死懼之凡民之不畏死由刑罰過刑罰過則民不賴其生生無所賴視君之威末如也刑罰中則民畏死畏死由生之可樂也知生之可樂故可以死懼之此人君

之所宜執臣下之所宜慎田子讀書曰堯時太平宋子曰聖人之治以致此乎彭蒙在側越次答曰聖法之治以至此非聖人之治也宋子曰聖人與聖法何以異彭蒙曰子之亂名甚矣聖人者自己出也聖法者自理出也理出於己己非理也己能出理理非己也故聖人之治獨治者也聖法之治則無不治矣此萬世之利唯聖人能該之宋子猶惑質於田子田子曰蒙之言然莊里丈人字長子曰盜少子曰毆盜出行其父在後追呼之曰盜盜吏聞因縛之其父呼毆喻吏遽而聲不轉但言毆毆吏因毆之幾殪康衢長者字僮曰善搏字犬曰善

噬賓客莫過其門者三年長者怪而問之乃實對於是國之賓客往復鄭人謂玉未理者爲璞周人謂鼠未腊者爲璞周人懷璞謂鄭賈曰欲買璞乎鄭賈曰欲之出其璞視之乃鼠也因謝不取父之於子也令有必行者有必不行者去貴妻賣愛妾此令必行者也因曰汝無敢恨汝無敢思令必不行者也故爲人上者必慎所令凡人富則不羨爵祿貧則不畏刑罰不羨爵祿者自足於己也不畏刑罰者不賴存身也二者爲國之所甚而不知防之之術故令不行而禁不止若使令不行而禁不止則無以爲治無以爲治是人君虛臨其國徒君其

民危亂可立而待矣今使由爵祿而後富則人必爭盡力於其君矣由刑罰而後貧則人咸畏罪而從善矣故古之爲國者無使民自貧富貧富皆由於君則君專所制民知所歸矣貧則怨人賤則怨時而莫有自怨者此人情之大趣也然則不可以此是人情之大趣而一槩非之亦有可矜者焉不可不察也今能同算鈞而彼富我貧能不怨則美矣雖怨無所非也才鈞智同而彼貴我賤能不怨則美矣雖怨無所非也其敝在於不知乘權藉勢之異而雖曰智能之同是不達之過雖君子之鄙亦君子之怒也人貧則怨人富則驕人怨人者苦人

之不祿施於己也起於情所難安而不能安猶可恕也
驕人者無苦而無故驕人此情所易制而弗能制弗可
恕矣衆人見貧賤則慢而疎之見富貴則敬而親之貧
賤者有請賕於己疎之可也未必損己而必疎之以其
無益於物之具故也富貴者有施與己親之可也未必
益己而必親之則彼不敢親我矣三者獨立無致親致
疎之所人情終不能不以貧賤富貴易慮故謂之大惑
焉窮獨貧賤治世之所共矜亂世之所共侮治世非爲
矜窮獨貧賤而治是治之一事也亂世亦非侮窮獨貧
賤而亂亦是亂之一事也每事治則無亂亂則無治視

夏商之盛夏商之衰則其驗也貧賤之望富貴甚微而富貴不能酬其甚微之望夫富者之所惡貧者之所美貴者之所輕賤者之所榮然而弗酬弗與同苦樂故也雖弗酬之於物弗傷今萬民之望人君亦如貧賤之望富貴其所望者蓋欲料長幼平賦斂時其飢寒省其疾痛賞罰不濫使役以時如此而已則於人君弗損也然而弗酬弗與同勞逸故也故為人君不可弗與民同勞逸焉故富貴者可不酬貧賤者人君不可不酬萬民不酬萬民則萬民之所不願戴所不願戴則君位替矣危莫甚焉禍莫大焉

尹文子終

尹文子一卷校勘記逸文一卷

（周）尹文 撰 （清）錢熙祚 校勘

清道光二十四年（1844）金山錢氏
據《墨海金壺》版重編增刊《守山閣叢書》本

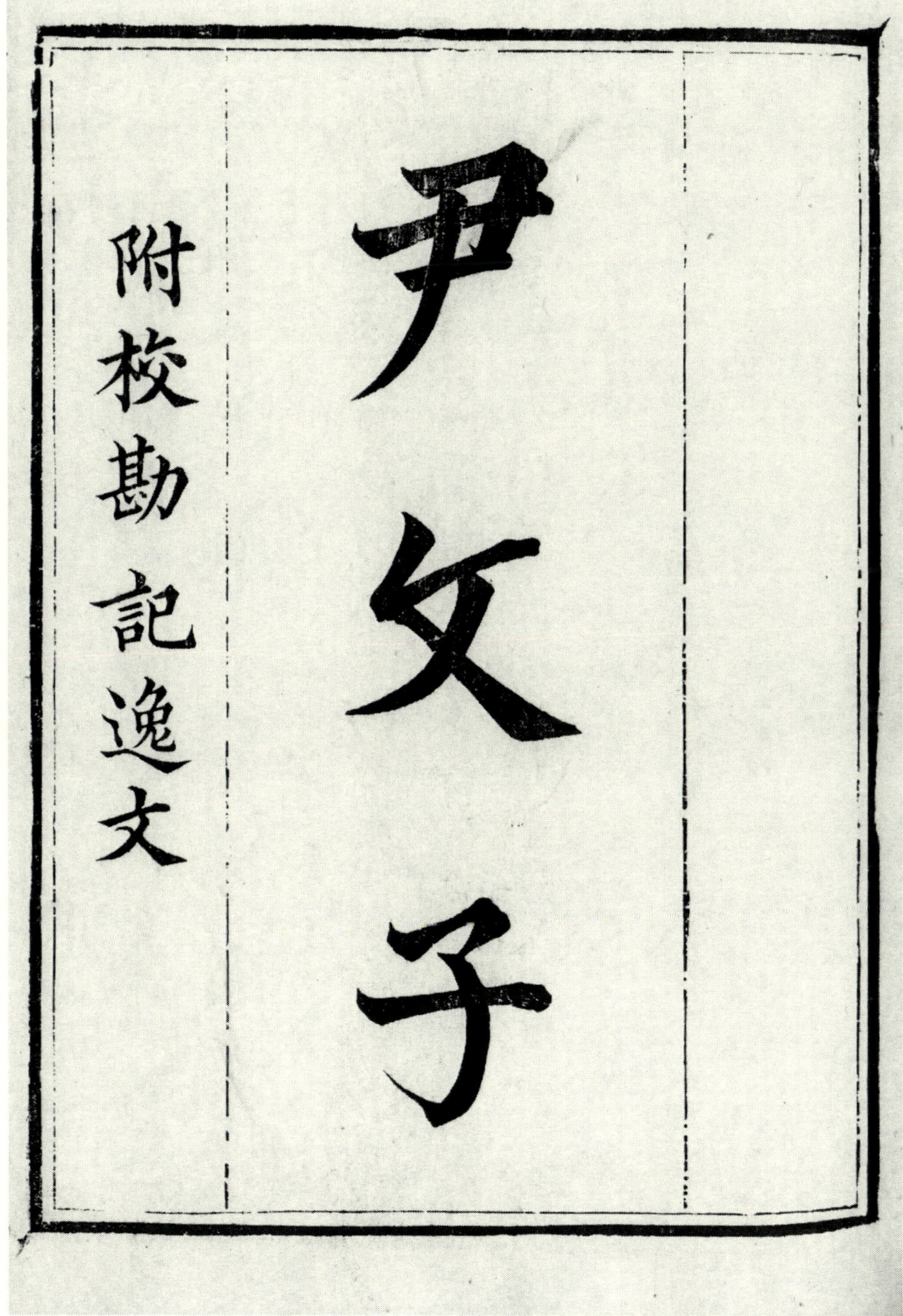

尹文子

附校勘記逸文

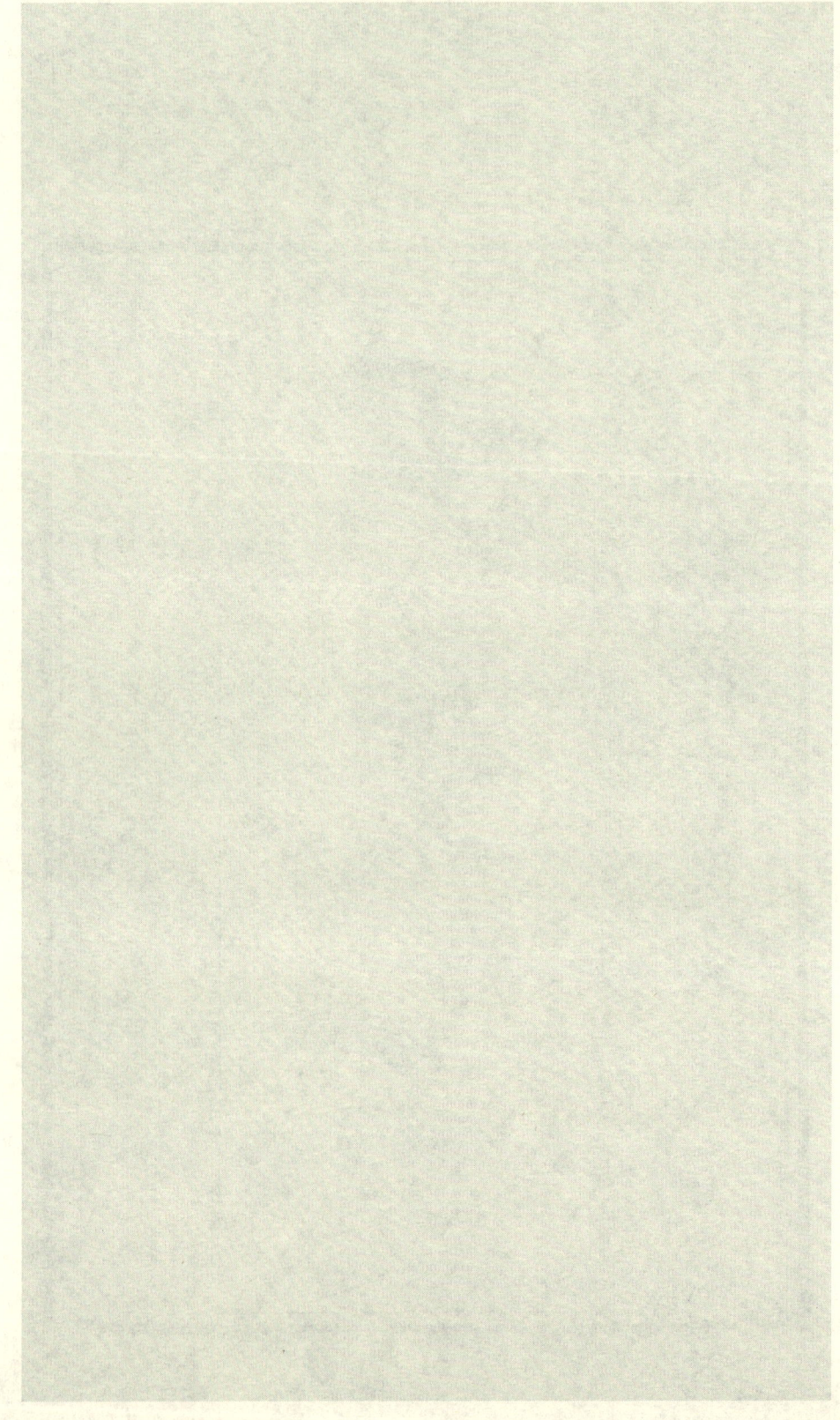

欽定四庫全書提要

尹文子一卷周尹文撰前有魏黃初末山陽仲長氏序稱條次撰定爲上下篇文獻通考作二卷此本亦題大道上篇大道下篇與序相符而通爲一卷蓋後人所合併也莊子天下篇以尹文田駢並稱顏師古注漢書爲齊宣王時人考劉向說苑載文與宣王問答顏蓋據此然呂氏春秋又載其與湣王問答事殆宣王時人至湣王時猶在歟其書本名家者流大旨指陳治道欲自處于虛靜而萬事萬物則一一綜核其實故其言出入于黃老申韓之間周氏涉筆謂其自道以至名自名以至法蓋得其眞晁公武讀書志以爲誦法仲尼其言誠過

宜爲高似孫緯略所譏然似孫以儒理繩之謂其淆雜

亦爲未允百氏爭鳴九流並列各尊所聞各行所知自

老莊以下均自爲一家之言讀其文者取其博辨閎肆

足矣安能限以一格哉序中所稱熙伯蓋繆襲之字其

山陽仲長氏不知爲誰李獻臣以爲仲長統然統卒于

建安之末與所云黃初末者不合晁公武因此而疑史

誤未免附會矣

原序

尹文子者蓋出於周之尹氏齊宣王時居稷下與宋鈃彭蒙田駢同學於公孫龍公孫龍稱之著書一篇多所彌綸莊子曰不累於物不苟於人不忮於衆願天下之安寧以活於民命人我之養畢足而止之以此白心見侮不辱此其道也而劉向亦以其學本於黃老大較刑名家也近爲誣矣余黃初末始到京師繆熙伯以此書見示意甚玩之而多脫誤聊試條次撰定爲上下篇亦未能究其詳也山陽仲長氏撰

尹文子　　守山閣叢書　子部

周尹文撰　金山錢熙祚錫之校

大道上

大道無形稱器有名名也者正形者也形正由名則名不可差故仲尼云必也正名乎名不正則言不順也大道不稱衆有必名生于不稱則羣形自得其方圓名生于方圓則衆名得其所稱也大道治者則名法儒墨自廢以名法儒墨治者則不得離道老子曰道者萬物之奧善人之寶不善人之所寶是道治者謂之善人藉名法儒墨者謂之不善人善人之與不善人名分扶問切日離不待審察而得也道不足以治則用法法不足以治則用術術不足以治則用權權不足以治

則用勢勢用則反權權用則反術術用則反法法用則反道道用則無爲而自治故窮則徼吉弔切終徼終則反始始終相襲無窮極也有形者必有名有名者未必有形形而不名未必失其方圓白黑之實名而不可不尋名以檢其差故亦有名以檢形形以定名名以定事事以檢名察其所以然則形名之與事物無所隱其理矣名有三科法有四呈一曰命物之名方圓白黑是也二曰毀譽之名善惡貴賤是也三曰況謂之名賢愚愛憎是也一曰不變之法君臣上下是也二曰齊俗之法能鄙同異是也三曰治衆之法慶賞刑罰是也四曰平準之法律度權量是也術者人君之所密用羣下不可妄窺勢者制法之利器羣下不可妄爲人君有術而使羣下

得窺非術之奧者有勢使羣下得爲非勢之重者大要在乎先正名分使不相侵雜然後術可秘勢可專名者名形者也形者應名者也然形非正名也名非正形也則形之與名居然別矣不可相亂亦不可相無無名故大道無稱有名故名以正形今萬物具存不以名正之則亂萬名具列不以形應之則乖故形名者不可不正也善名命善惡名命惡故善有善名惡有惡名聖賢仁智命善者也頑嚚魚巾切凶愚命惡者也今卽聖賢仁智之名以求聖賢仁智之實未之或盡也卽頑嚚凶愚之名以求頑嚚凶愚之實亦未或盡也使善惡盡然有分雖未能盡物之實猶不患其差也故曰名不可不辨也名稱者別彼此而檢虛實者也自古至今莫不用此而得

用彼而失失者由名分混得者由名分察今親賢而疏不肖賞善而罰惡賢不肖善惡之名宜在彼親疏賞罰之稱宜屬我我之與彼又復一名名之察者也名賢不肖爲親疏名善惡爲賞罰合彼我之一稱而不别之名之混者也故曰名稱者不可不察也語曰好（虛到切）牛又曰不可不察也好則物之通稱牛則物之定形以通稱隨定形不可窮極者也設復言好馬則復連于馬矣則好所通無方也設復言好人則彼屬于人矣則好非人人非好也則好牛好馬好人之名自離矣故曰名分不可相亂也五色五聲五臭五味凡四類自然存焉天地之間而不期爲人用人必用之終身各有好惡而不能辯其名分名宜屬彼分宜屬我我愛白而憎黑韻商而舍

徵好羶而惡焦嗜甘而逆苦白黑商徵羶焦甘苦彼之名也愛憎韻舍好惡嗜逆我之分也定此名分則萬事不亂也故人以度審長短以量受多少以衡平輕重以律均清濁以名稽虛實以法定治亂以簡治煩惑以易御險難以萬事皆歸于一百度皆準于法歸一者簡之至準法者易之極如此頑嚚聾瞽可以察慧聰明同其治也天下萬事不可備能責其備能于一人則賢聖其猶病諸設一人能備天下之事能左右前後之宜遠近遲疾之間必有不兼者焉苟有不兼于治闕矣全治而無闕者大小多少各當丁浪切其分農商工士不易其業老農長商習工舊士莫不存焉則處上者何事哉故有理而無益于治者君子弗言有能而無益于事者君子弗

爲君子非樂有言有益于治不得不言君子非樂有爲有益于事不得不爲故所言者不出于名法權術所爲者不出于農稼軍陣周務而已故明主不爲治外之理小人必言事外之能小人亦知言損于治而不能不言小人亦知能損於事而不能不爲故所言者極于儒墨是非之辯所爲者極于堅僞偏抗(口浪切)之行求名而已故明主誅之古語曰不知無害于君子知之無損于小人工匠不能無害于巧君子不知無害于治此信矣爲善使人不能得從此獨善也爲巧使人不能得從此獨巧也未盡善巧之理爲善與衆行之爲巧與衆能之此善之善者巧之巧者也所貴聖人之治不貴其獨治貴其能與衆共治貴工倕(音垂)之巧不貴其獨巧貴其能與衆

共巧也今世之人行欲獨賢事欲獨能辯欲出羣勇欲絶衆獨行之賢不足以成化獨能之事不足以周務出羣之辯不可爲戸說絶衆之勇不可與征陣凡此四者亂之所由生是以聖人任道以夷其險立法以理其差使賢愚不相棄能鄙不相遺能鄙不相遺則能鄙齊功賢愚不相棄則賢愚等慮此至治之術也名定則物不競分（夫問切）明則私不行物不競非無心由名定故無所措其心私不行非無欲由分明故無所措其欲然則心欲人人有之而得同于無心無欲者制之有道也田駢（蒲眠切）曰天下之士莫肯處其門庭臣其妻子必遊宦諸侯之朝者利引之也遊于諸侯之朝皆志爲卿大夫而不擬于諸侯者名限之也彭蒙曰雉兔在野衆人逐之分

未定也雞豕滿市莫有志者分定故也物奢則仁智相屈分定則貪鄙不爭圓者之轉非能轉而轉不得不轉也方者之止非能止而止不得不止也因圓之自轉使不得止因方之自止使不得轉何苦物之失分故因賢者之有用使不得不用因愚者之無用使不得用用與不用皆非我用因彼所用與不可用而自得其用奚患物之亂乎物皆不能自能不知自知智非能智而智愚非能愚而愚好非能好而好醜非能醜而醜夫不能自能不知自知則智好何所貴愚醜何所賤則智不能得夸愚好不能得嗤醜此爲得之道也道行于世則貧賤者不怨富貴者不驕愚弱者不懾（質涉切）智勇者不陵定于分也法行于世則貧賤者不敢怨富貴富貴者不敢陵

貧賤愚弱者不敢冀智勇智勇者不敢鄙愚弱此法之不及
道也世之所貴同而貴之謂之俗世之所用同而用之謂之
物苟違于人俗所不與苟忮支義切於衆俗所共去故心皆厤
而爲行若一所好各異而資用必同此俗之所齊物之所飾
故所齊不可不慎所飾不可不擇昔齊桓好許浩切衣紫闔境
不鬻異采楚莊愛細腰一國皆有饑色上之所以率下乃治
亂之所由也故俗苟沴必爲治以矯之物苟溢必立制以檢
之累力僞切于俗飾于物者不可與爲治矣昔晉國苦奢文公
以儉矯之乃衣不重帛食不異肉無幾時人皆大布之衣脫
粟之飯越王句踐謀報吳欲人之勇路逢怒蛙而軾之比及
數年民無長幼臨敵雖湯火不避居上者之難如此之驗聖

王知人情之易動故作樂以和之制禮以節之在下者不得用其私故禮樂獨行禮樂獨行則私欲寢廢私欲寢廢則遭賢之與遭愚均矣若使遭賢則治遭愚則亂是治亂係于賢愚不係于禮樂是聖人之術與聖主而俱殁治世之法逮易世而莫用則亂多而治寡亂多而治寡則賢無所貴愚無所賤矣處名位雖不肖下愚物不疏（音疎）己親疏係乎勢利不係于不肖與仁賢吾亦不敢據以爲天理以爲地勢之自然者爾今天地之間不肖實衆仁賢實寡趨利之情不肖特厚廉恥之情仁賢偏多今以禮義招仁賢所得仁賢者萬不一焉以名利招不肖所得不肖者觸地是焉故曰禮義成君子君子未必須禮義名利治小人小人不可無名利慶賞刑罰君

事也守職效能臣業也君科功黜陟故有慶賞刑罰臣各慎所務故有守職效能君不可與臣業臣不可侵君事上下不相侵與謂之名正名正而法順也接萬物使分別海內使不雜見侮不辱見推不矜禁暴息兵救世之鬭此仁君之德可以爲主矣守職分使不亂慎所任而無私飢飽一心毀譽同慮賞亦不忘罰亦不怨此居下之節可爲人臣矣世有因名以得實亦有因名以失實宣王好射說音悅人之謂己能用強也其實所用不過三石以示左右左右皆引試之中關而止皆曰不下九石非大王孰能用是宣王悅之然則宣王用不過三石而終身自以爲九石三石實也九石名也宣王悅其名而喪其實齊有黃公者好謙卑有二女皆國色以其美也

常謙辭毀之以爲醜惡醜惡之名遠布年過而一國無聘者衛有鰥夫時冒娶之果國色然後曰黃公好謙故毀其子不妹美于是爭禮之亦國色也國色實也醜惡名也此違名而得實矣楚人擔山雉者路人問何鳥也擔雉者欺之曰鳳凰也路人曰我聞有鳳凰今直見之汝販之乎曰然則十金弗與請加倍乃與之將欲獻楚王經宿而鳥死路人不遑惜金惟恨不得以獻楚王國人傳之咸以爲眞鳳凰貴欲以獻之遂聞楚王王感其欲獻于己召而厚賜之過于買鳥之金十倍魏田父有耕于野者得寳玉徑尺弗知其玉也以告鄰人鄰人陰欲圖之謂之曰怪石也畜之勿利其家弗如一復之田父雖疑猶錄以歸置于廡（音侮）下其夜玉明光照一室田父

稱家大怖普故切復以告鄰人曰此怪之徵遄市專切棄殃可銷于是遽而棄于遠野鄰人無何盜之以獻魏王魏王召玉工相之玉工望之再拜而立敢賀曰王得此天下之寶臣未嘗見王問價玉工曰此玉無價以當之五城之都僅可一觀魏王立賜獻玉者千金長食上大夫祿凡天下萬里皆有是非吾所不敢誣是者常是非者常非亦吾所信然是雖常是有時而不用非雖常非有時而必行故用是而失有矣行非而得有矣是非之理不同而更興廢翻為我用則是非焉在哉觀堯舜湯武之成或順或逆得時則昌桀紂幽厲之敗或是或非失時則亡五伯之主亦然宋公以楚人戰于泓烏宏切公子目夷曰楚衆我寡請其未悉濟而擊之宋公曰不可吾聞

不鼓不成列寡人雖亡國之餘不敢行也戰敗楚人執宋公齊人弒襄公立公孫無知召忽夷吾奉公子糾奔魯鮑叔牙奉公子小白奔莒既而無知被殺二公子爭國糾宜立者也小白先入故齊人立之既而使魯人殺糾召忽死之徵夷吾以爲相晉文公爲驪姬之譖出亡十九年惠公卒賂秦以求反國殺懷公子而自立彼一君正而不免于執二君不正霸業遂焉己是而舉世非之則不知己之是己非而舉世是之亦不知己所非然則是非隨衆賈而爲正非己所獨了則犯衆者爲非順衆者爲是故人君處權乘勢處所是之地則人所不得非也居則物尊之動則物從之言則物誠之行則物則之所以居物上御羣下也國亂有三事年飢民散無食以

聚之則亂治國無法則亂有法而不能用則亂有食以聚民有法而能行國不治未之有也

大道下

仁義禮樂名法刑賞凡此八者五帝三王治世之術也故仁以道之義以宜之禮以行之樂以和之名以正之法以齊之刑以威之賞以勸之故仁者所以博施于物亦所以生偏私義者所以立節行亦所以成華偽禮者所以行恭謹亦所以生惰慢樂者所以和情志亦所以生淫放名者所以正尊卑亦所以生矜篡法者所以齊衆異亦所以乖名分刑者所以威不服亦所以生陵暴賞者所以勸忠能亦所以生鄙爭凡此八術無隱于人而常存于世非自顯于堯湯之時非自逃

子桀紂之朝用得其道則天下治失其道則天下亂過此而往雖彌綸天地籠絡萬品治道之外非羣生所餐挹聖人錯而不言也凡國之存亡有六徵有衰國有亡國有昌國有彊國有治國有亂國所謂亂亡之國者凶虐殘暴不與焉所謂彊治之國者威力仁義不與焉君年長多媵（以證切）少子孫疏宗族衰國也君寵臣臣愛君公法廢私欲行亂國也國貧小家富大君權輕臣勢重亡國也凡此三徵不待凶惡殘暴而後弱也雖曰見存吾必謂之亡者也內無專寵外無近習支庶繁字長幼不亂昌國也農桑以時倉廩充實兵甲勁利封疆修理彊國也上不勝其下下不犯其上上下不相勝犯故禁令行人人無私雖經險易而國不可侵治國也凡此三徵

不待威力仁義而後彊雖曰見弱吾必謂之存者也治主之興必有所先誅先誅者非謂盜非謂姦此二惡者一時之大害非亂政之本也亂政之本下侵上之權臣用君之術心不畏時之禁行不軌時之法此大亂之道也孔丘攝魯相七日而誅少失照切正卯門人進問曰夫少正卯魯之聞人也夫子爲政而先誅得無失乎孔子曰居吾語牛據切汝其故人有惡者五而竊盜姦私不與焉一曰心逹而險二曰行僻而堅三曰言僞而辨四曰彊記而博五曰順非而澤此五者有一于人則不免君子之誅而少正卯兼有之故居處足以聚徒成羣言談足以飾邪熒衆彊記足以反是獨立此小人雄桀也不可不誅也是以湯誅尹諧文王誅潘正太公誅華士管仲

誅付里乙子產誅鄧析史付此六子者異世而同心不可不誅也詩曰憂心悄悄慍于羣小小人成羣斯足畏也語曰佞辯可以熒惑鬼神曰鬼神聰明正直孰曰熒惑者曰鬼神誠不受熒惑此尤佞辯之巧靡不入也夫佞辯者雖不能熒惑鬼神熒惑人明矣探人之心度人之欲順人之嗜好而不敢逆納人于邪惡而求其利人喜聞己之美也善能揚之惡聞己之過也善能飾之得之於眉睫之間承之于言行之先語曰惡紫之奪朱惡利口之覆邦家斯言足畏而終身莫悟危亡繼踵焉老子曰以政治國以奇用兵以無事取天下政者名法是也以名法治國萬物所不能亂奇者權術是也以權術用兵萬物所不能敵凡能用名法權術而矯抑殘暴之情

則己無事焉己無事則得天下矣故失治則任法失法則任兵以求無事不以取彊取彊則柔者反能服之老子曰民不畏死如何以死懼之凡民之不畏死由刑罰過刑罰過則民不賴其生生無所賴視君之威末如也刑罰中則民畏死畏死由生之可樂也知生之可樂故可以死懼之此人君之所宜執臣下之所宜慎田子讀書曰堯時太平宋子曰聖人之治以致此乎彭蒙在側越次答曰聖法之治以至此非聖人之治也宋子曰聖人與聖法何以異彭蒙曰子之亂名甚矣聖人者自己出也聖法者自理出也理出于己己非理也己能出理理非己也故聖人之治獨治者也聖法之治則無不治矣此萬物之利唯聖人能該之宋子猶惑質于田子田子

曰蒙之言然莊里丈人字長子曰盜少子曰毆盜出行其父在後追呼之曰盜盜吏聞因縛之其父呼毆喻吏遽而聲不轉但言毆毆吏因毆之幾殪一計切康衢長者字僮曰善搏音博字犬曰善噬賓客不過其門者三年長者怪而問之乃實對于是改之賓客往復鄭人謂玉未理者爲璞周人謂鼠未腊者爲璞周人懷璞謂鄭賈曰欲買璞乎鄭賈曰欲之出其璞視之乃鼠也因謝不取父之於子也令有必行者有必不行者去貴妻賣愛妾此令必行者也因曰汝無敢恨汝無敢思令必不行者也故爲人上者必慎所令凡人富則不羨爵祿貧則不畏刑罰不羨爵祿者自足于己也不畏刑罰者不賴存身也二者爲國之所甚而不知防之之術故令不行而禁

不止若使令不行而禁不止則無以爲治無以爲治是人君虛臨其國徒君其民危亂可立而待矣今使由爵祿而後富則人必爭盡力于其君矣由刑罰而後貧則人咸畏罪而從善矣故古之爲國者無使民自貧富貧富皆由于君則君專所制民知所歸矣貧則怨人賤則怨時而莫有自怨者此人情之大趣也然則不可以此是人情之大趣而一槩非之亦有可矜者焉不可不察也今能同算鈞而彼富我貧能不怨則美矣雖怨無所非也才鈞智同而彼貴我賤能不怨則美矣雖怨無所非也其徹在于不知乘權藉勢之異而雖曰智能之同是不達之過雖君子之鄙亦君子之恕也人貧則怨人富則驕人怨人者苦人之不祿施于己也起于情所難安

而不能安猶可恕也驕人者無苦而無故驕人此情所易制而弗能制弗可恕矣衆人見貧賤則慢而疎之見富貴則敬而親之貧賤者有請賕于己疎之可也未必損己而必疎之以其無益于物之具故也富貴者有施與己親之可也未必益己而必親之則彼不敢親我矣三者獨立無致親致疎之所人情終不能不以貧賤富貴易慮故謂之大惑焉窮獨貧賤治世之所共矜亂世之所共侮治世非爲矜窮獨貧賤而治是治之一事也亂世亦非侮窮獨貧賤而亂亦是亂之一事也每事治則無亂亂則無治視夏商之盛夏商之衰則其驗也貧賤之望富貴甚微而富貴不能酬其甚微之望夫富者之所惡貧者之所美貴者之所輕賤者之所榮然而弗酬

弗與同苦樂故也雖弗酬之于我弗傷今萬民之望人君亦如貧賤之望富貴其所望者葢欲料長幼平賦斂時其飢寒省其疾痛賞罰不濫使役以時如此而已則於人君弗損也然而弗酬弗與同勞逸故也故爲人君不可弗與民同勞逸焉故富貴者可不酬貧賤者人君不可不酬萬民不酬萬民則萬民之所不願戴所不願戴則君位替矣危莫甚焉禍莫大焉

尹文子終

尹文子校勘記

漢志尹文子一篇魏黃初末山陽仲長氏析爲上下篇故隋志有二卷與今道藏本合然唐人引尹文子多今本所無反覆尋繹疑脫簡並在下篇惜割裂太甚零章剩句無可位置今依四庫本仍合爲一卷別附札記以俟世有仲長氏其人者當審定焉熙祚識

原序

畢足而止之藏本無之字與莊子天下篇合意其玩之藏本其作甚

大道上

不善人之所寶老子寶作保二字古通勢用則反權容齋續筆引作勢不足則反權

語曰好牛又曰不可不察也又曰二字衍當依御覽八百九十九引此文刪故人

以度審長短（故字誤羣書治要引作古）以量受多少（二字藏本倒與治要合）以簡治煩惑（藏本治作制與治要合）以萬事皆歸于一（以字衍當依治要刪）如此頑嚚聾瞽（治要引如此下有則字）可以察慧聰明（以字誤明吉府本作與與治要合）同其治也（治要引作矣）設一人能備天下之事能（治要引作則屬下句讀）農商工士（藏本士作仕下同）則處上者何事哉（治要者作有）君子弗言（長短經卑政篇弗作不與治要合）君子弗爲（長短經此弗字亦作不）故明主不爲（此二字誤當依治要作任之下云故明主誅之正與此相對爲文）治外之理小人必言事外之能（此處有挩文當依治要作治外之理小人之所必言事外之能小人之所必爲觀下文云小人亦知言損于治而不能不言小人亦知能損于事而不能不爲亦以言屬治以爲屬事也）小人亦知言損于治（治要引損上多有字下句同）古語曰（治要引句首有故字）不知無害于君子（治要于作爲下句同）此信矣（治要引作此言信矣）爲善使人不能得從此獨善也爲

巧使人不能得從此獨巧也未盡善巧之理治要引此文云為善使人不能得從為巧使人不能得為此獨善獨巧者也未盡巧善之理長短經畢政篇注為善為巧下並有者字也字在理字下餘並與治要同可見唐本尹文子如此所貴聖人之治容齋續筆引句首有故字與治要合貴其能與衆共治貴工倕之巧長短經引共治下有也所二字與治要合獨行之賢長短經引句首有夫字亂之所由生長短經引有也字任道以夷其險治要夷作通制之有道也長短經適變篇引作在制之有道故也皆非我用用字誤當依治要作也因彼所用所字誤當依治要作可而自得其用治要引而下有自得其用也五字又長短經自作各奚患物之亂乎長短經乎作也與治要合智勇者不陵治要作矜定于分也治要定作足故心皆殊治要故下有人字必為治以矯之治字誤明吉府本及藏本並作法食不異肉藏本異作兼與御覽六百八十九引此文合又書鈔百四十三作重人皆大布之衣書鈔御覽引人上並有國字此脫去越王句踐謀報吳

書鈔百十六引作越王將報吳王**而軾之**書鈔八十五御覽五百四十三並引作下車而揖之又書鈔百十六作迴車避之**比及數年民無長幼臨敵雖湯火不避**書鈔百十六引作後戰民皆不避湯火遂滅吳與今本異**知人情之易動**藏本人作民**處名位雖不肖下愚物不疏己**此處有脫誤文選任彥昇薦士表注引作處名位雖不肖不患物不親已在貧賤不患物不疏已觀下文云親疏係乎勢利則此處亦當親疏並舉爲是不患誤作下愚字形並相似也藏本下作不此此其迹之未盡泯者**不係于不肖與仁賢**文選注有也字**君科功黜陟**藏本科作料料字是下篇亦云料長幼**此仁君之德可以爲主矣**荀子正論篇注引仁作人主作王**宣王好射**御覽三百八十九引作齊宣王與呂氏春秋壅塞篇合**其實所用不過三石**書鈔百二十五御覽三百八十九用下並有弓字此脫去**皆曰不下九石**書鈔御覽曰下並有此字**而終身自以爲九石**御覽爲下有用字**而一國無聘者**藝文類聚十八引作一國之人無敢聘者御覽三百八十一亦有敢字**衛有鰥夫時**鰥夫下脫失字當依

御覽補路人問何鳥也御覽九百十七引問下有日字今直見之直字誤藝文類聚九十御覽九百十七並作始曰然則十金藝文類聚及御覽並作請買十金路人不遑借金藝文類聚借下有其字謂之曰怪石也藝文類聚八十三御覽八百五謂並作詐又明吉府本及藏本日下並有此字此脫去弗如一復之一字衍當依明吉府本及藏本刪田父稱家大怖稱字誤御覽引作其無田父二字于是遠而棄于遠野御覽棄下有之字再拜而立敢賀曰王得此天下之寶此文有誤御覽作再拜卻立曰敢賀大王得此天下之寶六帖七同藝文類聚作再拜賀曰大王得此天下之寶蓋節文王問價明吉府本及藏本問下並有其字與藝文類聚引此文合食上大夫祿藝文類聚大夫下有之字

大道下治要作聖人篇

所以行恭謹治要引作謹敬長短經反經篇作敬謹亦所以乘名分治要及長短經並作亦所以生乘分非自逃于桀紂之朝此自字治要作故失其道則天下

亂 治要失上有用字 籠絡萬品 治要籠作纙 有亂國 治要引此句在衰國下與下文合 君年長多勝 長短經理亂篇多下有妄字與治要合明吉府本作勝妄 疏宗族 明吉府本及藏本族並作彊與治要合 不待凶惡殘暴 治要惡作虐與上文合 文庶繁字 長短經字作息與治要合 上不勝其下下不犯其上 長短經引兩不字下並有能字與治要合藏本下句亦有能字 孰曰熒惑者 日字誤當依明吉府本作能 承之于言行之先 此下脫一百二十四字當依治要補正世俗之人聞譽則悅聞毀則戚此衆人之大情有同已則喜異已則怒此人之大情故佞人善爲譽者也善順從者也人言是亦是之人言非亦非之從人之所愛隨人之所憎故明君雖能納正直未必親正直雖能遠佞人未必能疏佞人故舜禹者以能不用佞人亦未必能憎佞人語曰佞辦或物舜禹不能得憎不可不察乎按末句乎當作也 以政治國 老子政作正二字古通 如何以死懼之 治要引作如之何其以死懼之 少子曰歐 明吉府本作毆下同 乃實對 御覽四百五引作人以實對 賓客往復 二字誤倒當依明吉府本乙轉藝文類聚九十四御覽四百五又九百五並引作復往 鄭

人謂玉未理者爲璞（後漢書應劭傳注理作琢）謂鄭賈曰（藝文類聚八十三謂作問）父之於子也（此上脫一百十六字當依治要補正田子曰人皆自爲而不能爲人故君人者之使人使其自爲用而不使爲我用魏下先生曰善哉田子之言古者君之使臣求不私愛於己求顯忠於己而居官者必能臨陳者必勇祿賞之所勸名法之所齊不出於己心不利於己身語曰祿薄者不可與經亂賞輕者不可與入難此處上者所宜慎者也按祿薄者以下又見意林及御覽六百三十三）令必不行者也（長短經政體篇令上有此字）必慎所令（長短經作必慎所出令焉治要亦有焉字）而雖曰智能之同（雖字誤當依明吉府本作推）驕人者無苦（治要無下有所字）亦如貧賤之望富貴（治要貧賤下有者字）故富貴者可不酬貧賤者（治要引作而屬下句讀）

附逸文

尹文子見齊宣王宣王不言而歎尹文子曰何歎王曰吾歎國中寡賢尹文子曰使國悉賢孰處王下（此下意林有誰王爲王使四子）

曰國悉不肖可乎尹文子曰國悉不肖孰理王朝王曰賢與不肖皆無可乎尹文子曰不然有賢有不肖故王尊於上臣卑於下進賢退不肖所以有上下也意林又藝文類聚二十御覽四百二

虎求百獸食之得狐狐曰子無食我也天帝令我長百獸今子食我是逆天帝命也子以我言不信吾爲子先行子隨我後觀百獸之見我不走乎虎以爲然故遂與行獸見之皆走虎不知獸之畏己而走以爲畏狐也御覽四百九十四

瞽者無目而耳不可以瞭察視也精於聽也御覽七百四十

聾者不歌無以自樂盲者不觀無以接物同上

數十百千萬億億萬千百十皆起於一推之億億無差矣御覽七百五十

千人曰俊萬人曰傑史記屈原傳索隱又詩汾沮洳疏引作萬人爲英以智力求者喻如弈棊類聚七十四弈字重無碁字進退取與攻劫放捨文選博奕論注放作殺在我者也御覽七百五十三博者盡開塞之宜得周通之路而不能制齒之大小在遇者也文選策秀才文注藝文類聚七十四御覽七百五十四

堯爲天子衣不重帛食不兼味土階三尺茅茨不翦藝文類聚八十二御覽九百九十六

堯德化布於四海仁惠被於蒼生文選勸進表注

兩智不能相使兩貴不能相臨兩辯不能相屈力均勢敵故也意林

專用聰明則功不成專用晦昧則事必悖一明一晦衆之所

載同上

四方上下曰宇後漢書馮衍傳注

將職有司讀誥誓三令五申之既畢然後即敵文選東京賦注

鐃鼓之聲怒而擊之則武憂而擊之則悲喜而擊之則樂其意變其聲亦變意誠感之達于金石而況于人乎書鈔百八

尹文子一卷

（周）尹文 撰

清光緒十六年（1890）黄梅梅氏慎自愛軒刊《清芬堂叢書》本

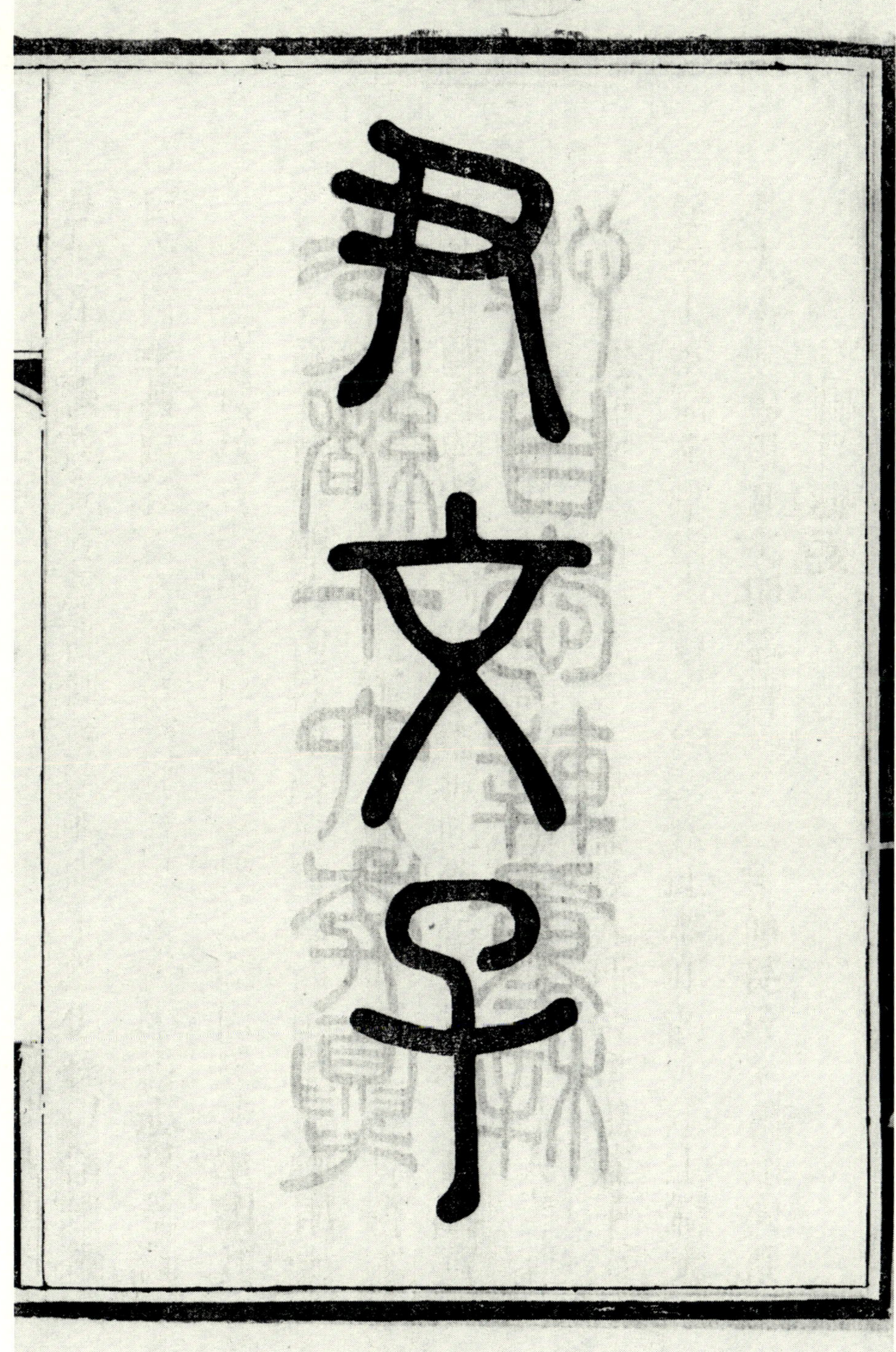
尹文子

光緒十六年夏
愼自愛軒重梓

欽定四庫全書總目提要

尹文子一卷周尹文撰魏黃初末山陽仲長氏序稱條次撰定爲上下篇文獻通考著錄作二卷此本亦題大道上篇大道下篇與序文相符而通爲一卷蓋後人所合併也莊子天下篇以尹文田駢並稱顏師古注漢書謂齊宣王時人考劉向說苑載文與宣王問答顏蓋據此然呂氏春秋又載其與湣王問答事殆宣王時稷下舊人至湣王時猶在歟其書本名家者流大旨指陳治道欲自處於虛靜而萬事萬物則一一綜核其實故其言出入於黃老申韓之閒周氏涉筆謂其自道以至名自名以至法蓋得其真晁公武讀書志以爲誦法仲尼其言誠過宜爲高似孫緯略所譏然似孫以儒理繩

之謂其淆雜亦爲未允百氏爭鳴九流竝列各尊所聞各行所知自老莊以下均自爲一家之言讀其文者取其博辨閎肆足矣安能限以一格哉序中所稱熙伯蓋繆襲之字其山陽仲長氏不知爲誰李淑邯鄲書目以爲仲長統然統卒於建安之末與所云黃初末者不合晁公武因此而疑史誤未免附會矣

尹文子序

尹文子者蓋出於周之尹氏齊宣王時居稷下漢書藝文志注引劉向云與宋鈃俱遊稷下與宋鈃彭蒙田駢同學於公孫龍漢書藝文志云說齊宣王先公孫龍晁公武郡齋讀書志云史記云公孫龍客於平原君君相趙惠文王惠文王元年齊宣王沒已四十餘歲矣則知文非學於龍者也公孫龍稱之著書一篇多所彌綸莊子曰不累於物莊子天下篇作不累於俗不飾於物不苟於人不忮於衆願天下之安寧以活於字衍民命人我之養畢足而止之字衍以此白心見侮不辱此其道也而劉向亦以其學本於黃老大較刑名家也近爲誣矣余黃初末始到京師繆熙伯以此書見示意甚玩之而多脫誤聊試條次撰定爲上下篇亦未能究其詳也山陽仲長氏撰定讀書志云李獻臣云仲長氏統也熙伯繆襲字也傳稱統卒於獻帝遜位之年而此云黃初末到京師豈史之誤乎周廣業意林注云按魏志劉劭傳繆襲友人仲長統漢末尚書郎早卒注載襲撰統昌言表稱

統延康元年卒時年四十餘延康爲獻帝末所改年號是年冬文帝受禪改元黄初則統安得於黄初末定此書恐是序出僞託非史之誤也

漢書藝文志名家尹文子一篇今所傳本分爲大道上下蓋即仲長氏所撰定者羣書治要以上篇爲大道下篇爲聖人疑唐本與今不同今本五千餘言於治要意林文選注藝文類聚太平御覽得逸文數百言洪邁容齋續筆謂尹文子文僅五千言知宋時已非足本矣余所見者有綿眇閣本子彙本吳山道藏本沈調元本姜午生本說郛原本本今取各家本參以諸書所引是正譌闕逸文不可綴屬者錄於後方篇目仍今本不敢依治要輒改以漢志本作一篇也

嘉慶辛未十月二十五日汪繼培識

尹文子

大道上（羣書治要以此篇爲大道下篇爲聖人）

大道無形稱器有名名也者正形者也形正由名則名不可差故仲尼云必也正名乎名不正則言不順也大道不稱衆有必名生於不稱則羣形自得其方圓名生於方圓則衆名得其所稱也大道治者則名法儒墨自廢以名法儒墨治者則不得離道老子曰道者萬物之奧善人之寶不善人之所寶（老子寶作保）是道治者謂之善人藉名法儒墨者謂之不善人善人之與不善人名分日離不待審察而得也道不足以治則用法法不足以治則用術術不足以治則用權權不足以治則用勢勢用則反權權用則反術術用則

反法法用則反道道用則無爲而自治故窮則徼終徼終則反始始終相襲無窮極也有形者必有名有名者未必有形形而不名未必失其方圓白黑之實名而不可不尋名以檢其差故亦有名以檢形形以定名名以定事事以檢名察其所以然則形名之與事物無所隱其理矣名有三科法有四呈程之省說文云程品也一曰命物之名方圓白黑是也二曰毀譽之名善惡貴賤是也三曰況謂之名賢愚愛憎是也一曰不變之法君臣上下是也二曰齊俗之法能鄙同異是也三曰治衆之法慶賞刑罰是也四曰平淮之法盧頡以准爲準之俗按漢時大司農屬官有平準令其名蓋本於此律度權量是也術者人君之所密用羣下不可妄窺勢者制法之利器羣下不可妄爲人君有術而使羣下得窺非術之奧者有勢而而字各本脫據說郛原本補使羣下得爲非

勢之重者大要在乎先正名分使不相侵雜然後術可祕勢可專名者名形者也形者應名者也然形非正名也名非正形也則形之與名居然別矣不可相亂亦不可相無無名故大道無稱有名故名以正形今萬物具存不以名正之則亂萬名具列不以形應之則乖故形名者不可不正也善名命善惡名命惡故善有善名惡有惡名聖賢仁智命善者也頑嚚凶愚命惡者也今卽聖賢仁智之名以求聖賢仁智之實未之或盡也卽頑嚚凶愚之名以求頑嚚凶愚之實亦未或盡也使善惡盡然有分雖未能盡物之實猶不患其差也故曰名不可不辨也名稱者別彼此而檢虛實者也自古至今莫不用此而得用彼而失失者由名分混得者由名分察今親賢而疏不肖賞善而罰惡賢不肖善惡之名宜在彼親

疏賞罰之稱宜屬我我之與彼又復一名名之察者也名賢不肖爲親疏名善惡爲賞罰合彼我之一稱而不別之名之混者也故曰名稱者不可不察也語曰好牛又曰（疑衍）不可不察也好則物之通稱牛則物之定形以通稱隨定形不可窮極者也設復言好馬則復連於馬矣則好所通無方也設復言好人則彼（疑復）屬於人矣則好非人人非好也則好牛好馬好人之名自離矣故曰名分不可相亂也五色五聲五臭五味凡四類自然存焉（讀爲於）天地之閒而不期爲人用人必用之終身各有好惡而不能辨其名分名宜屬彼分宜屬我我愛白而憎黑韻商而舍徵（玉篇云聲音和曰韻按文選嘯賦音均不恒李善注均古韻字也鶡冠子曰五聲不同均）好膻而惡焦嗜甘而逆苦白黑商徵膻焦甘苦彼之名也愛憎韻舍好惡嗜逆我之分也定此名分則萬事

不亂也故人以度審長短以量受少多以衡平輕重以律均清濁以名稽虛實以法定治亂以簡治（沈本誤郛作制治要同）煩惑以易御險難萬事皆歸於一（萬上各本有以字据治要删）百度皆準於法歸一者簡之至準法者易之極如此則（据治要補）頑囂聾瞽可與察慧（治要作惠古字通）聰明同其治也（治要作矣）天下萬事不可備能責其備能於一人則聖賢其猶病諸設一人能備天下之事則（各本作能据治要改）左右前後之宜遠近遲疾之間必有不兼者焉苟有不兼於治闕矣全治而無闕者大小多少各當其分農商工仕不易其業老農長商習工舊仕莫不存焉則處上者（治要作有）何事哉故有理而無益於治者君子弗言有能而無益於事者君子弗爲（兩弗字意林及長短經卑政篇並作不治要上弗字亦作不）君子非樂有言有益於治不得不言君子非樂有爲有益於事不得不爲

故所言者不出於名法權術所爲者不出於農稼軍陳周務而已故明主任之治外之理小人之所必言事外之能小人之所必爲各本作故明主不爲治外之理小人必言事外之能据治要改補小人亦知言有損於治而不能不言小人亦知能有損於事而不能不爲兩有字据治要補治要事亦作治疑誤故所言者極於儒墨是非之辨所爲者極於堅僞偏抗之行求名而已故明主誅之故据治要補古語曰不知無害爲君子知之無損爲小人工匠不能無害於巧君子不知無害於治兩爲字各本作於据治要改據此數語見荀子儒效篇於作爲不能亦作不知此言据治要補信矣爲善使人不能得從此獨善也爲巧使人不能得爲此獨巧也未盡善巧之理治要作爲善使人不能得從爲巧使人不能得爲此獨善獨巧者也未盡巧善之理長短經卑政篇注同容齋續筆與此同得爲各本亦作得從据三書改爲善與衆行之爲巧與衆能之此善之善者巧之巧者也故据治要長短經注容

齊續筆補所貴聖人之治不貴其獨治貴其能與衆共治也所二字據治要長短經注補貴工倕之巧不貴其獨巧貴其能與衆共巧也今世之人行欲獨賢事欲獨能辨欲出羣勇欲絶衆獨行之賢不足以成化獨能之事不足以周務出羣之辨不可爲戶說絶衆之勇不可與征陳凡此四者亂之所由生是以聖人任道以夷其險治要長短經注夷並作遏立法以理其差使賢愚不相棄能鄙不相遺能鄙不相遺則能鄙齊功賢愚不相棄則賢愚等慮此至治之術也名定則物不競分明則私不行物不競非無心由名定故無所措其心私不行非無欲由分明故無所措其欲然則心欲人人有之而得同於無心無欲者制之有道也長短經適變篇注道下有故字治要無田駢曰莊子天下篇釋文云齊人也遊稷下著書十五篇慎子云名廣天下之士莫肎處其門庭臣其妻子必遊宦諸侯之

朝者利引之也遊於諸侯之朝皆志爲卿大夫而不擬於諸侯者名限之也彭蒙曰（見莊子天下篇）雉兔在野衆人（意林作皆路史國名紀七同）逐之分未定也雞豕滿市（路史作積兔在市誤彼文出慎子見後漢書袁紹傳注）莫有志者分定故也物奢則仁智相屈分定則貪鄙不爭圓者之轉非能轉而轉不得不轉也方者之止非能止而止不得不止也因圓之自轉使不得止因方之自止使不得轉（治要圓方下並有者字）何苦物之失分故因賢者之有用使不得不用因愚者之無用使不得用用與不用皆非我也（各本作用据治要改）因彼可（各本作所据治要改）用與不可用而自得其用也自得其用（以上五字各本脫据治要補）奚患物之亂乎（治要作也）物皆不能自能不知自知智非能智而智愚非能愚而愚好非能好而好醜非能醜而醜夫不能自能不知自知則智好何所貴愚醜何所賤則智不能

得夸愚好不能得嗤醜此爲得之道也道行於世則貧賤者不怨富貴者不驕愚弱者不慴智勇者不陵（治要作矜）定於分也法行於世則貧賤者不敢怨富貴富貴者不敢陵貧賤愚弱者不敢冀智勇智勇者不敢鄙愚弱此法之不及道也世之所貴同而貴之謂之俗世之所用同而用之謂之物苟違於人俗所不與苟忮於衆俗所共去故人（据治要補）心皆殊而爲行者一所好各異而資用必同此俗之所齊物之所飾故所齊不可不愼所飾不可不擇昔齊桓好衣紫闔境不鬻異采（治要作綵太平御覽三百八十九同韓非子外儲說左上云齊桓公好服紫一國盡服紫當是時也五素不得一紫）楚莊愛細腰一國皆有饑色（或以爲楚靈事詳上之尸子君道篇注）所以率下乃治亂之所由也故俗苟沴必爲法以矯之物苟溢必立制以檢之累於俗飾於物者不可與爲治矣昔晉國苦奢文公

以儉矯之乃衣不重帛食不兼姜本作異肉無幾時國各本脫據御覽六百八十九補人皆大布之衣墨子兼愛下云昔者晉文公好苴服當文公之時晉國之士大布之衣牂羊之裘練帛之冠且苴之履入見文公出以踐之朝脫粟之飯越王句踐謀報吳欲人之勇路逢怒蛙而軾之御覽五百四十三作下車而揖之按北堂書鈔八十五引作揖一百十六作軾韓非子內儲說上云越王慮伐吳欲人之輕死也出見怒鼃乃為之式從者曰奚敬於此王曰為其有氣也比及數年民無長幼臨敵雖湯火不避居上者之難如此之驗聖王知民姜本作人情之易動故作樂以和之制禮以節之在下者不得用其私故禮樂獨行禮樂獨行則私欲寢廢私欲寢廢則遭賢之與遭愚均矣若使遭賢則治遭愚則亂是治亂屬於賢愚不係於禮樂是聖人之術與聖主而俱沒治世之法逮易世而莫用則亂多而治寡亂多而治寡則賢無所貴愚無所賤矣處名位雖不肖不患物不親己在貧賤不患物

不疏已各本作雖不肖不愚物不疏已愚卽患之誤又脫九字据文選任彥昇爲蕭揚州作薦士表注改補親疏係乎勢利不係於文選薦士表注東征賦注並作乎不肖與仁賢也据文選注補吾亦不敢據以爲天理以爲地勢之自然者爾今天地之閒不肖實衆仁賢實寡趨利之情不肖特厚廉恥之情仁賢偏多今以禮義招仁賢所得仁賢者萬不一焉以名利招不肖所得不肖者觸地是焉故曰禮義成君子君子未必須禮義名利治小人小人不可無名利慶賞刑罰君事也守職效能臣業也君料姜本作科功黜陟故有慶賞刑罰臣各慎所任故有守職效能君不可與臣業臣不可侵君事上下不相侵與與讀吾不與祭之與謂之名正名正而法順也接萬物使分別海內使不雜見侮不辱見推不矜禁暴息兵救世之鬭此仁君之德可以爲主矣守職分使不亂慎所任而無私飢飽一心毀

譽同慮賞亦不忘罰亦不怨此居下之節可為人臣矣世有因名以得實亦有因名以失實宣王好射御覽三百八十九宣王上有齊字說人之謂己能用強也其實所用不過三石御覽用下有弓字按呂氏春秋壅塞篇載此事亦云所用不過三石以示左右左右皆引試之呂氏春秋作試引之中關而止關舊作闕據呂氏春秋改高誘注云關謂關弓弦正半而止也皆曰不下九石非大王孰能用是宣王說之然則宣王用不過三石而終身自以為九石三石實也九石名也宣王悅其名而喪其實齊有黃公者好謙卑有二女皆國色以其美也常謙辭毀之以為醜惡醜惡之名遠布年過而一國無聘者藝文類聚十八作一國之人無敢娉者御覽三百八十一亦有敢字衛有鰥夫失時失字據御覽補冒娶之果國色然後曰黃公好謙故毀其子不姝美於是爭禮之亦國色也國色實也醜惡名也此違名而得實矣楚人擔山雉者路人問何鳥

也擔雉者欺之曰鳳皇也路人曰我聞有鳳皇今直見之（類聚九十御覽九百十七並作今始見矣）汝販之乎曰然則（類聚御覽曰然則三字作請買）十金弗與請加倍乃與之將作方（二書）欲獻楚王經宿而鳥死路人不遑惜金（二書金字上有其字）惟恨不得以獻楚王國人傳之咸以為真鳳皇貴（綿眇閣本無貴字）欲以獻之遂聞楚王王感其欲獻於己召而厚賜之過於買鳥之金十倍魏田父有耕於野者得寶玉徑尺弗知其玉也以告隣人隣人陰欲圖之謂之曰（類聚八十三御覽八百五謂並作詐）怪石也（藏本怪石上有此字）畜之弗利其家弗如復之田父雖疑猶錄以歸置於廡下（說文云廡堂下周屋）其夜玉明光照一室田父稱家大怖（徐渭云稱家謂舉家）復以告隣人曰此怪之徵遄棄殃可銷於是遽而棄於遠野鄰人無何盜之以獻魏王魏王召玉工相之玉工望之再拜而立敢賀王（御覽作再拜御立曰敢賀大王文選魏文帝與

鍾大理書注作玉工賀曰敢賀大王類聚亦作大王王得此御覽類聚文選注並無王字此字天下之寶臣未嘗見御覽類聚文選注臣下有所字王問價類聚文選注價上有其字玉工曰此無價以當之五城之都僅可一觀魏王立賜獻玉者千金長食上大夫祿類聚文選注祿上有之字凡天下萬里皆有是非吾所不敢誣是者常是非者常非亦吾所信然是雖常是有時而不用非雖常非有時而必行故用是而失有矣行非而得有矣是非之理不同而更興廢翻為我用則是非焉在哉觀堯舜湯武之成或順或逆得時則昌桀紂幽厲之敗或是或非失時則亡五霸之主亦然宋公以沈本作與楚人戰於泓公子目夷曰楚眾我寡請其未悉濟而擊之宋公曰不可吾聞不鼓不成列寡人雖亡之餘僖廿三年左傳云亡國之餘不敢行也戰敗楚人執宋公齊人弑襄公立公孫無知召忽夷吾奉公子糾奔魯鮑

叔牙奉公子小白奔莒旣而無知被殺二公子爭國糾宜立者也小白先入故齊人立之旣而使魯人殺糾召忽死之徵夷吾以爲相晉文公爲驪姬之譖出亡十九年惠公卒賂秦以求反國殺懷公子而自立彼一君正而不免於執二君不正霸業遂焉已是而舉世非之則不知己之是已非而舉世是之亦不知己之非然則是非隨衆賈讀爲價而爲正非己所獨了說文云憭慧也了與憭通則犯衆者爲非順衆者爲是故人君處權乘勢處所是之地則人所不得非也居則物尊之動則物從之言則物誠之行則物則之所以居物上御羣下也國亂有三事年饑民散無食以聚之則亂治國無法則亂有法而不能用則亂有食以聚民有法而能行國不治未之有也

大道下

仁義禮樂名法刑賞凡此八者五帝三王治世之術也故仁以道之義以宜之禮以行之樂以和之名以正之法以齊之刑以威之賞以勸之故仁者所以博施於物亦所以生偏私義者所以立節行亦所以成華僞禮者所以行恭謹（治要作謹敬）亦所以生惰慢樂者所以和情志亦所以生淫放名者所以正尊卑亦所以生矜篡法者所以齊衆異亦所以生乖分（姜本無生字各本作乖名分据治要改長短經反經篇同注云道德經云法令滋彰盜賊多有賈誼云法出而姦生令下而詐起此乖分也）刑者所以威不服亦所以生陵暴賞者所以勸忠能亦所以生鄙爭凡此八術無隱於人而常存於世非自顯於堯湯之時非自（治要作故）逃於桀紂之朝用得其道則天下治用（据治要補）失其道則天下亂過此而往雖彌綸天地籠（治要

作纏絡萬品治道之外非羣生所餐挹聖人措而不言也凡國之治要之下有將字存亡有六徵有衰國有亂國各本在有治國下據治要移正有亡國有昌國有彊國有治國所謂亂亡之國者凶虐殘暴不與焉所謂彊治之國者威力仁義不與焉君年長多妾媵妾字據治要補長短經理亂篇注同少子孫疏宗族沈本作疏宗彊治要同長短經注作疏彊宗衰國也君寵臣臣愛君公法廢私政行政各本作欲據治要長短經注改亂國也國貧小家富大君權輕臣勢重亡國也凡此三徵不待凶虐殘暴而後弱也雖曰見存吾必謂之亡者也內無專寵外無近習支庶繁字治要長短經注並作息長幼不亂昌國也農桑以時倉廩充實兵甲勁利封疆修理彊國也上不勝其下下不犯其上治要長短經注勝犯上並有能字上下不相勝犯故禁令行人人無私雖經險易而國不可侵治國也凡此三徵不待威力仁義而

後彊雖曰見弱吾必謂之存者也治主之興必有所先誅先誅者非謂盜非謂姦此二惡者一時之大害非亂政之本也亂政之本下侵上之權臣用君之術心不畏時之禁行不軌時之法此大亂之道也孔丘攝魯相七日而誅少正卯門人進問曰夫少正卯魯之聞人也夫子爲政而先誅得無失乎孔子曰居吾語汝其故人有惡者五而竊盜姦私不與焉一曰心達而險二曰行僻而堅三曰言僞而辯四曰强記而博五曰順非而澤此五者有一於人則不免君子之誅而少正卯兼有之故居處足以聚徒成羣言談足以飾邪熒衆（熒與營同）强記足以反是獨立此小人雄桀也不可不誅也是以湯誅尹諧文王誅潘正太公誅華士管仲誅付里乙子產誅鄧析史付此六子者異世而同心不可不誅也詩曰憂心悄悄

慍於羣小小人成羣斯足畏也攝相事本荀子宥坐篇彼文潘正作潘止下有周公誅管叔一句六子作七子畏作憂語曰佞辨可以熒惑鬼神曰鬼神聰明正直孰曰熒惑者曰鬼神誠不受熒惑此尤佞辨之巧尤義如許人尤之靡不入也夫佞辨者雖不能熒惑鬼神熒惑人明矣探人之心度人之欲順人之治要作於諛嗜好而不治要作弗敢逆納人於邪惡而求其利治要作而人求利人誤喜聞己之美也善能揚之惡聞己之過也善能飾之得之於眉睫之閒承之於言行之先世俗之人聞譽則悅聞毀則戚此衆人之大情有同己則喜異己則怒此人之大情故佞人善爲譽者也善順從者也人言是亦是之人言非亦非之從人之所愛隨人之所憎故明君雖能納正直未必親正直雖能遠佞人未必能疏佞人故舜禹者以能不用佞人亦未必憎佞人語曰佞辨惑物舜禹不

能得憯不可不察也（世俗之人盡此据治要補文有脫誤）語曰惡紫之奪朱惡利口之覆邦家斯言足畏而終身莫悟危亡繼踵焉老子曰以政（老子作正按文子上禮篇引老子亦作政）治國以奇用兵以無事取天下政者名法是也以名法治國萬物所不能亂奇者權術是也以權術用兵萬物所不能敵凡能用名法權術而矯抑殘暴之情則己無事焉己無事則得天下矣故失治則任法失法則任兵以求無事不以取彊取彊則柔者反能服之老子曰民不畏死如（老子作奈）何以死懼之（治要作如之何其以死懼之）凡民（治要作人）之不畏死由刑罰過刑罰過則民不賴其生（賴利也）生無所賴視君之威末如也刑罰中則民畏死畏死由生之可樂也知生之可樂故可以死懼之（治要作矣）此人君之所宜執臣下之所宜慎（治要作宜懼之）田子讀書曰堯時太平宋子曰（名鈃見莊子天下篇）聖人之

治以致此乎彭蒙在側越次答曰聖法之治以至此非聖人之治也宋子曰聖人與聖法何以異彭蒙曰子之亂名甚矣聖人者自己出也聖法者自理出也理出於已已非理也已能出理理非已也故聖人之治獨治者也聖法之治則無不治矣此萬世之利惟聖人能該之宋子猶惑質於田子田子曰蒙之言然莊里丈人字長子曰盜少子曰毆盜出行其父在後追呼之曰盜盜吏聞因縛之其父呼毆喻吏遽而聲不轉但言毆毆吏因毆之幾殪康衢長者字僮曰善搏（各本作愽據沈本類聚九十四御覽三百六十三四百五九百五同各本愽下注音博亦見御覽三百六十三蓋舊有音釋也）字犬曰善噬賓客不過其門者三年長者怪而問之乃實對（類聚御覽三百六十三乃作以御覽四百五以上有人字）於是改之賓客復往（各本作往復據類聚御覽三百六十三四百五改九百五亦作往復蓋誤）鄭人謂玉未理者爲璞（後漢書應劭傳注理作琢）

誒周人謂鼠未腊者爲璞周人懷璞謂鄭賈曰欲買璞乎鄭賈曰欲之出其璞視之乃鼠也因謝不取鄭人已下秦策應侯語同鼠璞作朴田子曰人皆自爲而不能爲人故君人者之使人使其自爲用而不使爲我用魏下先生曰善哉田子之言古者君之使臣求不私愛於己求顯忠於己而居官者必能臨陳者必勇祿賞之所勸名法之所齊不出於己心不利於己身語曰祿薄者不可與經亂賞輕者不可與入難此處上者所宜慎者也田子曰盡此据治要補意林亦載祿薄者三句所宜慎作不可不愼御覽六百卌三引與治要同管子法法篇云爵不尊祿不重者不與圖難犯危此文本於彼父之於子也令有必行者有必不行者去貴妻賣愛妾此令必行者也因曰汝無敢恨汝無敢思令必不行者也故爲人上者必慎所令治要令下有焉字凡人富則不羨爵祿貧則不畏刑罰不羨爵祿者自足於己也不畏

刑罰者不賴存身也二者爲國之所甚（下有脫字）而不知防之之術故令不行而禁不止若使令不行而禁不止則無以爲治無以爲治是人君虛臨其國徒君其民危亂可立而待矣今使由爵祿而後富則人必爭盡力於其君矣由刑罰而後貧則人咸畏罪而從善矣故古之爲國者無使民自貧富貧富皆由於君則君專所制民知所歸矣貧則怨人賤則怨時而莫有自怨者此人情之大趣也然則不可以此是人情之大趣而一概非之亦有可矜者焉不可不察也今能同算鈞而彼富我貧能不怨則美矣雖怨無所非也才鈞智同而彼貴我賤能不怨則美矣雖怨無所非也其蔽（各本作做據沈本）在於不知乘權藉勢之異而惟（各本作雖據沈本）曰智能之同是不達之過雖君子之鄙亦君子之怒也（鄙與許人尤之之尤同怒當作怨言雖爲君子所尤猶爲）

人貧則怨人富則驕人君子所怨下文可證怨人者苦人之不祿施於已也起於情所難安而不能安猶可恕也驕人者無所苦而無故據治要補驕人此情所易制而弗能制弗治要作不可恕矣衆人見貧賤則慢而疏之見富貴則敬而親之貧賤者有請賕於已疏之可也未必損已而必疏之以其無益於物之具故也富貴者有施與於已繇形闕本親之可也無與字子彙本姜本沈本無於字今据說郛本未必益已而必親之則彼不敢親我矣三者獨立無致親致疏之所人情終不能不以貧賤富貴易慮故謂之大惑焉窮獨貧賤治世之所共矜亂世之所共侮治世非爲矜窮獨貧賤而治是治之一事也亂世亦非侮窮獨貧賤而亂亦是亂之一事也每事治則無亂亂則無治是夏商之盛夏商之衰則其驗也貧賤之望富貴甚微而富貴不能酬其甚微之

望夫富者之所惡，貧者之所美；貴者之所輕，賤者之所榮。然而弗酬弗（治要作不）與同苦樂故也。雖弗（治要作不）酬之，於物（姜本沈本作我）弗傷。今萬民之望人君，亦如貧賤者（治要有者字）之望富貴。其所望者，蓋欲料長幼，平賦斂，時其飢寒，省其疾痛，賞罰不濫，使役以時，如此而已，則於人君弗損也。然而弗酬，弗與同勞逸故也。故爲人君不可弗（治要作不）與民同勞逸焉。故富貴者可不酬（治要作不酬）貧賤者（治要無者字），人君不可不酬萬民。不酬萬民，則萬民之所不願戴；所不願戴，則君位替矣。危莫甚焉，禍莫大焉。

逸文

兩智不能相使，兩貴不能相臨，兩辨不能相屈，力均勢敵故也。（意林）

御覽四百三十使作救，誤。

專用聰明則功不成專用晦昧則事必悖一明一晦衆之所載意林

尹文子見齊宣王宣王歎國寡賢尹文子曰使國悉賢孰處王下王曰國悉不肖可乎尹文子曰國悉不肖孰理王朝王曰賢與不肖皆無可乎尹文子曰不然有賢有不肖故王尊於上臣卑於下進賢退不肖所以有上下也藝文類聚廿　御覽四百二　意林作尹文子見齊宣王宣王不言而歎尹文子曰何歎王曰吾歎國中寡賢尹文子曰國中悉賢誰處王下誰爲王使

以智力求者喻如弈棋進退取與攻劫放舍在我者也類聚七十四　御覽七百五十三放舍作收放　文選博弈論注作發舍

博者盡關塞之宜得周通之路而不能制齒之大小在遇者也類聚七十四　御覽七百五十四　文選王元長永明九年策秀才文注

堯爲天子衣不重帛食不兼味土階三尺茅茨不翦類聚八十二　御覽九百

九上
六
數十百萬億億萬千百十皆起於一推之億億無差矣御覽七百五十
將戰有司讀誥誓三令五申之旣畢然後即敵文選東京賦注
堯德化布於四海仁惠被於蒼生文選劉越石勸進表注
以上皆尹文子逸文也他所徵引往往與尸子文子淆亂尸子已詳本書史記屈原傳索隱引千人曰俊萬人曰傑見文子上禮篇後漢書馮衍傳注引四方上下曰宇見文子自然篇文皆小異御覽七百三十八引與死者同病難爲良醫與亡國同道不可爲謀見文子上德篇同卷引人將疾也必先不甘魚肉之味見文子微明篇七百四十引瞽者無目而耳不可以瞭察視也有誤字精於聽也又引聾者不歌無以自樂盲者不觀無以接物並

見文子上德篇其四百九十四引虎求百獸食之云云則江乙對荆宣王語事見楚策廣博物志四十引月旦爲朔車之旃當作輈亦爲朔名齊實異所當辨也則出西京雜記雜記上文云玉之未理者爲璞死鼠未腊者亦爲璞用尹文語遂誤以此爲并出尹子也

尹文子終

梅庭艮校字

此書序出仲長氏或者疑僞託卽未必然而或者又謂卽著昌言之仲長統亦無所據顧遂以疑史誤則妄甚但其書之博辨事物綜核得實可信是本汪氏繼培所訂所校正於諸家之刻本者已不啻六七而採錄其逸文於諸書中亦幾四五部其原序已云多脫誤後來難免日以益甚亟重刊之湖海樓向以尹子一冊與此合刊汪稱其脫誤乃益多故姑舍彼黃梅梅雨田識

尹文子二卷

(周)尹文 撰

清光緒二十二年(1896)刊《偧漢齋叢書》本

嚴校尹文子

道藏本

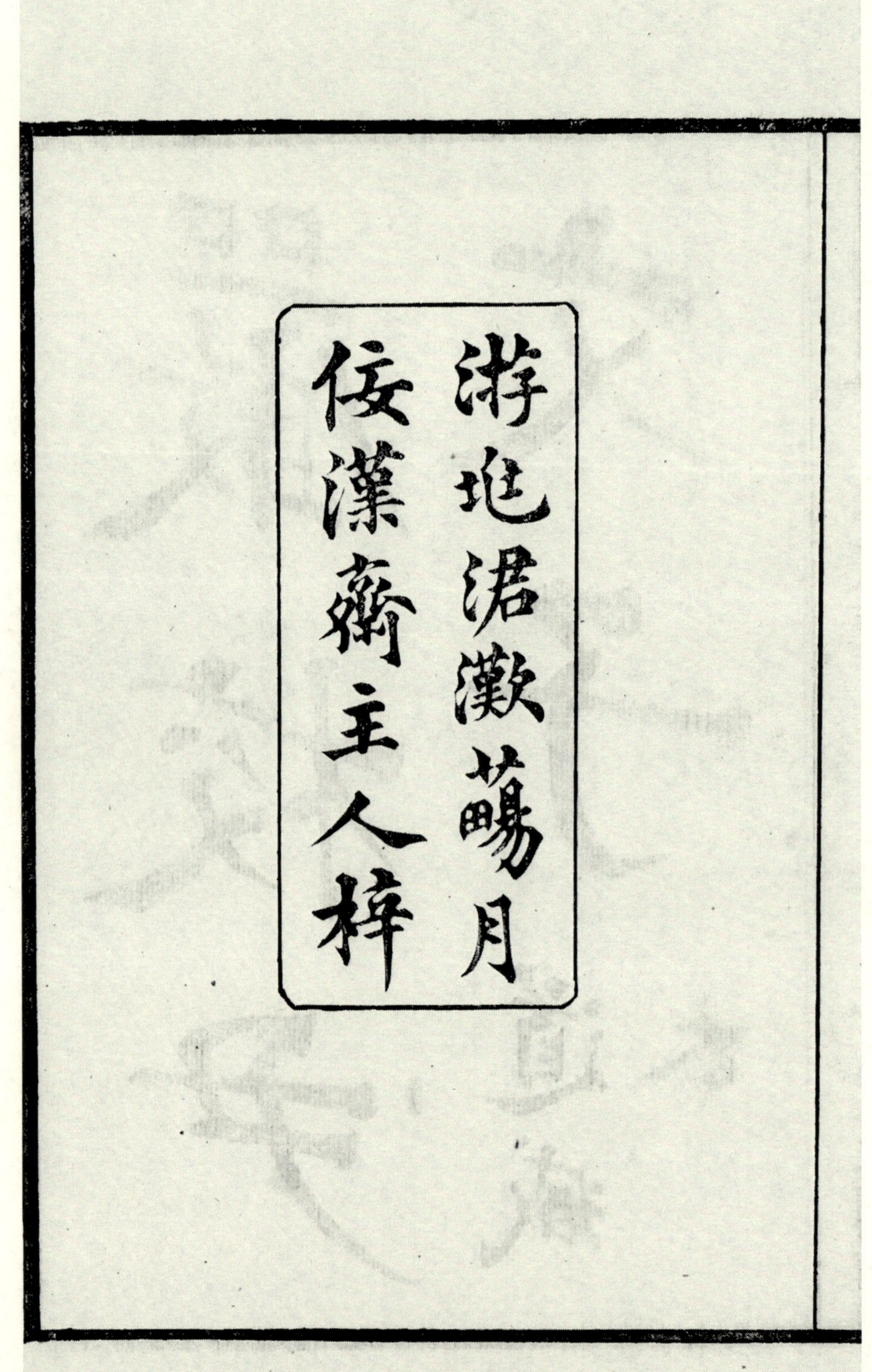

游兆涒灘暢月

倭漢齋主人梓

尹文子序　　顛四

山陽仲長氏撰定

尹文子者蓋出於周之尹氏齊宣王時居稷下與宋鈃彭蒙田駢同學於公孫龍公孫龍稱之著書一篇多所彌綸莊子曰不累於物不苟於人不忮於眾願天下之安[敬避]以活民命人我之養畢足而止以此白心見侮不辱此其道也而劉向亦以其學本於黃老大較刑名家也近為誣矣余黃初末始到京師繆熙伯以此書見示意甚玩之而多脫誤聊試條次撰定為上下篇亦未能究其詳也

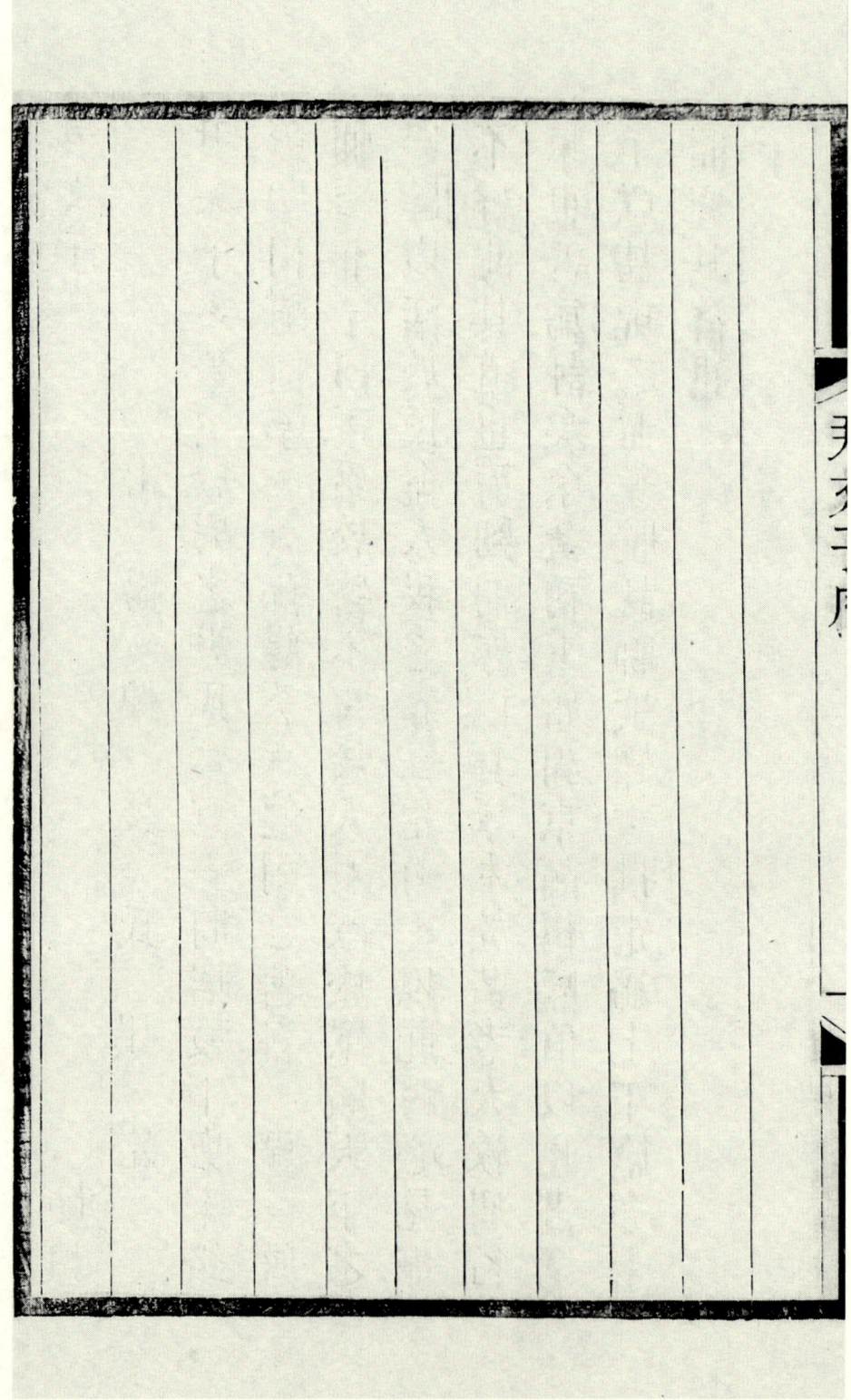

尹文子卷上

大道上 羣書治要載此篇名無上字

大道無形稱器有名名也者正形者也形正由名則名不可差故仲尼云必也正名乎名不正則言不順也大道不稱衆有必名生於不稱則羣形自得其方圓名生於方圓則衆名得其所稱也大道治者則名法儒墨自廢以名法儒墨治者則不得離道老子曰道者萬物之奧善人之寶不善人之所寶是道治者謂之善人藉名法儒墨者謂之不善人善人之與不善人名分原注扶問切日離不待審察而得也道不足以治則用法法不足以治則用術術不足以治則用權權不足以治則用勢勢

用則反權權用則反術術用則反法法用則反道道用則無爲而自治故窮則徼原注吉弔切終徼終則反始始終相襲無窮極也有形者必有名有名者未必有形形而不名未必失其方圓黑白之實名而不可不尋名以檢其差故亦有名以檢形形以定名名以定事事以檢名察其所以然則形名之與事物無所隱其理矣名有三科法有四呈一曰命物之名方圓白黑是也二曰毀譽之名善惡貴賤是也三曰況謂之名賢愚愛憎是也一曰不變之法君臣上下是也二曰齊俗意林作齊等之法能鄙同異是也三曰治衆之法慶賞刑罰是也四曰平準之法律度權量是也術者人君之所密用羣下不可妄

窺勢者制法之利器羣下不可妄爲人君有術而使羣下得窺非術之奥者有勢使羣下得爲非勢之重者大要在乎先正分使不相侵雜然後術可祕勢可專名者名形者也形者應名者也然形非正名也名非正形也則形也此三字疑衍則形之與名居然別矣不可相亂亦不可相無無名故大道無稱有名故名以正形今萬物具存不以名正之則亂萬名具列不以形應之則乖故形名者不可不正也善名命善惡名命惡故善有善名惡有惡名聖賢仁智命善者也頑嚚原注魚巾切凶愚命惡者也今即聖賢仁智之名以求聖賢仁智之實未之或盡也即頑嚚凶愚之名以求頑嚚凶愚之實亦未或盡也

使善惡之盡然有分雖未能盡物之實猶不患其差也故曰名不可不辯也名稱者何彼此而檢虛實者也自古至今莫不用此而得用彼而失失者由名分混得者由名分察今親賢而疏不肖賞善而罰惡賢不肖善惡之名宜在彼親疏賞罰之稱宜屬我我之與彼又復一名名之察者也名賢不肖爲親疏名善惡爲賞罰合彼我之一稱而不別之名之混者也故曰名稱者不可不察也語曰好（原注虛到切）牛又曰（御覽八百九十九無又曰二字）不可不察也好則物之通稱牛則物之定形以通稱隨定形不可窮極者也設復言好馬則彼連於馬矣則好所通無方也設復言好人則彼屬於人也則好非人人非好也則

好牛好馬好人之名自離矣故曰名分不可相亂也五色五聲五臭五味凡四類自然存焉天地之閒而不期爲人用人必用之終身各有好惡而不能辯其名分名宜屬彼宜屬我我愛白而憎黑韻商而舍（原注音捨）徵好羶而惡焦嗜甘而逆苦白黑商徵羶焦甘苦彼之名也愛憎韻舍好惡嗜逆我之分也定此名分則萬事不亂也故人以度審長短以量受多少以衡平輕重以律均清濁以名稽虛實以法定治亂以簡制煩惑以易御險難以（羣書治要無以字）萬事皆歸於一百度皆準於法歸一者簡之至準法者易之極如此則（則字据羣書治要補）頑嚚聾瞽可與（据羣書治要改以作與）察慧聰明同治矣（本作同其治也据羣書治要改）天下萬

事不可備能責其備能於一人則賢聖其猶病諸設一人備能天下之事則（據羣書治要改能爲則）左右前後之宜遠近遲疾之閒必有不兼者焉苟有不兼於治闕矣全治而無闕者大小多少各當（原注丁浪切）其分農商工仕不易其業老農長商習工舊仕莫不存焉則處上有（據羣書治要改者作有）何事哉故有理而無益於治者君子弗（長短經卑政弗作不）言有能而無益於事者君子弗（長短經卑政弗作不）君子非樂有言有益於治不得不言君子非樂有爲有益於事不得不爲故所言者不出於名法權術所爲者不出於農稼軍陣周務而已故明主任之（任之二字本作不爲據羣書治要改）治外之理小人之所（之所二字據羣書治要補）必言事外之能小人之所必爲

（六字据羣書治要補）小人亦知言有（有字据羣書治要補）損於治而不能不言小人亦知能有（有字据羣書治要補）損於事而不能不為故所言者極於儒墨是非之辯所為者極於堅僞偏抗（原注口浪）切之行求名而已故明主誅之故（故字据羣書治要補）古語曰不知無害為（据羣書治要改於作為下句同）君子知之無損為小人工匠不能無害於巧君子不知無害於治此言信矣為善使人不能得從此獨善也為巧使人不能得從此獨巧也未盡善巧之理為善與衆行之為巧與衆能之此善之善者巧之巧者也故（故字据羣書治要補）所貴聖人之治不貴其獨治貴其能與衆共治也所貴（二字据羣書治要補）工倕（原注音垂）之巧不貴其獨巧貴其能與衆共巧也今世之人行欲獨

賢事欲獨能辯欲出羣勇欲絕衆夫（夫字据長短經卑政補）獨行之賢不足以成化獨能之事不足以周務出羣之辯不可爲戶說絕衆之勇不可與征陣凡此四者亂之所由生也（也字据長短經卑政補）是以聖人任道以通（通字据羣書治要補）其險立法以理其差使賢愚不相棄能鄙不相遺能鄙不相遺則能鄙齊功賢愚不相棄則賢愚等慮此至治之術也名定則物不競分（原注扶問切）明則私不行物不競非無心由名定故無所措其心私不行非無欲由分明故無所措其欲然則心欲人人有之而得同於無心無欲者在（在字据長短經適變補）制之有道故（故字据長短經適變及羣書治要補）也田駢（原注蒲眠切）曰天下之士莫肯處其門庭臣其妻子必遊宦

諸侯之朝者利引之也遊於諸侯之朝皆志爲卿大夫而不擬於諸侯者名限之也彭蒙曰雉兔在野眾人逐之分未定也雞豕滿市莫有志者分定故也物奢則仁智相屈物定則貪鄙不爭兩智不能相使兩貴不能相臨兩辯不能相屈力均勢敵故也專用聰明則功不成專用晦昧則事必悖一明一晦眾之所載兩智不能相使以下四十八字据意林及御覽四百三十二補圓者之轉非能轉而轉不得不轉也方者之止非能止而止不得不止也因圓者者字据羣書治要補之自轉使不得止因方者者字据羣書治要補之自止使不得轉何苦物之失分故因賢者之有用使不得不用因愚者之無用使不得用用與不用皆非我也据羣書治要改用作也因

彼可（据羣書治要改所作可）用與不可用而自得其用也自得其用（五字据羣書治要補）奚患物之亂也（長短經適變引作用與不用各得其用奚患物之亂）也物皆不能自能不知自知智非能智而智愚非能愚而愚好非能好而好醜非能醜而醜夫不能自能不知自知則智好何所貴愚醜何所賤則智不能得夸愚好不能得嗤醜此爲得之道也道行於世則貧賤者不怨富貴者不驕愚弱者不懾（原注質涉切）智勇者不矜（据羣書治要改陵作矜）定於分也法行於世則貧賤者不敢怨富貴富貴者不敢陵貧賤愚弱者不敢冀智勇智勇者不敢鄙愚弱此法之不及道也世之所貴同而貴之謂之俗世之所用同而用之謂之物苟違於人俗所不與苟忮（原注支義）

切於衆俗所共去故人人字據羣書治要補心皆殊而爲行若一所好各異而資用必同此俗之所齊物之所飾故所齊不可不慎所飾不可不擇昔齊桓好原注許浩切衣紫闔境不鬻異彩楚莊愛細腰一國皆有饑色上之所以率下乃治亂之所由也故俗苟沴必爲法以矯之物苟溢必立制以檢之累原注力僞切於俗飾於物者不可與爲治矣昔晉國苦奢文公以儉御覽八百五十作以儉矯之乃衣不重帛食不兼肉北堂書鈔一百四十三作重肉無幾時國國字據御覽六百八十九補人皆大布之衣脫粟之飯北堂書鈔一百四十三作餕越王句踐欲報吳欲人之勇路逢怒蛙而軾之北堂書鈔一百十六作路逢怒蛙迴車避之御覽五百四十三作路逢怒鼃下車而揖之比及數年民無長幼臨敵雖湯火

不避北堂書鈔作後戰民皆不避湯火遂滅吳居上者之難如此之驗聖王知民情之易動故作樂以和之制禮以節之在下者不得用其私故禮樂獨行禮樂獨行則私欲寢廢私欲寢廢則遭賢之與遭愚均矣若使遭賢則治遭愚則亂是治亂係於賢愚不係於禮樂是聖人之術與聖主而俱沒治世之法逮易世而莫用則亂多而治寡亂多而治寡則賢無所貴愚無所賤矣處名位雖不肖不患物不親已在貧賤雖仁賢不患物以下十二字据文選任昉爲蕭揚州薦士表注補不患患字本作愚据選注改物不疏原注音疏已親疏係乎勢利不係乎不肖與仁賢也也字据文選班昭東征賦及任昉爲蕭揚州薦士表注補吾亦不敢據以爲天理以爲地勢之自然者爾今天地之間不肖實

眾仁賢實寡趨利之情不肖特厚廉恥之情仁賢偏多今以禮義招仁賢所得仁賢者萬不一焉以名利招不肖所得不肖者觸地是焉故曰禮義成君子君子未必須禮義名利治小人小人不可無名利慶賞刑罰君事也守職効能臣業也君料功黜陟故有慶賞刑罰臣各愼所任故有守職効能君不可與臣業臣不可侵君事上下不相侵與謂之名正名正而法順也接萬物使分別海內使不雜見侮不辱見推不驚禁暴息兵救世之鬬此仁君之德可以爲主矣守職分使不亂愼所任而無私饑飽一心毀譽同慮賞亦不忌罰亦不怨此居下之節可爲人臣臣字以意補矣世有因名以得實亦有因名

以失實齊齊字據御覽三百八十九補宣王好射說原注音悅人之謂已能用强也其實所用弓弓字據御覽三百八十九補不過三石以示左右左右皆引試之中闕而止皆曰此此字據御覽三百八十九補不下九石非大王孰能用是宣王悅之然則宣王用不過三石而終身自以爲九石三石實也九石名也宣王悅其名而喪其實齊有黃公者好謙卑有二女皆國色以其美也常謙辭毀之以爲醜惡醜惡之名遠布年過四十二字據御覽三百八十一補而一國無敢敢字據御覽三百八十一補聘者衞有鰥夫失失字據御覽三百八十一補時冒娶之果國色然後曰黃公好謙故毀其子不姝美於是爭禮之亦國色也國色實也醜惡名也此違名而得實矣楚人擔山雉者有

（有字据藝文類聚九十補）路人問何鳥也擔雉者欺之曰鳳凰（藝文類聚九十御覽九百十七下皆作皇）也路人問（問字据御覽六百三十六又九百十七補）曰我聞有鳳凰今直見之（藝文類聚九十御覽九百十七皆作今始見矣）汝販之乎曰然請買（二字据藝文類聚九十御覽九百十七補）十金弗與請加倍乃與之將欲獻楚王經宿而鳥死路人不遑惜其（其字据藝文類聚九十御覽九百十七補）金惟恨不得以獻楚王國人傳之咸以爲眞鳳凰貴欲以獻之遂聞楚王王（王字据御覽六百三十六補）感其貴買（二字据御覽六百三十六補）欲獻於己召而厚賜之過於買鳥之金十倍魏田父有耕於野者得寶玉徑尺不知其爲（爲字据藝文類聚八十三文選魏文帝與鍾大理書注補）玉也以告鄰人鄰人陰欲圖之詐（据藝文類聚八十三御覽八百五改謂作詐）之曰此怪石也畜之弗利其

家弗如復之田父雖疑猶豫据藝文類聚八十三改錄爲豫以歸置於廡原注下文選張衡東京賦注作上音侮其夜玉明光藝文類聚八十三御覽八百五無光字照一室田父稱家大怖原注普故切復以告鄰人曰此怪之徵遄原注市專切棄殃可銷於是遽而棄之之字据藝文類聚八十三文選魏文帝與鍾大理書注御覽八百五補於遠野鄰人無何盜之藝文類聚八十三作取之以獻魏王魏王召玉工相之玉工望之再拜而立敢賀王王得此天下之寶臣未嘗見藝文類聚八十三文選魏文帝與鍾大理書注御覽八百五皆作敢賀大王得天下之寶臣所未嘗見王問其價玉工曰此無價以當之五城之都僅文選魏文帝與鍾大理書注作聊可一觀魏王立賜獻玉者千金長食上大夫之之字据文選魏文帝與鍾大理書注御覽八百五補祿凡天下萬里皆有是非吾所不敢誣是者常

是非者常非亦吾所信然是雖常是有時而不用非雖常非有時而必行故用是而失有矣行非而得有矣是非之理不同而更興廢翻爲我用則是非焉在哉觀堯舜湯武之成或順或逆得時則昌桀紂幽厲之敗或是或非失時則亡五伯之主亦然宋公與楚人戰於泓原注烏宏切公子目夷曰楚眾我寡請其未悉濟而擊之宋公曰不可吾聞不鼓不成列寡人雖亡國國字以意補之餘不敢行也戰敗楚人執宋公齊人弒襄公立公孫無知召忽夷吾奉公子糾奔魯鮑叔牙奉公子小白奔莒既而無知被殺二公子爭國糾宜立者也小白先入故齊人立之既而使魯人殺糾召忽死之徵夷吾以爲相晉文

公爲驪姬之譖出亡十九年惠公卒賂秦以求反國殺懷公而自立彼一君正而不免於執二君不正霸業遂焉己是而舉世非之則不知己之是己非而舉世是之亦不知己之非然則是非隨衆賈而爲正非已所獨了則犯衆者爲非順衆者爲是故人君處權乘勢處所是之地則人所不得非也居則物尊之動則物從之言則物誠之行則物則之所以居物上御羣下也國亂有三事年饑民散無食以聚之則亂治國無法則亂有法而不能用則亂有食以聚民有法而能行國不治未之有也

尹文子卷上

尹文子卷下

聖人（原本作大道下據羣書治要改）

仁義禮樂名法刑賞凡此八者五帝三王治世之術也故仁以導之義以宜之禮以行之樂以和之名以正之法以齊之刑以威之賞以勸之故仁者所以博施於物亦所以生偏私義者所以立節行亦所以成華僞禮者所以行恭謹（長短經作謹敬）亦所以生情慢樂者所以和情志亦所以生淫放名者所以正尊卑亦所以生矜篡法者所以生衆異亦所以生（生字據長短經補）乖分刑者所以威不服亦所以生陵暴賞者所以勸忠能亦所以生鄙爭凡此八術無隱於人而常存於世非自顯於堯湯之

時非故據羣書治要改自作故逃於桀紂之朝用得其道則天下治失其道則天下亂過此而往雖彌綸天地籠羣書治要作纒絡萬品治道之外非羣生所餐挹聖人錯而不言也凡國之將將字據羣書治要補存亡有六徵有衰國有亂國此三字原本在有治國下據羣書治要正有亡國有昌國有彊國有治國所謂亂亡之國者凶虐殘暴不與焉所謂彊治之國者威力仁義不與焉君年長多妾妾字據羣書治要補媵原注以證切少子孫疏强宗原本作宗彊據長短經理亂改衰國也君寵臣臣愛君公法廢私政據長短經理亂改欲作政行亂國也國貧小家富大君權輕臣勢重亡國也凡此三徵不待凶虐殘暴而後弱也雖曰見存吾必謂之亡者也內無專寵外無近習支庶繁息據長短經

理亂改字作息長幼不亂昌國也農桑以時倉廩充實兵甲勁利封疆修理彊國也上不能勝其下下不能犯其上上下不相勝犯故禁令行人人無私雖經險長短經理亂作嶮易而國不可侵治國也凡此三徵不待威力仁義而後彊也也字据羣書治要補下句同雖曰見弱吾必謂之存者也治主之典必有所先誅先誅者非謂盜非謂姦此二惡者一時之大害非亂政之本也亂政之本下侵上之權臣用君之術心不畏時之禁行不軌時之法此大亂之道也孔巳攝魯相七日而誅少原注失照切正卯門人進問曰夫少正卯魯之聞人也夫子爲政而先誅得無失乎孔子曰居吾語原注牛據切汝其故人有惡者五而竊盜姦私不與

焉一曰心達而險二曰行僻而堅三曰言僞而辨四曰彊記而博五曰順非而澤此五者有一於人則不免君子之誅而少正卯兼有之故居處足以聚徒成羣言談足以飾邪熒衆彊記足以反是獨立此小人雄桀也不可不誅也是以湯誅尹諧文王誅潘正太公誅華士管仲誅付里乙子產誅鄧析史付此六子者異世而同心不可不誅也詩曰憂心悄悄慍于羣小小人成羣斯足畏也語曰佞辯可以熒惑鬼神曰鬼神聰明正直孰曰熒惑者曰鬼神誠不受熒惑此尤佞辯之巧靡不入也夫佞辯者雖不能熒惑鬼神熒惑人明矣探人之心度人之欲順人之嗜好而不（羣書治要不作弗）敢逆納人於邪惡

而求其利人喜聞己之美也而（而字据羣書治要補）善能揚之（之字据羣書治要補）惡聞己之過也而（而字据羣書治要補）善能飾之得之於眉睫之閒承之於言行之先世俗之人聞譽則悅聞毀則戚此衆人之大情有同己則喜異己則怒此人之大情故佞人善爲譽者也善順從者也人言是亦是之人言非亦非之從人之所愛隨人之所憎故明君雖能納正直未必能親正直雖能遠佞人未必能疏佞人故舜禹以能不用佞人亦未必憎佞人語曰辯佞惑物舜禹不能得憎不可不察乎十（世俗之人以下一百二十四字据羣書治要補）語曰惡紫之奪朱惡利口之覆邦家斯言足畏而終身莫悟危亡繼踵焉老子曰以正治國以奇用兵以無事取天下

政者名法是也以名法治國萬物所不能亂奇者權術是也以權術用兵萬物所不能敵凡能用名法權術而矯抑殘暴之情則己無事焉己無事則得天下矣故失治則任法失法則任兵以求無事不以取彊取彊則柔者反能服之老子曰民不畏死如何以死懼之凡民之不畏死由刑罰過刑罰過則民不賴其生生無所賴視君之威末如也刑罰中則民畏死畏死由生之可樂也知生之可樂故可以死懼之此人君之所宜執臣下之所宜慎（羣書治要慎作懼）田子讀書曰堯時太平宋子曰聖人之治以致此乎彭蒙在側越次答曰聖法之治以致此非聖人之治也宋子曰聖人與聖法何以異彭蒙曰子

之亂名甚矣聖人者自己出也聖法者自理出也理出於己己非理也己能出理理非己也故聖人之治獨治者也聖法之治則無不治矣此萬世之利唯聖人能該之宋子猶惑質於田子田子曰蒙之言然田子曰人皆自爲而不能爲人故君人者之使人使其自爲用魏下先生曰善哉田子之言古者君之使臣求不私愛於己求顯忠於己而居官者必能臨陣者必勇祿賞之所勸名法之所齊不出於己心不利於己身語曰祿薄者不可與經亂賞輕者不可與入難此（此字據御覽六處上百三十三補）者所宜慎者也（田子曰人皆自爲以下一百九字據羣書治要補）尹文子見齊（齊字據羣書治要補）宣王宣王不言而歎尹文子曰何歎王曰吾

欺國中寡賢尹文子曰國中悉賢誰處王下誰爲王使尹文子見齊宣王以下四十二字据意林補王曰國悉不肖可乎尹文子曰國悉不肖孰理王朝王曰賢與不肖皆無可乎尹文子曰不然有賢二字据藝文類聚二十御覽四百二補有不肖故王尊於上臣卑於下進賢退不肖所以有上下也王曰國悉以下六十一字据羣書治要補

莊里丈人字長子曰盜少子曰毆盜出行其父在後追而而字据意林補呼之曰盜盜吏聞因而而字据意林補縛之其父呼毆喻吏遽而聲不轉但言毆毆吏因而而字据意林補毆之幾殪原注一計切意林作幾至於死

康衢長者字僮曰善慱原注音博藝文類聚九十四御覽九百五慱作搏字犬曰善噬賓客不過其門者三年長者怪而問之乃藝文類聚九十四乃作以實對於是改之賓客

復往鄭人謂玉未理者爲璞周人謂鼠未腊者爲璞周人乃（乃字据藝文類聚八十三御覽九百十一補）懷璞謂（藝文類聚八十三御覽九百十一謂作問）鄭賈曰欲買璞乎鄭賈曰欲之出其璞視之乃鼠也因謝不取（此下有脫文）父之於子也令有必行者有必不行者去貴妻賣愛妾此令必行者也因曰汝無敢恨汝無敢思此（此字据長短經政體補）令必不行者也故爲人上者必慎所令焉（焉字据羣書治要補）凡人富則不羨爵祿貧則不畏刑罰不羨爵祿者自足於己也不畏刑罰者不賴存身也二者爲國之所甚而不知防之之術故令不行而禁不止若使令不行而禁不止則無以爲治無以爲治是人君虛臨其國徒君其民危亂可立而待矣今使由爵祿而

後富則人爭盡力於其君矣由刑罰而後貧則人咸畏罪而從善矣故古之爲國者無使民自貧富貧富皆由於君則君專所制民知所歸矣貧則怨人賤則怨時而莫有自怨者此人情之大趣也然則不可以此是人情之大趣而一概非之亦有可矜者焉不可不察也今能同算鈞而彼富我貧能不怨則美矣雖怨無所非也才鈞智同而彼貴我賤能不怨則美矣雖怨原本怨作然以意改子彙本正作怨無所非也其敝在於不知乘權藉勢之異而惟曰智能之同是不達之過雖君子之郵亦君子之恕也人貧則怨人富則驕人怨人者苦人之不祿施於己也起於情所難安而不能安猶可恕也驕人者無所苦而無

故驕人此情所易制（据羣書治要改貴作制下同）而弗能制不可恕
矣衆人見貧賤則慢而疏之見富貴則敬而親之貧賤
者有請賕於已疏之可也未必損己而必疏之以其無
益物之具故也富貴者有施於己親之可也未必益己
而必親之則彼不敢親我矣三者獨立無致親致疏之
所人情終不能不以貧賤富貴易慮故謂之大惑焉窮
獨貧賤治世之所共矜亂世之所共侮治世非爲矜窮
獨貧賤而治是治之一事也亂世亦非侮窮獨貧賤而
亂亦是亂之一事也每事治則無亂亂則無治視夏商
之盛夏商之衰則其驗也貧賤之望富貴甚微而富貴
不能酬其甚微之望夫富（本衍貴字据羣書治要正）者之所惡貧者

之原本作也据羣書治要改所美貴者之所輕賤者之所榮然而弗酬弗羣書治要作不與同苦樂故也雖弗酬之於我弗傷今萬民之望人君亦如貧賤者者字据羣書治要補之望富貴其所望者蓋欲料長幼平賦斂時其飢寒省其疾痛賞罰不濫使役以時如此而已則於人君弗損也然而弗酬弗羣書治要作不與同勞逸故也故爲人君不可弗與民同勞逸焉故富貴者可不酬貧賤而原本作者据羣書治要改人君不可不酬萬民不酬萬民則萬民之所不願戴所不願戴則君位替矣危莫甚焉禍莫大焉

尹文子卷下

右尹文子二卷從道藏顛字四號錄出漢志一篇隋志及意林二卷唐志一卷意林以爲劉歆注而不載注文羣書治要載篇名曰大道曰聖人因上篇首有大道無形句下篇首有聖人錯而不言句故以名篇今本題大道上大道下非隋唐之舊而漢志一篇元無篇名其篇名蓋仲長氏所題也意林雉兔在野下有兩智不能相使二段治要承之於言行之先下有世俗之人一段臣下之所宜懼下有田子曰二段意林祿薄者不可與經亂賞輕者不可與入難下有尹文子見宣王一段道藏本皆佚脫因据二書原次補入尚多缺誤然視今世

通行緜眇閣本十二子本子彙本固遠勝之

嘉慶壬戌歲十月烏程嚴可均跋

尹文子一卷

(周)尹文 撰

民國八年(1919)上海商務印書館《四部叢刊》影印明覆宋本

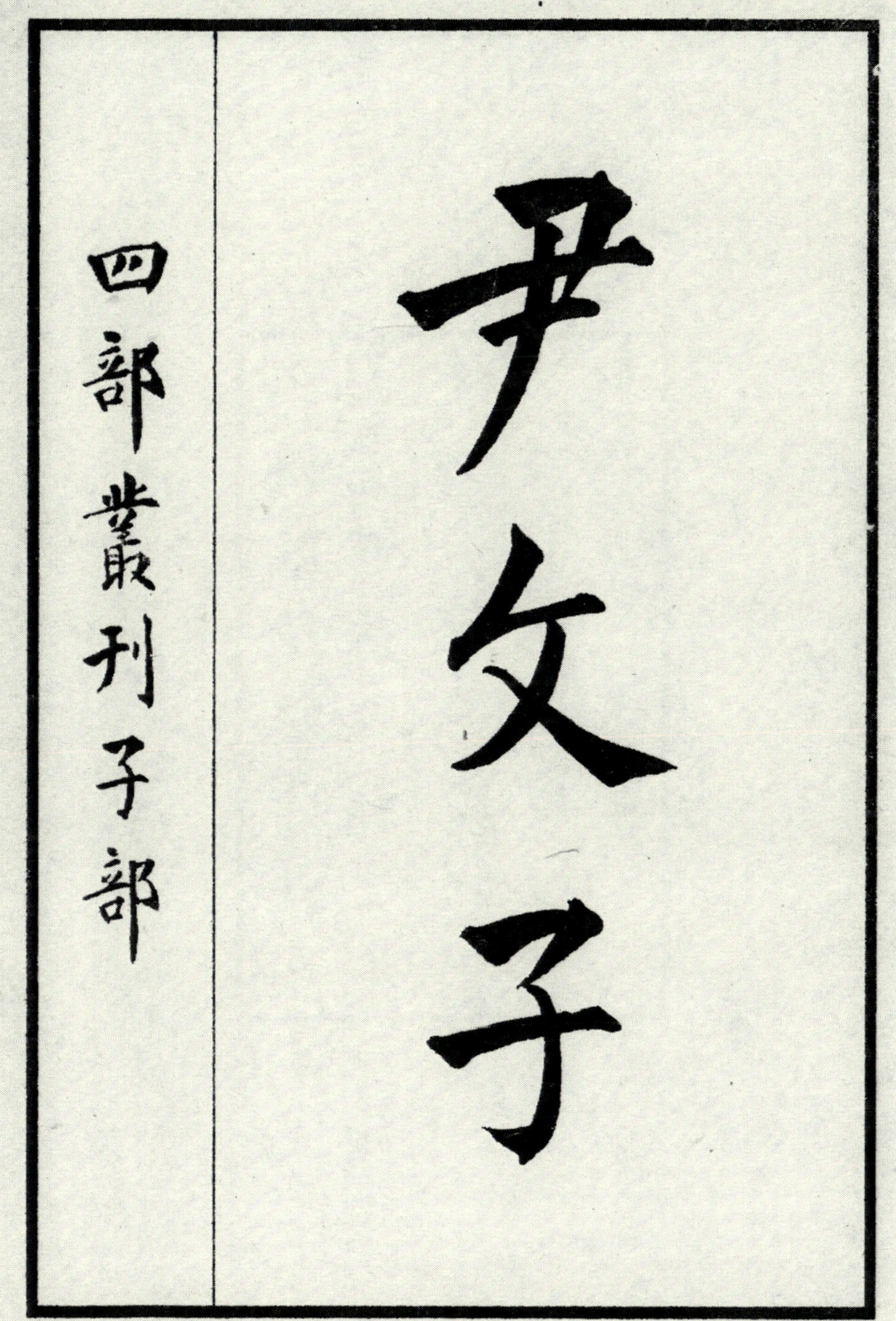

尹文子

四部叢刊子部

上海涵芬樓借江南圖書館藏明翻宋本影印原書高營造尺六寸一二分寬四寸四分五

尹文子序

尹文子者，蓋出於周之尹氏，齊宣王時居稷下，與宋鈃、彭蒙、田駢同學於公孫龍，公孫龍稱之，著書一篇，多所彌綸。莊子曰：不累於物，不苟於人，不忮於衆，願天下之安寧以活民命，人我之養畢足而止，之以此白心，見侮不辱，此其道也。而劉向亦以其學本於黄老，大較刑名家也，近爲誣矣。余黄初末始到京師，繆熙伯以此書見示，意甚玩之，而多脱誤，聊試條次，撰定爲上下篇，亦未能究其詳也。

山陽仲長氏撰定

尹文子

大道上

大道無形稱器有名名也者正形者也形正由名則名不可差故仲尼云必也正名乎名不正則言不順也大道不稱衆有必名生於不稱則群形自得其方圓名生於方員則衆名得其所稱也大道治者則名法儒墨自廢以名法儒墨治者則不得離道老子曰道者萬物之奥善人之寶不善人之所寶是道治者謂之善人藉名法儒墨者謂之不善人善人之與不善人名分日離不得審察而得

也道不足以治則用法法不足以治則用術術不足以治則用權權不足以治則用勢勢用則反權權用則反術術用則反法法用則反道道用則無爲而自治故窮則徼終徼終則反始始終相襲無窮極也有形者必有名有名者未必有形形而不名未必失其方員白黑之實名而不可不尋名以檢其差故亦有名以檢形形以定名名以定事事以檢名察其所以然則形名之與事物無所隱其理矣名有三科法有四呈一曰命物之名方員白黑是也二曰毀譽之名善惡貴賤是也三曰況謂

之名賢愚愛憎是也一曰不變之法君臣上下是也二曰齊俗之法能鄙同異是也三曰治衆之法慶賞刑法是也四曰平准之法律度權量是也術者人君之所密用群下不可妄窺勢者制法之利器群下不可妄爲人君有術而使群下得窺非術之奥者有勢使群下得爲非勢之重者大要在乎先正名分使不相侵雜然後術可秘勢可専名者名形者也形者應名者也然形非正名也名非正形也則形之與名居然别矣不可相亂亦不可相無無名故大道無稱有名故名以正形今萬物具

存不以名正之則亂萬名具列不以形應之則乖故形名者不可不正也善名命善惡名命惡故善有善名惡有惡名聖賢仁智命善者也頑嚚凶愚命惡者也今即聖賢仁智之名以求聖賢仁智之實未之或盡也即頑嚚凶愚之名以求頑嚚凶愚之實亦未或盡也使善惡盡然有分雖未能盡物之實猶不患其差也故曰名不可不辨也名稱者何彼此而檢虛實者也自古至今莫不用此而得用彼而失失者由名分混得者由名分察今親賢而疏不肖賞善而罰惡賢不肖善惡之名宜在彼

親疏賞罰之稱宜屬我我之與彼又復一名名之察者也名賢不肖爲親疏名善惡爲賞罰合彼我之一稱而不別之名之混者也故曰名稱者不可不察也語曰好牛又曰不可不察也好則物之通稱牛則物之定形以通稱隨定形不可窮極者也設復言好馬則復連於馬矣則好所通無方也設復言好人則彼屬於人矣則好非人人非好也則好牛好馬好人之名自離矣故曰名分不可相亂也五色五聲五臭五味凡四類自然存焉天地之間而不期爲人用人必用之終身各有好惡而不

能辨其名分名宜屬彼宜屬我我愛白而憎黑韻
商而舍徵好膻而惡焦嗜甘而逆苦白黑商徵膻
焦甘苦彼之名也愛憎韻舍好惡嗜逆我之分也
定此名分則萬事不亂也故人以度審長短以量
受少多以衡平輕重以律均清濁以名稽虛實以
法定治亂以簡治煩惑以易御險難以萬事皆歸
於一百度皆準於法歸一者簡之至準法者易之
極如此頑嚚聾瞽可以察慧聰明同其治也天下
萬事不可備能責其備能於一人則賢聖其猶病
諸設一人能備天下之事能左右前後之宜遠近

遲疾之間必有不兼者焉苟有不兼於治闕矣全治而無闕者大小多少各當其分農商工仕不易其業老農長商習工舊仕莫不存焉則處上者何事哉故有理而無益於治者君子弗言有能而無益於事者君子弗爲君子非樂有言有益於治不得不言君子非樂有爲有益於事不得不爲故所言者不出於名法權術所爲者不出於農稼軍陣周務而已故明主不爲治外之理小人必言事外之能小人亦知言損於治而不能不言小人亦知能損於事而不能不爲故所言者極於儒墨是非

之辨所爲者極於堅僞偏抗之行求名而已故名
主誅之古語曰不知無害於君子知之無損於小
人工匠不能無害於巧君子不知無害於治此信
矣爲善使人不能得從此獨善也爲巧使人不能
得從此獨巧也未盡善巧之理爲善與衆行之爲
巧與衆能之此善之善者巧之巧者也所貴聖人
之治不貴其獨治貴其能與衆共治貴工倕之巧
不貴其獨巧貴其能與衆共巧也今世之人行欲
獨賢事欲獨能辨欲出群勇欲絕衆獨行之賢不
足以成化獨能之事不足以周務出群之辨不可

爲戶說絶衆之勇不可與征陣凡此四者亂之所由生是以聖人任道以■其險立法以理其差使賢愚不相棄能鄙不相遺能鄙不相遺則能鄙齊功賢愚不相棄則賢是等慮此至治之術也名定則物不競分明則私不行物不競非無心由名定故無所措其心私不行非無欲由分明故無所措其欲然則心欲人人有之而得同於心無欲者制之有道也田駢曰天下之士莫不處其門庭臣其妻子必遊宦諸侯之朝者利引之也遊於諸侯之朝皆志爲卿大夫而不擬於諸侯者名限之也彭

蒙曰雉兎在野衆人逐之分未定也雞豕滿市莫有志者分定故也物奢則仁智相屈分定則貪鄙不爭圓者之轉非能轉而轉不得不轉也方者之止非能止而止不得不止也因圓之自轉使不得止因方之自止使不得轉何苦物之失分故因賢者之有用使不得不用因愚者之無用使不得用用與不用皆非我用因彼所用與不可用而自得其用奚患物之亂乎物皆不能自能不知自知智非能智愚非能愚而智而愚好非能好而好醜非能醜而醜夫不能自能不知自知則智好何所貴

愚醜何所賤則智不能得夸愚好不能得嗤醜此爲得之道也道行於世則貧賤者不怨富貴者不驕愚弱者不懾智愚者不陵定於分也法行於世則貧賤者不敢怨富貴富貴者不敢陵貧賤愚弱者不敢冀智勇智勇者不敢鄙愚弱此法之不及道也世之所貴同而貴之謂之俗世之所用同而用之謂之物苟違於人俗所不與苟忮於衆俗所共去故心皆殊而爲行若一所好各異而資用必同此俗之所齊物之所飾故所齊不可不慎所飾不可不擇昔齊桓好衣紫闔境不鬻異采楚莊愛

細腰一國皆有饑色上之所以率下乃治亂之所由也故俗苟沴必爲治以矯之物苟溢必立制以檢之累於俗飾於物者不可與爲治矣昔晉國苦奢文公以儉矯之乃衣不重帛食不兼肉無幾時人皆大布之衣脫粟之飯越王句踐謀報吳欲人之勇路逢怒蛙而軾之比及數年民之長幼臨敵雖湯火不避居上者之難如此之驗聖王知民情之易動故作樂以和之制禮以節之在下者不得用其私故禮樂獨行禮樂獨行則私欲寢廢私欲寢廢則遭賢之與遭愚均矣若使遭賢則治遭愚

則亂是治亂屬於賢愚不係於禮樂是聖人之術與聖主而俱沒治世之法逮易世而莫用則亂多而治寡亂多而治寡則賢無所貴愚無所賤矣處名位雖不肖不愚物不踈已親踈係乎勢利不係於不肖與仁賢吾亦不敢據以爲天理以爲地勢之自然者爾今天地之間不肖實衆仁賢實寡趨利之情不肖特厚廉恥之情仁賢偏多今以禮義招仁賢所得仁賢者萬不一焉以名利招不肖所得不肖者觸地是焉故曰禮義成君子未必須禮義名利治小人小人不可無名利慶賞刑罰君事

也守職效能臣業也君科功黜陟故有慶賞刑罰臣各慎所任故有守職效能君不可與臣業臣不可侵君事上下不相侵與謂之名正名正而法順也接萬物使分別海内使不雜見侮不辱見推不矜禁暴息兵救世之鬬此仁君之德可以爲主矣守職分使不亂慎所任而無私飢飽一心毀譽同慮賞亦不忘罰亦不怨此居下之節可爲人矣世有因名以得實亦以因名以失實宣王如射說人之謂已能用强也其實所用不過二石以示左右左右皆引試之中闕而止皆曰不下九石非大王

孰能用是宣王悅之然則宣王用不過三石而終身自以爲九石三石實也九石名也宣王悅其名而喪其實齊有黃公者好謙卑有二女皆國色以其美也常謙辭毀之以爲醜惡醜惡之名遠布年過而一國無聘者衛有鰥夫時冒娶之果國色然後曰黃公好謙故毀其子不姝美於是爭禮之亦國色也國色實也醜惡名也此違名而得實矣楚人擔山雉者路人問何鳥也擔雉者欺之曰鳳凰也路人曰我聞有鳳凰今直見之汝販之乎曰然則十金弗與請加倍乃與之將欲獻楚王經宿而

鳥死路人不遑惜金惟恨不得以獻楚王國人傳之咸以爲眞鳳凰貴欲以獻之遂聞楚王感其欲獻於己召而厚賜之過於買鳥之金十倍魏田父有耕於野者得寶玉徑尺弗知其玉也以告鄰人鄰人陰欲圖之謂之曰怪石也畜之弗利其家弗如復之田父雖疑猶錄以歸置於廡下其夜玉明光照一室田父稱家大怖復以告鄰人曰此怪之徵遄棄殃可銷於是遽而棄於遠野鄰人無何盜之以獻魏王魏王召玉工相之玉工望之再拜而立敢賀王王得此天下之寶臣未嘗見王問價玉

工曰此無價以當之五城之都僅可一觀魏王立賜獻王者千金長食上大夫祿凡天下萬里皆有是非吾所不敢誣是者常是非者常非亦吾所信然是雖常是有時而不用非雖常非有時而必行故用是而失有矣行非而得有矣是非之理不同而更興廢翻爲我用則是非焉在哉觀堯舜湯武之成或順或逆得時則昌桀紂幽厲之敗或是或非失時則亡五伯之主亦然宋不以楚人戰於泓公子目夷曰楚衆我寡請其未悉濟而擊之宋公曰不可吾聞不鼓不成列寡人雖亡之餘不敢行

也戰敗楚人執宋公齊人弑襄公立公孫無知召忽夷吾奉公子糾奔魯鮑叔牙奉公子小白奔莒旣而無知被殺二公子爭國糾宜立者也小白先入故齊人立之旣而使魯人殺糾召忽死之徵夷吾以爲相晉文公爲驪姬之譖出亡十九年惠公卒賂秦以求反國殺懷公子而自立彼一君正而不免於執二君不正覇業遂焉已是而舉世非之則不知已之是已非而舉世是之亦不知已所非然則是非隨衆賈而爲正非已所獨了則犯衆者爲非順衆者爲是故人君處權乘勢處所是之地

則人所不得非也居則物尊之動則物從之言則物誠之行則物則之所以居物上御群下也國亂有三事年飢民散無食以聚之則亂治國無法則亂有法而不能用則亂有食以聚民有法而能行國不治未之有也

大道下

仁義禮樂名法刑賞凡此八者五帝三王治世之術也故仁以道之義以宜之禮以行之樂以和之名以正之法以齊之形以威之賞以勸之故仁者所以博施於物亦所以生偏私義者所以立節行

亦所以成華僞禮者所以行恭謹亦所以生情慢樂者所以和情志亦所以生淫放名者所以正尊卑亦所以生矜篡法者所以齊衆異亦所以乖名分刑者所以威不服亦所以生陵暴賞者所以勸忠能亦所以生鄙爭凡此八術無隱於人而常存於世非自顯於堯湯之時非自逃於桀紂之朝用得其道則天下治失其道則天下亂過此而往雖彌綸天地籠絡萬品治道之外非群生所餐挹聖人錯而不言也凡國之存亡有六徵有衰國有亡國有昌國有彊國有治國有亂國所謂亂亡之國

者凶虐殘暴不與焉所謂疆治之國者威力仁義不與焉君年長多勝少子孫踈宗疆衰國也君寵臣臣愛君公法廢私欲行亂國也國貧小家富大君權輕臣勢重亡國也凡此三徵不待凶虐殘暴而後弱也雖曰見存吾必謂之亡者也內無專寵外無近習支庶繁字長幼不亂昌國也農桑以時倉廩充實兵甲勁利封疆脩理疆國也上不勝其下下不犯其上上下不相勝犯故禁令行人人無私雖經險易而國不可侵治國也凡此三徵不待威力仁入而後疆雖曰見弱吾必謂之存者也治

主之興必有所先誅先誅者非謂盜非謂姦此二惡者一時之大害非亂政之本也亂政之本下侵上之權臣用君之術心不畏時之禁行不軌時之法此大亂之道也孔丘攝魯相七日而誅少正卯門人進問曰夫少正卯魯之聞人也夫子為政而先誅得無失乎孔子曰居吾語汝其故人有惡者五而竊盜姦私不與焉一曰心達而險二曰行僻而堅三曰言偽而辨四曰彊記而博五曰順非而澤此五者有一於人則不免君子之誅而少正卯兼有之故居處足以聚徒成群言談足以飾邪熒

衆彊記足以反是獨立此小人雄桀也不可不誅也是以湯誅尹諧文王誅潘正太公誅華士管仲誅付里乙子產誅鄧析史付此六子者異世而同心不可不誅也詩曰憂心悄悄慍於群小小人成群斯足畏也語曰佞辯可以熒惑鬼神曰鬼神聰明正直孰曰熒惑者曰鬼神誠不受熒惑此尤佞辨之巧靡不入也夫安辨者雖不能熒惑鬼神熒惑人明矣探人之心度人之欲順人之嗜好而不敢逆納人於邪惡而求其利人喜聞已之美也善能揚之惡聞已之過也善能飾之得之於眉睫之

間承之於言行之先語曰惡紫之奪朱惡利口之覆邦家斯言足畏而終身莫悟危亡繼踵焉老子曰以政治國以竒用兵以無事取天下政者名法是也以名法治國萬物所不能亂竒者權術是也以權術用兵萬物所不能敵凡能用名法權術而矯抑残暴之情則已無事焉已無事則得天下矣故失治則任法失法則任兵以求無事不以取彊取彊則柔者反能服之老子曰民不畏死如何以死懼之凡民之不畏死由刑罰過刑罰過則民不賴其生生無所賴視君之威末如也刑罰中則民

畏死畏死由生之可樂也知生之可樂故可以死懼之此人君之所宜執臣下之所宜慎田子讀書曰堯時太平宋子曰聖人之治以致此乎彭蒙在則越次答曰聖法之治以至此非聖人之治也宋子曰聖人與聖法何以異彭蒙曰子之亂名甚矣聖人者自己出也聖法者自理出也理出於己己非理也己能出理理非己也故聖人之治獨治者也聖法之治則無不治矣此萬世之利唯聖人能該之宋子猶惑質於田子田子曰蒙之言然莊里丈人字長子曰盜少子曰毆盜出行其父在後追

呼之曰盜盜吏聞因縛之其父呼毆喻吏遽而聲不轉但言毆毆吏因毆之幾殪計康衢長者字僮曰善搏字犬曰善噬賓客不過其門者三年長者怪而問之乃實對於是改之賓客往復鄭人謂玉未理者為璞周人謂鼠未腊者為璞周人懷璞謂鄭賈曰欲買璞乎鄭賈曰欲之出其璞視之乃鼠也因謝不取父之於子也令有必行者有必不行者去貴妻賣愛妾此令必行者也因曰汝無敢恨汝無敢思令必不行者也故為人上者必慎所令凡人富則不羨爵祿貧則不畏刑罰不羨爵祿者

自足於已也不畏刑罰者不賴存身也二者為國之所甚而不知防之之術故令不行而禁不止若使令不行而禁不止則無以為治無以為治是人君虛臨其國徒君其民危亂可立而待矣今使由爵祿而後富則人力爭盡力於其君矣由刑罰而後貧則人咸畏罪而從善矣故古之為國者無使民自貧富貧富皆由於君則君專所制民知所歸矣貧則怨人賤則怨時而莫有自怨者此人情之大趣也然則不可以此是人情之大趣而一槩非之亦有可矜者焉不可不察也今能同算鈞而彼

富我貧能不怨則美矣雖怨無所非也才鈞智同而彼貴我賤能不怨則美矣雖怨無所非也其敝在於不知秉權藉勢之異而雖曰智能之同是不達之過雖君子之鄙亦君子之怒也人貧則怨人富則驕人怨人者苦人之不祿施於已也起於情所難安而不能安猶可恕也驕人者無苦而無故驕人此情所易貴而弗能貴弗可恕矣衆人見貧賤則慢而疎之見富貴則敬而親之貧賤者有請賕於已疎之可也未必損已而必疎之以其無益於物之具故也富貴者有施與已親之可也未必

益己而必親之則彼不敢親我矣三者獨立無致親致疎之所人情終不能不以貧賤富貴易慮故謂之大惑焉窮獨貧賤治世之所共矜亂世之所共侮治世非爲矜窮獨貧賤而治是治之一事也亂世亦非侮窮獨貧賤而亂亦是亂之一事也每事治則無亂亂則無治視夏商之盛夏商之衰則其驗也貧賤之望富貴甚微而富貴不能酬其甚微之望夫富貴者之所惡貧者之所美貴者之所輕賤者之所榮然而弗酬弗與同若樂故也雖弗酬之於物弗傷今萬民之望人君亦如貧賤之望

富貴其所望者蓋欲料長幼平賦斂時其飢寒省其疾痛賞罰不濫使役以時如此而已則於人君弗損也然而弗酬弗與同勞役故也故為人君不可弗與民同勞逸焉故富貴者可不酬貧賤者人君不可不酬萬民不酬萬民則萬民之所不願戴所不願戴則君位危矣危莫甚焉禍莫大焉

尹文子終

尹文子二卷

（周）尹文 撰　佚名校並録清嚴可均跋

清抄本

尹文子序　　　　　　　　　　顛四

山陽仲長氏撰定

尹文子者蓋出於周之尹氏齊宣王時居稷下與宋鈃彭蒙田駢同學於公孫龍公孫龍稱之著書一篇多所彌綸莊子曰不累於物不苟於人不忮於衆願天下之安寧以活於民命人我之養畢足而止以此白心見侮不辱此其道也而劉向亦以其學本於黃老大較刑名家也近爲誣矣余黃初末始到京師繆熈伯以此書見示意甚玩之而多脱誤聊試條次撰定爲上下篇亦未能究其詳也

羣書治要載此篇名無上字

尹文子卷上

大道上

大道無形稱器有名名也者正形者也形正由名則名不可差故仲尼云必也正名乎名不正則言不順也大道不稱衆有必名生於不稱則羣形自得其方圓名生於方圓則衆名得其所稱也大道治者則名法儒墨自廢以名法儒墨治者則不得離道老子曰道者萬物之奥善人之寶不善人之所寶是道治者謂之善人藉名法儒墨者謂之不善人善人之與不善人名分扶問切日離不待審察而得也道不足以治則用法法不足以治則用術術不足以治則用權權不足以治則用勢勢用則反權權用則反術術用則反法法用則反道道用則無為而自治故窮則徼吉弔切終徼終則反始始終相襲無窮極也有形者必有

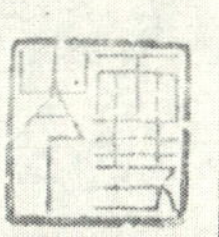

齊俗之法意林作齊等之法
凡用墨筆者竝據意林校補

名有名者未必有形形而不名未必失其方圓白黑之實名而不可不尋名以檢其差故亦有名以檢形形以定名名以定事事以檢名察其所以然則形名之與事物無所隱其理矣名有三科法有四呈一曰命物之名方圓白黑是也二曰毀譽之名善惡貴賤是也三曰況謂之名賢愚愛憎是也一曰不變之法君臣上下是也二曰齊俗之法能鄙同異是也三曰治衆之法慶賞刑罰是也四曰平准之法律度權量是也術者人君之所密用羣下不可妄窺勢者制法之利器羣下不可妄為人君有術而使羣下得窺非術之奥者有勢使羣下得為非勢之重者大要在乎先正分使不相侵雜然後術可祕勢可專名者名形者也形者應名者也然形非正名也名非正形也則形也則形之與名居然別矣不可相亂亦不可相無無名故大道無稱有

御覽八百九十九無又曰二字

名故名以正形今萬物具存不以名正之則亂萬名具列不以形應之則乖故形名者不可不正也善名命善惡名命惡故善有善名惡有惡名聖賢仁智命善者也頑嚚魚巾切凶愚命惡者也今即聖賢仁智之名以求聖賢仁智之實未之或盡也即頑嚚凶愚之名以求頑嚚凶愚之實亦未或盡也使善惡之盡然有分雖未能盡物之實猶不患其差也故曰名不可不辯也名稱者何彼此而檢虛實者也自古至今莫不用此而得用彼而失失者由名分混得者由名分察今親賢而疏不肖賞善而罰惡賢不肖善惡之名宜在彼親疏賞罰之稱宜屬我我之與彼又復一名名之察者也名賢不肖為親疏名善惡為賞罰合彼我之一稱而不別之名之混者也故曰名稱者不可不察也語曰好虛到切牛又曰不可不察也好則物之通稱牛則物之定形

用硃筆者竝據羣書治要改正

以通稱隨定形不可窮極者也設復言好馬則復連於馬矣則好所通無方也設復言好人則彼屬於人也則好非人人非好也則好牛好馬好人之名自離矣故曰名分不可相亂也五色五聲五臭五味凡四類自然存焉天地之間而不期為人用人必用之終身各有好惡而不能辯其名分名宜屬彼宜屬我我愛白而憎黑韻商而舍（音捨）徵好羶而惡焦嗜甘而逆苦白黑商徵羶焦甘苦彼之名也愛憎韻舍好惡嗜逆我之分也定此名分則萬事不亂也故人以度審長短以量受少多以衡平輕重以律均清濁以名稽虛實以法定治亂以簡制煩惑以易御險難以萬事皆歸於一百度皆準於法歸一者簡之至準法者易之極如此頑嚚聾瞽可以察慧聰明同其治也天下萬事不可備能責其備能於一人則賢聖其猶病諸設一人能備天下之

君子不言　君子不為（並長短經卑政）

事能左右前後之宜遠近遲疾之間必有不兼者焉苟有不兼於治闕矣全治而無闕者大小多少各當（丁浪切）其分農商工仕不易其業老農長商習工舊仕莫不存焉則處上者何事哉故有理而無益於治者君子弗言有能而無益於事者君子弗為君子非樂有言有益於治不得不言君子非有為有益於事不得不為故所言者不出於名法權術所為者不出於農稼軍陣周務而已故明主不為治外之理小人必言事外之能小人亦知言損於治而不能不言小人亦知能損於事而不能不為故所言者極於濡墨是非之辯所為者極於堅偽偏抗（口浪切）之行求名而已故明主誅之古語曰不知無害於君子知之無損於小人工匠不能無害於巧君子不知無害於治此信矣為善使人不能得從此獨善也為巧使人不能得從此獨巧也未盡善

夫獨行之賢長短經卑政

亂之所由生也長短經卑政

而得同於無心無欲者在制之有道故也長短經適變

巧之理為善與衆行之為巧與衆能之此善之善者巧之巧者也所貴聖人之治不貴其獨治貴其能與衆共治也工倕音垂之巧不貴其獨巧貴其能與衆共巧也今世之人行欲獨賢事欲獨能辯欲出羣勇欲絶衆獨行之賢不足以成化獨能之事不足以周務出羣之辯不可為戸說絶衆之勇不可與征陣凡此四者亂之所由生是以聖人任道以其險立法以理其差使賢愚不相棄能鄙不相遺能鄙不相遺則能鄙齊功賢愚不相棄則賢愚等慮此至治之術也名定則物不競分扶問切明則私不行物不競非無心由名定故無所措其心私不行非無欲由分明故無所措其欲然則心欲人人有之而得同於心無欲者制之有道也田駢蒲眠切曰天下之士莫肯處其門庭臣其妻子必遊宦諸侯之朝者利引之也遊於諸侯之朝皆志為卿大夫而

意林御覽四百三十二
兩智不能相使兩貴不能相臨兩辯不能相屈力均勢敵故也專用聰明則功不成專用晦昧則事必悖一明一晦衆之所載意林
用與不用各得其用奚患物之亂也長短經適變

不擬於諸侯者名限之也彭蒙曰雉兔在野衆人逐之分求定也雞豕滿市莫有志者分定故也物奢則仁智相屈分定則貪鄙不爭圓者之轉非能轉而轉不得不轉也方者之止非能止而止不得不止也因圓之自轉使不得止因方之自止使不得轉何苦物之失分故因賢者之有用使不得不用因愚者之無用使不得用用與不用皆非我用因彼所用與不可用而自得其用奚患物之亂乎物皆不能自能不知自知智非能智而智愚非能愚而愚好非能好而好醜非能醜而醜夫不能自能不知自知則智好何所貴愚醜何所賤則智不能得夸愚好不能得嗤醜此為得之道也道行於世則貧賤者不怨富貴者不驕愚弱者不懾質涉切智勇者不陵定於分也法行於世則貧賤者不敢怨富貴富貴者不敢陵貧賤愚弱者不敢冀智勇智勇者

食不重肉　脫粟之飯書抄一百四十三
文公儉以矯之御覽八百五十
無幾時國○人皆御覽六百八十九
因食脫粟之飯御覽八百五十
路逢怒鼃○下○車○而揖○之御覽五百四十三
路逢怒蛙迴車避○之後戰民皆
不避湯火遂滅吳北堂書鈔一百十六

不敢鄙愚弱此法之不及道也世之所貴同而貴之謂之俗世之所用同而用之謂之物苟違於人俗所不與苟忮支切義於衆俗所共去故心皆殊而為行若一所好各異而資用必同此俗之所齊物之所飾故所齊不可不慎所飾不可不擇昔齊桓好許浩切衣紫闔境不鬻異彩楚莊愛細腰一國皆有饑色上之所以率下乃治亂之所由也故俗苟沴必為法以矯之物苟溢必立制以檢之累力偽切於俗飾於物者不可與為治矣昔晉國告奢文公以儉矯之乃衣不重帛食不兼肉無幾時人皆大布之衣脫粟之飯越王勾踐謀報吳欲人之勇路逢怒蛙而軾之比及數年民無長幼臨敵雖湯火不避居上者之難如此之驗聖王知民情之易動故作樂以和之制禮以節之在下者不得用其私故禮樂獨行禮樂獨行則私欲寢廢私欲寢廢則遺賢之

處名位雖不肖不愚物不親己在貧賤雖仁賢（雖仁賢三字以意補）不愚物不疏己親疏係乎勢利不係乎不肖與仁賢也（文選任昉為蕭揚州薦士表注）

與遭愚均矣若使遭賢則治遭愚則亂是治亂續於賢愚不係於禮樂是聖人之術與聖主而俱没治也世之法逮易世而莫用則亂多而治寡亂多而治寡則賢無所貴愚無所賤矣處名位雖不肖不愚物不疏（音疎）己親疎係乎勢利不係乎不肖與仁賢吾亦不敢據以為天理以為地勢之自然者爾今天地之間不肖實衆仁賢實寡趨利之情不肖特厚廉恥之情仁賢偏多今以禮義招仁賢所得仁賢者萬不一焉以名利招不肖所得不肖者觸地是焉故曰禮義成君子君子未必須禮義名利治小人小人不可無名利慶賞刑罰君事也守職効能臣業也君料功黜陟故有慶賞刑罰臣各慎所任故有守職効能君不可與臣業臣不可侵君事上下不相侵與謂之名正名正而法順也接萬物使分别海内使不雜見侮不辱見推不矜禁暴息兵救也（文選東京賦注）

齊○宣王好射 御覽三百八十九

所用弓○不過三石 御覽三百八十九

此○不下九石 御覽三百八十九

年過四十○○國無敢○聘者衛有鰥夫失○時冒娶之 御覽三百八十一

有○路人問何鳥也 藝文類聚九十

路人問曰○ 御覽六百三十六又九百十七

鳳皇○也 藝文類聚九十御覽九百十七下皆作皇

今○始見矣○ 藝文類聚九十御覽九百十七

請○買十金 藝文類聚九十御覽九百十七

世之鬭此仁君之德可以為主矣守職分使不亂慎所任而無私饑飽一心毀譽同慮賞亦不忘罰亦不怨此居下之節可為人矣世有因名以得實亦以因名以失實宣王好射說音悅人之謂已能用強也其實所用不過三石以示左右左右皆引試之中闕而止皆曰不下九石非大王孰能用是宣王悅之然則宣王用不過三石而終身自以為九石三石實也九石名也宣王悅其名而喪其實齊有黃公者好謙卑有二女皆國色以其美也常謙辭毀之以為醜惡醜惡之名遠布年過而一國無聘者衛有鰥夫時冒娶之果國色然後曰黃公好謙故毀其子不姝美於是爭禮之亦國色也國色實也醜惡名也此違名而得實矣楚人擔山雉者路人問何鳥也擔雉者欺之曰鳳凰也路人曰我聞有鳳凰今直見之汝販之乎曰然則十金弗與請加倍

其金惟恨 藝文御覽

王感其貴買欲獻於已 御覽六百三十六

不知其為玉也 藝文類聚八十三 文選魏文帝與鍾大理書注

詐之曰 御覽八百五 藝文類聚八十三

猶豫以歸 藝文類聚八十三

廡上 文選東京賦注 王明照 藝文八十三 御覽八百五

棄之於 藝文 御覽八百五 文選與鍾大理書注

取之以獻 藝文類聚

敢賀大王 藝文御覽文選 得天下之寶臣所未嘗見 藝文文選御覽

五城之都卿可一觀 文選注

上大夫之祿 藝文御覽文選 文選魏文帝與鍾大理書注

乃與之將欲獻楚王經宿而鳥死路人不遑惜金惟恨不得以獻楚王國人傳之咸以為真鳳凰貴欲以獻之遂聞楚王感其欲獻於已召而厚賜之過於買鳥之金十倍魏田父有耕於野者得寶玉徑尺弗知其玉也以告隣人隣人陰欲圖之謂之曰此怪石也畜之弗利其家弗如復之田父雖疑猶錄以歸置於廡音侮下其夜玉明光照一室田父稱家大怖普故切復以告隣人曰此怪之徵遄市專切棄殃可銷於是遽而棄於遠野隣人無何盜之以獻魏王魏王召玉工相之玉工望之再拜而立敢賀王王得此天下之寶臣未嘗見王問其價玉工曰此無價以當之五城之都僅可一觀魏王立賜獻玉者千金長食上大夫祿凡天下萬里皆有是非吾所不敢誣是者常是非者常非亦吾所信然是雖常是有時而不用非雖常非有時而必行故用是而

失有矣行非而得有矣是非之理不同而更興廢翻為我用則是非焉在哉觀堯舜湯武之成或順或逆得時則昌桀紂幽厲之敗或是或非失時則亡五伯之主亦然宋公以楚人戰於泓烏宏切公子目夷曰楚衆我寡請其未悉濟而擊之宋公曰不可吾聞不鼓不成列寡人雖亡之餘不敢行也戰敗楚人執宋公齊人弑襄公立公孫無知召忽夷吾奉公子糾奔魯鮑叔牙奉公子小白奔莒既而無知被殺二公子爭國糾宜立者也小白先入故齊人立之既而使魯人殺糾召忽死之徵夷吾以為相晉文公為驪姬之譖出亡十九年惠公卒賂秦以求反國殺懷公子而自立彼一君正而不免於執二君不正霸業遂焉已是而舉世非之則不知己之是已非而舉世是之亦不知己所非然則是非隨衆賈而為正非己所獨了則犯衆者為非順衆者

為是故人君處權乘勢處所是之地則人所不得非也居則物尊之動則物從之言則物誠之行則物則之所以居物上御羣下也國亂有三事年飢民散無食以聚之則亂治國無法則亂有法而不能用則亂有法食以聚民有法而能行國不治未之有也

尹文子卷上

行敬謹長短經反經
生乖分長短經反經

尹文子卷下

大道下

仁義禮樂名法刑賞凡此八者五帝三王治世之術也故仁以導之義以宜之禮以行之樂以和之名以正之法以齊之刑以威之賞以勸之故仁者所以博施於物亦所以生偏私義者所以立節行亦所以成華僞禮者所以行恭謹亦所以生惰慢樂者所以和情志亦所以生淫放名者所以正尊卑亦所以生矜篡法者所以齊衆異亦所以乖分刑者所以威不服亦所以生陵暴賞者所以勸忠能亦所以生鄙爭凡此八術無隱於人而常存於世非自顯於堯湯之時非自逃於桀紂之朝用得其道則天下治失其道則天下亂過此而往雖彌綸天地籠絡萬品治道之外非羣生所餐挹聖人錯而不言也凡國之存亡有六

疏强宗 長短經理亂引

私政行 長短經理亂引

支庶繁息 長短經理亂

上不能勝其下 長短經理亂

嶮易 長短經理亂引

徵有衰國有亡國有昌國有彊國有治國有亂國所謂亂亡之國者凶虐殘暴不與焉所謂彊治之國者威力仁義不與焉君年長多媵以證切少子孫疏宗彊衰國也君寵臣臣愛君公法廢私欲行亂國也國貧小家富大君權輕臣勢重亡國也凡此三徵不待凶虐殘暴而後弱也雖曰見存吾必謂之亡者也內無專寵外無近習支庶繁字長幼不亂昌國也農桑以時倉廩充實兵甲勁利封彊修理彊國也上不勝其下下不能犯其上上下不相勝犯故禁令行人人無私雖經險易而國不可侵治國也凡此三徵不待威力仁義而後彊雖曰見弱吾必謂之存者治主之興必有所先誅先誅者非謂盜非謂姦此二惡者一時之大害非亂政之本也亂政之本下侵上之權臣用君之術心不畏時之禁行不軌時之法此大亂之道也孔丘攝魯相七日

而誅少（失照切）正卯門人進問曰夫少正卯魯之聞人也夫子為政而先誅得無失乎孔子曰居吾語（牛據切）汝其故人有惡者五而竊盜姦私不與焉一曰心達而險二曰行僻而堅三曰言偽而辯四曰彊記而博五曰順非而澤此五者有一於人則不免君子之誅而少正卯兼有之故居處足以聚徒成羣言談足以飾邪熒衆彊記足以反是獨立此小人雄桀也不可不誅也是以湯誅尹諧文王誅潘正太公誅華士管仲誅付里乙子產誅鄧析史付此六子者異世而同心不可不誅也詩曰憂心悄悄慍於羣小小人成羣斯足畏也語曰佞辯可以熒惑鬼神曰鬼神聰明正直孰曰熒惑者曰鬼神誠不受熒惑此尤佞辯之巧靡不入也夫佞辯者雖不能熒惑鬼神熒惑人明矣探人之心度人之欲順人之嗜好而不敢逆納人於邪惡而求其利人喜

世俗之人、聞譽則悅、聞毀則戚、此衆人之大情、有同己則喜、異己則怒、此人之大情、故佞大善為譽者也、善順從者也、人言是亦是之、人言非亦非之、從人之所愛、隨人之所憎、故明君雖能納正直、未必能親正直、雖能遠佞人、未必能疎佞人、故舜禹以能不用佞人、亦未必憎佞人、語曰、辨佞惑物、舜禹不能得憎、不可不察乎、

民不畏死　死字譌為砲

硃筆眉批第三行佞大大字疑作人

聞己之美也善能揚惡聞己之過也善能飾之得之於眉睫之間承之於言行之先語曰惡紫之奪朱惡利口之覆邦家斯言足畏而終身莫悟危亡繼踵焉老子曰以政治國以奇用兵以無事取天下政者名法是也以名法治國萬物所不能亂奇者權術是也以權術用兵萬物所不能敵凡能用名法權術而矯抑殘暴之情則已無事焉已無事則得天下矣故失治則任法失法則任兵以求無事不以取彊取彊則柔者反能服之老子曰民不畏砲如何以死懼之凡民之不畏死由刑罰過刑罰過則民不賴其生生無所賴視君之威末如也刑罰中則民畏死畏死由生之可樂也知生之可樂故可以死懼之此人君之所宜執臣下之所宜慎田子讀書曰堯時太平宋子曰聖人之治以致此乎彭蒙在則越次答曰聖法之治以至此非聖人之治

田子曰、人皆自為、而不能為人、故君人者之使人、使其自為用、而不使為我用、魏下先生曰、善哉田子之言、古者君之使臣、求不私愛於己、求顯忠於己、而居官者必能、臨陣者必勇、祿賞之所勸、名法之所齊、不出於己心、不利於己身、語曰、祿薄者不可與經亂、賞輕者不可與入難、此處上者所宜慎者也、御覽六百三十三

尹文子見宣王、宣王不言而歎、尹文子曰、何歎、王曰、吾歎國中寡賢、尹文子曰、國中悉賢、誰處王下、誰為王使、王曰、國悉不肖、可乎、尹文子曰、國悉不肖、孰理王朝、王曰、賢與不肖、皆無可乎、尹文子曰、不然、有賢有不肖、有賢故王尊於上、臣卑於下、進賢、退不肖、所以有上下也、群書治要 意林 藝文類聚二十 御覽四百二

也宋子曰聖人與聖法何以異彭蒙曰子之亂名甚矣聖人者自己出也聖法者自理出也理出於己己非理也己能出理理非己也故聖人之治獨治者也聖法之治則無不治矣此萬世之利唯聖人能該之宋子猶惑質於田子田子曰蒙之言然莊里丈人字長子曰盜少子曰毆盜出行其父在後追呼之曰盜盜吏聞因縛之其父呼毆喻吏遽而聲不轉但言毆毆吏因毆之幾殪一計切康衢長者字僮曰善搏音博字犬曰善噬賓客不過其門者三年長者怪而問之乃實對於是改之賓客往復鄭人謂玉未理者為璞周人謂鼠未腊者為璞周人懷璞謂鄭賈曰欲買璞乎鄭賈曰欲之出其璞視之乃鼠也因謝不取父之於子也令有必行者有必不行者去貴妻賣愛妾此令必行者也因曰汝無敢恨汝無敢思令必不行者也故為人上者必慎所

善搏。藝文類聚九十四
問之以實對 藝文類聚九十四
周人乃懷璞問。鄭賈曰欲買璞乎 藝文類聚八十三 御覽九百十一

令凡人富則不羨爵祿貧則不畏刑罰不羨爵祿者自足於己也不畏刑罰者不賴存身也二者為國之所甚而不知防之之術故令不行而禁不止若使令不行而禁不止則無以為治無以為治是人君虛臨其國徒君其民危亂可立而待矣今使由爵祿而後富則人力爭盡力於其君矣由刑罰而後貧則人咸畏罪而從善矣故古之為國者無使民自貧富貧富皆由於君則君專所制民知所歸矣貧則怨人賤則怨時而莫有自怨者此人情之大趣也然則不可以此是人情之大趣而一槩非之亦有可矜者焉不可不察也今能同筭鈞而彼富我貧能不怨則美矣雖怨無所非也才鈞智同而彼貴我賤能不怨則美矣雖然無所非也其敝在於不知乘權藉勢之異而雖曰智能之同是不達之過雖君子之鄙亦君子之怒也人貧則怨人富則

子彙本然作怨

驕人怨人者苦人之不祿施於已也起於情所難安而不能安猶可恕也驕人者無苦而無故驕人此情所易責而弗能責弗可恕矣衆人見貧賤則慢而疎之見富貴則敬而親之貧賤者有請賕於已疎之可也未必損已而必疏之以其無益物之具故也富貴者有施與已親之可也未必益已而必親之則彼不敢親我矣三者獨立無致親致疏之所人情終不能不以貧賤富貴易慮故謂之大惑焉窮獨貧賤治世之所共矜亂世之所共侮治世非為矜窮獨貧賤而治是治之一事也亂世亦非侮窮獨貧賤而亂亦是亂之一事也每事治則無亂亂則無治視夏商之盛夏商之衰則其驗也貧賤之望富貴甚微而富貴不能畀其甚微之望夫富貴者之所惡貧者也所美貴者之所輕賤者之所榮然而弗畀弗與同苦樂故也雖弗畀之於我弗傷

今萬民之望人君亦如貧賤之望富貴其所望者蓋欲料長幼平賦斂時其飢寒省其疾痛賞罰不濫使役以時如此而已則於人君弗損也然而弗爲弗與同勞逸故也故爲人君不可弗與民同勞逸焉故富貴者可不爲貧賤者人君不可不爲萬民不爲萬民則萬民之所不願戴所不願戴則君位替矣危莫甚焉禍莫大焉

尹文子卷下

右尹文子二卷從道藏顛字四號録出漢志一篇隋志及意林二卷唐志一卷意林以為劉歆注而不載注文羣書治要載篇名曰大道曰聖人因上篇首有大道無形句下篇首有聖人錯而不言句故以名篇今本題大道上大道下非隋唐之舊而漢志一篇元無篇名其篇名葢仲長氏所題也意林雉兔在野下有兩智不能相使二段治要承之於言行之先下有世俗之人一段臣下之所宜懼下有田子曰二段意林祿薄者不可與經亂賞輕者不可與入難下有尹文子見宣王一段道藏本皆佚脱因據二書原次補入尚多缺誤然視今世通行緜眇閣本十二子本子彙本固遠勝之嘉慶壬戌歲十月烏程嚴可均跋

尹文子一卷

（周）尹文 撰　佚名 批校

民國元年（1912）鄂官書處刊《子書百家》本

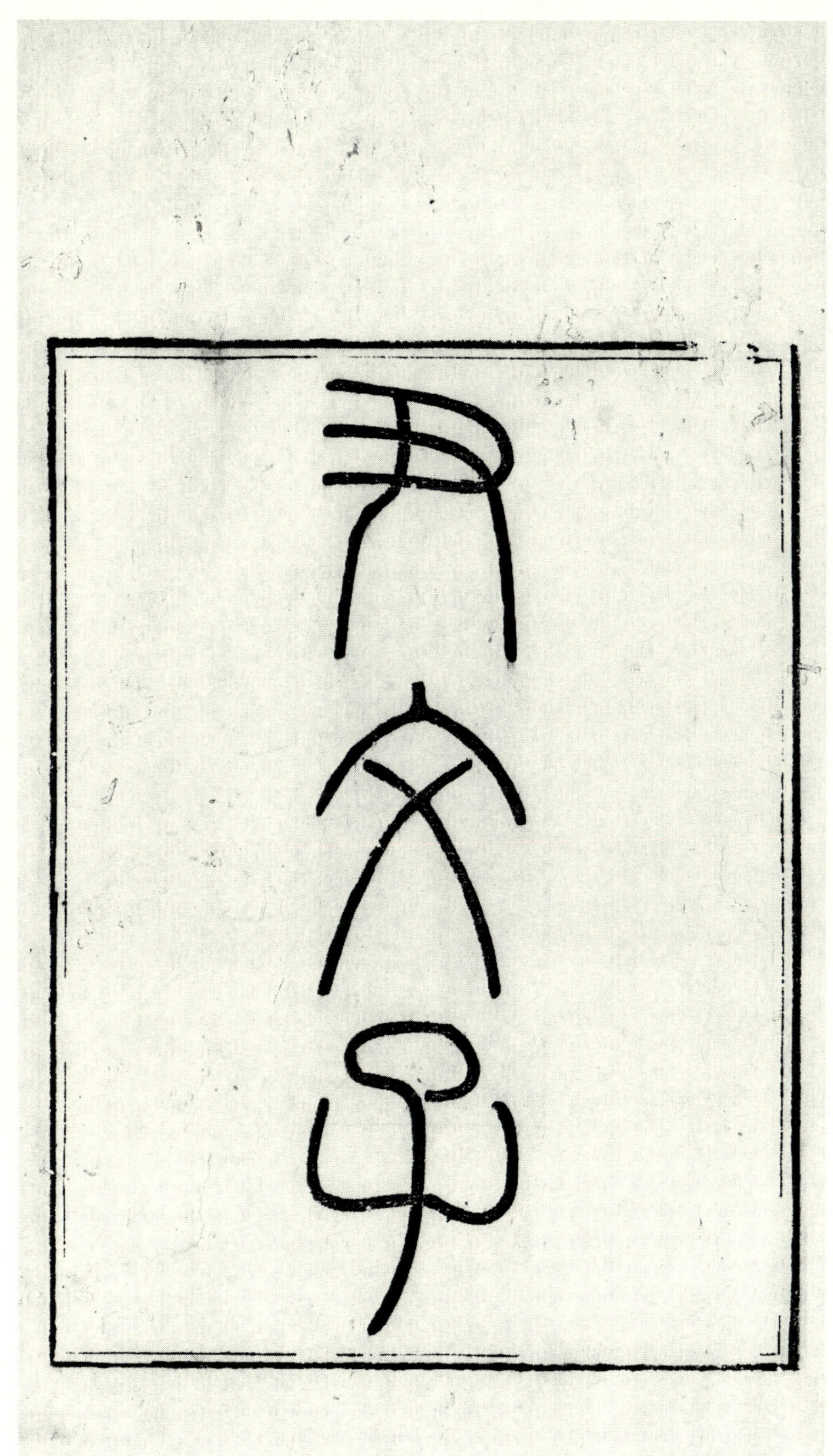

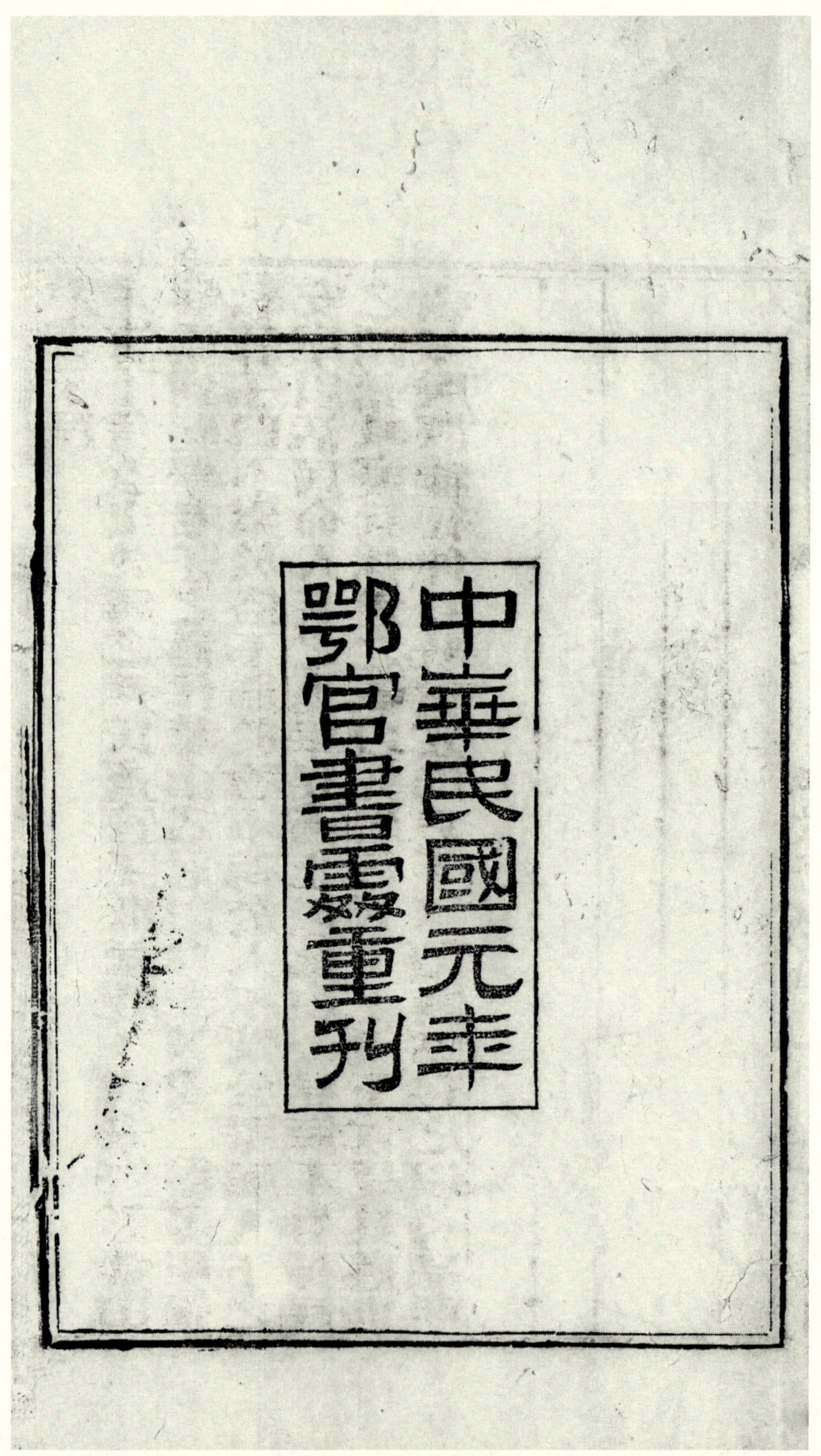
中華民國元年
鄂官書處重刊

漢志尹文子一篇班固自注云說齊宣王先公孫龍仲長統謂尹文學于公孫龍者因誤解漢志而致也班志或從公孫龍子跡府而出

見莊子天下篇並以與宋鈃並稱

漢志列鄧析子為名家之首尹文次之

謝无量云名家多與法家相關如韓非子多稱惠施尹文書每言法治名家所以明法治之理法家所以講法治之用故名法二家本不可相離也

胡適以為古代法家見當哲學史大綱並云尹文的人生哲學近於墨家他的名學純粹是儒家又當知道孔子的正名論老子的天道論墨家的法的觀念都是中國古代法理學的基本觀念故我以為中國古代只有法理家並無所謂法家以漢志列尹文於名家為誤

尹文子序

尹文子者蓋出於周之尹氏齊宣王時居稷下與宋鈃彭蒙田駢慎到同學老子之道作華山之冠以自表著書一篇多所彌綸莊子曰不累於俗不飾於物不苟於人不忮於衆願天下之安寧以活民命人我之養畢足而止以此白心見侮不辱救民之鬬禁攻寢兵救世之戰以此周行天下上說下教是其道也書多脫誤雖經仲長統撰定尚有不可讀者姑存之以待高明

謝无量云尹文論治以道為最高此下有法術權勢之治循環相繼為治而並是儒墨名法之所用世名法儒墨之治國猶未契于大道然固不能離也此見尹文歸本黃老而以名法列于儒墨之上亦見于微旨矣

謝云尹文之書先叙大道與形之關係次言大道為名法儒之洞源因正名分以定萬事而歸于理治之世治其言多精審而不為詭辯當推為名家之正宗也

三蒲藤玄吏之子明言名法儒墨爲黃老大道之末葉也

稱稱字也
謝云名家之辯不過乎名
實其說形名者形即實
也此書首五句已括之名
家之根本原理也
三浦藤云實者較形之範
圍廣則尹文以為相同形
者物之形也在外界名者
乃基于外界之形而成立
于心中之概念形與名有
附合性質成立後從之形
與名離論中說及法者
甚多有法家之見
胡云尹文法理學有大旨
一形二名三分形即是實
即一切事物
義意形乃事物名乃物
映於內心之概念形名相
應故曰名者名形者也形
者應名者也分者乃內
心對于事物所得之概念
而生之判斷故曰白黑商
徵膻焦甘苦彼之名也愛
憎韻舍好惡嗜逆我之分
也又曰名宜屬彼分宜

尹文子

大道上

大道無形稱器有名名也者正形者也形正由名則名不可差故仲尼云必也正名乎名不正則言不順也大道不稱衆有必名生於不稱則羣形自得其方圓名生於方圓則衆名得其所稱也大道治者則名法儒墨自廢以名法儒墨治者則不得離道老子曰道者萬物之奧善人之寶不善人之所寶是道治者謂之善人藉名法儒墨者謂之不善人善人之與不善人名分日離不待審察而得也道不足以治則用法法不足以治則用術術不足以治則用權權不足以治則用勢勢用則反權權用則反術術用則反法法用則反道道用則無為而自治故窮則徼終徼終則反始始終相襲無窮極也有形者必有名有名者

當與我也故曰有形者必有
名名也者正形者也故名
之與分不可不辯蓋分者
別也當也物各有當也
然分雖在物而存在名
故曰名以檢形言名爲概
念也名以定事言名爲
斷詞也故名正則分自正
也故曰正名言而不言正分
也分形者實也實之一
字有分與形之二意形者
物之靜也分者物之現也
名實爲對待之詞也
然物各有其形也有
有其當也故亦自有名
也世之亂也實由名實
之相襍也名亂則分亂而
人之判斷亦亂紫朱之亂
善惡之混也
又意者書中常形名名分
名實或曰形(言)實也而
不知形與分皆實也如
夫婦之名自有夫婦之形在
焉亦自有夫婦之分在焉
上二者即夫婦之實也形
者應名者也分亦應名者
也實亦應名者也名者
即名形名分名實者也

未必有形形而不名未必失其方圓白黑之實名而不可不尋
名以檢其差故亦有名以檢形形以定名名以定事事以檢名
察其所以然則形名之與事物無所隱其理矣名有三科法有
四呈一曰命物之名方圓白黑是也二曰毀譽之名善惡貴賤
是也三曰況謂之名賢愚愛憎是也一曰不變之法君臣上下
是也二曰齊俗之法能鄙同異是也三曰治衆之法慶賞刑罰
是也四曰平准之法律度權量是也術者人君之所密用羣下
不可妄窺勢者制法之利器羣下不可妄爲人君有術而使羣
下得窺非術之奧者有勢使羣下得爲非勢之重者大要在乎
先正名分使不相侵雜然後術可祕勢可專名者名形者也形
者應名者也然形非正名也名非正形也則形之與名居然別
矣不可相亂亦不可相無無名故大道無稱有名故名以正形

形　實　法　道
分　名

嘆云道無爲也法有爲也無爲而后有名有爲而后稽實稽實即正形察分也然形分存乎自然道也法所以治天下於道也故曰法家無不爲而無爲也道家無爲而無不爲也

后正名正名而

此大概與公孫龍子名實篇相同

又曰不可不察也一句謝哲史所引則無之

今萬物具存不以名正之則亂萬名具列不以形應之則乖故形名者不可不正也善名命善惡名命惡故善有善名惡有惡名聖賢仁智命善者也頑嚚凶愚命惡者也今即聖賢仁智之名以求聖賢仁智之實未之或盡也即頑嚚凶愚之名以求頑嚚凶愚之實亦未或盡也使善惡盡然有分雖未能盡物之實猶不患其差也故曰名不可不辯也名稱者何彼此而檢虛實者也自古至今莫不用此而得用彼而失失者由名分混得者由名分察今親賢而疏不肖賞善而罰惡賢不肖善惡之名宜在彼親疏賞罰之稱宜屬我我之與彼又復一名名之察者也名賢不肖爲親疏名善惡爲賞罰合彼我之一稱而不別之名之混者也故曰名稱者不可不察也語曰好牛又曰不可不察也好則物之通稱牛則物之定形以通稱隨定形不可窮極者

此段與公孫白馬非馬論相似

也設復言好馬則復連於馬矣則好所通無方也設復言好人則彼屬於人也則好非人人非好也則好牛好馬好人之名自離矣故曰名分不可相亂也五色五聲五臭五味凡四類自然存焉天地之間而不期爲人用人必用之終身各有好惡而不能辯其名分名宜屬彼分宜屬我我愛白而憎黑韻商而舍徵好膻而惡焦嗜甘而逆苦白黑商徵膻焦甘苦彼之名也愛憎韻舍好惡嗜逆我之分也定此名分則萬事不亂也故人以度審長短以量受少多以衡平輕重以律均清濁以名稽虛實以法定治亂以簡治煩惑以易御險難以萬事皆歸於一百度皆準於法歸一者簡之至準法者易之極如此頑嚚聾瞽可與察慧聰明同其治也天下萬事不可備能責其備能於一人則賢聖其猶病諸設一人能備天下之事能左右前後之宜遠近遲

全字衍謝哲史引實爲全字
謝以尹文之學本爲形名說與政治說從名者名形者也起至則處上者何事哉一段謝引爲形名說云尹文定形名以統萬事之說也

疾之間必有不兼者焉苟有不兼於治闕矣全治而無闕者大小多少各當其分農商工仕不易其業老農長商習工舊仕莫不存焉則處上者何事哉故有理而無益於治者君子弗言有能而無益於事者君子弗爲君子非樂有言有益於治不得不言君子非樂有爲有益於事不得不爲故所言者不出於名法權術所爲者不出於農稼軍陣周務而已故明主不爲治外之理小人必言事外之能小人亦知言損於治而不能不言小人亦知能損於事而不能不爲故所言者極於儒墨是非之辯所爲者極於堅僞偏抗之行求名而已故明主誅之古語曰不知無害於君子知之無損於小人工匠不能無害於巧君子不知無害於治此信矣爲善使人不能得從此獨善也爲巧使人不能得從此獨巧也未盡善巧之理爲善與衆行之爲巧與衆能

之此善之善者巧之巧者也所貴聖人之治不貴其獨治貴其能與衆共治貴工倕之巧不貴其獨巧貴其能與衆共巧也今世之人行欲獨賢事欲獨能辯欲出羣勇欲絕衆獨行之賢不足以成化獨能之事不足以周務出羣之辯不可爲戶說絕衆之勇不可與征陣凡此四者亂之所由生是以聖人任道以通其險立法以理其差使賢愚不相棄能鄙不相遺能鄙不相遺則能鄙齊功賢愚不相棄則賢愚等慮此至治之術也名定則物不競分明則私不行物不競非無心由名定故無所措其心私不行非無欲由分明故無所措其欲然則心欲人人有之而得同於無心無欲者制之有道也田駢曰天下之士莫肯處其門庭臣其妻子必遊宦諸侯之朝者利引之也遊於諸侯之朝皆志爲卿大夫而不擬於諸侯者名限之也彭蒙曰雉兔在野衆

人逐之分未定也雞豕滿市莫有志者分定故也物奢則仁智相屈分定則貪鄙不爭圓者之轉非能轉而轉不得不轉也方者之止非能止而止不得不止也因圓之自轉使不得止因方之自止使不得轉何苦物之失分故因賢者之有用使不得不用因愚者之無用使不得用用與不用皆非我用因彼所用與不可用而自得其用奚患物之亂乎物皆不能自能不知自知智非能智而智愚非能愚而愚好非能好而好醜非能醜而醜夫不能自能不知自知則智好何所貴愚醜何所賤則智不能得夸愚好不能得嗤醜此爲得之道也道行於世則貧賤者不怨富貴者不驕愚弱者不懾智勇者不陵定於分也法行於世則貧賤者不敢怨富貴富貴者不敢陵貧賤愚弱者不敢冀智勇智勇者不敢鄙愚弱此法之不及道也世之所貴同而貴之

謂之俗世之所用同而用之謂之物苟違於人俗所不與苟牧於衆俗所共去故心皆殊而爲行若一所好各異而貧用必同此俗之所齊物之所飾故所齊不可不愼所飾不可不擇昔齊桓好衣紫闔境不鬻異彩楚莊愛細腰一國皆有饑色上之所以率下乃治亂之所由也故俗苟沴必爲法以矯之物苟溢必立制以檢之累於俗飾於物者不可與爲治矣昔晉國苦奢文公以儉矯之乃衣不重帛食不兼肉無幾時人皆大布之衣脫粟之飯越王句踐謀報吴欲人之勇路逢怒蛙而軾之比及數年民無長幼臨敵雖湯火不避居上者之難如此之驗聖王知民情之易動故作樂以和之制禮以節之在下者不得用其私故禮樂獨行禮樂獨行則私欲寢廢私欲寢廢則遺賢之與遺愚均矣若使遺賢則治遺愚則亂是治亂續於賢愚不係於禮

樂是聖人之術與聖主而俱沒治世之法逮易世而莫用則亂多而治寡亂多而治寡則賢無所貴愚無所賤矣處名位雖不肖下愚物不疏已親疏係乎勢利不係乎不肖與仁賢吾亦不敢據以爲天理以爲地勢之自然者爾今天地之間不肖實衆仁賢實寡趨利之情不肖特厚廉恥之情仁賢偏多今以禮義招仁賢所得仁賢者萬不一焉以名利招不肖所得不肖者觸地是焉故曰禮義成君子君子未必須禮義名利治小人小人不可無名利慶賞刑罰君事也守職效能臣業也君料功黜陟故有慶賞刑罰臣各慎所任故有守職效能君不可與臣業臣不可侵君事上下不相侵與謂之名正名正而法順也接萬物使分別海內使不雜見侮不辱見推不矜禁暴息兵救世之鬬此仁君之德可以爲主矣守職分使不亂慎所任而無私饑飽

一心毀譽同感賞亦不忘罰亦不怨此居下之節可為人矣世有因名以得實亦以因名以失實宣王好射說人之謂已能用強也其實所用不過三石以示左右左右皆引試之中闕而止皆曰不下九石非大王孰能用是宣王悅之然則宣王用不過三石而終身自以為九石三石實也九石名也宣王悅其名而喪其實齊有黃公者好謙卑有二女皆國色以其美也常謙辭毀之以為醜惡醜惡之名遠布年過而一國無聘者衞有鰥夫時冒娶之果國色然後曰黃公好謙故毀其子不姝美於是爭禮之亦國色也國色實也醜惡名也此違名而得實矣楚人擔山雉者路人問何鳥也擔雉者欺之曰鳳凰也路人曰我聞有鳳凰今直見之汝販之乎曰然則十金弗與請加倍乃與之將欲獻楚王經宿而鳥死路人不遑惜金惟恨不得以獻楚王國

人傳之咸以爲真鳳凰貴欲以獻之遂聞楚王王感其欲獻於已召而厚賜之過於買鳥之金十倍魏田父有耕於野者得寶玉徑尺弗知其玉也以告隣人隣人陰欲圖之謂之曰此怪石也畜之弗利其家弗如復之田父雖疑猶錄以歸置於廡下其夜玉明光照一室田父稱家大怖復以告隣人曰此怪之徵遄棄殃可銷於是遽而棄於遠野隣人無何盜之以獻魏王魏王召玉工相之玉工望之再拜而立敢賀王得此天下之寶臣未嘗見王問其價玉工曰此無價以當之五城之都僅可一觀魏王立賜獻玉者千金長食上大夫祿凡天下萬里皆有是非吾所不敢誣是者常是非者常非亦吾所信然是雖常是有時而不用非雖常非有時而必行故用是而失有矣行非而得有矣是非之理不同而更興廢翻爲我用則是非焉在哉觀堯舜湯武

之成或順或逆得時則昌桀紂幽厲之敗或是或非失時則亡五伯之主亦然宋公以楚人戰於泓公子目夷曰楚衆我寡請其未悉濟而擊之宋公曰不可吾聞不鼓不成列寡人雖亡之餘不敢行也戰敗楚人執宋公齊人弑襄公立公孫無知召忽夷吾奉公子糾奔魯鮑叔牙奉公子小白奔莒既而無知被殺二公子爭國糾宜立者也小白先入故齊人立之既而使魯人殺糾召忽死之徵夷吾以爲相晉文公爲驪姬之譖出亡十九年惠公卒賂秦以求反國殺懷公子而自立彼一君正而不免於執二君不正霸業遂焉已是而舉世非之則不知己之是己非而舉世是之亦不知己所非然則是非隨衆賈而爲正非已所獨了則犯衆者爲非順衆者爲是故人君處權乘勢處所是之地則人所不得非也居則物尊之動則物從之言則物誠之

行則物則之所以居物上御羣下也國亂有三事年饑民散無食以聚之則亂治國無法則亂有法而不能用則亂有法食以聚民有法而能行國不治未之有也

大道下

仁義禮樂名法刑賞凡此八者五帝三王治世之術也故仁以導之義以宜之禮以行之樂以和之名以正之法以齊之刑以威之賞以勸之故仁者所以博施於物亦所以生偏私義者所以立節行亦所以成華僞禮者所以行恭謹亦所以生惰慢樂者所以和情志亦所以生淫放名者所以正尊卑亦所以生矜篡法者所以齊眾異亦所以乖名分刑者所以威不服亦所以生陵暴賞者所以勸忠能亦所以生鄙爭凡此八術無隱於人而常存於世非自顯於堯舜之時非自逃於桀紂之朝用得其

道則天下治失其道則天下亂過此而往雖彌綸天地籠絡萬品治道之外非羣生所餐挹聖人錯而不言也凡國之存亡有六徵有衰國有亡國有昌國有彊國有治國有亂國所謂亂亡之國者凶虐殘暴不與焉所謂彊治之國者威力仁義不與焉君年長多媵妾少子孫疏宗彊衰國也君寵臣臣愛君公法廢私欲行亂國也國貧小家富大君權輕臣勢重亡國也凡此三徵不待凶虐殘暴而後弱雖曰見存吾必謂之亡者也內無專寵外無近習支庶繁字長幼不亂昌國也農桑以時倉廩充實兵甲勁利封疆修理彊國也上不勝其下下不能犯其上上下不相勝犯故禁令行人人無私雖經險易而國不可侵治國也凡此三徵不待威力仁義而後彊雖曰見弱吾必謂之存者也治主之興必有所先誅先誅者非謂盜非謂姦此二惡者一時

之大害非亂政之本也亂政之本下侵上之權臣用君之術心不畏時之禁行不軌時之法此大亂之道也孔丘攝魯相七日而誅少正卯門人進問曰夫少正卯魯之聞人也夫子爲政而先誅得無失乎孔子曰居吾語汝其故人有惡者五而竊盜姦私不與焉一曰心達而險二曰行辟而堅三曰言僞而辯四曰彊記而博五曰順非而澤此五者有一於人則不免君子之誅而少正卯兼有之故居處足以聚徒成羣言談足以飾邪熒衆彊記足以反是獨立此小人雄桀也不可不誅也是以湯誅尹諧文王誅潘正太公誅華士管仲誅付里乙子產誅鄧析史付此六子者異世而同心不可不誅也詩曰憂心悄悄慍於羣小小人成羣斯足畏也語曰佞辯可以熒惑鬼神曰鬼神聽明正直孰能熒惑者曰鬼神誠不受熒惑此尤佞辯之巧靡不入也

夫佞辯者雖不能熒惑鬼神熒惑人明矣探人之心度人之欲
順人之嗜好而不敢逆納人於邪惡而求其利人喜聞己之美
也善能揚之惡聞己之過也善能飾之得之於眉睫之間承之
於言行之先語曰惡紫之奪朱惡利口之覆邦家斯言足畏而
終身莫悟危亡繼踵焉老子曰以政治國以奇用兵以無事取
天下政者名法是也以名法治國萬物所不能亂奇者權術是
也以權術用兵萬物所不能敵凡能用名法權術而矯抑殘暴
之情則已無事焉已無事則得天下矣故失治則任法失法則
任兵以求無事不以取彊取彊則柔者反能服之老子曰民不
畏死如何以死懼之凡民之不畏死由刑罰過刑罰過則民不
賴其生生無所賴視君之威未如也刑罰中則民畏死畏死由
生之可樂也知生之可樂故可以死懼之此人君之所宜執臣

前章從是以聖人任道以通其險起至制之有道也並此章老子曰以政治國至蒙之言然皆謝引以為尹文之政治說並云尹文之言政事不外定名分以立法後段乃言聖人與聖法之別又謂法出于理實法家尊法之原則也

下之所宜慎田子讀書曰堯時太平宋子曰聖人之治以致此乎彭蒙在側越次答曰聖法之治以至此非聖人之治也宋子曰聖人與聖法何以異彭蒙曰子之亂名甚矣聖人者自己出也聖法者自理出也理出於己己非理也己能出理理非己也故聖人之治獨治者也聖法之治則無不治矣此萬世之利唯聖人能該之宋子猶惑質於田子田子曰蒙之言然莊里丈人字長子曰盜少子曰毆盜出行其父在後追呼之曰盜盜吏聞因縛之其父呼毆喻吏遽而聲不轉但言毆毆吏因毆之幾殪康衢長者字僮曰善搏字犬曰善噬賓客不過其門者三年長者怪而問之乃實對於是改之賓客復往鄭人謂玉未理者爲璞周人謂鼠未腊者爲璞周人懷璞謂鄭賈曰欲買璞乎鄭賈曰欲之出其璞視之乃鼠也因謝不取父之於子也令有必行

者有必不行者去貴妻賣嬖妾此令必行者也因曰汝無敢恨汝無敢思令必不行者也故爲人上者必慎所令凡人富則不羨爵祿貧則不畏刑罰不羨爵祿者自足於已也不畏刑罰者不賴存身也二者爲國之所甚病而不知防之之術故令不行而禁不止若使令不行而禁不止則無以爲治無以爲治是人君虛臨其國徒君其民危亂可立而待矣今使由爵祿而後富則人爭盡力於其君矣由刑罰而後貧則人咸畏罪而從善矣故古之爲國者無使民自貧富貧富皆由於君則君專所制民知所歸矣貧則怨人賤則怨時而莫有自怨者此人情之大趣也然則不可以此是人情之大趣而一概非之亦有可矜者焉不可不察也今能同笑鈞而彼富我貧能不怨則美矣雖怨無所非也才鈞智同而彼貴我賤能不怨則美矣雖怨無所非也

其微在於不知乘權藉勢之異而惟曰智能之同是不達之過
雖君子之鄙亦君子之怒也人貧則怨人富則驕人怨人者苦
人之不祿施於已也起於情所難安而不能安猶可怨也驕人
者無苦而無故驕人此情所易貴而弗能貴弗可怨矣眾人見
貧賤則慢而疏之見富貴則敬而親之貧賤者有請賕於已疏
之可也未必損已而必疏之以其無益於物之具故也富貴者
有施與已親之可也未必益已而必親之則彼不敢親我矣三
者獨立無致親致疏之所人情終不能不以貧賤富貴易慮故
謂之大惑焉窮獨貧賤治世之所共矜亂世之所共侮治世非
爲矜窮獨貧賤而治是治之一事也亂世亦非侮窮獨貧賤而
亂亦是亂之一事也每事治則無亂亂則無治視夏商之盛夏
商之衰則其驗也貧賤之望富貴甚微而富貴不能酬其甚微

之望夫富者之所惡貧者之所美貴者之所輕賤者之所榮然而弗酬弗與同苦樂故也雖弗酬之於我弗傷今萬民之望人君亦如貧賤之望富貴其所望者蓋欲料長幼平賦斂時其饑寒省其疾痛賞罰不濫使役以時如此而已則於人君弗損也然而弗酬弗與同勞逸故也故爲人君不可弗與民同勞逸焉故富貴者可不酬貧賤者人君不可不酬萬民不酬萬民則萬民之所不願戴所不願戴則君位危矣危莫甚焉禍莫大焉

兩智不能相使兩貴不能相臨兩辯不能相屈力均勢敵故也

專用聰明則功不成專用晦昧則事必悖一明一晦衆之所載

祿薄者不可與經亂賞輕者不可與入難處上者不可不慎

右馬元會意林所採尹文子數言是書不載必有殘缺處因附錄之

尹文子終

（唐）魏徵等 節選

尹文子治要

民國八年（1919）上海商務印書館《四部叢刊》
影印日本天明七年（1787）刊《群書治要》本

尹文子

大道

古人以度審長短、以量受少多、以衡平輕重、以律均清濁、以名稽虛實、以法定治亂、以簡制煩惑、以易御險難、萬事皆歸於一、百度皆準於法、歸一者簡之至、準法者易之極、如此則頑嚚聾瞽可與察惠聰明同治矣、天下萬事不可備能、

責其備能於一人、則賢聖其猶病諸、設一人能
備天下之事、則左右前後之宜、遠近遲疾之閒、
必有不兼者焉、苟有不兼於治闕矣、全治而無
闕者、大小多少、各當其分、農商工仕、不易其業、
則處上有何事哉、故有理而無益於治者、君子
不言、有能而無益於事者、君子弗爲、君子非樂
有言、有益於治、不得不言、君子非樂有爲、有益
於事、不得不爲、故所言者、不出於名法權術、所
爲者、不出於農稼軍陣、周務而已、故明主任之、

治外之理、小人之所必言事外之能、小人之所必爲、小人亦知言有損於治、而不能不言、小人亦知能有損於治、而不能不爲、故所言者極於儒墨是非之辯、所爲者極於堅僞偏抗之行、求名而已、故明主誅之、故古語曰、不知無害爲君子、知之無損爲小人、工匠不能、無害於巧、君子不知、無害於治、此言信矣、爲善使人不能得從、爲巧使人不能得爲、此獨善獨巧者也、未盡巧善之理、爲善與衆行之、爲巧與衆能之、此善之善者巧之巧者也故所貴聖人之治不貴其獨治貴其能與衆共治也所貴工倕之巧不貴其獨巧貴其與衆共巧也今世之人行欲獨賢事欲獨能辯欲出羣勇欲絕衆獨行之賢不足以成化獨能之事不足以周務出羣之辯不可爲戶說絕衆之勇不可與征陣凡此四者亂之所由生是以聖人任道以通其嶮立法以理其差使賢愚不相弃能鄙不相遺能鄙不相遺則能鄙齊功賢愚不相弃則賢愚等慮此至治之術

也名定則物不競分明則私不行物不競非無心由名定故無所厝其心私不行非無欲由分明故無所厝其欲然則心欲人人有之而得同於無心無欲者制之有道也彭蒙曰雉菟在野衆人逐之分未定也雞豕滿市莫有志者分定故也圓者之轉非能轉而轉不得不轉也方者之止非能止而止不得不止也因圓者之自轉使不得止因方者之自止使不得轉何苦物之失分故因賢者之有用使不得不用因愚者之

無用使不得用用與不用皆非我也因彼可用與不可用而自得其用也自得其用奚患物之亂也道行於世則貧賤者不怨富貴者不驕愚弱者不懾智勇者不矜足於分也法行於世則貧賤者不敢怨富貴富貴者不敢凌貧賤愚弱者不敢冀智勇智勇者不敢鄙愚弱此法之不及道也世之所貴同而貴之謂之俗世之所用同而用之謂之物苟違於人俗所不與苟忮於衆俗所共去故人心皆殊而爲行若一所好各

異而資用必同此俗之所齊物之所飾故所齊不可不愼所飾不可不擇昔齊桓好衣紫合境不鬻異綵楚莊愛細腰一國皆有飢色上之所以率下乃治亂之所由也國亂有三事年飢民散無食以聚之則亂治國無法則亂有法而不能用則亂有食以聚民有法而能行國不治未之有也

本書聖人作大道下

聖人

仁義禮樂名法刑賞凡此八者五帝三王治世

之術也故仁以導之義以宜之禮以行之樂以和之名以正之法以齊之刑以威之賞以勸之故仁者所以博施於物亦所以生偏私義者所以立節行亦所以成華偽禮者所以行謹敬亦所以生惰慢樂者所以和情志亦所以生淫放名者所以正尊卑亦所以生矜篡法者所以齊衆異亦所以生乖分刑者所以威不服亦所以生陵暴賞者所以勸忠能亦所以生鄙爭凡此八術無隱於人而常存於世非自顯於堯湯之

時非故逃於桀紂之朝用得其道則天下治用失其道則天下亂過此而往雖彌綸天地纏絡萬品治道之外非羣生所飡挹聖人措而不言也凡國之將存亡有六徵有衰國有亂國有亡國有昌國有強國有治國所謂亂亡之國者凶虐殘暴不與焉所謂強治之國者威力仁義不與焉君年長多妾媵少子孫疏宗強衰國也君寵臣臣愛君公法廢私欲行亂國也國貧小家富大君權輕臣勢重亡國也凡此三徵不待凶

虐殘暴而後弱也雖曰見存吾必謂之亡者也內無專寵外無近習支庶繁息長幼不亂昌國也農桑以時倉廩充實兵甲勁利封疆修理強國也上不能勝其下下不能犯其上上下不相勝犯故禁令行人人無私雖經嶮易而國不可侵治國也凡此三徵不待威力仁義而後強雖曰見弱吾必謂之存者也語曰佞辦可以熒惑鬼神探人之心度人之欲順人於嗜好而弗敢逆納人於邪惡而求利人喜聞己之美也善能

揚之惡聞己之過也而善能飾之得之於眉睫之間承之於言行之先世俗之人聞譽則悅聞毀則戚此衆人之大情有同己則喜異己則怒此人之大情故佞人善爲譽者也善順從者也人言是亦是之人言非亦非之從人之所愛隨人之所憎故明君雖能納正直未必親正直雖能遠佞人未必能疏佞人故舜禹者以能不用佞人亦未必憎佞人語曰佞辯惑物舜禹不能得憎不可不察乎

老子曰民不畏死如之何其以死懼之凡人之不畏死由刑罰過刑罰過則民不賴其生生無所賴視君之威未如也刑罰中則民畏死畏死由生之可樂故可以死懼矣此人君之所宜執臣下之所宜懼之

田子曰人皆自爲而不能爲人故君人者之使人使其自爲用而不使爲我用魏下先生曰善哉田子之言古者君之使臣求不私愛於己求顯忠於己而居官者必能臨陣者必勇祿賞之

所勸名法之所齊不出於己心不利於己身語
曰祿薄者不可與經亂賞輕者不可與入難此
處上者所宜愼者也父之於子也令有必行者
有不必行者去貴妻賣愛妾此令必行者也因
曰汝無敢恨汝無敢思令必不行者也故爲人
上者必愼所令焉人貧則怨人富則驕人怨人
者苦人之不祿施於己也起於情所難安而不
能安猶可恕也驕人者無所苦而無故驕人此
情所易制弗能制不可恕矣貧賤之望富貴甚

微而富貴不能酬其甚微之望夫富者之所惡貧者之所美貴者之所輕賤者之所榮然而弗酬不與同苦樂故也雖不酬之於我弗傷今萬民之望人君亦如貧賤者之望富貴其所望者蓋欲料長幼平賦斂時其飢寒省其疾痛賞罰不濫使役以時如此而已則於人君弗損也然而弗酬弗與同勞逸故也故為人君不可不與人同勞逸焉故富貴者不可不酬貧賤而人君不可不酬萬民則萬民之所不願戴所不願戴

君位替矣危莫甚焉禍莫大焉

尹文子

（元）陶宗儀 輯

明抄本《説郛·讀子隨識》

說郛卷之第二十二

南村陶九成纂

讀子隨識 一弓

尹文子 二弓

康衢長者有犬而能搏字之曰善噬賓客不敢過其門者三年長者恠而問之賓客以實對於是逐犬賓客復往鄭人謂玉未理者為璞周人謂鼠未腊者為朴周人懷朴問鄭賈曰欲買乎鄭曰欲之出其朴視之乃鼠也因謝不取尹文子見齊宣王 三

尹文子曰使國患民孰處王下國患

王曰賢與不肖皆無可乎文子曰不然有賢有不肖故王尊於上臣卑於下賢賢退不肖所以有上下也

尹文子

（元）陶宗儀 輯

明抄本《説郛》

尹文子

漢山陽仲長氏撰定序曰尹文子者盖出於周之尹氏齊宣王時居稷下與宋鈃彭蒙田駢同學於公孫龍称之者書一篇多所彌綸莊子曰不累於物不苟於人不忮於衆願天下之安寧以活民命人我之養畢足而止以此白心見侮不辱此其道也而列何亦以其學本於黃老大較刑名家也近爲誣矣不黃初末始到京師繆熙伯以此書見示意悅甚玩之而多脫誤聊識脩次撰定爲上下篇亦未能究其詳也

大道上　　大道下

大道無形称器有名道不足以知則用法、不足以治則用

術、不足以治則用權、不足以治則用勢、用則反權用
則反術、用則反法用則反道、用則無為而自治 名以檢
刑、以定名、以爭事、以檢名 有名三科法有四呈一曰
命物之名方圓白黑是也 二曰毀譽之名善惡貴賤是也三
曰況謂之名賢愚愛憎是也 一曰不變之法君臣上下是也
二曰齊俗之法能鄙同異是也 三曰治衆之法慶賞刑罰是
也 四曰平準之法律度權衡是也 術者人君之所密用群
下不可妄窺勢者制法之利器群下不可妄為人君者有術
而使群下得窺非術之奧者有勢而使群下得為非勢之重
者 令萬物俱存不以明正之則亂萬名具列不以刑應之
則乖 故人以度審長短以量度少多以衡平輕重以律
均者清濁以名稽虛實以法定治亂以簡制煩惑以易御險難
以萬事皆歸於一百度皆準於法歸一者簡之至準法者易

之極　有理而無益於治者君子弗言有能而無益於事者君子弗為君子非樂有言有益於治不得不言君子非樂有為有益於事不得不為故非言者不出於名法權術数所為者不出農稼軍陣周務而已　獨行之言不足於化成獨能之事不足以周務出群之辯不可為戶説絶衆之勇不可為征陣　雉兔在野衆人逐之分未定也鷄豕滿市莫有志者分定故也物奢則仁智相屈分定則貪鄙不爭　圓者之轉非能轉而轉不得不轉也方者之止不能止而止不得不止也　政者名法是也以名法治国不物所以能乱奇者權衡用兵矣萬物所不能敵　人貧則怨人富則驕人怨人者苦人之禄不施於已也起於情所难安而不能安有可恕也驕人者無苦而無故驕人此情所以貴而弗能貴弗可恕矣衆人見貧賤則慢而疎之見富貴則敬而親之貧賤者有請求

於已疎之可也未必損己而必疎之以其無益物之具故也

富貴者有施惠於己親之可也未必益己而必親之則彼不

敢親我矣

尹文子

（元）陶宗儀 輯
張宗祥 重校

民國十六年（1927）上海商務印書館排印《説郛·讀子隨識》本

說郛卷第六

讀子隨識 一卷

尹文子 二卷

康衢長者有犬而能搏字之曰善噬賓客不敢過其門者三年長者怪而問之賓客以實對於是逐犬賓客復往鄭人謂玉未理者爲璞周人謂鼠未腊者爲朴周人懷朴問鄭賈曰欲買乎鄭曰欲之出其朴視之乃鼠也因謝不取

尹文子見齊宣王王歎國寡賢尹文子曰使國悉賢孰處王下國悉不肖孰理王廟王曰賢與不肖皆無可乎文子曰不然有賢有不肖故王尊於上臣卑於下賢賢退不肖所以有上下也

尹文子

（元）陶宗儀 輯　張宗祥 重校

民國十六年（1927）上海商務印書館排印《説郛》本

尹文子

周人尹文子

漢山陽仲長氏撰定序曰尹文子者蓋出于周之尹氏齊宣王時居稷下與宋鈃彭蒙田駢同學于老子之道著書二篇多所彌綸莊子曰不累于物不苟于人不忮于衆願天下之安寧以活民命人我之養畢足而止以此白心見侮不辱此其道也而劉向亦以其學本于黄老大較刑名家也近爲誣矣予黄初末始到京師繆熙伯以此書見示意悅甚玩之而多脫誤聊識修次撰足爲上下篇亦未能究其詳也

大道上　大道下

大道無形稱器有名道不足以治則用法法不足以治則用術術不足以治則用權權不足以治則用勢勢用則反權權用則反術術用則反法法用則反道道用則無爲而自治　名以檢形形以定名名以定事事以檢名　名有三科法有四呈一曰命物之名方圓白黑是也二曰毀譽之名善惡貴賤是也三曰无謂之名賢愚愛憎是也　一曰不變之法君臣上下是也二曰齊俗之法能鄙同異是也三曰治衆之法慶賞刑罰是也四曰平準之法律度權衡是也　術者人君之所密用羣下不可妄窺勢者制法之利器羣下不可妄爲人君者有術而使羣下得窺非術之奥者有勢而使羣下得爲非勢之重者　今萬物俱存不以明正之則亂萬名具列不以形應之則乖　故人以度審長短以量度少多以衡平輕重以律均清濁以名稽虛實以法定治亂以簡制煩惑以易御險難以萬事皆歸于一百度皆準于法歸一者簡之至準法者

易之極　有理而無益于治者君子勿言有能而無益于事者君子勿爲君子非樂有言有益于治不得不言君子非樂有爲有益于事不得不爲故所言者不出于名法權術所爲者不出農稼軍陣周務而已　獨行之言不足于化成獨能之事不足以周務出羣之辨不可爲戶說絕衆之勇不可爲征陣　雉兔在野衆人逐之分未定也雞豕滿市莫有戀者分定故也物奢則仁智相屈分定則貪鄙不爭　圓者之轉非能轉而轉不得不轉也方者之止不能止而止不得不止也　政者名法是也以名法治國萬物所不能亂奇者權衡是也以權衡用兵萬物所不能敵　人貧則怨人富則驕怨人者苦人之祿不施於己也起于情所難安而不能安有可恕也驕人者無苦而無故驕人此情所以貴而勿能貴弗可恕矣衆人見貧賤則慢而疏之見富貴則敬而親之貧賤者有請求于己疏之可也未必損己而必疏之以其無益物之具故

也富貴者有施惠于己親之可也未必益己而必親之則彼不敢親我矣

（明）黎堯卿　輯

尹文子

明刊《諸子纂要》本

尹文子

尹文子一卷劉向定爲刑名家書仲長統分爲上下二篇且以劉向之論爲誣然向謂爲刑名家者誠是也特善於鄧析田駢者其說治國之道以爲人君任道不足以治必用法術權勢術者人君之所密用群下不可妄窺勢者制法之利器群下不可妄爲非刑名家而何但其爲名之心頗切末章

允中時君之弊使舉而行之名實正而分數明賞罰嚴而事功舉亦足以善其國然其苛刻險澁而難於持循蹈履非王者之道以故君子不取而統獨好之遂因以斥向殆有所激而然耶

世之人。行欲獨賢。事欲獨能。辯欲出群。勇欲絶衆。獨行之賢。不足以成化。獨能之事。不足以周務。出群之辯。不可為户說。絶衆之勇。不可與征陣。

昔晉國苦奢。文公以儉矯之。乃衣不重帛。食不兼肉。無幾時。人皆大布之衣。脫粟之飯。

越王勾踐謀報吳。欲人之勇。路逢怒蛙而軾之。

比及数年。民無長幼。臨敵雖湯火不避。仁義禮樂名法刑賞凡此八者五帝三皇治世之術也

道不足以治則用法。法不足以治則用術。術不足以治則用權。權不足以治則用勢。勢用則反權。權用則反術。術用則反法。法用則反道。道用則無用而自治。

術者人君之所密用。群下不可與窺。勢者制法之利器。群下不可妄為。為人君者。有術而使群下得窺。非術之奧者。有勢而使群下得為。非勢之重者。

394

有理而無益於治者君子弗言有能而無益於事者君子弗為君子非樂有言有益於治不得不言君子非好有為有益於事不得不為故所言者不出於名法權術所為者不出於農稼軍陣周務而已

雉兎在野眾人逐之分未定也雞豕滿市莫有志者分定故也物奢則仁智相屈分定則貪鄙不爭

人貧則怨人富則驕人怨人者苦人之不祿施於已也起於情所難安猶可恕也驕人者無苦而無故驕人此情所易已而弗能已弗可恕矣

衆人見貧賤則慢而踈之見富貴則敬而親之貧賤者有請求於己踈之可也未必損己而必踈之以其無益物之具故也富貴有施與於己親之可也未必益己而必親之則彼不敢親我矣

夫喜怒者道之邪也憂悲者德之失也好憎者心之過也

兩智不相使兩貴不相臨兩辯不相屈力均勢敵故也嗜欲者性之累也

專用聰明則功不成專用瞑昧則事必悖

祿薄者不可與經亂賞輕者不可與入難處上

者不可不慎。

（明）歸有光　輯評　文震孟　參訂

尹文子

明天啓五年（1625）刊《諸子彙函》本

楊升菴曰尹文子受學于公孫龍公孫龍白馬非馬之論本于孔子之正名而此篇之主亦本此

尹文子

尹文子出于周之尹氏齊宣王時居稷下與宋鈃彭蒙田駢同學于公孫龍公孫龍稱之學本黃老大較刑名家也

○○○大道上

大道無形稱器有名名也者正形者也形正由名則名不可差故仲尼云必也正名乎名不正則言不順也大道不稱衆有必名生於不稱則羣形自得其方圓名生於方圓則衆名得其所稱也大道治者則名法儒墨自廢以名法儒墨

陸貞山曰四句括一篇之要

治者則不得離道老子曰道者萬物之奥善人之寶不善人之所寶是道治者謂之善人籍名法儒墨者謂之不善人善人之與不善人名分日離不待審察而得也道不足以治則用法法不足以治則用術術不足以治則用權權不足以治則用勢勢用則反權權用則反術術用則反法法用則反道道用則無爲而自治故窮則徼終徼終則反始始終相襲無窮極也有形者必有名有名者未必有形形而不名未必失其

何栢湖曰此尋名証實之要也

顧東江曰叙出眼目

方圓白黑之實名而不可不尋名以檢其差故亦有名以檢形形以定名名以定事事以檢名察其所以然則形名之與事物無所隱其理矣名有三科法有四呈一曰命物之名方圓白黑是也二曰毀譽之名善惡貴賤是也三曰况謂之名賢愚愛憎是也一曰不變之法君臣上下是也二曰齊俗之法能鄙同異是也三曰治衆之法慶賞刑法是也四曰平準之法律度權量是也術者人君之所密用羣下不可妄窺勢者

鄧國賓曰正名所以輿術重勢名家之學可輕訾哉經生家亦持有此論

焦弱侯曰四句議論精當持此程量當世必萬無一失盡有名必有形名形參同自無過愆

制法之利器羣下不可妄爲人君有術而使羣下得窺非術之奧者有勢使羣下得爲非勢之重者大要在乎先正名分使不相侵雜然後術可祕勢可專名者名形者也形者應名者也然形非正名也名非正形也則形之與名居然別矣不可相亂亦不可相無無名故大道無稱有名故名以正形今萬物具存不以名正之則亂萬名具列不以形應之則乖故形名者不可不正也善名命善惡名命惡故善有善名惡有惡

胡緬泉曰事務實則名不混人主不別彼此不檢虛實至于賢不肖混淆賞罰倒置法術之不行也有由矣

名。聖賢仁智命善者也。頑嚚凶愚命惡者也。今即聖賢仁智之名以求聖賢仁智之實未之或盡也即頑嚚凶愚之名以求頑嚚凶愚之實亦未或盡也使善惡盡然有分雖未能盡物之實猶不患其差也故曰名不可不辨也名稱者別彼此而檢虛實者也自古至今莫不用此而得用彼而失失者由名分混得者由名分察今親賢而疏不肖賞善而罰惡賢不肖善惡之名宜在彼親疏賞罰之稱宜屬我我之與彼又復一

陸貞山曰此牛馬之論言好之無定稱言牛馬人之無定形總言其不相亂也

名名之察者也名賢不肖爲親疎名善惡爲賞罰合彼我之一稱而不別之名之混者也故曰名稱者不可不察也語曰好牛又曰不可不察也好則物之通稱牛則物之定形以通稱隨定形不可窮極者也設復言好馬則復連于馬矣則好所通無方也設復言好人則復屬于人矣則好非人人非好也則好牛好馬好人之名自離矣故曰名分不可相亂也五色五聲五臭五味凡四類自然存焉天地之閒而不期爲人用

張玄超曰名定則不亂卽如權衡度量之輕重長短雖頑嚚聾瞽不能亂其名其治同也

人必用之終身各有好惡而不能辨其名分名宜屬彼分宜屬我我愛白而憎黑韻商而舍徵好羶而惡焦嗜甘而逆苦白黑商徵羶焦甘苦彼之名也愛憎韻舍好惡嗜逆我之分也定此名分則萬事不亂故人以度審長短以量受少多以衡平輕重以律均清濁以名稽虛實以法定治亂以簡治煩惑以易御險難以萬事皆歸于一百度皆準于法歸一者簡之至準法者易之極如此頑嚚聾瞽可以察慧聰明同其治也

焦弱侯曰長譬廣喻不厭其詳古人文唯取其達意類如此舉家必以此爲法程

屠長卿曰名法權衡是一篇大

天下萬事不可備能責其備能於一人則賢聖其猶病諸設一人能備天下之事能左右前後之宜遠近遲疾之間必有不兼者焉苟有不兼於治闕矣全治而無闕者大小多少各當其分農商工仕不易其業老農長商習工舊仕莫不存焉則處上者何事哉故有理而無益于治者君子弗言有能而無益于事者君子弗爲君子非樂有言有益于治不得不言君子非樂有爲有益于事不得不爲故所言者不出於名法權

綱點

楊廉夫曰獨善獨巧非善巧之至信手寫來妙語自無生澁作

術所爲者不出于農稼軍陣周務求周于事務也而已故明主不爲治外之理小人必言事外之能小人亦知言損于治而不能不言小人亦知能損于事而不能不爲故所言者極于儒墨是非之辨所爲者極于堅僞偏抗之行求名而已故明主誅之古語曰不知無害于君子知之無損于小人工匠不能無害于巧君子不知無害于治此信矣爲善使人不能得從此獨善也爲巧使人不能得從此獨巧也未盡善巧之理爲善與

意之能

丘瓊山曰立意雖殊而詞說較正可爲好異務名作証

王守溪曰文情多少含蓄較上數段更加生色

衆行之爲巧與衆能之此善之善者巧之巧者也所貴聖人之治不貴其獨治貴其能與衆共治貴正僞之巧不貴其獨巧貴其能與衆共巧也今世之人行欲獨賢事欲獨能辨欲出羣勇欲絶衆獨行之賢不足以成化獨能之事不足以周務出羣之辨不可爲戶說絶衆之勇不可與征陳凡此四者亂之所由生是以聖人任道以夷其險立法以理其差使賢愚不相棄能鄙不相遺能鄙不相遺則能鄙齊功賢愚不相棄

瞿昆湖曰禮之辨上下定民志此說實相脗合然以名分制心欲有見

葉浮陽曰引二語作證結揭定案

則賢是等慮此至治之術也名定則物不競分明則私不行物不競非無心由名定故無所措其心私不行非無欲由分明故無所措其欲然則心欲人人有之而得同于心無欲者制之有道也田駢曰天下之士莫不處其門庭臣其妻子必游宦諸侯之朝者利引之也遊於諸侯之朝皆志爲卿大夫而不擬于諸侯者名限之也彭蒙曰雉兎在野衆人逐之分未定也雞豕滿市莫有志者分定故也物奢則仁智相屈分定

姚東泉曰圓者自轉方者自止賢者必用此定分也如若圓者不轉方者不止賢者不用則亂矣

則貪鄙不爭圓者之轉非能轉而轉不得不轉也方者之止非能止而止不得不止也因圓之自轉使不得止因方之自止使不得轉何若物之失分故因賢者之有用使不得不用因愚者之無用使不得用用與不用皆非我用因彼所用與不可用而自得其用奚患物之亂乎物皆不能自能不知自知智非能智愚非能愚而智而愚好非能好而好醜非能醜而醜夫不能自能不知自知則智好何所貴愚醜何所賤則智

孫月峰曰前方圓賢者之論正爲此富貴貧賤智愚一段發端

不能得夸愚好不能得嗤醜此爲得之道也道行于世則貧賤者不怨富貴者不驕愚弱者不懾智愚者不陵定于分也法行于世則貧賤者不敢怨富貴富貴者不敢陵貧賤愚弱者不敢冀智勇智勇者不敢鄙愚弱此法之不及道也世之所貴同而貴之謂之俗世之所用同而用之謂之物苟違于人俗所不與苟忮于衆俗所共去故心皆殊而爲行若一所好各異而資用必同此俗之所齊物之所飾故所齊不可不愼

何椒丘曰齊楚二事見上倡而下從而治亂隨之

何椒丘曰晉越二事見上好儉勇而下化之其驗如此況制禮作樂不係于賢愚也耶

所飾不可不擇昔齊桓好衣紫闔境不鬻異采楚莊愛細腰一國皆有飢色上之所以率下乃治亂之所由也故俗苟沴必爲治以矯之物苟溢必立制以檢之累于俗飾于物者不可與爲治矣昔晉國若奢文公以儉矯之乃衣不重帛食不兼肉無幾時人皆大布之衣脫粟之飯越王句踐謀報吳欲人之勇路逢怒蛙而軾之比及數年民之長幼臨敵雖湯火不避居上者之難如此之驗聖王知民情之易動故作樂以和

沈几軒曰處名位有仁賢愚不肖然仁賢者少愚不肖者多此所以亂多而治寡也

之制禮以節之在下者不得用其私故禮樂獨行禮樂獨行則私欲寢廢私欲寢廢則遭賢之與遭愚均矣若使遭賢則治遭愚則亂是治亂屬于賢愚不係于禮樂是聖人之術與聖主而俱沒治世之法逮易世而莫用則亂多而治寡亂多而治寡則賢無所貴愚無所賤矣處名位雖不肖不愚物不疏已親疏係乎勢利不係于不肖與仁賢吾亦不敢據以爲天理以爲地勢之自然者爾今天地之間不肖實衆仁賢實寡

殷宗川曰以禮義責君子以名利治小人則君事臣業盡而名正法順矣

趨利之情不肖特厚廉耻之情仁賢偏多今以禮義招仁賢所得仁賢者萬不一以名利招不肖所得不肖者觸地是故曰禮義成君子君子未必須禮義名利治小人小人不可無名利慶賞刑罰君事也守職効能臣業也君料功黜陟故有慶賞刑罰臣各慎所任故有守職効能君不可與臣業臣不可侵君事上下不相侵與謂之名正名正而法順也接萬物使分別海内使不雜見侮不辱見推不矜禁暴息兵救世之鬬

許子春曰說與好諛喻名實也數段引證各極其妙而詞氣激切深有裨于世教

此仁君之德可以爲主矣守職分使不亂慎所任而無私飢飽一心毁譽同慮賞亦不忘罰亦不怨此居下之節可爲人矣世有因名以得實亦以因名以失實宣王好射說人之謂已能用彊也其實所用不過三石以示左右左右皆引試之中闕而止皆曰不下九石非大王孰能用是宣王悅之然則宣王用不過三石而終身自以爲九石三石實也九石名也宣王悅其名而喪其實齊有黃公者好謙卑有二女皆國色以

蘇紫溪曰買雉獻玉喻是非也二事實戲詞

其美也常謙辭毀之以爲醜惡醜惡之名遠布年過而一國無聘者衛有鰥夫時冒娶之果國色然後曰黄公好謙故毀其子不姝美于是爭禮之亦國色也國色實也醜惡名也此違名而得實矣楚人擔山雉者路人問何鳥也擔雉者欺之曰鳳皇也路人曰我聞有鳳皇今直見之汝販之乎曰然則十金弗與請加倍乃與之將欲獻楚王經宿而鳥死路人不遑惜金惟恨不得以獻楚王國人傳之咸以爲真鳳皇貴欲以

江南濬曰今世猶多以魚目珷玞而擯人之有者往往而是

獻之聞楚王王感其欲獻于己召而厚賜之過于買鳥之金十倍魏田父有耕于野者得寶玉徑尺弗知其玉也以告鄰人鄰人陰欲圖之謂之曰怪石也畜之弗利其家弗如復之田父雖疑猶錄以歸置于廡下其夜玉明光照一室田父稱家大怖復以告鄰人曰此怪之徵遄棄殃可銷於是遽而棄于遠野鄰人無何盜之以獻魏王魏王召玉工玉工望之再拜而立敢賀王王得此天下之寶臣未嘗見王問價玉工

吳敬菴曰變幻之人以是爲非以非爲是惟我是非之理素定于胸中自然不得售矣

曰此無價以當之五城之都僅可一觀魏王立賜獻玉者千金長食上大夫祿凡天下萬里皆有是非吾所不敢誣是者常是非者常非亦吾所信然是雖常是有時而不用非雖常非有時而必行故用是而失有矣行非而得有矣是非之理不同而更與廢翻爲我用則是非焉在哉觀堯舜湯武之成或順或逆得時則昌桀紂幽厲之敗或是或非失時則亾五伯之主亦然宋公以楚人戰于泓公子目夷曰楚衆我寡請其

茅鹿門曰宋公假仁也一會而這二國之君乃不鼓不成列此不過狃詐之術耳說者爲兵行說道宋襄之仁所以取敗是非之分幾何不察乎

未悉濟而擊之宋公曰不可吾聞不鼓不成列寡人雖亡之餘不敢行也戰敗楚人執宋公齊人弑襄公立公孫無知召忽夷吾奉公子糾奔魯鮑叔牙奉公子小白奔莒既而無知被殺二公子爭國糾宜立者也小白先入故齊人立之既而使魯人殺糾召忽死之管夷吾以爲相晉文公爲驪姬之譖出亡十九年惠公卒賂秦以求反國殺懷公子而自立彼一君正而不免于執二君不正霸業遂焉已是而舉世非之則不

王鳳洲曰伯圖詭譎之術濟以假仁義之名宜其成也宋襄之正實出于假假之不得其術者是非果可定乎

余同菴曰應前菽道不足以治則用法法不足以治則用術四句是一篇主意所在

知己之是己非而舉世是之亦不知己所非然則是非隨衆賈而爲正非己所獨了則犯衆者爲非順衆者爲是故人君處權乘勢處所是之地則人所不得非也居則物尊之動則物從之言則物誠之行則物則之所以居物上御羣下也國亂有三事年饑民散無食以聚之則亂治國無法則亂有法而不能用則亂有食以聚民有法而能行國不治未之有也

楊升菴曰尹文子之術與韓非子相表裏觀

此名寳之論、文雖奇豔爛然、而背正學處、却謬矣、讀者取節焉、

余同麓曰、此篇先序事而後斷案、古人運筆不一也、

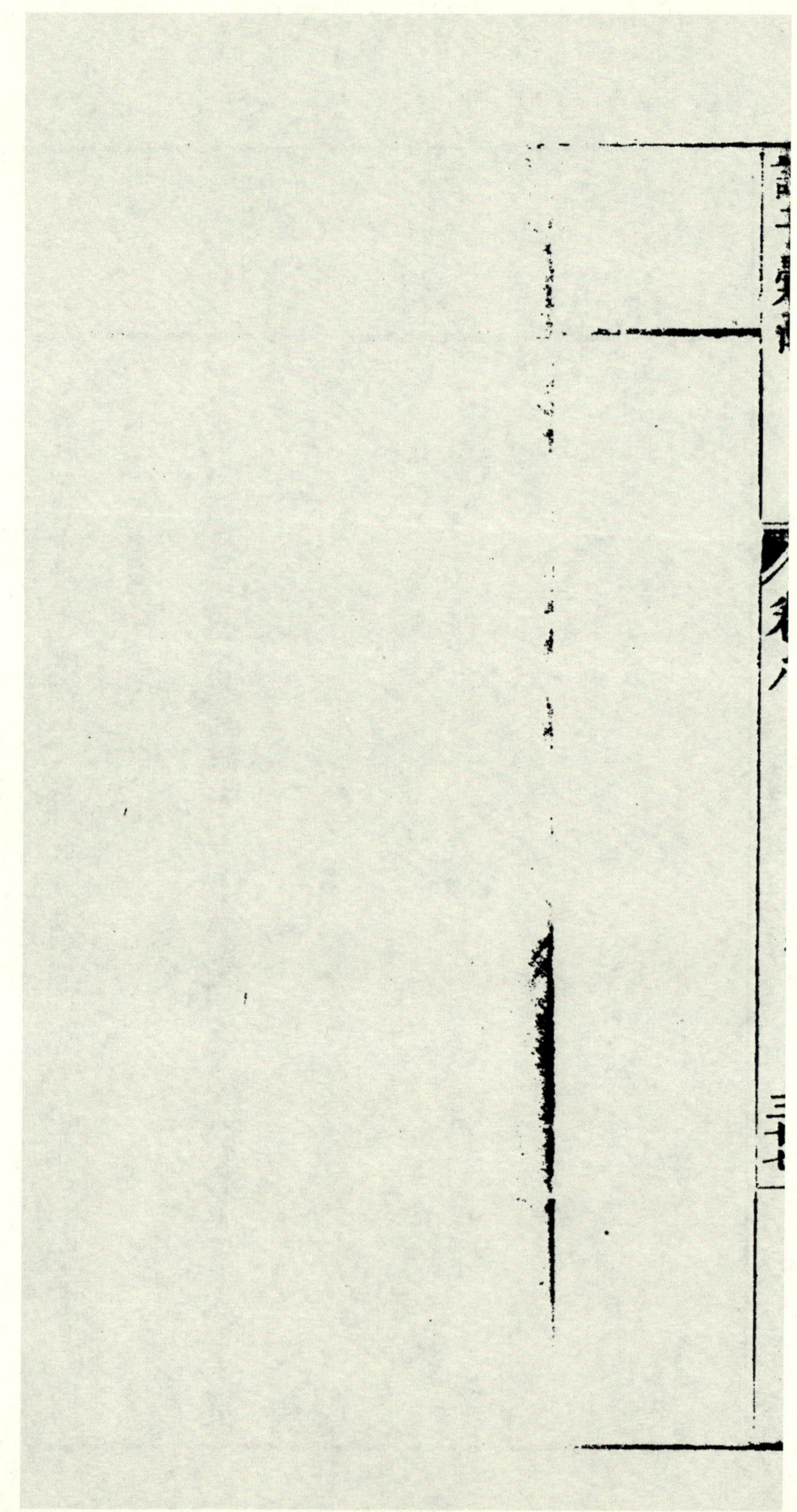

尹文子類纂

（明）沈津 撰

明隆慶元年（1567）刊《百家類纂》本

尹子題辭

周尹文撰按其書言大道又言名分又言仁義禮樂法術權勢大略學黄老而雜申韓者也仲長統序稱其出於周之尹氏齊宣王時居稷下與宋銒田駢之徒同學於公孫龍考之史尹文居先非學於龍者也莊子曰不累於物不苟於人不忮於衆願天下之安寧以活於民命人我之養畢足而止之以此白心見侮不辱此其道也則又若流於無愛者然其學駁矣

尹子題辭畢

百家類纂卷之二十四

名家類　　尹文子

大道上

大道無形稱器有名名也者正形者也形正由名則名不可差故仲尼云必也正名乎名不正則言不順也大道不稱衆有必名生於不稱則羣形自得其方圓名生於方圓則衆名得其所稱也大道治者則名法儒墨自廢以名法儒墨治者則不得離道老子曰道者萬物之奥善人之寳不善人之所寳是道治者謂之善人藉名法儒墨者謂之不善人善人之與不善人名分日離不待審察而得也道不足以治則用法法不足以治則用術術不足以治則用

權權不足以治則用勢勢用則反權權用則反術術用則反法法用則反道道用則無爲而自治故窮則徼終徼終則反始始終相襲無窮極也

名有三科法有四呈一曰命物之名方圓白黑是也二曰毁譽之名善惡貴賤是也三曰况謂之名賢愚愛憎是也一曰不變之法君臣上下是也二曰齊俗之法能鄙同異是也三曰治衆之法慶賞刑法是也四曰平准之法律度權量是也術者人君之所密用群下不可妄窺勢者制法之利器群下不可妄爲人君有術而使群下得窺非術之奥者有勢使群下得爲非勢之重者大要在乎先正名分使不相侵雜然後術可秘勢可專名者名形者也形者應

名者也然形非正名也名非正形也則形之與名居然別矣不可相亂亦不可相無無名故大道無稱有名故名以正形今萬物具存不以名正之則亂萬名具列不以形應之則乖故形名者不可不正也善名命善惡名命惡故善有善名惡有惡名聖賢仁智命善者也頑嚚凶愚命惡者也今即聖賢仁智之名以求聖賢仁智之實未之或盡也即頑嚚凶愚之名以求頑嚚凶愚之實亦未或盡也使善惡盡然有分雖未能盡物之實猶不患其差也故曰名不可不辯也

故人以度審長短以量受少多以衡平輕重以律均清濁以名稽虛實以法定治亂以簡治煩惑以易御險難以萬

事皆歸於一百度皆準於法歸一者簡之至準法者易之極如此頑嚚聾瞽可與察慧聰明同其治也天下萬事不可備能責其備能於一人則賢聖其猶病諸設一人能備天下之事能左右前後之宜遠近遲疾之間必有不兼者焉苟有不兼於治闕矣全治而無闕者大小多少各當其分農商工仕不易其業老農長商習工舊仕莫不存焉則處上者何事哉故有理而無益於治者君子弗言有能而無益於事者君子弗為君子非樂有言有益於治不得不言君子非樂有為有益於事不得不為故所言者不出於名法權術所為者不出於農稼軍陣周務而已

為善使人不能得從此獨善也為巧使人不能得從此獨

巧也未盡善巧之理爲善與衆行之爲巧與衆能之此善之善者巧之巧者也所貴聖人之治不貴其獨治貴其能與衆共治貴工倕之巧不貴其獨巧貴其能與衆共巧也今世之人行欲獨賢事欲獨能辯欲出群勇欲絶衆獨行之賢不足以成化獨能之事不足以周務出群之辯不可爲户説絶衆之勇不可與征陣凡此四者亂之所由生是以聖人任道以平其險立法以理其差使賢愚不相棄能鄙不相遺能鄙不相遺則能鄙齊功賢愚不相棄則賢愚等慮此至治之術也

名定則物不競分明則私不行物不競非無心由名定故無所措其心私不行非無欲由分明故無所措其欲然則

心欲人人有之而得同於心無欲者制之有道也田駢曰天下之士莫不處其門庭臣其妻子必遊宦諸侯之朝者利引之也遊於諸侯之朝皆志爲卿大夫而不擬於諸侯者名限之也彭蒙曰雉兎在野衆人逐之分未定也雞豕滿市莫有志者分定故也物奢則仁智相屈分定則貪鄙不爭

道行於世則貧賤者不怨富貴者不驕愚弱者不懾智勇者不陵定於分也法行於世則貧賤者不敢怨富貴富貴者不敢陵貧賤愚弱者不敢冀智勇智勇者不敢鄙愚弱此法之不及道也世之所貴同而貴之謂之俗臣之所用同而用之謂之物苟違於人俗所不與苟忮於衆俗所共

夫故心皆殊而爲行若一所好各異而資用必同此俗之所齊物之所飾故所齊不可不愼所飾不可不擇昔齊桓好衣紫闔境不鬻異采楚莊愛細腰一國皆有饑色上之所以率下乃治亂之所由也故俗苟沴必爲治以矯之物苟溢必立制以檢之累於俗飾於物者不可與爲治矣昔晉國苦奢文公以儉矯之乃衣不重帛食不兼肉無幾時人皆大布之衣脫粟之飯越王勾踐謀報吳欲人之勇路逢怒蛙而軾之比及數年民之長幼臨敵雖湯火不避居上者之難如此之驗聖王知民情之易動故作樂以和之制禮以節之在下者不得用其私故禮樂獨行禮樂獨行則私欲寢廢私欲寢廢則遭賢之與遭愚均矣

今天地之間不肖實衆仁賢實寡趨利之情不肖特厚廉耻之情仁賢偏多今以禮義招仁賢所得仁賢者萬不一焉以名利招不肖所得不肖者觸地是焉故曰禮義成君子君子未必須禮義名利治小人小人不可無名利慶賞刑罰君事也守職效能臣業也君科功黜陟故有慶賞刑罰臣各慎所任故有守職效能君不可與臣業臣不可侵君事上下不相侵與謂之名正名正而法順也接萬物使分別治海內使不雜見侮不辱見推不矜禁暴息兵救世之鬬此人君之德可以爲主矣守職分使不亂慎所任而無私饑飽一心毀譽同慮賞亦不忘罰亦不怨此居下之之節可爲人臣矣

世有因名以得實亦有因名以失實宣王如射說人之謂已能用强也其實所用不過三石以示左右左右皆引試之中闕而止皆曰不下九石非大王孰能用是宣王悅之然則宣王用不過三石而終身自以爲九石三石實也九石名也宣王悅其名而喪其實

齊有黄公者好謙卑有二女皆國色以其美也常謙辭毀之以爲醜惡醜惡之名遠布年過而一國無聘者衛有鰥夫時冒娶之果國色然後曰黄公好謙故毀其子不姝美於是爭禮之亦國色也國色實也醜惡名也此違名而得實矣

楚人擔山雉者路人問何鳥也擔雉者欺之曰鳳凰也路

人曰我聞有鳳凰今直見之汝販之乎曰然則十金弗與請加倍乃與之將欲獻楚王經宿而鳥死路人不遑惜金惟恨不得以獻楚王國人傳之咸以爲眞鳳凰貴欲以獻之遂聞楚王感其欲獻於己召而厚賜之過於買鳥之金十倍

魏田父有耕於野者得寶玉徑尺弗知其玉也以告鄰人鄰人陰欲圖之謂之曰怪石也畜之弗利其家弗如復之田父雖疑猶錄以歸置於廡下其夜玉明光照一室田父舉家大怖復以告鄰人曰此怪之徵遄棄殃可銷於是遽而棄於遠野鄰人無何盜之以獻魏王魏王召玉工相之玉工望之再拜而立敢賀王王得此天下之寶臣未嘗見

王問價玉工曰此無價以當之五城之都僅可一觀魏王立賜獻玉者千金長食上大夫祿

國亂有三事年饑民散無食以聚之則亂治國無法則亂有法而不能用則亂有食以聚民有法而能行國不治未之有也

大道下

仁義禮樂名法刑賞凡此八者五帝三王治世之術也故仁以道之義以宜之禮以行之樂以和之名以正之法以齊之刑以威之賞以勸之故仁者所以博施於物亦所以生偏私義者所以立節行亦所以成華偽禮者所以行恭謹亦所以生惰慢樂者所以和情志亦所以生淫放名者

所以正尊卑亦所以生矜篡法者所以齊衆異亦所以乖名分刑者所以威不服亦所以生陵暴賞者所以勸忠能亦所以生鄙争凡此八術無隱於人而常存於世非自顯於堯湯之時非自逃於桀紂之朝用得其道則天下治失其道則天下亂過此而往雖彌綸天地籠絡萬品治道之外非群生所餐挹聖人錯而不言也

凡國之存亡有六徵有衰國有亡國有昌國有彊國有治國有亂國所謂亂亡之國者凶虐殘暴不與焉所謂彊治之國者威力仁義不與焉君年長多媵少子孫踈宗彊衰國也君寵臣臣愛君公法廢私欲行亂國也國貧小家富大君權輕臣勢重亡國也凡此三徵不待凶虐殘暴而後

弱也雖曰見存吾必謂之亡者也內無專寵外無近習支庶繁字長幼不亂昌國也農桑以時倉廩充實兵甲勁利封疆脩理彊國也上不勝其下下不犯其上上下不相勝犯故禁令行人人無私雖經險易而國不可侵治國也凡此三徵不待威力仁义而後彊雖曰見弱吾必謂之存者也

湯誅尹諧文王誅潘正太公誅華士管仲誅付里乙子産誅鄧析史付此六子者異世而同心不可不誅也詩曰憂心悄悄慍於群小小人成群斯足畏也語曰佞辯可以熒惑鬼神曰鬼神聰明正直孰曰熒惑者曰鬼神誠不受熒惑此尤佞辯之巧靡不入也夫安辨者雖不能熒惑鬼神

熒惑人明矣探人之心度人之欲順人之嗜好而不敢逆納人於邪惡而求其利人喜聞己之美也善能揚之惡聞己之過也善能飾之得之於眉睫之間承之於言行之先語曰惡紫之奪朱惡利口之覆邦家斯言足畏而終身莫悟危亡繼踵焉

老子曰以政治國以奇用兵以無事取天下政者名法是也以名法治國萬物所不能亂奇者權術是也以權術用兵萬物所不能敵凡能用名法權術而矯抑殘暴之情則己無事焉己無事則得天下矣故失治則任法失法則任兵以求無事不以取彊取彊則柔者反能服之老子曰民不畏死如何以死懼之凡民之不畏死由刑罰過刑罰過

則民不賴其生生無所賴視君之威末如也刑罰中則民畏死畏死由生之可樂也知生之可樂故可以死懼之此人君之所宜執臣下之所宜慎

莊里丈人字長子曰盜少子曰毆盜出行其父在後追呼之曰盜盜吏聞因縛之其父呼毆趨吏遽而聲不轉但言毆毆吏因毆之幾殪康衢長者字僮曰善犢字犬曰善噬賓客不過其門者三年長者怪而問之乃實對於是改之賓客復往鄭人謂玉未理者爲璞周人謂鼠未腊者爲璞周人懷璞謂鄭賈曰欲買璞乎鄭賈曰欲之出其璞視之乃鼠也因謝不取

父之於子也令有必行者有必不行者去貴妻賣愛妾此

令必行者也因曰汝無致恨汝無敢思令必不行者也故爲人上者必慎所令

凡人富則不羨爵祿貧則不畏刑罰不羨爵祿者自足於已也不畏刑罰者不頼存身也二者爲國之所甚而不知防之之術故令不行而禁不止若使令不行而禁不止則無以爲治無以爲治是人君虛臨其國徒君其民危亂可立而待矣今使由爵祿而後富則人力爭盡力於其君矣由刑罰而後貧則人咸畏罪而從善矣故古之爲國者無使民自貧富貧富皆由於君則君專所制民知所歸矣貧則怨人賤則怨時而莫有自怨者此人情之大趣也然則不可以此是人情之大趣而一槩非之亦有可矜者焉不

可不察也今能同算鈞而彼富我貧能不怨則美矣雖怨無所非也才鈞智同而彼貴我賤能不怨則美矣雖怨無所非也其敝在於不知乘權藉勢之異而雖曰智能之同是不達之過雖君子之鄙亦君子之怨也人貧則怨人富則驕人怨人者苦人之不祿施於已也起於情所難安而不能安猶可恕也驕人者無苦而無故驕人此情所易貴而弗能制讟可恕矣衆人見貧賤則慢而踈之見富貴則敬而親之貧賤者有請求於已踈之可也未必損已而必踈之以其無益於物之具故也富貴者有施已親之可也未必益已而必親之則彼不敢親我矣三者獨立無致親致踈之所人情終不能不以貧賤富貴易慮故謂之大惑

焉窮獨貧賤治世之所共矜亂世之所共侮治世非爲矜
窮獨貧賤而治是治之一事也亂世亦非侮窮獨貧賤而
亂亦是亂之一事也每事治則無亂亂則無治視夏商之
盛夏商之衰則其驗也貧賤之望富貴甚微而富貴不能
酬其甚微之望夫富貴者之所惡貧者之所美貴者之所
輕賤者之所榮然而弗酬弗與同苦樂故也雖弗酬之於
物弗傷今萬民之望人君亦如貧賤之望富貴其所望者
蓋歛料長幼平賦歛時其饑寒省其疾痛賞罰不濫使役
以時如此而已則於人君弗損也然而弗酬弗與同勞役
故也故為人君不可弗與民同勞逸焉故富貴者可不酬
貧賤者人君不可不酬萬民不酬萬民則萬民之所不願
戴所不願戴則君位危矣危莫甚焉禍莫大焉

尹文子卷終

尹文子一卷

（明）謝汝韶　輯校

明萬曆六年（1578）吉藩崇德書院刊《二十家子書》本

尹文子

大道上

大道無形、稱器有名、名也者正形者也、形正由名、則名不可差、故仲尼云必也正名乎、名不正則言不順也、大道不稱衆有必名生於不稱、則羣形自得其方圓、名生於方圓則衆名得其所稱也、大道治者則名法儒墨自廢、以名法儒墨治者則不得離道、老子曰道者萬物之奧、善人之寶、不善人之所寶、是道治者謂之善人、藉名法儒墨者謂之不善人、善人之與不善人、名分日離、不待審察而得也、道不足以治則用法、法不足以治則用術、術不足以治則用權、權不足以治則用勢、勢用則反權、權用則反術、術用則反法、法用則反道、道用則無爲而自治、故窮則徼終、徼終則反始、始終相襲無窮極也、有形者必有名、有名者未必有形、形而不名未必失其方圓白黑之實、名而不可不尋名以檢其差、故亦有名以檢形、形以定名、名以定事、事以檢名、察其所以然、則形名之與事物無所隱其理矣、名有三科、法有四呈、一曰命物之名、方圓白黑是也、二曰毀譽之名、善惡貴賤是也、三曰況謂之名、賢愚愛憎是也、一曰不變之法、君臣上下是也、二曰齊俗之法能鄙同異是也、三曰治衆之法、慶賞刑罰是也、四曰平准之法、律度權量是也、術者人君之所密用、羣下不可妄窺、勢者制法之利器、羣下不可妄爲、人君有術而使羣下得窺、非術之奧者、有勢使羣下得爲非、勢之重者、大要在乎先正名分、使不相侵雜、然後術可祕、勢可專、名者名形者也、形者應名者也、然形非正名也、名非正形也、則形之與名居然別矣、不可相亂、亦不可相無、無名故大道無稱、有名故名以正形、今萬物具存、不以名正之則亂、萬名具列、不以形應之則乖、故形名者不可不正也、善名命善、惡名命惡、故善有善名、惡有惡名、聖賢仁智、命善者也、頑嚚凶愚、命惡者也、今即聖賢仁智之名、以求聖賢仁智之實、未之或盡也、即頑嚚凶愚之名、以求頑嚚凶愚之實、亦未或盡也、使善惡盡然有分、雖未能盡物之實、猶不患其差也、故曰名不可不辯也、名稱者何彼此而檢虛實者也、自古至今莫不用此而得用彼而失失者由名分混得者由名分察今親賢而疎不肖賞善而罰惡賢不肖善惡之名宜在彼親疎賞罰之稱宜屬我我之與彼又復一名名之察者也名賢不肖爲親疎名善惡爲賞罰合彼我之一稱而不別之名之混者也故曰名稱者不可不察也語曰好牛又曰不可不察也好則物之通稱牛則物之定形以通稱隨定形不可窮極者也設復言好馬則復連於馬矣則好所通無方也設復言好人則彼屬於人也則好非人人非好也則好牛好馬好人之名自離矣故曰名分不可相亂也五色五聲五臭五味凡四類自然存焉天地之間而不期爲人用人必用之終身各有好惡而不能辯其名分名宜屬彼分宜屬

我我愛白而憎黑、韻商而舍徵、好膻而惡焦嗜甘而逆苦、白黑商徵膻焦甘苦、彼之名也、愛憎韻舍好惡嗜逆、我之分也、定此名分、則萬事不亂也、故人以度審長短、以量受少多、以衡平輕重、以律均清濁、以名稽虛實、以法定治亂、以簡治煩惑、以易御險難、以萬事皆歸於一、百度皆準於法、歸一者簡之至、準法者易之極、如此頑嚚聾瞽、可與察慧聰明同其治也、天下萬事、不可備能、責其備能於一人、則賢聖其猶病諸、設一人能備天下之事、能左右前後之宜、遠近遲疾之間、必有不兼者焉、苟有不兼、於治闕矣、全治而無闕者、大小多少、各當其分、農商工仕、不易其業、老農長商、習工舊仕、莫不存焉、則處上者何事哉、故有理而無益於治者君子弗言有能而無益於事者、君子弗爲君子非樂有言、有益於治不得不言、君子非樂有爲、有益於事不得不爲故所言者不出於名法權術、所爲者不出於農稼軍陣周務而已、故明主不爲治外之理小人必言事外之能、小人亦知言損於治而不能不言、小人亦知能損於事而不能不爲、故所言者極於儒墨是非之辯、所爲者極於堅僞偏抗之行、求名而已、故明主誅之、古語曰不知無害於君子、知之無損於小人、工匠不能無害於巧、君子不知無害於治、此信矣、爲善使人不能得從此獨善也。爲巧使人不能得從此獨巧也、未盡善巧之理。爲善與衆行之、爲巧與衆能之、此善之善者、巧之巧者也。所貴聖人之治。不貴其獨治。貴其能與衆共治。貴工倕之巧。不貴其獨巧。貴其能與衆共巧也。今世之人行欲獨賢事欲獨能辯欲出羣、勇欲絶衆、獨行之賢不足以成化、獨能之事不足以周務、出羣之辯不可爲戶說、絶衆之勇不可與征陣、凡此四者亂之所由生、是以聖人任道以通其險、立法以理其差、使賢愚不相棄能鄙不相遺、能鄙不相遺則能鄙齊功、賢愚不相棄則賢愚等慮、此至治之術也、名定則物不競、分明則私不行、物不競非無心、由名定、故無所措其心、私不行非無欲、由分明、故無所措其欲、然則心欲人人有之、而得同於無心無欲者、制之有道也、田駢曰、天下之士莫肯處其門庭、臣其妻子、必遊宦諸侯之朝者、利引之也、遊於諸侯之朝皆志爲卿大夫而不擬於諸侯名限之也彭蒙曰雉兔在野衆人逐之分未定也鷄豕滿市莫有志者分定故也物奢則仁智相屈分定則貪鄙不爭圓者之轉非能轉而轉不得不轉也方者之止非能止而止不得不止也因圓之自轉使不得止因方之自止使不得轉何苦物之失分故因賢者之有用使不得不用因愚者之無用使不得用用與不用皆非我用因彼所用與不可用而自得其用奚患物之亂乎物皆不能自能不知自知智非能智而智愚非能愚而愚好非能好而好醜非能醜而醜夫不能自能不知自知則智好何所貴愚醜何所賤則智不能得夸愚好不能得嗤醜此爲得之道也道行於世則

貧賤者不怨、富貴者不驕、愚弱者不懾、智勇者不陵、定於
分也、法行於世、則貧賤者不敢怨富貴、富貴者不敢陵貧
賤、愚弱者不敢冀智勇、智勇者不敢鄙愚弱、此法之不及
道也、世之所貴、同而貴之、謂之俗、世之所用、同而用之、謂
之物、苟違於人、俗所不與、苟忮於衆、俗所共去、故心皆殊
而爲行若一、所好各異、而資用必同、此俗之所齊、物之所
飾、故所齊不可不慎、所飾不可不擇、昔齊桓好衣紫、闔境
不鬻異彩、楚莊愛細腰、一國皆有饑色、上之所以率下、乃
治亂之所由也、故俗苟沴、必爲法以矯之、物苟溢、必立制
以檢之、累於俗、飾於物者、不可與爲治矣、昔晉國苦奢、文
公以儉矯之、乃衣不重帛、食不兼肉、無幾時人皆大布之

衣、脱粟之飯、越王勾踐謀報吳、欲人之勇、路逢怒蛙而軾之、比及數年、民無長幼、臨敵雖湯火不避、居上者之難如此之驗、聖王知民情之易動、故作樂以和之、制禮以節之、在下者不得用其私、故禮樂獨行、禮樂獨行則私欲寢廢、私欲寢廢則遺賢之與遺愚均矣、若使遺賢則治、遺愚則亂、是治亂續於賢愚、不係於禮樂、是聖人之術、與聖王而俱沒、治世之法、逮易世而莫用、則亂多而治寡、亂多而治寡、則賢無所貴、愚無所賤矣、處名位雖不肖、下愚物不疏已、親疏係乎勢利、不係乎不肖與仁賢、吾亦不敢據以為天理以為必勢之自然者爾、今天地之間不肖實衆、仁賢實寡、趨利之情不肖特厚、廉恥之情仁賢偏多、今以禮義招仁賢、所得仁賢者萬不一焉、以名利招不肖、所得不肖者觸地是焉、故曰、禮義成君子、君子未必須禮義、名利治小人、小人不可無名利、慶賞刑罰、君事也、守職效能、臣業也、君料功黜陟、故有慶賞刑罰、臣各慎所任、故有守職效能、君不可與臣業、臣不可侵君事、上下不相侵與、謂之名正、名正而法順也、接萬物使分別、海内使不雜、見侮不辱見推不矜、禁暴息兵、救世之鬭、此仁君之德、可以爲主矣、守職分使不亂、慎所任而無私、饑飽一心、毀譽同慮、賞亦不忘、罰亦不怨、此居下之節、可爲人矣、世有因名以得實、亦以因名以失實、宣王好射、説人之謂己能用強也、其實所用不過三石、以示左右、左右皆引試之、中關而止、皆曰不下九石、非大王孰能用是、宣王悅之、然則宣王用不過三石、而終身自以爲九石、三石實也、九石名也、宣王悅其名而喪其實、齊有黃公者、好謙卑、有二女、皆國色、以其美也、常謙辭毀之、以爲醜惡、醜惡之名遠布、年過而一國無聘者、衞有鰥夫、特冒娶之、果國色、然後曰黃公好謙、故毀其子不姝美、於是爭禮之、亦國色也、國色實也、醜惡名也、此違名而得實矣、楚人擔山雉者、路人問何鳥也、擔雉者欺之曰鳳凰也、路人曰我聞有鳳凰、今直見之、汝販之乎、曰然、則十金弗與、請加倍、乃與之、將欲獻楚王、經宿而鳥死、路人不遑惜金、惟恨不得以獻楚王、國人傳之、咸以爲真鳳凰、貴、欲以獻之、遂聞楚王、感其欲獻於己、召而厚賜之過於買鳥之金十倍魏田父有耕於野者得寶玉徑尺弗知其玉也以告隣人隣人陰欲圖之謂之曰此怪石也畜之弗利其家弗如復之田父雖疑猶錄以歸置於廡下其夜玉明光照一室田父稱家大怖復以告隣人曰此怪之徵遄棄殃可銷於是遽而棄於遠野隣人無何盜之以獻魏王魏王召玉工相之玉工望之再拜而立敢賀王得此天下之寶臣未嘗見王問其價玉工曰此無價以當之五城之都僅可一觀魏王立賜獻玉者千金長食上大夫祿凡天下萬里皆有是非吾所不敢誣是者常是非者常非亦吾所信然是雖常是有時而不用非雖常非有時而必行故用是而失者有矣行非而得有矣是非之理不同而

更興廢黜爲我用則是非焉在哉觀堯舜湯武之成或順或逆得時則昌桀紂幽厲之敗或是或非失時則亡五伯之主亦然宋公以楚人戰於泓公子目夷曰楚衆我寡請其未悉濟而擊之宋公曰不可吾聞不鼓不成列寡人雖亡之餘不敢行也戰敗楚人執宋國齊人弑襄公立公孫無知召忽夷吾奉公子糾奔魯鮑叔牙奉公子小白奔莒既而無知被殺二公子爭國糾宜立者也小白先入故齊人立之既而使魯人殺糾召忽死之徵夷吾以爲相晉文公爲驪姬之譖出亡十九年惠公卒賂秦以求反國殺懷公子而自立彼一君正而不免於執二君不正霸業遂焉已是而舉世非之則不知已之是已非而舉世是之亦不

知已所非、然則是非隨衆賈而爲正、非已所獨了、則犯衆者爲非、順衆者爲是、故人君處權乘勢、處所是之地、則人所不得非也、居則物尊之、動則物從之、言則物誠之、行則物則之、所以居物上、御羣下也、國亂有三事、年饑民散、無食以聚之則亂、治國無法則亂、有法而不能用則亂、有法食以聚民、有法而能行、國不治、未之有也、

大道下

仁義禮樂名法刑賞、凡此八者、五帝三王治世之術也、故仁以導之、義以宜之、禮以行之、樂以和之、名以正之、法以齊之、刑以威之、賞以勸之、故仁者、所以博施於物、亦所以生偏私、義者所以立節行、亦所以成華僞、禮者所以行恭

錯舍置也

謹、亦所以生惰慢。樂者所以和情志、亦所以生淫放。名者所以正尊卑、亦所以生矜篡。法者所以齊衆異、亦所以乖名分。刑者所以威不服、亦所以生陵暴。賞者所以勸忠能、亦所以生鄙爭。凡此八術、無隱於人、而常存於世、非自顯於堯湯之時、非自逃於桀紂之朝。用得其道、則天下治、失其道、則天下亂。過此而往、雖彌綸天地、籠絡萬品、治道之外、非群生所餐挹、聖人錯而不言也。凡國之存亡有六徵、有衰國、有亡國、有昌國、有彊國、有治國、有亂國。所謂亂亡之國者、凶虐殘暴不與焉。所謂彊治之國者、威力仁義不與焉。君年長多媵妾、少子孫、疏宗彊、衰國也。君寵臣、臣愛君、公法廢、私欲行、亂國也。國貧小、家富大、君權輕、臣勢重、

亡國也凡此三徵不待凶虐殘暴而後弱雖曰見存吾必
謂之亡者也內無專寵外無近習支庶繁字長幼不亂昌
國也農桑以時倉廩充實兵甲勁利封疆修理彊國也上
不勝其下下不能犯其上上下不相勝犯故禁令行人人
無私雖經險易而國不可侵治國也凡此三徵不待威力
仁義而後彊雖曰見弱吾必謂之存者也治王之興必有
所先誅先誅者非謂盜非謂姦此二惡者一時之大害非
亂政之本也亂政之本下侵上之權臣用君之術心不畏
時之禁行不軌時之法此大亂之道也孔丘攝魯相七日
而誅少正卯門人進問曰夫少正卯魯之聞人也夫子爲
政而先誅得無失乎孔子曰居吾語汝其故人有惡者五

熒惑也

而竊盜姦私不與焉、一曰心達而險、二曰行僻而堅、三曰言僞而辯、四曰彊記而博、五曰順非而澤、此五者有一於人則不免君子之誅、而少正卯兼有之、故居處足以聚徒成羣、言談足以飾邪熒衆、彊記足以反是獨立、此小人雄桀也、不可不誅也、是以湯誅尹諧、文王誅潘正、太公誅華士、管仲誅付里乙、子産誅鄧析、史付、此六子者異世而同心、不可不誅也、詩曰憂心悄悄、慍於羣小、小人成羣、斯足畏也、語曰佞辯可以熒惑鬼神、曰鬼神聰明正直、孰能熒惑者、曰鬼神誠不受熒惑、此尤佞辯之巧靡大人也、夫佞辯者雖不能熒惑鬼神、熒惑人明矣、探人之心、度人之欲、順人之嗜好而不敢逆、納人於邪惡而求其利、人喜聞已之美也善能揚之惡聞己之過也、善能飾之得之於眉睫之間、承之於言行之先、語曰惡紫之奪朱、惡利口之覆邦家斯言足畏而終身莫悟危亡繼踵焉、老子曰以政治國以奇用兵、以無事取天下政者名法是也、以名法治國萬物所不能亂、奇者權術是也、以權術用兵萬物所不能敵凡能用名法權術、而矯抑殘暴之情則己無事焉己無事則得天下矣、故失治則任法、失法則任兵、以求無事不以取彊、取彊則柔者反能服之、老子曰民不畏死如何以死懼之、凡民之不畏死、由刑罰過、刑罰過則民不賴其生生無所賴視君之威末如也、刑罰中則民畏死、畏死由生之可樂也、知生之可樂故可以死懼之、此人君之所宜執臣、

下之所宜慎、田子讀書曰堯時太平、宋子曰聖人之治以
致此乎、彭蒙在側越次答曰聖法之治以至此、非聖人之
治也、宋子曰聖人與、聖法何以異、彭蒙曰子之亂名甚矣
聖人者自己出也、聖法者自理出也、理出於己、己非理也
己能出理、理非己也、故聖人之治獨治者也、聖法之治則
無不治矣此萬世之利、唯聖人能該之、宋子猶惑質於田
子、田子曰蒙之言然。莊里丈人字長子曰盜、少子曰毆、盜
出行、其父在後追呼之曰盜盜、吏聞因縛之、其父呼毆喻
吏遽而聲不轉、但言毆毆、吏因毆之幾殪、康衢長子字僮
曰善搏、字犬曰善噬、賓客不過其門者三年、長者怪而問
之乃實對、於是改之、賓客復往、鄭人謂玉未理者爲璞、周

腊音昔乾肉也

人謂鼠未腊者爲璞、周人懷璞謂鄭賈曰、欲買璞乎、鄭賈曰欲之、出其璞視之、乃鼠也、因謝不取、父之於子也、令有必行者、有必不行者、去貴妻、賣愛妾、此令必行者也、因曰汝無敢恨、汝無敢思、令必不行者也、故爲人上者必慎所令、凡人富則不羨爵祿、貧則不畏刑罰、不羨爵祿者自足於己也、不畏刑罰者不賴存身也、二者爲國之所甚、而不知防之之術、故令不行而禁不止、若使令不行而禁不止、則無以爲治、無以爲治、是人君虛臨其國、徒君其民、危亂可立而待矣、今使由爵祿而後富、則人爭盡力於其君矣、由刑罰而後貧、則人咸畏罪而從善矣、故古之爲國者、無使民自貧富、貧富皆由於君、則君專所制、民知所歸矣、貧則怨人賤則怨時而莫有自怨者此人情之大趣也然則不可以此是人情之大趣而一槩非之亦有可矜者焉不可不察也今能同筴鈞而彼富我貧能不怨則美矣雖怨無所非也才鈞智同而彼貴我賤能不怨則美矣雖怨無所非也其敝在於不知乘權藉勢之異而惟曰智能之同是不達之過雖君子之鄙亦君子之恕也人貧則怨人富則驕人怨人者苦人之不祿施於己也起於情所難安而不能安猶可恕也驕人者無苦而無故驕人此情所易貴而弗能貴弗可恕矣衆人見貧賤則慢而疏之見富貴則敬而親之貧賤者有請賕於己疏之可也未必損己而必疏之以其無益於物之具故也富貴者有施與己親之可

也未必盡已而必親之則彼不敢親我矣三者獨立無致親致疏之所人情終不能不以貧賤富貴易慮故謂之大惑焉窮獨貧賤治世之所共矜亂世之所共侮治世非爲矜窮獨貧賤而治是治之一事也亂世亦非侮窮獨貧賤而亂亦是亂之一事也每事治則無亂亂則無治視夏商之盛夏商之衰則其驗也貧賤之望富貴甚微而富貴不能覉其甚微之望夫富者之所惡貧者之所羨貴者之所輕賤者之所榮然而弗覉弗與同苦樂故也雖弗覉之於我弗傷今萬民之望人君亦如貧賤之望富貴其所望者蓋欲料長幼平賦斂時其饑寒省其疾痛賞罰不濫使役以時如此而已則於人君弗損也然而弗覉弗與同勞逸

故也、故爲人君不可弗與民同勞逸焉、故富貴者可不羆貧賤者、人君不可不羆萬民、不羆萬民則萬民之所不願戴、所不願戴則君位替矣、危莫甚焉禍莫大焉

兩智不能相使兩貴不能相臨兩辯不能相屈力均勢敵故也

專用聰明則功不成、專用晦昧則事必悖一明一晦衆之所載

祿薄者不可與經亂賞輕者不可與入難處上者者不可不慎

右馬元會意林所採尹文子數言是書不載必有殘缺處因附録之

（明）焦竑　校正　翁正春　參閲　朱之蕃　圈點

新鍥翰林三狀元會選尹文子品彙釋評

明萬曆四十四年（1616）刊《新鍥翰林三狀元會選二十九子品彙釋評》本

卿筵曰正名所[illegible]與[illegible]指名[illegible]可至警[illegible]紀生家時[illegible]此語

焦竑曰四句設論精當持此以程量当世万氏一失蓋有名必有形名形參同現乃無爽

大道上　　尹文子

術者人君之所密用群下不可妄窺勢者制法之利器群下不可妄為人君有術而使群下得窺非術之奧者有勢使群下得為非勢之重者大要在乎先正名分使不相侵雜然後術可秘勢可專名者名形者也形者應名者也然形非正名也名非正形也則形之與名居然別矣不可相亂亦不可相無無名故大道無稱有名故名以正形今萬物具存不以名正之則亂萬名具列不以形應之則乖故形名者不可不正也善名命善惡名命惡故善有善名惡有惡名聖賢仁智命善者也頑嚚凶愚命惡者也今即聖賢仁智之名以求聖賢仁智之實未之或盡也

胡時化曰事務实則名不混人主不別彼此不揜虛实至于善不肖混淆賞罰倒置法術之不行也有由矣尹文子之術与韓非子相表裏观此名实之論文虽奇崛爛熟而肯正李処却謬矣讀者取卽焉可也

焦竑曰長谕不厭廿人文生意類家又果

即頑嚚凶愚之名以求頑嚚凶愚之实亦未或盡也使善惡盡然有分雖未能盡物之實猶不患其差也故曰名不可不辨也名稱者別彼此而檢虛實者也自古至今莫不用此而得用彼而失失者由名分混淆者由名分察今親賢而疎不肖賞善而罰惡賢不肖善惡之名宜在彼親疎賞罰之稱宜屬我我之與彼又復一名名之察者也名賢不肖為親疎名善惡為賞罰合彼我之一稱而不別之名之混也故曰名稱者不可不察也有理而無益于治者君子弗言有能而無益于事者君子弗為君子非樂有言有益于治不得不言君子非樂有能有益于事不得不為故所言者不出于名法權術所為者不出于農稼

鄧宝曰名法權術是一篇大綱亦是好議論

楊維禎曰独善独巧非善巧之至信手寫来渺詞山先生遊作意之志

丘瓊曰立意雖差一著而詞説較正可為好異務名作卵誚矣

陣周務而已故明主不為治外之理小人无言事外之能小人亦知言損于治而不能不言小人亦知能損于事而不能不為故所言者極于儒墨是非之辨所為者極于堅僞偏抗之行求名而已故明主誅之古語曰不知無害于君子知之無損于小人工匠不能無害于巧君子不知無害于治此信矣為善使人不能得從此獨善也為巧使人不能得從此獨巧也未盡善巧之理為善與衆行之為巧與衆能之此善之善者巧之巧者也所貴聖人之治不貴其獨治貴其能與衆共治貴工倕之巧不貴其獨巧貴其能與衆共巧也今世之人行欲獨賢事欲獨能辯欲獨群勇欲絶衆獨行之賢不足以成化獨能之事不足以

府為心術謁嵩出衆說文詞許後今當較上數異更加出色如门小級浮屠級增一級也

瞿景淳曰精要細膩令制藏之毋此原之功上下定民志此說实相胎合无以偏于名而輕譽之

重分曰引二語作訂結構完密无伏之遺恨如

周務出群之辨不可為戸說絶衆之勇不可與征陣凡此四者乱之所由生是以聖人任道以夷其險立法以理其差使賢愚不相棄能鄙不相遺能鄙不相遺則能鄙齊功賢愚不相棄則賢愚等慮此至治之術也名定則物不競分明則私不行物不競非無心由名定故無所措其心私不行非無欲由分明故無所措其欲然則心欲人人有之而得同于無心無欲者制之有道也田駢曰天下之士莫肯處其門庭臣其妻子必遊宦諸侯之朝者利引之也遊于諸侯之朝皆志為卿大夫而不擬于諸侯者名限之也彭蒙曰雉兎在田衆人逐之分未定也鶏豕滿市莫有志者分定故也

許應元曰：讚誉真偽名實也。設引証各及，而詞氣激，沢洧稗子發者。

蘇濬曰：買雉獻王，喻是非也。二事實皆戲詞。

世有因名以得實，亦有因名以失實。宣王好射，說人之謂已能用強也，其實所用不過三石。以示左右，左右皆引試之，中關而止，皆曰：「不下九石，非大王孰能用是？」宣王悅之。然則宣王用不過三石，而終身自以為九石。三石，實也；九石，名也。宣王悅其名而喪其實。齊有黃公者，好謙卑，有二女，皆國色。以其美也，常謙辭毀之，以為醜惡。醜惡之名遠布，年過而一國無聘者。衛有鰥夫，時冒娶之，果國色。然后曰：「黃公好謙，故毀其子不姝美。」于是爭禮之，亦國色也。國色，實也；醜惡，名也。此違名而得實矣。楚人擔山雉者，路人問：「何鳥也？」擔雉者欺之曰：「鳳凰也。」路人曰：「我聞有鳳凰，今直見之，汝販之乎？」曰：「然。」則十金，弗與；請加倍，乃與之。

将欲献楚王經宿而鳥死路人不遑惜金惟恨不得以献楚王國人傳之咸以為真鳳凰貴欲以献之遂聞楚王王感其欲献于己召而厚賜之過于買鳥之金十倍魏田父有耕于野者得寳玉徑尺弗知其玉也以告鄰人鄰人陰欲圖之謂之曰怪石也畜之弗利其家弗如複之田父雖疑猶録以歸置于廡下其夜玉光明照一室田父稱家大怖復以告隣人曰此怪之徵遄棄殃可銷於是遽而棄于遠野鄰人無何盜之以献魏王魏王召玉工相之玉工望之再拜而立敢賀王王得此天下之寳臣未嘗見王問價玉工曰此無價以當之五城之都僅可一觀魏王立賜献玉者千金長食上大夫禄凡天下萬里皆有是非吾

汪道坤曰今世犹多以魚目砆王而攘人之有者往往是葉

吳侽曰变幻之人以是為非以非為是此其詐

歸之智固然惟是非之理素定于羽中自出不得售天

亮賓曰直是是無非真非無是之非之亂行之者之罪也自是理上不會勸游

王儒曰宋公假仁也一會而讙二國之君乃不鼓不成列此不過徂詐假名之術耳說者說兵行詭道宋襄之仁所以取敗也是非之分幾何不容爭

余有丁曰先序爭而后斷文法也

所不敢誣是者常是非者常非亦吾所信然是雖常是有時而不用非雖常非而必行故用是而失有矣行非而得有矣是非之理不同而更與廢翻爲我用則是非焉在哉觀堯舜湯武之成或順或逆得時則昌桀紂幽厲之敗或是或非失時則亡五伯之主亦然宋公以楚人戰于泓公子目夷曰楚衆我寡請其未悉濟而擊之宋公曰不可吾聞不鼓不成列寡人雖亡之餘不敢行也戰敗楚人執宋公齊人弒襄公立公孫無知召忽夷吾奉公子糾奔魯鮑叔牙奉公子小白奔莒既而無知被殺二公子爭國糾宜立者也小白先入故齊人立之既而使魯人殺糾召忽死之徵夷吾以爲相晉文公因驪姬之譖出亡十九年惠

王世禎曰二君不王伯業係焉盡伯菴說詞之術濟以假仁假義之辛宜其成也宋襄之正夬出于假假之不得其術者與非某可定乎故曰非大圣其孰能定是非之準哉

倪思曰盜姦之害害之小者亂政之本其害最大國家先至于不可救藥漢張綱埋車輪于洛陽都亭曰豺狼當道安問狐狸亦知亂政之本者

公卒賂秦以求反國殺懷公子而自立彼一君正而不免于執二君不正霸業遂焉已是而舉世非之則不知已之是已非而舉世是之亦不知已所非然則是非隨衆賈而為正非已所獨了則犯衆者為非順衆者為是

大道下

治主之興必有所先誅先誅者非謂盜非謂姦此二者一時之大害非亂政之本也亂政之本下侵上之權臣用君之術心不畏時之禁行不軌時之法此大亂之道也孔子攝魯相七日而誅少正卯門人進而問曰夫少正卯魯之聞人也夫子為政而先誅得無失乎孔子曰居吾語汝其故人有惡者五而竊盜姦

景坤曰按左傳昭二十年子產卒太叔為政定八年太叔卒駟歂為政乃殺鄧析而用竹刑非子產殺之也

私不與焉一曰心達而顯二曰行僻而堅三曰言僞而辨四曰彊記而博五曰順非而澤此五者有一於人則不免君子之誅而少正卯兼有之故居處足以聚徒成群言譚足以飾邪榮衆彊記足以反是獨立此小人雄桀也不可不誅也是以湯誅尹諧文王誅潘正太公誅華士管仲誅付里乙子產誅鄧析史付此六子者異世而同心不可不誅也詩曰憂心悄悄慍於群小小人成群斯足畏也

錢福曰聖人聖法辯析有未盡此亦一章法也

黃震曰析名甚精也今按令多人口治一字一

田子讀書曰堯時太平宋子曰聖人之治以致此乎彭蒙在側越次答曰聖法之治以至此非聖人之治也宋子曰聖人與聖法何以異彭蒙曰子之亂名甚矣聖人者自己出也聖法者自

凌約言曰識得此情破則不怨貧不驕富不厭貧不羨富真達人襟懷

真德秀曰見理之言自竟切中世情解世之惑冥照于此暗含譏刺為一篇文字之綱

撒文燦曰只一段中亦許多議論許多質證至歸揚治亂上盡

理出也理出於己己非理也己能出理理非己也故聖人之治獨治者也聖法之治則無不治矣此萬世之利唯聖人能該之

宋子猶惑質於田子田子曰蒙之言然

人貧則怨人富則驕人怨人者苦人之不祿施于己也起於情所難安而不能安猶可恕也驕人者無苦而無故驕人此情所易制而弗能制弗可恕也衆人見貧賤則慢而踈之見富貴則敬而親之貧賤者有請賕于己踈之可也未必損己而先踈之以其無益於物之且故也富貴者有施於己親之可也未必益己而先親之則彼不敢親我矣三者獨立無致親致踈之所人情終不能不以富貴貧賤易慮故謂之大惑焉賢獨貧賤必望立

況淳亦世教之

李雅逢曰說人
下可謂刺詈文
字吏卷警接奇
岩

洪邁曰文勝遂
不竭若斷若
續每不其殊

呂祖謙曰借富
貴者當酬貧賤
之願以況人君
當酬天下之願
詞氣朕重淳深
數列之龍

之所共矜亂世之所共侮治世非爲矜窮獨貧賤而治是治之一事也亂世亦非侮窮獨貧賤而亂亦是亂之一事也每事治則無亂亂則無治視夏商之盛夏商之衰則其驗也貧賤之望富貴甚微而富貴不能酬其甚微之望夫富者之所惡貧者之所美貴者之所輕賤者之所榮然而弗酬弗與同苦樂故也雖弗酬之于物弗傷今萬民之望人君亦如貧賤之望富貴其所望者蓋欲料長幼平賦斂時其飢寒省其疾痛賞罰不濫使役以時如此而已則於人君弗損也然而弗酬弗與同勞逸故也故爲人君不可弗與民同勞逸也故富貴者可不酬貧賤者人君不可不酬萬民不酬萬民則萬民之所不頂戴所以不頂戴則

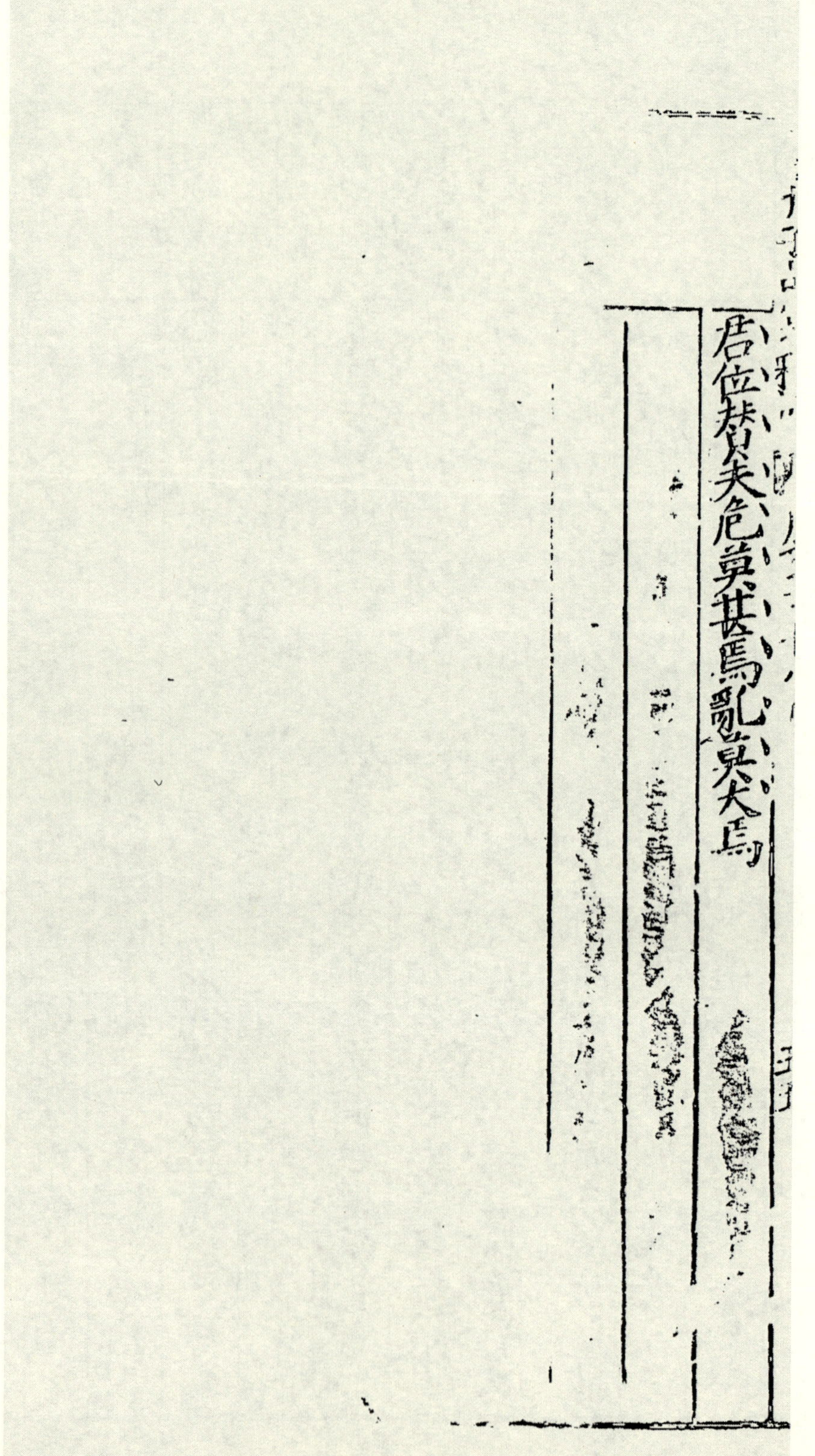
君位替矣危莫甚焉亂莫大焉

尹文子折衷彙錦

（明）焦竑 纂注 陳懿典 評閱

明萬曆間金陵龔少岡三衢書林刊《兩翰林纂解諸子折衷彙錦》本

說出自用之弊了然無迂

名法家

尹文子

尹文子盖出於周氏尹也齊宣王時居稷下與宋鈃田駢同學於公孫龍龍稱之著書一篇多所彌綸劉向以其學本黃老大較刑名家也高氏又曰尹文書言大道又言名分又言仁義禮樂法術權勢則學老氏而雜申韓者仲長統謂文學於公孫龍恐未必然

所貴聖人之治不貴其獨治貴其能與衆共治貴工倕之巧不貴其獨巧貴其能與衆共巧也今世之人行欲獨賢事欲獨能辨欲出群勇欲絕衆獨行之賢不足以成化獨能之事不足以周務出群之辨不可

以名分制心欲有見

爲戸説絶衆之勇不可與征陣凡此四者亂之所由生也

名定則物不競分明則私不行物不競非無心由名定故無所措其心私不行非無欲由分明故無所措其欲然則心欲人人有之而得同於無心無欲者制之有道也田駢曰天下之士莫肯處其門庭臣其妻子必遊宦諸侯之朝者利引之也遊於諸侯之朝皆志爲鄉大夫而不擬於諸侯者名限之也彭蒙曰雉兎在野衆人逐之分未定也鷄豕滿市莫有志者分

連引四个典故以証是非失實的有意見

定故也物者則仁智相屈分定則貪鄙不爭圓者之轉非能轉而轉不得不轉也方者之止非能止而止不得不止也因圓之自轉使不得止因方之自止使不得轉何若物之失分

世有因名以得實亦有因名以失實宣王好射說人之謂已能用強也其實所用不過三石以示左右左右皆引試之中闕而止皆曰不下九石非大王孰能用是宣王說之終身自以為用九石三石實也九石名也宣王說其名而喪其實齊有黃公者好謙卑有

何路人之愚一至于此

二女皆國色以其美也常謙辭毀之以爲醜惡醜惡之名遠布年過而一國無聘者衛有鰥夫時冒娶之果國色然後曰黄公好謙故毁其子不姝美於是爭禮之亦國色也國色實也醜惡名也此違名而得實矣楚人擔山雉者路人問之擔雉者欺曰鳳凰也路人曰我聞有鳳凰今直見之汝販之乎曰然則十金弗與請加倍乃與之將欲獻楚王經宿而鳥死路人不遑惜金惟恨不得以獻楚王國人傳之咸以爲真鳳凰貴欲以獻之遂聞楚王王感其欲獻於已召而

若鄰人者可謂至狡猾者矣

議論精到

厚賜之過於買鳥之金十倍魏田父有耕於野者得寶玉徑尺弗知其玉也以告鄰人鄰人陰欲圖之謂之曰怪石也畜之弗利田父雖疑之猶錄以歸置於廡下其夜玉明光照一室田父稱舉也家大怖復以告鄰人曰此怪之徵遄棄殃可銷於是遽而棄於遠野鄰人無何盜之以獻魏王魏王召玉工相之玉工曰此無價以當之五城之都僅可一觀魏王立賜獻玉者千金長食上大夫祿凡天下萬形皆有是非吾所不敢誣然是有時而不用非有時而必行故用是而

愈覺痛快

失有矣行非而得有矣是非之理不同而更興廢翻爲我用已是而舉世非之則不知己之是已非而舉世是之亦不知己所非由是觀之是非之實安在哉

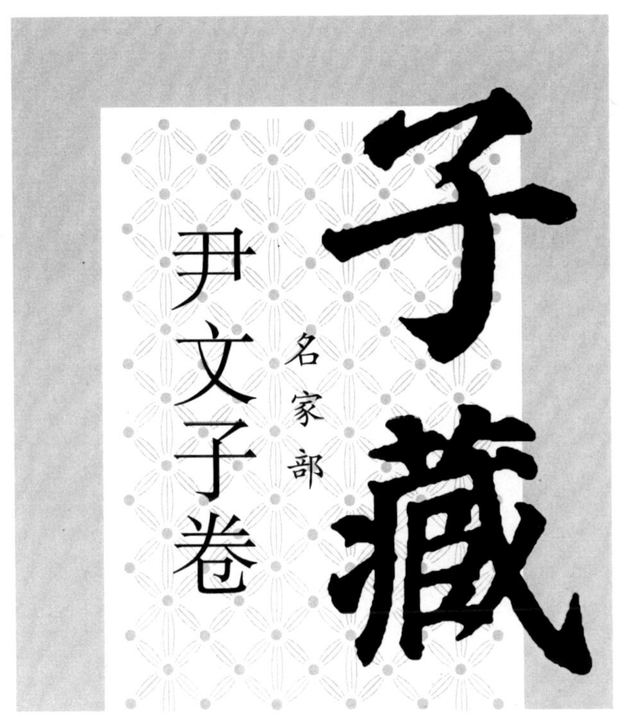

子藏

名家部

尹文子卷

3

華東師範大學「子藏」編纂中心編

總編纂　方勇

副總編纂　吴平

國家圖書館出版社

第三册目録

新鐫尹文子玄言評苑 (明)陸可教 選 李廷機 訂 明刊《新鐫諸子玄言評苑》本……一

尹文子粹言 (明)陳繼儒 選 明刊《藝林粹言》本……一五

尹文子品節 (明)陳深 撰 明萬曆間刊《諸子品節》本……二一

尹文子奇賞一卷 (明)陳仁錫 選 明天啓六年(1626)刊《諸子奇賞》本……三九

尹文子 (明)陳仁錫 撰 明刊《子品金函》本……七一

尹文子 佚名 摘抄 明藍格抄本《二十一家子書摘抄》……八一

尹文子 (清)焦循 批校並跋 清焦循抄本《諸子節録》……八七

讀尹文子 （清）楊琪光 撰 清光緒十一年（1885）刊《杜川全集·百子辨正》本……一一七
尹文子札迻 （清）孫詒讓 撰 清光緒二十年（1894）瑞安孫氏刊《札迻》本……一一九
尹文子佚文一卷補遺一卷 （清）王仁俊 輯 手稿本《玉函山房輯佚書續編》……一二五
讀尹文子札記 陶鴻慶 撰 一九五九年中華書局排印《讀諸子札記》本……一三三
尹文子文粹 李寶淦 撰 民國六年（1917）排印《諸子文粹》本……一三七
評注尹文子精華 張謇 撰 民國九年（1920）上海子學社排印《評注䩄子精華》本……一四七
尹文子校讀記一卷 錢基博 撰 民國二十年（1931）油印本《名家四子校讀記》……一五三
尹文子考補證 黄雲眉 撰 民國二十一年（1932）金陵大學中國文化研究所排印《古今僞書考補證》本……一八九
尹文子校録二卷 王時潤 撰 民國二十三年（1934）排印《周秦名學三種》本……一九七

尹文子直解　陳仲荄 撰　民國二十七年(1938)長沙商務印書館排印《國學小叢書》本……二二五
尹文子通考　張心澂 撰　民國二十八年(1939)上海商務印書館排印《僞書通考》本……三〇七
尹文子校正　王愷鑾 撰　民國二十四年(1935)上海商務印書館排印《國學小叢書》本……三一三
尹文子　佚名 節抄　民國間手抄本……三七五
尹文子探源　羅根澤 撰　一九五八年人民出版社排印本……四〇五
尹文的名辯思想　汪奠基 撰　一九六一年中華書局排印《中國邏輯思想史料分析》本……四一七
尹文子略注　伍非百 撰　一九八三年中國社會科學出版社排印《中國古名家言》本……四四七

（明）陸可教 選 李廷機 訂

新鐫尹文子玄言評苑

明刊《新鐫諸子玄言評苑》本

鄧丞曰正名所以與術重略名家之李可輕言哉即經生衆時有此語

大道上　　尹文子

術者人君之所密用羣下不可妄窺勢者制法之利器羣下不可妄為人君有術而使羣下得窺非術之奥者有勢使羣下得為非勢之重者大要在乎先正

焦竑曰四句議論精當待此以程量當世萬無一失蓋有名必有形名形參同覈乃無弊

名分使不相侵雜然後術可祕勢可專名者名形者也形者應名者也然形非正名也名非正形也則形之與名居然別矣不可相亂亦不可相無無名故大道無稱有名故名以正形今萬物具存不以名正之則亂萬名具列不以形應之則乖故形名者不可不正也善名命善惡名命惡故善有善名惡有惡名聖賢仁智命善者也頑嚚凶愚命惡者也今即聖賢仁智之名以求聖賢仁智之實未之或盡也即頑嚚凶愚之名以求頑嚚凶愚之實亦未或盡也使善惡盡然有分雖未能盡物之實猶不患其差也故曰名不

明時化行事務[illegible]則名不混人主不別彼此不檢虛實王政將[illegible][illegible][illegible][illegible]黃鄧假僭法術之不行也前此是尹文子之術與韓非子相表裏觀此名實之論文雖奇詭爛然而背正學處却謬矣讀者取節焉可也

焦竑曰是篇廣喻不厭其詳古人文唯取其達意類如此眾業家必以此為腧矣

可不辯也名稱者別彼此而檢虛實者也自古至今莫不用此而得用彼而失失者由名分混得者由名分察今親賢而疏不肖賞善而罰惡賢不肖善惡之名宜在彼親疏賞罰之稱宜屬我我之與彼又復一名名之察者也名賢不肖為親疏名善惡為賞罰合彼我之一稱而不別之名之混者也故曰名稱者不可不察也

有理而無益於治者君子弗言有能而無益於事者君子弗為君子非樂有言有益於治不得不言君子非樂有為有益於事不得不為故所言者不出於名

邵宝曰名法權術是一篇大綱領亦是好議論

楊維楨曰獨善獨巧非善巧之至信乎焉求妙詞自無生澁作意之態

丘濬曰立意雖差一着而詞說較正可為好異務名作

法權術所為者不出於農稼軍陣周務而已故明主不為治外之理小人必言事外之能小人亦知言損於治而不能不言小人亦知能損於事而不能不為故所言者極於儒墨是非之辯所為者極於堅偽偏抗之行求名而已故明主誅之古語曰不知無害於君子知之無損於小人工匠不能無害於巧君子不知無害於治此信矣為善使人不能得從此獨善也為巧使人不能得從此獨巧也未盡善巧之理為善與眾行之為巧與眾能之此善之善者巧之巧者也所貴聖人之治不貴其獨治貴其能與眾共治貴工

印說矣

王懋曰以出乎衆為心者曷嘗出衆哉文詞許多含蓄較上數段更加生色如登七級浮屠一級增一級也

瞿景淳曰精與細賦分制乾之舟也履之辨上下定民志此說實相胎合無以偏於名而輕置之

倕之巧不貴其獨巧貴其能與衆共巧也今世之人行欲獨賢事欲獨能辨欲出羣勇欲絶衆獨行之賢不足以成化獨能之事不足以周務出羣之辨不可為戶說絶衆之勇不可與征陣凡此四者亂之所由生是以聖人任道以夷其險立法以理其差使賢愚不相棄能鄙不相遺能鄙不相遺則能鄙齊功賢愚不相棄則賢愚等慮此至治之術也名定則物不競分明則私不行物不競非無心由名定故無所措其心私不行非無欲由分明故無所措其欲然則心欲人人有之而得同於無心無欲者制之有道也田駢

董份曰引二語作證結構完密無復遺恨妙妙

許應元曰說衆好譏俞名實也數段引証各極其趣而詞氣激切亦深有裨於世教者

曰天下之士莫肯處其門庭臣其妻子必遊宦諸侯之朝者利引之也遊於諸侯之朝皆志爲卿大夫而不擬於諸侯者名限之也彭蒙曰雉兎在野衆人逐之分未定也雞豕滿市莫有志者分定故也

世有因名以得實亦有因名以失實宣王好射說人之謂已能用強也其實所用不過三石以示左右左右皆引試之中關而止皆曰不下九石非大王孰能用是宣王悅之然則宣王用不過三石而終身自以爲九石三石實也九石名也宣王悅其名而喪其實

齊有黃公者好謙卑有二女皆國色以其美也常謙

蘇濬曰買雉獻王喻是非也二事只皆戲詞

辭毀之以爲醜惡醜惡之名遠布年過而一國無聘者。衛有鰥夫時冒娶之果國色然後曰黄公好謙故毀其子不姝美於是争禮之亦國色也國色實也醜惡名也此違名而得實矣楚人擔山雉者路人問何鳥也擔雉者欺之曰鳳凰也路人曰我聞有鳳凰今直見之汝販之乎曰然則十金弗與請加倍乃與之將欲獻楚王經宿而鳥死路人不遑惜金惟恨不得以獻楚王國人傳之咸以爲真鳳凰貴欲以獻之遂聞楚王王感其欲獻於已召而厚賜之過於買鳥之金十倍魏田父有耕於野者得寶玉徑尺弗知其玉

汪道坤曰今世獲多以魚目砆玉而擯人之有者往往類案

吳勝曰變幻之人以是為非以非為是此其詐譎之智固然惟是非之理素定於胸中自然不得售天

也以告隣人。隣人陰欲圖之。謂之曰怪石也。畜之弗利其家。弗如復之。田父雖疑。猶録以歸。置於廡下。其夜玉明光照一室。田父稱家大怖。復以告隣人。曰。此怪之徵。遄棄殃可銷。於是遽而棄於遠野。鄰人無何盜之。以獻魏王。魏王召玉工相之。玉工望之再拜而立。敢賀王。王得此天下之寶。臣未嘗見。王問價。玉工曰此無價以當之。五城之都僅可一觀。魏王立賜獻玉者千金。長食上大夫祿。凡天下萬理皆有是非。吾所不敢誣。是者常是。非者常非。亦吾所信。然是雖常是。有時而不用。非雖常非。有時而必行。故用是而失

茅坤曰真是與非真非與是是非之亂假之者之罪也自是理上不曾勘得

王係曰宋公假仁也一會而虜二國之君乃不鼓不成列此不過粗詐假名之術耳說者說其行誑道求猿之仁所以取敗也是非之分幾何不奈乎

有矣行非而得有矣是非之理不同而更興廢翻為我用則是非焉在哉觀堯舜湯武之成或順或逆得時則昌桀紂幽厲之敗或是或非失時則亾五伯之主亦然宋公以楚人戰於泓公子目夷曰楚衆我寡請其未悉濟而擊之宋公曰不可吾聞不鼓不成列寡人雖亾之餘不敢行也戰敗楚人執宋公齊人弑襄公立公孫無知召忽夷吾奉公子糾奔魯鮑叔奉公子小白奔莒既而無知被殺二公子爭國糾宜立者也小白先入故齊人立之既而使魯人殺糾召忽死之徵夷吾以為相晉文公因驪姬之譖出亾十

余有丁曰先序事而後断文法也王世貞曰二君不正伯業遂焉咎伯者詭譎之術濟以假仁假義之名宜其成也果然之正莫出於假假之不得其術者世之是非果可定乎故曰非大聖孰能定是非之集哉

九年惠公卒賂秦以求反國殺懷公子而自立彼一君正而不免於執二君不正霸業遂焉已是而舉世非之則不知已之是已非而舉世是之亦不知已所非然則是非隨衆賈而為正非已所獨了則犯衆者為非順衆者為是

大道下

倪思曰盗姦之害害之小者乱政之本其害最大國家必至於不可救藥漢張綱埋車輪於洛陽都亭曰豺狼當道安問狐狸亦知乱政之本者

治主之興必有所先誅先誅者非謂盜非謂姦此二惡者一時之大害非亂政之本也亂政之本下侵上之權臣用君之術心不畏時之禁行不軌時之法此大亂之道也孔丘攝魯相七日而誅少正卯門人進

亮冲曰按左傳昭二十年子產卒太叔為政定八年太叔卒駟歂為政乃殺鄧析而用竹刑非子產殺之也

問曰夫少正卯魯之聞人也夫子為政而先誅得無失乎孔子曰居吾語汝其故人有惡者五而竊盜姦私不與焉一曰心達而險二曰行僻而堅三曰言偽而辯四曰彊記而博五曰順非而澤此五者有一於人則不免君子之誅而少正卯兼有之故居處足以聚徒成群言譚足以飾邪熒衆彊記足以反是獨立此小人雄桀也不可不誅也是以湯誅尹諧文王誅潘正太公誅華士管仲誅付里乙子產誅鄧析史付此六子者異世而同心不可不誅也詩曰憂心悄悄慍於群小小人成群斯足畏也

錢福曰聖人聖法辨析有來歷此亦一章法也

貢震曰析名甚精迄今猶膾炙人口殆一字一味哉

凌約曰識得此情破則不怨貧不驕富不厭貧不趨富直是達人襟懷

田子讀書曰堯時太平宋子曰聖人之治以致此乎彭蒙在側越次答曰聖法之治以至此非聖人之治也宋子曰聖人與聖法何以異彭蒙曰子之亂名甚矣聖人者自己出也聖法者自理出也理出於己己非理也己能出理理非己也故聖人之治獨治者也聖法之治則無不治矣此萬世之利唯聖人能該之

宋子猶惑質於田子田子曰蒙之言然

人貧則怨人富則驕人怨人者苦人之不祿施於己也起於情所難安而不能安猶可恕也驕人者無苦而無故驕人此情所易制而弗能制弗可恕矣衆人

方應秀曰見理之言曰真切中世情解世之惑莫昭于此暗含諷刺為一篇文字之綱

穆文熙曰只一段中亦許多議論許多曲註至婦轉治乱上去說裨益世教之談

凌稚隆曰說人情可謂刺骨文字更覺警策奇若

洪汸曰文勢滾滾不竭若斷若續曲

見貧賤則慢而疎之見富貴則敬而親之貧賤者有請賕於己疎之可也未必損己而必疎之以其無益於物之具故也富貴者有施與己親之可也未必益己而必親之則彼不敢親賤矣三者獨立無致親致疎之所人情終不能不以貧賤富貴易慮故謂之大惑焉窮獨貧賤治世之所共矜亂世之所共侮治世非為矜窮獨貧賤而治是治之一事也亂世亦非侮窮獨貧賤而亂亦是亂之一事也每事治則無亂亂則無治視夏商之盛夏商之衰則其驗也貧賤之望富貴甚微而富貴不能酬其甚微之望夫富者之所

其妙

呂祖謙曰借言貴者當酬貧賤之願以況人君當酬天下人之願詞氣嚴更得箴規激烈之義

惡貧者之所羨貴者之所輕賤者之所榮然而弗酬弗與同苦樂故也雖弗酬之於物弗傷今萬民之望人君亦如貧賤之望富貴其所望者奢欲料長幼平賦斂時其饑寒省其疾痛賞罰不濫使役以時如此而已則於人君弗損也然而弗酬弗與同劳逸故也故為人君不可弗與民同劳逸焉故富貴者可不酬貧賤者人君不可不酬萬民不酬萬民則萬民之所不願戴所不願戴則君位替矣危莫甚焉亂莫大焉

尹文子粹言

（明）陳繼儒 選

明刊《藝林粹言》本

尹文子

沈問之曰其書言大道又言名分又言仁義禮樂法術權勢其道流於兼愛其學駁矣

術者人君之所密用群下不可妄窺勢者制法之利器群下不可妄為為人君者有術而使群下得窺非術之奧者有術而使群下得為非勢之重者

有理而無益於治者君子弗言有能而無益於事者君子弗為君子非樂有言有益於治不得不言君子非好有為有益於治不得不為故所言者不出於名法權術所為者不出於農稼軍陣周務而已

世之人行欲獨賢事欲獨能辯欲出群勇欲絕衆獨行

之賢不足以成化獨能之事不足以周務出群之辯不可為戶說絶衆之勇不可與征陣

昔齊桓好衣紫合境不鬻異采楚莊好細腰一國皆有飢色上之所以率下乃治亂之由也晋國苦奢文公以儉矯之乃衣不重帛食不兼肉無幾時人皆大布之衣脫粟之飯越王句踐謀報吳欲人之勇路逢怒蛙而軾之比及數年民無長幼臨敵雖湯火不避

慶賞刑罰君事也守職效能臣業也君科功黜陟故有慶賞刑罰臣各慎所在故有守職效能

貧則怨人賤則怨時而莫有自怨者此人情之大趣也今能同筭鈞而彼富我[illegible]不怨則美矣才鈞智同而

彼貴我賤能不怨則害

貧賤之望富貴甚微而富貴不能酬其望者弗與同苦樂故也今萬民之望人君盖欲料長幼平賦斂時其飢寒省其疾痛賞罰不濫使役以時如此而已則於人君弗損也然而弗酬弗與同勞逸故也故為人君不可弗與民同勞逸焉故富貴者可不酬貧賤者人君不可不酬萬民

雉兎在野衆人逐之分未定也鷄豕滿市莫有志者分定故也故物奢則仁智未相屈分定則貪鄙不爭

両智不相使両貴不相臨両辯不相屈力均勢敵故也

○專用聰明則功不成專用晦昧則事必悖

五

愚按以上五子。公孫龍其一也。五子之中當以鬻子鶡冠為最。子華尹文子次之。公孫龍怪誕。一無足取矣。

尹文子品節

（明）陳深 撰

明萬曆間刊《諸子品節》本

正名所以與術重勢名家之叅可輕訾哉

即經生家時有此語

大道上

尹文子

術者人君之所密用羣下不可妄窺勢者制法之利器群下不可妄爲人君有術而使羣下得窺非術之奥者有勢使羣下得爲非勢之重者大要在乎先正名分使不相侵雜然後術可祕勢可專名者名形者

也形者應名者也然形非正名也名非正形也則形之與名居然別矣不可相亂亦不可相無無名故大道無稱有名故名以正形今萬物具存不以名正之則亂萬名具列不以形應之則乖故形名者不可不正也善名命善惡名命惡故善有善名惡有惡名聖賢仁智命善者也頑嚚凶愚命惡者也今即聖賢仁智之名以求聖賢仁智之實未之或盡也即頑嚚凶愚之名以求頑嚚凶愚之實亦未或盡也使善惡盡然有分雖未能盡物之實猶不患其差也故曰名不

可不辨也。名稱者，別彼此而檢虛實者也。自古至今莫不用此而得，用彼而失。失者由名分混，得者由名分察。今親賢而疏不肖，賞善而罰惡。賢不肖善惡之名，宜在彼；親疏賞罰之稱，宜屬我。我之與彼，又復一名名之察者也。名賢不肖爲親疏，名善惡爲賞罰，合彼我之一稱而不別之，名之混者也。故曰：名稱者不可不察也。

業家必與爲驗

有理而無益於治者，君子弗言；有能而無益於事者君子弗爲。君子非樂有言，有益於治，不得不言；君子

獨善獨巧非善巧之至

非維有爲有益於事不得不爲故所言者不出於名法權術所爲者不出於農稼軍陳周務而已故明主不爲治外之理小人必言事外之能小人亦知言損於治而不能不言小人亦知能損於事而不能不爲故所言者極於儒墨是非之辨所爲者極於堅僞偏抗之行求名而已故明主誅之古語曰不知無害於君子知之無損於小人工匠不能無害於巧君子不知無害於治此信矣爲善使人不能得從此獨善也爲巧使人不能得從此獨巧也未盡善巧之理爲善

與衆行之爲巧與衆能之此善之善者巧之巧者也所貴聖人之治不貴其獨治貴其能與衆共治貴工倕之巧不貴其獨巧貴其能與衆共巧也今世之人行欲獨賢事欲獨能辯欲出羣勇欲絕衆獨行之賢不足以成化獨能之事不足以周務出群之辯不可爲戶說絕衆之勇不可與征陣凡此四者亂之所由生是以聖人任道以夷其險立法以理其差使賢愚不相棄能鄙不相遺能鄙不相遺則能鄙齊功賢愚不相棄則賢愚等慮此至治之術也名定則物不競

以出乎衆爲心者曷嘗出乎衆哉

[illegible]賦[illegible]之[illegible]也

分明則私不行物不競非無心由名定故無所措其心私不行非無欲由分明故無所措其欲然則心欲人人有之而得同於無心無欲者制之有道也田駢曰天下之士莫肯處其門庭臣其妻子必遊宦諸侯之朝者利引之也遊於諸侯之朝皆志爲卿大夫而不擬於諸侯者名限之也彭蒙曰雉兔在野衆人逐之分未定也鷄豕滿市莫有志者分定故也

引二語作證極妙

世有因名以得實亦有因名以失實宣王好射說人之謂已能用強也其實所用不過三石以示左右左

譬好諛喻名實也

買雉獻王喻是非也

右皆引試之中關而止皆曰不下九石非大王孰能用是宣王悅之然則宣王用不過三石而終身自以爲九石三石實也九石名也宣王悅其名而喪其實

齊有黃公者好謙卑有二女皆國色以其美也常謙辭毀之以爲醜惡醜惡之名遠布年過而一國無聘者衛有鰥夫時冒娶之果國色然後曰黃公好謙故毀其子不姝美於是爭禮之亦國色也國色實也醜惡名也此違名而得實矣

楚人擔山雉者路人問何鳥也擔雉者欺之曰鳳凰也路人曰我聞有鳳凰今

稱家即舉家也

直見之汝販之乎。曰然。則十金弗與。請加倍乃與之。將欲獻楚王。經宿而鳥死。路人不遑惜金。惟恨不得以獻楚王。國人傳之。咸以爲眞鳳凰。貴欲以獻之。遂聞楚王。王感其欲獻於已。召而厚賜之。過於買鳥之金十倍。魏田父有耕於野者。得寶玉徑尺。弗知其玉也。以告隣人。隣人陰欲圖之。謂之曰。怪石也。畜之弗利其家。弗如復之。田父雖疑。猶錄以歸。置於廡下。其夜玉明光照一室。田父稱家大怖。復以告鄰人。曰此怪之徵。遄棄。殃可銷。於是遽而棄於遠野。鄰人無何

今世猶多以魚目失玉而攘人之有者往往顯桀

盜之以獻魏王魏王召玉工相之玉工望之再拜而立敢賀王王得此天下之寶臣未嘗見王問價玉工曰此無價以當之五城之都僅可一觀魏王立賜獻玉者千金長食上大夫祿凡天下萬理皆有是非吾所不敢誣是者常是非者常非亦吾所信然是雖常是有時而不用非雖常非有時而必行故用是而失有矣行非而得有矣是非之理不同而更興廢翻為我用則是非焉在哉觀堯舜湯武之成或順或逆得時則昌桀紂幽厲之敗或是或非失時則亡五伯之

先序事而後斷文法也

主亦然宋公以楚人戰於泓公子目夷曰楚衆我寡請其未悉濟而擊之宋公曰不可吾聞不鼓不成列寡人雖亡之餘不敢行也戰敗楚人執宋公齊人弑襄公立公孫無知召忽夷吾奉公子糾奔魯鮑叔牙奉公子小白奔莒既而無知被殺二公子爭國糾宜立者也小白先入故齊人立之既而使魯人殺糾召忽死之徵夷吾以爲相晉文公因驪姬之譖出亡十九年惠公卒賂秦以求反國殺懷公子而自立彼一君正而不免於執二君不正霸業遂焉已是而舉世

非大圣孰定是非之準哉

非之則不知已之是已非而舉世是之亦不知已所非然則是非隨衆賈而爲正非已所獨了則犯衆者爲非順衆者爲是

大道下

治主之興必有所先誅先誅者非謂盜非謂姦此二惡者一時之大害非亂政之本也亂政之本下侵上之權臣用君之術心不畏時之禁行不軌時之法此大亂之道也孔丘攝魯相七日而誅少正卯門人進問曰夫少正卯魯之聞人也夫子爲政而先誅得無

按左傳昭二十年子產卒太叔為政定公年太叔卒駟歂為政乃殺鄧析而用竹刑非子產殺

失乎。孔子曰。居吾語汝其故。人有惡者五。而竊盜姦私不與焉。一曰心達而險。二曰行辟而堅。三曰言偽而辯。四曰彊記而博。五曰順非而澤。此五者有一於人。則不免君子之誅。而少正卯兼有之。故居處足以聚徒成群。言談足以飾邪熒眾。彊記足以反是獨立。此小人雄桀也。不可不誅也。是以湯誅尹諧。文王誅潘正。太公誅華士。管仲誅付里乙。子產誅鄧析史付。此六子者。異世而同心。不可不誅也。詩曰。憂心悄悄。慍於羣小。小人成群。斯足畏也。

之也

田子讀書曰堯時太平宋子曰聖人之治以致此乎彭蒙在側越次答曰聖法之治以至此非聖人之治也宋子曰聖人與聖法何以異彭蒙曰子之亂名甚矣聖人者自己出也聖法者自理出也理出於己己非理也己能出理理非己也故聖人之治獨治者也聖法之治則無不治矣此萬世之利唯聖人能該之

析名甚精

宋子猶惑質於田子田子曰蒙之言然

識得此情破則不怨貧不驕富不厭貧不戀富自是[illegible]襟懷

人貧則怨人富則驕人怨人者苦人之不祿施於己也起於情所難安而不能安猶可恕也驕人者無苦

觧世之惑莫昭于此

而無故驕人此情所易制而弗能制弗可恕矣衆人見貧賤則慢而疎之見富貴則敬而親之貧賤者有請賕於已疎之可也未必損已而必疎之以其無益於物之具故也富貴者有施與已親之可也未必益已而必親之則彼不敢親我矣三者獨並無致親致踈之所人情終不能不以貧賤富貴易慮故謂之大惑焉窮獨貧賤治世之所共矜亂世之所共侮治世非為矜窮獨貧賤而治是治之一事也亂世亦非侮窮獨貧賤而亂亦是亂之一事也每事治則無亂亂

讀人情可謂刺骨矣

借富貴者當酬貧賤之願以況人君當酬天下人之願

則無治視夏商之盛夏商之衰則其驗也貧賤之望富貴甚微而富貴不能酬其甚微之望夫富者之所惡貧者之所美貴者之所輕賤者之所榮然而弗酬弗與同苦樂故也雖弗酬之於物弗傷今萬民之望人君亦如貧賤之望富貴其所望者蓋欲料長幼平賦斂時其飢寒省其疾痛賞罰不濫使役以時如此而已則於人君弗損也然而弗酬弗與同勞逸故也故為人君不可弗與民同勞逸焉故富貴者可不酬貧賤者人君不可不酬萬民不酬萬民則萬民之所

不願戴所不願戴則君位替矣危莫甚焉亂莫大焉

（明）陳仁錫 選

尹文子奇賞一卷

明天啓六年（1626）刊《諸子奇賞》本

諸子奇賞卷之三十

古吳陳仁錫明卿父評選

尹文子

大道上

形字特標，即形而上形而下道器合一之旨也。

大道無形，稱器有名。名也者，正形者也。形正由名，則名不可差。故仲尼云：必也正名乎。名不正，則言不順也。大道不稱，衆有必名。生於不稱，則羣形自得其方圓；名生於方圓，則衆名得其所稱也。大道治者，則名法儒墨自廢；以名法儒墨治者，則不得離道。老子曰

衆不務一，務百性，其廢所以可惡。

權術二字看得粗淺

道者、萬物之奥、善人之寳、不善人之所寳、是道治者謂之善人、藉名法儒墨者、謂之不善人、善人之與不善人名分日離、不待審察而得也、道不足以治、則用法、法不足以治、則用術、術不足以治、則用權、權不足以治、則用勢、勢用則反權、權用則反術、術用則反法、法用則反道、道用則無爲而自治、故窮則徼、終徼終則反始、始終相襲、無窮極也、有形者、必有名、有名者未必有形、形而不名、未必失其方圓白黒之實、名而不可不尋名以檢其差、故亦有名以檢形、形以定名、名以定事事以檢名察其所以然則形名之與事物無所隱其理矣名有三科法有四呈一曰命物之名方員白黑是也二曰毀譽之名善惡貴賤是也三曰況謂之名賢愚愛憎是也一曰不變之法君臣上下是也二曰齊俗之法能鄙同異是也三曰治衆之法慶賞刑罰是也四曰平准之法律度權量是也術者人君之所密用羣下不可妄窺勢者制法之利器羣下不可妄爲人君有術而使羣下得窺非術之奧者有勢使羣下得爲非勢之重者大要在乎先正名分

使不相侵雜、然後術可秘、勢可專、名者、名形者也、形者、應名者也、然形非正名也、名非正形也、則形之與名、居然別矣、不可相亂、亦不可相無、無名、故大道無稱、有名、故名以正形、今萬物具存、不以名正之則亂、萬名具列、不以形應之則乖、故形名者、不可不正也、善名命善、惡名命惡、故善有善名、惡有惡名、聖賢仁智、命善者也、頑嚚凶愚、命惡者也、今即聖賢仁智之名、以求聖賢仁智之實、未之或盡也、即頑嚚凶愚之名、以求頑嚚凶愚之實、亦未或盡也、使善惡盡然有分雖未能盡物之實、猶不患其差也、故曰、名不可不辨也、名稱者、別彼此而檢虛實者也、自古至今、莫不用此而得、用彼而失、失者由名分混、得者由名分察、今親賢而疎不肖、賞善而罰惡、賢不肖善惡之名宜在彼、親疎賞罰之稱宜屬我、我之與彼、又復一名、名之察者也、名賢不肖為親疎、名善惡為賞罰、合彼我之一稱而不別之、名之混者也、故曰、名稱者、不可不察也、語曰、好牛、又曰不可不察也、好則物之通稱、牛則物之定形、以通稱隨定形、不可窮極者也、設復言好馬、則復連於馬矣、則好所通無方也、設復言好人、則彼屬於人矣、則好非人、人非好也、則好牛好馬好人之名自離矣、故曰、名分不可相亂也、五色五聲五臭五味凡四類、自然存焉、天地之間、而不期爲人用、人必用之、終身各有好惡、而不能辨其名分、名宜屬彼、分宜屬我、我愛白而憎黑、韻商而舍徵、好膻而惡焦、嗜甘而逆苦、白黑商徵膻焦甘苦彼之名也、愛憎韻舍好惡嗜逆我之分也、定此名分、則萬事不亂也、故人以度審長短、以量受少多、以衡平輕重、以律均

有理弗言其言簡矣

清濁以名稽虛實以法定治亂以簡治煩惑以易御險難以萬事皆歸於一百度皆準於法歸一者簡之至準法者易之極如此頑嚚聾瞽可與察慧聰明同其治也天下萬事不可備能責其備能於一人則賢聖其猶病諸設一人能備天下之事能左右前後之宜遠近遲疾之間必有不兼者焉苟有不兼於治闕矣全治而無闕者大小多少各當其分農商工仕不易其業老農長商習工舊仕莫不存焉則處上者何事哉故有理而無益於治者君子弗言有能而無益

亦寡尤之方也

於事者、君子弗爲、君子非樂有言、有益於治、不得不言、君子非樂有爲、有益於事、不得不爲、故所言者不出於名法權術、所爲者不出於農稼軍陣、周務而已、故明主不爲治外之理、小人必言事外之能、小人亦知言損於治、而不能不言、小人亦知能損於事、而不能不爲、故所言者、極於儒墨是非之辨、所爲者、極於堅僞偏抗之行、求名而已、故明主誅之、古語曰、不知無害於君子、知之無損於小人、工匠不能無害於巧、君子不知、無害於治、此信矣、爲善使人不能得從、此獨善也爲巧使人不能得從此獨巧也未盡善巧之理爲善與衆行之爲巧與衆能之此善之善者巧之巧者也所貴聖人之治不貴其獨治貴其能與衆共治貴工倕之巧不貴其獨巧貴其能與衆共巧也今世之人行欲獨賢事欲獨能辯欲出羣勇欲絕衆獨行之賢不足以成化獨能之事不足以周務出羣之辯不可爲戶說絕衆之勇不可與征陣凡此四者亂之所由生是以聖人任道以夷其險立法以理其差使賢愚不相弃能鄙不相遺能鄙不相遺則能鄙齊

功賢愚不相弃則賢愚等慮此至治之術也名定則物不競分明則私不行物不競非無心由名定故無所措其心私不行非無欲由分明故無所措其欲然則心欲人人有之而得同於無心無欲者制之有道也田駢曰天下之士莫肯處其門庭臣其妻子必遊宦諸侯之朝者利引之也遊於諸侯之朝皆志爲卿大夫而不擬於諸侯者名限之也彭蒙曰雉兎在野衆人逐之分未定也鷄豕滿市莫有志者分定故也物奢則仁智相屈分定則貪鄙不爭圓者之轉非能

轉、而轉不得不轉也、方者之止非能止、而止不得不止也、因圓之自轉、使不得止、因方之自止、使不得轉、何苦物之失分、故因賢者之有用、使不得不用、因愚者之無用、使不得用、用與不用、皆非我用、因彼所用、與不可用、而自得其用、奚患物之亂乎、物皆不能自能、不知自知、智非能智而智、愚非能愚而愚、好非能好而好、醜非能醜而醜、夫不能自能、不知自知、則智好何所貴、愚醜何所賤、則智不能得夸愚、好不能得嗤醜、此爲得之道也、道行於世、則貧賤者不怨富貴者不驕愚弱者不懾智勇者不陵定於分也法行於世則貧賤者不敢怨富貴富貴者不敢陵貧賤愚弱者不敢冀智勇智勇者不敢鄙愚弱此法之不及道也世之所貴同而貴之謂之俗世之所用同而用之謂之物苟違於人俗所不與苟忮於衆俗所共去故心皆殊而爲行若一所好各異而資用必同此俗之所齊物之所飾故所齊不可不慎所飾不可不擇昔齊桓好衣紫闔境不鬻異采楚莊愛細腰一國皆有飢色上之所以率下乃治亂之所由也故俗苟沴必

此其實

爲治以矯之物苟溢必立制以檢之累於俗飾於物者不可與爲治矣昔晉國苦奢文公以儉矯之乃衣不重帛衣不兼肉無幾時人皆大布之衣脫粟之飯越王句踐謀報吳欲人之勇路逢怒蛙而軾之比及數年民無長幼臨敵雖湯火不避居上者之難如此之驗聖王知民情之易動故作樂以和之制禮以節之在下者不得用其私故禮樂獨行禮樂獨行則私欲寢廢私欲寢廢則遭賢之與遭愚均矣若使遭賢則治遭愚則亂是治亂屬於賢愚不係於禮樂是聖

人之術與聖主而俱沒治世之法逮易世而莫用則亂多而治寡亂多而治寡則賢無所貴愚無所賤矣處名位雖不肖下愚物不疏己親疎係乎勢利不係於不肖與仁賢吾亦不敢據以為天理以為地勢之自然者爾今天地之間不肖實衆仁賢實寡趨利之情不肖特厚廉恥之情仁賢偏多今以禮義招仁賢所得仁賢者萬不一焉以名利招不肖所得不肖者觸地是焉故曰禮義成君子君子未必須禮義名利治小人小人不可無名利慶賞刑罰君事也守職效

能臣業也君料功黜陟故有慶賞刑罰臣各慎所任故有守職効能君不可與臣業臣不可侵君事上下不相侵與謂之名正名正而法順也接萬物使分別海内使不雜見侮不辱見推不矜禁暴息兵救世之鬬此仁君之德可以爲主矣守職分使不亂慎所任而無私飢飽一心毁譽同慮賞亦不忘罰亦不怨此居下之節可爲人臣矣世有因名以得實亦有因名以失實宣王好射說人之謂已能用强也其實所用不過三石以示左右左右皆引試之中關而止皆曰

如此名實分而爲二矣非篤論也

不下九石非大王孰能用是宣王悅之然則宣王用不過三石而終身自以爲九石三石實也九石名也宣王悅其名而喪其實齊有黃公者好謙卑有二女皆國色以其美也常謙辭毀之以爲醜惡醜惡之名遠布年過而一國無聘者衛有鰥夫時冒娶之果國色然後曰黃公好謙故毀其子不姝美於是爭禮之亦國色也國色實也醜惡名也此違名而得實矣楚人擔山雉者路人問何鳥也擔雉者欺之曰鳳凰也路人曰我聞有鳳凰今直見之汝販之乎曰然則十

金弗與、請加倍、乃與之、將欲獻楚王、經宿而鳥死、路人不遑惜金、惟恨不得以獻楚王、國人傳之、咸以爲眞鳳凰、貴欲以獻之、遂聞楚王、王感其欲獻於已、召而厚賜之、過於買鳥之金十倍、魏田父有耕於野者、得寶玉徑尺、弗知其玉也、以告鄰人、鄰人陰欲圖之、謂之曰、怪石也、畜之弗利其家、弗如復之、田父雖疑、猶錄以歸、置於廡下、其夜玉明光照一室、田父稱家大怖、復以告鄰人、曰、此怪之徵、遄弃殃可銷、於是遽而弃於遠野、鄰人無何盜之、以獻魏王、魏王召玉工相之玉工望之再拜而立敢賀王王得此天下之寶臣未嘗見王問價玉工曰此無價以當之五城之都僅可一觀魏王立賜獻玉者千金長食上大夫祿凡天下萬里皆有是非吾所不敢誣是者常是非者常非亦吾所信然是雖常是有時而不用非雖常非有時而必行故用是而失有矣行非而得有矣是非之理不同而更興廢翻爲我用則是非焉在哉觀堯舜湯武之成或順或逆得時則昌桀紂幽厲之敗或是或非失時則亡五伯之主亦然宋公以楚人戰於泓

公子目夷曰、楚衆我寡、請其未悉濟而擊之。宋公曰、不可。吾聞不鼓不成列。寡人雖亡之餘、不忍行也。戰敗、楚人執宋公。齊人弑襄公、立公孫無知。召忽、夷吾奉公子糾奔魯、鮑叔牙奉公子小白奔莒。既而無知被殺、二公子爭國。糾宜立者也、小白先入、故齊人立之。既而使魯人殺糾、召忽死之、徵夷吾以爲相。晉文公爲驪姬之譖、出亡十九年。惠公卒、賂秦以求反國、殺懷公子而自立。彼一君正而不免於執、二君不正、霸業遂焉。已是而舉世非之、則不知已之是。已非而

衆非不害是衆是不害非

舉世是之亦不知已所非然則是非隨衆賈而爲正非已所獨了則犯衆者爲非順衆者爲是故人君處權乘勢處所是之地則人所不得非也居則物尊之動則物從之言則物誠之行則物則之所以居物上御羣下也國亂有三事年饑民散無食以聚之則亂治國無法則亂有法而不能用則亂有食以聚民有法而能行國不治未之有也

大道下

仁義禮樂名法刑罰凡此八者五帝三王治世之術

此言術與前篇又異大都說不倫

也故仁以道之義以宜之禮以行之樂以和之名以正之法以齊之刑以威之賞以勸之故仁者所以博施於物亦所以生偏私義者所以立節行亦所以成華僞禮者所以行恭謹亦所以生惰慢樂者所以和情志亦所以生淫放名者所以正尊卑亦所以生矜篡法者所以齊衆異亦所以乖名分刑者所以威不服亦所以生陵暴賞者所以勸忠能亦所以生鄙爭凡此八術無隱於人而常存於世非自顯於堯湯之時非自逃於桀紂之朝用得其道則天下治失其道

則天下亂、過此而往、雖彌綸天地、籠絡萬品、治道之外、非羣生所餐挹、聖人錯而不言也、凡國之存亡、有六徵、有衰國、有亡國、有昌國、有彊國、有治國、有亂國、所謂亂亡之國者、凶虐殘暴不與焉、所謂彊治之國者、威力仁義不與焉、君年長多媵、少子孫、疏宗族、衰國也、君寵臣、臣愛君、公法廢、私欲行、亂國也、國貧小、家富大、君權輕、臣勢重、亡國也、凡此三徵、不待凶虐殘暴而後弱也、雖曰見存、吾必謂之亡者也、內無專寵、外無近習、支庶繁字、長幼不亂、昌國也、農桑以時、倉廩充實，兵甲勁利，封疆修理，彊國也。上不勝其下，下不犯其上，上下不相勝犯，故禁令行，人人無私，雖經險易而國不可侵，治國也。凡此三徵，不待威力仁義而後彊，雖曰見弱，吾必謂之存者也。治主之興，必有所先誅，先誅者非謂盜，非謂姦，此二惡者，一時之大害，非亂政之本也。亂政之本，下侵上之權，臣用君之術，心不畏時之禁，行不軌時之法，此大亂之道也。

孔丘攝魯相，七日而誅少正卯，門人進問曰：夫少正卯，魯之聞人也，夫子爲政而先誅，得無失乎？孔子曰

居、吾語汝其故、人有惡者五、而竊盜不與焉、一
曰、心達而險、二曰行辟而堅、三曰、言偽而辯、四曰、彊
記而博、五曰、順非而澤、此五者、有一於人、則不免君
子之誅、而少正卯兼有之、故居處足以聚徒成羣、言
談足以飾邪熒衆、彊記足以反是獨立、此小人雄桀
也、不可不誅也、是以湯誅尹諧、文王誅潘正、太公誅
華士、管仲誅付里乙、子產誅鄧析史付、此六子者、異
世而同心、不可不誅也、詩曰、憂心悄悄、慍於羣小、小
人成羣、斯足畏也、語曰、佞辯可以熒惑鬼神、曰鬼神

辭甚應如是

聽明正直、孰曰熒惑者、曰鬼神誠不受熒惑、此尤佞辨之巧、靡不入也、夫佞辨者、雖不能熒惑鬼神、熒惑人明矣、探人之心、度人之欲、順人之嗜好、而不敢逆納人於邪惡、而求其利、人喜聞已之美也、善能揚之、惡聞已之過也、善能飾之、得之於眉睫之閒、承之於言行之先、語曰、惡紫之奪朱、惡利口之覆邦家、斯言足畏、而終身莫悟、危亡繼踵焉、老子曰、以政治國、以奇用兵、以無事取天下、政者、名法是也、以名法治國、萬物所不能亂、奇者、權術是也、以權術用兵、萬物所不能敵。凡能用名法權術。而矯抑殘暴之情。則已無事焉。已無事。則得天下矣。故失治則任法。失法則任兵。以求無事。不以取強。取強則柔者反能服之。老子曰。民不畏死。如何以死懼之。凡民之不畏死。由刑罰過。刑罰過。則民不賴其生。生無所賴。視君之威。末如也。刑罰中。則民畏死。畏死由生之可樂也。知生之可樂。故可以死懼之。此人君之所宜執。臣下之所宜慎。田子讀書曰。堯時太平。宋子曰。聖人之治以致此乎。彭蒙在側。越次答曰。聖法之治以至此。非聖人之治也。宋子曰。聖人與聖法何以異。彭蒙曰。子之亂名甚矣。聖人者自己出也。聖法者自理出也。理出於己。己非理也。己能出理。理非己也。故聖人之治。獨治者也。聖法之治。則無不治矣。此萬世之利。唯聖人能該之。宋子猶惑。質於田子。田子曰。蒙之言然。莊里丈人。字長子曰盜。少子曰毆。盜出行。其父在後追呼之曰盜。盜。吏聞。因縛之。其父呼毆。喻吏。遽而聲不轉。但言毆毆。吏因毆之。幾殪。康衢長者。字僮曰善搏。字犬曰善噬。賓客不過其門者三年。長者怪而問之。乃實對。於

改玉改步
蓋收前此
異說之繁
聖賢所謂

是改之賓客往復鄭人謂玉未理者爲璞周人謂鼠未腊者爲璞周人懷璞謂鄭賈曰欲買璞乎鄭賈曰欲之出其璞視之乃鼠也因謝不取父之於子也令有必行者有必不行者去貴妻賣愛妾此令必行者也因曰汝無敢恨汝無敢思令必不行者也故爲人上者必慎所令凡人富則不羡爵祿貧則不畏刑罰不羡爵祿者自足於巳也不畏刑罰者不頼存身也二者爲國之所甚而不知防之之術故令不行而禁不止若使令不行而禁不止則無以爲治無以爲治

是人君虛臨其國徒君其民危亂可立而待矣今使由爵祿而後富則人必爭盡力於其君矣由刑罰而後貧則人咸畏罪而從善矣故古之爲國者無使民自貧富貧富皆由於君則君專所制民知所歸矣貧則怨人賤則怨時而莫有自怨者此人情之大趣也然則不可以此是人情之大趣而一槩非之亦有可矜者焉不可不察也今能同算鈞而彼富我貧能不怨則美矣雖怨無所非也才鈞智同而彼貴我賤能不怨則美矣雖怨無所非也其敝在於不知乘權藉

勢之異而雖曰智能之同是不達之過雖君子之鄙
亦君子之怒也人貧則怨人富則驕人怨人者若人
之不祿施於巳也起於情所難安而不能安猶可恕
也驕人者無苦而無故驕人此情所易制而弗能制
弗可恕矣衆人見貧賤則慢而踈之見富貴則敬而
親之貧賤者有請賕於巳踈之可也未必損巳而必
踈之以其無益於物之具故也富貴者有施與巳親
之可也未必益巳而必親之則彼不敢親我矣三者
獨立無致親致踈之所人情終不能不以貧賤富貴

二語酷盡富而好禮微哉切磋琢磨甚微意夫

易慮，故謂之大惑焉。窮獨貧賤，治世之所共矜，亂世之所共侮。治世非爲矜窮獨貧賤而治，是治之一事也。亂世亦非侮窮獨貧賤而亂，亦是亂之一事也。每事治則無亂，亂則無治。視夏商之盛，夏商之衰，則其驗也。貧賤之望富貴甚微，而富貴不能酬其甚微之望。夫富者之所惡，貧者之所美；貴者之所輕，賤者之所榮。然而弗酬，弗與同苦樂故也。雖弗酬之於物，弗傷。今萬民之望人君，亦如貧賤之望富貴。其所望者，蓋欲料長幼，平賦斂，時其飢寒，省其疾痛，賞罰不濫使役以時如此而已則小人君弗損也然而弗酬弗與同勞逸故也故爲人君不可弗與民同勞逸焉故富貴者可不酬貧賤者人君不可不酬萬民不酬萬民則萬民之所不願戴所不願戴則君位替矣危莫甚焉禍莫大焉

（明）陳仁錫　撰

尹文子

明刊《子品金函》本

道為論治法首言君子所言所為名法權術是此書立言之綱次言小人所言所為

尹文子 老聃之門人

大道上

有理而無益於治者君子弗言。有能而無益於事者君子弗為。君子非樂有言。有益於治。不得不言。君子非樂有為有益於事。不得不為。故所言者不出於名法權術。所為者不出於農稼軍陣。周務而已。故明主不為治外之理。小人必言事外之能。小人亦知言損於治。而不能不言。小人亦知能損於事。而不能不為。故所言者極於儒墨是非之辨。所為者極於堅偽偏抗之行。求名而已。故明主誅之。古語

總鎖上君子小人又趂下独智獨巧独善未善獨巧未巧雖与衆共善共巧乃善乃巧亦應物無心之意

此独善獨巧之失

此衆善独巧之得

曰不知無害於君子知之無損於小人工匠不能無害於巧君子不知無害於治此信矣爲善使人不能得從此獨善也爲巧使人不能獨從此獨巧也未盡善巧之理爲善與衆行之爲巧與衆能之此善之善者巧之巧者也所貴聖人之治不貴其獨治貴其能與衆共治貴工倕之巧不貴其獨巧貴其能與衆共巧也今世之人行欲獨賢事欲獨能辨欲出群勇欲絕衆獨行之賢不足以成化獨能之事不足以周務出群之辨不可爲戶說絕衆之勇不可與征陣凡此四者亂之所由生是以聖人任道以夷其險立

任道立法云者以道為法之綱下名分等字正是法

制之有道者一

制之有道者二

法。以理其差。使賢愚不相棄。能鄙不相遺。能鄙不相遺則能鄙齊功。賢愚不相棄。則賢愚等慮。此至治之術也。名定則物不競。分明則私不行。物不競。非無心。由名定。故無所措其心。私不行。非無欲。由分明。故無所措其欲。然則心欲人人有之。而得同於無心無欲者。制之有道也。田駢曰。天下之士莫肯處其門庭。臣其妻子。必遊宦諸侯之朝者。利引之也。遊於諸侯之朝。皆志為卿大夫。而不擬於諸侯者。名限之也。彭蒙曰。雉兔在野。衆人逐之。分未定也。雞豕滿市。莫有志者。分定故也。物奢則仁智相屈。分定則貪鄙不

制之有道者三此復使不得不如此是制之之法數語近似老子亦只是混世說話上言至治之術此言為得之道正是治之所以然

爭圓者之轉非能轉而轉不得不轉也方者之止非能止
而止不得不止也因圓之自轉使不得止因方之自止使
不得轉何苦物之失分故因賢者之有用使不得不用因
愚者之無用使不得用用與不用皆非我用因彼所用與
不可用而自得其用奚患物之亂乎物皆不能自能不知
自知智非能智而智愚非能愚而愚好非能好而好醜非
能醜而醜夫不能自能不知自知則智好何所貴愚醜何
所賤則智不能得夸愚好不能得嗤醜此為得之道也

篇中凡曰共善共巧與能與智只是一味混俗以勝於人故末世謂之老子術

只是混物為一之意

一言徒云有一道也雙是並也乃並与並之意

大道下

尹文子

天地運而相通。萬物總而為一。能知一。即無一之不知也。不能知一。即無一之能知也。吾處天下。亦為一物。而物亦物也。物之與物。何以相物。欲生不可事也。憎死不可辭也。賤之不可惡也。貴之不可喜也。因其資而寧之。弗敢極也。弗敢極。即至樂極。一言不可窮也。二言天下宗也。三言諸侯雄也。四言天下雙也。貞信則不可窮。道德則天下宗。舉賢德諸侯雄。惡少愛衆天下雙。

使信士分財不如定分而探籌。何則。有心者之於平。不如無心者也。使廉士守財，不如閉戶而全封。何則？有欲者之於廉，不如無欲者也。人舉其瘢則生怨，鑑見其醜則自善。人能接物而不與己，則免於累。

上學以神聽，中學以心聽，下學以耳聽。以耳聽者學在皮膚，以心聽者學在肌肉，以神聽者學在骨髓。凡聽之理，虛心清靜，損氣無盛，無思無慮，目無妄視，耳無苟聞，專精積蓄，內意盈并，既已得之，必固守之，必長久之。

天下是非無定，世各是其所善而非其所惡。夫求是者，非求合理也，求合于己者也；去非者，非去邪也，去忤于心者

無心行事，無欲出治，斯無所累。

重此句。

專精二句即止神听。

居上是非不公，斷在下者，是證無混。

也。今吾欲釋是而居之，釋非而去之，不知世所謂是非也。吾若與俗遷走，猶之逆雨無之而不濡。鳴鐸以聲致毀，膏燭以明自煎，虎豹之文來射，猨狖之捷來格。故武勇以強梁死，辯士以智能困，能以智知，未能以智不知。故勇於一能，察於一辭，可與曲說，未可與廣應。言出於口，不可禁於人；行發於近，不可禁於遠。事者難成易敗，難立易廢。凡人皆輕小害，易微事，以至于大患。夫禍之至也，人自生之；福之來也，人自成之。禍與福同門，利與害同隣，自非至精，莫之能分。

此即井泉近竭，直木近伐之意

此亦謹微之意

此言至人應變涉世之妙

此亦守雌之清

載大圓者履大方，鏡大清者視大明，立太平者處大堂，游於寞漠者與日月同光，無形而生於有形，是故真人託期于靈臺而歸居于物之初，睇於冥冥，聽于漠漠，漠漠之中獨有曉焉，冥冥之中獨有照焉，其用之乃不用，不用而後能用之也，其知之乃不知，不知而後能知之也。

道者，守其所已有，不求其所未得，求其所未得，即所有者亡，循其所已有，即所欲者至，治未固於不亂，而事為治者必危，行未免於無非，而急求名者必剉，故禍莫大於無禍，利莫大於不喪，故物或益之而損，損之而益。

能与人規矩不能使人巧之意

[illegible]与遠於濟人之意同

規矩勾繩。巧之具也。而非所以為巧也。絃悲之具也。而非所以為悲也。至於神和遊於心手之間。放意寫神論變而形於絃者父不能以教子。子亦不能受之於父。此不傳之道也。故蕭條者形之君而寂寞者音之主

非淡漠無以明德。非寧靜無以致遠。非寬大無以并覆。非正平無以制斷。以天下之目視。以天下之耳聽。以天下之心慮。以天下之力爭。故號令能下究。而神情得上聞。百官修達。能臣輻輳。賢者盡其智。不肖者竭其力。近者安其性。遠者懷其德。得用人之道也。夫乘輿馬者不勞而千里。乘

舟楫者不游而济江海

其论禔身涉世之术大约皆根自道德经之意

佚名 摘抄

尹文子

明藍格抄本《二十一家子書摘抄》

尹文子序 摘

尹文子昔、蓋出於周之尹氏、齊宣王時居稷下、與宋鈃彭蒙田駢慎到同、學老子之道、作華山之冠以自表、著書二篇、多所彌綸、莊子曰、不累於俗、不飾于物、不苟於人、不忮於衆、願天下之安寧、以活民命、人我之養畢足而止、以此白心、見侮不辱、救民之鬪、禁攻寢兵、救世之戰、以此周行天下、上說下教、是其教也、書多脫誤、雖經仲長統撰定、尚有不可讀者、姑存之以待高明

大道上

為善不能使人得從此獨善也為巧不能使人得從
此獨巧也和盡善巧之理為善與眾行之為巧與眾
能之此善之善者巧之巧者也所貴聖人之治不貴
其獨治貴其能與眾共治貴工倕之巧不貴其獨巧
貴其能與眾共巧也今世之人行欲獨賢事欲獨能
辯欲出群勇欲絕眾獨行之賢不足以成化獨能之
事不足以周務出群之辯不可為戶說絕眾之勇不
可與征陣凡此四者亂之所由生是以聖人任道以
通其險立法以理其差使賢愚不相棄能鄙不相遺
能鄙不相遺則能鄙齊功賢愚不相棄則賢愚等慮

此至治之術也名定則物不競分明則私不行物不競非無心由名定故無所措其心私不行非無欲由分明故無所措其欲然則心欲人人有之而得同於無心無欲者制之有道也田駢曰天下之士莫肯處其門庭臣其妻子必遊宦諸侯之朝者利引之也遊於諸侯之朝皆志為卿大夫而不擬於諸侯者名限之也彭蒙曰雉兔在野衆人逐之分未定也雞豕滿市莫有志者分定故也物奢則仁智相屈分定則貪鄙不爭圓者之轉非能轉而轉不得不轉也方者之止非能止而止不得不止也因圓之自轉使不得止

因方之自止、使不得轉、何苦物之失分、故賢者之
有用、使不得不用、因愚者之無用、使不得用、用與不
用、皆非我用、即彼所用、與不可用而自得其用、奚患
物之亂乎、

大道下

凡國之存亡有六徵、有衰國、有亡國、有昌國、有彊國
有治國、有亂國、所謂亂亡之国者、凶虐殘暴不與焉
所謂彊治之國者、威力仁義不與焉、君年長、多媵妾
少子孫、疏宗彊、衰國也、君寵臣、臣愛君、公廢法、私欲
行、亂國也、国貧小、家富大、君權輕、臣勢重、亡國也、凡

此三徵、不待凶虐殘暴而後弱、雖曰見存、吾必謂之亡者也、內無專寵、外無近習、支庶繁字、長幼不亂、昌國也、農桑以時、倉廩充實、兵甲勁利、封疆修理、彊國也、上不勝其下、下不能犯其上、上下不相勝犯、故禁令行、人人無私、雖経險易而國不可侵、治國也、凡此三徵、不必威力仁義而後彊、雖曰見弱、吾必謂之存者也、

凡人富則不羨爵祿、貧則不畏刑罰、不羨爵祿者、自足於己也、不畏刑罰者、不頼存身也、二者為国之所甚、而不知防之之術、故令不行而禁不止、若使令不

行而禁不止、則無以為治、無以為治、是人君虛臨其國、徒君其民、危亂可立而待矣、今使由爵祿而後富、則人盡爭刃于其君矣、由刑罰而後貧、則人咸畏罪而遂善矣、故古之為國者、無使民自貧富、貧富皆由於君、則君專所制、民知所歸矣、

尹文子

（清）焦循　批校並跋

清焦循抄本《諸子節録》

余庚戌歲之冬患吐血病雖愈而精氣不足或
勸服丸藥余謂以藥不若以書乃留心於道家
者流日誦老子莊列及黃帝素問凡二三年不知
病之何所失也壬子癸丑間館于鄞舍人家與黃
解元居相近時時相過論詩黃所藏崇德書
院所刻諸子書有余未之見者無能不隱尤爲
着附所得乃借而付抄音寫之得七種越十
年癸亥正月人日風雪之下不能出戶
取此誦之懷之之心頗爲之平

知鄙無病之病更良乎鄙吐血之病也於下
書此且為目錄於左

文子　尹文子　亢倉子

黃石公　無能子　天隱子

列子

江都焦循記

丁卯偶病寒為劣醫所誤幾死復甦精神益不振謝
絕世事靜居村中仍理道家者流之書更閱一過
二月二日循記

壬申夏天溪水漲秋湖水大漲燈下閱之

嘉慶己卯三月望日細雨屏夜讀閒坐雕菰樓閱之

尹文子

大道上

大道無形稱器有名名也者正形者也形正由名則名不可差故仲尼云必也正名乎名不正則言不順也大道不稱衆有必名生於不稱則羣形自得其方圓名生于方圓則衆名得其所稱也大道治者則名法儒墨自廢以名法儒墨治者則不得離道老子曰道者萬物之奥善人之寶不善人之所寶是道治者謂之善人藉名法儒墨者謂之不善人善人之與不善人名分日離不待審察而得也道不足以治則用法法不足以治則用術術不足以治則用

權權不足以治則用勢勢用則反權權用則反術術用則反法法用則反道道用則無為而自治故窮則徼終徼終則反始始終相襲無窮極也有形者必有名有名者未必有形形而不名未必失其方圓白黑之實名而不可不尋名以檢其差故亦有名以檢形形以定名名以定事事以檢名察其所以然則形名之與事物無所隱其理矣名有三科法有四呈一曰命物之名方圓白黑是也二曰毀譽之名善惡貴賤是也三曰況謂之名賢愚愛憎是也一曰不變之法君臣上下是也二曰齊俗之法能鄙同異是也三曰治衆之法慶賞刑罰是也四曰平准之法律度權量

是也術者人君之所密用羣下不可妄窺勢者制法之利器羣下不可妄為人君有術而使羣下得窺非術之奧者有勢使羣下得為非勢之重者大要在乎先正名分使不相侵雜然後術可祕勢可専名者名形者也形者應名者也然形非正名也名非正形也則形之與名居然別矣不可相亂亦不可相無無名故大道無稱有名故名以正形今萬物具存不以名正之則亂萬名具列不以形應之則乖故形名者不可不正也善名命善惡名命惡故善有善名惡有惡名聖賢仁智命善者也頑嚚凶愚命惡者也今即聖賢仁智之名以求聖賢仁智之實未之或盡也即頑

嚚凶愚之名以求頑嚚凶愚之實亦未或盡也使善惡盡然有分雖未能盡物之實猶不患其差也故曰名不可不辯也名稱者何彼此而檢虛實者也自古至今莫不用此而得用彼而失失者由名分混得者由名分察今親賢而踈不肖賞善而罰惡賢不肖善惡之名宜在彼親踈賞罰之稱宜屬我我之與彼又復一名名之察者也名賢不肖為親踈名善惡為賞罰合彼我之一稱而不別之名之混者也故曰名稱者不可不察也語曰好牛又曰不可不察也好則物之通稱牛則物之定形以通稱隨定形不可窮極者也設復言好馬則復連于馬矣則好所通無方也設

復言好人則彼屬于人也則好非人人非好也則好牛好馬好人之名自離矣故曰名分不可相亂也五色五聲五臭五味凡四類自然存焉天地之間而不期為人用人必用之終身各有好惡而不能辯其名分名宜屬彼分宜屬此我愛白而憎黑韻商而舍徵好膻而惡焦嗜甘而逆苦白黑商徵膻焦甘苦彼之名也愛憎韻舍好惡嗜逆我之分也定此名分則萬事不亂也故人以度審長短以量受少多以衡平輕重以律均清濁以名稽虛實以法定治亂以簡治煩惑以易御險難以萬事皆歸于一百度皆準于法歸一者簡之至準法者易之極如此頑嚚聾瞽可與察

慧聰明同其治也天下萬事不可備能責其備能于一人則賢聖其猶病諸設一人能備天下之事能左右前後之宜遠近遲疾之間必有不兼者焉苟有不兼于治闕矣全治而無闕者大小多少各當其分農商工仕不易其業老農長商習工舊仕莫不存焉則處上者何事哉故有理而無益于治者君子弗言有能而無益于事者君子弗為君子非樂有言有益于治不得不言君子非樂有為有益于事不得不為故所言者不出于名法權術所為者不出于農稼軍陣周務而已故明主不為治外之理小人必言事外之能小人亦知言損于治而不能不言小人亦知能損

於事而不能不為故所言者極于儒墨是非之辯所為者極于堅偽偏抗之行求名而已故明主誅之古語曰不知無害于君子知之無損于小人工匠不能無害于巧君子不知無害于治此信矣為善使人不能得從此獨善也為巧使人不能得從此獨巧也未盡善巧之理為善與衆行之為巧與衆能之此善之善者巧之巧者也所貴聖人之治不貴其獨治貴其能與衆共治貴工倕之巧不貴其獨巧貴其能與衆共巧也今世之人行欲獨賢事欲獨能辯欲出羣勇欲絕衆獨行之賢不足以成化獨能之事不足以周務出羣之辯不可為戶說絕衆之勇不可與征陣凡

此四者亂之所由生是以聖人任道以通其險立法以理其差使賢愚不相棄能鄙不相遺能鄙不相遺則能鄙齊功賢愚不相棄則賢愚等慮此至治之術也名定則物不競分明則私不行物不競非無心由名定故無所措其心私不行非無欲由分明故無所措其欲然則心欲人人有之而得同于無心無欲者制之有道也田駢曰天下之士莫肯處其門庭臣其妻子必遊宦諸侯之朝者利引之也遊于諸侯之朝皆志為卿大夫而不擬于諸侯名限之也彭蒙曰雉兔在野衆人逐之分未定也雞豕滿市莫有志者分定故也物奢則仁智相屈分定則貪鄙不爭圓者之

轉非能轉而轉不得不轉也方者之止非能止而止不得
不止也因圓之自轉使不得止因方之自止使不得轉何
苦物之失分故因賢者之有用使不得不用因愚者之無
用使不得用用與不用皆非我用因彼所用與不可用而
自得其用奚患物之亂乎物皆不能自能不知自知智非
能智而智愚非能愚而愚好非能好而好醜非能醜而醜
夫不能自能不知自知則智好何所貴愚醜何所賤則智
不能得夸愚好不能得嗤醜此為得之道也道行于世則
貧賤者不怨富貴者不驕愚弱者不懾智勇者不陵定于
分也法行于世則貧賤者不敢怨富貴富貴者不敢陵貧

賤愚弱者不敢異智勇智勇者不敢鄙愚弱此法之不及
道也世之所貴同而貴之謂之俗世之所用同而用之謂
之物苟違于人俗所不與苟忮于衆俗所共去故心皆殊
而為行若一所好各異而資用必同此俗之所齊物之所
飾故所齊不可不慎所飾不可不擇昔齊桓好衣紫闔境
不鬻異彩楚莊愛細腰一國皆有饑色上之所以率下乃
治亂之所由也故俗苟沴必為法以矯之物苟溢必立制
以檢之累於俗飾于物者不可與為治矣昔晉國若奢文
公以儉矯之乃衣不重帛食不兼肉無幾時人皆大布之
衣脫粟之飯越王句踐謀報吳欲人之勇路逢怒蛙而軾

之比及數年民無長幼臨敵雖湯火不避居上者之難如此之驗聖王知民情之易動故作樂以和之制禮以節之在下者不得用其私故禮樂獨行禮樂獨行則私欲寢廢私欲寢廢則遭賢之與遭愚均矣若使遭賢則治遭愚則亂是治亂續于賢愚不係于禮樂是聖人之術與聖主而俱沒治世之法逮易世而莫用則亂多而治寡亂多而治寡則賢無所貴愚無所賤矣處名位雖不肖下愚物不疏已親疎係乎勢利不係乎不肖與仁賢吾亦不敢據以為天理以為地勢之自然者爾今天地之間不肖實衆仁賢寔寡趨利之情不肖特厚廉恥之情仁賢偏多今以禮義

招仁賢所得仁賢者萬不一焉以名利招不肖所得不肖者觸地是焉故曰禮義成君子君子未必須禮義名利治小人小人不可無名利慶賞刑罰君事也守職效能臣業也君料功黜陟故有慶賞刑罰臣各慎所任故有守職效能君不可與臣業臣不可侵君事上下不相侵與謂之名正名正而法順也接萬物使分別海内使不雜見侮不辱見推不矜禁暴息兵救世之鬬此仁君之德可以為主矣守職分使不亂慎所任而無私饑飽一心毀譽同慮賞亦不忘罰亦不怨此居下之節可為人矣世有因名以得實亦以因名以失實宣王好射說人之謂已能用強也其實

所用不過三石以示左右左右皆引試之中關而止皆曰不下九石非大王孰能用是宣王悅之然則宣王用不過三石而終身自以爲九石三石實也九石名也宣王悅其名而喪其實齊有黄公者好謙卑有二女皆國色以其美也常謙辭毁之以爲醜惡醜惡之名遠布年過而一國無聘者衛有鰥夫時冒娶之果國色然後曰黄公好謙故毁其子不姝美于是争禮之亦國色也國色實也醜惡名也此違名而得實矣楚人擔山雉者路人問何鳥也擔雉者欺之曰鳳凰也路人曰我聞有鳳凰今直見之汝販之乎曰然則十金弗與請加倍乃與之將欲獻楚王經宿而鳥

死路人不遑惜金惟恨不得以獻楚王國人傳之咸以為真鳳凰貴欲以獻之遂聞楚王感其欲獻于己召而厚賜之過于買鳥之金十倍魏田父有耕于野者得寶玉徑尺弗知其玉也以告隣人隣人陰欲圖之謂之曰此怪石也畜之弗利其家弗如復之田父雖疑猶錄以歸置于廡下其夜玉明光照一室田父稱家大怖復以告隣人曰此怪之徵遄棄殃可銷于是遽而棄于遠野隣人無何盜之以獻魏王魏王召玉工相之玉工望之再拜而立敢賀王得此天下之寶臣未嘗見王問其價玉工曰此無價以當之五城之都僅可一觀魏王立賜獻玉者千金長食上大夫

祿凡天下萬里皆有是非吾所不敢誣是者常是非者常非亦吾所信然是雖常是有時而不用非雖常非有時而必行故用是而失有矣行非而得有矣是非之理不同而更興廢翻為我用則是非焉在哉觀堯舜湯武之成或順或逆得時則昌桀紂幽厲之敗或是或非失時則亡五伯之主亦然宋公以楚人戰于泓公子目夷曰楚衆我寡請其未悉濟而擊之宋公曰不可吾聞不鼓不成列寡人雖亡之餘不敢行也戰敗楚人執宋國齊人弒襄公立公孫無知召忽夷吾奉公子糾奔魯鮑叔牙奉公子小白奔莒既而無知被殺二公子爭國糾宜立者也小白先入故齊

人立之既而使魯人殺糾召忽死之徵夷吾以為相晉文公為驪姬之譖出亡十九年惠公卒賂秦以求反國殺懷公子而自立彼一君正而不免于執二君不正覇業遂焉已是而舉是非之則不知已之是已非而舉世是之亦不知已所非然則是非隨衆賈而為正非已所獨了則犯衆者為非順衆者為是故人君處權乘勢處所是之地則人所不得非也居則物尊之動則物從之言則物誠之行則物則之所以居物上御羣下也國亂有三事年饑民散無食以聚之則亂治國無法則亂有法而不能用則亂有法食以聚民有法而能行國不治未之有也

大道下

仁義禮樂名法刑賞凡此八者五帝三王治世之術也故仁以導之義以宜之禮以行之樂以和之名以正之法以齊之刑以威之賞以勸之故仁者所以博施于物亦所以生偏私義者所以立節行亦所以成華偽禮者所以行恭謹亦所以生惰慢樂者所以和情志亦所以生淫放名者所以正尊卑亦所以生矜篡法者所以齊衆異亦所以乖名分刑者所以威不服亦所以生陵暴賞者所以勸忠能亦所以生鄙爭凡此八術無隱于人而常存于世非自顯于堯湯之時非自逃于桀紂之朝用得其道則天下治失

其道則天下亂過此而往雖彌綸天地籠絡萬品治道之外非羣生所餐挹聖人錯而不言也凡國之存亡有六徵有衰國有亡國有昌國有彊國有治國有亂國所謂亂亡之國者凶虐殘暴不與焉所謂彊治之國者威力仁義不與焉君年長多媵妾少子孫疏宗彊衰國也君寵臣臣愛君公法廢私欲行亂國也國貧小家富大君權輕臣勢重亡國也凡此三徵不待凶虐殘暴而後弱雖曰見存吾必謂之亡者也內無專寵外無近習支庶繁字長幼不亂昌國也農桒以時倉廩充寔兵甲勁利封疆修理彊國也上不勝其下下不能犯其上上下不相勝犯故禁令行人人

無私雖經險易而國不可侵治國也凡此三徵不待威力
仁義而後彊雖曰見弱吾必謂之存者也治王之興必有
所先誅先誅者非謂盜非謂姦此二惡者一時之大害非
亂政之本也亂政之本下侵上之權臣用君之術心不畏
時之禁行不軌時之法此大亂之道也孔丘攝魯相七日
而誅少正卯門人進問曰夫少正卯魯之聞人也夫子為
政而先誅得無失乎孔子曰居吾語女其故人有惡者五
而竊盜姦私不與焉一曰心達而險二曰行僻而堅三曰
言偽而辯四曰彊記而博五曰順非而澤此五者有一於
人則不免君子之誅而少正卯兼有之故居處足以聚徒

成羣言談足以飾邪熒衆彊記足以反是獨立此小人雄桀也不可不誅也是以湯誅尹諧文王誅潘正太公誅華士管仲誅付里乙子產誅鄧析史付此六子者異世而同心不可不誅也詩曰憂心悄悄慍于羣小小人成羣斯足畏也語曰佞辯可以熒惑鬼神曰鬼神聰明正直孰能熒惑者曰鬼神誠不受熒惑此尤佞辯之巧靡不人也夫佞辯者雖不能熒惑鬼神熒惑人明矣探人之心度人之欲順人之嗜好而不敢逆納人于邪惡而求其利人喜聞已之美也善能揚之惡聞已之過也善能飾之得之于眉睫之間承之于言行之先語曰惡紫之奪朱惡利口之覆邦

家斯言足畏而終身莫悟危亡繼踵焉老子曰以政治國以奇用兵以無事取天下政者名法是也以名法治國萬物所不能亂奇者權術是也以權術用兵萬物所不能敵凡能用名法權術而矯抑殘暴之情則己無事焉己無事則得天下矣故失治則任法失法則任兵以求無事不以取彊取彊則柔者反能服之老子曰民不畏死如何以死懼之凡民之不畏死由刑罰過刑罰過則民不賴其生生無所賴視君之威末如也刑罰中則民畏死畏死由生之可樂也知生之可樂故可以死懼之此人君之所宜執臣下之所宜慎田子讀書曰堯時太平宋子曰聖人之治以

致此乎彭蒙在側越次答曰聖法之治以至此非聖人之治也宋子曰聖人與聖法何以異彭蒙曰子之亂名甚矣聖人者自己出也聖法者自理出也理出于己己非理也己能出理理非己也故聖人之治獨治者也聖法之治則無不治矣此萬世之利唯聖人能該之宋子猶惑質于田子田子曰蒙之言然莊里丈人字長子曰盜少子曰毆盜出行其父在後追呼之曰盜盜吏聞因縛之其父呼毆喻吏遽而聲不轉但言毆毆吏因毆之幾殪康衢長子字僮曰善慱字犬曰善噬賓客不過其門者三年長者怪而問之乃寔對于是改之賓客復往鄭人謂玉未理者為璞周

人謂鼠未腊者為璞周人懷璞謂鄭賈曰欲買璞乎鄭賈曰欲之出其璞視之乃鼠也因謝不取父之于子也令有必行者有必不行者去貴妻賣愛妾此令必行者也因曰汝無敢恨汝無敢思令必不行者也故為人上者必慎所令凡人富則不羨爵祿貧則不畏刑罰不羨爵祿者自足于已也不畏刑罰者不賴存身也二者為國之所甚而不知防之之術故令不行而禁不止若使令不行而禁不止則無以為治無以為治是人君虛臨其國徒君其民危亂可立而待矣今使由爵祿而後富則人爭盡力于其君矣由刑罰而後貧則人咸畏罪而從善矣故古之為國者無

使民自貧富貧富皆由于君則君專所制民知所歸矣貧則怨人賤則怨時而莫有自怨者此人情之大趣也然則不可以此是人情之大趣而一槩非之亦有可矜者焉不可不察也今能同筭鈞而彼富我貧能不怨則美矣雖怨無所非也才鈞智同而彼貴我賤能不怨則美矣雖怨無所非也其敝在于不知乘權藉勢之異而惟曰智能之同是不達之過雖君子之鄙亦君子之恕也人貧則怨人富則驕人怨人者苦人之不祿施于已也起于情所難安而不能安猶可恕也驕人者無苦而無故驕人此情所易貴而弗能貴弗可恕矣衆人見貧賤則慢而踈之見富貴則

敬而親之貧賤者有請賕于已踈之可也未必損已而必疏之以其無益于物之具故也富貴者有施于已親之可也未必益已而必親之則彼不敢親我矣三者獨立無致親致疏之所人情終不能不以貧賤富貴易慮故謂之大惑焉窮獨貧賤治世之所共矜亂世之所共侮治世非為矜窮獨貧賤而治是治之一事也亂世亦非侮窮獨貧賤而亂亦是亂之一事也每事治則無亂亂則無治視夏商之盛夏商之衰則其驗也貧賤之望富貴甚微而富貴不能覬其甚微之望夫富者之所惡貧者之所羡貴者之所輕賤者之所榮然而弗覬弗與同苦樂故也雖弗覬之于

我弗傷令萬民之望人君亦如貧賤之望富貴其所望者蓋欲料長幼平賦斂時其饑寒省其疾痛賞罰不濫使役以時如此而已則于人君弗損也然而弗覆弗與同勞逸故也故為人君不可弗與民同勞逸焉故富貴者可不覆貧賤者人君不可不覆萬民不覆萬民則萬民之所不顧戴所不顧戴則君位替矣危莫甚焉禍莫大焉

兩智不能相使兩貴不能相臨兩辯不能相屈力均勢敵故也

專我聰明則功不成專用晦昧則事必悖一明一晦衆之所載

祿薄者不可與經亂賞輕者不可與人難處上者不可不慎

右馬元會意林所採尹文子數言是書不載必有殘缺處因附錄之

尹文子舊序

尹文子者蓋出于周之尹氏齊宣王時居稷下與宋鈃彭蒙田駢慎到同學老子之道作華山之冠以自表著書二篇多所彌綸莊子曰不累于俗不飾于物不苟于人不忮于眾願天下之安寧以活民命人我之養畢足而止以此白心見侮不辱捄民之鬭禁攻寢兵捄世之戰以此周行天

十四

下上說下教是其道也書多脫誤雖經仲長統撰定

尚有不可讀者姑存之以待高明

罕九子錄于鄭氏之塾

共字五千七百九十字

讀尹文子

（清）楊琪光 撰

清光緒十一年（1885）刊《杶川全集·百子辨正》本

讀尹文子

此書以道著爲宗而又爲彌綸語多巧詆又乂牙不測其意之何往或爲核名實也蒙莊稱其活民命救世之戰上說下教卽與所著者非符知再有譏者然不可覩矣周末侯王各矜權術負鼎鼓刀流皆思弄其私智務爲謊語眩人明以冀非分榮寵致競上疊出之不可窮詰究察其奧蘊無一可見於實用求如狗盜之僅助益於人者渺莫之能得此世道之所逾降而下而功利之士幾橫盈於天下也夫彼漆園吏所稱必有倏此倏彼

變易以賈售其技爲冀倖之見足見中藏之無實不可核而爲此誦諜也不然尙有謫謗若此者哉其截而不留者亦必自恧而思匿者歟不知側聽者爲備載其行迹果爲核以求者不啻持鑑使鏡無鬚眉之不昭澈也而又何益也哉吁可噱也夫

尹文子札迻

（清）孫詒讓 撰

清光緒二十年（1894）瑞安孫氏刊《札迻》本

札迻卷六

瑞安孫詒讓

尹文子汪繼培校刊本　宋古迂陳氏刊本　錢熙祚校勘記校

大道上

形而不名未必失其方圓白黑之實名而不可不尋名以檢其差　案名而下當有無形二字各本竝捝名而無形與上文形而不名正相對

設復言好人則彼屬於人矣汪校云彼疑復　案宋本正作復

治亂以簡治汪云沈本說郛本作制治要同錢校引藏本同　案宋本亦作制

不知不害爲君子知之無害爲小人汪云兩爲字各本作於据治要改　案宋本上爲字不誤下爲字仍作於

路逢怒蛙而軾之汪云御覽百四十三作下車而揖之　案宋本正與御覽同

不係於不肖與仁賢也汪云文選薦士表注東征賦注竝作乎　案宋本與文選注同

然後曰黃公好謙故毀其子不姝美於是爭禮之亦國色也　案宋本不姝美作姝必美是也據上文黃公有二女衞人所娶者是其長故人意其妹必美而爭禮之今本作不姝美屬上毀其子爲句則下二語文無所承矣

怪石也汪云藏本怪石上有此字錢引明吉府本同　案宋本與藏本同

王問價汪云類聚文選注價上有其字錢引吉府本藏本同　案宋本亦有其字

穀懷公子而自立　案晉文公所殺者卽懷公不當云懷公子子宋本作于疑故書本云殺懷公于某地而今本挩之僖二十四年左傳云殺懷公于高梁

下大道法者所以齊衆異亦所以生乖分汪云姜本無生字各本作乖名分据治要改　案宋本齊生二字並無以文義校之當從治要爲正

疏宗族汪云沇本作疏宗廬治要同錢引吉府本藏本同　案宋本與沇本同

上不勝其下下不犯其上汪云治要長短經注勝犯上並有能字錢云藏本下句亦有能字　案宋本與藏本同

乃實對錢云御覽四百五引作人以實對　案宋本作人實對益挩一以字校者不審肊改人爲乃殊繆

魏下先生曰善哉田子之言今本挩此文汪鍐竝據羣書治要補　案魏下先生疑當作稷下先生此論田駢語當即尹文子自稱仲長氏敘云尹文子齊宣王時居稷下漢書蓺文志尹文子顏注亦引劉向云與宋鈃俱遊稷下是也鹽鐵論論儒篇云齊宣王褒儒尊學孟軻淳于髡之徒受上大夫之祿不任職而論國事蓋齊稷下先生千有餘人

富貴者有施與於已汪云緜眇閣本無與字子彙本姜本沈本無於字今據說郛本　案宋本與說郛同

於物弗傷汪云物姜本沈本作我錢本同　案宋本亦作我

亦如貧賤之望富貴汪云貧賤下治要有者字　案宋本與治要同

附宋本尹文子校文

上大道使善惡宋本有之字盡然有分　別宋本誤何彼此而撿虛實者

也分宋本挩此字宜屬我可與以錢本同察慧聰明同其治也遠近遲疾速之閒君子非樂好有爲所爲者不出於農桑軍陳陣下同錢本同極於儒墨是非之辨辯下並同錢本同使人不能得宋本無從使人不能得爲宋本作不得從錢本從同不足以成化宋本化成而得同於無宋本挩心無欲者必遊游宦諸侯之朝者遊於宋本游宦諸侯之朝何若患物之失分使不得不宋本挩用使不得宋本衍不字固閫境不罋異采彩一

國皆有饑飢色則私欲寖寢下同廢是治亂屬續錢本係於賢愚與聖主王而俱沒則亂多而所治寡守職効效下同錢本同能可爲人臣宋本挩矣楚人擔儋下同山雉者遂聞楚王王宋本不重感其欲獻於已過於買鳧宋本誤金之金宋本誤鳧十倍以告隣人人宋本作鄰人下不重遂棄殃可銷消於是遽而棄

(宋本下有之字)於野　召忽(宋本下有管字)夷吾奉公子(宋本挩)糾奔魯　出

亾(宋本挩)　亦不知己之(所錢本同)非　御羣下也(宋本無)　有(宋本衍字)法合以聚民(大道下)　聖人揹(鎝錢本同)而不言也　彊(强下同)

國也　吾必謂之杍者也(宋大無)　曰鬼神(宋本挩此三字)聰明正直

善能揚之(宋本挩)　已非理(宋本誤禮)也　惟(唯錢本同)聖人能該之

少子曰毆(宋本誤歐下同錢本同)　則人必(宋本無此字)爭盡力於其君

矣　今能同算(箅)鈞　雖怨無所非(悲)也　此情所易制(宋本誤貴下同)　以其無益於(宋本無)物之具故也　弗與同勞逸(役下同)

故也　不可弗與民同勞逸易故(宋本故在易上)富貴者可不酬貧賤者

尹文子佚文一卷補遺一卷

（清）王仁俊 輯

手稿本《玉函山房輯佚書續編》

尹文子佚文

周尹文　撰

尹文子見齊宣王，宣王不言而歎。尹文子曰何歎？王曰吾歎國中寡賢。尹文子曰使國悉賢，孰處王下？此下意林有誰為王使四字王曰國中不悉可乎？尹文子曰國悉不肖，孰理王朝？王曰賢與不肖皆無可乎？尹文子曰不然，有賢有不肖，故王尊於上，臣卑於下，進賢退不肖，所以有上下也。意林又藝文類聚二十御覽四百二

虎求百獸食之，得狐。狐曰子無食我也，天帝令我長百獸

今子食我是逆天帝命也子以我言不信吾為子先行子隨我後觀百獸之見我不走乎虎以為然故遂與行獸見之皆走虎不知獸之畏己而走以為畏狐也御覽四百九十四

瞽者無目而耳不可以瞭察視也精於聽也御覽七百四十

聾者不歌無以自樂盲者不觀無以接物同上

數十百千萬億億萬千百十皆起於一推之億億無差矣御覽七百五十

千人曰俊萬人曰傑史記屈原傳索隱又詩汾沮洳疏引作萬人為英

以智力求者喻如弈棊類聚七十四弈字重無棊字進退取與攻劫放

捨在（文選博奕論注放作殺）在我者也（御覽七百五十三）

博者盡開塞之宜得周通之路而不能制齒之大小在遇者也（文選策秀才文注藝文類聚七十四御覽七百五十四）

堯為天子衣不重帛食不兼味土階三尺茅茨不翦（藝文類聚八十二御覽九百九十六）

堯德化布於四海仁惠被於蒼生（文選勸進表注）

兩智不能相使兩貴不能相臨兩辨不能相屈力均勢敵故也（意林）

專用聽聰明則功不成專用晦昧則事必悖一明一晦衆之

所載同上

四方四上下曰宇後漢書馮衍傳注

將戰有司讀誓誥三令五申之既畢然後即敵文選東京賦注

鐘鼓之聲怒而擊之則武憂而擊之則悲喜而擊之則樂其意變其聲亦變意誠感之達於金石而況于人乎書鈔百八

俊按右從錢氏家刻書目錄出

尹文子佚文補遺

兩智不能相使兩貴不能相臨兩辯不能相屈力均勢敵故也 意林二 御覽使作救

專用聰明則功不成專用晦昧則事必悖一明一晦衆之所載 意林二

祿薄者不可與經亂賞輕者不可與入難處上者不可不慎也 意林二 御覽部末作所宜慎者也

尹文子見齊宣王宣王不言而歎尹文子曰何歎王曰

吾難國中寡賢尹文子曰國人悉賢誰處王下誰為王使意林二唐類函引尹文子曰尹文子見齊宣王宣王歎國寡賢尹文子曰使國悉賢孰處王下曰國悉不肖可乎尹文子曰國悉不肖孰理王朝王曰賢與不肖皆無可乎尹文子曰不然有賢有不肖故王尊於上臣卑于下賢賢退不肖所以有上下也類類聚落國悉不肖以下十字

以智力求者喻如弈弈進退取與攻劫放舍在我者也又宜博盡關塞之宜得周通之路而不能制齒之大小在遇者也類聚 藝部

鐘鼓之聲怒而擊之則武憂而擊之則恐喜而擊之則樂其意變其音亦變意誠感之達於金石而況於人乎

書鈔

禹之勞十年不窺其家手不爪脛不毛 荀子 注

舜兩眸子是謂重明 荀子 注

中黄伯余左執太行之𢮟右執雕虎 御覽

讀尹文子札記

陶鴻慶 撰

一九五九年中華書局排印《讀諸子札記》本

讀諸子札記十六

尹文子 湖海樓本

大道上篇　故窮則徼終。徼終則反始。

愚案。下徼字涉上而衍。窮則徼終。承上道不足以治則用法而言。終則反始。承上勢用則反權而言。

大道上篇　形而不名。

愚案。名而下。當有不形二字。名而不形。與形而不名。相對爲文。卽上所謂有名者未必有形也。

大道上篇　使善惡盡然有分。雖未能盡物之實。猶不患其差也。

愚案。盡然當作畫然。以形似。又涉上下文盡字屢見而誤。

大道上篇　我之與彼。又復一名。名之察者也。

愚案。又復。疑各得二字之誤。上文云。賢不肖善惡之名。宜在彼。親疏賞罰之稱。宜屬我。彼我各有所宜。是各得一名也。

大道上篇　語曰好牛。又曰不可不察也。

愚案。汪校疑又曰二字衍。錢校直云當依御覽引此文删。然以好牛不可不察相連爲文。殊無意義。竊疑。又曰二字非衍。不可不察也五字。乃涉上文誤重。非元文也。元文當云。語曰好牛。又曰好馬。又曰好人。蓋歷舉世俗常語。爲下文發端。以見好爲物之通稱耳。下文復言好馬。復言好人。則謂同時連言之。與此文意義迥殊。然足明此文之誤奪矣。又案。好當讀如本字。下文屢言好醜。可證。錢校本音虛到切。不知何據。

大道上篇　設復言好馬。則復連於馬矣。則好所通無方也。

愚案。則好所通無方也。疑本云。則好非馬。馬非好也。下文云。設復言好人。則復屬於人矣。則好非人。人非好也。此文亦當一律。所通無方四字。疑是上下文脫句。誤著於此耳。

大道上篇　物皆不能自能。不知自知。

愚案。不知亦當作不能。下文智非能智而智。愚非能愚而愚云云。皆申說此義。若作不知自知。則不可通矣。下文同。

大道上篇　接萬物使分。別海內使不雜。

愚案。使分當作使不分。二句相對成義。下篇云。法所以齊衆異。亦所以生乖分。今使萬物自相接搆。則不至乖分也。

大道上篇　世有因名以得實。亦有因名以失實。

愚案。此當云。世有因名以失實。亦有違名以得實。二義正相反也。下文云。宣王悅其名而喪其實。又云。此違名而得實矣。皆承此言。

大道上篇　衞有鱞夫失時。冒娶之。

愚案。汪錢校皆依御覽補失字。然各本並作有鰥夫時。蓋夫卽失字之誤耳。

大道下篇　生無所賴。視君之威末如也。

愚案。末如卽蔑如。小爾雅廣言。蔑。末也。

大道下篇　古者君之使臣。求不私愛於己。求顯忠於己。

愚案。此文當云。不求私愛於己。不求顯忠於己。卽田子所謂使其自爲用。而不使爲我用也。

李寶淦 撰

尹文子文粹

民國六年（1917）排印《諸子文粹》本

尹文子 雜家四

諸子文粹卷四十五

大道上

武進李寶淦纂

大道無形。稱器有名。名也者。正形者也。形正由名。則名不可差。故仲尼云必也正名乎。名不正。則言不順也。

大道治者。則名法儒墨自廢。以名法儒墨治者。則不得離道。老子曰。道者萬物之奧。善人之寶。不善人之所寶。是道治者謂之善人。藉名法儒墨者。謂之不善人。善人之與不善人。名分日離。不待審察而得也。道不足以治則用法。法不足以治則用術。術不足以治則用權。權不足以治則用勢。勢用則反權。權用則反術。術用則反法。法用則反道。道用則無為而自治。故窮則徼終。徼終則反始。始終相襲。無窮極也。

名有三科。法有四呈。一曰命物之名。方圓白黑是也。二曰毀譽之名。善惡貴賤是也。三曰況謂之名。賢愚愛憎是也。一曰不變之法。君臣上下是也。二曰齊俗之法。能鄙同異是也。三曰治衆之法。慶賞刑罰是也。四曰平準之法。律度權量是也。術者人君之所密用。羣下不敢妄窺。勢者制法之利器。羣下不可妄爲。人君有術而使羣下得窺。非術之奥者。有勢而使羣下得爲。（寶注案而字湖海樓本據説郛原本補）非勢之重者。大要在乎先正名分。使不相侵雜。然後術可秘。勢可專。

故人以度審長短。以量受少多。以衡平輕重。以律均清濁。以名稽虛實。以法定治亂。以簡治煩惑。以易御險難。萬事皆歸於一。百度皆準於法。歸一者簡之至。準法者易之極。如此則頑嚚聾瞽。（寶注案則字湖海樓本據治要補）可與察慧聰明同其治也。天下萬事。不可備能。責其備能於一人。則賢聖其猶病諸。設一人能備天下之事。左右前後之宜。遠近遲速之間。必有不兼者焉。苟有不兼於治闕矣。全治而無闕者。大小多少。各當其分。農商工仕。不易其業。老農長商習工舊仕。莫不存焉。則處上者何事哉。故有理而無益於治者。君子弗言。有能而無益於事者。君子弗爲。君子非樂有言。有益於治。不得不言。君子非樂有爲。有益於事。不得不爲。故所言者不出於名法權術。所爲者不出於農稼軍陣。周務而已。故明主任之。寶洤案以下皆湖海樓本据諸書改補治外之理。小人之所必言。事外之能。小人之所必爲。小人亦知言有損於治。而不能不言。小人亦知能有損於事。而不能不爲。故所言者。極於儒墨是非之辯。所爲者。極於堅僞偏抗之行。求名而已。故明主誅之。故古語曰。不知無害於君子。知之無損於小人。工匠不能無害於巧。君子不能無害於治。此言信矣。爲善使人不能得從。

此獨善也爲巧使人不能得從此獨巧也未盡善巧之理爲善與衆行之爲巧與衆能之此善之善者巧之巧者也故所貴聖人之治不貴其獨治貴其能與衆共治貴工倕之巧不貴其獨巧貴其能與衆共巧也今世之人行欲獨賢事欲獨能辯欲出羣勇欲絕衆獨行之賢不足以成化獨能之事不足以周務出羣之辯不可爲戶說絕衆之勇不可與征陳凡此四者亂之所由生是以聖人任道以夷其險立法以理其差使賢愚不相棄能鄙不相遺能鄙不相遺則能鄙齊功賢愚不相棄則賢愚等慮此至治之術也

田駢曰天下之士莫肯處其門庭臣其妻子必游宦諸侯之朝者利引之也遊於諸侯之朝皆志爲卿大夫而不擬於諸侯名限之也彭蒙曰雉兎在野衆人逐之分未定也雞豕滿市莫有志者分定故也物奢則

仁智相屈。分定則貪鄙不爭。圓者之轉。非能轉而轉。不得不轉也。方者之止。非能止而止。不得不止也。因圓之自轉。使不得止。因方之自止。使不得轉。何苦物之失分。故因賢者之有用。使不得不用。因愚者之無用。使不得用。用與不用。皆非我也。因彼可用與不可用。而自得其用也。自得其用。（寶注据湖海樓本添改）奚患物之亂乎。

慶賞刑罰。君事也。守職効能。臣業也。君料（秦本作科）功黜陟。故有慶賞刑罰。臣各慎所任。故有守職効能。君不可與臣業。臣不可侵君事。上下不相侵與。謂之名正。名正而法順也。接萬物使分。別海內使不雜。見侮不辱。見推不矜。禁暴息兵。救世之鬬。此仁君之德。可以爲主矣。守職分使不亂。慎所任而無私。飢飽一心。毀譽同慮。賞亦不忘。罰亦不怨。此居下之節。可爲人臣矣。世有因名以得實。亦有因名以失實。宣王好射。說人之謂己能用強也其實所用不過三石以示左右左右皆引試之中關而止皆曰不下九石非大王孰能用是宣王悅之然則宣王用不過三石而終身自以爲九石三石實也九石名也宣王悅其名而喪其實齊有黃公者好謙卑有二女皆國色以其美也常謙辭毀之以爲醜惡醜惡之名遠布年過而一國無聘者衞有鰥夫失時冒娶之果國色然後曰黃公好謙故毀其子不姝美於是爭禮之亦國色也 寶注案音爭禮聘其次女 國色實也醜惡名也此違名而得實矣楚人擔山雉者路人問何鳥也擔雉者欺之曰鳳凰也路人曰昔聞有鳳凰今直見之 寶注案今直見之類聚御覽皆作今始見矣 汝販之乎曰然則 寶注案曰然則三字類聚御覽作請買 十金弗與請加倍乃與之將欲獻楚王經宿而鳥死路人不遑惜金惟恨不得以獻楚王國人傳之咸以爲眞鳳凰貴欲以獻之遂聞楚王感其欲獻於己召而厚賜之過

於買鳥之金十倍魏田夫有耕於野者得寶玉徑尺弗知其玉也以告鄰人鄰人陰欲圖之謂之曰此怪石也畜之弗利其家弗如復之田夫雖疑猶錄以歸置於廡下其夜玉明光照一室田夫稱家大怖（徐渭曰稱家謂舉家）復以告鄰人曰此怪之徵遄棄殃可銷於是遽而棄於遠野鄰人無何盜之以獻魏王魏王召玉工相之玉工望之再拜而立敢賀王得此天下之寶臣未嘗見王問價玉工曰此無價以當之五城之都僅可一觀魏王立賜獻玉者千金長食上大夫祿凡天下萬里皆有是非吾所不敢誣是者常是非者常非亦吾所信然是雖常是有時而不用非雖常非有時而必行故用是而失有矣行非而得有矣是非之理不同而更興廢翻爲我用則是非焉在哉

大道下

凡國之存亡。有六徵。有衰國。有亡國。有昌國。有彊國。有治國。有亂國。寶洤案治要有亂國在有亡國上所謂亂亡之國者。凶虐殘暴不與焉。所謂彊治之國者。威力仁義不與焉。君年長多媵妾。少子孫。疏宗彊。衰國也。君寵臣。臣愛君。公法廢。私欲行。亂國也。國貧小。家富大。君權輕。臣勢重。亡國也。凡此三徵。不待凶虐殘暴而後弱也。雖曰見存。吾必謂之亡者也。內無專寵。外無近習。支庶繁字。長幼不亂。昌國也。農桑以時。倉廩充實。兵甲勁利。封疆修理。彊國也。上不勝其下。下不能犯其上。上下不相勝犯。故禁令行。人人無私。雖經險易而國不可侵。治國也。凡此三徵。不待威力仁義而後彊。雖曰見弱。吾必謂之存者也。治主之興。必有所先誅。先誅者非謂盜。非謂奸。此二惡者一時之大害。非亂政之本也。亂政之本。下侵上之權。臣用君之術。心不畏時之禁。行不軌時之法。此大亂之道也。

莊里丈人字長子曰盜少子曰毆盜出行其父在後追呼之盜盜吏聞因縛之其父呼毆喻吏遽而聲不轉但言毆毆吏因毆之幾殪康衢長者字僮曰善搏字犬曰善噬賓客不過其門者三年長者怪而問之乃實對於是改之賓客復往

人貧則怨人富則驕人怨人者苦人之不祿施於己也起於情所難安而不能安猶可恕也驕人者無所苦而無故驕人此情所易制而弗能制弗可恕矣衆人見貧賤則慢而疏之見富貴則敬而親之貧賤者有請賕於己疏之可也未必損己而必疏之以其無益於物之具故也富貴者有施與己親之可也未必益己而必親之則彼不敢親我矣三者獨立無致親致疎之所人情終不能不以貧賤富貴易慮故謂之大惑焉窮獨貧賤治世之所共矜亂世之所共侮治世非爲矜窮獨貧賤而

治是治之一事也亂世亦非侮窮獨貧賤而亂亦是亂之一事也貧賤之望富貴甚微。而富貴不能酬其甚微之望。夫富者之所惡。貧者之所美。貴者之所輕。賤者之所榮。然而弗酬弗與同苦樂故也雖弗酬之（寶注案弗治要作不）於我弗傷。（寶注案我湖海本作物）今萬民之望人君。亦如貧賤之望富貴。其所望者。蓋欲料長幼。平賦斂。時其飢寒。省其疾痛。賞罰不濫。使役以時。如此而已。則於人君弗損也。然而弗酬弗與同勞逸故也故爲人君。不可弗（寶注案治要作不）與民同勞逸焉。

諸子文粹卷四十五

張諤 撰

評注尹文子精華

民國九年（1920）上海子學社排印《評注陌子精華》本

居上御下

與民同勞逸

至治兼收人才

尹文子周尹文撰漢志列於名家大旨指陳治道自處於虛靜而萬事則一一核其實故立說在黃老申韓之閒

人君處權乘勢處所是之地則人所不得非也居則物尊之動則物從之言則物誠之行則物則之所以居物上御群下也

（陸象山曰）為君居上御下之道千古不過如此

為人君不可弗與民同勞逸焉故富貴者可不酬貧賤者人君不可不酬萬民不酬萬民則萬民之所不願戴所不願戴則君位替矣危莫甚焉禍莫大焉

（陸象山曰）此篇見君民一體當勞逸相同

明主不為治外之理小人必言事外之能小人亦知言損於治而不能不言小人亦知能損於治而不能不為故所言者極於儒墨是非之辨精采奪目所為者極於堅僞

偏抗之行、求名而已。故明主誅之。古語曰。不知無害於君子。即君子不可小知而可大受之意。知之無損於小人。工匠不能無害於巧。君子不治無害於治。此信矣。為善使人不能得從、此獨善也。自私之善非公理也。為巧使人不能得從、此獨巧也。未盡善巧之理。為善與衆行之。為巧與衆能之。此善之善者。巧之巧者也。此乃善巧之至也。所貴聖人之治。霓裳羽衣之曲。不貴其獨治。貴其能與衆共治。貴工倕之巧。不貴其獨巧。貴其能與衆共巧也。今世之人、行欲獨賢。事欲獨能。辯欲出群。勇欲絕衆。獨行之賢。不足以成化。獨能之事。不足以周務。出群之辯。不可為戶說。絕衆之勇。不可與征陣。凡此四者。亂之所由生。是以聖人任道以夷其險。立法以理其差。使賢愚不相棄。能鄙不相遺。能鄙不相遺。則能鄙齊功。賢愚不相棄。則賢愚等慮。此至治之術也。（陸象山曰）獨善獨巧。非善巧之至。且天下之大。庶事之煩。雖至善至巧。豈能以獨理。故必兼收並用。庶天下無棄才。而至治可幾也。田子讀書曰。堯時太平。宋子曰。聖人之治以致此乎。彭蒙在側。越次答曰。聖法之治以至此。非聖人之治也。明如觀火。宋子曰。聖人與聖法何以異。彭蒙曰。子之亂名甚矣。聖人者、自己出也。人有不同。故自己出。聖法者、自理出也。法無不同。故自理也。理出於己。己非理也。己能出理。理非己也。故聖人之治。獨治者也。聖法之治。則無不治矣。此萬世

刑罰中則民畏死

先誅亂本

之利唯聖人能該之宋子猶惑質于田子田子曰蒙之言然

（陸象山曰）有異人無異禮禮者唐虞三代之所不能易也此即孔子所謂百世以禮相因之意

老子曰民不畏死如何以死懼之凡民之不畏死由刑罰過刑罰過則民不賴其生生無所賴視君之威末如也（死如此則逃死罔）刑罰中則民畏死畏死由生之樂也知生之可樂故可以死懼之此人君之所宜執臣下之所宜慎

（袁了凡曰）此段言刑罰不可輕用只宜執宜慎四字最可深想

治主之典（惟聖人能知本）必有所先誅（惟聖人能誅亂本）先誅者非謂盜非謂姦此二者一時之大害非亂政之本也亂政之本下侵上之權臣用君之術心不畏時之禁行不軌時之法此大亂之道也孔子攝魯相七日（夫子為魯司寇攝行相事）而誅少正卯門人進而問曰夫少正卯魯之聞人也夫子為政而先誅得無失乎孔子曰居吾語汝其故人有惡者五而竊盜姦私不與焉一曰心逵而儉二曰行僻而堅（僻偏也）三曰言僞而辨（僞詐也）四曰彊記而博五曰順非而澤此五者有一於人則不免君子之誅而少正卯兼有之故居處足以聚徒成羣言譚足以飾邪熒衆强記足以反是獨立（悄）此小人雄桀也（貞罪當）不可不誅也是以湯誅尹諧文王誅潘正太公誅華士管仲誅計

里乙，子產誅鄧析、史付，此六子者，異世而同心，不可不誅也。詩曰：憂心悄悄，慍于羣小。小人成羣，斯足畏也。

（袁了凡曰）盜奸之害，害之小者；亂政之本，其害最大。國家必至于不可救藥。漢張綱埋車輪于洛陽都亭，曰：豺狼當道，安問狐狸。亦知亂政之本者。

因名以得實

世有因名以得實，不以因名以失實。宣王好射，説人之謂己能用强也。其實所用不過三石，以示左右，左右皆引試之，中闕而止，皆曰：不下九石〔不明之君每每如此〕，非大王孰能用是？宣王悦之。然則宣王用不過三石，而終身自以為九石。三石，實也；九石，名也。宣王悦其名而喪其實。齊有黄公者，好謙卑，有二女，皆國色，以其美也，常謙辭毁之，以為醜惡。醜惡之名遠布，年過而一國無聘者。衛有鰥夫，時冒娶之，果國色。然後曰：黄公好謙，故毁其子不姝美。於是爭禮之，亦國色也。國色，實也；醜惡，名也。此違名而得實矣。

（袁了凡曰）此段引證各極其妙，而詞氣激切，深有益於世教，故錄之。

名不可不辨

即聖賢仁智之名，以求聖賢仁智之實，未之或盡也；即頑嚚凶愚之名，以求頑〔人情大槩可見〕嚚凶愚之實，亦未或盡也。或善惡盡然有分，雖未能盡物之實，猶不患其差也。

也。故曰。名不可不辨也。

（袁了凡曰）此段深言名實之不可不辨。以求聖賢仁智之實。且詞語可法。

錢基博 撰

尹文子校讀記一卷

民國二十年（1931）油印本《名家四子校讀記》

上海涵芬樓景印正統道藏本尹文子校讀記

錢基博稿

大道上

校勘

不待審察而得也 涵芬樓矛景印江南圖書館藏明翻宋本待作得形近而譌

一曰命物之名方圓白黑是也 武英殿聚珍刻唐馬總意林白黑二字倒

二曰齊俗之法 意林俗作等於義爲長

三曰治衆之法 意林治作理

四曰平準之法 意林及金山錢熙祚守山閣本准作準

名非正形也則形也則形之與名 明翻宋本守山閣本

及湖北崇文官書局刻百子全書本無則形也三字此衍使善惡之⊙盡然有分明翻宋本守山閣本百子本皆無之字名稱者何⊙彼此而檢虛實者也守山閣本何作則別於義為長則彼屬於人也⊙明翻宋本也作矣名宜屬彼宜屬我守山閣本百子本宜屬我上有分字此脫故⊙人以度審長短日本尾張刊唐魏徵羣書治要故作古以簡制⊙煩惑明翻宋本守山閣本百子本制作治以⊙萬事皆歸於一羣書治要無以字如此頑嚚聾瞽可以⊙察慧聽明同其

治也羣書治要如此下有則字也作矣可以◎之以羣書治要百子本皆作與當從之能左右前後之宜羣書

治要能作則當從之習工舊仕◎守山閣本仕作士故有理而無益於治者君子弗◎

言羣書治要弗作不有能而無益於事者君子弗◎為意林弗作不君有為

有益於事不得不為羣書治要明翻宋本守山閣本百子本非字下有樂字此脫周務而已

故明主不為治外之理小人必言事外之能羣書治要周務而已句下作故明主任之

治外之理小人之所必言事外之能小人之所必為於義為長以下文求名而已故明主誅之正與此周務而已故明主任之一正一反為對文當從之

小人亦知言損於治而不能言羣書治要損字上添一有字小人亦知能損於事而不能不為羣書治要損字上添一有字事作治故明主誅之明翻宋本明作名音近而譌

古語曰不知無害於君子羣書治要古語上多一故字疑衍此信矣羣書治要此字下有言字

為善使人不能得從此獨善也為巧使人不能得從此獨巧也

羣書治要曰爲善不能使人得從爲巧不能使人得爲此獨善獨巧者也第二從字作爲字此獨善此獨巧兩句併作一句又多者字

未盡善巧之理羣書治要善巧二字倒所貴聖人之治不貴其獨治貴其能與衆共治也工倕之巧不貴其獨巧貴其能與衆共巧也羣書治要所貴聖人之治上多故字工倕之巧上多所貴字意林工倕下無之巧二字無兩其字無也字明翻宋本守山閣本百子本共治下無也字工倕上有貴字是以聖人任道以其險羣書治要百子本以字下有通字守山閣本以字下

有衷字此脫賢愚不相棄則賢愚等慮明翻宋本第二愚字譌作是字然則心欲人人有之而得同於心無欲者制之有道也羣書治要中山閣本百子本心無欲上尚有無字此脫天下之士莫肯處其門庭明翻宋本肯作不必遊宦諸侯之朝者利引之也意林者作名而不擬於諸侯者名限之也百子本無者字雖見在野衆人遯之分求定也羣書治要意林明翻宋本中山閣本百子本求作未因圖之自將

使不得止因方之自止使不得轉羣書治要因圓因方之下各有一者字用與不用皆非我用因彼所用與不可用而自得其用奚患物之亂乎羣書治要皆非我用之用作也字而自得其用下有也字而自得其用下有也字又重自得其用四字又末乎字作也字於義為長當從之

智非能智而智愚非能愚而愚明翻宋本作智非能智愚非能愚而智而愚智勇者不陵明翻宋本勇譌愚羣書治要陵作矜世之所用同而用之謂之物明翻宋本世作臣形

近而譌故心皆殊而為形若一羣書治要校下有人字此脫閻境不饗異彩明翻宋本閻作問形近而譌故俗苟紛必為法以矯之明翻宋本守山閣本法作治形近而譌食不兼肉守山閣本兼作異比及數年民無長幼明翻宋本無作之是治亂續於賢愚不係於禮樂明翻宋本續作屬音近而譌守山閣本續亦作係治也之法明翻宋本守山閣本百子本作世此形近而譌也處名位雖不肖不愚守山閣本百子本不愚作下愚此形似而譌不係乎不肖

與仁賢守山閣本平作于臣各慎所任◎守山閣本任作務亦以困名以失寶守山閣本亦以作亦有承上世有困名以得寶句於義爲長其寶所用不過三◎石明翻宋本三作二誤中闕而止守山閣本闕作闕闕者謂引未滿也闕於義不通遂闡楚王感其欲獻於己守山閣本緟一王字此脫此◎怪石也明繙宋本守山閣本無此字敢賀◎王王得此天下之寶明繙宋本第一王字作玉守山閣本作曰百子本脫王問其◎價明繙宋本守山閣本無其字寡人雖亡之餘守山閣本亡字下有國字楚人執

宋公（百子本公作國）有法食以聚民（羣書治要明繙宋本中山閣本無法字此衍）

提要

原名 大道治者、則名法儒墨自廢、以名法儒墨治者、則不
得離道、道不足治則用法、法不足以治則用術、術不
足以治則用權、權不足以治、則用勢、勢用則反權、權用則反
術、術用則反法、法用則反道、道用則無為而自治、故窮則徼
終、徼終則反始、始終相襲無窮極也、大道無形、稱器有名、名也者、正形
者也、形正由名、則名不可差、故仲尼云必也正名、名不正則言不順也、大
道不稱、衆有必名、生有不稱、則群形自得其方圓、名生於方圓、則衆名
得其所稱也、有形者必有名、有名者未必有形、形而不名、未必失其方

圓白黑之實、名而不可不尋名以檢其差、故亦有名以檢形、名者名形者也、形者應名者也、然形非正名也、名非正形也、則形之與名居然別矣、不可相亂、亦不可相無、無名故大道無稱、有名故名以正形、今萬物具存、不以名正之則亂、萬名具列、不以形應之則乖、故形名者不可不正也、

名法

名有三科、法有四呈、一曰命物之名、方圓白黑是也、二曰毀譽之名、善惡貴賤是也、三曰況謂之名、賢愚愛憎是也、一曰不變之法、君臣上下是也、二曰齊等之法、能鄙同異是也、三曰治衆之法、慶賞刑罰是也、四曰平準之法、律度權量是也、故人度審長短、以量受少多、以衡平輕重、以律均清濁、以名稽虛實、以法定治亂、以簡制煩惑、以易御險難、以萬事皆貴於一、百度皆準於法、歸一者簡之至、準法者易之極、如此頑嚚

聾瞽可與察慧聰明同其治也、

名分

術者、人君之所密用、羣下不可妄窺、勢者、制法之利器、羣下不可妄為、人君有術、而使羣下得窺、非術之奧者、有勢、使羣下得為、非勢之重者、大要在乎先正名分、使不相侵雜、然後術可祕、勢可專、自古至今、莫不用此而得、用彼而失、失者由名分混、得者由名分察、名定則物不競、分明則私不行、物不競、非無心、由名定、私不行、非無欲、由分明、故無所措其心、無所措其欲、然則心欲人人有之、而得同於無心無欲者、制之有道也、彭蒙曰、雉兔在野、衆人逐之、分未定也、雞豕滿市、莫有志者、分定故也、物奢則仁智相屈、分定則貪鄙不爭、

名稱

名稱者、別彼此而檢虛實者也、今親賢而疏不肖、賞善而罰惡、賢不肖善惡之名宜在彼、親疏賞罰之稱宜屬我

之與彼又復一名、名之察者也、名賢不肖為親疏、名善惡為賞罰、合彼
我之一稱而不別之、名之混者也、故曰名稱者不可不察也、語曰好牛、好則物
之通稱、牛則物之定形、以通稱隨定形、不可窮極者也、設復言好馬、則復
連於馬矣、則好所通無方也、設復言好人、則彼屬於人也、則好非人、人非好
也、則好牛好馬好
人之名自離矣

至治

為善使人不能獨從、為巧使人不能得為此獨
善獨巧者也、未盡善巧之理、為善與衆行之為
巧與衆能之、此善之善者、巧之巧者也、所貴聖人之治、不貴獨治、貴能與
衆共治、工倕之巧、不貴獨巧、貴能與衆共巧也、今世之人、欲行獨賢、事欲
能、辯欲出羣、勇欲絕衆、獨行之賢、不足以成化、獨能之事、不足以周務、
出羣之辯、不可為戶說、絕衆之勇、不可與征陣、凡此四者亂之所由生、是以

聖人任道以通其險、立法以理其差、使賢愚不相棄、能鄙不相遺、能鄙不相遺、則能鄙齊功、賢愚不相棄、則賢愚等慮、此至治之術也、物皆不能自能、不知自知、智非能智、而智、愚非能愚、而愚、好非能好、而好、醜非能醜、而醜、夫不能自能、不知自知、則智好何所貴、愚醜何所賤、則智不能得夸愚、好不能得嗤醜、此為得之道也、

大道下 羣書治要題作聖人

校

賞以勸之 明繙宋本勸作勤

禮者所以行恭謹 羣書治要恭謹作謹敬

勘

法者所以齊衆異亦所以乖分羣書治要乖分上有生字明繙宋本守山閣本百子本乖字下有名字就上下文推之當依治要爲是　失其道則天下亂羣書治要失上有用字

籠絡萬品羣書治要籠作纏　凡國之存亡有六徵有衰國有亡國有昌國有彊國有治國有亂國羣書治要存亡上有將字有亂國一句挽在有亡國之前蓋以衰亂亡與昌彊治爲對文於義爲對文當從之　君多長多媵羣書治要媵字上有妻字百子本媵字下有

妄字此脱　疏宗殭◎明繙宋本殭作殭形近而譌守山閣本殭作族　凡此三微不待凶虐◎残

暴而後弱也◎守山閣本虐作惡百子本無也字　支庶繁字◎羣書治要字作息　下不能◎

犯其上明繙宋本無能字　凡此三者不待威力仁義◎而後殭◎明繙宋本義作

入殭作殭皆形近而譌義必滅羣作乂乂與入形近而譌　昏必謫之存者羣書治要明繙宋本守山閣本百子本者

下有也字　治主◎之與百子本主作王　孰曰◎熒惑者百子本曰作能　靡不人◎也明繙

宋本守山閣本百子本人作入此形近而譌 順人之◎嗜好而不敢逆羣書治要之作於 人喜

聞己之美也善能揚羣書治要明繙宋本守山閣本百子本揚下有之字此脫 惡聞己之

過也善能飾之羣書治要善上有而字 彰嘗在則◎守山閣本百子本則作側此形近而譌

已非禮◎也明繙宋本守山閣本百子本禮作理此音近而譌 此萬世◎之利守山閣本世作物

康衢長者◎百子本者作子接下文長者怪而問之子字誤 字僮曰善博◎守山閣本轉作轉於 爲長

字大曰善嗌◎明繙宋本守山閣本百子本大作犬此誤賓客往◎復◎百子本往復二字倒二者

為國之所甚而不知防之之術百子本甚下有病字此脫則人力◎殫盡力

於其君矣守山閣本人力之力作必百子本力字無之雖然◎無所非也明繙宋本守山閣本百子本然

作想此形近而譌而雖曰智能之同百子本雖作惟就語氣論之當作惟字為是此形近而譌以其

無益物之具故也明繙宋本守山閣本百子本益下有於字夫富貴者之惡貧者也◎

所美羣書治要守山閣本百子本富貴者之貴字無貧者也之也作之字當依改明繙宋本有貴字而也亦作之弗與

同苦樂故也雖弗酬之羣書治要兩弗當作不於我弗傷明繙宋本我作物於義為

長弗與同勞逸故也明繙宋本逸作役故為人君不可弗與樂與民

同勞逸焉羣書治要不可弗作不可不民作人故富貴者可不酬貧賤者人民

不可不酬萬民羣書治要富貴者下有不字貧賤下無者字有而字則君位替矣羣書治要

無則
字

提要

聖法

田子讀書曰堯時太平宋子曰聖人之治以致此乎彭蒙在側越次荅曰聖法之治以致此宋子曰聖人與聖法何以異彭蒙曰子之亂名甚矣聖人者自己出也聖法者自理出也理出於己己非理也己能出理理非己也故聖人之治獨治者也聖法之治則無不治矣此萬物之利唯聖人能該之宋子猶惑質於田子田子曰蒙之言然

專制

凡人富則不羨爵祿貧則不畏刑罰不羨爵祿者自足於己也不畏刑罰者不賴存身也二者為國之所甚病而不知防之之術故令不行而禁不止若使令不行而

禁不止、則無以為治、無以為治、是人君虛臨其國、徒君其民、危亂可立而
待矣、今使由爵祿而後富、則人爭盡力於其君矣、由刑罰而後貧、則人
則人咸畏罪而從善矣、故古之為國者、無使民自
貧富皆由於君、則君專所制、民知所歸矣、

先誅

治主之興、必有
所先誅、先誅者、
非謂盜、非謂奸、此二惡者、一時之大害、亂政之本也、亂政之本、下侵上之權、
臣用君之術、心不畏時之禁、行不軌時之法、此大亂之道也、孔丘攝魯相、七
日而誅少正卯、門人進問曰、少正卯、魯之聞人也、夫子為政而先誅、得無失
乎、孔子曰、居、吾語汝、人有惡者五、而竊盜姦私不與焉、一曰心達而險、二曰行
僻而堅、三曰言偽而辯、四曰記醜而博、五曰順非而澤、此五者有一於人、則不
免君子之誅、而少正卯兼有之、故居處足以聚徒成群、言談足以飾邪

勢衆、彊託、是以反是、獨立、此小人雄桀也、不可不誅也、

解老

老子曰、以政治國、以奇用兵、以無事取天下、政者名法是也、以名法治國、萬物所不能亂、奇者權術是也、以權術用兵、萬物所不能敵、凡能用名法權術、而矯抑殘暴之情、則已無事焉、已無事、則得天下矣、故失治則任法、失法則任兵、以求無事、不以取彊、取彊則柔者反能服之、老子曰、民不畏死、如何以死懼之、凡民之不畏死、由刑罰過、刑罰過、則民不賴其生、生無所賴、視君之威末如也、刑罰中、則民畏死、畏死由生之可樂也、知生之可樂、故可以死懼之、此人君之所宜執、臣下之所宜慎、

佚文

世俗之聞譽則悅聞毀則戚此衆人之大情
有同己則喜異己則怒此人之大情故佞人

群書治要

大道下
善爲譽者也善順從者也人言是亦是之人言非亦非
之從人之所愛隨人之所憎故明君雖能納正直未必
親正直雖能遠佞人未必能疏佞人故舜禹者以能不用佞人亦未必憎
佞人語曰佞辭惑物舜禹不能得憎不可不察乎以上一百二十四字引在
承之於言行之先句後當依補也又田子曰人皆自爲而不能爲人故君人
者之使人使其自爲用而不使爲我用魏下先生曰善哉田子之言古者君
之使臣求不私愛於己求顯忠於己而居官者必能臨陣者必勇祿賞
之所勸名法之所齊不出於己心不利於己身語曰祿薄者不可與經亂

賞輕者不可與入難此處上有所字俱者也以上

一百十六字引在又見於子也句後亦當依補

意 其一 兩智不能相使兩貴不能相臨
兩辯不能相屈力均勢敵故也 其二 專用聰明專用
晦、昧則事必悖

林 一明一晦
家之所載 其三 祿薄者不可與經亂賞輕者不可與入難
處上者不可不慎也以上二十四字亦見群書

治要 其四 尹文子見宣王宣王不言而歎尹文子曰何歎王曰吾
歎國中寡賢、尹文子曰國中、悉賢雖處王下誰為王使

尹文子傳

尹文子者、蓋出於周之尹氏、山陽仲長氏原序與宋鈃俱、漢書藝文志顏師古注引劉向云不累於俗、不飾於物、不苟於人、苟當作苛章炳麟說不忮於衆、願天下之安寧以活民命、人我之養畢足而止、以此白心、作為華山之冠以自表、接萬物以別宥古通囿為始、語心之容、命之曰心之行、以聏軟[illegible]也合驩、以調海內、請欲、請讓為情梁啟超說置之以為主、見侮不辱、救民之鬪、禁攻寢兵、救世之戰、以此周行天下、上說下教、雖天下不取、強聒而不舍者也莊子天下篇

齊宣王時、居稷下、漢書藝文志注山陽仲長氏原序

尹文子見齊宣王、宣王不言而歎、尹文子曰、何歎、王曰、吾歎國中寡賢、尹文子曰、使國悉賢、孰處王下、誰為王使、意林王曰、國悉

治古階級制度近法家

不肖、可乎、尹文子曰、國悉不肖、孰理王朝、王曰、賢與不肖皆無、可乎、尹文子曰、不然、有賢有不肖、故王尊於上、臣卑於下、進賢退不肖、所以有上下也、藝文類聚二十太平御覽四百二

然其階級不平等乎根乎智識之不平等乃自然之階級

此与老子宗旨相通

齊宣王謂尹文曰、人君之事何如、尹文對曰、人君之事、無為而能容下、夫事寡易從、法省易因、故民不以政獲罪也、大道容衆、大德容下、聖人寡為而天下理矣、書曰、睿作聖、詩人曰、岐有夷之行、子孫其保之、宣王曰、善、說苑君道篇

宣王謂尹文曰、寡人甚好士、以齊國無士、何也、尹文曰、願聞大王之所謂士者、王無以應、尹文曰、今有人於此、事君則忠、事親則孝、交友則信、處鄉則順、有此四行、可謂士乎、王曰、善、此真吾所謂士也、尹文曰、王

得此人肯以為臣乎王曰所願而不可得也是時王好勇於是尹文曰
使此人廣庭大衆之中見侵侮而終不敢鬭王將以為臣乎王曰鉅士
也見侮而不鬭辱也辱則寡人不以臣矣尹文曰雖見侮而不鬭未
失其四行也是人未失其四行所以為士也然而王一以為臣一不以為
臣則向之所謂士者乃非士乎王無以應尹文曰今有人將理其國人
有非則非之無非則亦非之有功則賞之無功則亦賞之而怨人
之不理也可乎王曰不可尹文曰臣竊觀下吏之理齊其方若此矣王
曰寡人理國信若先生之言人雖不理寡人不敢怨也意未至然歟
尹文曰言之敢無說乎王之令曰殺人者死傷人者刑人有畏王之令
者見侮而終不敢鬭是全王之令也而王曰見侮而不鬭者辱也謂之

辱非之也無非而王辱之故因除其籍不以為臣也不以為臣者罰之也此無罪而王罰之也且王辱不敢鬭者必榮敢鬭者也榮敢鬭者是而王是之必以為臣矣必以為臣者賞之也彼無功而王賞之王之所賞吏之所誅也上之所是而法之所非也賞罰是非相與四謬雖十黃帝不能理也王無以應焉公孫龍子跡府篇呂氏春秋先識覽正名篇

於是尹文廼著書上下篇言刑名道德之意五千餘言其書先自道以至名自名以至法以名為根以法為柄文獻通考二百十二引周氏涉筆而其歸本於黃老洪邁容齋續筆十四引劉歆說所貴道虛無因應變化於無為云

論曰余讀漢書藝文志著錄尹文子一篇以為說齊宣王先公孫龍而仲長氏所定序乃極繆與偽言與宋鈃田駢同學於公孫

龍、龍稱之、然據史記平原君虞卿列傳、云公孫龍客於平原君、君相趙惠文王、文王元年、齊宣歿已四十餘歲矣、若說齊宣王之事為有徵、則知尹文非學於龍者也、而諸子書之涉尹文者夥矣、謹次所覩、以著於篇、

後敘

余觀尹文子四本，一涵芬樓景印正統道藏本、一涵芬樓景印江南圖書館藏明繙宋本（中華書局繙印）、金山錢熙祚守山閣本後附校記、一湖北崇文官書局刻百子全書本。其中錢校稱審覈唐魏徵羣書治要、馬總意林，采獵所及，有不同他本而字句劇勝者、遂據道藏本以為主，而他本異同，旁逮魏馬所采，雙書記於冊，亦有錢校所未及者、又以魏馬鈎提未得玄要，汰蕪存英，而為提要以附於篇，而支分節解，標題於端，以最指要，援河上公老子章句之例也。

余讀莊子天下篇，稱「宋銒尹文接萬物以別宥為始」。何謂

別宥此其說見於呂氏春秋去宥之篇設譬以明之曰鄰父有與
人鄰者有枯梧樹其鄰之父言梧樹之不善也鄰人遽伐之鄰父
因請而以為薪其人不說曰鄰者若此其險也豈可為之鄰哉此
有所宥也夫請以為薪與弗請此不可以疑枯梧之善與不善也齊
人有欲得金者清旦被衣冠往鬻金者之所見人操金攫而奪之
吏搏而束縛之問曰人皆在焉子攫人之金何故對吏曰殊不見人
徒見金耳此真大有所宥也夫人有所宥者固以晝為昏以白為墨
以堯為桀宥之為敗亦大矣故凡人必別宥然後知別宥則能全其
天矣宥古通囿詩大雅王在靈囿疏囿者築牆為界域而禽獸在
其中也尸子曰料子貴別囿即別宥也別囿者謂不囿於畛域別而

去之也然則尹文接萬物以別宥為始而書乃曰接萬物使分別海
內使不續曰使分曰不續則大有宥而非別宥矣然而其辭相反
其實相成蓋子之名家同於佛之因明異於歐之邏輯歐之邏輯以
分析名相徼始徼終而佛之因明則分析而蘄之於玄同子之名家
則有名而歸徼於無名者也故曰大道無稱稱器有名別宥以接萬
物乃能明大道之無稱不續使別海內斯以徼稱器之有名尹文
言稱器有名而原之於大道無稱猶老子言有名萬物之母而先之
以無名天地之始也然則接萬物以別宥為始亦何嫌於接萬物使
分別海內使不相續乎其學出於老氏大道無稱故常無以觀其
妙稱器有名斯常有以觀其徼而其書引老子而釋之者有二一

老子曰以正治國以奇用兵以無事取天下釋之曰政者名法是也以名法治國萬物所不能亂奇者權術是也以權術用兵萬物所不能敵凡能用名法權術而矯抑殘暴之情則已無事焉已無事則得天下矣故失治則任法失法則任兵以求無事不以取彊則柔者反能服之二老子曰民不畏死如何以死懼之釋之曰民之不畏死由刑罰過刑罰過則民不賴其生生無所賴視君之威末如也刑罰中則民畏死畏死由生之可樂也知生之可樂故可以死懼之此人君之所宜執臣下之所宜慎蓋發老氏慈儉之旨而以救兵刑慘礉之過以視商君之天資刻薄申韓之慘礉少恩者用心固不牟矣又推申商用法之過而徹終於反道以為道不足以治則用法法不足以治則

以與術｜而得見
仲也別之定法

用術、術不足以治、則用權、權不足以治、則用勢、勢用則反權、權用則反術、術用則反法、法用則反道、道用則無為而自治、故窮則徼終、徼終則反始、始終相襲、無窮極也、此其所以別宥而不為拘虛之論也、夫惟別宥斯能通方、籀其辭趣、出納百家、其曰大道不稱、老子可道非道之旨也、眾有必名、仲尼正名之說也、不貴獨治而貴眾治、老子不尚賢之意也、不貴聖人而貴聖法、韓非明法度之旨也、難一難勢術者人君之所密用、韓非主道之說也、勢者制法之利器、韓非難勢之意也、先聞人之誅、韓非五蠹之說也、離好牛之名、公孫龍白馬之論也、彌綸羣言、自成馨逸、可謂有味乎其言之也、校錄既竟、為發其旨於此、

中華人民造國之二十年一月十六日無錫錢基博敘於無錫國學專修學校

黄雲眉 撰

尹文子考補證

民國二十一年（1932）金陵大學中國文化研究所排印《古今僞書考補證》本

尹文子

漢志名家有尹文子一篇。晁子止曰，『尹文子二卷，周尹文撰；仲長統所定序稱「周尹氏，齊宣王時居稷下，學於公孫龍，龍稱之，」而漢志序此書在龍上。案龍客於平原君，君相趙惠文王，文王元年，齊宣沒已四十餘歲矣，則知文非學於龍者也。」宋景濂曰，『仲長統卒於獻帝讓位之年，而序稱其「黃初末到京師，」亦與史不合。（此亦本晁說）予因知統之序，蓋後人依託者也。嗚呼，豈獨序哉！』

補證：

唐鉞曰『現行尹文子上下兩篇可疑之點甚多，其一，此書來歷，據卷首山陽仲長氏序云，「余黃初末始到京師，繆熙伯以此書見示，意甚玩之，而多脫誤，聊試條次，定爲上下篇。」郡齋讀書志云，「李獻臣云，仲長氏，統也，熙伯，繆襲字也。傳稱統卒於獻帝遜位之年，而此云黃初末到京師，豈史之誤乎？」四庫總目提要以爲撰序之仲長氏未必是統，而謂晁公武因此而疑史誤，未免附會。按魏志劉劭傳「繆襲亦有才學，多所述叙。（注引文章志曰，襲字熙伯。）襲友人山陽仲長統，漢末爲尙書郞。」是撰序者有意影射仲長統，而未細考仲長氏之年代，以至露出破綻耳。且序云，「尹文與宋鈃彭蒙田駢同學於公孫龍，」尹文約生於西紀前三六二至二九三年，公孫龍當周赧王五十八年信陵君破秦救趙時尚在，姑定此時爲七十歲，則龍之生年，最早不過前三二六年，是尹文當大於公孫龍約三十六歲，豈反爲其弟子乎？是序之爲後人僞撰無疑。其二，引古書而掩晦來源。如下篇語曰，「惡紫之奪朱，惡利口之覆邦家，」見論語陽貨篇。上篇彭蒙曰，「雉兔在野，衆人逐之，分未定也；鷄豕滿市，莫有志者，分定故也，」乃删用呂氏春秋愼勢篇所引愼子語。又上篇古語曰，「不知無害爲君子」一段，乃荀子儒效篇語，明用孔子荀子之言而改作古語；且尹文爲荀子前輩，而以荀語爲古語，豈非奇談！其三，用秦以後之辭。先秦無「韻」字，而尹文子有「韻商而舍徵」語；漢始有「名法」之辭，而上篇「

名法」凡三用其四，文體不類先秦。如「趨利之情，不肖特厚；廉恥之情，仁賢偏多。」特厚偏多，對太工整。又下篇「故仁者所以博施於物，亦所以生偏私」一段，疊用八長句，而字數又整齊，非魏晉以前所宜有。其五，剿襲他書大段文字。如上篇「宣王好射」一段共六十九字，與呂氏春秋貴直論壅塞篇文相同。下篇「孔邱攝魯相」一段共二百餘字，與荀子宥坐篇文幾於不改一字。又下篇「鄭人謂玉未理者璞」一段五十字，抄戰國策秦策應侯語逸文。（御覽四百九十四引）「虎求百獸食之」一段共八十三字，抄戰國策楚策江乙對荊宣王語。其六，襲用古書而疏謬。如「接萬物使分，別海內使不雜」，此誤解莊子天下篇「接萬物以別宥爲始」之語。又如上篇「見侮不辱」四語及「苟違於人俗所不與，苟忮於衆俗所共去」一段，皆失天下篇原意。又如下篇田子讀書曰，

「堯時太平。」宋子曰，「聖人之治以致此乎？」彭蒙在側，越次答曰，「聖法之治以致此，非聖人之治也。」田子曰，「蒙之言然。」此不過搬弄天下篇中幾個脚色，不知田駢彭蒙本另是一家，作者誤將論兩家之文字連讀以致宋子與田子彭蒙平生轇轕。且天下篇明稱田駢學於彭蒙，豈有弟子直呼師名之理乎？其七，一篇之中自相矛盾。如上云「有名者未必有形，」下又云「萬名具列，不以形應之則乖。」其八，書中無尹文子之主張。漢志列尹文子爲名家，則尹文書中即不言名理，亦應述其別宥情欲寡淺見侮不辱等學說，但現行尹文子書中言名理者極少；其餘亦僅有「見侮不辱，見推不矜，禁暴息兵，救世之鬥」四語，而上下文對於見侮不辱，禁攻寢兵之說，全無發揮。又强入「見推不矜」之語。大部均言法術權勢，豈不可怪！其九，書中。有與。尹文子主張。

相反者。如下篇有「以權術用兵，萬物所不能敵」之語。其十，書中之錯誤，與序中之錯誤同。書中以宋鈃彭蒙田駢擾成一堆，此由誤會天下篇而致然，而序亦云與宋鈃彭蒙田駢同學於公孫龍。然則，序既僞託，書亦僞託無疑矣。或者云，「說苑述尹文子語，有近於道家無爲之主張；而周氏涉筆引劉向，容齋續筆引劉歆之語，皆云尹文子意本老子，則與今本尹文子內容似相合」。然上述諸書所引，本不可靠；即可靠，亦僅能謂爲僞撰尹文子者受劉氏父子之暗示而已。或者又云「今本尹文子中亦有精采語，如馬總意林陳澧東塾讀書記胡適中國哲學史大綱所引皆是。」不知此特僞撰者撏撦古書中名家法家之思想，夾入文中，以堅讀者之信心耳。且後人僞撰古書，雖不免露出文體上或年代上之錯誤，亦不能定謂後人說不出精采若古人之語。況尹文子中固有不少淺陋文耶？又有疑今本尹文子爲後人補輯者，此亦非是。若係補輯，何以不將呂氏春秋說苑所引收入？又何以誤會莊子天下篇如是？又不應於兩篇之中含如許時代錯誤及其他破綻。可見此書是僞撰，不是補輯。按魏徵羣書治要所錄，及意林楊倞荀子正論篇注容齋續筆所引，皆與今本大同小異。黃震黃氏日鈔讀尹文子造好牛好馬之說，復掇拾名實相亂之事以證之，亦與今本上篇之文相合。可見唐宋人所見，即爲今本。惟文心雕龍諸子篇稱「辭約而精，尹文得其要」，今本恐不能當此褒美。大抵劉勰所見，非今本。今本或爲陳隋間人所僞託。漢志一篇，隋志二卷，所謂二卷者，殆即今本上下兩篇之書歟？姚際恆雖疑尹文子爲僞書，而無明證；本文所舉，可以證今本尹文子之確爲僞書矣。』節清華學報四卷一期尹文和尹文子

尹文子校録二卷

王時潤　撰

民國二十三年（1934）排印《周秦名學三種》本

尹文子校錄敘

漢書藝文志。尹文子一篇。在名家。班固自注云。說齊宣王。先公孫龍。與劉向說苑載文與宣王問答事合。(公孫龍子跡府篇但稱文與齊王問答。不云宣王。)而呂氏春秋。又載文與湣王問答事。清四庫全書總目提要疑文爲宣王時人。至湣王時猶在。理或然也。宋洪邁容齋續筆卷十四。引劉歆說。以爲文居稷下。與宋鈃、彭蒙、田駢等。同學於公孫龍。案龍爲趙平原君客。趙公子勝。惠文王元年相趙。封平原君。以趙孝成王十五年卒。上溯齊宣王元年。凡九十二年。歆謂文學於龍。誤矣。似不如班固謂文先於龍爲得其實也。或又據司馬貞史記索隱。以爲著書十四篇之公孫龍。卽孔子弟子。劉歆謂文學於龍。蓋指七十七人中之公孫龍而言。似亦不然。史記仲尼弟子列傳。公孫龍字子石。少孔子五十三歲。裴駰史記集解引鄭玄說。以爲楚人。爲堅白異同之辯之公孫龍。則史記孟子荀卿列傳。以爲趙人。唐當塗縣丞殷敬順列子釋文。龍字子秉。莊子徐無鬼篇。莊子謂惠子曰。儒、墨、楊、秉、四。與夫子爲五。夫子、謂惠施。秉、卽龍也孔子以周敬王四十一年。卽魯哀公十六年。四月己丑卒。年七十三。龍少孔子五十三歲。孔子卒時。龍年二十。自孔子卒至齊宣王元年。凡百二十九年。至齊湣王末年凡百八十七年。至趙孝成王十五年平原君卒。凡二百二十年。龍已二百四十歲矣。然則仲尼弟子列傳中之公孫龍。與孟子荀卿列傳中之公孫龍。一字子石。一字子秉。一爲楚人。一爲趙人。其爲兩人明矣。故吾以爲班固謂文先於龍爲得其實、而以劉歆謂文學於龍爲誤也。又案尹文書漢志止一篇。而隋書經籍志有二卷者。蓋後人以其文多而分之。且唐魏徵羣書治要引文尹子首大道。次聖人。尤篇名爲後人所加之證。故余今所校錄。雖亦析爲二卷。而特去其篇名以復其舊。庶於漢隋兩志均無違反云爾。中華民國三年。四月一日。長沙王時潤啓湘甫敘、

尹文子序

尹文子者蓋出於周之尹氏齊宣王時居稷下與宋鈃、彭蒙、田駢同學於公孫龍公孫龍稱之著書一篇多所彌綸莊子曰不累於物不苟於人不忮於衆願天下之安寧以活於民命人我之養畢足而止之（錢熙祚曰藏本無之字與莊子天下篇合）以此白心見侮不辱此其道也而劉向亦以其學本於黃老大較刑名家也近爲誣矣余黃初末始到京師繆熙伯以此書見示意其玩之（錢氏曰藏本其作甚）而多脫誤聊試條次撰定爲上下篇亦未能究其詳也山陽仲長氏撰

尹文子考證

晁公武曰尹子二卷周尹文撰仲長統所定序稱周尹氏齊宣王時居稷下學於公孫龍龍稱之而漢志序此書在龍上案龍客於平原君君相趙惠文王文王元年齊宣沒已四十餘歲矣則知文非學於龍者也

宋景濂曰仲長統卒於獻帝讓位之年而序稱其黃初末到京師亦與史不合予因

知統之序蓋後人依託者也時潤謹案作僞者蓋欲使人疑爲仲長統故不題爲仲長統而特題仲長氏以自掩其作僞之跡

錢熙祚曰漢志尹文子一篇魏黃初末山陽仲長氏析爲上下篇故隋志有二卷與今道藏本合然唐人引尹文子多今本所無反覆尋繹疑脫簡並在下篇惜割裂太甚零章剩句無可位置耳

清四庫全書總目提要子部雜家類

尹文子一卷周尹文撰前有魏黃初末山陽仲長氏序稱條次撰定爲上下篇文獻通考作二卷此本亦題大道上篇大道下篇與序相符而通爲一卷蓋後人所合併也莊子天下篇以尹文田駢並稱顏師古注漢書爲齊宣王時人考劉向說苑載文與宣王問答顏蓋據此然呂氏春秋又載其與湣王問答事殆宣王時人至湣王時猶在歟其書本名家者流大旨指陳治道欲自處於虛靜而萬事萬物則一一綜核其實故其言出入於黃老申韓之間周氏涉筆謂其自道以至名自名以至法蓋得其眞晁公武讀書志以爲誦法仲尼其言誠過宜爲高似孫緯略所譏然似孫以儒

理繩之謂其淆雜亦爲未允百氏爭鳴九流並列各尊所聞各行所知自老莊以下均自爲一家之言讀其文者取其博辨閎肆足矣安能限以一格哉序中所稱熙伯蓋繆襲之字其山陽仲長氏不知爲誰李獻臣以爲仲長統然統卒于建安之末與所云黃初末者不合晁公武因此而疑史誤未免附會矣

尹文子逸文 錢熙祚輯

尹文子見齊宣王宣王不言而歎尹文子曰何歎王曰吾歎國中寡賢尹文子曰使國悉賢孰處王下（此下意林有誰爲王使四字）王曰國悉不肖可乎尹文子曰國悉不肖孰理王朝王曰賢與不肖皆無可乎尹文子曰不然有賢有不肖故王尊於上臣卑於上進賢退不肖所以有上下也（意林又藝文類聚二十御覽四百二）

虎求百獸食之得狐狐曰子無食我也天帝令我長百獸今子食我是逆天帝命也子以我言不信吾爲子先行子隨我後觀百獸之見我不走乎虎以爲然故遂與行獸見之皆走虎不知獸之畏己而走以爲畏狐也（御覽四百九十四）

䁟 視也 察也 音砌

瞽者無目而耳不可以䁟察視也精於聽也（御覽七百四十）

聾者不歌無以自樂盲者不觀無以接物（同上）

數十百千萬億億萬千百十皆起於一推之億億無差矣（御覽七百五十）

千人曰俊萬人曰傑（史記屈原傳索隱又詩汾沮洳疏引作萬人爲英）

以智力求者喻如弈碁（類聚七十四弈字重無碁字）進退取與攻刼放捨（文選博弈論注放作殺）在我者也（御覽七百五十三）

博者盡開塞之宜得周通之路而不能制齒之大小在遇者也（文選策秀才文注藝文類聚七十四御覽七百五十四）

堯爲天子衣不重帛食不兼味土階三尺茅茨不翦（藝文類聚八十二御覽九百九十六）

堯德化布於四海仁惠被於蒼生（文選勸進表注）

兩智不能相使兩賢不能相臨兩辨不能相屈力均勢敵故也（意林）

專用聰明則功不成專用晦昧則事必悖一明一晦衆之所載（同上）

四方上下曰宇（後漢書馮衍傳注）

將戰有司讀誥誓三令五申之既畢然後即敵（文選東京賦注）

鐘鼓之聲。怒而擊之則武。憂而擊之則悲。喜而擊之則樂。其意變。其聲亦變。意誠感之。達于金石。而況於人乎。書鈔百八。

尹文子逸文畢

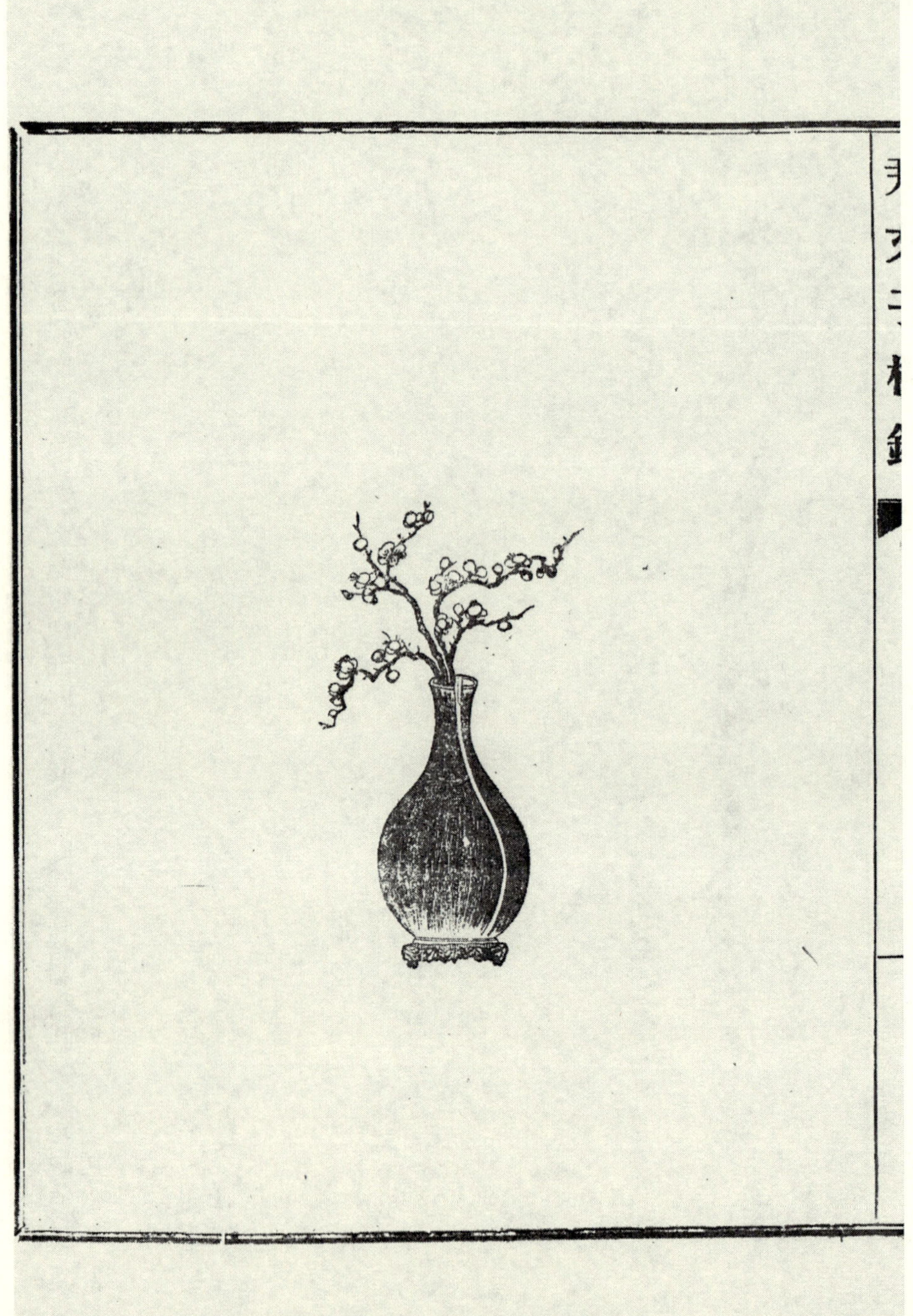

尹文子校錄上

長沙王時潤啟湘甫校錄

大道無形稱器有名名也者正形者也形正由名則名不可差故仲尼云必也正名乎名不正則言不順也大道不稱衆有必名生於不稱則羣形自得方其圓時潤謹案。句首疑脫道字。道生於不稱與下文名生於方圓句一律。名生於方圓則衆名得其所稱也大道治者則名法儒墨自廢時潤謹案。大道上當有以字。以大道治者則名法儒墨自廢與下文以名法儒墨治者則不得離道正相對成義。以名法儒墨治者則不得離道老子曰道者萬物之奧善人之寶不善人之所寶錢熙祚曰老子寶作保。二字古通。是道治者謂之善人藉名法儒墨者謂之不善人善人之與不善人名分日離不待審察而得也道不足以治則用法法不足以治則用術術不足以治則用權權不足以治則用勢勢用則反權錢氏曰容齋續筆引作勢不足則反權。權用則反術術用則反法法用則反道道用則無爲而自治故窮則徼終徼終則反始始終相襲無窮極也有形者必有名有名者未必有形形而不名未必失其方圓白黑之實名而不可不尋名以檢其差孫詒讓曰名而下當有無形二字各本並脫。名而無形與上文形而不名正相對。故亦有名以檢形形以定名名以定事事以檢名察其所以然則形名之與事物無所隱其理矣名有三科法有四呈（時潤謹案呈當讀爲程。）一曰命物之名方圓白黑是也二曰毀譽之名善惡貴賤是也三曰況謂之名賢愚愛憎是也一曰不變之法君臣上下是也二曰齊俗之法能鄙同異是也三曰治衆之法慶賞刑罰是也四曰平准之法律度權量是也術者人君之所密用（時潤謹案所字疑衍。）羣下不可妄窺勢者制法之利器羣下不可妄爲人君有術而使羣下得窺非術之奥者有勢使羣下得爲非勢之重者大要在乎先正名分使不相侵雜然後術可祕勢可專名者名形者也形者應名者也然形非正名也名非正形也則形之與名居然別矣不可相亂亦不可相無無名故大道無稱有名故名以正形今萬物具存不以名正之則亂萬名具列不以形應之則乖故形名者不可不正也善名命善惡名命惡故善有善名惡有惡名聖賢仁智命善者也頑嚚凶愚命惡者也今卽聖賢仁智之名以求聖賢仁智之實未之或盡也卽頑嚚凶愚之名以求頑嚚凶愚之實亦未或盡也使善惡盡然有分雖未能盡物之實猶不患其差也故曰名不可不辯也名稱者何彼此而檢虛實者也（時潤謹案宋吉迂陳氏本及湖北崇文局本均作何彼此孫詒讓札迻何作別以宋本之作何）

為誤其實非也此何字當屬下讀何彼此與檢虛實相對成文何猶稽也檢猶驗也廣雅釋詁二曰何與稽考同訓問釋詁四以檢與證同訓驗是即何檢與稽考證驗諸字同義之證也尹文子之意蓋謂名稱者所以稽彼此而驗虛實之具耳宋本實不誤不必據孫校而改為別也

自古及今莫不用此而得用彼而失失者由名分混得者由名分察今親賢而疏不肖賞善而罰惡賢不肖善惡之名宜在彼親疏賞罰之稱宜屬我我之與彼又復一名名之察者也名賢不肖為親疏名善惡為賞罰合彼我之一稱而不別之名之混者也故曰名稱者不可不察也語曰好牛又曰不可不察也

錢氏曰又曰二字衍當依御覽八百九十九引此文刪時潤謹案又曰句當為衍文上文云故曰名稱者不可不察也故字脫爛祇存攴旁則有似乎又是以誤衍一句下文好則物之通稱牛則物之定形正承好牛句而言中衍又曰不可不察也七字則上下文氣隔絕矣

好則物之通稱牛則物之定形以通稱隨定形不可窮極者也設復言好馬則復連於馬矣則好所通無方也設復言好人則彼屬於人也

汪繼培曰彼疑復孫氏曰宋本正作復時潤謹案彼當作復也當作矣

則好非人人非好也則好牛好馬好人之名自離矣故曰名分不可相亂也五色五聲五臭五味凡四類自然存焉天地之間

時潤謹案焉猶於也呂氏春秋季春紀天子焉始乘舟高誘注曰焉猶於也淮南子時則訓高注同隱二年公羊傳託始焉爾何休注焉爾猶於是也定元年公羊傳則不知已之有罪焉爾何注焉爾猶於是皆焉訓為於之證也或謂焉為於字之誤亦通蓋於為烏之古文於以聲而譌烏又以形而譌焉耳

而不期為人用人必用之終身各有好惡而不能辯其名分名宜屬彼分宜屬我我愛白而憎黑韻商而舍徵好膻而惡

焦嗜甘而逆苦白黑商徵膻焦甘苦彼之名也愛憎韻舍好惡嗜逆我之分也定此
名分則萬事不亂也故人以度審長短錢氏曰故字誤羣書治要引作右以量受少多時潤謹案錢本作多少並云多少二字藏本倒與治要合
以衡平輕重以律均淸濁以名稽虛實以法定治亂以簡治煩惑錢氏曰藏本治作制與治要合孫氏曰宋本亦作制
以易御險難以萬事皆歸於一錢氏曰以字衍當依治要删百度皆準於法歸一者簡之至準法者易
之極如此錢氏曰治要引如此下有則字頑嚚聾瞽可與察慧聰明同其治也孫氏曰宋本與作以錢氏曰以字誤明吉府本作與與治要合時潤謹案以字
不誤以猶與也天下萬事不可備能責其備能於一人則賢聖其猶病諸設一人能備天下之
事能左右前後之宜時潤謹案下能字屬下爲句當訓爲則昭十二年左傳中美能黃上美爲元下美則裳能爲則三字平列猶言中美則黃上美則元下美則裳也周秦古書多以能則二字並用孫子謀攻篇
故用兵之法十則圍之五則攻之倍則分之敵能戰之少能守之不若能避之上三句用則字下三句用能字能卽則也校者
知能卽則字故旁注則字於能字之側轉寫者不知而並存之故今本孫子敵少不若下幷衍則字而王念孫讀書雜志不知
三則字之誤衍乃反衍戰守下兩之字誤矣且王引之經傳釋辭訓能爲乃以爲言敵則乃戰少則乃守不若則乃避之也則
乃連用義亦未安孫子虛實篇又云故敵佚能勞之飽能飢之安能動之三能字亦當訓則言敵佚則勞之飽則飢之安則動
之也與此正可互證遠近遲疾之間孫氏曰宋本疾作速必有不兼者焉苟有不兼於治闕矣金治而無闕者
時潤謹案金疑全字之誤全闕二字正相對成義說文入部篆文仝從入從玉而玉之古文作玉合入爲全則與金體似因誤爲金矣漢書灌夫傳集注金字或作全是卽二字形似互譌之證大小多少各當其
分農商工仕錢本仕作士云藏本士作仕下同時潤謹案今本與藏本同不易其業老農長商習工舊仕莫不存焉則處上

者何事哉錢氏曰治要者作有。故有理而無益於治者君子弗言有能而無益於事者君子弗爲錢氏曰長短經卑政篇兩弗字均作不與治要合。君子非樂有言有益於治不得不言君子非樂有爲孫氏曰宋本樂作好。有益於事不得不爲故所言者不出於名法權術所爲者不出於農稼軍陣孫氏所据本作農桑軍陣。周務而已故名主不爲孫氏曰不爲二字誤當依治要作任之下云故明主誅之正與此相對爲文。治外之理小人必言事外之能錢氏曰此處有脫文當依治要作治外之理小人之所必言事外之能小人之所必爲觀下文云小人亦知言損於治而不能不言小人亦知能損於事而不能不爲亦以言屬治以爲屬事也。小人亦知言損於治錢氏曰治要引損上多有字下句同。而不能不言小人亦知能損於事而不能不爲故所言者極於儒墨是非之辯所爲者極於堅僞偏抗之行求名而已故明主誅之古語曰錢氏曰治要引古語上有故字。不知無害於君子知之無損於小人孫氏曰兩於字汪本作爲。工匠不能無害於巧君子不知無害於治此信矣錢氏曰治要引作此言信矣。爲善使人不能得從此獨善也爲巧使人不能得從此獨巧也未盡善巧之理錢氏曰治要引此文云爲善使人不能得從爲巧使人不能得爲此獨善獨巧者也未盡巧善之理長短經卑政篇注爲善爲巧下並有者字也字在理字下餘並與治要同可見唐本尹文子如此。爲善與衆行之爲巧與衆能之此善之善者巧之巧者也所貴聖人之治錢氏曰容齋續筆引所貴上有故字與治要合。不貴其獨治貴其能與衆共治錢氏曰長短經引共治下有也所二字與治要合。貴工倕之巧不貴其獨巧貴其能與衆共巧也今世之人行欲獨賢事欲獨能辯欲出羣勇欲絕衆獨行之賢（錢氏曰長短經引獨行上有夫字）不足以成化獨能之事不足以周務出羣之辯不可爲戶說絕衆之勇不可與征陣凡此四者亂之所由生（錢氏曰長短經引由生下有也字）是以聖人任道以通其險（錢本通作夷云治要作通）立法以理其差使賢愚不相棄能鄙不相遺能鄙不相遺則能鄙齊功賢愚不相棄則賢愚等慮此至治之術也名定則物不競分明則私不行物不競非無心由名定故無所措其心私不行非無欲由分明故無所措其欲然則心欲人人有之而得同於無心無欲者制之有道也（錢氏曰長短經適變篇引作在制之有道故也）田駢曰天下之士莫肯處其門庭臣其妻子必遊宦諸侯之朝者（錢氏曰宋本遊作游）利引之也遊於諸侯之朝（孫氏曰宋本游於作游宦）皆志爲卿大夫而不擬於諸侯名限之也彭蒙曰雉兔在野衆人逐之分未定也雞豕滿市莫有志者分定故也物奢則仁智相屈分定則貪鄙不爭圓者之轉非能轉而轉不得不轉也方者之止非能止而止不得不止也因圓之自轉使不得止因方之自止使不得轉何苦物之失分故因賢者之有用使不得不用因愚者之無用使不得用用與不用皆非我用（錢氏曰用字誤當依治要作也）因

彼所用（錢氏曰所字誤常依治要作可）與不可用而自得其用（錢氏曰治要引而下有自得其用也五字又長短經自作各）奚患物之亂乎（錢氏曰長短經乎作也與治要合）物皆不能自能不知自知智非能智而智愚非能愚而愚好非能好而好醜非能醜而醜夫不能自能不知自知則智好何所貴愚醜何所賤則智不能得夸愚好不能得嗤醜此爲得之道也道行於世則貧賤者不怨富貴者不驕愚弱者不懾智勇者不陵（錢氏曰治要陵作矜）定於分也（錢氏曰治要定作足）法行於世則貧賤者不敢怨富貴富貴者不敢陵貧賤愚弱者不敢冀智勇智勇者不敢鄙愚弱此法之不及道也世之所貴同而貴之謂之俗世之所用同而用之謂之物苟違於人俗所不與苟忮於衆俗所共去故心皆殊（錢氏曰治要故下有人字）而爲行若一所好各異而資用必同此俗之所齊物之所飾故所齊不可不愼所飾不可不擇昔齊桓好衣紫闔境不鬻異彩楚莊愛細腰一國皆有饑色上之所以率下乃治亂之所由也故俗苟沴必爲法以矯之（錢本作爲治云治字誤常依明吉府本作爲法）物苟溢必立制以檢之累於俗飾於物者不可與爲治矣昔晉國苦奢文公以儉矯之乃衣不重帛食不兼肉（錢本作不異云藏本異作兼與御覽六百八十九引此文合又書鈔百四十三作重）無幾時人皆大布之衣（錢氏曰書鈔御覽引人上並有國字）

此脫去

脫粟之飯越王句踐謀報吳 錢氏曰書鈔百十六引作越王將報吳王 欲人之勇路逢怒蛙而軾之 錢氏曰書鈔八十五御覽

五百四十三並引作下車而揖之又書鈔百十六作過車避之 比及數年民無長幼臨敵雖湯火不避 錢氏曰書鈔百十六引作後戰民皆不避湯火遂滅吳與今本異

居上者之難如此之驗聖王知民情之易動 錢本作人情云藏本人作民 故作樂以和之制禮以節之

在下者不得用其私故禮樂獨行禮樂獨行則私欲寢廢 孫氏曰宋本寢作寖下同 私欲寢廢則遺賢

之與遺愚均矣若使遺賢則治遺愚則亂是治亂續於賢愚不係於禮樂 時潤謹案纃猶屬也係屬二字

同義禮記深衣篇纃袵鉤邊鄭注云纃猶屬也下文云親疏係乎勢利不係乎不肖與仁賢句法與此一律此云治亂纃於賢愚猶彼云親疏係乎勢利也 是聖人之術與聖主而俱沒 孫氏曰宋

本作聖王 治世之法逮易世而莫用則亂多而治寡亂多而治寡則賢無所貴愚無所賤矣

處名位雖不肖下愚物不疏己 錢氏曰此處有脫誤文選任彥升薦士表注引作處名位雖不肖不患物不親己在貧賤不患物不疏己觀下文云親疏係乎勢利則此處亦當親疏並舉

為是不患誤作下愚字形並相似也藏本下作不此其迹之未盡泯者時潤謹案在貧賤下疑尚脫雖仁賢三字 親疏係乎勢利不係乎不肖與仁賢 時潤謹案汪本作不係於云文

選薦士表注東征賦注並作乎孫氏曰宋本與文選注同錢氏曰文選注仁賢下有也字 吾亦不敢據以為天理以為地勢之自然者爾今天地

之間不肖實衆仁賢實寡趨利之情不肖特厚廉恥之情仁賢偏多今以禮義招仁

賢所得仁賢者萬不一焉以名利招不肖所得不肖者觸地是焉故曰禮義成君子

君子未必須禮義名利治小人小人不可無名利慶賞刑罰君事也守職効能臣業也孫氏曰宋本効作效下同君料功黜陟錢本作科功云藏本科作料料字是下篇亦云料長幼故有慶賞刑罰臣各慎所任故有守職効能君不可與臣業臣不可侵君事上下不相侵與謂之名正名正而法順也接萬物使分別海內使不雜時潤謹案兩句均當六字爲句蓋分字之上或別字之下脫去一字耳見侮不辱見推不矜禁暴息兵救世之鬬此人君之德可以爲主矣錢氏曰荀子正論篇注引仁作人主作王守職分使不亂愼所任而無私饑飽一心毀譽同慮賞亦不妄罰亦不怨此居下之節可爲人矣孫氏所据本作可爲人臣矣云宋本脫臣字時潤謹案可下當增以字人疑臣字之譌世有因名以得實亦有因名以失實時潤謹案上因字疑違字之誤當是涉下而譌蓋違背字古本作韋亦借用囗與因形近是以致譌易繫辭範圍天下而不過釋文云圍本作違史記曹相國世家渡圍津索隱云圍與韋同古今字變爾漢書成帝紀大木十韋以上顏師古注韋與圍同皆其證也蓋韋從囗聲違圍者從韋聲故得通用耳下文所載衞鄹夫娶黃公女事正違名得實之證宣王用九石及楚人販山雉田父棄寶玉三事正因名失實之證然則尹文子原文本以違名得實因名失實相對成義明矣宣王好射錢氏曰御覽三百八十九引作齊宣王與呂氏春秋壅塞篇合說人之謂己能用強也其實所用不過三石錢氏曰書鈔御覽用下並有弓字以示左右左右皆引試之中關而止時潤謹案關當爲闗之譌音彎即孟子越人闗弓之闗也皆曰不下九石錢氏曰書鈔御覽曰下並有此字非大王孰能用是宣王悅之然則宣王用不過三石而終身自以爲九石錢氏曰御覽爲下有用字三石實也九石名也宣王悅其名而喪其實齊有黃公者

好謙卑有二女皆國色以其美也常謙辭毀之以爲醜惡醜惡之名遠布年過而一國無聘者 錢依類聚御覽無下補敢字 衛有鰥夫時冒娶之 錢依御覽時上補失字 果國色然後曰黃公好謙故毀其子不姝美 孫氏曰宋本不姝美作妹必美是也据上文黃公有二女衛人所娶者是其長故人意其妹必美而爭禮之今本作不姝美屬上毀其子爲句則下二語文無所承矣 於是爭禮之亦國色也國色實也醜惡名也此違名而得實矣楚人擔山雉者 時潤謹案擔上宜增有字 路人問 錢氏曰御覽九百十七引問下有曰字 何鳥也擔雉者欺之曰鳳凰也路人曰我聞有鳳凰今直見之 錢氏曰直字誤類聚九十御覽九百十七並作始 時潤謹案直特也直字疑不誤 汝販之乎曰然則十金弗與 錢氏曰類聚及御覽並作請買十金 請加倍乃與之將欲獻楚王經宿而鳥死路人不遑惜金 錢氏曰類聚惜下有其字 惟恨不得以獻楚王國人傳之咸以爲眞鳳凰貴欲以獻之遂聞楚王感其欲獻於己 時潤謹案楚王下當疊楚王二字尹文子原文當作遂聞楚王楚王感其欲獻于己下文云以獻魏王魏王召玉工相之亦疊魏王二字即其證也 召而厚賜之過於買鳥之金十倍魏田父有耕於野者得寶玉徑尺弗知其玉也以告鄰人鄰人陰欲圖之謂之曰 錢氏曰類聚八十三御覽八百五謂並作詐 此怪石也 錢本無此字云明吉府本及藏本曰下並有此字 畜之弗利其家弗如復之 錢本復之上有一字云一字衍當依明吉府本及藏本删 田父雖疑猶錄以歸置於廡下其夜玉明光照一室田父稱家大怖 錢氏曰稱字誤御覽引作其無田父二字 時潤謹案稱字不誤稱猶舉也言田父舉家大怖也尚書湯誓篇敢行稱亂史記殷本紀作敢行舉亂即稱訓爲舉之證也 復

以告鄰人曰時潤謹案鄰人二字當重此怪之徵遄棄殃可銷於是遽而棄於遠野錢氏曰御覽棄下有之字孫氏曰宋本棄下有之字鄰人無何盜之以獻魏王魏王召玉工相之玉工望之再拜而立敢賀王得此天下之寶錢氏曰此文有誤御覽作再拜却立曰敢賀大王得此天下之寶六帖七同藝文類聚作再拜賀曰大王得此天下之寶蓋節文臣未嘗見王問其價錢本作王問價云明吉府本及藏本問上並有其字與藝文類聚引此文合孫氏曰宋本亦有其字玉工曰此無價以當之五城之都僅可一觀魏王立賜獻玉者千金長食上大夫祿錢氏曰藝文類聚大夫下有之字凡天下萬里皆有是非吾所不敢誣是者常是非者常非亦吾所信然是雖常是有時而不用非雖常非有時而必行故用是而失有矣行非而得有矣是非之理不同而更興廢翻為我用則是非焉在哉觀堯舜湯武之成或順或逆得時則昌桀紂幽厲之敗或是或非失時則亡五伯之主亦然宋公以楚人戰於泓時潤謹案以猶與也詩江有沱篇不我以不我以鄭箋云以猶與也儀禮鄉射禮主人以賓揖鄭注曰以猶與也然則宋公以楚人戰于泓猶言宋公與楚人戰於泓耳上文可與察慧聰明同其治也宋古迂陳氏本及錢熙祚本作可以是即本書以以為與之證也公子目夷曰楚衆我寡請其未悉濟而擊之宋公曰不可吾聞不鼓不成列寡人雖亡之餘不敢行也時潤謹案亡下當据春秋左氏傳補國字戰敗楚人執宋國時潤謹案國當作公齊人弒襄公立公孫無知召忽、夷吾奉公子糾奔魯鮑叔牙奉公子小白奔莒既而無知被殺二公子爭國糾宜立者也小白先入故齊人立之既而使魯人殺糾召忽死之徵夷吾以爲相晉文公爲驪姬之譖出亡十九年惠公卒賂秦以求反國殺懷公子而自立（孫氏曰晉文公所殺者卽懷公不當云懷公子子宋本作于疑故舊本云殺懷公于某地而今本脫之（僖二十四年左傳云殺懷公于高粱）時潤謹案子字當衍或懷爲惡字之譌）彼一君正而不免於執二君不正霸業遂焉已是而舉世非之則不知已之是已非而舉世是之亦不知已所非然則是非隨衆賈而爲正非已所獨了（時潤謹案賈字疑衍上文云已是而舉世非之則不知已之是已非而舉世是之亦不知已所非卽所謂是非隨衆而爲正也不當有賈字）則犯衆者爲非順衆者爲是故人君處權乘勢處所是之地則人所不得非也居則物尊之動則物從之言則物誠之行則物則之所以居物上御羣下也國亂有三事年饑民散無食以聚之則亂治國無法則亂有法而不能用則亂有法食以聚民有法而能行（時潤謹案食上不當有法字蓋涉上文而衍上文云國亂有三事年饑民散無食以聚之則亂治國無法則亂有法而不能用則亂此云有食以聚民正承無食句而言有法而能行正承治國無法二句而言今衍法字則義不可通矣）國不治（時潤謹案治下當增者字）未之有也

尹文子校錄卷上畢

尹文子校錄下　長沙王時潤啟湘甫校錄

仁義禮樂名法刑賞凡此八者五帝三王治世之術也故仁以導之義以宜之禮以行之樂以和之名以正之法以齊之刑以威之賞以勸之故仁者所以博施於物時潤謹案於疑施字之誤而衍者亦所以生偏私義者所以立節行亦所以成華僞禮者所以行恭謹錢氏曰治要引作謹敬長短經反經篇作敬謹亦所以生惰慢樂者所以和情志亦所以生淫放名者所以正尊卑亦所以生矜篡法者所以齊衆異亦所以乖名分錢氏曰治要及長短經並作亦所以生乖分孫氏曰汪云姜本無生字各本作乖名分據治要改宋本齊生二字並無以文義校之當從治要爲正刑者所以威不服亦所以生陵暴賞者所以勸忠能亦所以生鄙爭凡此八術無隱於人而常存於世非自顯於堯舜之時非自逃於桀紂之朝錢氏曰治要作故逃用得其道則天下治失其道則天下亂錢氏曰治要失上有用字過此而往雖彌綸天地籠絡萬品錢氏曰治要籠作羅治道之外非羣生所餐挹聖人錯而不言也時潤謹案錯字汪本作措凡國之存亡有六徵有衰國有亡國有昌國有彊國有治國有亂國錢氏曰有亂國句治要引在衰國下與下文合所謂亂亡之國者凶虐殘暴不與焉所謂彊治之國者威力仁義不與焉君年長多媵妾時潤謹案錢本作多媵云長短經理亂篇多下有妾字明吉府本作

滕妾。少子孫疏宗強。時潤謹案錢本作疏宗族云明吉府本及藏本族並作強與治要合孫氏曰汪云沈本作疏宗強治要同宋本與沈本同衰國也。君寵臣。臣愛君。公法廢。私欲行。亂國也。國貧小家富。大君權輕。臣勢重。亡國也。凡此三徵。不待凶虐殘暴而後弱。雖曰見存。吾必謂之亡者也。內無專寵。外無近習。支庶繁字。錢氏曰長短經字作息與治要合長幼不亂。昌國也。農桑以時。倉廩充實。兵甲勁利。封疆修理。強國也。上不勝其下。下不能犯其上。時潤謹案錢本作不勝不犯云長短經引兩不字下並有能字與治要合藏本上句亦有能字孫氏曰汪云治要長短經注勝犯上並有能字宋本與藏本同上下不相勝犯。故禁令行。人人無私。雖經險易。而國不可侵。治國也。凡此三徵。不待威力仁義而後彊。時潤謹案宋本彊作強下同雖曰見弱。吾必謂之存者也。時潤謹案宋古迂陳氏本無此句脫治王之興。必有所先誅。先誅者。非謂盜。非謂姦。此二惡者。一時之大害。非亂政之本也。亂政之本。下侵上之權。臣用君之術。心不畏時之禁。行不軌時之法。此大亂之道也。孔丘攝魯相。七日而誅少正卯。門人進問曰。夫少正卯。魯之聞人也。夫子爲正而先誅。得無失乎。孔子曰。居。吾語汝其故。人有惡者五。而竊盜姦私不與焉。一曰心達而險。二曰行僻而堅。三曰言僞而辯。四曰強記而博。五曰順非而澤。此五者有一於人。則不免君子之誅。而少正卯兼有之故居處足以聚徒成羣言談足以飾邪熒衆強記足以反是獨立此小人雄傑也不可不誅也是以湯誅尹諧文王誅潘正太公誅華士管仲誅付里乙子產誅鄧析史付此六子者異世而同心不可不誅也詩曰憂心悄悄慍於羣小小人成羣斯足畏也語曰佞辯可以熒惑鬼神曰鬼神聰明正直孫氏曰宋本脫曰鬼神三字。孰能熒惑者時潤謹案錢本作孰曰云曰字誤當依明吉府本作能。曰鬼神誠不受熒惑此尤佞辯之巧靡不入也時潤謹案尤甚也謂甚言佞辯之巧無所不入也。夫佞辯者雖不能熒惑鬼神熒惑人明矣探人之心度人之欲順人之嗜好而不敢逆納人於邪惡而求其利人喜聞己之美也善能揚之惡聞己之過也善能飾之得之於眉睫之間承之於言行之先世俗之人聞譽則悅聞毀則戚此衆人之大情有同己則喜異己則怒此人之大情故佞人善爲譽者也善順從者也人言是亦是之人言非亦非之從人之所愛隨人之所憎故明君雖能納正直未必能親正直雖能遠佞人未必能疏佞人故舜禹者以能不用佞人時潤謹案以與已通。亦未必憎佞人語曰佞辯惑物舜禹不能得憎不可不察乎時潤謹案世俗之人至不可不察乎百廿四字錢氏据治要補并云末句乎當作也今按當作可不察乎可上衍不字乎字不誤。語曰惡紫之奪朱惡利口之覆邦家斯言足畏而終身莫悟危亡繼踵焉老子曰以政治國（錢氏曰老子政作正二字古通）以奇用兵以無事取天下政者名法是也以名法治國萬物所不能亂奇者權術是也以權術用兵萬物所不能敵凡能用名法權術而矯抑殘暴之情則已無事焉已無事則得天下矣故失治則任法失法則任兵以求無事不以取強取強則柔者反能服之老子曰民不畏死如何以死懼之（錢氏曰治要引作如之何其以死懼之）凡民之不畏死由刑罰過刑罰過則民不聊其生生無所賴視君之威末如也刑罰中則民畏死畏死由生之可樂也知生之可樂故可以死懼之此人君之所宜執臣下之所宜慎田子讀書曰堯時太平宋子曰聖人之治以致此乎彭蒙在側越次答曰聖法之治以至此（時潤謹案至與致通）非聖人之治也宋子曰聖人與聖法何以異彭蒙曰子之亂名甚矣聖人者自己出也聖法者自理出也理出於己己非理也（孫氏曰宋本理誤禮）己能出理理非己也故聖人之治獨治者也聖法之治則無不治矣此萬世之利唯聖人能該之（汪本作惟宋本錢本均作唯）宋子猶惑質於田子田子曰蒙之言然莊里丈人字長子曰盜少子曰毆（錢本毆作歐云明吉府本作毆下同）盜

出行其父在後追呼之曰盜盜吏聞因縛之其父呼毆喻吏遽而聲不轉但言毆毆吏因毆之幾殪康衢長子 時潤謹案當作康衢長者與上文莊里丈人相對此者字書者假設之名非實有是人也因涉上文字長子曰盜故誤者爲子下文長者怪而問之卽指康衢長者而言故卽繼之曰人以實對于是改之賓客復往也今本涉上文而作長子于是疑長者怪而問之爲人問長子故改下文人以實對爲乃實對是誤以問者屬之人對者屬之康衢長子也合上下文讀之不復能通矣 字僮曰善犕字犬曰善噬賓客不過其門者三年長者怪而問 時潤謹案犕當作搏字僮曰善搏與下文字犬曰善噬正相對成義隸書手旁與牛相似是以致誤之乃實對 錢氏曰御覽四百五引作人以實對孫氏曰宋本作人實對蓋脫一以字校者不審肊改人爲乃殊繆 於是改之賓客復往 時潤謹案錢本作往復云二字誤倒當依明吉府本轉乙

鄭人謂玉未理者爲璞 錢氏曰後漢書應邵傳注理作琢 周人謂鼠未腊者爲璞周人懷璞謂鄭賈曰 錢氏曰藝文類聚八十三謂作問 欲買璞乎鄭賈曰欲之出其璞視之乃鼠也因謝不取田子曰人皆自爲而不能爲人故君人者之使人使其自爲用而不使爲我用魏下先生曰善哉田子之言 孫氏曰魏下先生疑當作稷下先生此論田駢語當卽尹文子自稱仲長氏敍云尹文子齊宣王時居稷下漢書藝文志尹文子顏注亦引劉向云與宋鈃俱遊稷下是也 古者君之使臣求不私愛於己求顯忠於己而居官者必能臨陳者必勇祿賞之所勸名法之所齊不出於己心不利於己身語曰祿薄者不可與經亂賞輕者不可與入難此處上者所宜慎者也 時潤謹案田子曰至此處上者所宜慎者也百十六字今本脫錢氏据羣書治要引補 父之於子也令有必行者有必不行者去貴妻

寶愛妾此令必行者也因曰汝無敢恨汝無敢思令必不行者也錢氏曰長短經政體篇令上有此字。故爲人上者必慎所令錢氏曰長短經作必慎所出令焉。治要亦有焉字。凡人富則不羨爵祿貧則不畏刑罰不羨爵祿者自足於己也不畏刑罰者不賴存身也二者爲國之所甚病而不知防之之術故令不行而禁不止若使令不行而禁不止則無以爲治無以爲治是人君虛臨其國徒君其民危亂可立而待矣今使由爵祿而後富則人爭盡力於其君矣時潤謹案。汪錢本爭上均有必字。宋陳氏本無。由刑罰而後貧則人咸畏罪而從善矣故古之爲國者無使民自貧富貧富皆由於君則君專所制民知所歸矣貧則怨人賤則怨時而莫有自怨者此人情之大趣也然則時潤謹案。則當作而。不可以此是人情之大趣而一概非之亦有可矜者焉不可不察也今能同筭鈞時潤謹案。汪錢本作算。陳本作筭。而彼富我貧能不怨則美矣雖怨無所非也時潤謹案。陳本非作悲誤。才鈞智同而彼貴我賤能不怨則美矣雖怨無所非也其敝在於不知乘權藉勢之異而惟曰智能之同是不達之過雖君子之鄙亦君子之怒也時潤謹案。鄙與尤通。怒當作怨。怨從如聲。怒從奴聲。如奴形聲相近。是以致譌。上文云。貧則怨人。賤則怨時。而莫有自怨者。此人之大趣也。然則不可以此是人情之大趣。而一概非之。亦有可矜者焉。即此文怨字之義也。蓋尹文子之意。言以貧賤怨人。乃不達之過。亦未嘗不爲君子之所怨也。下文云人貧則怨人富則驕人怨人者苦人之不祿施于已也起于情所難安而不能安猶可怨也驕人者無苦而無故驕人此情所易制而弗能制弗可恕矣均作恕不作怨可以爲證人貧則怨人富則驕人怨人者苦人之不祿施於己也起於情所難安而不能安猶可怨也驕人者無苦錢氏曰治要無下有所字而無故驕人此情所易貴而弗能貴時潤謹案汪錢本貴作制宋本亦誤作貴弗可恕矣衆人見貧賤則慢而疏之見富貴則敬而親之貧賤者有請賕於己疏之可也未必損己而必疏之以其無益於物之具故也富貴者有施於己孫氏曰汪云緜眇閣本無與字子彙本姜本沈本無於字今據說郛本宋本與說郛同親之可也未必益己而必親之則彼不敢親我矣三者獨立無致親致疎之所人情終不能不以貧賤富貴易慮故謂之大惑焉窮獨貧賤治世之所共矜亂世之所共侮治世非爲矜窮獨貧賤而治是治之一事也亂世亦非侮窮獨貧賤而亂亦是亂之一事也每事治則無亂亂則無治視夏商之盛夏商之衰則其驗也貧賤之望富貴甚微而富貴不能酬其甚微之望夫富者之所惡貧者之所美貴者之所輕賤者之所榮然而弗酬弗與同苦樂故也雖弗酬之於我弗傷今萬民之望人君亦如貧賤之望富貴孫氏曰汪云貧賤下治要有者字案宋本與治要同其所望者蓋欲料長幼平賦斂時其饑寒省其疾痛賞罰不濫使

役以時如此而已則於人君弗損也然而弗酬弗與同勞逸故也（時潤謹案陳本勞逸作勞役下同）故爲人君不可弗與民同勞逸焉故富貴者（時潤謹案陳本故在焉上）可不酬貧賤者（錢氏曰治要者作而屬下句讀）人君不可不酬萬民不酬萬民則萬民之所不願戴所不願戴則君位替矣危莫甚焉禍莫大焉

兩智不能相使兩貴不能相臨兩辯不能相屈力均勢敵故也

專用聰明則功不成專用晦昧則事必悖一明一晦衆之所載

祿薄者不可與經亂賞輕者不可與入難處上者不可不慎

右馬元會意林所採尹文子數言是書不載必有殘缺處因附錄之

尹文子校錄卷下畢

尹文子直解

陳仲荄 撰

民國二十七年（1938）長沙商務印書館排印《國學小叢書》本

著作者 陳仲荄
主編者 王雲五

國學小叢書

尹文子直解

商務印書館發行

序

尹文子之學說。以物形名分爲主。道法術權勢爲輔。以物形名分正世。道法術權勢治世。物形名分有時或移。故道法術權勢亦隨之而變。此其大要也。惟相傳既久。脫誤殊多。因就己見所及。除將原文義理章句分別譯述外。幷附正誤於後。疏漏固不敢辭。然竊愛其理淵深。且符治道。不忍聽其久湮而不顯。所望明達之士。起而正之。是則余之甚願也。

民國十八年季春朔日南充陳仲蓤序

仲長氏序

尹文子者。蓋出於周之尹氏。齊宣王時居稷下。與宋鈃彭蒙田駢同學於公孫龍。公孫龍稱之。著書一篇。多所彌綸。莊子曰。不累於物。不苟於人。不忮於衆。願天下之安寧。以活民命。人我之養。畢足而止。之以此白心。見侮不辱。此其道也。而劉向亦以其學本於黃老。大較刑名家也。近爲誣矣。余黃初末始到京師。繆熙伯以此書見示。意甚玩之。而多脫誤。聊試條次。撰定爲上下篇。亦未能究其詳也。

湖北崇文局本尹文子序

尹文子者。蓋出於周之尹氏。齊宣王時居稷下。與宋鈃彭蒙田駢愼到同學老子之道。作華山之冠以自表。著書二篇。多所彌綸。莊子曰。不累於俗。不飾於物。不苟於人。不忮於衆。願天下之安寧以活民命。人我之養。畢足而出。以此白心。見侮不辱。捄民之鬭。禁攻寢兵。捄世之戰。以此周行天下。上說下教。是其道也。書多脫誤。雖經仲長統撰定。尙有不可讀者。姑存之以待高明。

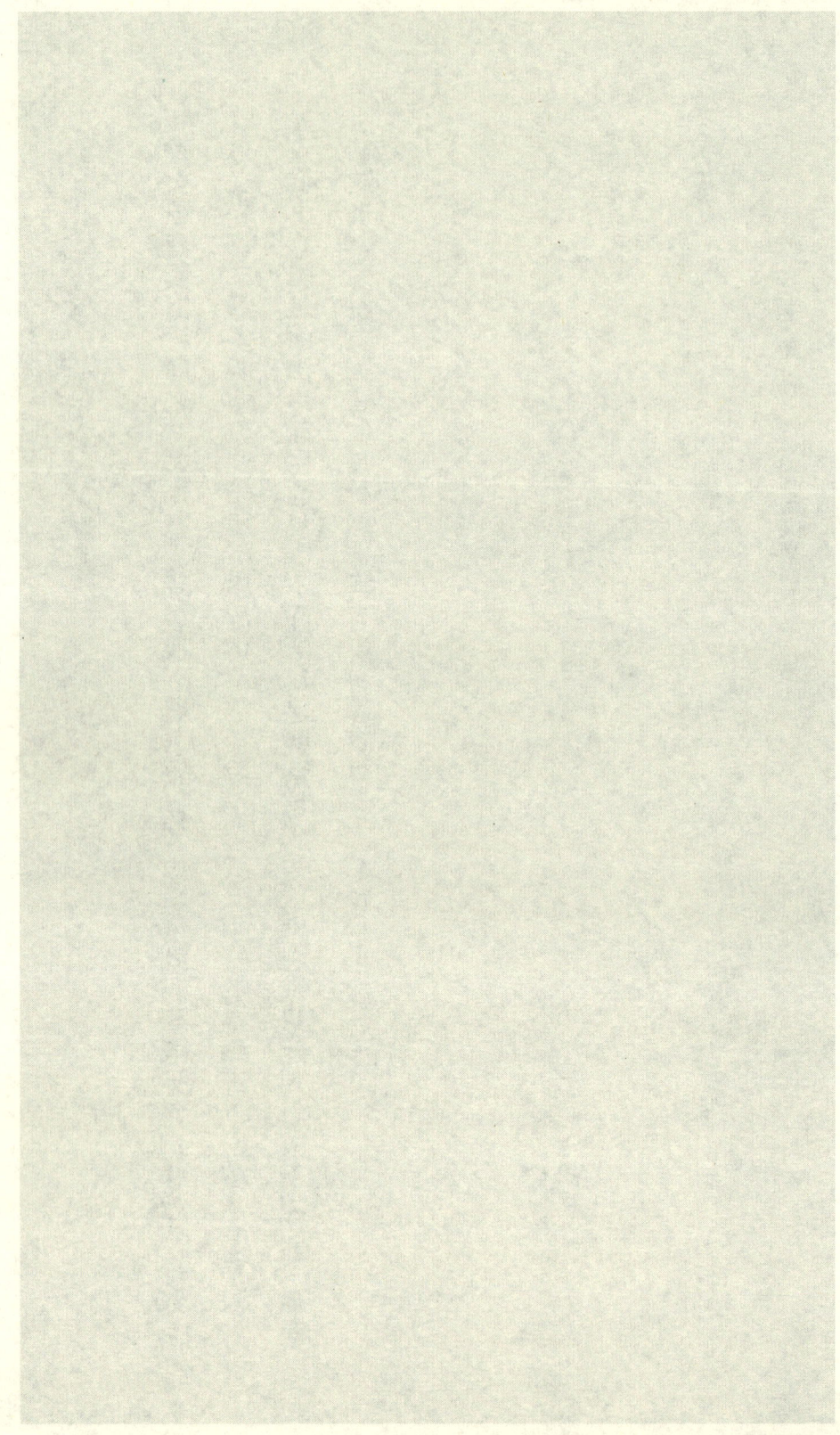

例言

一、是書係依湖北官書處重刊本訂正。苦少其他善本互校。因誤就誤之弊。知所不免。

一、是書脫誤頗多。均就本文前後文意酌加改正。於脫誤處旁用△。於古今字相通者旁用◎。以資分別。俾便考察。

一、是書義理精深。詞亦古雅。除逐段分標其義外。於典故字義有不易明晰者。間亦加以考證註釋。以便誦閱。

一、是書每段解述。均以淺顯文字就原文直譯。漸亦附入己意。以明其義。是否不背昔賢初旨。尚望高明加以指正。

仲蓤又識

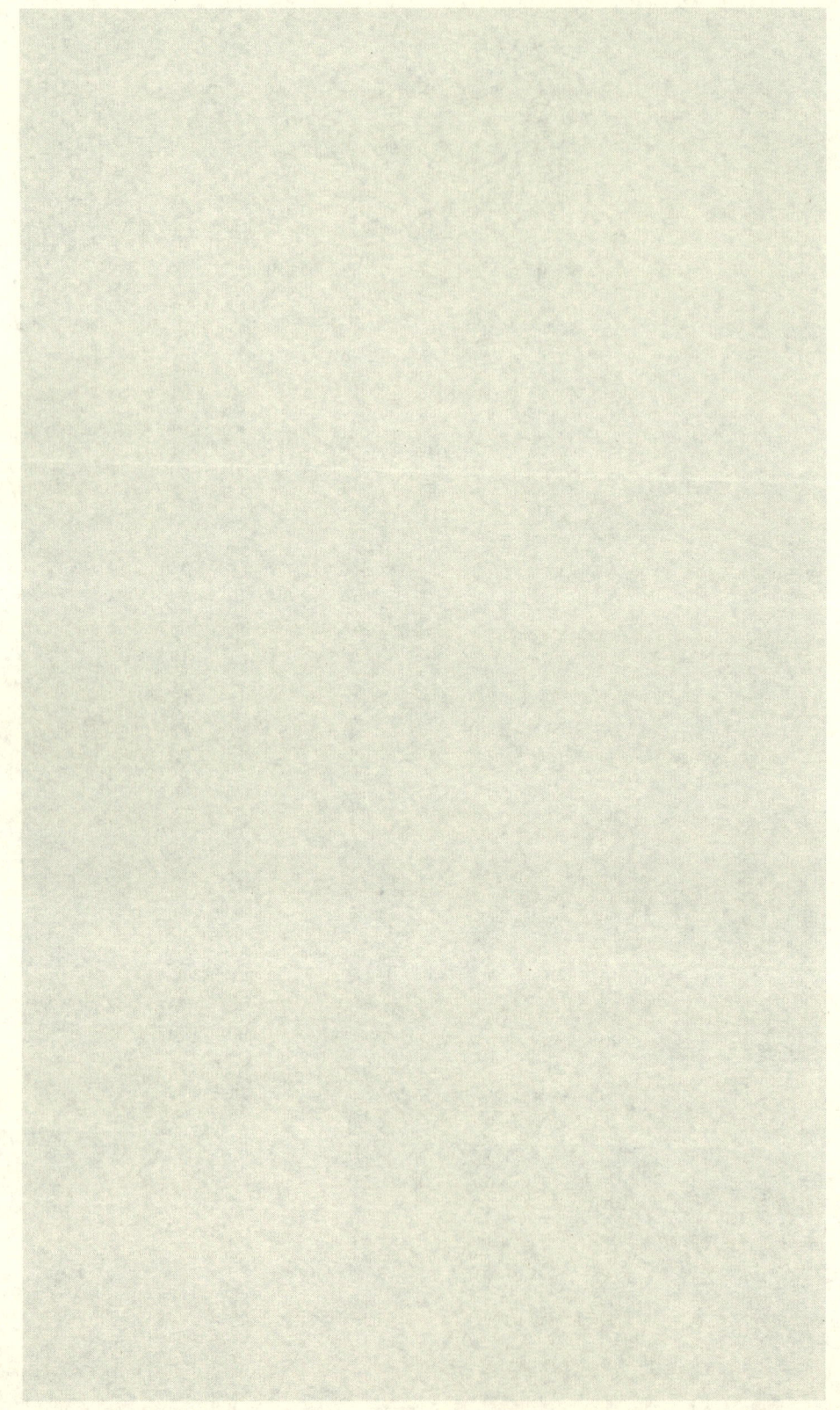

目錄

圖

尹文子直解

大道上

大道無形。稱器有名。名也者。正形者也。

〔義〕由大道點出名形。是爲物形之始。

〔註〕尹文子、蓋出於周之尹氏。齊宣王時居稷下。學道於老子、稱古稱字。器、物也事也。

〔解〕至大之道。本無形象可窺。即太始道立於一也。至其造分天地。化成萬物。遂有形矣。有形不能無名。蓋名所以正形。使不失眞也。

形正由名。則名不可差。故仲尼云。必也正名乎。名不正。則言不順也。

〔義〕正名所以求治。

〔註〕言、所以出令布治也。不順、逆也。

〔解〕本形不失。因名正也。名如不正。本形失矣。形名不孚。亂事生焉。此世所以不治也。昔仲尼以正名爲重。蓋深明此理者也。如男女之名不正。呼男爲女。則所求必不得男也。此名不正。則所發出之命令。必得其反之謂也。

大道不稱。衆有必名。生於不稱。則羣形自得其方圓。名生於方圓。則衆名得其所稱也。

〔義〕由大道點出名稱。是爲名分之始。

〔註〕自得、猶得自也。衆、萬物也。方、喻地。圓、喻天。地土敦厚而安固。天氣流通而圓轉。

〔解〕大道無形。故無稱。謂萬物有形。故有名稱。萬物之所以有名。乃生於無形不稱之大道。有形以天地爲始。是道造分天地也。由天地化成萬物。天喻圓而地喻方。則固者永固。變者常變。變與不變。惟名乃能束之。萬物雖衆。莫能離乎此也。故方圓爲名稱之始。萬物既由天地化成其形。因方圓爲名稱之始。故萬物亦因之而各得其所稱也。

大道治者。則名法儒墨自廢。以名法儒墨治者。則不得離道。老子曰。道者萬物之奧。善人之寶。不善人之所寶。是道治者。謂之善人。藉名法儒墨者。謂之不善人。善人之與不善人。名分日離。不待審察而得也。

〔義〕有興必有廢．有治必有亂．事物漸繁．名稱亦隨之化分．而日趨於複雜也．

〔註〕廢、無用也、奧、意義蘊深．秘不易窺也．

〔正誤〕大道治者句．大字上應有以字．

〔解〕大道初分。蓋純治之時也。其民各安其分。故雖無名以定之。而彼自全其眞。無法以治之。而彼自不亂。常聖人之教。本以上符天道。兼愛之說。亦係仰體天心。初民既在道治之中。故名法儒墨皆無用也。名法儒墨之所以興。皆因民氣漸薄。脫離道治。故從而約之束之。使不與道相違。不觀老子道德經第六十二章論道之言乎。謂道之義蘊深。不易窺見。善人得之以爲寶。不善人失之。而仍藉之以欺世。所謂善人者。純治之人也。所謂不善人者。亂世之人也。是治一變而爲亂。因治亂而有善不善。此由名而分也。人者、名也。善不善、分也。善人之與不善人名分既出。由此演進。日益久遠。名益複雜。與道愈離愈遠。此自然之理。不待審察而後得之也。

道不足以治。則用法。法不足以治。則用術。術不足以治。則用權。權不足以治。則用勢。勢用則反權。權用

則反術。術用則反法。法用則反道。道用則無爲而自治。故窮則徼終。徼終則反始。始終相襲。無窮極也。

〔義〕時變景遷、治法亦隨之而變．

〔註〕法、有定式可以遵循則效者也．故謂制度曰法．術、推行之方法也．權、道之常者爲經。反經合道曰權．勢、權力也．徼、循也．襲、沿也．

〔解〕道無形。故有形不能治也。有形則以法治之。法者有定式可以遵循則效也。有定式而不遵循。是法不能治也。故又以術治之。術者另謀方法以推行之也。推行而無效。是術又不能治也。術不能治。則用非常手段。使之達到目的。所謂非常手段者。卽權是也。權如仍不能用。則必繼之以力。此勢之所以可貴也。人情治久則思亂。亂久則思治。此不易之理也。故久處强力之下。必有不樂受制者。則謀所以脫離之道及强力一去。便復於權。權去而又回於術。術去而又回於法。由法復返於道。此自然之趨勢也。有爲則法治。無爲則道治。故道用。則無爲而自歸於治也。道窮則循行。已達止境。是以由終又漸次返始。始終相沿而行。如環之無端。孰可究極哉。

有形者、必有名。有名者、未必有形。形而不名。未必失其方圓白黑之實。名而不可不尋名以檢其差。故亦有名以檢形。形以定名。名以定事。事以檢名。察其所以然。則形名之與事物。無所隱其理矣。

〔義〕此正名而必防微杜漸也．否則名不能正矣．

〔註〕物、名之有形者也．事、名之無形者也．

〔正誤〕名而不可不尋名以檢其差句．名而下．應有無形二字．

〔解〕有形者必有名。物是也。有名者未必有形。事是也。形乃方圓白黑。雖無方圓白黑之名稱。尚不至失其方圓白黑之形色。但有名無形的事。易生僞弊。故不可不求其命名之意。而檢察其事是否與名不差。職是之故。遂有用名以檢察形象者。因形以定其名稱者。因名義而規定其應有之事者。因其所作之事。而檢察其是否與名相合者。以此數法考其究竟。則形名與事物之眞象。無有隱遁之路矣。

名有三科。法有四呈。一曰命物之名。方圓白黑是也。二曰毀譽之名。善惡貴賤是也。三曰況謂之名。賢愚愛憎是也。一曰不變之法。君臣上下是也。二曰齊俗之法。能鄙同異是也。三曰治衆之法。慶賞刑罰是也。四曰平准◎之法。律度權量是也。

〔義〕此釋名法。

〔註〕科、事物之程式品類也。呈、披露發現於外之次第也。況、謂、相形相譬之稱謂也。能鄙、能與不能也。律、律呂也。審音之清濁者也。度、量長短之器也。准、與準通。不差也。

〔解〕名分三類。法有四種。命物之名。有形者必有名者也。毀譽之名。因毀損譽揚而得之名也。況謂之名。因兩相比較而得之名也。故毀譽況謂之名。是有名者未必有形者也。方圓白黑。有形色可見者也。善惡貴賤賢愚愛憎。無形色可窺者也。有形色可見者。則名定而不變。無形色可窺者。則因人之貴賤愛憎觀感不同。而善惡賢愚亦即隨之而易也。至於法。則有不變之法。何謂不變之法。即不受治亂影響之法也。如君臣上下是也。又有齊俗之法。酌定民情。爲之立法。使民共同遵守也。如能鄙同異是也。又有治衆之法。使團體不失統馭也。如慶賞刑罰是也。又有平準之法。使不失平。致啓爭端也。如律度權量是也。

術者。人君之所密用。羣下不可妄窺。勢者。制法之利器。羣下不可妄爲。人君有術。而使羣下得窺。非術之奧者。有勢。使羣下得爲。非勢之重者。大要在乎先正名分。使不相侵雜。然後術可秘。勢可專。

〔義〕此釋術勢.

〔註〕密、隱藏不示於外也.

〔解〕法不能用。故用術以推行之。但用術之道。貴乎神秘。使羣下無從窺察隱避。然後其法乃能行。權不能用。故用勢以繼之。但用勢之道。貴乎威力。使羣下不敢妄爲觸犯。然後其權乃能達。至於欲術能秘。欲勢能專。其道非他。大要在乎先正其所分之名稱。使各是其是。不相侵犯混雜。然後易於考察。使所懷術得以按事推行。所蓄勢得以一力專注。力專、勢乃專。術秘、法乃可行也。

名者、名形者也。形者、應名者也。然形非正名也。名非正形也。則形之與名。居然別矣。不可相亂。亦不可相無。

〔義〕釋名形關係之區分.

〔註〕應、承受也.正、是也.

〔解〕名者、名此物者也。形者、承受此名者也。然則形自其形。名自其名也。雖二而一。實一而二也。所謂二而一者、何也。如茶杯乃盛茶物之名稱也。名稱與盛茶物。是二事也。今見茶杯。則祇知茶杯卽是茶杯。而忘其爲盛茶物之名。是因名而失物也。此二而一之謂也。所謂一而二者、何也。蓋盛茶物。本無名者也。茶杯之稱。乃在有盛茶物以後也。故茶杯、乃因物而得之名稱。盛茶物、乃無名時自有之實形。今雖合物與名爲一。實二事也。此一而二之謂也。故形不能便是名。名亦不能便是形。名之與形。儼然有分。不可以二事混爲一也。但名爲形之代表。無名則形不能彰。形爲名之軀殼。無形則名無由附。故名與形交相爲用。而又不可相無也。

無名。故大道無稱。有名。故名以正形。今萬物具存。不以名正之。則亂。萬名具列。不以形應之。則乖。故形名者。不可不正也。

〔義〕形名相須。不可離也。

〔註〕亂、錯也。乖、背也。具、與俱通。

〔解〕大道無名。故無稱。無稱則道全。有形必有名。形賴名以全。故名之於形也。必正之使不錯亂。今萬物俱在。如不各正其名。則求馬而牛至。求牛而馬來。是所至非所求也。馬牛之名不正也。名不正。故物亂。今萬物俱列。如不分定各物。使之承受。則馬名可加於牛。牛名可加於馬。是名之義失矣。名義失。故名乖。物亂名乖。不可治也。故形名不可不正也。

善名命善。惡名命惡。故善有善名。惡有惡名。聖賢仁智命善者也。頑嚚凶愚命惡者也。今卽聖賢仁智之名。以求聖賢仁智之實。未之或盡也。卽頑嚚凶愚之名。以求頑嚚凶愚之實。亦未或盡也。使善惡盡然有分。雖未能盡物之實。猶不患其差也。故曰名不可不辯也。

〔義〕名義既辯．雖未盡實．不至亂矣．

〔註〕頑嚚、愚也．

〔解〕凡屬善類之人。則命之以善名。凡屬惡類之人。則以惡名命之。此毀譽之名也。是善有善名。惡有惡名也。聖賢仁智。名之善者也。譽也。故以之名善類。頑嚚凶愚。名之惡者也。毀也。故以之名惡人。今卽善名以求其人行爲之所以善。則未必盡善也。卽惡名以求其人行爲之所以惡。亦未必盡惡也。但善惡雖各未盡其實。要以善者之心。樂乎爲善。惡者之心。不恥爲惡。雖未盡善盡惡。而善惡自在其中。故尋其名以求其實。使二者不至相混。盡然有分。雖未能事事皆得其實。但界限軒然。故尙不患其有差誤也。此名辯之效。不可不辯也。名不辯。則善者惡。惡者善。善惡顚倒不分。禍亂成矣。

名稱者何。彼此而檢虛實者也。自古至今。莫不用此而得。用彼而失。失者由名分混。得者由名分察。今親賢而疏不肖。賞善而罰惡。賢不肖善惡之名。宜在彼。親疏賞罰之稱。宜屬我。我之與彼。又復一名。名之察者也。名賢不肖爲親疏。名善惡爲賞罰。合彼我之一稱。而不別之。名之混者也。故曰。名稱者。不可不察也。語曰。好牛。又曰。不可不察也。好則物之通稱。牛則物之定形。以通稱隨定形。不可窮極者也。設復言好馬。則復連於馬矣。則好所通無方也。設復言好人。則彼屬於人也。則好非人。人非好也。則好牛好馬好人之名自離矣。故曰。名分不可相亂也。五色、五聲、五臭、五味。凡四類。自然存焉天地之間。而不期爲人用。人必用之。終身各有好惡。而不能辯其名分。名宜屬彼。分宜屬我。我愛白而憎黑。韻商而舍徵。好膻而惡焦。嗜甘而逆苦。白黑商徵膻焦甘苦。彼之名也。愛憎韻舍好惡嗜逆。我之分也。定此名分。則萬事不亂也。

〔義〕名分相須。不可離也。

〔註〕焉、於也。五臭、羶焦香腥朽也。膻、通羶。

〔正誤〕名稱者何句。親疏賞罰之稱句。名稱者不可不察也句。三稱字。均宜作分字。牛則物之定形句。以通稱隨定形句。兩形字均宜作名字。則彼屬於人也句。彼字宜作復字。又曰不可不察也句。七字衍。

〔解〕名形既別。名分亦異。何謂名分。蓋名屬彼。分屬此。名之於分。猶功罪之於賞罰也。有名無分。是有功罪而無賞罰也。有分無名。是有賞罰而無功罪也。有賞罰無功罪。則賞罰不明。有分而無名。則分不清。有功罪無賞罰。則善惡失其勸懲。有名而無分。則是非莫由區別。二者不可離。猶名之與形也。故名分者。彼此交相爲用。藉以檢察虛實者也。從古至今。莫有不用分而能得名之虛實者。如祇用名而不用分。則名之虛實必失也。名之虛實失。由於名類未能分出名之虛實。得由於分之於名明察故也。今親賢而疏不肖。賞善而罰惡。賢不肖善惡。乃名也。宜屬彼。親疏賞罰。乃分也。宜屬我。彼之與我。判然不同。烏可相混。此明察於名類者也。如名賢與不肖爲親疏。名善與惡爲賞罰。是合分與名爲一。而不使有區別。猶認功罪爲賞罰。誤之甚矣。此名分混合者也名分混合則名亂矣。故曰。名之與分。不可不察也。古語曰。好牛。蓋好、爲物之通稱。乃分也。牛、則爲物之定名。是名也。今以通稱隨定名。是分於名之考察變化無有窮盡也。如又言好馬。則好字之所分。又係對馬名而言也。故好字所通。不止一方。蓋四通八達也。設如又說好人。則所分又屬於人名也。但好並非人。人亦並非好。係分於人名所加之考語也。如認好爲人。認人卽好。則是人亦牛也。牛亦人也。豈不謬乎。故知乎好牛好馬好人之名稱。則知名與分不可混也。今又以五色、五聲、五臭、五味、四類而言。彼自存在於天地之間。不期而爲人所用。因人不能離也。人終身用之。對之又各有所好惡。而又不能辯其好惡乃我之分析而得。聲色臭味各種名稱在彼。我對之何喜何憎在我。我愛白色而憎黑色。喜韻商音而舍棄徵音。好聞羶氣而惡聞焦氣。嗜甘味而不好苦味。夫白黑商徵羶焦甘苦乃色聲臭味之名稱也。愛憎韻舍好惡嗜逆乃我所分別也。我愛白不能謂白是愛也。亦猶我憎黑。不能謂憎便是黑也。故愛憎自愛憎。白黑自白黑。人能定此名與分。則萬物自別而不混亂也。

故人以度審長短。以量受多少。以衡平輕重。以律均清濁。以名稽虛實。以法定治亂。以簡治煩惑。以易御險難。以萬事皆歸於一。百度皆準於法。歸一者。簡之至。準法者。易之極。如此。頑嚚聾瞽。可與察慧聰明者同其治也。

〔義〕名法行，則萬物均得治理。

〔解〕故人以度審察長短。以量容受多少。以衡平物輕重。以律均音淸濁。以名考物虛實。以法定世治亂。以簡要治煩多疑惑。以平易駕御險難。以萬事皆歸於一道。以百端皆準繩於法。歸於一道。簡之至也準繩於法容易極矣。夫如是。然後頑愚殘缺之人。雖天資稟賦缺乏因得保障。可與明察聰明之士同其治也。

天下萬事。不可備能責其備能於一人。則賢聖其猶病諸。設一人能備天下之事。能左右前後之宜。遠近遲疾之間。必有不兼者焉。苟有不兼。於治闕矣。

〔義〕多能有害。

〔解〕天下萬事。人不能全能做到。如責全能於一人。雖是賢聖之多才多技。猶患不能。假設一人能備天下之事。能將左右前後治好。但遠近與快慢之間。必定不能兼顧。苟顧近而遺遠。求快而得慢。爲時間地址所限。則其治必有不全者矣。

金治而無闕者。大小多少各當其分農商工仕。不易其業老農長商習工舊仕。莫不存焉。則處上者何事哉。

〔義〕分工有利.

〔正誤〕金治而無闕者句.金字宜作全字.

〔解〕天下萬事。全得其治。而無闕漏。必須物之大小與數之多少分配各得其當。農商工仕各專其業。不至變易。則老農精於農事。長商善於經營。習工熟於手術。舊仕明於文章。在下者各得其治。則處上者。自可無爲而治也。

故有理而無益於治者。君子弗言。有能而無益於事者。君子弗爲。君子非樂有言。有益於治。不得不言。君子非樂有爲。有益於事。不得不爲。故所言者。不出於名法權術。所爲者。不出於農稼軍陣。周務而已。

〔義〕屏虛談.重實事之利.

〔解〕理往往有與事實相反者。故有理而無益於治。君子不言焉。能往往有與事理相違者。故有能而無益於事。君子不爲焉。君子寡言。故不樂於虛談。但言而有益於治。故不得不言。君子檢行。故不樂於空爲。但爲而有益於事。故不得不爲。是以君子之所言。不外乎名法權術。非虛談也。所爲。不外乎耕稼軍旅。重實事也。夫有武備。而外侮不敢侵。重農事。則民食足。足食足兵。而又治之以名法權術。所務可謂周矣。

故明主不爲治外之理。小人必言事外之能。小人亦知言損於治。而不能不言。小人亦知能損於事。而不能不爲。故所言者。極於儒墨是非之辯。所爲者。極於堅僞偏抗之行。求名而已。故明主誅之。古語曰。不知無害於君子。知之無損於小人。工匠不能。無害於巧。君子不知。無害於治。此信矣。

〔義〕尙虛談。背實事之害。

〔解〕故明主於治理而外。不求其他之理。小人則不然。所言不切於治理。必於事外之能。而津津道之。故其言無補於治。且有損於治。小人亦自知其言無益有損。但又不能不言也。能有不當於事。爲之反有損害者。小人亦知能損於事。而不能不爲。故小人所言者。極盡於儒墨家是非之辯論。所爲者。極盡於堅固虛僞偏僻反抗之行爲。求其所以必如此者。不過欲求一虛名而已。

此亂世之大慾也。故明主見必誅之。古語曾云。不知無害於君子。因君子知則有利。不知雖無利。亦無害也。知之無損於小人。因小人辯足以飾非。言足以惑衆。雖知無益於事。反足以害治也。故小人雖知之。仍無害其爲小人也。譬如工匠甚巧。雖有不能作之器具。於彼之巧無傷也。君子不知。亦猶是也。故無害於治焉。由此觀之。國之安危。係於君子小人。信矣哉。

爲善使人不能得從。此獨善也。爲巧使人不能得從。此獨巧也。未盡善巧之理。爲善與衆行之。爲巧與衆能之。此善之善者。巧之巧者也。所貴聖人之治。不貴其獨治。貴其能與衆共治。貴工倕之巧。不貴其獨巧。貴其能與衆共巧也。

〔義〕善巧宜與人共．始能盡其善巧．

〔註〕倕、音瑞，黃帝時巧人名．

〔解〕人自爲善。使他人不得從而享之。是人獨善於己也。工作巧妙。使他人不得從而效之。是人獨巧於己也。天下之大。絕非一人所能治。器具之廣。絕非一人所能爲。今無法以教之。無訣以教之。故雖巧善。不能普徧。所以獨善獨巧者。未能窮盡善巧之理也。如能因己所善。變而爲法。俾衆行之。因己所巧。定爲規模。俾衆能之。則我之善。衆人可得而行也。我之巧。衆人可得而能也。衆善衆能。皆自我爲之。此以己善而又善人。是善之善者也。以己巧而又巧人。是巧之巧者也。所以貴乎聖人治世者。不貴乎自治。貴其有聖法。使衆共得其治也。工巧亦然。黃帝時工作最巧之人。莫過於倕。但倕之所以可貴者。非貴乎獨巧。乃貴其巧法能傳於世而與衆共巧也。

今世之人。行欲獨賢。事欲獨能。辯欲出羣。勇欲絕衆。獨行之賢。不足以成化。獨能之事。不足以周務。出羣之辯。不可爲戶說。絕衆之勇。不可與征陣。凡此四者。亂之所由生。是以聖人任道以通其險。立法以理其差。使賢愚不相棄。能鄙不相遺。能鄙不相遺。則能鄙齊功。賢愚不相棄。則賢愚等慮。此至治之術也。

〔義〕獨欲難成。私掩之也。

〔解〕今世之人。行爲則欲一人賢。事務則欲一人能。論辯則欲出乎衆。勇武則欲超乎羣。殊不知獨行之賢。其賢不能化衆。獨能之事。其事不能普及。出羣之辯。不能家家往說。絕衆之勇。不能獨上征陣。凡此四者。私心過重。不能合羣任衆。國之亂源。蓋亦由此而生也。是以聖人順道而馳。

因物施治。遇有險阻。則設法以通之。事物不齊。則立法以理之。使賢愚同其勞。能鄙同其用。不相遺棄。何謂能鄙同其用。卽能與不能。各得發揮其本能。能者任其重。不能者任其輕也。夫能任其重。不能任其輕。雖所任之輕重不同。而盡力則一。盡力一。故功自齊也。何謂賢愚同其勞。卽賢與不肖。各得竭盡其智慮。賢者慮其大。不肖者慮其小也。夫賢慮其大。不肖慮其小。雖所慮之大小不同。而盡心則一。盡心一。故慮自等也。慮等功齊。是上下盡其用。無有廢材。此所以爲至治也。

名定。則物不競。分明。則私不行。物不競。非無心。由名定。故無所措其心。私不行。非無欲。由分明。故無所措其欲。然則心欲人人有之。而得同於無心無欲者。制之有道也。

〔義〕以名制心。以分制欲之效。

〔解〕名定則物不爭利。分明則私欲不行。物不爭利。非無利心也。由於名義已定。故無所措置其心也。私欲不行。非無私欲也。由於分析已明。故無所措置其欲也。由此觀之。則心與欲。是人人均有也。能得同於無心無欲。而捐除其妄念者。乃以名分制服心欲有道也。

田駢曰。天下之士。莫肯處其門庭。臣其妻子。必遊宦諸侯之朝者。利引之也。遊於諸侯之朝。皆志爲卿大夫。而不擬於諸侯。名限之也。

〔義〕以名制心之證.

〔解〕尹文子引其同學田駢之言曰。天下賢能之士。不肯安處其家。受其妻子之奉養。必遊於諸侯之朝。以求一官。官者。利之所在也。人心皆趨利。故利能引之而往也。但其志僅止於卿大夫。而不及諸侯。夫爲諸侯。大利所在也。因名已定。故士無所措其心。是名限制其爭利之心也。

彭蒙曰。雉兔在野。衆人逐之。分未定也。雞豕滿市。莫有志者。分定故也。

〔義〕以分制欲之證.

〔解〕尹文子又引其同學彭蒙之言曰。野雞與兔。發現於野外。無論何人見之。皆往逐捕。因雉兔無主。分未定也。家雞與豕。充滿市廛。莫有志於擒捕者。因雞豕已有主。分定故也。

物奢。則仁智相屈。分定。則貪鄙不爭。圓者之轉。非能轉而轉。不得不轉也。方者之止。非能止而止。不得不止也。因圓之自轉。使不得止。因方之自止。使不得轉。何苦物之失分。故因賢者之有用。使不得不用。

因愚者之無用。使不得用。用與不用。皆非我用。因賢所用。與不可用。而自得其用。奚患物之亂乎。物皆不能自能。不知自知。智非能智而智。愚非能愚而愚。好非能好而好。醜非能醜而醜。夫不能自能。不知自知。則智好何所貴。愚醜何所賤。則智不能得夸愚。好不能得嗤醜。此爲得之道也。

〔義〕物本自然．則不背道．順道而馳．亂無由生．

〔註〕奢、過也．過則失物本性矣．

〔解〕物過則失分。失分則離道。離道則亂。雖有仁智之士。亦必屈服於分亂之下。如能分之。則雖貪鄙之徒。亦不敢妄爭也。今圓者之能轉。非圓能轉自轉也。蓋轉乃圓本能也。故分之使轉。不得不轉也。方者之能止。非方能止自止也。蓋止乃方本能也。故分之使止。不得不止也。故方圓於止轉。係因其自有之本能。或止或轉。而使之不得轉不得止。以全其性也。今欲求天下之治。又何苦於物而失其分。使離其性哉。夫人亦猶是也。賢者乃有用之人也。故必用之。蓋因其有用。故不得不用也。愚者無用。則不用。如以不用而強用。則必失其用也。故使之不得用。以全其本能也。夫於賢則用之。於愚則不用。皆各盡其本能也。用者因彼能用。不用者因彼不可用。故用與不用皆由彼之本能自得之。非我能用彼與不能用彼也。今物既得全其本能。各由自然之道以盡其才。是各得其所也。物既各得其所。又何患其生亂乎。物之知能。皆賦於天。不能自己便能也。自己便知也。何以知其然耶。蓋智者之智。不能欲智便得智。愚者之愚。不能欲愚便得愚。好者之好。不能欲好便得好。醜者之醜。不能欲醜便得醜。亦猶圓者之轉。不能欲轉便得轉。方者之止。不能欲止便得止。此皆稟之於天然。非自身所能爲也。夫能既非其自能。知既非其自知。故天予之智好。便智好矣。天予之愚醜。便愚醜矣。智好愚醜。皆天所賜予。則人得之何有貴賤之可言。故智者不能向愚者夸耀。好者不能向醜者訕笑。各本自然。以全其眞。乃能得之於道也。

道行於世。則貧賤者不怨。富貴者不驕。愚弱者不懾。智勇者不陵。定於分也。

〔義〕安分盡能以全眞也。此節釋道治。

〔解〕道行於世。則各安本分。盡其天能。貧賤者不知怨望。富貴者不知驕傲。愚弱者不知畏懾。智勇者不知欺陵。其所以能如此者。因分既定。貧賤者忘其爲貧賤。富貴者忘其爲富貴。因能忘。故不怨不驕。愚弱者不知其愚弱。智勇者不知其智勇。因不知。故不懾不陵也。

法行於世。則貧賤者不敢怨富貴。富貴者不敢陵貧賤。愚弱者不敢冀智勇。智勇者不敢鄙愚弱。此法之不及道也。

〔義〕守分保身畏於法也．此節釋法治．

〔解〕法行於世。則民有不安於分者也。以有法在。故又不敢不守也。此貧賤者之所以不敢怨富貴也。夫不敢者。非不怨也。以有法在。不敢怨也。富貴者亦然。亦欲恃其富貴。欺陵貧賤。其所以未欺陵者。亦因畏法而不敢也。此外如愚弱者之希智勇。智勇者之鄙愚弱。皆有各不安分之心。均因爲法所限。不敢妄冀鄙視。但其心未嘗不妄冀鄙視也。不過未見諸言行耳。故與道行於世之時相較。此法之所以不及也。

世之所貴同而貴之謂之俗。世之所用同而用之謂之物。苟違於人俗所不與。苟忮於衆俗所共去。故心皆殊。而爲行若一。所好各異。而資用必同。此俗之所齊。物之所飾。故所齊不可不愼。所飾不可不擇。

〔義〕此釋俗物．

〔註〕與、許也。忮、害也。飾、器物服用之外表也。

〔解〕世間之所貴尚者。因同而貴尚之。此所謂俗也。世間之所服用者。因同而服用之。此所謂物也。苟世之所貴而我賤之。世之所用而我棄之。此所謂違反於衆也。違反於衆者。俗所不許。如因俗所不許。而對世之貴尚。且加害焉。則必爲俗所共同取締也。故人趨舍好惡之心。雖各不同。但因爲風俗所限。不敢違衆。不得不貴世之貴。用世之用。故行爲如一。資用必同。是以俗之所齊。人不敢有二也。物之所飾。人不敢有異也。二者關係至鉅。故以俗齊人之趨舍。不可不愼。務期達於良善。以物一人心之好惡。不可不擇。務期歸於節儉焉。

昔齊桓好衣紫。闔境不鬻異彩。楚莊愛細腰。一國皆有飢色。

〔義〕引證不愼俗物之弊。

〔註〕闔境、閉境也。

〔解〕上有好者。下必甚焉。故居上者之所好。不可不愼也。昔齊桓公好衣紫色。國中無售異彩者。楚莊王愛人細腰。一國之人。無有飽食者。夫飽食人之所欲。異彩豈無人好。然而忍飢絕嗜者。欲以取得上之同愛也。

上之所以率下乃治亂之所由也。

〔義〕上率下效俗物不可不愼．

〔解〕以齊桓楚莊之事觀之。蓋上之趨舍好惡。乃羣下之表率。苟不愼擇。俗淫物奢。亂亡立至。故愼俗擇物。乃治亂所由生也。

故俗苟沴必爲法以矯之。物苟溢。必立制以檢之。累於俗飾於物者。不可與爲治矣。

〔義〕俗沴物溢．必思有以矯檢．

〔註〕沴、惡也．

〔解〕俗物之關係。旣如此之大。故俗苟惡。必設法以矯正之。物苟奢。必立制以檢式之。如爲俗所累贅而不能變物所炫惑。而不能制。則不可許爲治理矣。

昔晉國苦奢。文公以儉矯之。乃衣不重帛食不兼肉。無幾時人皆大布之衣。脫粟之飯。越王勾踐謀報吳。欲人之勇。路逢怒蛙而軾之。比及數年。民無長幼。臨敵雖湯火不避。居上者之難。如此之驗。

〔義〕引證愼俗擇物之利。

〔註〕脫粟、粗米僅脫稃殼未精鑿也。矯、匡正也。蛙、田雞也。軾、車前橫木也。有所敬則撫而憑之。難、不苟也。

〔解〕昔晉國苦於奢侈。文公以節儉矯正之。於是衣帛不重。食肉不兼。以爲檢式儀表。行之未久。晉國之人。皆衣大布。食粗米。一反其奢侈之俗。越王勾踐謀報吳滅越之仇。因國民懦弱。欲使之尙武。路中遇一怒蛙。狀甚勇武。乃就所坐車前之橫木。撫而憑之以示敬。國民見君之敬怒蛙也。均習武事。方及數年。民無長幼。臨陣對敵。敵雖强悍如湯火之不可近。亦不畏避。越王遂滅吳國。由此以觀。可知居上者不圖苟安。其效甚速也。

聖王知民情之易動。故作樂以和之。制禮以節之。在下者不得用其私。故禮樂獨行。禮樂獨行。則私欲寢廢。私欲寢廢。則遭賢之與遭愚均矣。若使遭賢則治。遭愚則亂。是治亂續於賢愚。不係於禮樂。是聖人之術。與聖主而俱沒。治世之法。逮異世而莫用。則亂多而治寡。亂多而治寡。則賢無所貴。愚無所賤矣。

〔義〕法治勝於人治.

〔正誤〕與聖主而俱沒句.主字宜作王字.

〔解〕聖王知民情易遷。故爲樂以調和其性情。制禮以節制其性情。使之無過與不及之弊。禮樂既用。在下者有樂以化其心。有禮以制其行。故其私心私行。均不得用。故所行於世者。皆禮樂也。禮樂既獨行於世。則人之私欲。自然寢止廢除矣。人之私欲。既自然寢止廢除。則人皆受制於禮樂之下。而無所用乎在上者之賢與不賢也。故遭賢與遭愚皆治也。若使遭賢則治。遭愚則亂。是世治亂。連於賢愚。而不係於禮樂也。既不係於禮樂。則禮樂治世之權廢。而人權代之以與矣。是聖人以禮樂治世之術。必遇聖王而後行。聖王一歿。便與聖王同歸於盡也。夫與聖王同歸於盡。則是治世之禮樂。及另一世便莫能用也。今賢者不世出。則禮樂不常行。禮樂不常行。則亂多而治寡。亂多治寡。皆因禮樂退而賢愚進也。賢愚進而治亂分。是治亂生於賢愚矣。無賢愚。則無治亂矣。由是觀之。則又何貴乎有賢與賤乎有愚哉。

處名位。雖不肖下愚。物不疏己。親疏係乎勢利。不係乎不肖與仁賢。吾亦不敢據以爲天理。以爲地勢.

之自然者爾。

〔義〕物趨勢利。故賢愚失分。親疏反常。

〔解〕處尊名高位。雖不肖下愚之徒。物幷不與之疏遠。何也。因物之或親或疏。皆係之於勢利。而不係於不肖與仁賢。處名位者。有勢利者也。故物親之而不問其爲賢否也。但亦不敢據此爲天然道理。不過歷世愈久。人心愈薄。視道愈輕。視勢愈重。羨勢力之尊嚴。受利慾之薰染。因所處之地位。已入勢治範圍之中。與昔不同。自然親之而已。

今天地之間。不肖實衆。仁賢實寡。趨利之情。不肖特厚。廉恥之情。仁賢偏多。今以禮義招仁賢所得仁賢者。萬不一焉。以名利招不肖。所得不肖者。觸地是焉。故曰。禮義成君子。君子未必須禮義。名利治小人。小人不可無名利。

〔義〕名利用事。小人多也。

〔解〕今天地之間。不肖小人實衆。仁義君子實寡。性喜趨利。小人特厚。情重廉恥。君子偏多。今以禮義招致仁賢之士。因君子少。故所得者。萬無一焉。若以名利招致不肖之徒。因小人多。故所得者。徧地皆是焉。故曰禮義所以造成君子。君子未必須乎禮義。名利所以治理小人。但小人則不可無名利也。何則君子性本善。故以禮義成全其性。小人心本惡。故以名利維繫其心。性善者。雖無禮義以成全之。終不失其爲善也。心惡者。如無名利以維繫之。則必依舊爲惡也。

慶賞刑罰。君事也。守職效能。臣業也。君料功黜陟。故有慶賞刑罰。臣各愼所任。故有守職效能。君不可與臣業。臣不可侵君事。上下不相侵與。謂之名正。名正、而法順也。

〔義〕分工而治。各不相侵．則名自正．名正．法行．法乃不背．法不背．故順也．

〔解〕慶賞刑罰。君之事也。守職效能。臣之業也。君料臣下之有功無功。而予以升遷黜斥。故有慶賞刑罰之規定。以示勸懲。臣既受君之委任。不可尸位素餐。故於其所任。必加謹愼。若放棄職守。是負君之委託也。故必守職。使無隕越。效能以忠其事。君臣分權而治。君不可參與臣業。使臣得專責成。臣亦不可侵犯君事。俾君權不旁落。上下不相侵與。謂之名正。名正則法行。法行則無阻礙也。

接萬物使分別。海內使不雜。見侮不辱。見推不矜。禁暴息兵。救世之鬬。此仁君之德。可以爲主矣。守職分。使不亂。愼所任。而無私。饑飽一心。毀譽同慮。賞亦不忘。罰亦不怨。此居下之節。可爲人矣。

〔義〕君臣德節應具盡也.

〔正誤〕可爲人矣句可字下應有以字人字宜作臣字.

〔解〕人君承接萬物。必劃分而區別之使之各安其分。以效其能。則萬物所處者安。自不爲亂矣。海內一切務須統一。使不複雜。則號令易施。必無阻礙之患也但又須智勇深沉不落淺陋。持盈保泰。固其尊嚴。是以雖見侮辱。而不以之爲辱。雖見推重。而不失之矜驕。國有強暴。則禁止之。民苦兵禍。則息平之。恩威遠播則救止世界之爭鬬。如此。是內蒙其仁而外受其惠矣。此仁君應有之德行。苟能具而盡之則可以爲主矣。臣守其職分。不侵越他人之權。不放棄己身之職。使不相亂。并愼其所任之事。無行私以枉法。不以饑飽而生去就之心。不因毀譽而存是非之慮。一心於職專力於事。因功受賞。不居功以忘德。因罪受罰。不以罪而怨上。事君益忠。責己愈嚴。此居下應有之節。苟能具而盡之。則可以爲臣矣。

世有因名以得實。亦以因名以失實。宣王好射。說人之謂己能用強也。其實所用。不過三石。以示左右。

左右皆引試之中闕而止。皆曰。不下九石。非大王孰能用是。宣王說之。然則宣王用不過三石。而終身自以爲九石。三石實也。九石名也。宣王悅其名而喪其實。齊有黃公者。好謙卑。有二女。皆國色。以其美也。常謙辭毀之。以爲醜惡。醜惡之名遠布。年過而一國無聘者。衞有鰥夫。時冒娶之。果國色。然後曰。黃公好謙。故毀其子不姝美。於是爭禮之。亦國色也。國色實也。醜惡名也。此違名而得實矣。

〔義〕此釋名實．宣王因名而失實．黃公違名而得實．

〔註〕石、百二十斤也．中闕、開弓止及半也．冒、惛然不加審愼而姑試爲之也．說與悅通．

〔正誤〕世有因名以得實句．因字宜作違字．亦以因名以失實句．上以字宜作有字．

〔解〕世有背反其名而得實名者。亦有因好其名而失實名者。如宣王。則是因名以失實者也。齊國宣王。好射箭。喜他人稱揚己能用强硬之弓。其實宣王所用之弓。不過三百六十斤。以之示於左右之人。左右之人知王喜人譽己也。因共諛之。均引弓試驗。祇開半弓便止。不肯再開。咸謂不下一千零八十斤。非大王之神力誰能運用此弓。宣王果聞而樂之。但宣王用弓實際上不過三石。而終其身竟自誤以爲九石。是以九石之虛名。而失三石之實事也。又齊國有黃公者。

性好謙虛自卑。與宣王之性相反。生有二女。均係國色。黃公因女美好。不欲人之譽之也。常謙遜其辭。毀其女爲醜惡。於是醜惡之名。布於遠方。適人之年已過。而一國之中。無有聘者。適衞人有老而無妻者。心知黃公好謙。疑其女未必醜惡。但又不能決定。因己年已老。姑去其審愼之心。冒然試聘之。殊一見女後。果爲國色。乃向人表示曰。黃公性好謙虛。故毀其女之貌不美。於是一國之人。爭聘其未嫁之一女。及此女旣嫁。亦果國色。可知國色。乃女之實也。醜惡乃女之名也。此所謂背反其名。而得其實者也。

楚人擔山雉者。路人問何鳥也。擔雉者欺之曰。鳳凰也。路人曰。我聞有鳳凰。今直見之。汝販之乎。曰。然。則十金。弗與。請加倍。乃與之。將欲獻楚王。經宿而鳥死。路人不遑惜金。惟恨不得以獻楚王。國人傳之。咸以爲眞鳳凰。貴欲以獻之。遂聞楚王。王感其欲獻於己。召而厚賜之。過於買鳥之金十倍。魏田父有耕於野者。得寶玉徑尺。弗知其玉也。以告鄰人。鄰人陰欲圖之。謂之曰。此怪石也。畜之弗利其家。弗如復之。田父雖疑。猶錄以歸。置於廡下。其夜玉明光照一室。田父稱家大怖。復以告鄰人。鄰人曰。此怪之徵。遄棄。殃可銷。於是遽而棄於遠野。鄰人無何盜之。以獻魏王。魏王召玉工相之。玉工望之。再拜而立。敢賀王得此天下之寶。臣未嘗見玉。問其價。玉工曰。此無價以當之。五城之都。僅可一觀。魏王立賜獻玉者千金。長食上大夫祿。凡天下萬里。皆有是非。吾所不敢誣。是者常是。非者常非。亦吾所信。然是雖常是。有時而不用。非雖常非。有時而必行。故用是而失。有矣。行非而得。有矣。是非之理不同。而更興廢。翻爲我用。則是非焉在哉。

〔義〕此釋是非夫名之離合．是非生焉．非雖不能作是．但有時足以亂是也．是雖不能作非．但有時反誤爲非也．

〔註〕畜通蓄、錄取也．廡、堂下周屋也．都、大也．

〔正誤〕楚人擔山雉者句人字下應有有字．凡天下萬里句里字宜作事字．

〔解〕名有離合。則有是非。何謂也。如楚人擔雉者。便係以非作是。名之離者也。楚國有人。擔一野雞。路人不識。問爲何鳥。擔雉者欺之曰。此鳳凰也。路人曰。我前聞有鳳凰。今竟得見。汝欲賣乎。擔雉者曰。欲賣。路人便給價十金。擔雉者少其値。不售。路人又加十金。擔雉者乃許賣焉。路人得雉。將欲獻之楚王。經夜而山雉竟死。路人不暇惜購雉之金。惟恨鳥死。不得以獻楚王。此事發生後。國人爭相傳述。均以山雉爲眞鳳凰。貴路人愛王之誠。遂將其事上聞於楚王。楚王感其欲獻於己。召路人而厚賜之。較路人買鳥之金。多出十倍。夫以鳳凰之名。而以山雉冒之。是天下萬事。有是便有非也。鳳凰畢竟不是山雉。山雉亦畢竟不是鳳凰。是是者常是。非者常非也。楚人冒山雉爲鳳凰。路人竟信而購之。此非雖常非。有時而必行也。此楚人擔山雉者之事也。又魏國農夫有耕於野外者。得寶玉滿尺。不知爲玉。以告鄰人。鄰人知爲寶玉。陰欲圖之。因謂農夫曰。此怪石也。藏蓄於家不利。不如還之原地。農夫雖疑物爲不祥。但尚未深信。猶取此玉以歸。置於堂下之屋中。其夜玉發光明。照耀一室。農夫全家大恐。又以此情告鄰人。鄰人曰。此卽石怪之應驗。迅速抛棄。災尚可銷。於是農夫急將玉棄於遠野。免其爲祟。鄰人不久。暗將此物盜去。獻之魏王。魏王召玉工視之。玉工一見。卽向王再拜。然後起而致賀。口稱魏王獲得天下之寶。臣未曾見有及者。魏王問此玉價值幾何。玉工曰。此玉無價以當之。以五城之大。僅可易得一觀。魏王遂立賜獻玉者千金。使其一生長食上大夫俸祿。夫以怪石之名。竟掩寶玉之實。是以是而爲非也。但寶玉終是寶玉。不以怪石之名。而使其實終不得見。此是者常是。非者常非也。但寶玉被鄰人指爲怪石。農夫竟信而棄諸遠野。此是雖常是。有時而不用也。故用是而失。如路人田父者有之矣。行非而得。如楚人鄰人者。亦有之矣。是非之理。雖各不同。但或得或失。更翻以爲我用則一矣。如是以言是非。則是非顛倒無常。其理由又安在哉。是直無是非可言矣。

觀堯舜湯武之成。或順或逆。得時則昌。桀紂幽厲之敗。或是或非。失時則亡。五伯之主亦然。宋公以楚人戰於泓。公子目夷曰。楚衆我寡。請其未悉濟而擊之。宋公曰。不可。吾聞不鼓不成列。寡人雖亡之餘。不敢行也。戰敗。楚人執宋國。齊人弑襄公立公孫無知。召忽夷吾奉公子糾奔魯。鮑叔牙奉公子小白奔莒。既而無知被殺。二公子爭國。糾宜立者也。小白先入。故齊人立之。既而使魯人殺糾。召忽死之。徵夷吾以爲相。晉文公爲驪姬之譖。出亡十九年。惠公卒。賂秦以求反國。殺懷公子而自立。彼一君正。而不免於執。二君不正。霸業遂焉。

〔義〕此釋時遇。夫是非係於成敗。此是非之所以不明。而天下之所以亂也。

〔註〕厲王、夷王子。名胡。即位三十年。好利。近榮夷公。大夫芮良夫諫。不聽。卒以榮公爲卿士。用事。王

行暴虐侈傲。國人謗王。王怒。得衛巫。使監謗者。以告。則殺之。諸侯不朝。三十四年。王益嚴。國人莫敢言。道路以目。三年。乃相與畔。襲厲王。厲王出奔於彘。召公周公二相行政。號曰共和。共和十四年。厲王死於彘。太子靜長於召公家。二相乃共立之。爲王。是爲宣王。宋襄公、名茲甫。目夷、乃其庶兄也。當桓公病革。茲甫嘗讓目夷爲嗣。桓公不許。及即位。以目夷爲相。按史記宋世家。齊桓公卒。宋欲爲盟會。十二年春。宋襄公爲鹿上之盟。以求諸侯於楚。楚人許之。秋。諸侯會宋公盟於盂。於是楚執宋襄公以伐宋。冬。會於亳。以釋宋公。十三年。夏。宋伐鄭。秋。楚伐宋以救鄭。冬十一月。襄公與楚成王戰於泓。宋師大敗。襄公傷股。十四年夏。襄公病傷於泓而竟卒。據上云云。則是襄公被執事在前也。齊人弑襄公。按史記齊世家。襄公使連稱管至父戍葵丘。瓜時而往。及瓜而代。往戍一歲。卒瓜時而公不爲發代。或爲請代。公弗許。故此二人怒。因公孫無知謀作亂。無知遂弑襄公而自立爲齊君。往遊雍林。雍林人嘗有怨無知。遂襲殺之。糾宜立者也。按史記齊世家。糾與小白均襄公弟。糾母魯女。小白母衛女。魯女較衛女貴。故云宜立。焦竑曰。自宋儒以來。率謂子糾非所當立。攷之管子載召忽之言曰。百歲之后。吾君下世。有犯吾君命。

而廢吾所立奪吾糾也．雖得天下．吾不生也．況與我齊國之政也．觀此．則糾之立．有先君之命矣．尹文子曰．子糾宜立者也．小白先入．故立之耳．黃楚望曰．攷春秋立子以貴之義．子糾、魯出也．魯女貴而班在衞上．則子糾當立．殺懷公而自立、按史記晉世家．懷公名圉．惠公子．惠公病．子圉在秦．恐不得歸爲王．乃謀與其妻俱亡歸．妻秦女．阻之．不可．圉遂亡歸．晉惠公卒．太子圉立．是爲懷公．子圉之亡．秦怨之．乃求公子重耳．欲內之．使人告欒郤之黨．爲內應．殺懷公於高梁．

〔正誤〕宋公以楚人戰於泓．句以字宜作與字．楚人執宋國．句國字宜作公字．殺懷公子而自立句．子字衍．

〔解〕觀堯舜湯武之得爲帝王。或順而得之。如堯舜是也。或逆而取之。如湯武是也。因得時則昌。桀紂幽厲不爲天子。或有是焉。或有非焉。因失時遂亡。五伯之主。亦是如此。宋襄公與楚人作戰於泓。公子目夷謂襄公曰。楚衆我寡。請於楚兵未全渡時擊之。必獲勝。宋公曰。不可。吾聞作戰不擊戰鼓。兵不成列。寡人雖敗亡之餘。亦不敢行此不仁之舉。卒爲楚所敗。宋公被執。此一事也。齊人無知弑襄公自立。召忽夷吾奉公子糾奔魯。鮑叔牙奉公子小白奔莒。及無知被殺。糾與小白爭回主齊國。糾宜立者也。因小白先入故齊人立小白而舍糾。既而小白使魯人殺糾。召忽死難。小白召夷吾爲相。此又一事也。晉文公爲驪姬所讒譖出亡於外十九年。及晉惠公卒。賂秦以求反國。殺懷公而自立。此又一事也。彼宋君正而不免楚人之執。齊桓晉文不正。反成霸業。據以上種種考證。意者果孰是而孰非耶。可見是非無常。係於成敗。夫以成敗論是非。則是非終不明矣。是非不明。故亂無已時也。

己是而舉世非之。則不知己之是。己非而舉世是之。亦不知己所非。然則是非隨衆賈而爲正。非己所獨了。則犯衆者爲非。順衆者爲是。故人君處權乘勢。處所是之地。則人所不得非也。居則物尊之。動則物從之。言則物誠之。行則物則之。所以居物上御羣下也。

〔義〕人云亦云。是不辨是非也。不辨是非者。不足以語治。此人君御下。所以貴是非獨操也。

〔註〕了、判明也。正、是也。

〔正誤〕然則是非隨衆賈而爲正句。賈字衍。

〔解〕自以爲是。而舉世之人皆非之。則不知己之所是。自以爲非。而舉世之人皆是之。則不知己之所非。是自己對於是非。完全隨衆人以爲轉移。所謂人云亦云。毫無定見也。自己既無獨見判明是非。則是犯衆者使以爲非。順衆者便以爲是。殊不知順衆有非。犯衆有是。不明乎此。亂必生矣。故人君處於權要。乘其威勢。於是非之理。加以剴切之考察。於興革之事。予以敏活之處置。己身立於不敗之地。則衆人不敢非也。故居則物尊之。動則物從之。言則物信之。行則物法之。所以能安居於上。駕御羣下也。

國亂有三事。年飢民散。無食以聚之。則亂。治國無法。則亂。有法而不能用。則亂。有法食以聚民。有法而能行。國不治。未之有也。

〔義〕治世歸重於法.

〔正誤〕有法食以聚民句.法字衍.

〔解〕國亂不治.計有三事.年飢民散.無食以聚之.一亂也.治國無有良法.二亂也.有良法而不能用.是等於無法也.此三亂也.如食足以聚百姓.不使散之四方.而所行之法.良好無缺.又能實行

而不廢．國家不治．未之有也．

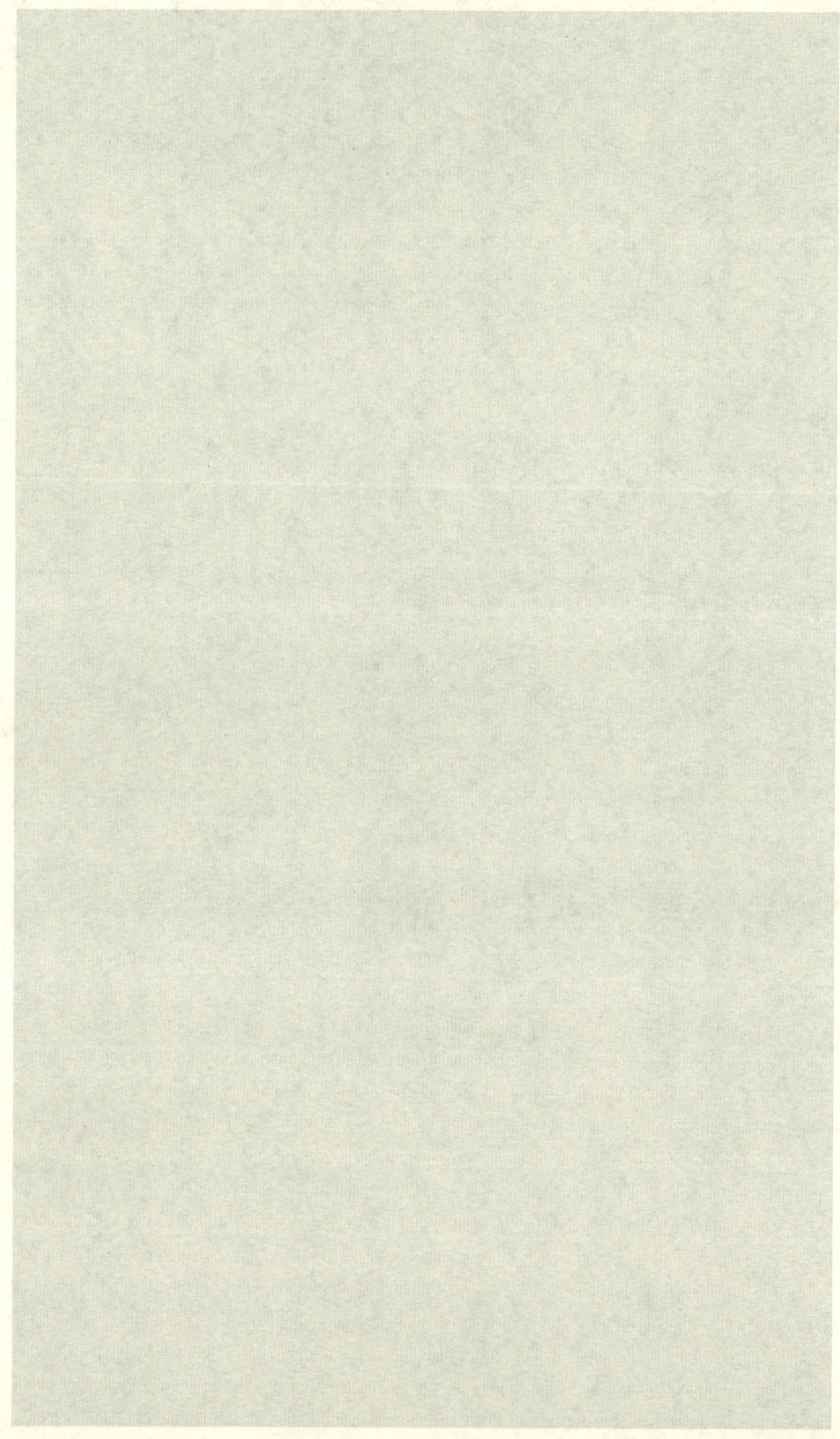

大道下

仁義禮樂名法刑賞。凡此八者。五帝三王治世之術也。故仁以導之。義以宜之。禮以行之。樂以和之。名以正之。法以齊之。刑以威之。賞以勸之。故仁者、所以博施於物。亦所以生偏私。義者、所以立節行。亦所以成華僞。禮者、所以行恭謹。亦所以生惰慢。樂者、所以和情志。亦所以生淫放。名者、所以正尊卑。亦所以生矜篡。法者、所以齊衆異。亦所以乖名分。刑者、所以威不服。亦所以生陵暴。賞者、所以勸忠能。亦所以生鄙爭。凡此八術。無隱於人而常存於世。非自顯於堯舜之時。非自逃於桀紂之朝。用得其道。則天下治。失其道。則天下亂。過此而往。雖彌綸天地。籠絡萬品。治道之外。非羣生所餐挹。聖人錯而不言也。

〔義〕國之治亂。係於仁義禮樂名法刑賞是否符道.

〔註〕彌綸、聯合條理也.餐挹、學習採取也.

〔正誤〕聖人錯而不言也句.錯字宜作措字.

〔解〕仁義禮樂名法刑賞乃五帝三王治世之術。以仁導人於愛物之道。以義規人於合宜之事。以禮匡人之行止。以樂和人之性情。以名正物之形義。以法齊人之趨舍。如有不講仁義。爲禮所不能拘樂所不能化。亂名違法者。則用刑以威嚇之。如行仁義。重禮樂。正名守法者。則爲賞以勸奬之。刑賞既明。則仁義禮樂名法得其用。此世之所以必治也。惟利之所在害亦伏焉。能用其利而避其害。則所利者。乃不致受影響也。今仁者固所以博施於物矣。但博施。乃普徧不分畛域之謂也。惟以關係不同。遂有偏私之生。夫偏私者。因己親疏好惡之異。而所愛遂分厚薄。有厚薄。則有私。私則不公。不公則失平。失平則亂。蓋已失仁博施之本義矣。豈非利在而害伏哉。不特此也。惟義亦然。義、本以立人之節操品行也。因節操品行不易立。遂有假託節行之美而潤色之。用以欺人而自欺者也。夫義規人於合宜之事。固甚利也。今假義。則所事不合於宜也。事不合宜。則失義之本義矣。又豈非利在而害伏哉。惟禮亦然。禮者、所以行乎恭謹也。行乎恭謹。則動靜有儀矣。人因禮之所拘。自由殊感不快。故欲獲得自由。則惰慢之心生矣。惰慢則失禮。失禮則行止不端。行止不端。惡魔興矣。夫禮、有利者也。行止不端。有害者也。利之在。害必伏。豈不信然可徵乎。夫樂、亦猶是也。樂、所以和人之性情。但過和則流。流則淫放。淫放則有害。和則有利。此鄭衛之聲。所以背於古樂也。惟名亦然。所以正尊者使尊。卑者使卑。但尊卑既分。尊强卑弱。尊因强而生矜驕。卑因弱而欲篡奪。夫正尊卑利也。矜篡害也。此名之有利而有害也。法、所以齊衆人之不同。但有親近犯法。懲之則不可。不懲則枉法。故法雖能齊人之行。亦有乖背名分之害也。夫乖名分者。父犯法。子殺之。是以下殺上也。上下之名分乖矣。父犯法。子縱之。是子因私廢法也。因私廢法。是溺職也。溺職而忝位。則背其所任之名分矣。此法所生之害也。刑者、所以威嚇不服我者。彼懼我威。則守法矣。但刑用不當。則失之陵暴。夫以禁暴安良之刑。用之不慎。則良不能安。反受其暴。是失刑之本義矣。此刑雖利人。一失又有害也。賞、所以勸忠能。賞如不當。則在上者。不免鄙吝之譏。在下者。不免爭功之諂。故賞雖有利。過亦有害也。凡此八術。均有利也。而害伏焉。但彼幷無所隱蔽也。其常存在於世。非自己顯明於堯舜之時。亦非自能逃離於桀紂之朝。不過吾人用之宜。趨其利而防其害。使之適當。無過與不及之患。則所用得其道矣。得道則天下治。失道則天下亂。故此八術。務宜遵守。如舍此而他求。雖聯合天地所有而條理之。籠絡萬物而運用之。在乎此八術之外者。其道雖大。非羣生所能學習採取。因不適於用。故聖人置而不言也。何以不言。無益於治也。

凡國之存亡。有六徵。有衰國。有亡國。有昌國。有强國。有治國。有亂國。所謂亂亡之國者。凶虐殘暴不與焉。所謂强治之國者。威力仁義不與焉。君年長。多媵妾。少子孫。疏宗彊。衰國也。君寵臣。臣愛君。公法廢。私欲行。亂國也。國貧小。家富大。君權輕。臣勢重。亡國也。凡此三徵。不待凶虐殘暴而後弱。雖曰見存。吾必謂之亡者也。內無專寵。外無近習。支庶繁字。長幼不亂。昌國也。農桑以時。倉廩充實。兵甲勁利。封疆修理。彊國也。上不勝其下。下不能犯其上。上下不相勝犯。故禁令行。人人無私。雖經險易。而國不可侵。治國也。凡此三徵。不待威力仁義而後彊。雖曰見弱。吾必謂之存者也。

〔義〕國之存亡。關鍵在於名法。

〔解〕凡國之存亡。有六考驗。所謂六考驗者。有衰國。有亡國。有昌國。有强國。有治國。有亂國是也。所謂亂亡之國者。不關於凶虐殘暴。而在乎名法亡也。所謂强治之國者。不關於威力仁義。而在乎名法存也。君之春秋高。媵妾多。而子孫少。又疏遠有力之宗族。必啓羣下覬覦之心。此名暗移也。故國必衰。君寵臣不以其道。君不君也。臣愛君不以其忠。臣不臣也。以致公守之法廢弛。而全以私欲用事。此法失也。故國必亂。國貧力小。君權旁落也。家富力大。臣勢反重也。此名不正也。故國必亡。以上三種考驗。不待君之凶虐殘暴。而後國弱。雖云國尙存未亡。吾必謂其將亡也。內而媵妾無所專寵。宮闈清也。外而臣民無所偏愛。朝庭正也。兼之宗支衆庶。子孫繁衍。長幼有序。各不相亂。此名正也。名正則各安其位。而無妄心。故國可昌。大農桑以時。所謂不違農時。穀不可勝食也。故倉廩充實。倉廩充實。則野無餓莩矣。兵甲勁利。封疆修理。則外侮不侵矣。足食足兵。故國可強盛。上不勝其下。是君不與臣業也。下不犯其上。是臣不侵君事也。上下不相勝犯。故禁令行。禁令行。則人人守法無私。雖經險阻變易。而國不可侵略。故國可治理。此名正法順之效也。以上三種考驗。不待君之威力仁義。而後國強。雖云國竟以弱。吾必謂之永存也。

治王之興。必有所先誅。先誅者。非謂盜。非謂姦。此二惡者。一時之大害。非亂政之本也。亂政之本。下侵上之權。臣用君之術。心不畏時之禁。行不軌時之法。此大亂之道也。

〔義〕亂名法爲亂政之本

〔解〕治世之聖王出。先必有所誅殺。夫先誅者。非謂盜。非謂姦。蓋姦盜二惡。不過一時之大害，非亂政之本也。夫亂政之本。乃下侵上之權。臣用君之術。此名不正也。心不畏時之禁。行不軌時之法。此法不行也。名法云亡。此大亂之本也。

孔丘攝魯相七日。而誅少正卯。門人進問曰。夫少正卯。魯之聞人也。夫子爲政而先誅。得無失乎。孔子曰。居。吾語汝其故。人有惡者五。而竊盜姦私不與焉。一曰心達而險。二曰行僻而堅。三曰言僞而辯。四曰強記而博。五曰順非而澤。此五者有一於人。則不免君子之誅。而少正卯兼有之。故居處足以聚徒成羣。言談足以飾邪熒衆。強記足以反是獨立。此小人雄桀也。不可不誅也。是以湯誅尹諧。文王誅潘正。太公誅華士。管仲誅付里乙。子產誅鄧析、史付。此六子者。異世而同心。不可不誅也。詩曰。憂心悄悄。慍於羣小。小人成羣。斯足畏也。語曰。佞辯可以熒惑鬼神。曰。鬼神聰明正直。孰能熒惑者。曰。鬼神誠不受熒惑，此尤佞辯之巧。靡不入也。夫佞辯者。雖不能熒惑鬼神。熒惑人明矣。探人之心。度人之欲。順人之嗜好而不敢逆。納人於邪惡而求其利。人喜聞己之美也。善能揚之。惡聞己之過也。善能飾之。得之於眉睫之間。承之於言行之先。語曰。惡紫之奪朱。惡利口之覆邦家。斯言足畏。而終身莫悟。危亡繼踵焉。

〔義〕是而不是。亂於似是。因似是者。誘人於不覺。故易入也。名既因之以失正。法亦因之以失效。但入者不悟。猶以爲名法尚存。此大姦之所以似忠也。

〔解〕孔子攝理魯相七日而少正卯被誅。孔子門弟子因進而問曰。少正卯乃魯之有名人也。夫子當政。而先誅之。得無過乎。孔子曰。坐。我將其故告汝。夫人有五惡。而竊盜姦私等不在其中。何謂五惡。一曰心曠達而險惡。達則不露。而險易行。達則通明。而險愈深。二曰行僻而堅固。行僻則怪。堅則動人信仰。三曰言虛僞而善辯。辯則足以飾非。故僞言得售。四曰强記而淵博。夫强記而博。則足以反易常道。而自成一派。五曰順人之非而潤澤之。使人被其化而不覺。此五者有一於人。則不免於君子之誅。今少正卯兼而有之。故其居處。則足以聚徒成羣。言談。則足以飾邪熒衆。强記。則足以反是獨立。此小人之魁首。不可不誅也。是以湯誅尹諧。文王誅潘正。太公望誅華士。管夷吾誅付里乙。子產誅鄧析、史付。蓋此被誅之六子。雖生世各異。而爲心則同。

故不可不誅也。詩邶風柏舟篇云。悄悄然我之憂心也。憂者非他。因見怒於羣小人也。蓋小人成羣。此足畏也。又古語云。佞辯可以熒惑鬼神。或詰以鬼神聰明正直。誰能熒惑。則答以鬼神誠不受熒惑。此蓋深罪佞辯之巧。無所不入也。夫佞辯者雖不能熒惑鬼神。能惑乎人則明矣。彼探討人之心理。揣度人之私欲。順乎人之嗜好而不敢違逆。歸納人於邪惡之中。而求其有利於己。因人之喜聞己美。則善爲之揄揚。惡聞己過。則善爲之掩飾。得之於人眉目間之流露。而承受人意於未言行之先。故人縱自知己之善惡。而不以之爲順己。因而感激之。目之爲知音。許之爲同志。絕不知己已暗中其毒也。古語有之云。畏紫色之奪朱色也。惡利口之覆邦家也。即因其似是而實非也。此古語甚覺可畏。而人終其身竟莫之悟。每蹈覆轍。故危亡接踵不絕焉。

老子曰。以政治國。以奇用兵。以無事取天下。政者名法是也。以名法治國。萬物所不能亂。奇者權術是也。以權術用兵。萬物所不能敵。凡能用名法權術而矯抑殘暴之情。則已無事焉。已無事。則天下得矣。故失治則任法。失法則任兵。以求無事。不以取強。取強則柔者反能服之。老子曰。民不畏死。如何以死懼之。凡民之不畏死。由刑罰過。刑罰過。則民不賴其生。生無所賴。視君之威末如也。刑罰中。則民畏死。畏死由生之可樂也。知生之可樂。故可以死懼之。此人君之所宜執。臣下之所宜愼。

〔義〕得天下在名法權術得其用。不在君之有爲也。

〔解〕老子道德經第五十七章有言曰。以政治國。以奇用兵以無事取天下。何謂也。蓋政者。名法是也。名法。所以正人之不正也。以名法治國。則萬物自正自齊。而不能亂矣。以奇用兵者因兵凶事。故以奇也。奇者何。權術是也。權則變化無端。術則秘奧莫見。使敵人不測究竟。故不能敵。孫子曰。兵者詭道也。蓋卽此意。凡能用名法權術四者。矯正遏抑殘忍暴戾之情。則爲君者無事矣。是以無事取天下也。故失乎治則專任法。失乎法則專任兵。夫任法。所以求治也。任兵。所以求法行也。法行則無事矣。故用兵幷非取强於人。如爲取强。則柔者反能服强。老子道德經第七十四章曰。民不畏死。如何以死懼之。凡民之不畏死由於刑罰過當。刑罰過當則民不賴其生。生旣無所賴。故視君之威如無有。刑罰中。則民畏死。畏死由於生之可樂。民知生之可樂。故可以死懼之。此樂生畏死之理。乃人君所宜執。臣下奉行。所宜愼也。

田子讀書曰。堯時太平。宋子曰。聖人之治。以致此乎。彭蒙在側。越次答曰。聖法之治以至此。非聖人之治也。宋子曰。聖人與聖法何以異。彭蒙曰。子之亂名甚矣。聖人者自己出也。聖法者自理出也。理出於己。己非理也。己能出理。理非己也。故聖人之治。獨治者也。聖法之治。則無不治矣。此萬世之利。惟聖人能該之。宋子猶惑。質於田子。田子曰。蒙之言然。

〔義〕法治勝於人治。

〔解〕田駢讀尙書稱嘆堯時太平。宋銒曰。聖人之治。以致此乎。彭蒙適在側。越次而言曰。此聖法之治以致此。非聖人之治也。宋銒曰。聖人與聖法何以異。彭蒙曰。爾之亂名甚矣。夫聖人者。由自己而出也。聖法者。應物理需要而生也。分析物理而定之法。雖出於聖人。但聖人自聖人。物理自物理也。聖人能因物理而定法。故聖法雖由聖人定出。係來在外者也。故聖人之所以爲聖人。係出之於自治。至於聖法之所及。則萬物無不被其治矣。惟聖法乃萬世之利器。故必待聖人之明遠精微。乃能備之。宋銒猶不明。因以質之田駢。田駢曰。聖法是法。聖人是人。聖人是出之於自心。聖法是酌之於衆心。聖人能推己之心以及人之心。內外明澈。故內可正己。外可正人。內可正己。外可正人。故己之聖名由是出。外之聖法由是生。窮則獨善其身。達則兼善天下。

形勢迥別。界限斬異。彭蒙之言。斯得之矣。

莊里丈人字長子曰盜。少子曰歐。盜出行。其父在後追呼之曰盜盜。吏聞因縛之。其父呼歐喻吏。遽而聲不轉。但言歐歐。吏因歐之。幾殪。康衢長子字僮曰善轉。字犬曰善噬。賓客不過其門者三年。長者怪而問之。乃實對。於是改之。賓客復往。鄭人謂玉未理者爲璞。周人謂鼠未腊者爲璞。周人懷璞謂鄭賈曰。欲買璞乎。鄭賈曰。欲之。出其璞視之。乃鼠也。因謝不取。

〔義〕名亂之害.

〔註〕殪、音易.死也.僮、與犝通.無角牛也.轉、音搏.牛觸人也.

〔正誤〕少子曰歐.句歐字當作毆.字下同.康衢長子句.子字宜作者.字周人謂鼠未腊者爲璞句.周人懷璞謂鄭賈曰句.欲買璞乎句.出其璞句.四璞字當從戰國策改正作朴.

〔解〕莊里有丈人。名其長子曰盜。少子曰毆。盜出行。丈人在後追呼之曰盜。連呼數聲。遂爲官吏所聞。以爲果盜也。因縛之。丈人見吏誤會。因呼其少子毆往喻吏。意急而聲出不能圓轉。但聞呼毆毆之聲。吏以爲丈人命其毆盜也。遂毆之幾死。又康衢有老先生。畜一無角牛。而名之曰善慱。善慱者。善觸人之謂也。又有一犬。名之曰善噬。善噬者。善咬人之謂也。賓客聞其名義。以爲牛果善觸人。而犬果善咬人也。遂相戒三年不敢過其門。老先生怪賓客之久不至也。因叩其故。客乃告其畏牛犬之意。老先生乃聲明牛幷無角。不能觸人。犬亦不咬人。不過命名如是耳。遂更其牛犬之名。賓客因往來如初。又鄭人謂玉未治理者爲璞。周人謂鼠未薰乾者爲朴。周人懷朴謂鄭之商人曰。汝欲買朴乎。鄭賈以爲璞也。答曰欲之。及出朴視之。乃鼠也。因謝却不買。此三事者。皆由名亂而引出之誤會也。

父之於子也。令有必行者。有必不行者。去貴妻。賣愛妾。此令必行者也。因曰。汝無敢恨。汝無敢思。令必不行者也。故爲人上者。必愼所令。凡人富則不羨爵祿。貧則不畏刑罰。不羨爵祿者。自足於己也。不畏刑罰者。不賴存身也。二者爲國之所甚病。而不知防之之術。故令不行而禁不止。若使令不行而禁不止。則無以爲治。無以爲治。是人君虛臨其國。徒君其民。危亂可立而待矣。

〔義〕人君治世．務察民情．

〔正誤〕令必不行者也句令字上應有此字。

〔解〕父之於子也。令有必行者。有必不行者。如令子去其貴妻。賣其愛妾。此命令之必行者也。因又曰汝於此事。不敢恨我。又不可思汝之妻妾。此命令之必不行者也。何也。子卑父尊。子於父之命。固不敢抗。但表面雖然如此。而於心之所愛。一旦被逼而去。乃令其無恨無思。豈可得哉。蓋亦不近人情矣。故爲人上者。務宜詳察民情。然後發號施令。民乃不致怨恨。凡人之情。富則不羨慕爵祿。貧則不畏懼刑罰。夫不羨慕爵祿。因自足也。不畏懼刑罰。因不賴生也。故民自富則爵祿失其用。民貧則刑罰失其威。爵祿不能勸。刑罰不能懲。則君權無所施。君權無所施。則無以爲治。無以爲治。是人君空有其名。虛臨其國。危亡可立而至矣。

今使由爵祿而後富。則人爭盡力於其君矣。由刑罰而後貧。則人咸畏罪而從善矣。故古之爲國者。無使民自貧富。貧富皆由於君。則君專所制。民知所歸矣。

〔義〕民情喜富惡貧。君使民無自貧富。則民失所自恃。然後惡貧欲富之心可轉而受君之支配。如此而爵祿乃可勸。刑罰始足畏也。

〔解〕今使民不自富。須由爵祿而後得富。則人因慕富之故。必互爭盡力於君前矣。使民不自貧。須由刑罰而後乃貧。則人因畏貧之故。必皆畏罪而從善矣。故不使民自貧富者。係因民情而施治也。如就君而言。則勸懲不行。就民而論。則生活失均。飽者嬉而飢者號。又惡貴其有君哉。故君必使民生產各得其平。民既得生產之平均。乃無自貧自富之可分。既無自貧自富之可分。故君然後能神其爵祿刑罰之用。以威嚇而利誘之。觀古之爲國者。不使民自貧富。貧富皆由己出。卽此意也。夫君既專貧富之權以制民。故民知所歸往。民知所歸往。則治道可達矣。

貧則怨人。賤則怨時。而莫有自怨者。此人情之大趣也。然則不可以此是人情之大趣。而一概非之。亦有可矜者焉。不可不察也。

〔義〕貧賤民不自怨而怨人。非君之所宜怒。乃君之所宜察也.

〔註〕趣、音句。有定向而疾行以赴之也.

〔解〕人貧則怨人。人賤則怨時。但無自怨者。此人情大半之趣向也。君於此民情。不可一概非之。因亦有可矜憫者在。故不可不察也。

今能同筭鈞而彼富我貧。能不怨則美矣。雖怨。無所非也。才鈞智同。而彼貴我賤。能不怨則美矣。雖怨。無所非也。其敝在於不知乘權藉勢之異。而惟智能之同。是不達之過。雖君子之郵。亦君子之怒也。

〔義〕民不自怨。過在不達。故宜恕而不宜威。

〔註〕筭、即算字。鈞、通均。敝、敗也。

〔正誤〕雖君子之郵句。郵字宜作鄙字。亦君子之怒也句。怒字宜作恕字。

〔解〕今人之技能。既然相同。而計算又復相等。乃彼則富而我則貧。夫不能怨己獨貧。固甚美矣。但雖怨。亦自有理。故君子不能非之也。又如兩人才既相同。智亦相等。宜乎均貴矣。乃一貴而一賤。夫賤者能不怨。固美矣。但雖怨。君子亦不能非之也。何則。蓋貧賤者。其失敗在於不知乘權藉力。故不得與人同富貴。己不自知此理。而祇念及其智能與人無殊。此不達世故之過。不達世故者。雖爲君子所鄙棄。但其情可憫。故亦爲君子所恕。此君子所以不能非之也。

人貧則怨人。富則驕人。怨人者。苦人之不祿施於己也。起於情所難安。而不能安。猶可恕也。驕人者無苦。而無故驕人。此情所易貴。而弗能貴。弗可恕矣。

〔義〕民情可恕．亦有不可恕者．

〔解〕有貧必有富。有怨必有驕。故民情有可恕者。亦有不可恕者。夫人貧則怨人。怨人者因苦人不施祿於己。起於情所難安。故不能安而怨生焉。此其情猶可原也。至若富者本無所苦。而竟仗富驕人。是無故驕人也。夫人情靡不慕富。今既得之。其於貧者。理應如何體惜。方不失爲人之道。乃不惟不體惜。反以之傲人。其情可惡。故不能恕矣。

衆人見貧賤則慢而疏之。見富貴則敬而親之。貧賤者有請賕於己。疏之可也。未必損己。而必疏之。以其無益於物之具故也。富貴者有施與己。親之可也。未必益己。而必親之。則彼不敢親我矣。三者獨立。無致親致疏之所。人情終不能不以貧賤富貴易慮。故謂之大惑焉。

〔義〕民情趨炎赴勢．是謂大惑．

〔正誤〕貧賤者有請賕於己句．賕字宜作求字．以其無益於物之具故也句．物字宜作吾字．具字衍．富貴者有施與己句．與字宜作於字．則彼不敢親我矣句．宜作親彼則人不敢輕我矣．三者獨立句．三字宜作二字．

〔解〕衆人見貧賤。則慢而疏之。因貧賤無益於己也。見富貴。則敬而親之。因富貴有益於己也。此種好惡之心。乃形成炎涼世態之原動力。殊可慨也。夫貧賤者有請求於己。己疏之可也。今觀其并未有損於己。損未見而必欲疏之。非以貧賤者無益於己之故乎。富貴者有施於己。己親之可也。今觀其未必能益己。益未見而必欲親之。豈非以己與富貴者相親。而他人不敢輕己乎。故貧賤與富貴二者。本屬獨立性質。無致親致疏之處。所以有親疏之分。乃係人情因貧賤富貴而易慮也。人情不明貧賤富貴之理。而變易其思慮。豈非惑之甚者乎。

窮獨貧賤。治世之所共矜。亂世之所共侮。治世非爲矜窮獨貧賤而治。是治之一事也。亂世亦非侮窮獨貧賤而亂。亦是亂之一事也。每事治則無亂。亂則無治。視夏商之盛。夏商之衰。則其驗也。

〔義〕世之治亂。本於民情之得失。民情易得。莫如窮獨貧賤。此四者困阨而無告者也。

〔解〕窮獨貧賤。乃治世之所矜憫。亂世之所侮辱。治世非專爲矜憫窮獨貧賤而治。因四者殊可矜憫。矜憫易得其情。故是治世之一事也。亂世非專侮辱窮獨貧賤而亂。因四者殊可矜憫。今不特不矜憫。反侮辱之。是失民情也。故亦是亂世之一事焉。凡上事能治。則世不亂。世亂。則上事不治。視乎夏商之盛。與乎夏商之亂。則是其考驗也。

貧賤之望富貴甚微。而富貴不能酬其甚微之望。夫富者之所惡。貧者之所美。貴者之所輕。賤者之所榮。然而弗酬。弗與同苦樂故也。雖弗酬之。於我弗傷。

〔義〕富貴不與貧賤同苦樂．尙無傷也．

〔解〕貧賤之希望於富貴者甚小。而富貴者竟不能酬其小希望。何以知貧賤者所望甚小也。蓋富者之所惡。乃貧者之所美。貴者之所輕。乃賤者之所榮。今富貴者以其所惡所輕。尙吝而不予。是不與貧賤者同苦樂也。雖不同苦樂。於貧賤者尙無大害。故仍相安無事。而無傷於富貴人也。

今萬民之望人君。亦如貧賤之望富貴。其所望者。蓋欲料長幼。平賦斂。時其饑寒。省其疾痛。賞罰不濫。使役以時。如此而已。則於人君弗損也。然而弗酬。弗與同勞逸故也。故爲人君不可弗與民同勞逸焉。故富貴者可不酬貧賤者。人君不可不酬萬民。不酬萬民。則萬民之所不願戴。所不願戴。則君位危矣。危莫大焉。禍莫大焉。

〔義〕所貴乎有君者。貴其有以生我也。故民雖貧賤。不怨富貴者而怨君。蓋君爲民望所歸。負有專責者也。人君能察民情。以酬其所望。與同勞逸。則治道可登矣。

〔解〕今萬民之望人君。亦猶貧賤者之望於富貴也。所望非他。蓋欲理其長幼之序。平其田賦之稅。飢者食之。寒者衣之。民有疾病痛苦。則省察之。賞功罰罪。各得其當而不濫。使用民力。不違農時。如此而已。由此觀之。則上之種種。固於人君無損也。乃不之酬。是不與民同勞逸也。富貴不酬貧賤者。關係尚小。人君則不可不酬萬民。不酬萬民。是民無貴有君也。民無貴有君。則不願戴。民不願戴。則君位廢矣。君位廢。則危亡之禍立至矣。豈不大哉。

附錄

文

法治不如道治論

人有賢能。卽有愚鄙。此質之不同。而名亦異也。因賢能之可用而貴之。愚鄙之無用而賤之。此名之不同。而分亦異也。夫質無名則混。名無分則平。故名不可不正。而分不可過明。名不正則呼應不靈。分過明。則爭端以起。爭端一起。則名移矣。呼應不靈。則質失矣。何以知其然也。蓋賢能愚鄙。本無貴賤之可分。今強而分之。則貴必驕而賤必怨。是賢能愚鄙各不安其分矣。此爭端之所以起也。愚與賢爭。鄙與能競。不安其分而名以紊。名紊而不理。則名移矣。名移不正。則呼賢而愚至。呼鄙而能來。是所求者悉非矣。此呼應之所以不靈也。呼應不靈。而等愚鄙於賢能。則是以愚鄙爲賢能也。以愚鄙爲賢能者。則質失矣。且人欲無窮。愚鄙可越分而妄冀賢能。則賢能又何所望哉。賢能無所望。則賢不願與愚共能不願與鄙存。賢能退而愚鄙進。則亂。此分之所以不可過明也。夫賢能自賢能。愚鄙自愚鄙。賢能之不可降而爲愚鄙。亦猶愚鄙之不可升而爲賢能。明矣。今愚鄙居上。賢能處下。若不正之則乖。此名之所以不可不正也。名不正。分過明。則大道亡矣。夫道所以全性也。故以道治者。則賢能忘其爲賢能。愚鄙忘其爲愚鄙。因能忘。故賢能無驕。而愚鄙不怨。不驕不怨。乃能各安其分。故分者貴不分自分。乃能正名。名正則質全。質全則性眞。性眞則欲不擾。欲不擾則妄念不行。故能順道而馳。此所以久治而不亂也。責疲者以舉千鈞。千鈞未舉而臂折矣。責愚鄙以爲賢能。賢能未逮而國亂矣。且苗未聞有揠而長者。矧愚鄙不能進於賢能。乃欲强而進之耶。此名亂道喪。而法之所以生也。法者。所以輔道也。道貴自然。而法尙强迫。自然者以理。强迫者以力。道喪則理塞。法行則理通。因理不能强人以必行。而力能之也。但力雖能强人守道。不能使人樂從。故所從非所願。乃不敢不從耳。夫不敢者。非不敢也。因畏於法。而不敢也。非心悅誠服也。故法寬則民不畏。等於無法。法嚴則民不安。愈啓詐心。民愈詐而道愈離。故雖外呈治象。而內已非矣。此所以一爛而不可遏也。夫法原以强人反合於道。因違性之故。反致人心愈離。此豈法之本義使然哉。亦猶助苗長者。未長而苗死。其心初未及苗之死也。因違苗之性。不得不死耳。故知人性之不可違。然後知道之可貴。知道之可貴。然後知法之不良。此法治所以不如道治也。

禮義成君子君子未必須禮義名利治小人小人不可無名利論

君子者。行必由禮。事必合義。若無禮義。則不成其爲君子矣。故行越禮而事背乎義。君子則加勉焉。必求所以適於禮而合於義者。此禮義所以成君子也。君子既以禮義自勉。故名利無所動其心。名利不能動其心。則知其性固善也。是以雖無禮義以成之。亦無害焉。此君子所以未必須禮義也。名利者。所以治小人也。小人重利輕義。樂名之榮。而惡禮之拘。故以名利招之則至。以禮義招之則逃。此名利所以治小人也。小人既不能化之以禮義。若無名利以治之。則必有所不安矣。故在野而無名者。必思有以取之也。居下而無利者。必思有以奪之也。蓋不奪不饜。斯小人之心矣。此世之所以一亂而不可治也。故小人不可無名利也。余觀古來亂多而治少。其故雖多。而莫得其源。及讀尹文子。方悟乎世之所以治者。君子多也。君子多。則禮義行矣。世之不治者。小人多也。小人多。則名利重矣。夫名有限而利有竭。小人之欲則無窮。以有限有竭之名利。而供無窮之貪欲。其能安乎。且小人比比皆是。有得者。有失者。得者喜而失者怨。則爭端起矣。是知名利治小人。小人雖不可無名利。而名利亦未必能治小人也。

名利未必治小人。則將何術以治之。而知乎非無限無竭者。不能維繫其心也。夫無限無竭者。何也。禮義也。禮義成君子。君子雖未必須禮義。而小人須乎禮義則明矣。嗟乎。君子與小人長世而對立者也。小人多而君子少。不知推行禮義。化小人爲君子。而硜硜以名利自守。奈之何而不亂也。吾悲今世禮義之不行。而爭名奪利者。抑何多也。不知名利之不可治。而反以廢禮爲辭。吾誠不知其何心。豈今世之不宜於禮耶。抑時人之不便於禮也。如以禮爲不便。更之可耳。其形式可易。其義不可滅。三代不同禮而王。夫不同者。不同其形式。而其重禮則一也。奈何而欲廢之。禮可廢。而利不可少。此昔之所以不同於今。而新舊之所以不相能也。夫不相能者。皆不別義利之端也。若一察治亂之本。則何喜乎新。抑何厭乎舊。苟無舊。何有新。苟無新。何有舊。無新不知舊之非。無舊不知新之誤。二者相因而成。兩不可少。孔子曰。溫故而知新。斯可矣。今之重名利而輕禮義者。何不以古爲鑒。而加以省察乎。

圖

（見下）

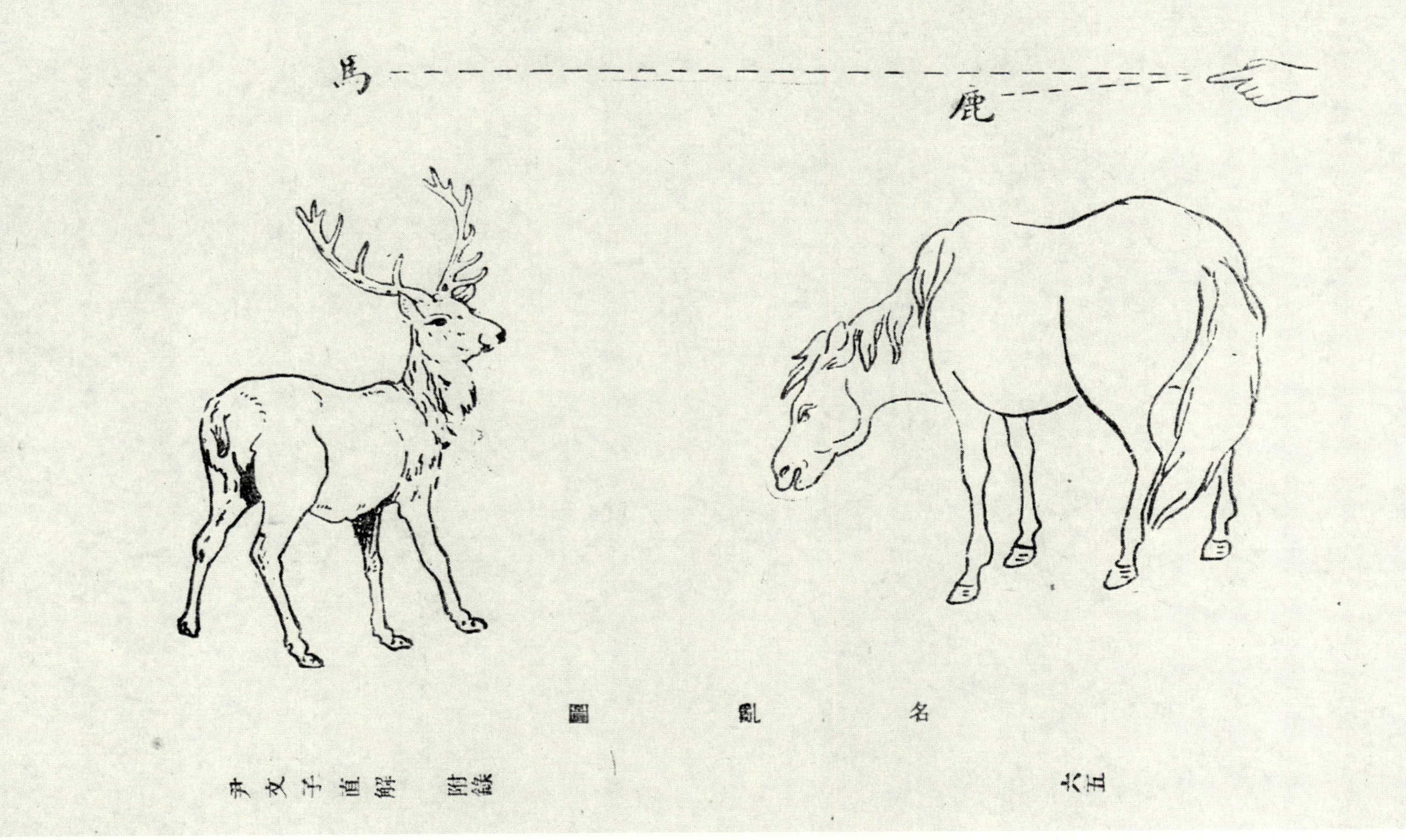
馬
鹿
圖亂名
尹文子直解　附錄
六五

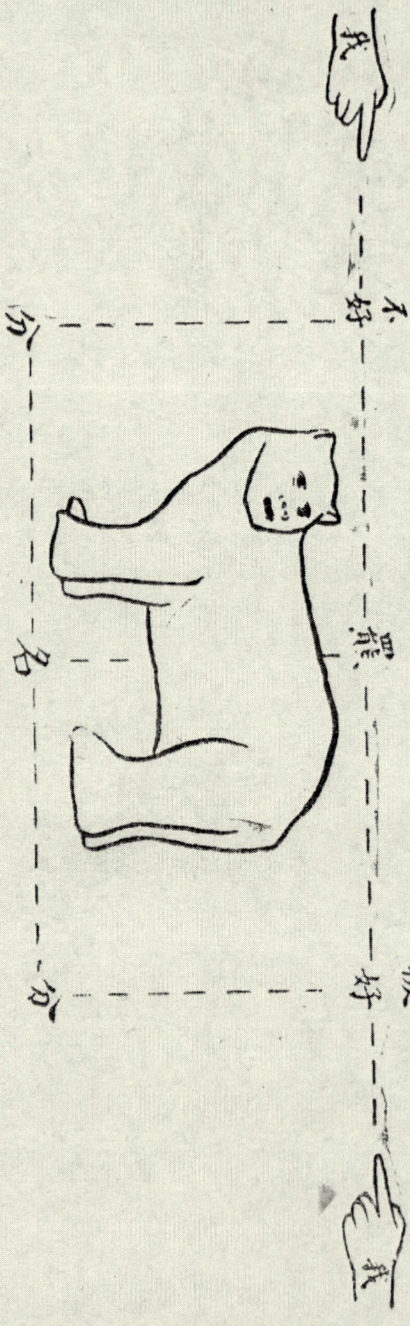

名分觀感不同圖

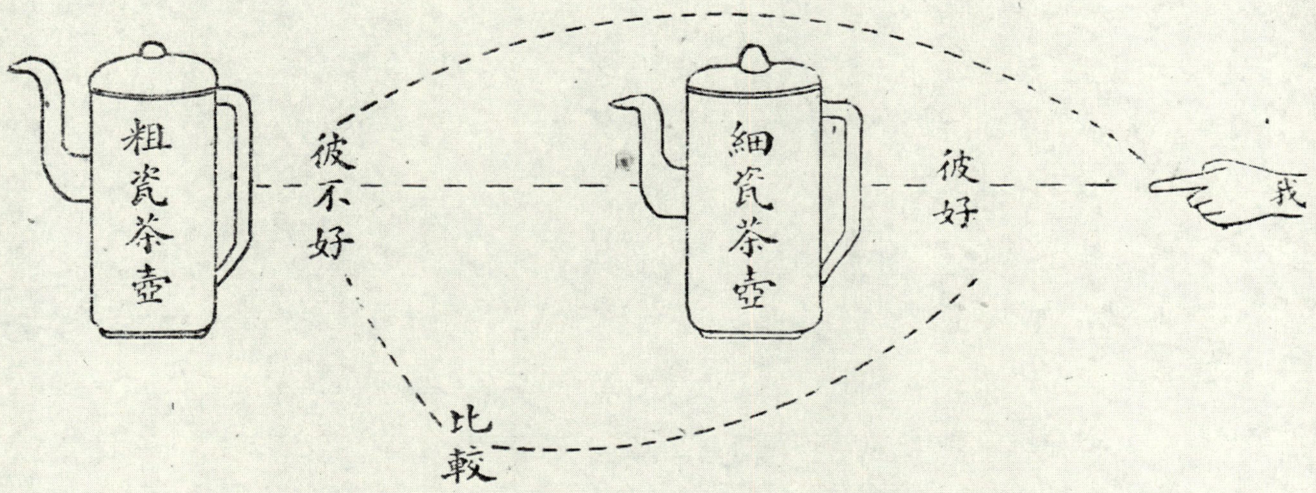

粗瓷茶壺

彼不好

細瓷茶壺

彼好

我

比較

美惡生於比較圖

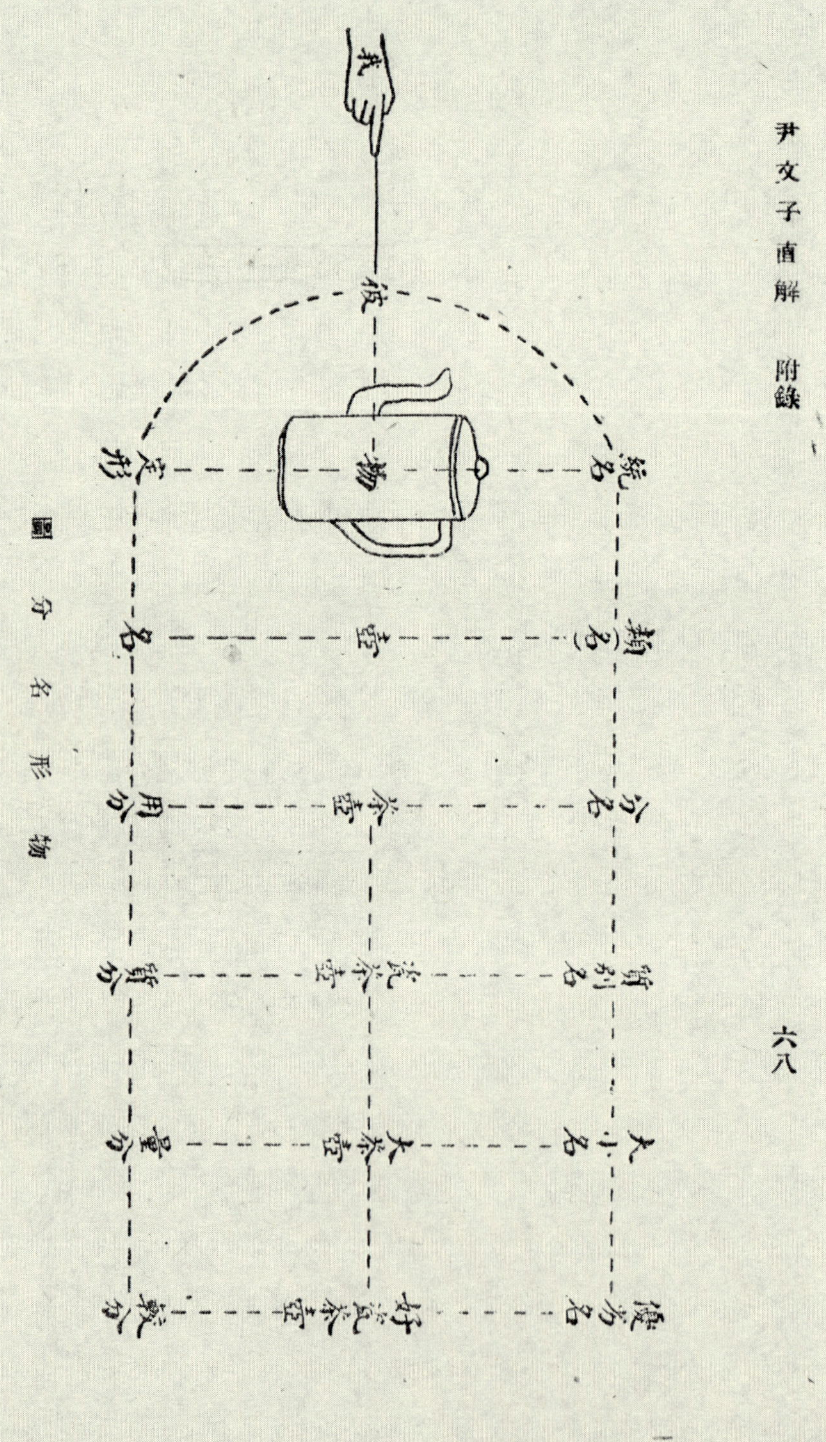

物形名分圖

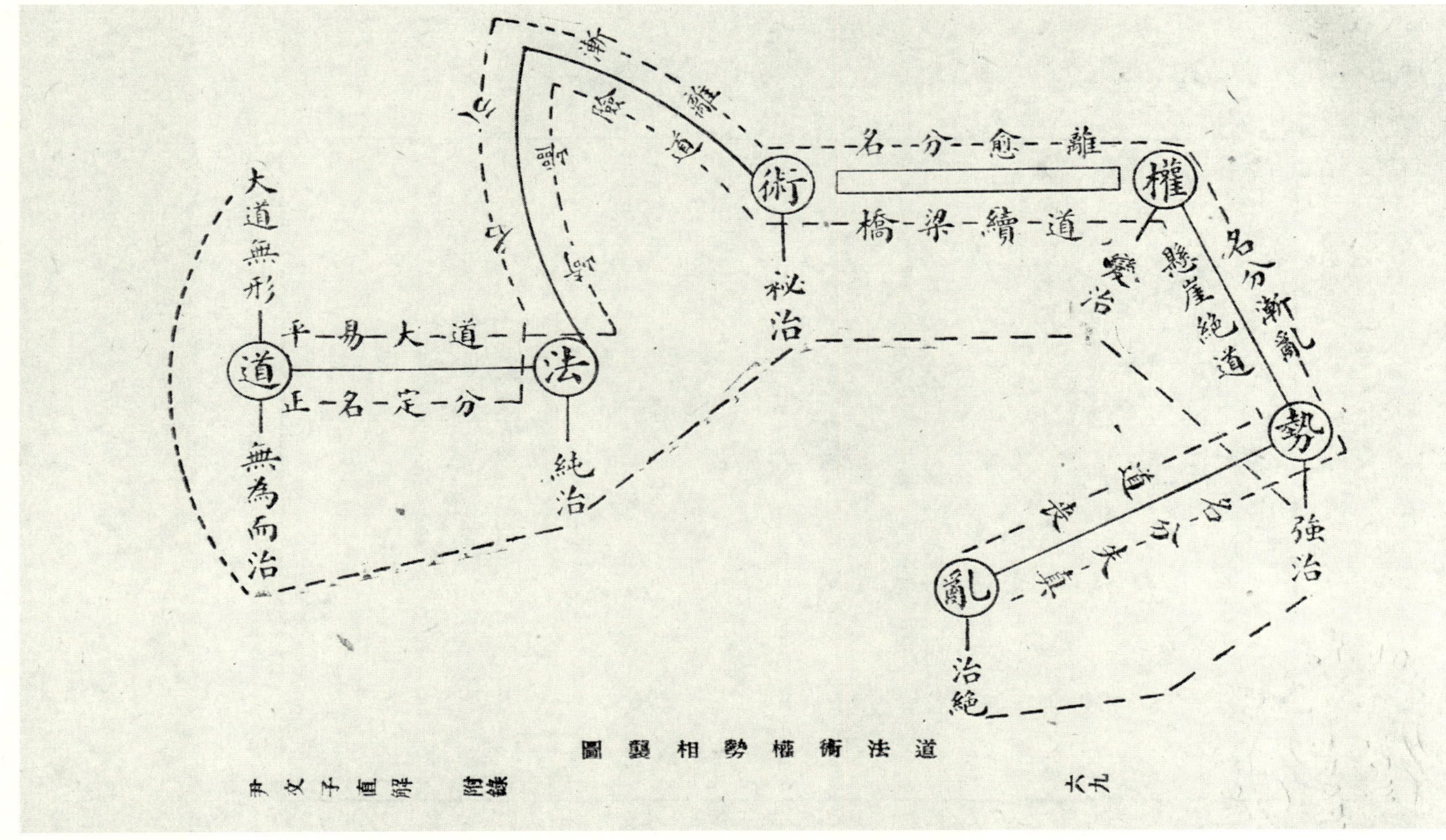

道
法
術
權
勢
亂
大道無形
無為而治
平易大道
正名定分
純治
漸離
險道
名分愈離
橋梁續道
秘治
變治
懸崖絕道
名分漸亂
強治
道衰
名分失真
治絕

道法術權勢相襲圖

中華民國二十七年七月初版

平

(21014)

國學小叢書 尹文子直解 一冊

每冊實價國幣貳角伍分
外埠酌加運費匯費

著作者 陳仲荄

主編兼發行人 王雲五 長沙南正路

印刷所 商務印書館 長沙南正路

發行所 商務印書館 各埠

(本書校對者黃競生)

F二七三八

尹文子通考

張心澂 撰

民國二十八年（1939）上海商務印書館排印《僞書通考》本

尹文子二卷　僞。

周尹文撰。

漢書藝文志有尹文子一篇，注曰「說齊宣王，先公孫龍。」師古曰「劉向云：『與宋鈃俱游稷下。』」

高誘曰「尹文齊人，作名書一篇，在公孫龍前，公孫龍稱之。」呂氏春秋注

仲長統曰「尹文子者，蓋出周之尹氏，齊宣王時居稷下，與宋鈃彭蒙田駢同學於公孫龍，公孫龍稱之。著書一篇，多所彌綸。余黃初末始到京師，繆熙伯以此書見示，意甚玩之，而多誤脫。聊試條次，撰定爲上下篇。」尹文子序

晁公武曰「周尹文撰。仲長氏所定序稱「文當齊宣王時居稷下，學於公孫龍，龍稱之；」而前漢藝文志敍此書在龍上，顏師古謂嘗說齊宣王，在龍之前，史記云公孫龍客平原君，君相趙惠文王。文王元年，齊宣沒已四十餘歲，則知文非學於龍者。李獻臣云「仲長氏，統也，熙伯，繆襲字也。」傳稱統卒於獻帝遜位之年，而此云黃初末到京師，豈史之誤乎？」郡齋讀書志

洪邁曰「尹文子文僅五千言，議論亦非純本黃老者。詳味其言，頗流而入於兼愛。……又別一書曰尹子五卷共十九篇，其言論膚淺，多及釋氏，蓋晉宋時細人所作，非此之謂也。」容齋隨筆

陳振孫曰「漢志齊宣王時先公孫龍，今本稱仲長氏撰定，黃初末得於繆熙伯。伯又言與宋鈃田駢同學於公孫龍，則不然也。龍書稱尹文，乃借文對齊宣王語以難孔穿，其人當在龍先，班志言之是矣。仲長氏卽統也。熙伯名襲。」書錄解題

宋濂曰「仲長統序稱其出於周尹氏；齊宣王時居稷下，與宋鈃彭蒙田駢同學於公孫龍。按龍客於平原君，君

相趙惠文王宣王死，下距惠文王之立已四十餘歲，是非學於龍者也。統卒於獻帝讓位之年，而序稱其黃初末到京師，亦與史不合。嗚呼！素問以爲黃帝所作，而有『失侯失王，脫營不醫』之文，殊不知秦滅六國，漢諸侯王國除，始有失侯王者。六韜謂出於周之呂牙，而有『避正殿』之語，殊不知避正殿乃戰國後事。爾雅以爲周公所制，而有『張仲孝友』之言，殊不知張仲乃周宣王時人。予嘗驗古書眞僞，每以是求之，思過半矣；又況文辭氣魄之古今絕然不可同哉！予因知統之序蓋後人依托者也。嗚呼，豈獨序哉！」（諸子辨）

四庫提要曰：「序中所稱熙伯蓋繆襲之字，其山陽仲長氏不知爲誰。李淑邯鄲書目以爲仲長統，然統卒於建安之末，與所云黃初末者不合。晁公武因此而疑史誤，未免附會矣。」

顧實以據莊子天下篇尹文以驩顏寢兵，和調天下；今尹文子書乃曰：「以名法治國，萬物所不能亂；以權術用兵，萬物所不能敵。」（仁義篇）且引老子三條，說多鄙倍。說苑述尹文語，（君道篇）文絕不類。微訓微終，先漢未有，王弼老子注云：「微歸終也。」於是列子曰：「死也者，德之微也。」（天瑞篇）尹文子亦曰：「窮則微終，微終則反始。」（大道篇）二書之出同時，而義亦相照，其爲魏晉間人所依託無疑。（漢書藝文志講疏）

馬敍倫曰：「尹文子大道篇曰：「接萬物使分別，海內使不雜，」義與莊子天下篇尹文「接萬物以別宥爲始」異。今尹文子出仲長統所撰定，然仲長統之序，前儒證其僞作。余觀二篇辭既庸近，不類戰國時文，陳義尤雜，蓋並出僞作。別宥既有尸子呂覽可證，則今尹文書所記定由作僞者不得別宥之義，而強造其說也。」（莊子義證天下篇自注）

錢基博曰：「世所傳尹文子書，析題大道上篇大道下篇，大指陳論治道，欲自處於虛靜，而萬事萬物則一一綜

核其實，其言出入黄老申韓之間，與莊生所稱不類，疑非其眞也。」（讀莊子天下篇疏記）

唐鉞以魏志劉劭傳註引文章志「襲友人山陽仲長統，漢末爲尚書郎。」撰尹文子序者，故作狡猾，影射仲長統，未曾細考，遂露破綻。周廣業意林註以爲恐是序出僞托，非是史誤，誠然。（中國史的新頁）

錢穆以僞序所據本爲「尹文先於公孫龍，公孫龍稱之。」今本脫一「先」字。其謂居稷下與宋鈃彭蒙田駢同學者，以當時稷下先生皆不治而議論，古者宦學齊稱，稷下之流皆不仕，乃相謂同學。後人不深曉，遂疑其同學於龍，而滅去一「先」字。說苑「齊宣王問尹文人君之事何如？尹文對以「無爲而能容下，事寡易從，法省易因，大道容衆，大德容下，聖人寡爲而天下理。」呂覽正名篇載文與湣王論士，謂見侮不鬬，全國之法令，不當以爲辱。莊子天下篇謂「宋鈃尹文見侮不辱，救民之鬬，禁攻寢兵，救世之戰。」則尹文實承墨氏之緒，其名書開公孫龍之辨，無爲容下，標道家之的。韓非內儲說上載尹文與齊宣王論治國以賞罰爲利器，則通於法家之囿也。兼名墨，啓道法，此自是稷下學風。今傳上下篇，仲長氏序謂卽漢志一篇之本而加條次，然其書頗可疑，殆非漢志之舊矣。大道上：「接萬物使分，別海內使不雜，見侮不辱，見推不驚，禁暴息兵，救世之鬬」云云，明襲莊子天下篇。莊書乃約述宋尹論學宗旨，決非襲取尹文書也。又聖人下序田駢彭蒙事，尤爲誤襲天下篇之顯見者。書中屢引老子，亦爲其書晚出一證。（先秦諸子繫年尹文考）

梁起超曰：「今本尹文子二篇，精論甚多，其爲先秦古籍，毫無可疑。但指爲尹文作，或尹文學說，恐非是。莊子天下篇尹文與宋鈃並稱，其學「以爲無益於天下者，明之不如其已。」名家所提出種種奧賾詭瑣之問題，皆宋尹一派所謂「無益於天下」者也。故彼宗專標「見侮不辱」「情欲寡淺」兩義，以此周行天下，上說下教，自餘一切閑言皆從剪斷。呂氏春秋正名篇引尹文語專論「見侮不辱」，正與莊子所說同。然則尹文非鄧析惠施一派之名家明矣。今本尹文子「名以檢形，形以定名……」等語，皆名家精髓。然與莊子所言尹文學風幾根本不相容矣。卷首一序，題云「山陽仲長氏撰定，」似出仲長統所編次。然序中又有「余黃初末始到京師」語，統卒於漢建安中，不能及黃初。疑魏晉人所編，託統以自重。其書則本爲先秦名家言，編者不得其主名，遂歸諸尹文耶？」飲冰室專集漢書藝文志諸子略考釋

王愷鑾 撰

尹文子校正

民國二十四年（1935）上海商務印書館排印《國學小叢書》本

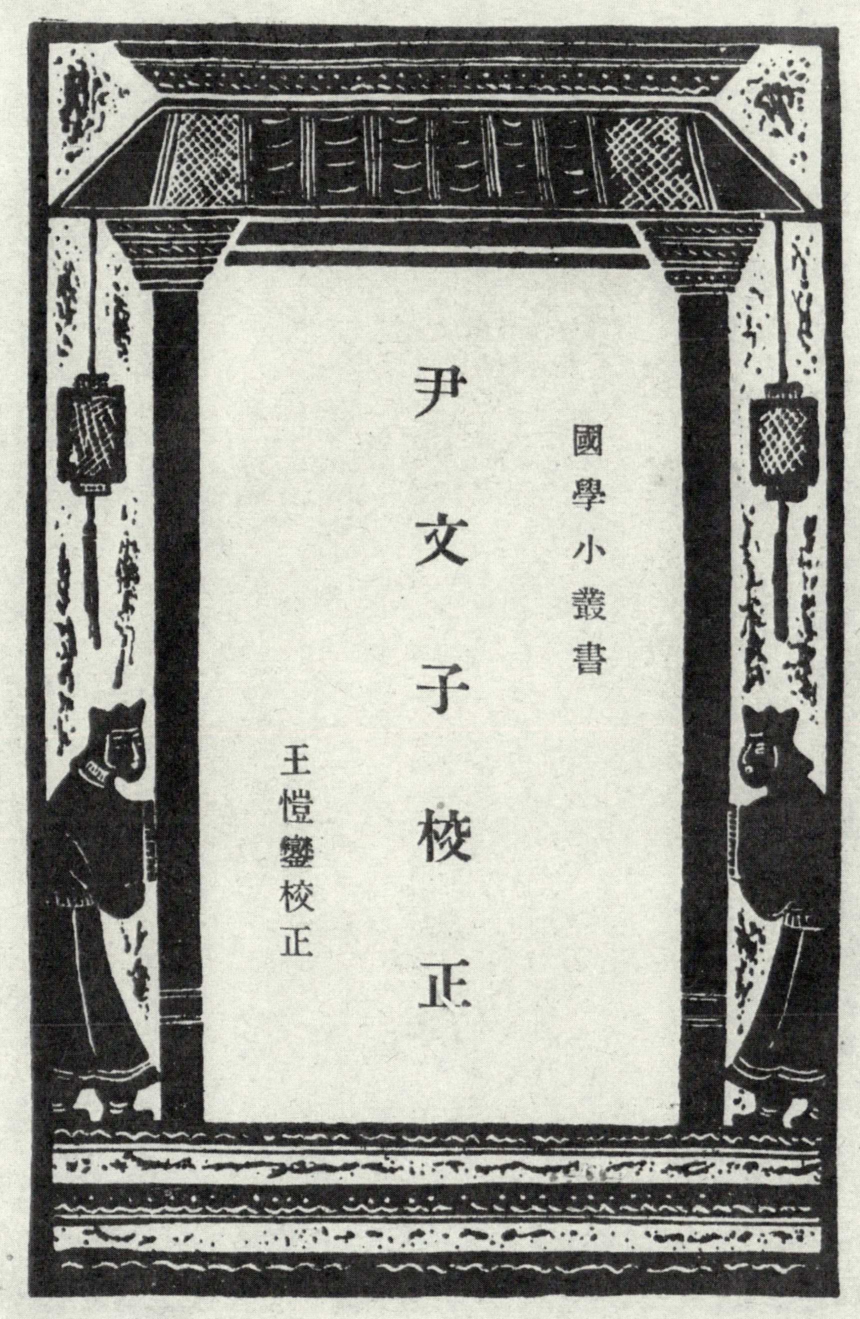
國學小叢書
尹文子校正
王愷鑾校正

校正者 王愷鑾
主編者 王雲五

國學小叢書

尹文子校正

商務印書館發行

序

尹文之學，本於黃老；而以名法列於儒墨之上，名以稽虛實，法以定治亂；法之用也，可使能鄙齊功，賢愚等慮；大小多少，各當其分；農工商仕，不易其業；如此，則處上者可無爲而治矣。其書二篇，漢志原列名家；清四庫書目以其兼包名法，歸本黃老，故又列入雜家。甲戌之夏，溽暑烝人，足不敢越戶一步；日長如年，幽居無俚，爰取上海涵芬樓四部叢刊本尹文子讀之，覺別風淮雨，訛謬實多，反覆校讎，證以古籍，於其闕者補之，誤者正之，興會所至，時有創獲。迄秋脫稿，益以清儒錢熙祚汪繼培孫詒讓及近人王時潤所校，裒爲一帙，名曰：『尹文子校正』；雖未能繼向歆之絕業，探名法之奧旨，而筆箴墨灸，使古人之文，怡然理順，實與長沙王氏之『荀子集解』後先有同志也。世有覽吾書者，亦將以效顰病之乎？

民國二十三年秋八月，含山王愷鑾儀臣甫，序於潄潤軒北窗之下。

尹文子序

尹文子者，蓋出於周之尹氏；齊宣王時居稷下，與宋鈃彭蒙田駢，同學於公孫龍；公孫龍稱之。著書一篇，多所彌綸。莊子曰：「不累於物，鑾案莊子天下篇，作不累於俗，不飾於物，此挩去俗不飾於四字・不苟於人，不忮於衆；願天下之安寧，以活於民命；鑾案莊子無於字・人我之養，畢足而止之，錢熙祚曰：『藏本無之字，與莊子天下篇合・』以此白心，見侮不辱，」此其道也。而劉向亦以其學本於黃老，大較刑名家也；近爲誣矣。余黃初末始到京師，繆熙伯以此書見示，意甚玩之。鑾案錢熙祚本甚誤其・而多脫誤，聊試條次，撰定爲上下篇，亦未能究其詳也。

山陽仲長氏撰定。鑾案錢熙祚本無定字・

尹文子校正

目錄

尹文子校正

含山王愷鑾輯

大道上

大道無形，稱器有名。名也者，正形者也；形正由名，則名不可差。故仲尼云：『必也正名乎？名不正，則言不順也。』鑾案見論語子路篇，此乃約舉其文也。大道不稱，衆有必名；生於不稱，則羣形自得其方圓；王時潤曰：『句首疑捝道字，「道生於不稱，」與下文「名生於方圓」句一律。』鑾案圓，當作員。名生於方員，則衆名得其所稱也。大道治者，則名法儒墨自廢；王時潤曰：『大道上當有以字，「以大道治者，則名法儒墨自廢；」與下文「以名法儒墨治者，則不得離道；」正相對成義。』以名法儒墨治者，則不得離道；老子曰：『道者，萬物之奧，善人之寶，不善人之所寶。』鑾案所引老子語，見道德經第六十二章；次寶字彼作保，引王弼注云：『保以全也。』寶保二字古通。是道治者，謂之善人；藉名法儒墨者，謂之不善人。善人之與不善人，名分日離，鑒案：錢熙祚本『分，扶問切。』不得審察而得也。鑒案：湖北崇文局本作『不待審察而得也。』宜據改。道不足以治則用法，法不足以治則用術，術不足以治則用權，權不足以治則用勢；勢用則反權，錢熙祚曰：『容齋續筆引作「勢不足則反權。」』權用則反術，術用則反法，法用則反道，道用則無爲而自治；故窮則徼終，鑒案：錢熙祚本『徼，吉弔切。』徼終則反始；始終相襲，無窮極也。有形者必有名，有名者未必有形；形而不名，未必失其方員白黑之實；名而不可不尋名以檢其差；孫詒讓曰：『名而下當有無形二字，各本並挩。「名而無形，」與上文「形而不名」正相對。』故亦有名以檢形，形以定名，名以定事，事以檢名；鑒案：荀子正名篇注引作『事以驗名』。察其所以然，則形名之與事物，無所隱其理矣。名有三科，法有四呈：王時潤曰：『呈，當讀爲程。』一曰命物之名，方員白黑是也。鑒案白黑，意林二作黑白。二曰毀譽之名，善惡貴賤是也。三曰況謂之名，賢愚愛憎是也。一曰不變之法，君臣上下是也。二曰齊俗之法，鑒案俗，意林二作等。能鄙同異是也。三曰治衆之法，鑒案治，意林二作理；避唐諱改。慶賞刑法是也。鑒案法，湖北崇文局本作罰；宜據改。四曰平准之法，鑒案准，錢熙祚本作準。律度權量是也。術者，人君之所密用，王時潤曰：「所字疑衍。」羣下不可妄窺；勢者，制法之利器，羣下不可妄爲；人君有術而使羣下得窺，非術之奧者；有勢使羣下得爲，非勢之重者；大要在乎先正名分，使不相侵雜；然後術可祕，勢可專。名者，名形者也；形者，應名者也；然形非正名也，名非正形也，則形之與名居然別矣；不可相亂，亦不可相無；無名故大道無稱，有名故名以正形。今萬物具存，不以名正之則亂；萬名具列，鑒案具列，湖北崇文局本作俱列。不以形應之則乖；故形名者，不可不正也。善名命善，惡名命惡。故善有善名，惡有惡名。聖賢仁智，命善者也。頑嚚凶愚，鑾案：錢熙祚本「嚚，魚巾切。』命惡者也。今卽聖賢仁智之名，以求聖賢仁智之實，未之或盡也；卽頑嚚凶愚之名，以求頑嚚凶愚之實，亦未或盡也；使善惡盡然有分，鑾案：盡，當作畫；以形近而譌。雖未能盡物之實，猶不患其差也；故曰：『名不可不辨也。』鑾案：辨，湖北崇文局本作辯。名稱者，何彼此而檢虛實者也；王時潤曰：「宋古迂陳氏本，及湖北崇文局本均作「何彼此。」孫詒讓札迻「何作別，以宋本之作何爲誤。」其實非也。此「何」字當屬下讀，「何彼此」與「檢虛實」相對成文。「何，」猶稽也。「檢，」猶論也。廣雅釋詁二以「何」「與「稽」「考」同訓「問」，「釋詁四以「檢」與「證」同訓「論」；是卽「何」「檢」與「稽」「考」「證」「論」諸字同義之證也。尹文子之意，蓋「謂名稱者，所以稽彼此而論虛實之具耳。宋本實不誤，不必據孫校而改爲「別」也。』鑾案：王說是。錢熙祚本亦改爲「別，」輕易古籍，殆韓非所謂無參驗而必之者誣也。自古至今，莫不用此而得，用彼而失；失者由名分混，得者由名分察。今親賢而疏不肖，賞善而罰惡；賢不肖善惡之名宜在彼，親疏賞罰之稱宜屬我；（鑾案本書屬字皆作屬，宜改正。）我之與彼，又復一名，名之察者也。名賢不肖爲親疏，名善惡爲賞罰；合彼我之一稱而不別之，名之混者也。故曰：『名稱者，不可不察也。』語曰：『好牛，』（鑾案錢熙祚本好，虛到切。）『又曰不可不察也；』（王時潤曰：「又曰句當爲衍文，上文云：「故曰名稱者，不可不察也。」「故」字挩爛，祇存文旁，則有似乎「又」，是以誤衍一句。下文「好則物之定形；」正承好牛句而言。中衍「又曰不可不察也」七字，則上下文氣隔絕矣。」錢熙祚曰：「又曰二字衍，當依御覽八百九十九引此文删。』）好則物之通稱，牛則物之定形；以通稱隨定形，不可窮極者也。設復言好馬，則復連於馬矣，則好所通無方也；設復言好人，則彼屬於人矣，（汪繼培曰：「彼疑復。」孫詒讓曰：「宋本正作復。」鑾案汪說是。上文云：「設復言好馬，則復連於馬矣，」此云：「設復言好人，則復屬於人矣，」句例正同；宜據宋本改正。）則好非人，人非好也；則好牛好馬好人之名自離矣。故曰：『名分不可相亂也。』五色五聲五臭五味凡四類，自然存焉天地之間，（王時潤曰

：「焉，猶於也．呂氏春秋季春紀「天子焉始乘舟，」高誘注曰：「焉，猶於也．」淮南子時則訓高注同．隱二年公羊傳「託始焉爾，」何休注：「焉爾，猶於是也．」定元年公羊傳「則不知己之有罪焉爾」，」何注：「焉爾，猶於是．」皆為訓為於之證也．或謂為為於字之誤，亦通．蓋於為烏之古文，於以聲而譌烏，烏又以形而譌為耳．」鑾案宣六年公羊傳「勇士入其大門，則無人焉門者；入其閨，則無人焉閨者；」何注：「焉者，於也．」亦可為王說之一證．而不期為人用；人必用之。終身各有好惡，而不能辨其名分；名宜屬彼，宜屬我；鑾案湖北崇文局本作「分宜屬我，」與上句「名宜屬彼」對文；宜據補．我愛白而憎黑，韻商而舍徵，好膻而惡焦，嗜甘而逆苦；白黑商徵膻焦甘苦，彼之名也；愛憎韻舍好惡嗜逆，我之分也；定此名分，則萬事不亂也。故人以度審長短，錢熙祚曰：「故字誤，羣書治要引作古．」以量受少多，鑾案錢熙祚本作多少，治要及藏本與本書同．以衡平輕重，以律均清濁，以名稽虛實，以法定治亂，以簡治煩惑，汪繼培曰：「治煩惑之「治」，沈本說郛本作制，治要同．」（錢熙祚校本引藏本同．）孫詒讓曰：「宋古迂陳氏本亦作制．」以易御險難，以萬事皆歸於一，錢熙祚曰：「句首以字衍，當依治要刪。」百度皆準於法。歸一者，簡之至；準法者，易之極；如此，頑嚚聾瞽，錢熙祚曰：「治要引，如此下有則字。」可以察慧聰明同其治也。錢熙祚曰：「以字誤，明吉府本作與，與治要合。」鑾案錢說誤。以，猶與也。以與古通用，宋古迂陳氏本及湖北崇文局本亦作以。天下萬事不可備能，責其備能於一人，則賢聖其猶病諸；設一人能備天下之事，能左右前後之宜，王時潤曰：「下「能」字屬下為句，當讀為「則」。昭十二年左傳「中美能黃，上美為元，下美則裳，」「能」「為」「則」三字平列；猶言中美則黃，上美則元，下美則裳也。周秦古書，多以「能」「則」二字並用，孫子謀攻篇「故用兵之法，十則圍之，五則攻之，倍則分之，敵能戰之，少能守之，不若能避之，」上三句用「則」字，下三句用「能」字，「能」即「則」也。校者知「能」即「則」字，故旁注「則」字於「能」字之側，轉寫者不知而並存之，故今本孫子「敵」「少」「不若」下並衍「則」字；而王念孫讀書雜志，不知「則」字之誤衍，乃反衍「戰」「守」下兩「之」字，誤矣。且王引之經傳釋詞訓「能」為「乃」，以為言敵則乃戰，少則乃守，不若則乃避之也，則乃連用，義亦未安。孫子虛實篇又云：「故敵佚能勞之，飽能飢之，安能動之」，三「能」字亦當訓「則」；言敵，佚則勞之，飽則飢之，安則動之也。與此正可互證。」鑾案：下「能」字，錢熙祚云：「治要引作則，屬下句讀。」足證王說不謬。

遠近遲疾之間，鑾案：疾，宋、古迂陳氏本作速。必有不兼者焉；苟有不兼，於治闕矣。全治而無闕者：大小多少，各當其分；鑾案：錢熙祚本「當，丁浪切。」農商工仕，鑾案：錢熙祚本仕作士，下同。不易其業；老農長商，習工舊仕，莫不存焉，則處上者何事哉？錢熙祚曰：「治要者作有。」故有理而無益於治者，君子弗言；錢熙祚曰：「長短經卑政篇弗作不，與治要合。」有能而無益於事者，君子弗爲；錢熙祚曰：「長短經此弗字亦作不。」君子非樂有言，有益於治，不得不言；君子非樂有爲，鑾案：宋古迂陳氏本樂作好。有益於事，不得不爲；故所言者不出於名法權術，所爲者不出於農稼軍陣，鑾案：孫詒讓札迻作農桑軍陣。周務而已；故明主不爲。錢熙祚曰：「此二字誤，當依治要作『任之』。下云：『故明主，誅之，』正與此相對爲文。」治外之理，小人必言，事外之能，錢熙祚曰：「此處有脫文，當依治要作「治外之理，小人之所必言；事外之能，小人之所必爲；」觀下文云：「小人亦知言損於治，而不能不言；小人亦知能損於事，而不能不爲；亦以言屬治，以爲屬事也。」小人亦知言損於治，錢熙祚曰：「治要引，損上多有字，下句同。」而不能不言；小人亦知能損於事，鑾案上下文皆以言屬治，以爲屬事，此處不能獨異；當改作「小人亦知爲損於事」，方能前後相銜，首尾一貫。而不能不爲；故所言者極於儒墨是非之辨，鑾案宋古迂陳氏本及湖北崇文局本辨皆作辯。所爲者極於堅僞偏抗之行，鑾案錢熙祚本「抗，口淚切。」求名而已；故名主誅之。鑾案名字誤，宜據湖北崇文局本改作明。古語曰：錢熙祚曰：「治要引句首有故字。」「不知無害於君子，錢熙祚曰：「治要於作爲，下句同。」知之無損於小人；工匠不能，無害於巧，君子不知，無害於治；」鑾案以上四句，亦見於荀子儒效篇，四於字，彼均作爲，經傳釋詞云：「爲，猶於也。」能，彼作知，宜據改。此信矣。錢熙祚曰：「治要引作『此言信矣』。」爲善使人不能得從，鑾案宋古迂陳氏本無能字。此獨善也；爲巧使人不能得從，鑾案宋古迂陳氏本無得字。此獨巧也；未盡善巧之理。錢熙祚曰：「治要引此文云：『爲善使人不能得從，爲巧使人不能得爲，此獨善獨巧者也；未盡巧善之理。』長短經卑政篇注爲善爲巧下，並有者字，也字在理字下，餘並與治要同，可見唐本尹文子如此・爲善與衆行之；爲巧與衆能之；此善之善者，巧之巧者也。所貴聖人之治，錢熙祚曰：「容齋續筆引，句首有故字，與治要合・」不貴其獨治，貴其能與衆共治；貴工傜之巧，錢熙祚曰：「長短經引，共治下有也所二字，與治要合・」鑾案：傜，各本作倕，宜據改・莊子胠篋篇云：「擺工倕之指，而天下始人有其巧矣・」釋文云：「工倕，堯時巧者也・」是其證・不貴其獨巧，貴其能與衆共巧也。今世之人，行欲獨賢，事欲獨能，辨欲出羣，勇欲絕衆；獨行之賢，錢熙祚曰：「長短經引，句首有夫字・」鑾案律以上下文，當作獨賢之行，校者失之目曉・不足以成化；鑾案宋古迂陳氏本作化成・獨能之事，不足以周務；出羣之辨，不可爲戶說；絕衆之勇，不可與征陣；凡此四者：亂之所由生。錢熙祚曰：「長短經引，句末有也字・」是以聖人任道以■其險，鑾案「以」下墨釘，錢熙祚本作夷字；治要及湖北崇文局本作通字・立法以理其差；使賢愚不相棄，能鄙不相遺；能鄙不相遺，則能鄙齊功；賢愚不相棄，則賢是等慮；鑾案湖北崇文局本是作愚，宜據改・此至治之術也。名定則物不競，分明則私不行；鑾案：錢熙祚本「分，夫間切。」物不競，非無心；由名定，故無所措其心。私不行，非無欲；由分明，故無所措其欲。然則心欲人人有之，而得同於心無欲者，鑾案：湖北崇文局本心上有無字，宜據補。宋古迂陳氏本與本書同。制之有道也。錢熙祚曰：「長短經適變篇引作『在制之有道故也』。」田駢曰：鑾案：錢熙祚本「駢，蒲眠切。」「天下之士，莫不處其門庭，臣其妻子，必遊宦諸侯之朝者，鑾案：宋古迂陳氏本遊作游。利引之也；遊於諸侯之朝，鑾案：宋古迂陳氏本遊於作游宦。皆志爲卿大夫，而不擬於諸侯者，鑾案：湖北崇文局本無者字。名限之也。」彭蒙曰：「雉兔在野，衆人逐之，鑾案：意林二引，人作皆。分未定也；雞豕滿市，莫有志者，分定故也。」物奢則仁智相屈，分定則貪鄙不爭。圓者之轉，非能轉而轉，不得不轉也；方者之止，非能止而止，不得不止也；因圓之自轉，使不得止；因方之自止，使不得轉；何苦物之失分？鑾案：宋古迂陳氏本苦作患。故因賢者之有用，使不得不用；因愚者之無用，使不得用；用與不用，皆非我用；錢熙祚曰：「句末用字誤，當依治要作也。」因彼所用：錢熙祚曰：「所字誤，當依治要作可。」與不可用，而自得其用；錢熙祚曰：「治要引，「而」下有「自得其用也」五字。又長短經自作各。」奚患物之亂乎？錢熙祚曰：「長短經乎作也，與治要合。」物皆不能自能，不知自知，智非能智，愚非能愚，而智而愚，變案：湖北崇文局本作「智非能智而智，愚非能愚而愚，」宜據改。好非能好而好，醜非能醜而醜；夫不能自能，不知自知，則智好何所貴，愚醜何所賤；則智不能得夸愚，好不能得嗤醜，此爲得之道也。道行於世，則貧賤者不怨，富貴者不驕，愚弱者不懾，變案：錢熙祚本「懾，質涉切。」智愚者不陵；錢熙祚曰：「陵，治要作矜。」變案：愚字誤，宜據湖北崇文局本改爲勇。定於分也。錢熙祚曰：「治要定作足。」法行於世，則貧賤者不敢怨富貴，富貴者不敢陵貧賤，愚弱者不敢冀智勇，智勇者不敢鄙愚弱；此法之不及道也。變案：「自道行於世」至此，共十一句，亦見於愼子內篇第二十一節。（明吳人愼懋賞本。）世之所貴，同而貴之，謂之俗；臣之所用，鑾案：臣字誤・宜據湖北崇文局本改・爲世同而用之，謂之物；苟違於人，俗所不與；苟忮於衆，鑾案：錢熙祚本『忮，支義切・』俗所共去；鑾案：俗，疑當作物・故心皆殊，錢熙祚曰：『治要故下有人字・』而爲行若一；所好各異，而資用必同；此俗之所齊，物之所飾。故所齊不可不愼，所飾不可不擇。昔齊桓好衣紫，鑾案：錢熙祚本『好，許浩切・』問境不鬻異采；鑾案：問字誤，當依宋古迂陳氏本改爲閭・楚莊愛細腰，一國皆有饑色；鑾案：宋古迂陳氏本饑作飢・上之所以率下，乃治亂之所由也。故俗苟沴，必爲治以矯之；錢熙祚曰：『治字誤，明吉府本及藏本並作法・』鑾案：湖北崇文局本亦作法・物苟溢，必立制以檢之；累於俗，飾於物者，鑾案：錢熙祚本『累，力僞切・』不可與爲治矣。昔晉國苦奢，文公以儉矯之，乃衣不重帛，食不兼肉；鑾案：錢熙祚本兼作異・御覽六百八十九引此文，與藏本並作兼・又書鈔百四十三及事類賦衣賦注引，兼並作重・無幾時，人皆大布之衣，錢熙祚曰：『書鈔御覽引，人上並有國字，此脫去・』鑾案：事類賦注人上亦有國字，宜據補・脫粟之飯。越王勾踐謀報吳，錢熙祚曰：『書鈔百十六引作越王將報吳王。』欲人之勇，路逢怒蛙而軾之；錢熙祚曰：『書鈔八十五、御覽五百四十三並引作下車而揖之。又書鈔百十六作迴車避之。』汪繼培曰：『御覽百四十三作下車而揖之。』孫詒讓曰：『宋本正與御覽同。』比及數年，民之長幼臨敵，雖湯火不避。錢熙祚曰：『書鈔百十六引作後戰，民皆不避湯火，逐滅吳。與今本異。』鑒案：之字誤，當依湖北崇文局本改作無。居上者之難，如此之驗。聖王知民情之易動，鑒案：錢熙祚本民作人，藏本與本書同。故作樂以和之，制禮以節之；在下者不得用其私，故禮樂獨行；禮樂獨行，則私欲寢廢；鑒案：宋古迂陳氏本寢作寖，下同。私欲寢廢，則遭賢之與遭愚均矣！若使遭賢則治，遭愚則亂；是治亂屬於賢愚，鑒案：屬，宋古迂陳氏本及湖北崇文局本均作續，錢熙祚本作係。不係於禮樂；是聖人之術，與聖主而俱沒。鑒案：宋古迂陳氏本主作王。治世之法建，易世而莫用，鑒案：湖北崇文局本建作逮，屬下句讀。則亂多而治寡；亂多而治寡，則賢無所貴，愚無所賤矣。處名位，雖不肖，不愚物不疏己；鑒案：錢熙祚本『疏音疎。』親疏係乎勢利，不係於不肖與仁賢。鑾案此段挩誤甚多，文選任彥昇爲蕭揚州薦士表注引此作「處名位雖不肯，不患物不親己；在貧賤，不患物不疏己；親疏係乎勢利，不係乎不肯與仁賢也·」文義雖較今本爲優，然「處名位」句下，既有「雖不肯」三字，則「在貧賤」句下，亦宜增入「雖仁賢」三字，方與下文「親疏係乎勢利，不係於不肯與仁賢」二句相串·今本挩去，「不患物不親己；在貧賤，雖仁賢，」十二字，而「不患物不疏己」之「患」字，又誤爲「愚」字，便義不可通矣·又「不係於不肯與仁賢」句，文選曹大家東征賦注引，亦作「不係乎不肯與仁賢也，」宜據以訂正· 孫詒讓曰：「宋古迂陳氏本與文選注同、」吾亦不敢據以爲天理，以爲地勢之自然者爾。今天地之間，不肖實衆，仁賢實寡；趨利之情，不肖特厚；廉恥之情，仁賢偏多；今以禮義招仁賢，所得仁賢者，萬不一焉；以名利招不肖，所得不肖者，觸地是焉；故曰：『禮義成君子，君子未必須禮義；鑾案下文云：「名利治小人，小人不可無名利；」與此對文·小人二字既疊，則君子二字亦當疊；湖北崇文局本正作「禮義成君子，君子未必須禮義；」宜據補·名利治小人，小人不可無名利。』慶賞刑罰，君事也；守職效能，臣業也；鑾案湖北崇文局本效作効，下同；宜據改·君科功黜陟，錢熙祚曰：『藏本科作料，料字是；下篇亦云：「料長幼・」』鑒案湖北崇文局本科亦作料・故有慶賞刑罰；臣各慎所任，故有守職效能；君不可與臣業，臣不可侵君事，上下不相侵與，謂之名正；名正而法順也。接萬物使分，別海內使不離，王時潤曰：『兩句均當六字爲句，蓋分字之上，或別字之下，脫去一字耳・見侮不辱，見推不矜，禁暴息兵，救世之鬬，此仁君之德，可以爲主矣。錢熙祚曰：『荀子正論篇注引，仁作人，主作王・』守職分使不亂，慎所任而無私，飢飽一心，毀譽同慮，賞亦不忘，罰亦不怨，鑒案忘字義不可通，忘當作德，蓋德之古字爲悳，其上部脫爛，與忘字相近，是以致譏・文子道德篇「人主無好憎者，無誅而無怨，施而不德・」呂覽分職篇「若是則受賞者無德，而抵誅者無怨矣・」淮南子主術訓「誅者不怨君，罪之所當也；賞者不德上，功之所致也・」（文子自然篇文同・惟無兩所字・）並以德怨二字對擧，足證此忘字爲德字之譌・此居下之節，可爲人矣。王時潤曰：『可下當增以字，人疑臣字之譌・』鑒案：孫詒讓校本作『可爲人臣矣・』世有因名以得實，亦以因名以失實：鑒案亦以當作亦有・王時潤曰：『上因字疑達字之誤，當是涉下而譌；蓋達背字古本作章，亦借用口，與因形近，是以致譌・易繫辭「範圍天下而不過・」釋文云：「圍，本作違・」史記曹相國世家「渡圍津・」索隱云：「圍與章同，古今字變耳・」漢書成帝紀「大木十章以上，」顏師古注：「章，與圍同・」皆其證也・蓋章從口聲，違圍皆從章聲，故得通用耳・下文所載衞鰥夫娶黃公女事，正違名得實之證；楚人販山雉，田父棄寶玉二事，正因名失實之證；然則尹文子原文，本以「違名得實」「因名失實，」相對成義，明矣・』宣王如射，錢熙祚曰：『御覽三百八十九引作齊宣王，與呂氏春秋壅塞篇合・』鑾案如字誤，宜據呂氏春秋改爲好字・說人之謂己能用強也；鑾案錢熙祚本「說」音悅・」強下挩弓字，宜據呂氏春秋補入・其實所用不過二石，錢熙祚曰：『書鈔百二十五御覽三百八十九用下並有弓字，此脫去・』鑾案二爲三之譌字，當據下文『宣王用不過三石』句，改正・以示左右；左右皆引試之，鑾案引試，當作試引；宜據呂氏春秋乙正・中關而止，鑾案關當作關，各本皆譌；左氏昭二十一年傳云：『豹則關矣，』杜注云：『關，引弓；』釋文『關，烏環反；』孟子告子上篇云：『越人關弓而射之，』關讀爲彎；皆其證也・呂氏春秋壅塞篇正作中關而止，高注云：『關，謂關弓弦正半而止也・』皆曰：『不下九石，』錢熙祚曰：『書鈔御覽「曰」下並有此字・』非大王孰能用是？』宣王悅之。然則宣王用不過三石，而終身自以爲九石；錢熙祚曰：『御覽爲下有用字。』三石，實也；九石，名也；宣王悅其名而喪其實。齊有黃公者，好謙卑；有二女，皆國色；以其美也，常謙辭毀之以爲醜惡，醜惡之名遠布，年過而一國無聘者。錢熙祚曰：『藝文類聚十八引作一國之人無敢聘者，御覽三百八十一亦有敢字。』衞有鰥夫時，錢熙祚曰：『鰥夫下脫失字，當依御覽補。』鑒案：袁孝政註劉子新論審名篇引此亦作衞有鰥夫時。冒娶之，果國色，鑒案劉子新論註作果國色也。然後曰：『黃公好謙，故毀其子。』不姝美，於是爭禮之，亦國色也；孫詒讓曰：『宋本不姝美，作妹必美；是也。據上文：黃公有二女，衞人所娶者是其長妹，故人意其妹必美而爭禮之；今本作不姝美，屬上，毀其子爲句；則下二語文無所承矣。』國色，實也；醜惡，名也；此違名而得實矣。楚人擔山雉者，鑒案華希閔廣事類賦雉賦注引此擔上有有字宜據補，又宋古迂陳氏本擔本作檐誤。路人問：『何鳥也？』錢熙祚曰：『御覽九百十七引問下有曰字。』擔雉者欺之曰：『鳳凰也』路人曰：『我聞有鳳凰，今直見之。錢熙祚曰：直字誤，『藝文類聚九十御覽九百十七並作始。』王時潤曰：直特也，直字疑不誤。鑒案：廣事類賦注引作今，始見矣。汝販之乎？』曰：『然。』則十金，錢熙祚曰：『藝文類聚及御覽並作請買十金。』鑒案：廣事類賦注作請買千金。弗與；請加倍，乃與之。鑒案：廣事類賦注無請字。將欲獻楚王，經宿而鳥死；路人不遑惜金，錢熙祚曰：『藝文類聚惜下有其字。』鑒案：廣事類賦注引，惜下亦有其字。惟恨不得以獻楚王。國人傳之，咸以爲真鳳凰貴，欲以獻之；遂聞楚王。感其欲獻於己，王時潤曰：『楚王下當疊楚王二字。尹文子原文當作「遂聞楚王，楚王感其欲獻於己，」下文云：「以獻魏王，魏王召玉工相之，」亦疊魏王二字，卽其證也。』鑒案：錢熙祚本及孫詒讓校本並疊王字。召而厚賜之，過於買鳥之金十倍。鑒案：宋古迂陳氏本作過於買金之鳥十倍，誤。魏田父有耕於野者，得寶玉徑尺，弗知其玉也，以告鄰人；鑒案：宋古迂陳氏本鄰人二字不重。鄰人陰欲圖之，謂之曰：『怪石也，錢熙祚曰：『藝文類聚八十三、御覽八百五謂並作詐。又明吉府本及藏本「曰」下並有此字，此脫去。』汪繼培曰：『詐，藏本怪石上有此字，錢引明吉府本同。』孫詒讓曰：『宋本與藏本同。』鑒案：事類賦玉賦注引作『詐之曰：此怪石也。』畜之弗利其家，弗如復之。』田父雖疑，猶錄以歸，置於廡下；鑾案錢熙祚本「廡音侮・『其夜玉明，光照一室；田父稱家大怖，錢熙祚曰：「稱字誤，御覽引作其，無田父二字・」王時潤曰：「稱字不誤・稱，猶舉也：言田父舉家大怖也・尚書湯誓篇「敢行稱亂，」史記殷本紀作「敢行舉亂，」卽稱訓爲舉之證也・』鑾案錢熙祚本「怖，普故切・』復以告鄰人。王時潤曰：「鄰人二字當重・』曰：『此怪之徵，遄棄，殃可銷。』鑾案錢熙祚本「遄，市專切・』於是遽而棄於遠野；錢熙祚曰：『御覽棄下有之字・鑾案宋古迂陳氏本與御覽同・』鄰人無何盜之，以獻魏王。魏王召玉工相之，玉工望之，再拜而立，『敢賀玉王得此天下之寶，錢熙祚曰：『此文有誤，御覽作「再拜卻立曰：敢賀大王得此天下之寶，」六帖七同；藝文類聚作「再拜賀曰：大王得此天下之寶，」蓋節文・』鑾案事類賦玉賦注引作「玉工望玉，再拜卻立曰：敢賀大王得此天下之寶，』當據以訂正・臣未嘗見。』鑾案文選魏文帝與鍾大理書注及事類賦玉賦注，臣下並有所字・王問價，錢熙祚曰：『明吉府本及藏本問下並有其字，與藝文類聚引此文合・』汪繼培曰：『類聚文選注，價上有其字・』孫詒讓曰：「宋本亦有其字・』玉工曰：『此無價以當之，五城之都，僅可一觀。』鑾案文選

注事類賦注僅並作聊・魏王立賜獻玉者千金，長食上大夫祿。錢熙祚曰：「藝文類聚大夫下有之字・」鑒案文選注與類聚同

凡天下萬里，皆有是非，吾所不敢誣；是者常是，非者常非，亦吾所信；然是雖常是，有時而不用；非雖常非，有時而必行；故用是而失有矣！行非而得有矣！是非之理不同，而更興廢翻爲我用，則是非焉在哉？觀堯舜湯武之成，或順或逆，得時則昌；桀紂幽厲之敗，或是或非，失時則亡；五伯之主亦然。宋不以楚人戰於泓，鑒案錢熙祚本「泓，烏宏切・」不爲公之諱字，宜據左氏僖二十二年傳改正・王時潤曰：「以，猶與也；詩江有汜篇「不我以，不我以」，鄭箋云：「以，猶與也・」儀禮鄉射禮「主人以賓揖」，鄭注曰：「以，猶與也・」然則宋公以楚人戰於泓，猶言宋公與楚人戰於泓耳・上文「可與察慧聰明同其治也，」宋古迂，陳氏本及錢熙祚本作可以；是即本書以「以」爲「與」之證也・」公子目夷曰：「楚衆我寡，請其未悉濟而擊之。」宋公曰：「不可，吾聞不鼓不成列，寡人雖亡之餘，不敢行也。」鑒案亡下當依左氏傳補國字・戰敗，楚人執宋公。鑒案湖北崇文

局本公誤作國。齊人弒襄公，立公孫無知；召忽夷吾奉公子糾奔魯，鑾案：宋古迂陳氏本夷吾上有管字，宜據補。又公字下，捝子字。鮑叔牙奉公子小白奔莒；既而無知被殺，二公子爭國，糾宜立者也；小白先入，故齊人立之，既而使魯人殺糾，召忽死之，徵夷吾以爲相。晉文公爲驪姬之譖，出亡十九年；鑾案：宋古迂陳氏本捝出亡二字。惠公卒，賂秦以求反國，殺懷公子而自立。孫詒讓曰：『晉文公所殺者卽懷公，不當云懷公子；子，宋本作于。疑故書本云殺懷公于某地，而今本捝之。（僖二十四年左傳云：「殺懷公于高梁」。）』王時潤曰：『子字當衍。或懷爲惠字之譌。』彼一君正，而不免於執；二君不正，霸業遂焉；己是而舉世非之，則不知己之是；己非而舉世是之，亦不知己所非；鑾案：此句與上句『則不知己之是』對文，此所亦當作之，各本均譌。然則是非隨衆賈而爲正，非己所獨了。王時潤曰：『賈字疑衍，上文云：「己是而舉世非之，則不知己之是；己非而舉世是之，亦不知己所非；」卽所謂「是非隨衆而爲正也」，不當有賈字。』則犯衆者爲非，順衆者爲是；故人君處權乘勢，處所是之地，則人所不得非也；居則物尊之，動則物從之，言則物誠之，行則物則之，所以居物上，御羣下也。鑾案宋古迂陳氏本無也字・國亂有三事：年飢民散，鑾案湖北崇文局本飢作饑，宜據改・無食以聚之，則亂；治國無法，則亂；有法而不能用，則亂；有食以聚民，鑾案宋古迂陳氏本食上衍法字・有法而能行，國不治，王時潤曰：『治』下當增者字・未之有也。

大道下

錢熙祚曰：「治要作聖人篇。」

仁義禮樂，名法刑賞，凡此八者，五帝三王治世之術也；故仁以道之，鑿案：道讀爲導，湖北崇文局本正作導。義以宜之，禮以行之，樂以和之，名以正之，法以齊之，形以威之，賞以勤之。鑿案：湖北崇文局本形作刑，勤作勸，宜據改。又案：自篇首至此，亦見於愼子內篇第二十三節。故仁者所以博施於物，王時潤曰：「於疑施字之誤而衍者。」亦所以生偏私；義者所以立節行，亦所以成華僞；禮者所以行恭謹，錢熙祚曰：「治要引作謹敬，長短經反經篇作敬謹。」亦所以生惰慢；樂者所以和情志，亦所以生淫放；名者所以正尊卑，亦所以生矜篡；法者所以齊衆異，亦所以乖名分；錢熙祚曰：「治要及長短經並作亦所以生乖分。」汪繼培曰：「姜本無生字，各本作乖名分，惟治要作生乖分。」孫詒讓曰：「宋本齊生二字幷無，以文義校之，當從治要爲正。」刑者所以威不服，亦所以生陵暴；賞者所以勸忠能，亦所以生鄙爭；凡此八術：無隱於人而常存於世，非自顯於堯湯之時，非自逃於桀紂之朝；錢熙祚曰：『此自字治要作故。』用得其道，則天下治；失其道，則天下亂；錢熙祚曰：『治要失上有用字。』過此而往，雖彌綸天地，籠絡萬品，錢熙祚曰：『治要籠作纏。』治道之外，非羣生所餐挹，聖人錯而不言也。王時潤曰：『錯字汪本作措。』纂案：宋古迂陳氏本亦作錯。凡國之存亡有六徵：有衰國，有亡國，有昌國，有彊國，纂案：彊爲疆之譌字。有治國，有亂國。錢熙祚曰：『治要引此句在衰國下，與下文合。』所謂亂亡之國者，凶虐殘暴不與焉；所謂彊治之國者，威力仁義不與焉；君年長，多媵，錢熙祚曰：『長短經理亂篇多下有妾字，與治要合；明吉府本作媵妾。』纂案：錢熙祚本『媵，以證切。』少子孫，疏宗彊，纂案：錢熙祚本汪繼培本彊並作族，惟治要與本書合。衰國也；君寵臣，臣愛君，公法廢，私欲行，亂國也；國貧小，家富大，君權輕，臣勢重，亡國也；凡此三徵：不待凶虐殘暴而後弱也，纂案：錢熙祚本虐作惡，誤。雖曰見存，吾必謂之亡者也。內無專寵，外無近習，支庶繁字，錢熙祚曰：『長短經字作息，與治要合・』長幼不亂，昌國也；農桑以時，倉廩充實，兵甲勁利，鑾案：兵甲，湖北崇文局本作甲兵・封疆脩理，疆國也；鑾案：下疆字，爲彊之譌字，宋古迂陳氏本作強・上不勝其下，下不犯其上，錢熙祚曰：『長短經引，兩不字下竝有能字；與治要合・藏本下句亦有能字・』孫詒讓曰：『宋本與藏本同・』上下不相勝犯，故禁令行，人人無私，雖經險易而國不可侵，治國也；凡此三徵：不待威力仁入而後疆，鑾案：入當作義・蓋入爲乂之破體，而乂又爲義之省書；前云『所謂疆治之國者，威力仁義，不與焉；』此云『不待威力仁義而後疆，』文正相應；若作威力仁入，則不詞甚矣・雖曰見弱，吾必謂之存者也。鑾案：宋古迂陳氏本無也字・治主之興，鑾案：湖北崇文局本主作王・必有所先誅；先誅者，非謂盜，非謂姦，此二惡者，一時之大害，非亂政之本也；亂政之本，下侵上之權，臣用君之術，心不畏時之禁，行不軌時之法，此大亂之道也。孔丘攝魯相，七日而誅少正卯，鑾案：錢熙祚本『少，失照切・』門人進問曰：『夫少正卯魯之聞人也；夫子爲政而先誅，鑾案：誅下疑有之字。得無失乎？』孔子曰：『居！吾語汝其故。鑾案：錢熙祚本『語，牛據切。』人有惡者五，而竊盜姦私不與焉：一曰心達而險，二曰行僻而堅，三曰言僞而辨，四曰疆記而博，鑾案：疆爲彊之譌字。荀子宥坐篇作記醜而博。五曰順非而澤，此五者有一於人，則不免君子之誅；而少正卯兼有之，故居處足以聚徒成羣，言談足以飾邪熒衆，鑾案：荀子熒作營，楊倞注云：『營讀爲熒。』是二字古通。疆記足以反是獨立，鑾案：疆爲彊之譌字。又荀子無記字，宜據刪。此小人雄桀也，不可不誅也。』是以湯誅尹諧，文王誅潘正，鑾案：潘正，荀子作潘止；說苑指武篇云：『太公誅潘阯。』止阯聲同，足證正當作止。太公誅華士，鑾案：士，荀子作仕；士仕古通。管仲誅付里乙，子產誅鄧析史付，此六子者，鑾案：六字誤，當依荀子改爲七字。異世而同心，不可不誅也。詩曰：『憂心悄悄，慍於羣小。』小人成羣，斯足畏也。鑾案：荀子作斯足憂矣。語曰：佞辯可以熒惑鬼神。曰：鬼神聰明正直，鑾案：宋古迂陳氏本挩曰鬼神三字。孰曰熒惑者？錢熙祚曰：「曰字誤，當依明吉府本作能。」曰：鬼神誠不受熒惑，此尤佞辨之巧，靡不入也。王時潤曰：「尤，甚也；謂甚言佞辯之巧，無所不入也。」鑒案：依上文，辨當作辯。夫安辨者，雖不能熒惑鬼神，鑒案：安辨，爲佞辯之譌。熒惑人明矣！探人之心；度人之欲；順人之嗜好，而不敢逆；納人於邪惡，而求其利；人喜聞己之美也，善能揚之；鑒案：宋古迂陳氏本挩之字。惡聞己之過也，善能飾之；得之於眉睫之間，承之於言行之先。錢熙祚曰：「此下脫一百二十四字，當依治要補正：『世俗之人，聞譽則悅，聞毀則戚，此衆人之大情；有同己則喜，異己則怒，此人之大情；故佞人善爲譽者也，善順從者也；人言是亦是之，人言非亦非之；從人之所愛，隨人之所憎；故明君雖能納正直，未必親正直；雖能遠佞人，未必能疏佞人；故舜禹者，以能不用佞人，亦未必憎佞人。語曰：「佞辨惑物。」舜禹不能得憎，不可不察乎？』」案末句乎，當作也。」玉時潤曰：「故舜禹者，以能不用佞人，」以與已通。又末句「不可不察乎？」當作「可不察乎？」可上衍不字，乎字不誤。」語曰：『惡紫之奪未，惡利口之覆邦家。』鑒案：未字誤，宜據論語陽貨篇改作朱。斯言足畏，而終身莫悟，危亡繼踵焉。老子曰：『以政治國，以奇用兵，以無事取天下。』鑾案所引老子語，見道德經第五十七章；政，彼作正。二字古通。政者，名法是也；以名法治國，萬物所不能亂。奇者，權術是也；以權術用兵，萬物所不能敵。凡能用名法權術，而矯抑殘暴之情，則己無事焉；己無事，則得天下矣。故失治則任法，失法則任兵；以求無事，不以取彊；取彊，則柔者反能服之。老子曰：『民不畏死，如何以死懼之？』鑾案所引老子語，見道德經第七十四章；如，彼作奈，聲之轉也。凡民之不畏死，由刑罰過。刑罰過，則民不賴其生；生無所賴，視君之威末如也。刑罰中，則民畏死；畏死，由生之可樂也。知生之可樂，故可以死懼之；此人君之所宜執，臣下之所宜慎。』鑾案自老子曰：『民不畏死，』至此，亦見於慎子外篇第十九節。

田子讀書曰：『堯時太平。』宋子曰：『聖人之治以致此乎？』彭蒙在則，鑾案則，爲側之譌字。越次答曰：『聖法之治以至此，王時潤曰：至與致通。非聖人之治也。』

宋子曰：『聖人與聖法何以異？』彭蒙曰：『子之亂名甚矣！聖人者，自己出也；聖法者，自理出也；理出於己，己非理也；（鑾案非理「理」字，宋古迂陳氏本誤作禮。）己能出理，理非己也；故聖人之治，獨治者也；聖法之治，則無不治矣；此萬世之利，（鑾案錢熙祚本世作物。）唯聖人能該之。』（王時潤曰：『汪本作惟，宋本錢本均作唯。』）宋子猶惑，質於田子。田子曰：『蒙之言然。』莊里丈人字長子曰盜，少子曰毆。（孫詒讓曰：『宋本誤歐，下同；錢本同。』錢熙祚曰：『明吉府本作毆，下同。』）盜出行，其父在後追呼之曰：『盜！盜！』吏聞因縛之。（鑾案意林二因下有而字。）其父呼毆喻吏，遽而聲不轉，但言毆！毆！吏因毆之幾殪。計（鑾案錢熙祚本殪下注云：『一計切。』此計字，即注文之誤入正文者，宜刪去。又案意林二引作吏因而毆之，幾至於死。）康衢長者，（鑾案湖北崇文局本者誤子。）字僮曰善⿰牛尃，（王時潤曰：『⿰牛尃當作搏，字僮曰善搏，與下文字犬曰善噬，正相對成義；搏隸書手旁與牛相似，是以致誤。』鑾案事類賦狗賦注引，僮作童，古字通；⿰牛尃作搏，宜據改。）字犬曰善噬，賓客不過其門者三年。長者怪而問之，乃實對；錢熙祚曰：「御覽四百五引作人以實對。」孫詒讓曰：「宋本作人實對，蓋捝一以字，校者不審，肊改人爲乃，殊謬。」於是改之，賓客往復。錢熙祚曰：「往復二字誤倒，當依明吉府本乙轉；藝文類聚九十四，御覽四百五，又九百五，並引作復往。」鑾案事類賦注引，亦作復往。鄭人謂玉未理者爲璞，錢熙祚曰：「後漢書應劭傳注，理作琢。」周人謂鼠未腊者爲璞；鑾案上兩句爲字，戰國策秦策三無。又本句璞字，彼作朴。周人懷璞，謂鄭賈曰：錢熙祚曰：「藝文類聚八十三謂作問。」「欲買璞乎？」鄭賈曰：「欲之。」出其璞，鑾案戰國策璞作朴。視之，乃鼠也；因謝不取。父之於子也，錢熙祚曰：「此上脫一百十六字，當依治要補正：田子曰：『人皆自爲，而不能爲人；故君人者之使人，使其自爲用，而不使爲我用。』魏下先生曰：『善哉田子之言，古者君之使臣，求不私愛，於己，求顯忠於己；而居官者必能，臨陳者必勇；祿賞之所勸，名法之所齊，不出於己心，不利於己身，語曰：「祿薄者不可與經亂，賞輕者不可與入難，」此處上者所宜愼者也。』案祿薄者以下，又見意林及御覽六百三十三。」孫詒讓曰：「今本捝此文，汪鋑幷據羣書治要補。案魏下先生，疑當作稷下先生；此論田駢語，當卽尹文子自稱。仲長氏敍云：『尹文子，齊宣王時，居稷下。』漢書藝文志尹文子，顏注亦引劉向云：「與宋鈃俱遊稷下。」是也。（鹽鐵論論儒篇云：「齊宣王褒儒尊學，孟軻淳于髡之徒，受上大夫之祿，不任職而論國事，」蓋齊稷下先生千有餘人。）』令有必行者，有必不行者。去貴妻，賣愛妾，此令必行者也；因曰汝無敢恨，汝無敢思，令必不行者也；錢熙祚曰：『長短經政體篇令上有此字。』故爲人上者，必慎所令。錢熙祚曰：『長短經作必慎所出令爲，治要亦有爲字。』凡人富則不羨爵祿，貧則不畏刑罰。不羨爵祿者，自足於己也；不畏刑罰者，不賴存身也；二者爲國之所甚，鑿案：甚下挩病字，錢熙祚本同；宜據湖北崇文局本補。而不知防之之術，故令不行，而禁不止。若使令不行，而禁不止，則無以爲治；無以爲治，是人君虛臨其國，徒君其民，危亂可立而待矣。今使由爵祿而後富，則人力爭盡力於其君矣；鑿案：上力字，錢熙祚本作必，宜據改；宋古迂陳氏本及湖北崇文局本並無必字。由刑罰而後貧，則人咸畏罪而從善矣；故古之爲國者，無使民自貧富；貧富皆由於君，則君專所制，民知所歸矣。貧則怨人，賤則怨時，而莫有自怨者，此人情之大趣也；然則不可以此是人情之大趣，王時潤曰：「則當作而。」而一槩非之，亦有可矜者焉，不可不察也。今能同算鈞，鑒案宋古迂陳氏本算作筭。而彼富我貧，能不怨則美矣，雖怨無所非也；鑒案宋古迂陳氏本非作悲。才鈞智同，而彼貴我賤，能不怨則美矣，雖怨無所非也；其敝在於不知乘權藉勢之異，而雖曰智能之同，錢熙祚曰：「雖字誤，當依明吉府本作惟。」鑒案雖字即惟也，字或作唯。少儀「雖有君賜，」雜記「雖有三年之喪可也，」鄭注並曰：「雖或爲唯。」文選揚子雲解嘲「雖其人之瞻知哉，亦會其時之可爲也。」漢書揚雄傳雖作唯。莊子庚桑楚篇「唯蟲能蟲，唯蟲能天。」釋文曰：「唯，一本作雖。」說文雖字以唯爲聲，故雖可通作唯，唯亦可通作雖，錢氏不明聲同互借之理，故謂雖爲誤字。是不達之過；雖君子之鄙，亦君子之怒也。王時潤曰：「鄙，與尤通；怒當作怨，怨從如聲，怒從奴聲，怒如奴形聲相近，是以致譌；上文云：「貧則怨人，賤則怨時，而莫有自怨者，此人之大趣也；然則不可以此是人情之大趣，而一時槩非之，亦有可矜者焉，」即此文怨字之義也。蓋尹文子之意，言以貧賤怨人，乃不達之過，亦未嘗不爲君子之所怨也。下文云：「人貧則怨人，富，則驕人。怨人者，苦人之不祿施於己也，起於情所難安而不能安，猶可恕也；驕人者，無苦人而無故驕人，此情所易制而弗能制，弗可恕矣；」均作恕不作怒，可以爲證。人貧則怨人，富則驕人。怨人者，苦人之不祿施於己也，起於情所難安而不能安，猶可恕也；驕人者，無苦錢熙祚曰：「治要無下有所字。」而無故驕人，此情所易貴而弗能貴，王時潤曰：「汪錢本貴作制，宋本亦誤作貴。」弗可恕矣。衆人見貧賤則慢而疏之，見富貴則敬而親之。貧賤者有請賕於己，疏之可也；未必損己而必疏之，以其無益於物之具故也。鑾案：宋古迂陳氏本無於字。富貴者有施與己，汪繼培曰：「緜眇閣本無與字，子彙本姜本沈本無於字，今據說郛本作有施與於己。」孫詒讓曰：「宋本與說郛同。」親之可也；未必益己而必親之，則彼不敢親我矣。三者獨立，無致親致疏之所，人情終不能不以貧賤富貴易慮，故謂之大惑焉。窮獨貧賤，治世之所共矜，亂世之所共侮。治世非爲矜窮獨貧賤而治，是治之一事也；亂世亦非侮窮獨貧賤而亂，亦是亂之一事也；每事治則無亂，亂則無治；視夏商之盛，夏商之衰，則其驗也。貧賤之望富貴甚微，而富貴不能酬其甚微之望。夫富貴者之所惡，鑾案貴字衍，當依湖北崇文局本刪·貧者之所美，貴者之所輕，賤者之所榮；然而弗酬，弗與同苦樂故也；雖弗酬之，於物弗傷。江繼培曰：『物，姜本沈本作我；錢本同·』孫詒讓曰：『宋本亦作我·』今萬民之望人君，亦如貧賤之望富貴；汪繼培曰：『貧賤下治要有者字·（錢校同·）』孫詒讓曰：『宋本與治要同·』其所望者，蓋欲料長幼，平賦斂，時其飢寒，鑾案湖北崇文局本及錢熙祚本飢，並誤作饑·省其疾痛，賞罰不濫，使役以時，如此而已，則於人君弗損也；然而弗酬，弗與同勞役故也；鑾案役字誤，宋古迂陳氏本同，當依湖北崇文局本改作逸·故爲人君，不可弗與民同勞逸焉。故富貴者可不酬貧賤者，鑾案宋古迂陳氏本故字誤在焉字上·錢熙祚曰：『句末者字，治要引作而，屬下句讀·』人君不可不酬萬民；不酬萬民，則萬民之所不願戴；所不願戴，則君位替矣；危莫甚焉！禍莫大焉！

尹文子終

尹文子附錄

含山王愷鑾輯

事實

子思在齊。尹文子生子不類，怒而杖之；告子思曰：『此非吾子也，吾妻殆不婦，吾將黜之。』子思曰：『若子之言，則堯舜之妃，復可疑也；此二帝聖者之英，而丹朱商均不及匹夫。以是推之，豈可類乎？然舉其多者，有此父斯有此子，道之常也；若夫賢父之有愚子，此由天道自然，非子之妻之罪也。』尹文子曰：『先生止之，願無言；文留妻矣。』孔叢子居衞篇·

齊宣王謂尹文曰：『人君之事何如？』尹文對曰：『人君之事，無爲而能容下。

夫事寡易從，法省易因，故民不以政獲罪也。大道容衆，大德容下，聖人寡爲而天下理矣。書曰：「睿作聖。」詩人曰：「岐有夷之行，子孫其保之。」』宣王曰：『善。』（說苑君道篇。）

齊王之謂尹文曰：（鑒案此齊王，據呂覽正名篇，謂宣王之子湣王也。）『寡人甚好士，以齊國無士何也？』尹文曰：『願聞大王之所謂士者。』齊王無以應。尹文曰：『今有人於此，事君則忠，事親則孝，交友則信，處鄉則順，有此四行，可謂士乎？』齊王曰：『善。此真吾所謂士也。』尹文曰：『王得此人，肯以爲臣乎？』王曰：『所願而不可得也。』是時齊王好勇。於是尹文曰：『使此人廣庭大衆之中，見侵侮而終不敢鬬，王將以爲臣乎？』王曰：『鉅士也，見侮而不鬬，辱也。辱則寡人不以爲臣矣。』尹文曰：『唯見侮而不鬬，未失其四行也。是人未失其四行，其所以爲士也。然而王一以爲臣，一不以爲臣，則向之所謂士者，乃非士乎？』齊王無以應。尹文曰：『今有人君，將理其國，人有非則非之，無非則亦非之；有功則賞之，無功則亦賞之；而怨人之不理也可乎？』齊王曰：『不可。』尹文曰：『臣竊觀下吏之理齊，其方若此矣。』王曰：『寡人理國，信若先生之言，人雖不理，寡人不敢怨也。意未至然與？』尹文曰：『言之敢無說乎？王之令曰：殺人者死，傷人者刑。人有畏王之令者，見侮而終不敢鬭，是全王之令也。而王曰見侮而不鬭者，辱也。謂之辱，非之也。無非而王辱之，故因除其籍，不以爲臣也。不以爲臣者，罰之也。此無罪而王罰之也。且王辱不敢鬭者，必榮敢鬭者也。榮敢鬭者是，而王是之，必以爲臣矣。必以爲臣者，賞之也。彼無功而王賞之。王之所賞，吏之所誅也；上之所是，而法之所非也；賞罰是非，相與四繆，雖十黃帝，不能理也。』齊王

無以應焉。公孫龍子跡府篇・變案本條亦見於呂覽正名篇及孔叢子公孫龍篇・

老成子學幻於尹文先生，三年不告。老成子請其過而求退，尹文先生揖而進之於室，屏左右而與之言曰：『昔老聃之徂西也，顧而告予曰：有生之氣，有形之狀，盡幻也。造化之所始，陰陽之所變者，謂之生，謂之死。窮數達變，因形移易者，謂之化，謂之幻。造物者其巧妙，其功深，固難窮難終；因形者其巧顯，其功淺，故隨起隨滅；知幻化之不異生死也，始可與學幻矣。吾與汝亦幻也，奚須學哉？』老成子歸，用尹文先生之言，深思三月，遂能存亡自在，憣校四時，冬起雷，夏造冰，飛者走，走者飛。終身不著其術，故世莫傳焉。列子周穆王篇・俞樾曰：「列子周穆王篇「老成子學幻於尹文先生，」未知即尹文，否？」變案此寓言也，借尹文以明形氣皆幻之理，非同實錄，故附於各條之後・

卷帙

世本齊有尹文子，著書五篇。（通志氏族略第五引。先公孫龍。師古曰：『劉向云「與宋鈃俱遊稷下。」鈃音形。』）

隋書經籍志子部，名家，尹文子二卷。（尹文，周之處士，遊齊，稷下。）

馬總意林尹文子二卷，劉歆注。（鑾案劉歆奏七略，不聞注尹文子，疑有訛。）

舊唐書經籍志丙部，子錄，名家類，尹文子二卷。（尹文子撰。）

新唐書藝文志丙部，子錄，名家類，尹文子一卷。

文獻通考經籍門，子名家，尹子二卷，周尹文撰；仲長氏所定。

通志藝文略，諸子類，名家，尹文子二卷。（尹文，周之處士，遊齊，稷下。）

宋史藝文志子類，名家類：尹文子一卷。（齊人。）

清四庫全書總目子部，雜家類，尹文子一卷。（兩江總督採進本。）周尹文撰。前有魏黃初末，山陽仲長氏序，稱條次撰定，爲上下篇。文獻通考著錄作二卷。此本亦題大道上篇，大道下篇，與序文相符，而通爲一卷，蓋後人所合併也。莊子天下篇以尹文田駢竝稱。顏師古注漢書，謂齊宣王時人。考劉向說苑載文與宣王問答，顏蓋據此。然呂氏春秋又載其與湣王問答事，殆宣王時稷下舊人，至湣王時猶在歟？其書本名家者流，大旨指陳治道，欲自處於虛靜，而萬事萬物，則一一綜核其實，故其言出入於黃老申韓之間。周氏涉筆謂其自道以至名，自名以至法，蓋得其真。晁公武讀書志以爲誦法仲尼，其言誠過，宜爲高似孫緯略所譏。然似孫以儒理繩之，謂其淆雜，亦爲未允。百氏爭鳴，九流竝列，各尊所聞，各行所知，自老莊以下，均自爲一家之言；讀其文者，取其博辨閎肆足矣，安能限以一格哉？序中所稱熙伯，蓋繆襲之字；其山陽仲長氏，不知爲誰？李淑邯鄲書目以爲仲長統，然統卒於建安之末，與所云黃初末者不合。晁公武因此而疑史誤，未免附會矣。

涵芬樓四部叢刊書錄子部，尹文子一卷一册。江南圖書館藏明刊本。周尹文撰。前有序題漢山陽仲長氏定。行款闕筆，與鄧析子同，當出一刻。鑾案此，即余尹文子校正，所用之本也。

附四部叢刊書錄一則。鄧析子二卷一册。（江南圖書館藏明刊本。）周鄧析撰，前有劉歆進書序。每葉二十行，行十九字。近江山劉氏覆宋本『一聲而非駡勿追，一言而忽駡不及。』此駡字俱作駟馬。宋諱敬愼敦三字皆闕筆，亦原於宋。

逸文

昔錢熙祚氏謂唐人引尹文子，多今本所無。反覆尋繹，疑脫簡並在下篇。惟因割裂太甚，零章剩句，無可位置；爰以所得逸文一十五條，別附札記。余今又續得宋人所引一條，合諸錢氏所輯，共一十六條；寫定於此。想曾經嘗鼎者，必不以一臠爲慊也。

尹文子見齊宣王，（鑾案意林二引無齊字。）宣王不言而歎。尹文子曰：『何歎？』王曰：『吾歎國中寡賢。』尹文子曰：『使國悉賢，孰處王下？』（錢熙祚曰：『此下意林有誰爲王使四字。』鑾案意林二孰作誰，又意林所引止此。）王曰：『國悉不肖可乎？』尹文子曰：『國悉不肖，孰理王朝？』王曰：『賢與不肖皆無，可乎？』尹文子曰：『不然；有賢有不肖，故王尊於上，臣卑於下。進賢退不肖，所以有上下也。』（意林二，又藝文類聚二十，御覽四百二。）

虎求百獸食之，得狐。狐曰：『子無食我也。天帝令我長百獸，今子食我，是逆天帝命也。子以我言不信，吾爲子先行，子隨我後，觀百獸之見我不走乎？』虎以爲然，故遂與行，獸見之皆走。虎不知獸之畏己，而走以爲畏狐也。（御覽四百九十四。鑾案亦見於戰國策楚策一。

瞽者無目，而耳不可以瞭察視也，精於聽也。御覽七百四十。

聾者不歌，無以自樂；盲者不觀，無以接物。同上。鑒案此四句亦見於文子上德篇，疑非尹文子語。

無差矣。御覽七百五十。

千人曰俊，萬人曰傑。史記屈原傳索隱。又詩汾沮洳疏引作萬人爲英。

以智力求者，喻如奕碁。錢熙祚曰：『類聚七十四奕字重，無碁字。』鑒案：文選博奕論注與類聚同。進退取與，攻劫放捨，錢熙祚曰：『文選博奕論注放作殺。』在我者也。御覽七百五十三。

博者盡開塞之宜，得周通之路，而不能制齒之大小，在遇者也。文選策秀才文注，藝文類聚七十四，御覽七百五十四。

堯爲天子，衣不重帛，食不兼味，土階三尺，茅茨不翦。藝文類聚八十二，御覽九百九十六。

堯德化布於四海，仁惠被於蒼生。文選勸進表注・

兩智不能相使，兩貴不能相臨，兩辨不能相屈，力均勢敵故也。意林二・

專用聰明，則功不成；專用晦昧，則事必悖；一明一晦，衆之所載。同上・

四方上下曰宇。後漢書馮衍傳注・鑾案慧琳一切經音義二十四引作四方上下謂之宇・

將戰，有司讀誥誓，三令五申之，既畢，然後即敵。文選東京賦注・

鐘鼓之聲，怒而擊之則武，憂而擊之則悲，喜而擊之則樂；其意變，其聲亦變。意誠感之，達于金石，而況于人乎？書鈔百八・鑾案御覽五百七十五引作尸子，家語六本篇，說苑修文篇，均以此爲孔子語・說苑意作志，末三句作『其志誠通乎金石，而況人乎？』家語作『夫鐘之音，怒而擊之則武，憂而擊之則悲；其志變者，聲亦隨之・故至誠感之，通於金石，而況人乎？』文又與此微異・

齊桓公好服紫，國人盡服之。公患之，管仲曰：『君謂左右甚惡紫臭。』於是三

曰，境內莫有衣紫者。事類賦注·賦衣

集說

莊周曰：「不累於俗，不飾於物，不苟於人，不忮於衆；願天下之安寧，以活民命；人我之養，畢足而止，以此白心。古之道術有在於是者，宋鈃尹文聞其風而悅之，作爲華山之冠以自表，接萬物以別宥爲始；語心之容，命之曰心之行；以聏合驩，以調海內，請欲置之以爲主；見侮不辱，救民之鬭；禁攻寢兵，救世之戰；以此周行天下，上說下教，雖天下不取，强聒而不舍者也。故曰：『上下見厭而强見也。』雖然，其爲人太多，其自爲太少。曰：『請欲固置五升之飯足矣。』先生恐不得飽，弟子雖飢，不忘天下。日夜不休，曰：『我必得活哉？』圖傲乎救世之士哉？曰：『君子不爲苛察，不以身假物。』以爲『無益於天下者，明之不如已也。」以禁攻寢兵爲外，以情欲寡淺爲內；其小大精粗，其行適至是而止。』莊子天下篇。

劉向曰：『尹文子學本莊老，其書自道以至名，自名以至法；以名爲根，以法爲柄；凡二卷，僅五千言。』別錄。

劉歆曰：『尹文子學本于黃老，居稷下，與宋銒彭蒙田駢等，同學于公孫龍。』容齋續筆十四引。

高誘曰：『尹文，齊人；作名書一篇，在公孫龍前，公孫龍稱之。』呂覽正名篇注。

劉勰曰：『尹文課名實之符。』又曰：『辭而約精，尹文得其要。』文心雕龍諸子篇。

劉子曰：『名者，宋銒尹文惠施公孫捷之類也；孫詒讓曰：『此篇所說公孫，捷悉本漢藝文志；檢志無公孫，捷疑當作公孫捷子；公孫謂公孫龍，捷子自爲一人。漢志公孫龍十四篇，在名家；捷子二篇，在道家。』其道主名，名不正則言不順。故定尊卑，正名分，愛平尚儉，禁攻寢兵。故作華山之冠，以表均平之製；則寬宥之說，以示區分。然而薄者捐本就末，分析明辯，苟折華辭也。』新論九流篇。

晁公武曰：『尹子二卷，「周尹文撰。仲長統所定，序稱：「周尹氏，齊宣王時居稷下，學於公孫龍；龍稱之。」而漢志序此書在龍上。案龍客於平原君，君相趙惠文王，文王元年，齊宣沒已四十餘歲矣；則知文非學於龍者也。』郡齋讀書志。

高似孫曰：『班固藝文志，名家者流，錄尹文子；其書言大道，又言名分，又言仁義禮樂，又言法術權勢，大略則學老氏而雜申韓也。其曰：「民不畏死，由過於刑罰者也；刑罰中，則民畏死；畏死，則知生之可樂；知生之可樂，故可以死懼之；」此有希於老氏者也。又有不變之法，齊等之法，理衆之法，平準之法，此有合於申韓。然則其學雜矣，其學淆矣，非純乎道者也。仲長統爲之序，以子學於公孫龍；案龍客于平原君，趙惠文王時人也。齊宣王死，下距趙王之立，四十餘年矣；則子之先於公孫龍爲甚明，非學乎此者也。晁氏嘗稱其宗六藝，數稱仲尼；熟考其書，未見所以稱仲尼，宗六藝者；僅稱誅少正卯一事耳。鑾案說苑君道篇載尹文子對齊宣王問人君之事，稱引詩書；又本書大道上篇引仲尼云：『必也正名乎？名不正，則言不順。』晁氏謂其宗六藝，稱仲尼，或指此歟。嗚呼！士之生於春秋戰國之間，其所以熏烝染習，變幻捭闔，求騁於一時，而圖其所大欲者；往往一律而同歸。其能峙立中流，一掃羣異，學必孔氏，言必六經者；孟子一人而已。』子略·尹文子

宋景濂曰：『仲長統卒於獻帝讓位之年，而序稱其黃初末到京師，亦與史不合；予因知統之序，蓋後人依託者也。』王時潤尹文子校錄引·

陳澧曰：『尹文子云；「以名稽虛實，以法定治亂，萬事皆歸於一，百度皆準於法，則頑嚚聾瞽可與察慧聰明同其治也。能鄙齊功，賢愚等慮，此至治之術也。」（自注云：『文子下德篇云：「人才不可專用，而度量道術可世傳也；故國治可與愚守也，而軍旅可以法同也。」此與尹文子同意。』）名家法家立說之意，盡於此數語。夫以名法爲治，能鄙賢愚，混然無別，老子所謂「不尚賢，使民不爭也。」而不知頑嚚聾瞽之人布滿朝列，此真至亂之術耳。徐幹中論云「若欲備百僚之名，而不問道德之實；則莫若鑄金爲人，而列於朝也；且無食祿之費矣。」尹文之頑嚚聾瞽，尚有食祿之費，誠不若徐幹之鑄金耳。』（自注云：『朱子名臣言行錄卷六，載呂夷簡在中書，奏令宋綬編次中書總例，謂人曰：「自吾有此例，使一庸夫執之，皆可以爲相矣。」此即尹文子之說。』）又曰：『尹文子之可取者，曰：「有理而無益於治者，君子弗言；有能而無益於事者，君子弗爲；君子非樂有言，有益於治，不得不言；

君子非樂有爲，有益於事，不得不爲。爲善使人不能得從，此獨善也；爲巧使人不能得爲，此獨巧也；未盡善巧之理。爲善與衆行之；爲巧與衆能之；此善之善者，巧之巧者也。雖彌綸天地，籠絡萬品，治道之外，非羣生所餐挹，聖人措而不言也。」』（東塾讀書記）

無名氏曰：『尹文子者，蓋出於周之尹氏；齊宣王時居稷下，與宋鈃、彭蒙、田駢、愼到，同學老子之道；作華山之冠以自表，著書二篇，多所彌綸。莊子曰：「不累於俗，不飾於物，不苟於人，不忮於衆；願天下之安寧，以活民命；人我之養，畢足而止，以此白心。見侮不辱，救民之鬬；禁攻寢兵，救世之戰；以此周行天下，上說下教。」是其道也。書多脫誤，雖經仲長統撰定，尙有不可讀者；姑存之以待高明。』（湖北崇文局本尹文子序）

沈欽韓曰：『以大道爲書，而雜以山鷄鳳皇字長子曰盜，次子曰毆，亦詼嘲無稽甚矣。』漢書疏證·

馬敍倫曰：『今尹文子二篇，詞說庸近，不類戰國時文，陳義尤雜，出仲長統所撰定。然仲長統之序，前儒證其僞作，蓋與二篇並出僞作。』莊子義證·天下篇

王時潤曰：『作僞者蓋欲使人疑爲仲長統，故不題爲仲長統，而特題爲仲長氏，以自掩其作僞之跡。』尹文子校錄·

王琯曰：『尹文，呂氏春秋說苑均載與齊宣王湣王問答事，蓋當時稷下士也。漢書藝文志注，稱先公孫龍。而容齋續筆引劉歆語，謂與宋鈃諸人同學於龍。仲長統尹文子序，宗其說。今以公孫龍子跡府篇龍與孔穿論齊王好士一段校之，漢志注爲可信。以果學於龍者，當不至師引弟語爲重，必在龍前也。又姚

首源古今僞書考亦謂公孫龍後於尹文，時代甚相殊懸，據此，當知劉仲之說，非審也。』公孫龍子懸解·

尹文子

佚名　節抄

民國間手抄本

尹文子序

尹文子者蓋出於周之尹氏齊宣王時居稷下與宋鈃彭蒙田駢同學於公孫龍公孫龍稱之著書一篇多所彌綸莊子曰不累於物不苟於人不忮於衆願天下之安寧以活於民命人我之養畢足而　之以此白心見侮不辱此其道也而劉向亦以其學本於黃老大較刑名家也近為誣矣余黃初末始到京師繆熙伯以此書見示意甚玩之而多脫誤聊試條次撰定為上下篇亦未能究其詳也

山陽仲長氏撰定

按高氏曰尹文書言大道又言名分又言仁義禮樂法術權勢大畧則學老氏而雜申韓者也仲長統序謂文學於公孫龍按龍客平原君趙惠文王時人也距齊宣王殁四十餘年矣則文先於龍非學於龍者也以莊子所稱格之文之術又近于兼愛盖其學駁矣

尹文子

大道上

大道無形稱器有名名也者正形者也形正由名則名不可差故仲尼云必也正名乎名不正則言不順也大道不稱衆有必名生於不稱則群形自得其方圓名生於方圓則衆名得其所稱也大道治者則名法儒墨自廢以名法儒墨治者則不得離道老子曰道者萬物之奥善人之寶不善人之所寶是道治者謂之善人藉名法儒墨者謂之不善人善人之與不善人名分日離不待審察而得也道不足以治則用法法不足以治則用

術術不足以治則用權權不足以治則用勢勢用則反權權用則反術術用則反法法用則反道道用則無為而自治故窮則徼終徼終則反始始終相襲無窮極也有形者必有名有名者未必有形形而不名未必失其方圓白黑之實名而不可不尋名以檢其差故亦有名以檢形形以定名名以定事事以檢名察其所以然則形名之與事物無所隱其理矣名有三科法有四呈一曰命物之名方員白黑是也二曰毀譽之名善惡貴賤是也三曰況謂之名賢愚愛憎是也一曰不變之法君臣上下是也二曰齊俗之法能鄙同異是也三曰治眾之

法慶賞刑罰是也四曰平準之法律度權量是也術者人君之所密用群下不可妄窺非勢者制法之利器群下不可妄為人君有術而使群下得窺非術之奥者有勢使群下得為非勢之重者大要在乎先正名分使不相侵雜然後術可祕勢可專名者名形者也形者應名者也然形非正名也名非正形也則形之與名居然别矣不可相亂亦不可相無無名故大道無稱有名故名以正形今萬物具存不以名正之則亂萬物具列不以形應之則乖故形名者不可不正也善名命善惡名命惡故善有善名惡有惡名聖賢仁智命善者也頑嚚凶愚

命惡者也今即聖賢仁智之名以求聖賢仁智之術未之或盡也即頑嚚凶愚之名以求頑嚚凶愚之實亦未或盡也使善惡盡然有分雖未能盡物之實猶不患其差也故曰名不可不辨也名稱者别彼此而檢虚實者也自古至今莫不用此而得用彼而失失者由名分混得者由名分察今親賢而踈不肖賞善而罰惡賢不肖善惡之名宜在彼親踈賞罰之稱宜屬我我之與彼又復一名名之察者也名賢不肖為親踈名善惡為賞罰合彼我之一稱而不别之名之混者也故曰名稱者不可不察也語曰好牛又曰不可不察也好則物之通稱

牛則物之定形以通稱隨定形不可窮極者也設復言好馬則復連於馬矣則好所通無方也設復言好人則彼屬於人矣則好非人人非好也則好牛好馬好人之名自離矣故曰名分不可相亂也五色五聲五臭五味凡四類自然存焉天地之間而不期為人用人必用之終身各有好惡而不能辨其名分名宜屬彼分宜屬我我愛白而憎黑韻商而舍徵好膻而惡焦嗜甘而逆苦白黑商徵膻焦甘苦彼之名也愛憎韻舍好惡嗜逆我之分也定此名分則萬事不亂也故人以度審長短以量受少多以衡平輕重以律均清濁以名稽虛實以法

定治亂以簡治煩惑以易御險難以萬事皆歸於一百
度皆準於法歸一者簡之至準法者易之極如此頑嚚
聾瞽可與察慧聰明同其治也天下萬事不可備能責
其備能於一人則賢聖其猶病諸設一人能備天下之
事能左右前後之宜遠近遲疾之間必有不兼者焉苟
有不兼於治闕矣全治而無闕者大小多少各當其不分
農商工仕不易其業老農長商習工舊仕莫不存焉則處
上者何事哉故有理而無益於治者君子弗言有能而
無益於事者君子弗為君子非樂有言有益於治不得
不言君子非樂有為有益於事不得不為故所言者不

出於名法權術所為者不出於農稼軍陣周務而已故明主不為治外之理小人必言事外之能小人亦知言損於治而不能不言小人亦知能損於事而不能不為故所言者極於儒墨是非之辨所為者極於堅偽偏抗之行求名而已故明主誅之古語曰不知無害於君子知之無損於小人工匠不能無害於巧君子不知無害於治此信矣為善使於人不能得從此獨善也為巧使人不能得從此獨巧也未盡善巧之理為善與衆行之為巧與衆能之此善之善者巧之巧者也所貴聖人之治不貴其獨治貴其能與衆共治貴工倕之巧不貴其

獨巧貴其能與衆共巧也今世之人行欲獨賢事欲獨能辨欲出群勇欲絶衆獨行之賢不足以成化獨能之事不足以周務出群之辨不可為户説絶衆之勇不可與征陣凡此四者亂之所由生是以聖人任道以夷其險立法以理其差使賢愚不相棄能鄙不相遺能鄙不相遺則能鄙齊功賢愚不相棄則賢愚等慮此至治之術也名定則物不競分明則私不行物不競非無心由名定故無所措其心私不行非無欲由分明故無所措其欲然則心欲人人有之而得同於無心無欲者制之有道也田駢曰天下之士莫肯處其門庭臣其妻子必遊

宦諸侯之朝者利引之也遊於諸侯之朝皆志為卿大
夫而不擬於諸侯者名限之也彭蒙曰雉兔在野衆人
逐之分未定也雞豕滿市莫有志者分定故也物奢則
仁智相屈分定則貪鄙不爭圓者之轉非能轉而轉不
得不轉也方者之止非能止而止不得不止也因圓之
自轉使不得止因方之自止使不得轉何苦物之失分
故因賢者之有用使不得不用因愚者之無用使不得
用用與不用皆非我用因彼所用與不可用而自得其
用奚患物之亂乎物皆不能自能不知自知智非能智
而智愚非能愚而愚好非能好而好醜非能醜而醜夫

不能自能不知自知則智好何所貴愚醜何所賤則智不能得夸愚好不能得嗤醜此為得之道也道行於世則貧賤者不怨富貴者不驕愚弱者不懾智勇者不陵定於分也法行於世則貧賤者不敢怨富貴富貴者不敢陵貧賤愚弱者不敢冀智勇智勇者不敢鄙愚弱此法之不及道也世之所貴同而貴之謂之俗世之所用同而用之謂之物苟違於人俗所不與苟忮於衆俗所共去故心皆殊而為行若一所好各異而資用必同此俗之所齊物之所飾故所齊不可不慎所飾不可不懼昔齊桓好衣紫闔境不鬻異采楚莊愛細腰一國皆有

饑色上之所以率下乃治亂之所由也故俗苟沴必為
治以矯之物苟濫必立制以檢之累於俗飾於物者不
可與為治矣昔晉國苦奢文公以儉矯之乃衣不重帛
食不兼肉無幾時人皆大布之衣脫粟之飯越王勾踐
謀叛報吳欲人之勇路逢怒蛙而軾之比及數年民無
長幼臨敵雖湯火不避居上者之難如此之驗聖主知
民情之易動故作樂以和之制禮以節之在下者不得
用其私故禮樂獨行禮樂獨行則私欲寢廢私欲寢廢
則遭賢之與遭愚均矣若使遭賢則治遭愚則亂是治
亂屬於賢愚不係於禮樂是聖人之術與聖主而俱沒

治世之法逮易世而莫用則亂多而治寡亂多而治寡則賢無所貴愚無所賤矣處名位雖不肖不愚物不疏己親踈係乎勢利不係於不肖與仁賢吾亦不敢據以為天理以為地勢之自然者爾今天地之間不肖實衆仁賢實寡趨利之情不肖特厚廉恥之情仁賢偏多今以禮樂招仁賢所得仁賢者萬不一焉以名利招不肖所得不肖者觸地是焉故曰禮義成君子君子未必須禮義名利治小人小人不可無名利慶賞刑罰君事也守職效能臣業也君料功黜陟故有慶賞刑罰臣各慎所任故有守職效能君不可與臣業臣不可侵君事之

下不相侵與謂之正名正名正而法順也接萬物使分別
海内使不雜見侮不辱見推不矜禁暴息兵救世之鬪
此仁君之德可以為主矣守職分使不亂慎所任而無
私飢飽一心毀譽同慮賞亦不忘罰亦不怨此居下之
節可為人臣矣世有因名以得實亦有因名以失實宣
王好射說人之謂己能用強也其實所用不過三石以
示左右左右皆引試之中關而止皆曰不下九石非大
王孰能用是宣王悅之然則宣王用不過三石而終身
自以為九石三石實也九石名也宣王悅其名而喪其
實齊有黄公者好謙卑有二女皆國色以其美也常謙辭

毀之以爲醜惡醜惡之名遠布年過而一國無聘者衛
有鰥夫時冒娶之果國色然後曰黃公好謙故毀其子
不姝美於是爭禮之亦國色也國色實也醜惡名也此
違名而得實矣楚人擔山雉者路人問何鳥也擔雉者
欺之曰鳳凰也路人曰我聞有鳳凰今直見之汝販之
乎曰然則十金弗與請簡便乃與之將欲獻楚王經宿
而鳥死路人不遑惜金惟恨不得以獻楚王國人傳之
咸以為真鳳凰貴欲以獻之遂聞楚王王感其欲獻於
己召而厚賜之過於買鳥之金十倍魏田父有耕於野
者得寶玉徑尺弗知其玉也以告鄰人鄰人陰欲圖之

謂之曰怪石也畜之弗利其家弗如復之田父雖疑猶錄以歸置於廡下其夜玉明光照一室田父稱家大怖復以告鄰人曰此怪之徵遄棄殃可銷於是遽而棄於遠野鄰人無何盜之以獻魏王魏王召玉工相之玉工望之再拜而立敢賀王王得此天下之寶臣未嘗見王問價玉工曰此無價以當之五城之都僅可一觀魏王立賜獻玉者千金長食上大夫祿凡天下萬里皆有是非吾所不敢誣是者常是非者常非亦吾所信然是雖常是有時而不用非雖常非有時而必行故用是而失有矣行非而得有矣是非之理不同而更興廢翻為

我用則是非焉在哉觀堯舜湯武之成或順或逆得時則昌桀紂幽厲之敗或是或非失時則亡五伯之主亦然宋公以楚人戰於泓公子目夷曰楚衆我寡請其未悉濟而擊之宋公曰不可吾聞不鼓不成列寡人雖亡之餘不敢行也戰敗楚人執宋公齊人弑襄公立公孫無知召忽夷吾奉公子糾奔魯鮑叔牙奉公子小白奔莒既而無知被殺二公子爭國糾宜立者也小白先入故齊人立之既而使魯人殺糾召忽死之徵夷吾以為相晉文公為驪姬之譖出亡十九年惠公卒賂秦以求反國殺懷公子而自立彼一君正而不克於執二君不

正霸業遂焉已是而舉世非之則不知已之是已非而舉世是之亦不知已所非然則是非隨衆賈而為正非已所獨了則犯衆者為非順衆者為是故人君處權乗勢處所是之地則人所不得非也居則物尊之動則物從之言則物誠之行則物則之所以居物上御群下也國亂有三事年飢民散無食以聚之則亂治國無法則亂有法而不能用則亂有食以聚民有法而能行國不治未之有也

大道下

仁義禮樂名法刑賞凡此八者五帝三王治世之術也

故仁以道之義以宜之禮以行之樂以和之名以正之法以齊之刑以威之賞以勸之故仁者所以博施於物亦所以偏生偏私義者所以立節行亦所以成華偽禮者所以行恭謹亦所以生情慢樂者所以和情志亦所以生淫放名者所以正尊卑亦所以生矜篡法者所以齊衆異亦所以乖名分刑者所以威不服亦所以生陵暴賞者所以勸忠能亦所以生鄙爭凡此八術無隱於人而常存於世非自顯於堯湯之時非自逃於桀紂之朝用得其道則天下治失其道則天下亂過此而往雖彌綸天地籠絡萬品治道之外非群生所餐挹聖人錯而不言

也凡國之存亡有六徵有衰國有亡國有昌國有彊國有治國有亂國所謂亂亡之國者凶虐殘暴不與焉所謂彊治之國者威力仁義不與焉君年多長多媵少子孫疏宗族衰國也君寵臣臣愛君公法廢私欲行亂國也國貧小家富大君權輕臣勢重亡國也凡此三徵不待凶虐殘暴而後弱也雖曰見存吾必謂之亡也者也內無專寵外無近習支庶繁字長幼不亂昌國也農桑以時倉廩充實兵甲勁利封疆脩理彊國也上不勝其下下不犯其上上下不相勝犯故禁令行人人無私雖經險易所國不可侵治國也凡此三徵不待威力仁義

而後彊雖曰見弱吾必謂之存者也治主之興必有所先誅先誅者非謂盜非謂姦此二惡者一時之大害非亂政之本也亂政之本下侵上之權臣用君之術心不畏時之禁行不軌時之法此大亂之道也孔丘攝魯相七日而誅少正卯門人進問曰夫少正卯魯之聞人也夫子為政而先誅得無失乎孔子曰居吾語汝其故人有惡者五而竊盜姦私不與焉一曰心達而險二曰行僻而堅三曰言偽而辨四曰彊記而博五曰順非而澤此五者有一於人則不免君子之誅而少正卯兼有之故居處足方聚徒成群言談足以飾邪熒衆彊記足以

反是獨立此小人之雄桀也不可不誅也是以湯誅尹諧文王誅潘正太公誅華士管仲誅付里乙子產誅鄧析史付此六子者與世而同心不可不誅也詩曰憂心悄悄愠於群小小人成群斯足畏也語曰佞辨可以熒惑鬼神曰鬼神聰明正直孰曰熒惑者曰鬼神誠不受熒惑此尤佞辨之巧靡不入也夫佞辨者雖不能熒惑鬼神熒惑人明矣探人之心度人之欲順人之嗜好而不敢逆約人於邪惡而求其利人喜聞己之過美也善能揚之惡聞己之過也善能飾之得之於眉睫之間承之於言行之先語曰惡紫之奪朱惡利口之覆邦家斯言

足畏而終身莫悟危亡繼踵焉老子曰以政治國以奇
用兵以無事取天下政者名法是也以名法治國萬物
所不能亂奇者權術是也以權術用兵萬物所不能敵
凡能用名法權術而矯抑殘暴之情則已無事焉已無
事則得天下矣故失地而任法失法則任兵以求無事
不以取彊取彊者則柔者反能服之老子曰民不畏死如
何以死懼之凡民之不畏死由刑罰過刑罰過則民不
賴其生生無所賴視君之威末如也刑罰中則民畏死
由生之可樂也知生之可樂故可以死懼之此人君之
所宜執臣下之所宜慎田子讀書曰堯時太平宋子曰

聖人之治以至此乎彭蒙在側越次答曰聖法之治以至此非聖人之治也宋子曰聖人與聖法何以異彭蒙曰子之亂名甚矣聖人者自己出也聖法者自理出也理出於己己非理也己能出理理非己也故聖人之治獨治者也聖法之治則無不治矣此萬世之利惟聖人能該之宋子猶惑質於田子田子曰蒙之言然莊里丈人字長子曰盜少子曰毆盜出行其父在後追呼之曰盜盜吏聞因縛之其父呼毆喻吏遽而聲不轉但言毆毆吏因毆之幾殪康衢長者字僮曰善搏字犬曰善噬賓客不過其門者三年長者因怪而問之乃實對於是

改之賓客復往鄭人謂玉未理者為璞周人謂鼠未腊
者為璞周人懷璞謂鄭賈曰欲買璞乎鄭賈曰欲之出
其璞視之乃鼠也因謝不取父之於子也令有必行者
有必不行者去貴妻買愛妾此令必行者也因曰汝無
敢恨汝無敢思令必不行者也故為人上者必慎所令
凡人富則不羨爵祿貧則不畏刑罰不羨爵祿者自足於
己也不畏刑罰者不賴存身也二者為國之所甚而不
知防之之術故令不行而禁不止若使令不行而禁不
止則無以為治無以為治是人君虛臨其國徒君其民
危亂可立而待矣今使由爵祿而後富則人必爭盡力

於其君矣由刑罰而後貧則人咸畏罪而從善矣故古之為國者無使民自貧富貧富皆由於君則君專所制民知所歸矣貧則怨人賤則怨時而莫有自怨者此人情之大趣也然則不可以此是人情之大趣而一槩非之亦有可矜者焉不可不察也今能同算鈞而彼富我貧能不怨則美矣雖怨無所非也才鈞智同而彼貴我賤能不怨則美矣雖怨無所非也其敝在於不知乘權藉勢之異而惟曰智能之同是不達之過雖君子之鄙亦君子之怨也人貧則怨人富則驕人怨人者苦人之不祿施於己也起於情所難安而不能安猶可恕也驕

人者無苦而無故驕人此人所易制而弗能制弗可怨
矣衆人見貧賤則慢而踈之見富貴則敬而親之貧賤
者有請賕於已踈之可也未必損已而必踈之以其無
益於物之具故也富貴者有施與已親之可也未必益
已而必親之則彼不敢親我矣三者獨立無致親致踈
之所人情終不能不以貧賤富貴易慮故謂之大惑焉
窮獨貧賤治世之所共矜亂世之所共侮治世非為矜
窮獨貧賤而治是治之一事也亂世亦非侮窮獨貧賤
而亂亦是亂之一事也每事治則無亂亂則無治視夏
商之盛夏商之衰則其驗也貧賤之望富貴甚微而留

貴不能酬其甚微之望夫富者之所惡貧者之所美貴
者之所輕賤者之所榮然而弗酬弗與同苦樂故也雖
弗酬之於物弗傷令萬民之望人君亦如貧賤之望富
貴其所望者蓋欲料長幼平賦斂時其飢寒省其疾痛
賞罰不濫使役以時如此而已則於人君弗損也然而
弗酬弗與同勞逸故也故為人君不可弗與民同勞逸
焉故富貴者可不酬貧賤者人君不可不酬萬民不酬
萬民[則]萬民之所不願戴所不願戴則君位替矣危莫甚
焉禍莫大焉

羅根澤　撰

尹文子探源

一九五八年人民出版社排印本

"尹文子"探源

一 研究之因緣

一九二七年秋，余草尹文子之眞僞及年代一文，所謂結論如下：

一、作序之仲長氏非仲長統。

二、今本尹文子非晚周尹文舊作。

三、序與書同出一人僞造。

四、作僞之年代在魏晉。

脫稿未及數日，見清華學報第四卷第一期刊有唐鉞先生所作尹文和尹文子（新註：後來收入於中國史的新頁和古史辨第六冊），其結論與余幾於全同；所不同者，彼以爲僞於陳隋，余以爲僞於魏晉。不禁喜唐先生先得我心，而余說之可以立也。然以旣與唐先生文大致從同，故置之篋笥，未付剞劂，前年編印古史辨第四冊，重理舊稿，將同於唐先生者刪汰之，異於唐先生者存而修正之，擬附唐先生文後，一併刊佈。函商唐先生，得復書謂："我前年曾草愼刻本愼子證僞，後來看見先生在燕京學報的大作，也就不再作了。這與先生對于尹文子的稿子，竟是一例，不可謂非湊巧得很。"後以份量關係，僅收考訂儒墨道法四家之文，尹文子隸名家，故未編入。玆本刊徵稿於余，謹再增補潤色，奉刊以與治尹文之學者商兌焉。（一九三六年三月二十二日）

二 “尹文子”辨僞

今本尹文子分大道上、大道下二篇，魏山陽仲長氏序曰:“尹文子者，蓋出於周之尹氏，齊宣王時遊稷下，與宋鈃彭蒙田駢同學於公孫龍。”又曰:“余黄初末，始到京師，繆熙伯以此書見示，意甚玩之，而多脱誤，聊試條次撰定爲上下篇，亦未能究其詳也。”尹文先公孫龍，不能從龍學，晁公武讀書志，高似孫子略，陳振孫書錄解題，姚際恒古今僞書考，論之綦詳。仲長氏，李淑邯鄲書目以爲卽仲長統；馬總意林，晁公武讀書志，宋濂諸子辯，紀昀等四庫全書提要，皆謂“史載統卒於獻帝遜位之年，與所云黄初者不合。”然則蓋非統也。嗚呼！尹文豈特不能學於公孫龍，亦不能作此書！仲長氏豈獨“撰定”此書，直此書之作僞者；特未必非託姓耳。茲刺取僞蹟，略爲疏證於下。

(1)與古本不同

七略及漢書藝文志皆著錄尹文子一篇，今本二篇，殊不相合。解者固可謂所以成爲二篇者，以分爲大道上、大道下故也，如合之則仍一篇。但七略漢志所著錄之一篇，名爲名書，並不名爲大道。呂氏春秋正名篇載尹文見齊王，高誘注云:“尹文，齊人，作名書一篇。在公孫龍前，公孫龍稱之。”篇數既異，篇名亦殊，其非舊製，有何疑義？考洪邁容齋續筆卷十四有尹文子條，所論卽爲今本。然謂“又別一書曰尹文子，五卷共十九篇，其言論膚淺，多及釋氏，蓋晉宋時衲人所作，非此之謂也。”晉宋時既有僞書，則眞書已亡可知；眞書既亡，則今本亦當然爲僞書矣。

(2)誤解尹文學說

(一)莊子天下篇稱尹文之學曰:"以禁攻寢兵爲外,以情欲寡淺爲內。"今大道上曰:"私不行非無欲,由分明故無所措其欲。然則心欲人人有之,而得同於無心無欲者,制之有道也。"寡欲制欲,其義迥殊:寡欲者,以爲人之情欲原自寡淺,無須豐富之供給,故莊子稱其言曰:"請欲固置,五升之飯足矣。"制欲者,以爲人之情欲,與生俱來,欲其閑於軌道,以謀社會之安寧,必須施以節制。寡欲之說,倡自宋銒尹文,荀子以爲不合人情,故爲制欲之說以矯之(見荀子正論篇)。荀子之時,尹文蓋已老死,何能鑑己說被抨擊而不能成立,遂棄之而從人之說耶?

(二)莊子天下篇又曰:"不累於俗,不飾於物,不苟(劉師培謂爲苛之誤)於人,不忮於衆,願天下之安寧以活民命,人我之養畢足而止,以此白心。古之道術有在於是者,宋銒尹文聞其風而悅之。作爲華山之冠以自表(郭云:華山上下均平)。接萬物以別宥爲始。語心之容,命之曰'心之行'。以聏合驩,以調海內,請欲置之以爲主。(梁任公先生莊子天下篇釋義云:'請欲當爲情欲,卽下文情欲寡淺之情欲也。')見侮不辱,救民之鬬;禁攻寢兵,救世之戰。以此周行天下,上說下敎,雖天下不取,强聒而不舍者也。故曰:'上下見厭而强見也。'雖然,其爲人太多,其自爲太少。曰,'請欲固置,五升之飯足矣。'先生恐不得飽,弟子雖飢,不忘天下。日夜不休,曰,'我必得活哉。'圖傲乎救世之士哉!曰,'君子不爲苛察,不以身假物。'以爲'無益於天下者,明之不如已也。'以禁攻寢兵爲外,以情欲寡淺爲內。其大小精粗,其行適至是而止。"公孫龍子跡府篇、呂氏春秋正名篇亦言尹文稱"見侮不辱"之義。其學說如何,略可概見。而今本尹文子,殊不如此。篇中雖時有莊子論述之語，而味其意與莊子所言不合。大道上曰：“苟伎於衆，俗所共去。”莊所謂“不忮於衆”，與上“不苛於人”並舉，知爲就己而言，就主動而言。此冠“俗所共去”，則就人而言，就被動而言也。又曰：“累於俗，飾於物者，不可與爲治矣。”莊係狀其立人之精神，此言“不可與爲治”，亦不相合。凡此皆似斷章取義之引書，不似闡發自己之思想；皆似故引莊論、以示書之眞實，不似毫無虛橋，發抒內心之義理。痕跡最著者，莫如大道上曰：“接萬物使分，別海內使不雜，見侮不辱，見推不矜，禁暴息兵，救世之鬬，此人君之德，可以爲主矣”數語。割裂牽置，畢露斧鑿之痕，擷取東隣繁花，强飾我家老幹，有目者知其不類也。“接萬物使分，別海內使不雜”，乃蛻化於“接萬物以別宥爲始”一語。不知莊子所稱述之意，謂接視萬物，第一先剔別宥蔽，否則不能一視萬物也。此易爲“接萬物使分，別海內使不雜”，則正法家嚴階級、別物我之主張，與尹文之意正相反。至單以此爲“人君之德”，更背於尹文之意。莊子稱其說曰：“見侮不辱，救民之鬬，”荀子引宋子之言曰：“明見侮之不辱，使民不鬬”（正論篇）。尹文與宋子主義略同，故莊子以二人並論。其義何曾僅限於人君？（今本尹文子，於“可以爲主矣”下，又云如何如何，爲“居下之節，可以爲人矣。”則當然以此義僅限於人君。）全書主旨，與尹文不合，冀牽綴莊子論述尹文之語，以掩天下之目，塞後世之口，用心良苦，而草蛇灰線，未能盡滅，適以自曝其僞。揃驥毛以飾驢曰，此驥也，人豈信哉？故吾人論書，若其全書與古人所稱略同，雖無古人稱論之語，亦認爲不僞；反之，與古人所稱不合，而烟雲鱗爪，時有其稱論語之一二，亦認爲僞。以古人論人之學，多述其意，未必摘錄其詞也。（此節所用證據雖有與唐同者，而解釋則不同，故存之。）

（三）莊子天下篇旣稱尹文：“見侮不辱，救民之鬬；禁攻寢兵，救世之戰。以此周行天下，上說下教，雖天下不取，强聒而不舍者也。”知其厭惡戰爭，反對戰爭，當不致敎戰。而羣書治要引尹文子曰：“……稷下先生曰：‘……君之使臣，求不私愛於己，求顯忠於己而居官者，必能臨軍者必勇。……語曰，祿薄者不可與經亂，賞輕者不可與入難。此處上者，所宜愼者也’。”文選東京賦註引尹文子曰：“將戰，有司讀誥誓，三令五申，旣畢，然後卽敵。”唐人所見，已爲今本，而與尹文主張，牴牾至此，其非尹文之舊，無疑。

（3）論及尹文以後學說

（一）大抵批評某種學術，必於某種學術成立之後，萬不能於其未成立未產生之時，已先有批評。先秦各家學術，最早者爲儒家，次之爲墨家，次之爲道家（老子及老子書，皆在孔墨後，詳拙撰老子及老子書的問題）。法家之萌芽，雖遠溯於春秋，而成立則碻在戰國之末（詳梁任公先生中國法理學發達史論，及拙撰管子探源第二章）。至名家，其成立蓋與道家相先後。然之數家者，實雖成立，名則未標；惟墨子韓非子時稱儒者，莊子韓非子呂氏春秋常並擧儒墨；名法之稱，則未之前聞，各書之被徵引者，率稱其人或其書，未聞有“名家云云”，“法家云云”，或“名者曰”，“法者曰”之語。至司馬遷史記自序，始於儒墨之外，益以陰陽、名、法、道四家；而於道家又稱道德家，知其名尙未碻定。劉向纂七略，又益以農、縱橫、小說三家。班固依之爲藝文志，九流十家，皆有鮮明之派名，於道家亦不兼稱道德家矣。今尹文子大道上曰：“大道治者則名法儒墨自廢；以名法儒墨治者，則不得離道。”又曰：“是道治者，謂之善人；藉名法儒墨者，謂之不善人。”則此書不但作於儒墨道名法成家之後，而且作於儒墨道名法名定之後。尹文先於莊子，莊子稱之，於名法未完成之時，卽先有碻定之名稱，寧能有此？不然，使尹文時已有鮮明之學派及名稱，莊荀之論諸子，何爲不憚煩雜而論人不論派？尹文時法家已成立，莊荀何爲不一及之？下迄西漢淮南子要略，尙無派名之分立，尹文生數百年前，卽已有固定之學術分派及名稱，不亦謬乎？

(二)大道上又曰："道不足以治則用法，法不足以治則用術，術不足以治則用權，權不足以治則用勢；勢用則反權，權用則反術，術用則反法，法用則反道，道用則無爲而自治。"又曰："道行於世，則貧賤者不怨，富貴者不驕，愚弱者不懾，智勇者不陵，定於分也。法行於世，則貧賤者不敢怨富貴，富貴者不敢陵貧賤，愚弱者不敢冀智勇，智勇者不敢鄙愚弱，此法之不及道也。"對於衆說之兼取分用，抑何明察而的當也！韓非子定法篇謂申不害言術，公孫鞅言法，難勢篇謂愼子主勢，道治蓋始道家，權治則今不知爲何人之主張矣。法治、術治、勢治之得失，至韓非始漸有討論，而其最排觝者，厥惟勢治，術治並不厚非，故定法篇曰："徒法而無術，徒術而無法，不可。"則法治術治，韓非尙未大分；道治權治，更無論列。而謂尹文能分治術爲道治、法治、術治、權治、勢治五種，量其得失長短之效，以爲先後施行之序，甯非癡妄？

(三)大道上又曰："名有三種，法有四呈。一曰命物之名，方圓白黑是也。二曰毁譽之名，善惡貴賤是也。三曰況謂之名，賢愚愛憎是也。一曰不變之法，君臣上下是也。二曰齊俗之法，能鄙同異是也。三曰治衆之法，慶賞刑罰是也。四曰平準之法，律度權衡是也。"於名於法，皆有此嚴密而概括之分類，非名家法家有相當發達之後，何克有此？荀子後尹文數十年，其論名也，艱苦拮据，累千餘言，僅能於名之宜否邪正，略有說明，類族辨物，少有區分（見荀子正名篇）。韓非又後荀子數十年，爲先秦法家巨擘，其論法也，尙無詳細之分類。竊嘗以謂凡一學說，無不創始者擣腸嘔心，始能少有發明，承傳者從容游樂，即亦造成大功；創始之學，艱重渾實，爲混整者，承傳之學，輕易條理，爲分析者。僞尹子文者，生於諸子百家之後，故能無慘淡經營之苦，而擷其菁華，去其糠粃，董理條貫，分别部居，成一不朽之著作也。其最令人懷疑者，“平準”二字，不見周秦古書。惟管子國蓄篇曰：“凡輕重之大利，以重射輕，以賤泄平，萬物之滿虚，隨財準平而不變，衡絶則重。人君知其然，故守之以準平。”然國蓄屬輕重十八篇，余頗疑其爲漢武昭時人所作（見拙撰管子探源）。即或不然，固曰“準平”，非曰“平準”。至漢大司農有“平準令丞”，由是“平準”二字，成功一詞，太史公作平準書，而“平準”之名，益復煊赫。此曰：“平準之法，律度權衡是也”，無乃非尹文所能夢見之言乎？

（四）大道上又曰：“君子非樂有言，有益於治，不得不言；君子非樂有爲，有益於事，不得不爲。故所言者不出於名法權術，所爲者不出於農稼軍陣，周務而已。故明主不爲治外之理，小人必言事外之能。小人亦知言損於治，而不能不言；小人亦知能損於事，而不能不爲。”此種言語，少讀子書者，知必出於老莊之後，不能出於老莊之前。莊子謂至治無治，至言不言；一或有治，即爲戕性，一落言詮，即爲害道（約取其意言之）。雖言之成理，持之有故，而偏急褊蕩，不足以治世，見譏後儒，宜也。然必“無爲”“不言”之説出，而後糾正匡補之言興，决不能於其言未出之先，已有爲之折衷其議者也。今此書謂君子小人非不知“有爲”“有言”之損於事損於治，而不得不爲，不得不言，以施治行事，並劃出君子小人“言”“爲”之界限，明係鑒於老莊之説，有片面眞理，而不能全部實行，故斟酌其議以爲説。理則密矣，議則切矣，然非先於莊子之尹文所能有也。（無爲説完成於老子，不言之教則完成於莊子。）

（五）大道上又曰：“故所言者極於儒墨是非之辯，所爲者極於堅僞偏抗之行，求名而已，故明主誅之。古語曰：‘不知無害於君子，知之無損於小人；工匠不能，無害於巧；君子不知，無害於治’。”此荀子儒效篇語也。彼無古語曰，此有古語曰，知此引彼，非彼引此。尹文先於莊子，於時儒墨之爭，釁端才起，烏有古語評論？良以僞此書者晚於荀子，引荀子而曰古語云云也。所以不稱荀子曰者，知荀子在尹文後，避露僞跡也。（此證唐先生已言之，但用以爲證之意義不同。）

（六）大道下曰：“仁義禮樂，名法刑賞，凡此八者，五帝三王治世之術也。故仁以導之，義以宜之，禮以行之，樂以和之，名以正之，法以齊之，刑以威之，賞以勸之。故仁者所以博施於物，亦所以生偏私；義者所以立節行，亦所以成華僞；禮者所以行恭謹，亦所以生惰慢；樂者所以和性情，亦所以生淫放；名者所以正尊卑，亦所以生矜篡；法者所以齊衆異，亦所以乖名分；刑者所以威不服，亦所以生陵暴；賞者所以勸忠能，亦所以生鄙爭。”萃儒墨道名法諸家自立之說與駁人之論，提要鉤玄，納於百餘言中，誠大觀矣，奈非尹文時所能有何？就中僞跡最露者，謂仁生偏私，義生華僞，禮生惰慢，樂生淫放，共爲掇拾墨莊之言，毫無可疑。墨容先於尹，莊則後尹者也。

（七）論語作於孔子再傳弟子之手，自柳宗元即持此說。老子之成書年代，雖言人人殊，然在孔墨之後，則漸成定論。今尹文子大道上引仲尼曰：“必也正名乎。名不正，則言不順。”見論語子路篇。引老子曰：“道者，萬物之奥，善人之寶，不善人之所寶。”見老子第六十二章。大道下引老子曰：“以政治國，以奇用兵，以無事取天下。”見老子第五十七章。又引老子曰：“民不畏死，奈何以死懼之？”見老子第七十四章。孟子莊子及其他戰國中世書，亦時引孔子老子之言，然未有字字與論語老子相符如此者。蓋一則以於時二書尙無定本，二則周秦人引書不似後世之拘拘於字句。今尹文子所引獨與二書全同，此亦今本尹文子晚出僞書之一證也。

（八）晁公武讀書志曰：“今讀其書（指尹文子），雖專言刑名，然亦宗六藝，數稱仲尼，其叛道者蓋鮮，豈若龍（案指公孫龍）之不宗賢聖，好怪妄言哉？”高似孫子略曰：“班固藝文志名家者流，錄尹文子。其書言大道，又言名分，又言仁義禮樂，又言法術權衡，大略則學老氏而雜申韓也。其曰：‘民不畏死，由過於刑罰者也。刑罰中則民畏死，畏死則知生可樂，知生之樂，故可以死懼之。’此有希於老氏者也。又有‘不變之法，理衆之法，平準之法。’此有合於申韓。然則其學雜矣，其學淆矣，非純乎道者也。”洪邁容齋續筆卷十四曰：“尹文子僅五千言，議論亦非純本黃老者，……詳味其言，頗流而入於兼愛。”今本尹文子如斯淆雜，故四庫列之雜家。雜家之學，兼儒墨，合名法，剌取衆說以成書，在諸家最爲晚出；以諸家之說未出，則彼無從剌取。故先出之書，多成一家之言；後出之書，每爲衆說之總匯。尹文生於莊子之前，安有衆說供其剌取，而成“又言大道，又言名分，又言仁義禮樂，又言法術權衡”之總雜之書乎？吾意眞尹文子，必自爲一家之言，而不如此之淆雜；若如此之淆複雜，則班氏亦當置之雜家，而不置之名家也。至其“宗六藝，稱仲尼，叛道者鮮，不若公孫龍之不宗賢聖，好怪妄言。”更爲晚出之證。後世視之，孔子大聖也，諸子異端也。而在當時，則孔子一家之言也，諸子亦各爲一家之言也，何肯稱仲尼哉？故先秦舊籍，除儒家外，稱仲尼者絕尠；有之則駁斥者也，嘲譏者也。國自爲政，人自爲說，奇義怪論，言之無怍，曝之世而無罪。自漢武罷黜百家，獨尊儒術，諸子之學微，儒家之說盛，優游浸漬，人皆習於儒家中庸之義，不敢放言高論，尹文子之“宗六藝，稱仲尼，不好怪妄言”，正其所以爲晚出者也。

三　序文與本書同出一人考

馬總意林，宋濂諸子辨，姚際恒古今僞書考，皆謂序爲依託。今按若謂爲仲長統作，則固爲依僞；然彼僅署仲長氏，未署仲長統，謂其故意依託仲長統，乃想然，而非必然。作者雖未必姓仲長，然亦未必不姓仲長。約之，無論仲長氏爲眞姓或託姓，其不惟爲序文作者，亦卽本書作者。何以言之？

（一）晁公武讀書志，高似孫子略，陳振孫書錄解題，姚際恒古今僞書考，皆謂尹文先公孫龍，不能從龍學。其實不惟尹文不能從龍學，序文謂："尹文子……與宋鈃、彭蒙、田駢，同學於公孫龍"，亦有時代錯誤。尹文、宋鈃、彭蒙、田駢，皆莊子以前顯學者，至少亦長於莊子，故莊子稱之；而公孫龍則莊子晚輩，彼四人者，烏能從之學耶？是作此序文者，對於先秦諸子之時代先後，無明確之認識。大道下曰："田子讀書曰，'堯時太平。'宋子曰：'聖人之治以致此乎？'彭蒙在側，越次答曰：'聖人之治以至此，非聖人之治也。'……質於田子，田子曰，'蒙之言然'。"詳其語氣，似以彭蒙爲田子（駢）之弟子或後學。考莊子天下篇曰："田駢……學於彭蒙，得不教焉。"則不惟彭蒙非田駢弟子，而田駢反爲彭蒙弟子。其非尹文之舊，得此益驗，而不明先秦諸子之年代先後，與序文同，誠與序文同出一手之重要證據也。

（二）僞書者每內自慮憍，恐人不信，由是或自撰序文，或託爲他人序文，或倩其友朋爲序文，以明其來有自。但又不肯完全埋沒自己，由是於序文中標出其參校編次之功。如僞列子有張湛序，稱列子八篇，乃其先君錄自外舅王氏藏書。顧至江南，僅存楊朱、說符、目錄三篇，後又在劉正輿家得四卷，王輔嗣婿趙季子家得六卷，湛"參校有無，始得全備。"其他僞書，有類此序文者極多，不必一一贅引。今尹文子序亦稱"余黄初末，始到京師，繆熙伯以此書見示，意甚玩之。"此記書之來源也。記書之來源，其目的在告世人以此書可信。但止此則僞作之功全泯，由是續曰："而多脱誤，聊試條次，撰定爲上下篇，"以標舉自己之功。然則僞書與作序者之同出一手明矣。

四　序文及本書著作年代考

至書及序文成於何時，吾以爲當在魏晉；而魏晉兩朝，又以在晉代之成分爲多。其證據：

(一)自漢武罷黜百家，獨崇詩書六藝，墨道名法，習者漸少；在中國學術史上，可稱之爲"經學時代"。至魏晉，社會變而學風亦隨之變，由是由經學之反動，而道德名法之學，應運復生。近於道家者，則有王弼、何晏、葛洪，而僞列子，僞關尹子，亦作於是時。至研究或宗仰老莊者，更指不勝屈。近於名法者，則有阮武、劉劭，而魯勝之墨辯注，亦皈依墨家，近於形名。此舉其彰彰較著者，其實此時代之學風，大體皆趨向此途。所以劉師培於中古文學史第四課謂此時文學，約分兩派："一爲王弼何晏之文，清峻簡約，文質兼備，雖闡發道家之緒，實與名法家言爲近者也。……一爲嵇康阮籍之文，文章壯麗，總采騁辭，雖闡發道家之緒，實與縱横家爲近者也。"故在學術史上，可稱之爲"子學復活時代"。至宋齊以降，則佛學盛興，在學術史上，可稱之爲"佛學時代"。此書於兼儒墨，合名法道德之中，似獨崇道家，所以謂："大道治者，則名法儒墨自廢；以名法儒墨治者，則不得離道。"又曰："是道治者，謂之善人；藉名法儒墨者，謂之不善人。"(並大道上)上與兩漢時代不合，下與宋齊以降不合，而惟與魏晉時代相合。西漢王莽之末，長安起兵，宮室圖書，概付焚燬。東漢獻帝徙都，吏人取圖書縑帛以爲帷囊，收而西者，才七十餘乘；旋西京大亂，又遭燔蕩。向歆校讐之書，經此二阨，消亡殆盡。詩書經傳，尙能以人之誦習而散見民間；諸子百家，習者鮮，藏者自稀，故官書亡而私家亦少繼矣。魏晉羣學蔚起，需書孔亟，投機之士，應時僞書，此魏晉所以僞書叢出，而尹文子亦應運而生矣。然託言繆熙伯以此書見示，則似在繆熙伯卒後，故以在晉代之成分爲多也。

（二）馬總意林卷二著尹文子二卷，旣爲二卷，當然非尹文名書一篇本，而爲今大道上、大道下二篇本。察其所採，亦確爲今本。柳伯存序謂："子書……部帙繁廣，尋覽頗難。梁朝庾仲容抄成三帙。……扶風馬總，精好前志，務於簡要，又因庾仲容之抄，略存爲六卷，題曰意林。"高似孫子略亦曰："仲容子鈔，每家或取數句，或一二百言。馬總意林，一遵庾目，多者十餘句，少者一二言，比子鈔更爲取之嚴，錄之精。"則庾仲容所見，已爲今本，其著作年代當然在梁朝以前。

（三）此書僞則僞矣，然其書言嗇意豐，文簡理富，聚百家而冶之，合萬流而一之，折衷羣說，兼攬衆長，雖不無可議，而大體固亦整齊博贍之書。所以四庫提要極推重周氏涉筆"自道以至於名，自名以至於法"之說，而謂"讀其文者，取其博辨閎肆足矣。"文心雕龍諸子篇謂："辭約而精，尹文得其要"，蓋卽指今本而言，則其年代不能後於劉勰也。

（一九三六年文哲月刊第八期。）

尹文的名辯思想

汪奠基　撰

一九六一年中華書局排印《中國邏輯思想史料分析》本

三　尹文的名辯思想史料研究

甲　關於尹文論名辯的史料問題

本章開始時，曾提到關於尹文（公元前三五〇——二七〇年間）正形名的史料問題。我們認爲宋鈃、尹文同是齊稷下早期的名辯學者，天下篇把他們列爲一個學派。漢志說「尹文說齊宣王，先公孫龍」。呂覽正名篇則以尹文所說的是齊湣王，而高誘注這句話時又稱「尹文齊人，作名書一篇，在公孫龍前，公孫龍稱之」。是呂覽所說未必可信。高注所謂名書，可能就是今本尹文子一篇主文。宋鈃與尹文同主「別囿」的客觀標準論。尹文的形名學說，在當時完成了一套系統理論，今本尹文子當非形名論全文，據呂覽正名引述他同湣王「論士」的故事中，有兩段話可能代表他的這種理論。如：

「名正則治，名喪則亂。使名喪者淫說也。說淫則可不可而然不然，是不是而非不非。故君子之說也，足以言賢者之失，不肖者之充而已矣。足以喻治之所悖，亂之所由起而已矣。足以知物之情，人之所獲以生而已矣。」

「凡亂者形名不當也。人主雖不肖，猶若用賢，猶若聽善，猶若爲可者；其患在乎所謂賢從不肖也，所謂善而從邪辟，所謂可從悖逆也。是形名異充而聲實異謂也。夫賢不肖，善邪辟，可悖逆，國不亂，身不危，奚待也？齊湣王是以知說士，而不知所謂士也。故尹文問其故而王無以應。」

據郭沫若分析這兩段話，說它可能是「採自尹文的遺書，或者隱括其意而有所發揮」（十批判書，人民出版社版，第二五三頁）。我們承認郭說是對的。這裏的正名論，顯然與白心篇所謂「正名自治，奇名自廢，名正法備，聖人無事」，「臥名利者寫生危，知周於六合之內者，吾知生之有爲阻也。……

名滿於天下，不若其已也，名進而身退，天之道也。滿盛之國，不可仕也」等等議論並不相合。相反地與今本尹文子上下篇的形名之說倒是一致的。因此我們認爲今本尹文子形名之辯的大部份材料，都是可以肯定的。

尹文與齊王論士的問答，曾被公孫龍引爲駁「白馬非馬」之辯的反證，這個問答主要是宣傳自己所持「見侮不辱」的詭辯，理論上與白心篇所謂「孰能去辯與巧而還與衆人同道」的原則要求亦不相同。白心篇是宋鈃的形名思想，主要歸本於老子因循爲用，復反無名之說。尹文與齊王論士的問答和名書的形名法術之辯，則是名辯思想上近於自覺的邏輯概念分析。所以他的學說公孫龍「亦稱之」。特別是論士的故事，顯然有類於公孫之辯，據跡府篇載錄：

「齊王之謂尹文曰：『寡人甚好士，如齊國無士何也？』

尹文曰：『願聞大王之所謂士者。』

齊王無以應。

尹文曰：『今有人於此，事君則忠，事親則孝，交友則信，處鄉則順；有此四行，可謂士乎？』

齊王曰：『善。此眞吾所謂士也。』

尹文曰：『王得此人，肯以爲臣乎？』

王曰：『所願而不可得也。』

是時齊王好勇。於是尹文曰：『使此人廣庭大衆之中，見侵侮而終不敢鬥，王將以爲臣乎？』

王曰：『鉅（鉅與詎通）士也。見侮而不鬥，辱也。辱則寡人不以爲臣矣。』

尹文曰：『雖見侮而不鬥，未失其四行也。是人未失其四行，是未失其所以爲士也。然而王一以爲臣，一不以爲臣，則向之所謂士者，乃非士乎？』

齊王無以應。

尹文曰：『今有人君，將理其國。人有非則非之，無非則亦非之；有功則賞之，無功則亦賞之，而怨人之不理也，可乎？』

齊王曰：『不可。』

尹文曰：『臣竊觀下吏之理齊，其方若此矣。』

王曰：『寡人理（理字原作治，係避唐諱改）國，信若先生之言。人雖不理，寡人不敢怨也。意未至然歟？』

尹文曰：『言之敢無說乎？請言其說。王今之令曰：「殺人者死，傷人者刑。」人有畏王之令者，見侮而終不敢鬥，是全王之令也。而王曰：「見侮而不鬥者，辱也。」謂之辱，非之也。無非而王辱之，故因除其籍，不以爲臣也。不以爲臣者罰之也，此無罪而王罰之也。且王辱不敢鬥者必榮敢鬥者也。榮敢鬥者，是之也。無是而王是之，必以爲臣矣（據俞校改）。以爲臣者賞之也。彼無功而王賞之也。王之所賞，吏之所誅也。上之所是，而法之所非也。賞罰是非，相與四謬，雖十黃帝，不能理也。』

齊王無以應。」

上面這段對話，主要是利用一套類似聯鎖推演的形式，進行概念的玩弄。首先尹文與齊王對於所謂「士」的定義，各有不同的含混意義。尹文的士有四行，乃針對自己所謂見侮不辱的主題而立的。四行與見侮不辱並無邏輯的必然關係，然而偏又從此引伸出臣不臣、士非士的矛盾來了。同時還推而設爲有非非之、無非亦非之、有功賞、無功亦賞等等反面質詢。結果竟以之墮齊王於無非而辱、無罪而罰與無功而賞的極端矛盾。此即不當類推的詭辯術，齊王之不能應，正因爲他不識詭辭之違反邏輯的論辯規律。這雖只是公孫龍輩稱引的一段名辯故事，但是已可說明尹文所謂形名之論的一些性質。下面我們分別就今本尹文子上下篇的程序，選釋其有關形名認識的主要論點如後。

乙　尹文子上篇論形名的分析依王啓湘校詮本，並參伍非百校

選文一　大道無形，稱器有名。名也者，正形者也。形正由名，則名不可差。故仲尼曰：必也正名乎。名不正則言不順也。

選文二　大道不稱，衆（形）有必名。道生於不稱，則羣形自得其方圓；名生於方圓，則衆名得其「所稱」也。

解釋　按一二兩條首先肯定了「範疇」（大道）與概念（名）的區別。範疇的普遍性是無形

的，它不具器物的個別名字，凡爲具體事物都是思維的客觀對象，是概念之名的「所稱」，這是正確的看法。但是尹文却說「名也者，正形者也，形正由名」。這當然是唯心論的觀點。第二條說「羣形自得其方圓，名生於方圓」，則是從客觀上承認外界形體與名稱的相待關係。這是古代講名實關係的一般說法。

但是合起兩條來看，理論上是有矛盾的。因爲尹文要從宋鈃「以物爲法」的形名論，直接申言儒家正名的主張，自然不能不有正形以正名與正名以正形的對立。大家知道名可有語言文字的不同，而形則雖無名，亦不失其方圓黑白之分。所以尹文要解決自己觀點上的矛盾，只有邏輯地肯定「名生於方圓」（形）的這一正名的認識才是正確的。

正由於尹文正名的邏輯具有這一內在的矛盾（這種矛盾的根源是由稷下的政治環境發展出來的），所以他在分析「名分」、「名守」的概念上，盡量展開形名法術的權變之辯。並且企圖用形而上學的方法，硬把所謂「道」與形名法術統一起來。我們看下面兩條就說明了這一點。

選文三　以大道治者，則名、法、儒、墨自廢；以名、法、儒、墨治者，則不得離道。老子曰：道者萬物之奧，善人之寶，不善人之所寶。是道治者謂之善人，藉名、法、儒、墨者，謂之不善人。善人之與不善人，名分日離，不待審察而得也。

選文四　道不足以治，則用法；法不足以治，則用術；術不足以治，則用權；權不足以治，則用勢。勢用，則反權；權用，則反術；術用，則反法；法用，則反道；道用，則無爲而自治。故窮則徼終，徼終則反始。始終相襲，無窮極也。

解釋　按宋、尹同爲稷下黃、老學派，但這裏兩條推尊道治的說法，實際並非老子「道常無名。名亦既有，夫亦將知止」的理論。選文三引老子論道者萬物之奧的主客觀能動與被動的區別，以強分道治者爲善人，而名、法、儒、墨治者則爲不善人。這裏不僅是結論上有了「善人與不善人，名分日離」的邏輯錯誤；——一方面偷換概念，一方面有不當周延的錯誤——而且同時還顯然在妄用「名分日離」的論斷，以「援名入法」，使天下一惟名分是守，而立其「法、術、權、勢」變化用反的名法理論。

其次選文三既以道治爲善，而選文四又謂道不足以治則用法。是法與道只是一個「徼終反始」的循環，無所謂善不善的實質之分，有之也不過是形式的名分區別。這樣看，鄧析以來的形名之辯，到尹文手裏，遂成了正名主義的形名法術之論了。但是必須注意的：尹文的正名思想，恰是從這種不調和的矛盾中，不自覺地碰到了形名的邏輯要求，把他的形名與法術並重的理論，發揮爲「正反相徼」、「徼終反始」的辯證意義。下面可以分別看到這種方術思想。

選文五　有形者必有名，有名者未必有形。形而不名，未必失其方圓白黑之實。名而無形（二字依孫詒讓校增），不可不尋名以檢其差。故亦有名以檢形，形以定名，名以定事，事以檢名。察其所以然，則形名之與事物，無所隱其理矣。

解釋　這是說具體名字（有形）與抽象名字（有名）有區別，而具體名字的形實存在是客觀的。至於「名而不形」的抽象概念，則必須根據概念所賴以產生的種類關係或定義形式以檢出它的特差性來。所謂「名而無形，不可不尋名以檢其差」的命題，應該作爲包括在概念定義上最重要的發覺來理解。這種說法，多少有了概念的科學意義。

其次，如果知道了名所以名形，形所以定名，及「定事」、「檢名」的思想活動方法，則對於任何概念對象的檢察，皆可按邏輯的程序徹底獲得「其所以然」的內容或理性的認識。這裏並不限於只知道概念的形式意義，同時還確實指出了「形名」與「事物」的聯系。尹文對概念形成的科學知識，可能也就表現在這裏。

選文六　名有三科，法有四呈（程）。一曰命物之名，方圓白黑是也；二曰毀譽之名，善惡貴賤是也；三曰況謂之名，愚賢愛憎是也。一曰不變之法，君臣上下是也；二曰齊俗之法，能鄙同異是也；三曰治衆之法，慶賞刑罰是也；四曰平準之法，律度權量是也。

解釋　這裏提出了名與法的分類，是古代名法合一的提法。正由於堅持名法的綜合，所以只有從兩者的關係上來強劃名的類別。所謂名的三種邏輯意義，如果視命物之名屬於具體的，毀譽之名屬於抽象的，況謂之名屬於相對的，則各類中所舉例證多有未合。如果毀譽爲名學範疇，則又與政治倫理概念無所區別。這些混淆的問題，乃由於尹文的正名思想——如選文一所說的，主要是出於「名正言順」的儒學。他相信「言不順則事不成，則禮樂不興，則刑罰不中，則民無所措手足」的系統條件，所以他在法的四程中既分齊俗平準之類，又分同異律度之則，基本上把

「名」當爲「政治」的「法治工具」，而與道、墨，特別是墨家所有分名的種類意義根本不同，卽與鄧析甚至於宋鈃的形名觀念也有所區別。我們從古代形名思想的廣泛意義來看，尹文的名法綜合分類，是鄧析以來最大的一個邏輯發展。春秋末年至戰國中葉，名辯思想論爭中有立名本與正形名的兩大潮流，前者主流屬於墨學，後者則屬宋、尹、惠、秉，而尤以尹文爲最早。以下的各條選文關於辯名實，察名分以及「歸一」、「準法」的理論，正是尹文論形名的重要學說。

選文七 ……大要在乎先正名分，使不相侵雜，然後術可祕，勢可專。

選文八 名者名形者也，形者應名者也。然形非正名也，名非正形也，則形之與名，居然別矣。不可相亂，亦不可相無。無名，故大道不稱；有名，故名以正形。今萬物具存，不以名正之則亂；萬名具列，不以形應之則乖。故形名者，不可不正也。善名命善，惡名命惡。故善有善名，惡有惡名。聖賢仁智，命善者也。頑嚚凶愚，命惡者也。今卽聖賢仁智之名以求聖賢仁智之實，未之或盡也。卽頑嚚凶愚之名，以求頑嚚凶愚之實，亦未或盡也。使善惡盡然有分，雖未能盡物之實，猶不患其差也。故曰名不可不辯也。

解釋 這兩條選文說明了「正名分」和「辯名」的重要性，指出了形名學的第一項作用。譬如以馬之名命馬，馬之形應馬之名，就是「名形相應」。白馬之白與白狗之白並不因白色之名同而亂其形，是謂「形名有別」。推而有萬物具存，萬名具列，形名不亂，是謂正形名。但是形非名而名亦非形，卽名求實，未必就是實；去名求實而亦無可以命。名實的關係，在邏輯上是一個思維表述的形式與內容不可分割的關係存在，對於思維客觀的對象說，雖有「未之或盡也」，但是有了「名」，就有可以對「實」的同異是非作出名分的分別，就可以辯明善惡、凶愚等概念的差異。這就是尹文在觀念的名分上推出的一套形而上學的概念分析。它的根據主要是舊的倫理規範，並非客觀實際的普遍法則。雖然他承認「今萬物具存」，但終以辯「名」爲第一，謂「不以名正之則亂」，這正是形名的唯心論觀點。下面再看所謂察名分的問題，更可以明白這一點。

選文九 名稱者何彼此而檢虛實者也（王啓湘校何訓稽，是也）。自古及今，莫不用此而得，用彼而失。失者由名分混，得者由名分察。今親賢而疏不肖，賞善而罰惡，賢不肖善惡之名宜在彼；親疏賞罰之稱宜屬我。我之與彼，又復一名，名之察者也。名賢不肖爲親疏，名善惡爲賞罰，合彼我之一稱而不別之，名之混者也。故曰名稱者不可不察也。

選文一〇 語曰「好牛」，不可不察。好則物之通稱，牛則物之定形，以通稱隨定形，不可窮極者也。設復言「好馬」，則復連於馬矣。則「好」所通無方也。設復言「好人」，則復屬於人矣，則「好非人」，「人非好」也。則「好牛」、「好馬」、「好人」之名自離矣。故曰名分不可相亂也。

選文一一 五色、五聲、五臭、五味凡四類，自然存焉（於）天地之間，而不期爲人用，人必用之。終身各有好惡，而不能辯其名分。名宜屬彼，分宜屬我。我愛白而憎黑，韻商而舍徵，好膻而惡焦，嗜甘而逆苦。白、黑、商、徵，膻、焦、甘、苦，彼之名也。愛、憎、韻、舍，好、惡、嗜、逆，我之分也。定此名分，則萬事不亂也。

選文一三　故人以「度」審長短，以「量」受多少，以「衡」平輕重，以「律」均清濁，以「名」稽虛實，以「法」定治亂，以「簡」制（治）煩惑，以「易」御險難，以萬事皆歸於一，百度皆準於法。歸一者簡之至，準法者易之極。如此，則頑嚚聾瞽可與察慧聰明同其治也。

解釋　選文九直言察名分要稽考彼此，檢查虛實，分別彼我。選文十乃有關一般與個別，普遍與特殊，以及抽象與具體等概念的關係問題。由於當時辯者對內涵外延的理解不具體，所以只分別通稱與定形的函攝關係，而不別具體與抽象的聯系關係。選文十一乃從感覺對象上證明彼我名分的主從關係，肯定感覺對於定名分爲必要原則。選文十二總括說明邏輯對於歸一與準法的範疇認識是極重要的。尹文的範疇思想，比宋鈃的道的概念確實進了一步。由於當時社會階級紛亂變化的關係，使尹文在察名分的思想中，反映了「頑嚚聾瞽與察慧聰明同治」的這一客觀邏輯的合於人民要求的社會意義。這是值得重視的範疇概念。

綜起前面四條選文來看，尹文把爲什麼要用形名學說來作正名的邏輯研究，說得非常清楚。同時把察名分的理由，貫串到正名與有關法術的問題中去，肯定了形名法術的關係。其次，尹文在概念種類及概念間關係的問題上是有相當認識的，他的「名離」之說，承認了一切抽象概念皆因具體（定形）概念而分立。好人的「好」不是人，但「好」可通稱於無窮，卽好可因無限的具體而分稱之，好人就是「此人是好者」，「好者」並不是狀詞而是具體概念的名字了。所以通稱只能於具體（定形）的專名中實現，而不能有專名以外的通稱，是卽普遍與個別的存在關係。

尹文在名分的主從關係上，首先是以唯心主義的觀點來肯定了主觀思維的重要性，所以在「宜彼」之名以外，復强調出一個「屬我」之分。他直以「名之察者」爲「分之稱者」，指出「好人」的名稱雖有通稱，必有定形等等，以爲「名離」不亂，乃因主觀邏輯掌握了「分宜屬我」的根本原則。

再其次，尹文從感覺經驗方面，承認客觀自然對象是概念的淵源。有主觀思想，就能分別對象名分；有名離分守的觀念，就有明白認識的條件。這本來是很正確的理解。但是這種「名離分守」的思想，一轉就成了「形非色，色非形」的絕對觀念論，公孫龍一派的辯者恰是從這種觀念推而形成了「堅白石離」，「白馬非馬」的詭辯論。班固說「尹文先公孫龍，公孫龍稱之」，說明尹文「名離」的學說確實直接影響了惠、龍諸辯者。

最後一條表明尹文「以名稽虛實」，「以法定治亂」的名法統一觀，亦即是他所持的形名法術的方法論。以萬事皆歸於一，百度皆準於法的「簡易」之法，爲一切「御難」、「治惑」的衡度，這應該說是他的大名法演繹系統思想。這是應該批判的一種形而上學的名辯思想方法。無疑，尹文在察名分講分守的方術上，留下了一些概念分析的認識。宋鈃所謂「去辯與巧而還與衆人同道」的理論，對於尹文的思想是有影響的。這可以與下面的選文結合起來看：

選文一三　天下萬事，不可備能。責其備能於一人，則聖賢其猶病諸。設一人能備天下之事，能(則)左右前後之宜，遠近遲速之間，必有不兼者焉。苟有不兼，於治闕矣。全治而無闕者，大小多少，各當其分。農商工仕，不易其業，老農長商，習工舊仕，莫不存焉，則處上者何事哉？

選文一四 故有理而無益於治者，君子弗言；有能而無益於事者，君子弗爲。君子非樂有言，有益於治，不得不言。君子非樂有爲，有益於事，不得不爲。故所言者不出於名法權術；所爲者不出於農稼軍陣，周務而已。故明主不言治外之理，小人必爲事外之能（依伍校言爲二字互易。），小人亦知言損於治，而不能不言；小人亦知能損於事而不能不爲。故所言者極於儒、墨是非之辯，所爲者極於堅僞偏抗之行。求名而已，故明主誅之。古語曰：不知無害於君子，知之無損於小人。工匠不能，無害於巧；君子不知，無害於治。此信矣。

選文一五 爲善使人不能得從，此獨善也。爲巧使人不能得從，此獨巧也。未盡善巧之理。爲善與衆行之，爲巧與衆能之，此善之善者，巧之巧者也。所貴聖人之治，不貴其獨治，貴其能與衆共治。貴工倕之巧，不貴其獨巧，貴其能與衆共巧也。今世之人，行欲獨賢，事欲獨能，辯欲出羣，勇欲絶衆。獨賢之行，不足以成化；獨能之事，不足以周務；出羣之辯，不可爲戶說；絶衆之勇，不可與征陣。凡此四者，亂之所由生。是以聖人任道以通其險，立法以理其差，使賢愚不相棄，能鄙不相遺。能鄙不相遺，則能鄙齊功；賢愚不相棄，則賢愚等慮。此至治之術也。

解釋 按選文十三主要是以「分」爲「兼」，以「分」治「全」的理論。謂「當其分」，則可兼全備能。當其分，則必須能顧兼全之治。這是從個別到一般，從歸納而演繹的思想方法。選文十四正如莊子天下篇所評的「以爲無益於天下者，明之不如其已也」的思想。尹文的名辯思想主要是爲宣傳統治者政治實踐的「名分」。他認爲形名之理，必須以言事言爲爲重，益於事益於政者，辯之言之；治外之理，事外之能，不知無害於治，不言無害於巧。儒、墨的是非之辯，只是求名而非周務。他直欲以名法的方術爲用，而以之別於儒、墨的名辯思想，所以從周務的設想上提出了選文十五的積極思想。

尹文從名辯的認識上反對社會上獨賢、獨能、出羣、絕衆的行、事、辯、勇等强調個人作用的思想，實際上在生產資料所有制完全屬貴族地主的社會裏面，像他和一些名法學者所主張的：衆行、衆能、共治、共巧，只能是一種好的名辯理想；他們相信羣衆的力量，也只是出於口頭上的空談。況且尹文乃是幻想依靠「任道以通其險，立法以理其差」，以爲由此就可以實現所謂不相棄，不相遺，齊功，等慮。這不過只是從治術上提出些美妙名詞，實際在當時社會上決不可能實現。古代歷史上所謂「名實之用」，都不過是標出名有同治之功，以實現其「歸一」、「準法」之用。名法家的思想本質就是如此。但是他們在運用思維推論或論證的方法過程中，可能反映一定的客觀辯證認識的因素，因而不自覺地導出某些合於科學經驗的理想認識，這是我們應該肯定的。尹文在援名入法，與以法理兼形名的論證上，確實帶來不少合理的範疇分析。這也是他的正名學說與當時詭辯思想區別的所在。

下面再選出他在正名定分方面展開的論證。

選文一六 名定，則物不競。分明，則私不行。物不競，非無心，由名定，故無所措其心。私不行，非無欲，由分明，故無所措其欲。然則心欲人人有之，而得同於無心無欲者，制之有道也。

選文一七　田駢曰：「天下之士，莫肯處其門庭，臣其妻子，必遊宦諸侯之朝者，利引之也。遊於諸侯之朝，皆志為卿大夫，而不擬於諸侯，名限之也。」

選文一八　彭蒙曰：「雉兔在野，衆人逐之，分未定也。雞豕滿市，莫有志者，分定故也。物奢則仁智相屈；分定則貪鄙不爭。」

選文一九　圓者之轉，非能轉而轉，不得不轉也。方者之止，非能止而止，不得不止也。因圓之自轉，使不得止。因方之自止，使不得轉。何苦物之失分。故因賢者之有用，使不得不用；因愚者之無用，使不得用。用與不用，皆非我用。因彼可用與不可用，而自得其用，奚患物之亂乎？

選文二〇　物皆不能自能，不知自知。智非能智而智，愚非能愚而愚，好非能好而好，醜非能醜而醜。夫不能自能，不知自知，則智好何所貴？愚醜何所賤？則智不能得夸愚，好不能得嗤醜。此為得之道也。

選文二一　道行於世，則貧賤者不怨，富貴者不驕，愚弱者不懾，智勇者不陵，定於分也。法行於世，則貧賤者不敢怨富貴，富貴者不敢陵貧賤，愚弱者不敢冀智勇，智勇者不敢鄙愚弱。此法之不及道也。

解釋　總括選文十六至二十一的六條來看，說明尹文認為定「名分」就可以有「物不競」、「私不行」的功效。他引用田駢、彭蒙（選文十七、十八）的話，似乎說明「名定」、「分明」是直接與私有制和社會等級制度相聯系的。但是他不可能知道私有制與階級等級制並不是向來就有的，而是在社會經濟發展到一定階段上才產生的。掌握在統治者剝削階級手中的「名分」或「名定」的法權，永遠是行使暴力的工具，是壓迫廣大人民羣衆的工具。以宋、尹爲首的形名法術之論，正是爲維護這種法權名分而作出的唯心論證。尹文在這裏要把社會等級限於名，貪鄙無爭定於分，並推而論證物之行、止、能、得各歸其分，人之賢、愚、用、不用以及貴、賤、好、醜亦各享其名安其分，這完全是爲反動統治階級服務的邏輯「名分論」，是一套荒謬的推論。選文十九的論式，正好說明這種推論的混亂。圓方轉止的「能」與「得」，乃是客觀事物的自性之分，而賢愚的「用」、「不用」之「能」與「得」，則屬道德價値的評價之分。兩者各不相干，何能喻爲物之定分？選文二十的推論乃根據「不能自能，不知自知」的非正確前提出發，以強行得出自然平等的「得之道也」的論斷，這在邏輯上是不可證明的。選文二十一的推論方式也是一樣的，乃是想從主觀假定待證的前提出發，達到推論出自己要求證明的目的。實際上所有論據或事例，大都是非科學的命題，結論上不會得到充足理由的保證。因爲「道行則定於分而不爭」，與「法行則不敢犯法而歸於安分」的可能性，完全出於主觀假定理由，謂法不及道也好，法爲名用也好，邏輯上都沒有脫離「定分」、「行法」的主觀正名手段。

無疑，尹文把定分行法，統攝於正名的「一道」之下的這一名辯思想，在戰國中葉有其實際的政治意義。後來荀子講「儒效」，主張「凡事有益於理者立之，無益於理者廢之；凡說有益於理者爲之，無益於理者舍之」。韓非說：「慎、墨（後期墨者）、惠、季之說，皆畫筴也。」這都是承襲宋、尹形名實用的思想學說來的。

尹文更從社會風習、累俗、飾物的各方面，指出正名定分之實效，如：

選文二二 世之所貴，同而貴之，謂之俗。世之所用，同而用之，謂之物。苟違於人，俗所不與；苟忮於衆，俗所共去。故人心皆殊，而爲行若一；所好各異，而資用必同。此俗之所齊，物之所飾。故所齊不可不慎，所飾不可不擇。昔齊桓好衣紫，闔境不鬻異彩。楚莊愛細腰，一國皆有飢色。上之所以率下，乃治亂之所由也。故俗苟沴，必爲法以矯之；物苟溢，必立制以檢之。累於俗，飾於物者，不可與爲治矣。昔晉國苦奢，文公以儉矯之，乃衣不重帛，食不兼肉。無幾時，國人皆大布之衣，脫粟之飯。越王勾踐謀報吳，欲人之勇，路逢怒蛙而軾之，比及數年，民無長幼，臨敵，雖湯火不避。居上者之難，如此之驗。

解釋 按莊子天下篇稱宋鈃、尹文「不累於俗，不飾於物」，正是這條齊俗以治的思想。「名」是約定俗成的，如果累於俗，則必爲俗所制而不能矯俗以爲治。「分」是理之當然者，如果飾於物，則必爲物所囿而不能別囿以用物。宋、尹一派講形名定分的道理，具有齊民變俗與裁制萬物的理想。他們的正名功夫，都在推名辯以行其法治的政治目的上。所謂形名法術的系統思想，至尹文時代，實已基本上完成了。

尹文還更從所謂上下事業的名分限制，直談到名實的得失問題：

選文二三　慶賞刑罰，君事也。守職效能，臣業也。……君不可與臣業，臣不可侵君事。上下不相侵與，謂之名正。名正而法順也。接萬物使分，別海内使不雜。見侮不辱，見推不矜。禁暴息兵，救世之門。此人君之德，可以為主矣。守職分使不亂，愼所任而無私，飢飽一心，毀譽同慮，……此居下之節，可以為人矣。

解釋　這條表達了尹文正名的基本思想。「名正法順」，是儒派正名的原則。「見侮不辱，見推不矜」則是宋、尹派所謂「心行」、「別囿」的名實觀。見推之推，為「推心」、「推恩」之推。尹文「作華山之冠以自表」，卽示物德名分，上下不相侵與，不相錯亂。推心則不矜恢，別囿則不辱人，如此以名彼而分我，則名實相屬無失。至於「禁暴息兵，救世之門」的主張，則是宋、尹承墨派言「非攻」之辯而來的。孟子告子篇記宋牼（鈃）在石丘講他將要說秦楚罷兵，將言其不利。正是想以「守分」來禁暴息鬥，使各得其名實之正，各得其守分之節。

尹文自己更舉名實得失的例子來分析：

選文二四　世有因（亦作違）名以得實，亦有因名以失實。

尹文更指出「悅名而喪實」，「違名而得實」及「因名而得實」的三大類，玆分錄如下：

（一）悅名而喪實者，如：「宣王好射，說人之謂己能用強也，其實所用（弓）不過三石，以示左右。左右皆引試之，中關（原作闕，王校改作關，是也。如孟子越人關弓之關，音彎）而止。皆曰：『不下九石，非大王孰能用是！』宣王悅之。然則宣王用不過三石，而終身自以為九石。三石，實也；九石，名也。宣王悅其名而喪其實。」

(二)違名而得實者，如：「齊有黃公者，好謙卑。有二女，皆國色。以其美也，常謙辭毀之，以爲醜惡。醜惡之名遠布，年過而一國無聘者。衞有鰥夫，時冒娶之，果國色。然後曰：『黃公好謙，故毀其子，不姝美』（宋本作姝必美是也），於是爭禮之，亦國色也。國色，實也；醜惡，名也。此違名而得實矣。」

(三)因名而得實者，如：「楚人有擔山雉者，路人問：『何鳥也？』擔雉者欺之曰：『鳳凰也。』路人曰：『我聞有鳳凰，今直見之。汝販之乎？』曰：『然。』則十金，弗與；請加倍，乃與之。將欲獻楚王。經宿而鳥死。路人不遑惜金，惟恨不得以獻楚王。國人傳之，咸以爲眞鳳凰，貴欲以獻之，遂聞楚王。楚王感其欲獻於己，召而厚賜之，過於買鳥之金十倍。」又如：

「魏田父有耕於野者，得寶玉徑尺，弗知其玉也，以告鄰人。鄰人陰欲圖之，謂之曰：『此怪石也，畜之弗利其家，弗如復之。』田父雖疑，猶錄以歸，置於廡下。其夜玉明，光照一室，田父稱（舉）家大怖，復以告鄰人。鄰人曰：『此怪之徵。遄棄，殃可銷。』於是遽而棄於遠野。鄰人無何，盜之以獻魏王。魏王召玉工相之。玉工望之，再拜而立，『敢賀王得此天下之寶，臣未嘗見。』王問其價，玉工曰：『此無價以當之。五城之都，僅可一觀。』魏王立賜獻玉者千金，長食上大夫祿。」

解釋 上面關於名實得失的三類例證，生動地說明了名實的客觀眞實性是不可分割的。違名得實與因名失實，皆不是循名責實或控名指實的名實相符的邏輯認識。尹文只是從主觀相對上來理解事物不同的變異，所以對於名實的客觀證驗不獨不積極重視，相反地，他在是非眞僞的論斷上，倒偏走了相對眞理的路。他說：

選文二五 凡天下萬里，皆有是非，吾所不敢誣。是者常是，非者常非，亦吾所信。然是雖常是，有時而不用；非雖常非，有時而必行。故用是而失，有矣；行非而得，有矣。是非之理不同，而更與廢，翻爲我用，則是非焉在哉？觀堯、舜、湯、武之成，或順或逆，得時則昌。桀、紂、幽、厲之敗，或是或非，失時則亡。五伯之主亦然。宋公以（與也）楚人戰於泓，公子目夷曰：『楚衆我寡，請其未悉濟而擊之。』宋公曰：『不可。吾聞不鼓不成列，寡人雖亡國之餘，不敢行也。』戰敗。楚人執宋公。齊人弑襄公，立公孫無知。召忽、夷吾奉公子糾奔魯。鮑叔牙奉公子小白奔莒。既而無知被殺，二公子爭國。糾宜立者也，小白先入，故齊人立之。既而使魯人殺糾。召忽死之，徵夷吾以爲相。晉文公爲驪姬之譖，出亡十九年。惠公卒，賂秦以求反國。殺懷公子（王啓湘校子字當衍，或懷爲惠字之譌。）而自立。彼一君正而不免於執，二君不正，霸業遂焉。己是而舉世非之，則不知己之是；己非而舉世是之，亦不知己所非。然則是非隨衆賈（估計）而爲正，非己所獨了。則衆犯者爲非，順衆者爲是。故人君處權乘勢，處所是之地，則人所不得非也。居則物尊之，動則物從之，言則物誠之，行則物則之，所以居物上，御羣下也。

解釋 這一條所說的「是非」問題，本來不只是屬於簡單的邏輯問題。但是在正名論者看來，是非的形式都牽涉一個「是非之理不同」、「是非之變無常」的名實定分問題。尹文是承認「名正言順」的形名論者，他的「歸一」、「準法」之說，正是要在客觀變化和是非一正一反的時間空間裏，持住一套「名法」有效的演繹系統，以便「居物上，御羣下」。這裏所舉的歷史例證，都是舊政治倫理上的主觀評價問題，雖然一般地肯定了「犯罪者爲非，順衆者爲是」，但是所謂「犯」，所謂「順」，所謂「是非」，完全是依靠統治者的「權勢」或暴力論斷的。如果是「處權乘勢」的，則是「處所是之地」，「則人所不得非也」，因而就是「順」，也卽是「是」了。反之，就是「犯」亦卽爲「非」了。能處權乘勢的，必然能用法術；能用法術，也就能使「物尊之，物從之，物誠之，物則之」。所以最後還說：

「國亂有三事：年飢民散，無食以聚之，則亂；治國無法，則亂；有法而不能用，則亂。有法食以聚民，有法而能行，國不治，未之有也。」

這是說國家是非問題除了吃飯問題外，其餘皆概括在法的範疇裏，所謂「有法食以聚民」，基本上是認法爲第一位。舊社會講「名器」的人，空談「餓死事小」，而不知爲誰餓死，爲什麼餓死，雖曰「死於名器」，實死於不識統治者剝奪了自己吃飯的人權！尹文知道吃飯問題不解決，國家就會亂，但是偏要把名法拿來捆死人民，讓人們在名法面前不喊餓，這正是封建統治者對待農民的邏輯。

丙　尹文子下篇分析

按尹文子下篇多論法術問題，玆就有關名實辯說及類似概念定義的部份選錄如下（次序不依原文）。

①論名實不可亂者

選文二六 莊里丈人字長子曰「盜」，少子曰「毆」。盜出行，其父在後追呼之曰：「盜！盜！」吏聞，因縛之。其父呼毆喻吏，遽而聲不轉，但言：「毆！毆！」吏因毆之，幾殪。

選文二七 康衢長者字僮曰「善搏」，字犬曰「善噬」。賓客不過其門者三年。長者怪而問之，人以實對。於是改之，賓客復往。

選文二八 鄭人謂玉未理者爲璞，周人謂鼠未臘者爲璞。周人懷璞謂鄭賈曰：「欲買璞乎？」鄭賈曰：「欲之」。出其璞，視之，乃鼠也，因謝不取。

解釋 三條例證都是說明正名實的必要性。名字代表的對象決不是空想，所謂「萬名具列，不以形應之則乖」（選文八）。形名或名實不能相亂，盜之名即指盜賊之實，毆打就有毆打的行爲；兩子非盜非毆，而呼爲「盜盜」、「毆毆」，所以必使「循名責實」的吏人，發生「旣捕且毆」的誤會。選文二十七的例子同樣說明概念意義不能混亂。「搏」、「噬」俱是名之不善者，今竟名僮僕爲「善搏」，稱家狗爲「善噬」，這是有意違反社會語言文字通俗經驗的意義，如果不正名，就會杜絕賓客交往。選文二十八指出：概念有同名而異實的，亦有異名而同實的，由於成俗語言不同，往往須經觀察實驗之後，才能邏輯地了解。要想解決社會成俗不同語言的困難，最好是

「取實」爲證。尹文與墨派學者重視「以名取」，正是他們運用科學論證的方法。

②論正名有義界的重要性

選文二九　田子讀書曰：「堯時太平。」宋子曰：「聖人之治以致此乎？」彭蒙在側，越次答曰：「聖法之治以致此，非聖人之治也。」宋子曰：「聖人與聖法何以異？」彭蒙曰：「子之亂名甚矣。聖人者，自己出也；聖法者自理出也。理出於己，己非理也。己能出理，理非己也。故聖人之治，獨治者也。聖法之治，則無不治矣。此萬世之利，惟聖人能該之。」宋子猶惑，質於田子。田子曰：「蒙之言然。」

解釋　這一條辯論，一方面說明宋鈃與尹文在概念的認識上可能有重內涵與重外延的不同；另方面也證明當時辯者在概念或語辭上，都知道從邏輯判斷的特徵來分辯。例如分別普遍的，或特殊的；或根據內涵外延所見的概念間關係表現的不同形式來分別。聖人之治與聖法之治，義蘊（內涵）不同，一爲單稱，一爲通稱。外延上雖同屬「治」之名，內涵上則有不同的屬性。宋子以爲在太平之「治」的關係上看屬同一概念外延，而彭蒙則以聖人、聖法爲兩個不同內涵的概念，必須分別清楚。這是名實論爭上很重要的問題。彭蒙的問題特別指出了「同名異實，事以檢名」的原則。譬如語言文字上有同名爲「聖」的名和分，而此之所謂名分，只能對「人」與「法」的兩實分別相應。所以聖人、聖法，各因其專名的實在，而分呈其「名離」的本義。換句話說，聖法之治雖「唯聖人能該之」，但是聖人聖法，一則自「己出」，一則自「理出」；己非理也，理非己也，此不可不辯。

③論佞辯熒惑與正名治國

選文三〇 語曰：「佞辯可以熒惑鬼神……」此尤(甚言)佞辯之巧，靡不入也。夫佞辯者雖不能熒惑鬼神，熒惑人明矣。探人之心，度人之欲，順人之嗜好而不敢逆，納人於邪惡而求其利。人喜聞己之美也，善能揚之；惡聞己之過也，善能飾之。得之於眉睫之間，承之於言行之先，世俗之人，聞譽則悅，聞毀則戚，此衆人之大情。有同己則喜，異己則怒，此人之大情。故佞（辯）人善爲譽者也，善順從者也。人言是，亦是之；人言非，亦非之；從人之所愛，隨人之所憎。故明君雖能納正直，未必能親正直；雖能遠佞人，未必能疏佞人。故舜、禹者，以能不用佞人，亦未必憎佞人。語曰：「佞辯惑物，舜、禹不能得憎」，不可不察也。語曰：「惡紫之奪朱，惡利口之覆邦家。」斯言足畏，而終身莫悟，危亡繼踵焉。

選文三一 老子曰：「以正治國，以奇用兵，以無事取天下。」正者名法是也。以名法治國，萬物所不能亂。奇者，權術是也。以權術用兵，萬物所不能敵。凡能用名法權術而矯抑殘暴之情，則己無事焉。己無事，則得天下矣。

解釋 這兩條選文主要表明尹文一派的正名思想，完全是以儒者正名的政治倫理爲中心。他認爲眞正的邏輯思想，只有去「佞辯」，立「名法」。春秋、戰國之際有儒、墨之爭，有儒、道之爭。儒者或以楊、墨爲佞辯，或以鄧析爲利口，皆以正名治國爲前提。實際上這是當時站在統治階級立場的學者，運用正名的工具來排斥或反對當權派正名主義的邏輯思想之爭。尹文取老子的方術，進一步借正名法以反辯者之多方，認爲「佞辯」甚於「盜奸」，爲亂政之本。故主張以形名法術矯抑殘暴之情。實際上，尹文是在借名法以反佞辯。所以他舉下面的例子來論證：

選文三二 孔丘攝魯相，七日而誅少正卯。門人進問曰：「夫少正卯魯之聞人也，夫子爲政而先誅，得無失乎？」孔子曰：「居，吾語汝其故。人有惡者五，而盜竊奸私不與焉。一曰心達而險，二曰行僻而堅，三曰言僞而辯，四曰強記而博，五曰順非而澤。此五者有一於人，則不免君子之誅，而少正卯兼有之。故居處足以聚徒成羣，言談足以飾邪熒衆，強記足以反是獨立，此小人雄傑也，不可不誅也。是以湯誅尹諧，文王誅潘正，太公誅華士，管仲誅付里乙，子產誅鄧析（非子產而爲鄭駟顓，見第二章）、史付。此六子者，異世而同心，不可不誅也。」

解釋 關於孔子的這段故事，歷史上有過不少的爭辯。「正統派」的反駁既沒有什麼充分證據，我們確可以由此想到古代名辯與政治鬥爭的尖銳情況。歷史上被誅的：尹諧、潘正、華士等人是怎樣的辯者，我們不清楚，鄧析、史付（鮒）之被誅，這是歷史早經說明了的。我們知道凡是屬於當權派的正名思想家，必然要爲壓迫人民的國家政權服務。反之，凡是屬於議政或所謂「橫議」的名辯思想家，絕大部份往往都是同情民衆利益的。他們的言語、行動，往往是以尖銳的矛頭指向當權派，揭露其反人民的政治罪惡。關於這方面的辯說力量，確乎勝過統治者所謂「政治盜奸」的「危害」。因爲他們有能「成羣」、「熒衆」與「反是而獨立」的一套思想工具，能使人深入地認識到「異世而同心」的歷史教訓，卽從不同時代的感受反駁同一剝削階級的統治。少正卯以「言僞而辯，強記而博」等等五罪被誅，這就是在名辯的歷史上階級鬥爭的表現。

④論治術的正反觀念

選文三三　仁義禮樂，名法刑賞，凡此八者，五帝三王治世之術也。故仁以導之，義以宜之，禮以行之，樂以和之，名以正之，法以齊之，刑以威之，賞以勸之。故仁者所以博施於物，亦所以生偏私；義者所以立節行，亦所以成華僞；禮者所以行恭謹，亦所以生惰慢；樂者所以和情志，亦所以生淫放；名者所以正尊卑，亦所以生矜篡；法者所以齊衆異，亦所以乖名分；刑者所以威不服，亦所以生陵暴；賞者所以勸忠能，亦所以生鄙爭。凡此八術，無隱於人，而常存於世。非自顯於堯、舜之時，非故逃於桀、紂之朝。用得其道，則天下治；失其道，則天下亂。過此而往，雖彌綸天地，籠絡萬品，治道之外，非羣生所餐挹，聖人措而不言也。

解釋　這裏提出的八條治術，表明尹文派對名法認識的新觀念。過去孔子認爲「政者正也，子率以正，孰敢不正」。尹文正名的思想，反映了戰國紛亂的政爭現象，所以認爲名法治術的絕對觀念，是不合客觀自然的治道的。他說治術是正反相成的，形名所以正尊卑，亦所以生矜篡；法者所以齊衆異，亦所以乖名分；刑者所以威不服，亦所以生陵暴。這種名法觀念，直接揭破了舊政治倫理的片面說法，把傳統的仁義禮樂，內部對立的矛盾本質，概括地揭露出來。以仁者爲有所博施於物，亦有其生於偏私者；義者既立節行，亦有成其華僞者；禮者能行恭謹，亦能生惰慢；樂者能和情志，亦能生淫放。這種辯證的理解，是從概念上承認了正反統一的變化，所以他認爲名正法治，不是靠抽象地「彌綸天地」、「籠絡萬品」的觀念，而是要從餐挹羣生，卽關於實際生活的具體認識來齊衆異正、名法。

正由於尹文了解到名分的相對面，所以他特別提出了社會貧富同國家關係的兩面看法。如：

選文三四 貧則怨人，賤則怨時，而莫有自怨者，此人情之大趣也。然則（而）不可以此是人情之大趣而一概非之，亦有可矜者焉，不可不察也。今能同算鈞，而彼富我貧，能不怨則美矣。雖怨無所非也。才鈞智同，而彼貴我賤，能不怨則美矣。雖怨無所非也。其敝在於不知乘權藉勢之異，而惟曰：智能之同。是不達之過，雖君子之鄙（尤），亦君子之怒（怨）也。

選文三五 貧賤之望富貴甚微，而富貴不能酬其甚微之望。夫富者之所惡，貧者之所美，貴者之所輕，賤者之所榮，然而弗酬，弗與同苦樂故也。雖弗酬之，於我弗傷。今萬民之望人君，亦如貧賤之望富貴。其所望者蓋欲料長幼，平賦斂，時其飢寒，省其疾痛，賞罰不濫，使役以時，如此而已，則於人君弗損也。然而弗酬，弗與同勞役故也。故爲人君，不可弗與民同勞役焉。……不酬萬民，則萬民之所不願戴。

解釋 這兩條說明了尹文形名議政的積極思想。尹文認爲人們有同才智，同算鈞的社會生活，但是却有貧富貴賤、乘權藉勢的階級之異。社會有了貧富的對立，富者不與貧者同苦樂，同勞役，只是剝削人們勞動的成果，而弗與勞動者以無損於己的報酬，這當然是最不合正名定分的邏輯的。尹文從正形名的大道上，指出「爲人君者不可弗與民同勞役」這條共同勞動的原則是必要的。話雖然是些空想，但是對於當時正名的認識說，却有其實際的意義。他同宋鈃都主張推心別囿，注重正反相成的客觀認識，但是他們所持名辯的政治目的，完全是爲維護君權統治的利益的。尹文說「故古之爲國者無使民自貧富，貧富皆由於君，則君專所制，民知所歸矣」。在這種封建法權的社會制度裏，名法觀念包含一切不平等的殘暴統治，所謂名分、名守等等概念，基本就是反映等級社會的權勢要求。馬總意林引有尹文與齊宣王問答的一段佚文，可以說明這種名分思想的本質。如：

選文三六　尹文子見齊宣王，宣王不言而嘆。尹文子曰：「何嘆？」王曰：「吾嘆國中寡賢。」尹文子曰：「使國悉賢，孰處王下？誰爲王使？」王曰：「國悉不肖可乎？」尹文子曰：「國悉不肖，孰理王朝？」王曰：「賢與不肖皆無可乎？」尹文子曰：「不然。有賢有不肖，故王尊於上，臣卑於下。進賢退不肖，所以有上下也。」

解釋　這條與選文三十四論才鈞、智同和同算鈞的說法，可以對看。在尹文的形名觀點看來，人們儘管有同樣的才智，但不能居於「悉賢」的地位。國家必有統治階級與被統治階級的分守，然後才有形名不亂的尊卑上下與秉權藉勢逼人的不同等級。如果說這就是尹文論形名「正反」觀念的本質，那末，下面幾條佚文的意義，同樣不應該離開他的政治目的說他是屬於老子正反相成的理論。例如意林引的：

選文三七　兩智不能相使，兩賢不能相臨，兩辯不能相屈，力鈞勢敵故也。

選文三八　專用聰明，則功不成；專用晦昧，則事必悖。一明一晦，衆之所載。

⑤論主觀思維作用

選文三九　以智力求者，喻於弈碁，進退取與，攻劫放捨，在我者也。（御覽、類聚）

選文四〇　鐘鼓之聲，怒而擊之則武，憂而擊之則悲，喜而擊之則樂。其意變，其聲亦變。意誠感之，達於金石，而況於人乎？（書鈔）

⑥論推演與感覺認識

選文四一　數，十百千萬億，億萬千百十，皆起於一。推之億億無差矣。（御覽）

選文四二　聾者不歌，無以自樂；盲者不觀，無以接物。（御覽）

尹文子略注

伍非百 撰

一九八三年中國社會科學出版社排印《中國古名家言》本

中國古名家言之三

尹文子略注

目錄

序……四六九

大道上……四七三

一、論道與形名法術之關係　二、論形名與事物之關係　三、論形名之學　四、申論「歸一」「準法」之道　五、論名分之效力　六、論法家鑄成習俗之故　七、正君臣之名分　八、舉名實得喪之例　九、論真是非與成俗是非

大道下……四九一

一、論帝王治世之八術　二、論國之存亡有六徵　三、論辯言之亂政

四、引老子語以明名、法、權、術之

用　五、論「聖法」與「聖人」之治
六、論名實之互易　七、論慎令
八、論政令與經濟權之關係　九、
論人民富貧與國家之關係

序

莊子天下篇，論古之治道術者，以宋鈃尹文并稱。謂：「不累於俗，不飾於物，不苟疑當作苛於人，不忮於衆，願天下之安寧以活民命。人我之養，畢足而止。以此白心。」又云：「接萬物以別宥爲始。……以聏合驩，以調海內。見侮不辱，救民之鬭。禁攻寢兵，救世之戰。以此周行天下，上說下教，強聒不舍。……請欲，曰姑置五字疑當作「曰情欲固寡」。五升之飯足矣。」又曰：「君子不爲苛察，不以身假物，以爲無益於天下，明知不如己也。」而綜論其學曰：「以禁攻寢兵爲外，以情欲寡淺爲內。其大小精粗，其行適至是而止。」覈以今世所傳尹文子，大較不甚相遠。意其人本墨家之徒，而歸本於道。故言兼愛非攻尚儉，皆原於道德之意。外勤勞乎事功，而內治其心性，其視他墨有進矣。因其習於墨上說下教，強聒不舍，故又以「從事」而兼「談說」。墨者有從事、談辯說書之分。其原出於辯經，而末流入「名家」。班固藝文志載「尹文子一卷，說齊宣王，先公孫龍。」今其書辯「好牛」「好馬」之名，而不言「白馬」，則似先於龍，爲龍所取資。魏黄初末，仲長氏以其書多脫誤，聊試條次撰定，始分爲上下二篇。隋唐著録，皆爲二卷，本之仲長氏而然。蓋此書自魏晉以來，經仲長氏條撰，已多所移易也。然馬會元意林所採「兩智不能相使……」數條，今本尹文子皆不載，則是宋以來又有殘缺也。今按其書，上篇多形名之言，下篇多法術之語。疑爲仲長氏所條次者。至其言「形名」，與惠施公孫龍子異趣，而於荀卿爲近。尚猶是「形名」正宗，而於「辯者」爲别派云。

尹文子略注

本書尹文子原文，係據汪繼培校本，并參合道藏本、萬曆本、守山閣本、涵芬樓翻印明本、百子全書本、諸子品節本（明版），擇善而從，不一一注其出處。其有字句可疑，而各本皆無可據者，則別作新校註其下。

大道上

班固藝文志作一篇。魏仲長氏分爲上下二篇。後因之。今按上篇多形名之言，下篇多法術之語。疑爲仲長氏所條次者。但馬總意林所引三條，今皆不見於本書，疑殘缺尚多，必有後人附益移易者。今以其言形名者，歸入上篇。其他言法術及泛論政俗者，歸入下篇。各爲條次，不相連屬，而標其旨于後。庶治形名法術之學者，得以考察焉。

大道無形，稱器有名。名也者，正形者也。形正由名，則名不可差。故仲尼曰「必也正名乎！名不正，則言不順」也。

形而上者謂之道，形而下者謂之器。道者，指抽象之義理而言。器者，指具體之事物而言。道不可名，器則有形。形名相待，故名因稱器而有。此言名依形而立。名之作用，在正其形。欲正形者，必先正名。

大道不稱，衆有必名。形舊脱形字，今補。下文「形而不名，未必失其方圓黑白之實。名而不形，不尋名以檢其差」，卽申述此文之義。生於於，猶而也。不稱，則羣形自得其方圓。名生於方圓，則衆名得其所稱也。

此申上文之意。言大道無形，不可名，降而爲器，衆形森列，乃可一一別而名之。但形而不名，無害其爲形；名而離形，則失其所以爲名矣。故具有方圓黑白之形者，雖不與以方圓黑白之名，無害其爲方圓黑白之實。若方圓黑白之名不依方圓黑白之形，則方者不方，圓者不圓，黑者不黑，白者不白，而白名得黑形，方形被圓名皆可。如是則形名殽亂，而人所以稱名之道廢矣。

此節言正名之重要。謂大道無形不可名，而可名者皆器也。凡器必有形，而名必與形相待。故正名者，必求之形；正形者，必求之名。此形名之所以相待爲用，而互爲工能者也。然形實而名虛。名在我而形在物。形不因名之有無而有無，不因名之分合而分合。故名可以易而形不可易。形而無名，無害其爲形。名而離形，則失其所以爲名矣。故又申言名必依於形也。

以大道治者，則儒、墨、名、法自廢。以儒、墨、名、法治者，則不得離道。老子曰：「道者萬物之奥，善人之寶，不善人之所保。」是以以道治者，謂之善人。藉儒、墨、名、法治者，謂之不善人。善人之與不善人，名分日離，不待審察而得也。

此言道與名、法、儒、墨之輕重關係。尹文雖屬名家，然以道爲依歸。其言以名、法、儒、墨治者皆不得離道，以道治者，則名、法、儒、墨自包涵其中，而其推尊道家至矣。

按：尹文雖列於名家，而其所述，多雜法術家言。其上焉者，則推本於道。與管、申、商、韓爲近。而於墨翟、公孫龍、惠施、莊周及辯者之説則相去甚遠。故欲求古代名家另一派治「形名法術之學」者，當以此書爲較完整矣。

道不足以治則用法，法不足以治則用術，術不足以治則用權，權不足以治則用勢。勢用則反權，權用則反術，術用則反法，法用則反道，道用則無爲而自治。故窮則徼終，徼終則反始。始終相襲，無窮極也。

用法、用術、用權、用勢，皆形名法術之學，爲名法家所有事。故尹文特提示其作用，及其遞相爲治，治極而反之理。

右第一章。論道與形名法術之關係。

有形者必有名，有名者未必有形。形而不名，未必失其方圓黑白之實。名而不形，「形」舊作「可」，誤。今據上文義改。不尋名以檢，其差。

有形者必有名，有名者不必有形。前者，今謂之具體名詞。後者，今謂之抽象名詞。具體名詞，有「實體」存在於「名詞」之外，雖不與以指名，猶不失其爲實也。譬如黑白，雖不能以口喻，猶可以目示。縱令黑白名詞互換，而實質猶不變。猶之啞者雖不能道黑白之名，仍得知黑白之實也。若夫抽象之名，本無實體可指。因觀念而造成名詞，更因名詞以繫住觀念。展轉相生，往復相依。除去名詞，則觀念歷久而消失。且無以自增其緣，更無以相説以解。故抽象名詞之得以相持而存在，相説而共喻者，不外以觀念構成觀念，名詞解釋名詞而已。此種名詞，若不確定界説，嚴加分析，則遠而失，流而離本，惝怳迷離，不可究詰矣。故言名而不形，不尋名以檢，則往往生出差誤也。

故有名以檢形，形以定名。名以定事，事以檢名。察其所以然，則形名之與事物，無所隱其理矣。

無論有形之名，與無形之名，均須詳察其「所謂」(實)與「所以謂」(名)是否相符。「名以檢形，形以定名」二句，謂察有形名詞之法也。「名以定事，事以檢名」二句，謂察無形名詞之法也。有形者以形檢名，無形者以名定事，則形名之與事物，無所隱遁，而詭辯者無所逞其辭，則正名之能事畢矣。

右第二章。論形名與事物之關係。

名有三科，法有四呈。一曰命物之名，方圓黑白是也。二曰毁譽之名，善惡貴賤是也。三曰況謂之名，賢愚愛憎是也。一曰不變之法，君臣上下是也。二曰齊俗之法，能鄙同異是也。三曰治衆之法，慶賞刑罰是也。四曰平準之法，律度權量是也。

此分析名與法之類别：名有三科，法有四呈。

按：尹文分名爲三科，就其分析點言之，可顯然得見尹文一派之形名家，與其他墨儒辯者之「形名家」根本不同。墨辯分名爲達、類、私三種，荀子分名爲單、兼、共、别四類，皆從名之自身性質立言。而尹文則從名所指之對象立言。所謂「命物之名」、「毁譽之名」、「況謂之名」，皆從名所指之事物分類。所謂「名以檢形」、「名以定事」者也。又尹文以「名」與「法」並稱，其對於名之效用，在「求治」而不在「求知」。其於「别嫌疑」、「明是非」、「分此彼」、「檢虚實」，與其他名家同。而於「摹略萬物之然，論求羣言之比」，則認爲非其所急。此「名法」與「名辯」分途所始也。故其末流荀卿、韓非一派與惠、鄧一派，相非至激，最不相容。

術者，人君之所密用，臣下不可妄窺。勢者，制法之利器，羣下不可妄爲。人君有術而使臣下得窺，非術之奥者。有勢而使臣下得爲，非勢之重者。大要在乎先正名分，使不相侵雜。然後術可祕，勢可專。

此申論「用術」、「用勢」之要訣，在「正名分」。法、術、權、勢四者，皆名法家之用。此獨言法、術、勢而遺「權」者，蓋「權」爲非常手段，破壞一切固定之法制，使「名分」失其作用，正統派之法家最惡之。非必不得已不用權。權用則「名分」動搖矣。故曰「權用則反術，術用則反法」。歷觀名法之家以定「名分」而治者，往往累數萬世而不足。以用「權」而敗者，則一旦毀之而有餘。故用權不可不慎也。

名者，名形者也。形者，應名者也。然形非正名也，名非正形也。則形之與名居然別矣。不可相亂，亦不可相無。無名，故大道不稱。有名，故名以正形。今萬物具同俱存，不以名正之，則亂。萬名具同俱列，不以形應之，則乖。故形名者，不可不正也。善名命善，惡名命惡。故善有善名，惡有惡名。聖賢仁智，命善者也。頑嚚凶愚，命惡者也。今卽聖賢仁智之名，以求聖賢仁智之實，未之或盡也。卽頑嚚凶愚之名，以求頑嚚凶愚之實，亦未之或盡也。使善惡之名，畫然有分，

此句舊有脱誤：(一)「使善惡之名」，「之名」二字，各本皆無。惟道藏本有「之」字，但仍脱「名」字，蓋由各本誤删去「之」字也。今以上下文義校之，當補「名」字。蓋此段皆論「辯名」，謂「形之與名，不可相亂，亦不可相無」。卽名求實，未必盡實。舍名求實，而實不可得，亦且更亂。故舉善惡之名爲例。謂「善名命善，惡名命惡」，「善惡之名，畫然有分，雖未能盡善惡之實，猶不患其差」，文

義朗然。道藏本脱一「名」字，各本又誤删去「之」字，遂致上下文有漏義耳。(二)「畫然有分」，畫，舊作盡，形近而誤。畫然，分别貌。莊子庚桑楚「其臣之畫然知者去之」，卽其義。畫然有分，謂名詞之定義，內包外延，界限分明，知畫線之各别也。雖未能盡物之實，猶不患其差也。故曰：名不可不辯也。

名以命形，形以應名。形名之關係，一屬在我，一屬在彼，原非同物。故人雖以名命形，而形非名。物雖以形應名，而名非形。形之與名，不可密合爲一，又不能分離爲二。卽名求實，未必是實。然舍名求實，而實又不可見。故名之最大作用在「能分别」。能分别，雖不能盡其實，猶不患其差，此名之所以可貴也。善用名者，制名以紀實，因實以定名，使名實各相當而不紊，則「通意」、「喻事」、「稽實」、「定數」之功能著，而名之用畢矣。故名家之第一事，在辨名。

名稱者，别彼此而檢虛實者也。自古至今，莫不用此而得，用彼而失。失者，由名分混。得者，由名分察。今親賢而疎不肖，賞善而罰惡。賢不肖善惡之名宜在彼，親疎賞罰之稱宜屬我。我之與彼，各舊作又，形誤。復一名，名之察者也。名賢不肖爲親疎，名善惡爲賞罰，合彼我之一稱而不别之，名之混者也。故曰：名稱者不可不察也。

名稱之得失，在名分之混察，「别彼此而檢虛實」，乃察名分之要訣。

語曰「好牛」，又曰二字疑衍不可不察也。好則物之通稱，牛則物之定形，以通稱隨定形，不可窮極者也。設復言「好馬」，則復連於馬矣，則好所通無方也。設復言「好人」，則彼屬於人矣。則「好非人、人非好」也。則「好牛」「好馬」「好人」之名自離矣。

此舉「好牛」一詞以爲察「名」與「分」之例。

按此爲公孫龍白馬論之先聲。「好非人，人非好」，爲「形非色，色非形」之論式所取資。班固言「尹文先公孫龍，公孫龍稱之」。觀此益信。

五色、五聲、五臭、五味凡四類，自然存焉同於天地之間，而不期爲人用。人必用之。終身各有好惡，而不能辯其名分。名宜屬彼，分宜屬我。我愛白而憎黑，韻商而舍徵，好膻而惡焦，嗜甘而逆苦。白黑、商徵、膻焦、甘苦，彼之名也。愛憎、韻舍、好惡、嗜逆，我之分也。定此名分，則萬事不亂也。

再舉色聲臭味等，以證名分之異。名宜屬彼，分宜屬我。

按：莊子天下篇，以宋鈃與尹文并稱，世多疑其學術不類。今觀尹文子「辯名分之異，明彼我之殊」，與宋子「定乎内外之分，辯乎榮辱之境」，旨趣不異。其爲同術，又何疑哉？

故人以「度」審長短，以「量」受多少，以「衡」平輕重，以「律」均清濁，以「名」稽虛實，名宜在我，虛實在彼。以「法」定治亂，以簡治繁惑，以易御險難。萬事皆歸於一，百度皆準於法。歸一者，簡之至。準法者，易之極。如此，則頑嚚聾盲，可以同與察慧聰明同其治也。

度、量、衡、律、名、法屬在我，長短、多少、輕重、清濁、虛實、治亂屬在彼。名法之家，以名檢形，以法定治。操其在我者以御彼，則有執簡易以御煩難之功。

按：「歸一」「準法」爲名法所自始。此極言名法之治，「歸一」「準法」，可使頑嚚與察慧同功，聾瞽與聰明等智。

右第三章。論形名之學。首言名法之分類，形名與法術并重。次言用術用勢之治，皆不能離名分。又次言形名不可相亂，亦不可相無。深戒世人以名亂形，及偏重「形」而忽略「名」之弊。再次言「名分」之辨，名宜屬我，分宜屬彼。舉「好牛」「好馬」及聲色臭味等爲例。「好馬」「好牛」一詞，開公孫龍「白馬非馬論」之先聲。其論式亦同。末謂「歸一」「準法」之故，以名稽虛實，以法定治亂，爲名法家執簡馭煩之術。此章通論「名法」，乃所謂「形名法術之學」者也。

天下萬事，不可備能。責其備能於一人，則聖賢其猶病諸。設一人能備天下之事，則左右前後之宜，遠近遲速之間，必有不兼者焉。苟有不兼，於治闕矣。故全治而無闕者，大小多少，各當其分。農商工仕，不易其業。老農、長商、習工、舊仕，莫不存焉。則處上者何事哉？

言治國之道，各當其「分」，不必備能於一人。此爲察「名分」之「名法家」所最注意者。

故有理而無益於治者，君子弗言。有能而無益於事者，君子弗爲。君子非樂有言，有益於治，不得不言。君子非樂有爲，有益於事，不得不爲。故所言者不出於名法權術，所爲者不出於農稼軍陣，周務而已。故明主任之。治外之理，小人之所必言。事外之能，小人之所必爲。小人亦知言損於治，而不能不言。小人亦知能疑當作「爲」損於事，而不能不爲。故所言者極於儒墨是非之辯，所爲者極於堅僞偏抗之行，求名而已。故明一本誤「名」主誅之。古語曰：「不知無害爲君子，知之無損於小人。工匠不能，無害於巧。君子不知，無害於治。」此言信矣。

「無益於治者，君子弗言。無益於事者，君子弗爲。」莊子天下篇論尹文曰：「以爲無益於天下者，明之不如其已。」意卽指此。

按此節爲古代名學「求真」與「求用」兩大派異趣之點。「名辯家」在求真，而不必有用，莊、墨、惠、鄧、公孫龍是也。「名法家」在求用，而不妨遺真，管、商、申、韓是也。兼二家之長者，其爲荀卿乎！然卿亦頗有偏重「求用」之感。不苟篇曰：「名不貴苟得，說不貴苟傳。」儒效篇曰：「凡事行有益於理，者立之，無益於理者廢之。……凡知說有益於理者爲之，無益於理者舍之。」又曰：「充虛之相施易也，堅白同異之分也。不知無害爲君子，知之無害爲小人，……曾不若相雞狗之可以爲名也。」其弟子韓非曰：「微妙之言，上智之所難知也。」又曰：「愼、墨、惠、季之說，皆畫莢也。」又譏「寧信度，不信足」，皆承襲尹文一派「形名」之說而加甚者。

爲善使人不能得從，此獨善也；爲巧使人不能得從，此獨巧也；未盡善巧之理。爲善與衆行之，爲巧與衆能之，此善之善者，巧之巧者也。故所貴聖人之治，不貴其獨治，貴其能與衆共治也。所貴工倕一本作「倕」之巧，不貴其獨巧，貴其能與衆共巧也。今世之人，行欲獨賢，事欲獨能，辯欲出羣，勇欲絕衆。獨賢之行，各本均作「獨行之賢」。按上文獨賢、獨能、出羣、絕衆，指行、事、辯、勇四者而言。下文「獨能之事」、「出羣之辯」、「絕衆之勇」，亦皆承上三者而言，此獨作「獨行之賢」，文例不類。蓋由後世以隱逸堅貞之士歸入「獨行傳」，「獨行」二字通行，遂誤以當代語改古語也。不足以成化。獨能之事，不足以周務。出羣之辯，不可爲户說。絕衆之勇，不可與征陣。凡此四者，亂之所由生。是以聖人任道以通其險，立法以理其差。使賢愚不相棄，能鄙不相遺。能鄙不相遺，則能鄙齊功。賢愚不相棄，則賢愚等慮。此至治之術也。

此言名法之治，不貴獨善獨巧，而貴與衆共善共巧。與衆共善巧者何？立爲程式，歸一準法，則頑嚚聾盲可與察慧聰明，同其治功也。故求學者，不恃巧思之偶合，而恃有思辯之方術。爲治者，不貴傑出之政家，而貴有歸一準法之法家也。右第四章。申論「歸一」「準法」之道。首論天下萬物不可備能於一人，貴在「明分」，使之各盡其能，各任其責，而後歸一準法之治乃可得成。次論無益於治者，君子不爲不言，爲形名家「求治」一派對「求真」一派攻擊之基本理論。再次言治學爲政，不貴獨善獨巧，而貴衆善衆巧，乃「歸一」「準法」之根本原則。蓋唯其如是，而後範疇可成，賢否共守，智愚等功。此形名家之所以必兼法術，而法術必本於形名者也。

「名」定則物不競，「分」明則私不行。物不競，非無心；由名定，故無所措其心。私不行，非無欲；由分明，故無所措其欲。然則心欲人人有之，而得同於無心無欲者，制之有道也。

正名定分，卽祛私止競之道。

田駢曰：「天下之士，莫肯處其門庭，臣其妻子，必遊宦諸侯之朝者，利引之也。遊於諸侯之朝，皆志爲卿大夫，而不擬於諸侯，『名』限之也。」彭蒙曰：「雉兔在野，衆人逐之，

『分』未定也。雞豕滿市，莫有志者，『分』定故也。物奢則仁智相屈，分定則貪鄙不爭。」

此引田駢彭蒙之語，以明「正名定分」之功效。

圓者之轉，非能轉而轉，不得不轉也。方者之止，非能止而止，不得不止也。因圓之自轉，使不得止。因方之自止，使不得轉。何苦苦，憂也。物之失分？故因賢者之有用，使不得不用。因愚者之無用，使不得用。用與不用，皆非我也。因彼可用與不可用，而自得其用也。自得其用，奚患物之亂乎？

名定分明，則萬物萬事，各得其所。

物皆不能自能，不知自知。智非能智而智，愚非能愚而愚，好非能好而好，醜非能醜而醜。夫不能自能，不知自知，則知好何所貴？愚醜何所賤？則智不能得夸愚，好不能得嗤醜。兩得字疑衍此爲得之道也。

此申言正名定分，各得其所之意。

道行於世，則貧賤者不怨，富貴者不驕，愚弱者不懾，智勇者不陵，定於分也。法行於世，則貧賤者不敢怨富貴，富貴者不敢陵貧賤，愚弱者不敢冀智勇，智勇者不敢鄙愚弱。此法之不及道也。

道行則定於分而不爭，法行則畏於法而不敢。此法之不及道處。

按：本文之所謂道，乃指正名定分而言。所謂法，乃指慶賞刑罰而言。一爲「形名」之事，一爲「賞罰」之事。莊子天道篇曰：「五變而後形名可舉，九變而後賞罰可言」。是形名居第五，賞罰居第九。法不及名，古有定論。

右第五章。論名分之效力。一、述正名定分之效。名定則物不競，分明則私不行。二、舉方圓動止之理爲證。三、舉智愚好醜爲證。四、論「定分」、「行法」二者效用之優劣。

世之所貴，同而貴之，謂之俗。世之所用，同而用之，謂之物。苟違於人，俗所不與。苟忮於衆，俗所共去。故人心皆殊，而爲行若一。所好各異，而資用必同。比俗之所齊，物之所飾。故所齊不可不慎，所飾不可不擇。

此論社會風俗形成之故。

昔齊桓好衣紫，闔境不鬻異彩。楚莊愛細腰，一國皆有饑色。上之所以率下，乃治亂之所由也。故俗苟沴，必爲法以矯之。物苟溢，必立制以檢之。累於俗，飾於物者，不可與爲治矣。

累俗飾物，則爲俗所制而不能矯俗，爲物所囿而不能用物，故不足以爲治。莊子天下篇稱尹文曰：「不累於俗，不飾於物。」意即指此。

昔晉國苦奢，文公以儉矯之。乃衣不重帛，食不兼肉。無幾時，人皆大布之衣，脱粟之飯。越王勾踐謀報吴，欲人之勇，路逢怒蛙而軾之。比及數年，民無長幼，臨敵雖湯火不避。居上者之難，如此之驗。

齊俗之效，在爲上者所以矯之，以民情有易動之徵也。聖王知民情之易動，故作樂以和之，制禮以節之。在下者不得用其私，故禮樂獨行。禮樂獨行，則私欲寢廢。私欲寢廢，則遭賢之與遭愚，均矣。若使遭賢則治，遭愚則亂，是治亂屬於賢愚，不系於禮樂。是聖人之術，與聖主而俱没，治世之法，逮易世而莫用，則亂多而治寡。亂多而治寡，則賢無所貴，愚無所賤矣。

聖王知齊俗作用之大，又知民情之易動，故制禮樂以變民俗，使私欲不行，賢愚等治。俗雖有制裁衆人之力，而人君則又有矯正習俗之功。故法家利用人君之倡率，以鑄成習俗之好尚。更利用習俗之好尚，以助成法治之推行。

處名位，雖不肖，不患物不親己。在貧賤，雖仁賢舊脱「雖仁賢」三字，據上下文補。不患物不疎己。親疎系乎勢利，不系乎不肖與仁賢。吾亦不敢據以爲天理，以爲地勢之自然者爾。今天地之間，不肖實衆，仁賢實寡。趨利之情，不肖特厚。廉恥之情，仁賢偏多。今以禮義招仁賢，所得仁賢者，萬不一焉。以名利招不肖，所得不肖者，觸地是焉。故曰：禮義成君子，君子未必須禮義。名利治小人，小人不可無名利。

此言名位之足以爲治。

右第六章。論法家鑄成習俗之故。亦卽前章「準法歸一」之餘義。慶賞刑罰，君事也。守職效能，臣業也。君料功黜陟，故有慶賞刑罰。臣各慎所任，故有守職效能。君不可與臣業，臣不可侵君事。上下不相侵與，謂之名正。名正而法順也。接萬物使分，別海内使不雜；見侮不辱，見推不矜，禁暴息兵，救世之鬬；此仁君之德，可以爲主矣。莊子天下篇謂宋鈃尹文「見侮不辱，救民之鬬，禁攻寢兵，救世之戰」。「接萬物以別宥爲始」，意本此。守職分使不亂，慎所任而無私；饑飽一心，毁譽同慮，賞亦不忘，罰亦不怨；此居下之節，可以爲人臣矣。

右第七章。正君臣之名分。乃形名家之常談。

世有因名以得實，亦有舊作「以」，誤。因名以失實。宣王好射，説人之謂己能用强也，其實所用不過三石。以示左右，左右皆引試之，中關而止。皆曰：「不下九石，非大王孰能用是？」宣王悦之。然則宣王用不過三石，而終身自以爲九石。三石，實也。九石，名也。宣王悦其名而喪其實。齊有黄公者，好謙卑。有二女，皆國色。以其美也，常謙辭毁之以爲醜惡，醜惡之名遠布，年過而一國無聘者。衞有鰥夫，時冒娶之，果國色。然後曰：「黃公好謙，故毀其子不姝美。」於是爭禮之，亦國色也。國色，實也。醜惡，名也。此違名而得實矣。楚人擔山雉者，路人問：「何鳥也？」擔雉者欺之曰：「鳳凰也。」路人曰：「我聞有鳳凰，今直見之，汝販之乎？」曰：「然。」則十金，弗與。請加倍，乃與之。將欲獻楚王，經宿而鳥死。路人不遑惜金，惟恨不得以獻楚王。國人傳之，咸以爲真鳳凰，貴，欲以獻之。遂聞楚王。王感其欲獻於己，召而厚賜之，過於買鳥之金十倍。魏田父有耕於野者，得寶玉徑尺，弗知其玉也，以告隣人。隣人陰欲圖之，謂之曰：「此怪石也，畜之弗利其家，弗如復之。」田父雖疑，猶録以歸，置於廡下。其夜玉明光照一室。田父稱家大怖，復以告隣人。隣人曰：「此怪之徵。遄棄，殃可銷。」於是遽而棄於遠野。隣人無何，盜之以獻魏王。魏王召玉工相之。玉工望之再拜而立：「敢賀王得此天下之寶，臣所未嘗見。」王問其價，玉工曰：「此無價以當之，五城之都，僅可一觀。」魏王立賜獻玉者千金，長食上大夫禄。

右第八章。舉名實得喪之例。(一)得名喪實之例。(二)違名得實之例。(三)因名得實之例。

凡天下萬里，皆有是非，吾所不敢誣。是者常是，非者常非，亦吾所信。然是雖常是，有時而不用；非雖常非，有時而必行。故用是而失，有矣。行非而得，有矣。是非之理不同，而更興廢，翻爲我用，則是非焉在哉？觀堯、舜、湯、武之成，或順或逆，得時則昌。桀、紂、幽、厲之敗，或是或非，失時則亡。五伯之主亦然。宋公以楚人戰於泓。公子目夷曰：「楚衆我寡，請其未悉濟而擊之。」宋公曰：「不可，吾聞不鼓不成列。寡人雖亡國之餘，不敢行也。」戰敗。楚人執宋公。齊人弑襄公，立公孫無知。召忽夷吾奉公子糾奔魯。鮑叔牙奉公子小白奔莒。既而無知被殺，二公子爭國。糾，宜立者也，小白先入，故齊人立之。既而使魯人殺糾，召忽死之，徵夷吾以爲相。晉文公爲驪姬之譖，出亡十九年，惠公卒，賂秦以求反國，殺懷公子而自立。彼一君正而不免於執，二君不正，霸業遂焉。己是而舉世非之，則不知己之是。己非而舉世是之，亦不知己之非。然則是非隨衆賈賈，價也。猶估計。而爲正，非己所獨了。則犯衆者爲非，順衆者爲是。故人君處權乘勢，處所是之地，則人所不得非也。居則物尊之，動則物從之，言則物誠之，行則物則之，所以居物上、御群下也。國亂有三事：年饑民散，無食以聚之，則亂。治國無法，則亂。有法而不能用，則亂。有食以聚民，有法而能行，國不治，未之有也。

俗見戰勝真理，而勢利又戰勝俗見。此人君操「法、術」所以能成「名、分」之治也。

按：此與下篇仁義禮樂一章似連似斷。蓋本爲一篇，章次相連，後人以分量多寡，強分爲二，非其本然。

右第九章。論「真是非」與「成俗是非」。

大道下 論法術之言

仁、義、禮、樂、名、法、刑、賞，凡此八者，五帝三王治世之術也。故仁以導之，義以宜之，禮以行之，樂以和之，名以正之，法以齊之，刑以威之，賞以勸之。故仁者所以博施於物，亦所以生偏私。義者所以立節行，亦所以成華僞。禮者所以行恭謹，亦所以生惰慢。樂者所以和情志，亦所以主淫放。名者所以正尊卑，亦所以生矜篡。正尊卑，謂定名分也。矜，謂上暴。篡，謂下陵。法者所以齊衆異，亦所以乖名分。刑者所以威不服，亦所以生陵暴。賞者所以勸忠能，亦所以生鄙争。凡此八術，無隱於人而常存於世。非自顯於堯湯之時，非自逃於桀紂之朝。用得其道則天下治，失其道則天下亂。過此而往。雖彌綸天地，籠絡萬品，治道之外，非群生所餐挹，聖人措而不言也。

右第一章。論帝王治世之八術。「名」爲八術之一，所以正尊卑，亦所以生矜篡。

凡國之存亡有六徵：有衰國，有亡國，有昌國，有彊國，有治國，有亂國。所謂亂亡之國者，凶虐殘暴不與焉。所謂彊治之國者，威力仁義不與焉。君年長，多媵妾，少子孫，疏宗彊，衰國也。君寵臣，臣愛君，公法廢，私欲行，亂國也。國貧小，家富大，君權輕，臣勢重，亡國也。凡此三徵，不待凶虐殘暴而後弱也。雖曰見存，吾必謂之亡者也。內無專寵，外無近習，支庶繁字，長幼不亂，昌國也。農桑以時，倉廩充實，兵甲勁利，封疆修理，彊國也。上不勝其下，下不犯其上，上下不相勝犯，故禁令行，人人無私，雖經險易而國不可侵，治國也。凡此三徵，不待威力仁義而後彊。雖曰見弱，吾必謂之存者也。

右第二章。論國之存亡有六徵，而名法治者國存，名法亂者國亡。

治主之興，必有所先誅。先誅者，非謂盜，非謂姦。此二惡者，一時之大害，非亂政之本也。亂政之本，下侵上之權，臣用君之術，心不畏時之禁，行不軌時之法，此大亂之道也。

政本，謂名分也。

孔丘攝魯相，七日而誅少正卯。門人進問曰：「夫少正卯，魯之聞人也。夫子爲政而先誅，得無失乎？」孔子曰：「居，吾語汝其故。人有惡者五，而竊盜姦私不與焉。一曰心達而險，二曰行僻而堅，三曰言僞而辯，四曰彊記古籍多作「記醜」。而博，五曰順非而澤。此五者，有一於人，則不免君子之誅。而少正卯兼有之，故居處足以聚徒成群，言談足以飾邪熒衆，彊記足以反是獨立。此小人之雄桀也，不可不誅也。是以湯誅尹諧，文王誅潘正，太公誅華士，管仲誅付里乙，子産誅鄧析史付。此六子者，異世而同心，不可不誅也。詩曰：『憂心悄悄，愠於群小。』小人成群，斯足畏也。語曰：『佞辯可以熒惑鬼神。』曰：「鬼神聰明正直，孰能熒惑者？」曰：「鬼神誠不受熒惑，此尤佞辯之巧，靡不入也。夫佞辯者雖不能熒惑鬼神，熒惑人明矣。探人之心，度人之欲，順人之嗜好而不敢逆，納人於邪惡而求其利。人喜聞己之美也，善能揚之。惡聞己之過也，善能飾之。得之於眉睫之間，承之於言行之先。語曰：『惡紫之奪朱，惡利口之覆家邦。』斯言足畏而終身莫悟，危亡繼踵焉。」

佞辯之罪，浮於姦盜，以其可以亂政之本也。

右第三章。論辯言之亂政。

老子曰：「以政當作正治國。以奇用兵。以無事取天下。」政者，名法是也。以名法治國，萬物所不能亂。奇者，權、術是也。以權術用兵，萬物所不能敵。凡能用名法權術，而矯抑殘暴之情，則己無事焉。己無事，則得天下矣。故失治則任法，失法則任兵。以求無事，不以取彊。取彊，則柔者反能服之。

老子曰：「民不畏死，如何以死懼之？」凡民之不畏死，由刑罰過。刑罰過，則民不賴其生。生無所賴，視君之威末如也。刑罰中則民畏死。畏死，由生之可樂也。知生之可樂，故可以死懼之。此人君之所宜執，臣下之所宜慎。

右第四章。引老子語以明名、法、權、術之用。

田子讀書，曰：「堯時太平。」宋子曰：「聖人之治，以致此乎？」彭蒙在側，越次答曰：「聖法之治以至此，非聖人之治也。」宋子曰：「聖人與聖法何以異？」彭蒙曰：「子之亂名甚矣。聖人者，自『己』出也。聖法者，自『理』出也。理出於己，己非理也。己能出理，理非己也。故聖人之治，獨治者也。聖法之治，則無不治矣。此萬世之利，唯聖人能該之。」宋子猶惑。質於田子。田子曰：「蒙之言然。」

右第五章。論「聖法」與「聖人」之治。人自「己」出，法自「理」出，二語最精。

莊里丈人字長子，曰盜，少子曰毆。盜出行，其父在後追，呼之曰盜，盜。吏聞因縛之。其父曰：「毆」，喻吏遽而聲不轉，但言「毆、毆」，吏因毆之，幾殪。康衢長子字僮曰善搏，字犬曰善噬，賓客不過其門者三年。長者怪而問之，乃實對。於是改之。賓客復往。

鄭人謂玉未理者曰璞，周人謂鼠未腊者爲璞。周人懷璞，謂鄭賈曰：「欲買璞乎？」鄭賈曰：「欲之。」出其璞視之，乃鼠也。因謝不取。

聞名求實，非爲求名。

右第六章。論名實之互易。

父之於子也，令有必行者，有必不行者。「去貴妻，賣愛妾」，此令必行者也。因曰：「汝無敢恨，汝無敢思。」此令必不行者也。故爲人上者，必慎所令。

出令必期其能實行者，可覈按者。否則徒爲自欺欺人，文具而已。

右第七章。論慎令。

凡人富則不羨爵禄，貧則不畏刑罰。不羨爵禄者，自足於己也。不畏刑罰者，不賴存身也。賴，利也。謂極貧之人，不以存身爲利。二者爲國之所甚病，而不知防之之術，故令不行而禁不止。若使令不行而禁不止，則無以爲治。無以爲治，是人君虚臨其國，徒君其民，危亂可立而待矣。今使由爵禄而後富，則人争盡力於其君矣。由刑罰而後貧，則人咸畏罪而從善矣。故古之爲國者，無使民自貧富。貧富皆由於君，則君專所制，民知所歸矣。

此言富貧之權，操之於下，則令不必從。操之於上，則令出必行。

右第八章。論政令與經濟權之關係。

貧則怨人，賤則怨時，而莫有自怨者，此人情之大趣也。然則不可以此是人情之大趣而一概非之，亦有可矜者焉，不可不察也。今能同算鈞，而彼富我貧，能不怨則美矣。雖怨無所非也。才鈞智同，而彼貴我賤，能不怨則美矣。雖怨無所非也。其敝在於不知乘權借勢之異，而惟曰智能同之，是不達之過。雖君子之鄙，亦君子之怨也。人貧則怨人，富則驕人。怨人者，苦人之不祿施於己也，起於情所難安而不能安，猶可恕也。驕人者，無苦而無故驕人，此情所易貴，而弗能貴，弗可恕矣。衆人見貧賤，則慢而疏之，見富貴則敬而親之。貧賤者有請賕於己，疏之可也。未必損己而必疏之，以其無益於物之具故也。富貴者有施於己，親之可也。未必益己而必親之，則彼不敢親我矣。二者獨立，無致親致疏之所，人情終不能不以貧賤富貴易慮，故謂之大惑焉。窮獨貧賤，治世之所共矜，亂世之所共侮。治世非爲矜窮獨貧賤而治，是治之一事也。亂世亦非侮窮獨貧賤而亂，亦是亂之一事也。每事治則無亂，亂則無治。視夏商之盛，夏商之衰，則其驗矣。貧賤之望富貴甚微，而富貴亦不能酬其甚微之望。夫富者之所惡，貧者之所美。貴者之所輕，賤者之所榮。然而弗酬，弗與同苦樂故也。雖弗酬之，於我弗傷。今萬民之望人君，亦如貧賤之望富貴。其所望者，蓋欲料長幼，平賦斂，時其饑寒，省其疾痛，賞罰不濫，使役以時，如此而已，則於人君弗損也。然而弗酬，弗與同勞逸故也。故爲人君，不可弗與民同勞逸焉。故富貴者可不酬貧賤，而人君不可不酬萬民。不酬萬民，則萬民之所不願戴。所不願戴，則君位替矣。危莫甚焉。禍莫大焉。

此言人君當酬萬民之望，矜窮獨，貧賤而與同勞逸。

右第九章。論人民富貧與國家之關係。管商之書，只言國富，尚未論及人民貧富問題。尹文韓非之書始有之。於此可見先秦名法家思想之變遷及社會階級分化、鬥争意識之形成。

兩智不能相使，兩貴不能相臨，兩辯不能相屈，力均勢敵故也。專用聰明，則功不成。專用晦昧，則事必悖。一明一晦，衆之所載。禄薄者不可與經亂，賞輕者不可與入難。處上者不可不慎。

右附意林所載尹文子佚文三條。推之是書，必有殘缺。